THEODOR PLIEVIER

BERLIN

ROMAN

VERLAG KURT DESCH
WIEN · MÜNCHEN · BASEL

Gesamtherstellung: R. Oldenbourg, Graphische Betriebe GmbH., München
Schutzumschlag-Entwurf: Hans Hermann Hagedorn, Hamburg
Printed in Germany 1954

THEODOR PLIEVIER / BERLIN

ERSTER TEIL

Deine Hände haben mich kunstvoll gebildet und sorgsam gestaltet, danach aber hast Du Dich dazu gewandt, mich zu vernichten.

Buch Hiob 10, 8

Nach Berlin!"
„Ich werde nun wahrscheinlich zu spät kommen!"
„Das mag sein, jedenfalls müssen wir Sie in Marsch setzen!"
Das Telegramm des Heerespersonalamtes in Zossen, das den Obersten Zecke als Lehrer für einen Regimentsführerlehrgang in der Pionierschule Karlshorst anforderte, war Wochen unterwegs gewesen, bis es im Generalkommando in Prag bei der Dienststelle Zeckes eintraf. Zwischen Aufgabe- und Eingangstermin lagen Nächte schwerer Bombardierungen Berlins, lag auch der Untergang der Stadt Dresden, der eine Unterbrechung des Verkehrs und auch des Post- und Telegrafenwesens nach sich gezogen hatte.

„Es dürfte nun zu spät sein!" wandte Zecke noch einmal ein. Er hatte keine Neigung, in einem Moment, in dem der Zusammenbruch nur noch eine Frage von Tagen war, Prag zu verlassen und gegen Berlin einzutauschen, das nach allen Anzeichen zum Mittelpunkt des Mahlstromes werden mußte, in den Deutschland nun hineingerissen wurde. An der Oder stand Marschall Schukow mit Russen, Sibiriern, Kosaken, weiter im Süden an der Neiße Konjew mit Panzern, mit Reitern, mit Usbeken, Turkmenen, mit dem Aufmarsch Asiens, der in jeder Stunde zu einer alles zermalmenden Lawine werden konnte. Im Westen hatten die Amerikaner und Engländer bei Remagen und Oppenheim, dann zwischen Rees und Wesel den Rhein forciert, das Ruhrgebiet eingekesselt und drangen weiter in das Reich ein. Im Süden stiegen die Franzosen über die Vogesen und umfaßten bereits den Schwarzwald.

Zecke blickte durchs Fenster.

Die alte Linde auf dem Hof des Generalkommandos stand voll dicker Knospen, über Nacht werden sie aufspringen, und der Hof, auch die Straßen und Plätze und stillen Winkel der Stadt an der Moldau werden sich mit frischem Grün schmücken.

Es war April 1945 — ein warmer Frühlingstag.

„Nichts zu machen, Zecke", sagte der Adjutant des Generals. „Lassen

Sie sich in der Kantine eine Flasche Kognak für die Reise mitgeben!" Er hatte Verständnis für die Bedenken des anderen und konnte ihm nachfühlen, daß er Prag nicht mit dem Hexenkessel Berlin vertauschen wollte, zumal im Generalkommando einer den anderen kannte, lange und eingehend kannte, und eine nüchterne, um nicht zu sagen, skeptische Einschätzung der Kriegslage und insbesondere der Ausweglosigkeit des Hitlerreiches ganz allgemein war.

„Ich akzeptiere Ihren Einwand, Zecke, aber auch der General würde keine Änderung des Befehls erwirken können. Sie wissen selbst, daß wir der Anforderung des Heerespersonalamtes zu entsprechen haben und Sie sich bei der Pi-Schule in Karlshorst melden müssen!"

Es war nichts zu machen.

Oberst Zecke nahm seinen Marschbefehl entgegen. Ein hilfloses Achselzucken war das letzte, was er vom Adjutanten des Generals sah. Schon vor Anbruch des nächsten Tages bestieg er auf dem Bahnhof – der einmal, das war nach dem Zusammenbruch 1918, Wilson-Bahnhof genannt worden war – den Zug nach Berlin. Ja, es war der Zug nach Berlin. Zecke glaubte es erst, nachdem ein Bahnbeamter ihm versichert hatte, daß kein anderer Zug nach dem gleichen Ziel fahren würde. Zum erstenmal sah er einen dieser neuen Militär-D-Züge, seltsam umgebaute Viehwagen mit schmalen Fensterschlitzen (Glas war ein rarer Artikel im zerbombten Deutschland), mit Holzbänken und halbhohen Bretterverschalungen für die einzelnen Abteile.

„Lebe wohl, stille Insel", dachte Zecke, als die Räder zu rollen begannen und ihn und die anderen Fahrgäste in den anbrechenden Tag hinaustrugen. Mehr als zwei Jahre war ihm das Generalkommando ein sicherer Hort gewesen. Seit dem Zusammenbruch – seinem persönlichen Zusammenbruch — vor Moskau und dem anschließenden Genesungsurlaub hatte er in der Quartiermeisterabteilung gesessen. Nicht ganz tatenlos und etwa nur auf die eigene Sicherheit bedacht. Neben der Routine des Dienstes blieb Zeit genug, und jede Dienstreise (die waren im Generalkommando leicht zu erhalten) war eine Besuchsfahrt, manchmal eine Kurierfahrt gewesen, und hatte dazu beigetragen, das Netz fester zu knüpfen. Bis zum 20. Juli – bis die vorbereitete Bombe sich als Bumerang erwies, auf die Köpfe der Verschwörer zurückfiel, das Netz zerriß und an den gebliebenen losen Fäden die Letzten erzittern ließ. Attentate vorzubereiten schien nicht ganz das gegebene Metier für preußische Generale zu sein. Auch der bloße Wechsel der Personen auf den Kommandohöhen, ebenso der geplante Parteienstaat mit konservativer Führung, politischem Übergewicht des Heeres und „gebührender Vorrangstellung der Kirche und Bekämpfung der materialistischen Weltanschauung" war noch kein genügendes Versprechen und bot kaum ein geeignetes Programm für die Mobilisierung tragender Schichten der Bevölkerung. Viele Voraussetzungen fehlten – eine organisierte Arbeiterschaft, eine echte Soldatenfronde, die Zusammenfassung der zersplitterten Widerstandsgruppen.

Magische Vorstellung – man setzt sich an den Klingeltisch mit den vielen Telefonen, ergreift den Hörer, ruft die Zauberformel hinein, und am andern Ende des Drahtes werden Regimenter in Marsch gesetzt. Die Benutzung des von Hitler selbst für den Fall innerer Unruhen geschaffenen „Walkürebefehls" zur Auslösung des Aufstandes und die Hoffnung auf mechanisches Funktionieren erwies sich ebenfalls als fatal. Geprellte Zauberlehrlinge – aber schließlich liegen auch bei geglückten, bei durchgeführten Revolutionen wirklicher und fauler Zauber nebeneinander auf dem Einsatztisch. Nicht in der Benutzung gegebener Mittel – die können so sonderbar sein wie die Gegebenheiten – in fehlenden Voraussetzungen lag die Schwäche. Unter den fehlenden Voraussetzungen nicht die geringste war die Abwesenheit der ermunternden und auffangenden Hand von außen, denn wie die Dinge nun einmal lagen – im eigenen Staat und in den Verhältnissen zu andern Staaten –, hatten die gegenwärtigen Feindmächte den vollzogenen Umsturz zu legalisieren. Aber innerer Widerstand, andere Männer in einer anderen Regierung, überhaupt ein anderes Deutschland gehörte nicht in ihr Konzept der Abwicklung des Krieges. Davon hatte Zecke sich seit Casablanca, seit Teheran und neuerdings seit Jalta überzeugen müssen, und von den proklamierten „vier Freiheiten" der Atlantik-Konferenz bis zur Forderung der „bedingungslosen Kapitulation" hatte man auf der andern Seite der Fronten einen langen Weg zurückgelegt.

Oberst Zecke war aufgestanden und blickte sich in den Waggons um. Man sah, daß der Zug aus Prag kam, das seit langem Umschlageplatz für alle Kriegsschauplätze des Südostens geworden war. Offiziere aller

Dienstgrade saßen auf den Bänken. Offiziere und auch gewöhnliche Landser — Abkommandierte, Verwundete, Genesene, auch jene fehlten nicht, die mit irgendwelchen Marschbefehlen in der Tasche von Stadt zu Stadt, landauf und landab reisten und die versuchten, die Zeit bis zum Ende mit einer Erbsensuppe auf den Bahnhöfen und in fahrenden Eisenbahnzügen zu verbringen. Es gab viele von dieser Sorte, es gab aber auch die andern, die bereit waren, durchzuhalten, und die waren in der Mehrzahl. Alle Waffengattungen waren hier im Zug vertreten. Man mußte aber schon sehr sachkundig sein, um in dem Verfall und der allgemeinen Angleichung der Uniformen noch die Unterscheidungen wahrzunehmen. Das Lederzeug nicht mehr geputzt, die Stiefel dreckig, die Kragen geöffnet, eine zerknautschte Mütze schief auf dem Kopf, eine Zigarette im Mundwinkel, stoppelbärtig, schmutzige Hände, nachlässig in der Haltung, und es war auch ganz selbstverständlich, daß der sich interessiert umblickende Oberst von niemandem mehr gegrüßt wurde. Auf allen Schlachtfeldern Europas geschlagen und jetzt müde, gebettet im gemeinsamen und allgemeinen Elend, über allen Gesichtern die Patina der Katastrophe. Nun aber komme ihnen einer mit der bedingungslosen Kapitulation! Nein, meine Herren, solche Parole ist außerstande, den Krieg zu verkürzen, und kann die Opfer aller Beteiligten nur vervielfältigen. Auf dieser Seite der Front stellt solche Parole die schon Wankenden, die Unterliegenden, um nicht zu sagen die Toten, wieder auf die Beine.

Zecke saß wieder an seinem Fensterplatz. Wälder, Äcker, sanfte Höhenzüge. Böhmisches Land, immer wieder, schon durch tausend Jahre in Abhängigkeit, die Herren wechseln, die politischen, sozialen, religiösen Konflikte bleiben. Und die Wälder bleiben, und die Wolken über den Wäldern bleiben. Zecke blickte in den blauen Himmel. Das Gespräch im Nebenabteil rückte ferner. Eine der Stimmen weckte in ihm eine Erinnerung, ein verschwommenes Bild fallenden Schnees. Er konnte sich nicht mehr ermuntern und schlief endgültig ein. Der Zug ließ das Gebiet der Moldau hinter sich, durchfuhr das Elbsandsteingebirge und folgte dem Lauf der Elbe, hielt auch an der Grenzstelle Tetschen-Bodenbach nicht an. Zecke holte den versäumten Schlaf nach und wachte erst wieder auf, als die Räder unter ihm im Schrittempo und wie auf einer federnden Unterlage aus Gummi fuhren.

Er blickte durch den Fensterschlitz.

Was er sah, war Dresden, aber es *war* Dresden.

So also sah das aus – ein riesiger Pflug war über die Erde gegangen und hatte eine trostlose Trümmerlandschaft hinter sich gelassen. Von den großen Hotels – dort hatten doch fünf oder sechs nebeneinander gestanden – war nichts geblieben. Eine Düne aus Backsteinbrocken und geronnenem Mörtel, dahinter wieder eine Düne und wieder, Woge nach Woge, in jähem Lauf stehengeblieben. Im Schuttbett eine Säule, ein Fensterbogen, mal ein Haus, die hohle Hälfte eines gespaltenen Turms, eine geköpfte Kirche, die berühmten Dresdener Fassaden im Sturze erstarrt, gespenstisch verändert und überzogen von Ruß und Qualm. – Ausradiert ...

Wer hat einmal vom Ausradieren gesprochen? Wer hat damit begonnen, und wer setzt es fort? Großer Gott im Himmel, wo ist das Ende, wohin soll das führen! Unten im Trümmermeer hat auch die Frauenkirche gestanden, und nicht so lange ist es her, daß er dort in der Kirche gesessen und das Requiem von Wolfgang Amadeus Mozart gehört hatte.

Vor und neben sich Uniformen, die Weite des Kirchenschiffes erfüllt von den Klängen inniger Frömmigkeit, in dem Herzen das Gedenken an einen schmachvoll Hingerichteten. Die Freunde hatten sich hier versammelt und unter die offiziellen Besucher – Träger hoher Orden und Würdenträger des Dritten Reiches – mischen lassen.

„Dies irae, Dies illa ...“

Feldmarschall von Witzleben am Fleischerhaken.

Die Qualen seines letzten Weges – das konnte geschehen – geronnen in einem Filmstreifen. Ewige Schande ... nicht der mit Schmach Bedeckte, aber die in ihren Roben prunkenden Pharisäer sind besudelt. Nicht der Feldmarschall und die elende Geste seiner Hände (er mußte während der Verhandlung, weil man ihm die Hosenträger weggenommen hatte, seine Hose festhalten), nicht der den Spöttern Preisgegebene, aber der brüllende Volksgerichtshofpräsident, der Propagandaminister mit der Jupiterlampe auf der Hinrichtungsstätte, der vor dem abrollenden Filmstreifen sitzende Unhold stehen am Pranger, von dem sie in Ewigkeit nicht loskommen werden.

Witzleben, Hassell, Höppner, Moltke ... Hunderte erhängt,

erschlagen, erschossen, abermals Hunderte, Tausende, Arbeiter, Studenten, Frauen ... sie sind es, die der Herr bei ihren Namen aufrief, und die sein sind, und die da sein werden, wenn Deutschland sich zu neuem Beginnen erhebt.

„Dies irae, Dies illa ..."

Die Räder rollen im Schrittempo über die eben wieder befahrbar gewordene Elbbrücke. Der Vorhang im Tempel in der Mitte aufgerissen. Die Frauenkirche von oben bis unten gespalten. Die Orgel im Schutt, die Glasmalereien und prächtigen Rokokofenster, zu bunten Kugeln geschmolzen, auch im Schutt.

„Dies irae, Dies illa ..."

Im Schutt die Bauten von Chiaveri, von Canzler, Dunger, Semper ... Im Schutt die Brühlsche Terrasse, der Zwinger, im Schutt Sgraffitmalereien, Fresken, im Schutt oder in tiefen Schächten versteckt Gemälde von Raffael, Giotto, Holbein, Dürer, Cornelius. Von einem Lächeln Europas blieb nichts als Staub.

Großer Gott ... und Roosevelt und Churchill!

Mußte das sein, mußte die Forderung Stalins – man sagt, daß die Bombardierung auf die russische Offensive abgestimmt war – solche Erfüllung finden? Aber der Bahnhof, der größte Kopfbahnhof Deutschlands blieb doch inmitten der Zerstörungen ausgespart! Dresden galt schon seit der Zeit der sächsischen Könige als eine Stadt für pensionierte Beamte, für Offiziere außer Dienst. Ein geruhsam zurückgezogenes Bürgertum wohnte hier. Hochzeitsreisende bummelten durch die berühmten Galerien. In den Gästebüchern kleiner Hotels waren die Namen Dostojewski, Tschaikowski, Balzac, George Sand, Lord Byron zu finden. Dresden ist auch Eisenbahnknotenpunkt und Umschlageplatz für den Nachschub, auch das ist es. Aber der unzerstörte Bahnhof? In der Tat rollte die russische Offensive auch ohne diese Hilfeleistung schon zu mühelos über die verödeten Linien der kaum versorgten, geschlagenen und kampfmüden deutschen Soldaten hinweg nach Westen.

Der unzerstörte Bahnhof bleibt ein Rätsel.

Und es bleibt noch ein Rest, ein kaum ansprechbarer, schwindelmachender Rest. Die Endphase der großen Schlacht an der Wolga – nun zwei Jahre zurückliegend – hatte zweihunderttausend Opfer gekostet, und ganz Deutschland war betroffen, über ganz Deutschland wehten schwarze Fahnen. Hier war die Zahl der Opfer, die in zwei Nächten in den Schutt sanken, nicht kleiner, war größer. Dort waren es Soldaten – hier waren es Pensionäre, Arbeiter, Angestellte, alte Frauen, junge Frauen, Kinder und Flüchtlinge, und kein Anlaß war gegeben für einen nationalen Trauertag.

„Wie viele da unten liegen, das kann niemals gezählt werden."

„Die Flüchtlinge hat schon vorher keiner gezählt."

„Sie, Herr Hauptmann, sind doch auch da 'reingeraten?"

„Ja, ich war dort, war an jenem Tage angekommen, war auf dem Wege zum Generalkommando", erwiderte der junge Hauptmann. Er trug ein Ritterkreuz. „Boehlke", hatte er sich beim Platznehmen vorgestellt. Er schien keine Neigung zu haben, über das Geschehene zu sprechen. Sagte aber dann doch soviel, daß die zunehmende und nicht mehr zu ertragende Hitze ihn wie alle andern aus einem Kellerloch herausgetrieben hatte, daß er durch brennende Straßen gelaufen und wie alle andern versucht hatte, die freien Plätze der Stadt zu erreichen. „Im Großen Garten bin ich in die Menge der dort mit ihren Treckwagen stehenden Flüchtlinge hineingeraten. Unvorstellbar... die Leute liefen hierhin, liefen dorthin, wußten nicht mehr aus und ein. Die MG-Salven der Tiefflieger kämmten durch die Wagen und die in Panik hin und her hetzenden Menschen."

„Terrorflieger!"

Das war eine Stimme aus dem Nebenabteil. Es war die gleiche Stimme, die vorher in Oberst Zecke eine Erinnerung angerührt hatte. Ein junger Major saß dort; er trug einen Arm in der Binde, und diesmal war die Stimme alarmierend, und die Identität jenes Mannes war Zecke plötzlich klar. Der O-17, wie er genannt wurde, Oberleutnant Hasse, aus dem Stabe Bomelbürgs, saß dort. Oberleutnant Hasse, Hauptmann Hasse – und als Hauptmann unter ihm Regimentsadjutant. Vor Moskau war es, ein winziges Dorf an der Nara. Die Hütte schwankte. Das Fenster flog ins Zimmer. Mit den Scherben, mit der vom Tisch gefegten Petroleumlampe, mit dem hereintreibenden Schnee lag auch er am Boden. Das Gesicht, das sich über ihn beugte – neben dem Arzt, der ihm eine Spritze Strophantin verabreichte –, war das seines Adjutanten Hasse. Ein Herzanfall, und da war genug zusammengekommen, um einen Herzanfall verursachen zu können — der überstürzte Rückzug, die allgemeine Verwirrung, die schweren Verluste, und zu allem verschwand in der gleichen Nacht der Divisionskommandeur Bomelbürg, verschwand im Schnee, um niemals mehr aufzutauchen.

Und nun saß nebenan der Hasse.

Major Hasse, eine trockene, etwas dürftige Stimme.

„Terrorflieger!" sagte Hasse.

Unten lag die Stadt, in einer Nacht zu einer Wüste geworden, und die langgestreckten erstarrten Schuttdünen waren nun die riesigen Gräber der Bewohner.

Hauptmann Boehlke sagte doch noch einiges. Hitze, Qualm, Verzweiflung, blendende Helle, Menschen wie dürre Blätter dahingetrieben und wie dürre Blätter verbrennend. Das erzählte er und auch, daß er im Windschatten des Feuersturmes aufgefunden, ins Wasser getaucht und wieder herausgezogen worden war.

„Terrorflieger!" wiederholte Hasse eintönig.

Sachlich war dagegen wenig einzuwenden, doch Zecke, der schon im Begriff gewesen war, aufzustehen, um seinen ehemaligen Adjutanten zu begrüßen, blieb sitzen. War wirklich nichts einzuwenden ... Oradour-sur-Glane, Lidice, Treblinka, Auschwitz, das Gas Zyklon B, der „Nacht-und-Nebel"-Erlaß, Berge menschlicher Skelette aus den Verbrennungsöfen und den Gaskammern und ungezählte Hunderttausende für die Vernichtung noch vorgemerkt, die Ausrottung zum Staatsprinzip erhoben, da steht es uns schlecht an, von Terror zu reden. Aber ... wo ist das Ende, wie soll das alles einmal aufhören? Stehe Gott uns bei und auch den anderen!

„Wenn einer abspringt, dann nichts wie hinlaufen und den Stiefel in die Fresse und das Gesicht austreten! Jeder von ihnen hat das hundertmal verdient." — Das war wieder Hasse.

Zecke blieb wieder sitzen.

Der Zug ließ die Brücken hinter sich, fuhr ins Land, eine sanfte, langhingezogene Anhöhe hinauf. Neben der Strecke war eine Straße, auf der andern Seite und jenseits der Elbe lief ebenfalls eine Straße.

Das Gesprächsthema wechselte.

„Wo wollen denn die hin, und die andern?"

„Die einen ziehen in die Tschechei, die andern ziehen nach Norden!"
„Die sind doch völlig wahnsinnig!"
„Wer ist das denn nicht in diesen Tagen?"

Auf der Straße treckten Flüchtlinge, auf der andern Straße jenseits der Elbe treckten ebenfalls Flüchtlinge. Aber während die einen nach Norden zogen, um Sicherheit zu finden, rumpelten die Wagen der andern auf der Flucht vor den Russen nach Süden. Die Wagen holperten schwerfällig dahin – viel zu langsam für die Gehetzten, die darin saßen und daneben herliefen. Eine irre Hoffnung trieb sie vorwärts. Eine lange Straße hatten sie hinter sich, und sollte nun alles, der Hunger, der Wind, die Tränen, die am Wege zurückgelassenen Toten, umsonst gewesen sein? In der Flucht, in der Bewegung, im Vorwärtskommen suchte jeder das Heil. Keiner schien daran zu denken, daß der Fluchtweg nach Norden ebenso versperrt war wie der nach Süden, und keiner brachte den Mut auf, an der Stelle zu bleiben, um das Schicksal zu erwarten.

„Ist es etwa hier im Zug anders?" fragte Zecke und blickte dabei den jungen Hauptmann Boehlke an. Dieser Hauptmann war durch die wankenden Mauern und die Feuer des Weltgerichts gegangen und saß nun hier im Zuge nach Berlin, einen neuen Dienst als höherer Adjutant anzutreten. Und nicht nur diesen Hauptmann, auch andere und viele unter denen, die hier saßen, hatte der Teufel schon im Maul gehabt und wieder ausgespien, und sie fuhren nun irgendwohin, um ihren bisherigen Dienst fortzusetzen oder einen neuen Dienst zu beginnen, um den gerissenen Faden dort wieder aufzunehmen, wo er ihren Händen entfallen war. Als ob alles immer so weitergehen könnte und nach dem apokalyptischen Untergang noch höhere Adjutanten gebraucht würden, und als ob – was ihn selbst und seine Kommandierung anbelangte – dann noch Regimenter aufgestellt und Regimentsführer ernannt würden! Und da war dann auch Hasse. Er war am Abteil vorbeigekommen und stehengeblieben.

„Guten Tag, Herr Oberst!"

„Menschenskind, Hasse, Sie sind es also wirklich!"

„Das ist aber eine Überraschung!"

„Ich hatte vorher schon Ihre Stimme gehört, war aber nicht ganz sicher. Setzen Sie sich doch, Hasse. Hier ist noch ein freier Platz."

„Guten Tag also und Grüß Gott und Heil Hitler!"

Also, Gott und Hitler und alles zusammen, und woher und wohin, und wissen Sie noch, und erinnern Sie sich noch ... „Und damals an der Nara, wie ist es da weitergegangen?"

Sie saßen nebeneinander, der ehemalige Regimentskommandeur und der Nachfolger, der im Winter 1941 das zu einem Haufen zusammengeschmolzene Regiment übernommen und durch Wind und Schnee zurückgeführt hatte bis Juchnow.

Auch Hasse hatte der Teufel im Maul gehabt, hatte ihn ausgespien, wieder zwischen die Zähne genommen, wieder laufen lassen und ihn auch ein drittes Mal verschmäht, und wohl deshalb, weil er seinem Gaumen nicht gar genug war und zu fade und unbekömmlich erschien. Nicht nur Hasses Stimme war trocken, auch sonst war er von dürrer Wesenheit, das war schon damals bemerkbar gewesen, aber auch alle nachher durchstandenen aufwühlenden Erlebnisse hatten ihm nichts anhaben können. Er war aus der Schneehölle vor Moskau entkommen, hatte ein Jahr später im Kessel von Stalingrad gesessen und war mit einem zerschossenen Arm ausgeflogen worden. Jetzt kam er aus der Gegend der Akropolis, aus Griechenland. Die alte Wunde war wieder aufgebrochen, und er wollte zur Behandlung oder Nachbehandlung nach Berlin, wo er anschließend bei seiner dort wohnenden Familie einen Genesungsurlaub zu verbringen gedachte.

Es kam der Moment, wo alles gesagt war und Zecke und Hasse miteinander nichts mehr anzufangen wußten. Hasse wandte sich dem Hauptmann Boehlke zu. Boehlkes Stammdivision lag an der Kurlandfront. Er war vor Monaten der Generalkommandantur in Potsdam zugeteilt worden. Danach hatte er in der Kavalleriekaserne in Potsdam den Kursus für höhere Adjutantur mitgemacht, war mit dem ganzen Kursus nach Bad Kissingen verlagert worden. Nach Absolvierung der Schule wurde er nach Prag geschickt, wo er bei einem Höheren Artilleriekommandeur den Dienst als Zweiter Adjutant antreten sollte. Er traf aber seinen General in Prag nicht mehr an. In Leitmeritz, wo er hingeschickt wurde, fand er nur Troßteile. Ja, der General hätte eine neue Verwendung bekommen und wäre nach Dresden gefahren, um dort weitere Weisungen zu erwarten, wurde ihm gesagt. In Dresden war er in die Bombennächte geraten, war bewußtlos in ein Lazarett gebracht worden, und jetzt befand er sich auf dem Wege nach Berlin, um sich bei seinem General in Potsdam zu melden.

Boehlke war noch sehr jung, ein viel zu junger Hauptmann eigentlich, und das Mißverhältnis zwischen Rang und Lebensalter galt immer als bedenkliches Zeichen. Doch er hatte ein offenes Gesicht und Augen, die eigentlich jedes Mißtrauen entwaffneten. Zecke war deshalb erfreut, als er nach einer Weile bemerkte, daß auch das Gespräch zwischen Hasse und dem jungen Hauptmann erlahmte und schließlich ganz aufhörte.

Der Zug kroch langsam über das Land.

Die Fahrt schien kein Ende zu nehmen. Eintöniges Dröhnen der Räder. Zecke nickte ein, blinzelte wieder auf. Im Waggon lautes Schnarchen. Vornübergesunken der eine, den Kopf an den Nachbarn gelehnt der andere, aus dem Schlaf auffahrend und sich wieder zurückfallen lassend. Am Ende des Waggons brannte trübselig eine Kerze. Die Nacht vor dem Fenster war noch so dicht wie vor Stunden. Aber wenn die Zeit auch ebenso langsam schlich wie der Zug, so bewegte man sich doch, und sitzen, sogar in einem überfüllten Waggon und in einer von menschlichen Ausdünstungen schweren Luft, war besser als unter einem Jaboangriff irgendwo auf freier Strecke auf einem Kartoffelacker liegen.

Und auch diese Fahrt nahm ein Ende.

Die Räder klapperten über Weichen. Draußen wischte weißer Dampf vorbei. Der Zug wurde umgeleitet. Die Strecke zum Anhalter Bahnhof war nicht frei. Endlich glitt er in eine riesige Halle hinein, und die Räder standen still.

Berlin, Potsdamer Bahnhof.

Die Halle war mitgenommen, die schweren Mauern aus der Zeit nach 1870 waren geborsten und überzogen von der Schwärze des Brandes. Große Steinbrocken lagen auf den Schienen. Unter den Füßen lagen Glasscherben. Der graue Morgen blickte durch das nackte Gestänge des hohen Kuppeldaches.

Es war fünf Uhr geworden.

Zecke, Hasse, auch Hauptmann Boehlke trieben mit den andern zum Ausgang. Die zum Platz führende Treppe erinnerte an ein Geröllbett. Und der Platz unten glich einem verlassenen Bürgerkriegsgelände.

Mauerbrocken, Eisenträger, Möbelwagen, zusammengefahren und zusammengetragen. Das Straßenpflaster aufgerissen, Gräben waren ausgehoben, Barrikaden waren errichtet, spanische Reiter sperrten den Weg. Was war hier oder was konnte hier verteidigt werden!

„Nicht sehr überzeugend!“ meinte Zecke.

Hasse lachte nur, doch Boehlke blieb ernst. „Nein, nicht sehr überzeugend, militärisch völliger Dilettantismus!“

Ein Mann mit Leiter und Kleisterpinsel war dabei, ein Plakat anzukleben. Zecke, Hasse und Boehlke erblickten es gleichzeitig: BERLIN BLEIBT DEUTSCH! Das walte Gott, aber der Propagandaminister sollte lieber die Schnauze halten, die Angelegenheit war seiner Kompetenz wohl schon entzogen und die Stunde zu weit vorgeschritten.

Da war schon wieder dieses Heulen.

Schauerlich hallte der an- und abschwellende Ton in der umliegenden Ruinenwelt wider.

Es war das Signal des Vollalarms.

„Alarm, Straße frei!“

„Kellerhotel Atlantic!“

„Kellerhotel Atlantic!“ rief auch Hasse, rief es den Nachzüglern auf der Treppe zu. Man brauchte nur den Vorauseilenden zu folgen. An Trümmerhaufen ging es vorbei, an leeren Ruinenfassaden, an einer abrupt nach oben gebogenen Straßenbahnschiene, unter herabhängenden Hochspannungsdrähten durch, und da war dann plötzlich am Ende eines Trampelpfades das Eingangsloch. Kein Posten stand davor, kein Portier oder etwa ein Kellner. Sonderbares Hotel, im Schein der Taschenlampe ging es hinunter. Der vorangehende Hauptmann war augenblicklich eingeschluckt von Finsternis. Wieder Stufen, weiter nach unten. Eine Höhle und noch eine Höhle, weite in Finsternis ruhende Kammern einer Katakombe. In der Ferne flackerte eine Kerze.

„Du Dussel, paß doch auf!“

„Frechheit, was fällt Ihnen ein!“

„Kannst dir vielleicht ein anderes Parkett als meinen Bauch aussuchen!“

Hasse richtete den Schein seiner Taschenlampe auf ein Gesicht. Ein Mariner lag am Boden und funkelte Hasse aus bösen Augen an.

„Lassen Sie nur, Hasse“, meinte Zecke.

Das war hier schließlich der Umgangston, und es war auch ein Ausdruck der Zeit. Eine Stunde vor dem Massengrab durfte es nicht mehr so sehr darauf ankommen und es konnte wohl auch ohne Anrede in der dritten Person gehen.

„Das heißt doch wohl hier nicht umsonst ‚Kellerhotel'", meinte Zecke. „Vielleicht ist irgendwo eine Tasse Kaffee und ein Brötchen zu haben!"

„Nicht mal Muckefuck. Was Sie nicht in der Hosentasche haben, das ist nicht, Herr Oberst!" Der Matrose hatte sich also schon, wenn auch nicht zur indirekten Anrede, zu einem höflicheren Ton bekehrt. Hauptmann Boehlke, der weitergegangen war, kehrte zurück. Er hatte eine freie Ecke gefunden und lotste Zecke und Hasse dorthin. An die Mauer geklebte Kerzenstümpfe, auch Hindenburglichter schwammen in der Finsternis. Langsam gewöhnten sich die Augen an die Umgebung. Marine, Luftwaffe, Infanterie, Nachrichter, Pioniere, alles lag hier neben- und durcheinander, mit dem Gewehr im Arm, mit dem Tornister unter dem Kopf, mit Rucksäcken, Koffern, Pappschachteln. Soldaten und Offiziere, und alle deckte das schmutzige Grau einer Uniform, die in den letzten Zügen lag. Draußen bummerte die Flak.

„Is nich weit her mit der Flak, Herr Oberst. Nur hier die Bahnhöfe und auch das Regierungsviertel stehen unter Flakschutz, sonst is nischt da!"

Das Getöse der Flak, Detonationen von Bomben. Das Schnarchen hörte deshalb kaum auf. Auch das Schimpfen hörte nicht auf. Die einen beklagten sich darüber, daß sie gestört wurden, die andern waren ungehalten darüber, daß man sie in den Keller gejagt hatte. In Berlin sind täglich drei Großangriffe, manchmal vier oder fünf, wurde gesagt. Und bewegen könne man sich bald überhaupt nicht mehr, denn nach jedem Angriff wäre alles kaputt – die S-Bahn, die U-Bahn, die Straßenbahn.

„Und wie komme ich nach Karlshorst?"

„Nun, früher haben Sie das in einer Stunde gemacht, heute brauchen Sie einen Tag, Herr Oberst!"

„Und nach Potsdam?"

„Dahin geht es etwas schneller."

Boehlke hatte sich auf dem Generalkommando in Potsdam zu melden. Zecke entschloß sich unter den gegebenen Umständen, zunächst ebenfalls in Richtung Potsdam zu fahren, und zwar bis Wannsee, um dort einen alten Bekannten aufzusuchen. Er hatte also mit Hauptmann Boehlke ein Stück des gleichen Weges. Nach der Entwarnung verabschiedeten sie sich von Hasse, der nach Hermsdorf zu seiner Familie wollte und nachher zur Nachbehandlung in das Reservelazarett Tempelhof. Boehlke kaufte sich auf der S-Bahn-Station eine Zeitung. Und unterwegs sah er die Nachrichten durch und las auch, und zwar genau, einen der auf die nahe Wende des Kriegsglückes abgestimmten Artikel. Zecke, der Boehlke gegenübersaß, beobachtete ihn dabei genau. Er bemerkte, wie sorgfältig er las, wie sein Gesicht sich verfinsterte und traurig wurde. Boehlke faltete melancholisch die Zeitung zusammen, begegnete dem Blick Zeckes und zuckte die Achseln.

„Es kann einen Hund jammern machen“, sagte er, „was ist nur zu tun?“

„Ich glaube, es ist reichlich spät für jedes Tun!“ erwiderte Zecke.

„Nun ja, das stimmt wohl ..., aber ich habe mich bei meinem Artilleriekommandeur zu melden.“

„Wir haben uns alle irgendwo zu melden.“

Boehlke erzählte dem Obersten Zecke seine Epopöe – Potsdam, Bad Kissingen, Prag, Leitmeritz, Dresden, und auch in Leitmeritz und Dresden hatte er seinen General nicht angetroffen; er sollte ihn jetzt in Potsdam finden.

„Es sieht fast so aus ...“ Es sieht fast so aus, als ob er einer der landauf und landab reisenden Soldaten wäre, die nichts als die Zeit herumbringen wollen, das wollte er sagen.

„Aber es ist nicht so, Herr Oberst. Es ist wie verhext, ich komme überall zu spät.“ — „Nun, man weiß nicht, wofür es gut ist!“

Zecke hatte sich in dem jungen Hauptmann nicht getäuscht. Der Fall war jetzt ganz klar. Er war einer, mit dem man offen reden konnte. Die Brücke von Mensch zu Mensch war geschlagen, aber dabei sollte es wohl bleiben.

Er mußte aussteigen. Eine Begegnung am Wege – Schiffe, die in der Nacht aneinander vorbeifahren.

Es blieb nur noch Zeit, einander die Hände zu drücken.

Einen Fußweg von zwanzig Minuten hatte Zecke zurückzulegen,

dann stand er vor einer jener geschmacklosen Villen mit Türmchen und Stuckornamenten, wie sie in der Kaiserzeit gebaut wurden. Zwei Familien wohnten in dem Haus, oben ein Luftwaffenoberst und in der Parterrewohnung sein alter Bekannter, der Schriftsteller Dr. Wittstock.

„Dr. Wittstock, was ist das für ein Mann?" wurde Zecke einmal gefragt, und zwar in jenen Tagen seines Berliner Aufenthaltes, und von einem Menschen, dem er zum erstenmal begegnete, dem er dennoch rückhaltlos vertraute und dem er gerade diese Frage genau zu beantworten hatte.

„Ach, was ist das für ein Mann . . ., ein begabter Mann, ein hysterischer Mann, ein sehr beweglicher Mann", begann Zecke bei dieser Gelegenheit — das war am südlichen Rande Berlins, in einem Siedlungshaus hinter Tempelhof — seine Charakteristik. „Nein, beim Militär war er nicht, und nicht in solcher Verbindung bin ich mit ihm bekannt geworden. Sie kennen doch Potsdam, meine alte Garnisonsstadt, und können sich vielleicht vorstellen, wie einem da manchmal zumute sein konnte, und daß man immer willens war, aus dem Gehege auszubrechen. Zudem in der Ära Seeckt war man überhaupt darauf aus, sich nach allen Seiten, nach rechts und links und besonders nach links umzusehen. Berlin in den zwanziger Jahren, man aß doch nicht immer im ‚Adlon' — Inflationsgewinner und Deflationsgewinner und Reinhard, Piscator, und Experimente überall, die Cafés am Kurfürstendamm, die Theaterfoyers, die Kabaretts, die Restaurants abends nach Theaterschluß, da tat sich etwas! Und man kam in Salons, die geradezu Experimentierfelder für gewagte gesellschaftliche Kombinationen waren, und so kam ich auch zu den Wittstocks. Also, beim Militär war Wittstock nicht, das hatte irgendwie nicht geklappt, und daher und auch aus seiner Vergangenheit heraus hat er gewisse Komplexe, hat geradezu eine Sucht nach Uniformen, und wo im Dritten Reich an so etwas heranzukommen war, war er immer dabei. Und obwohl er innerlich immer oppositionell zur Partei stand, hat er doch niemals unterlassen, mit den Brüdern zu kokettieren. Pg war er nicht, die wollten ihn gar nicht, er hatte ihnen viel zu schwache Nerven. Und das stimmt auch und setzt ihn außerstande, auch nur wenige Jahre in Opposition zu leben. Die jeweils herrschende Macht zieht ihn an. Presse, Publizität, Autos, Aufmärsche, das ganze pompöse Gehabe, der Glanz der

Öffentlichkeit, das alles fasziniert ihn, und er muß unbedingt dabeisein, muß daran teilhaben können. Dabei kann es passieren, daß er in seiner Exaltiertheit und dank seiner intellektuellen Einsicht furchtbar auf den Hitler schimpft; er kann beispielsweise in eine Gesellschaft kommen und ausrufen: Ihr habt vollkommen recht, endlich müßte man das Attentat machen! Wenn es dann aber binnen drei Tagen nicht dazu kommt, dann wird er erklären: Man sieht es ja wieder einmal, die Leute sind zu untalentiert, und die andern haben doch recht, und sie haben allein dadurch, daß sie an die Macht gelangt sind, auch die geistige Legitimation, die Macht zu gebrauchen. Sie sind wirklich die Männer, sie haben die Gegebenheiten der Geschichte erkannt und verstehen auch zuzupacken. Ihr aber, ihr armen Intellektuellen, seid blind, seid gelähmt durch Skrupel und moralische Vorurteile. Und so weit gelangt, wird er nicht mehr anhalten und die ganze Fülle moderner Redensarten steht zu seiner Verfügung. Danach ist Moral dann nur eine Zusammenfassung der Werturteile des mittleren Bürgers für sein bequemes Leben. Und Geschichte machen, heißt aus dieser Sicht brutal eingreifen. Und geschichtliche Verantwortung tragen, das bedeutet, daß auch einmal Menschenleben riskiert werden! Und das Böse, sagt er, ist nicht mehr böse, wenn es in großem Format begangen wird. Und nur mit dem Mut zum Bösen gehe man in die Geschichte ein. Und in die Geschichte eingehen, das ist ihm eine Art Religionsersatz, eine Art noch vorstellbarer intellektueller Ewigkeit. Alles andere gehört nach seiner Meinung in das Gebiet mythologischer Flausen. Allenfalls und im Gegensatz zu seinem ausgesprochenen Rationalismus (aber der ganze Wittstock ist aus Gegensätzen zusammengesetzt) läßt er das Unbewußte noch gelten. Das Unbewußte als treibende Kraft in der Geschichte ist sogar eines seiner bevorzugten Steckenpferde. Alles zusammengenommen – eine Verkennung der wirklich treibenden Kräfte, eine Verdrehung der Geschichtsphilosophie und als Leitstern ein heruntergekommenes Renaissanceideal: das ist Wittstock, aber doch nicht nur Wittstock, das entspricht leider der geistigen, oder sagen wir besser, der intellektuellen Haltung vieler Menschen in unserer entgötterten Welt."

Vor der Tür dieses verhinderten Renaissancemenschen stand Oberst Zecke. Die Klingelanlage im Haus funktionierte nicht. Aber die

Alarmsirene an der nächsten Straßenecke funktionierte. Es heulte schon wieder, und zwar in dem auf- und abschwellenden, endlosen Ton, also verspätet. Die Flak begann bereits zu ballern. Zecke trommelte mit der Faust gegen die Tür und wurde trotz des Wirbels draußen gehört. Die Tür ging auf und vor ihm stand Wittstock, mit zerzaustem Haar, beladen mit Mänteln, auch mit dem Pelzmantel seiner Frau, in der Hand das Luftschutzgepäck.

„Mensch, Zecke, du bist es, wo kommst du denn her, komm schnell herein!"

Zecke folgte Wittstock ins Haus und zur Hintertür wieder hinaus, in den Garten hinein und ein paar Stiegen hinunter in einen Splittergraben.

„Der zweite Luftangriff heute, wir sitzen mit einer kurzen Zwischenpause seit fünf Uhr hier im Graben."

„Den ersten Angriff habe ich ebenfalls mitbekommen, im Kellerhotel ‚Atlantic'."

„Keine Post, keine Zeitung, kein Telefon, sehr gemütlich, sage ich dir!"

Der Graben war im Zickzack angelegt, war für Regentage oben mit Brettern abgedeckt und mit Erde beworfen, war sehr schmal, und es war nur möglich, sich hintereinander aufzustellen oder allenfalls an dem Boden zu hocken. Das Ehepaar Wittstock und er, sonst befand sich niemand im Graben. Zecke hatte erst jetzt Gelegenheit, die Dame des Hauses zu begrüßen. Frau Wittstock war eine Freundin oder stand jedenfalls im Besuchsverhältnis zu seiner Frau.

„Wie geht es Lena?" war auch ihre erste Frage.

„Danke, den Verhältnissen entsprechend. Sie ist im Thüringer Wald, in Friedrichsroda, zusammen mit Agathe, und schreibt recht befriedigend!"

„So, du kommst also aus Prag, hast du schlecht eingerichtet, lieber Herbert. In Prag ist es doch sicherlich noch ganz zivilisiert!"

„Und so schöne Dinge gibt es dort und so billig!" meinte Frau Wittstock.

„Oh, das ist lange her, das war einmal, gnädige Frau. Und die Billigkeit damals war auch nur reine Willkür, die Dinge kosteten einmal fast gar nichts, auf Grund des hochgesetzten Kurses der Reichsmark. Lange vorbei, wie alle Vorteile, die uns unsere ‚vorausschauende' Politik einbrachte."

Die Bomber am Himmel dröhnten, anscheinend zogen sie direkt über den Garten hinweg. Die Einschläge saßen weiter in der Ferne.

„Vielleicht gilt es uns nicht", meinte Wittstock. „Aber wenn man gesehen hat, wie eine Bombe ein neunstöckiges Haus durchschlägt, oder wenn man, wie hier in unserer Straße, die verkrümmten Leichen sieht, die aus den Trümmern hervorgezogen werden, dann meidet man den Keller, dann lernt man so einen Graben schätzen! Alles was passieren kann, ein Volltreffer, und dann ist es aus."

„Ja, es ist wie an der Front!"

„Du bleibst doch bei uns, Herbert? Es geht doch!" wandte Wittstock sich an seine Frau.

„Ich würde sehr darum bitten. Sie wissen doch, Herr Zecke, daß Sie immer willkommen sind, und die leere Wohnung in Potsdam ist doch zu ungemütlich, vielleicht auch zu weit weg."

„Was hast du übrigens vor?"

„Was hat man mit mir vor, kann es nur heißen!" Er unterrichtete die beiden Wittstocks über seine Kommandierung und sagte, daß er zuerst seine Dienststelle aufsuchen müsse, dann aber gern auf das liebenswürdige Angebot zurückkommen werde.

Zecke beschloß, sich noch am gleichen Tage bei seiner Dienststelle in Karlshorst anzumelden und nach der Entwarnung und nach einem Frühstück verabschiedete er sich. „Jedenfalls kannst du zu jeder Tages- und Nachtzeit zurückkommen", gab Wittstock ihm mit auf den Weg.

Die Voraussage, nach der er bis Karlshorst fast einen Tag benötigen würde, stellte sich als annähernd richtig heraus. Zuerst ging es glatt, aber schon am Potsdamer Platz mußte er aussteigen und bis zum Alexanderplatz laufen. Mit der S-Bahn kam er nur bis zum Schlesischen Bahnhof. Er erkundigte sich nach dem weiteren Weg.

„Ja, die S-Bahn ist hier unterbrochen", wurde ihm erwidert. „Gehen Sie mal diese Straße lang, dort fährt die Elektrische, natürlich nicht bis Karlshorst, aber vielleicht kommen Sie bis zum Ostkreuz."

Oberst Zecke stand also dort und blickte in den Qualm hinein. Es wird schon stimmen, dachte er, als es lange dauerte. Sein Warten wurde belohnt, die Straßenbahn kam, und er konnte einsteigen. Und daß er einsteigen und mitfahren durfte, verdankte er seiner Uniform. Andere Passanten, die keinen roten Ausweis vorzeigen konnten, wurden von dem Schaffner abgewiesen. Ein kleiner verwachsener Sechzehnjähriger versah hier den Schaffnerdienst. „Ihr könnt laufen!" sagte er zu den Leuten, die ohne rote Karte mitfahren wollten.

„Ein Stück können Sie ja mit uns kommen", sagte der Bucklige zu Zecke. „Gestern ging es schon wieder bis zur Unterführung, aber vorhin war doch der große Angriff, und ich weiß nicht, wie weit es nun geht!"

Es ging nicht weit, Zecke stand bald wieder auf der Straße.

„Sagen Sie mal, mein Bester, wie komme ich nach Karlshorst?"

„Wenn Sie Glück haben mit der S-Bahn, gestern fuhr noch ein Pendelwagen."

Weiter ging es mit dem Pendelwagen der S-Bahn, allerdings auch nicht die ganze Strecke. Zecke war nun aber so weit gelangt, daß er den Rest des Weges zu Fuß zurücklegen konnte. Und endlich, am Spätnachmittag, erreichte er Karlshorst und das Kasernengelände.

Eine großzügige Anlage, eine Reihe moderner Bauten. Die Fenster waren natürlich rausgeflogen, und auf den Dächern fehlten streckenweise die Dachziegel. Die Häuser wirkten verlassen. Es war kein richtiger Betrieb mehr, das sah man. Ein Posten in riesigem Fahrermantel, mit dicken Fahrerstiefeln, eine alte zerkaute Pfeife im Mund, die Mütze schief auf dem Kopf, war ganz die Landsergestalt, wie Zecke sie gern sah. Der Landser stampfte vor der Einfahrt hin und her, vier oder fünf Schritte rechts und dann ebenso viele Schritte zurück.

„Kamerad, ich suche die Pi-Schule!"

Der Posten blieb stehen und betrachtete Zecke. Ein alter Oberst, noch einer von der alten Garde. Er kaute, ohne dabei die Pfeife aus dem Mund zu nehmen, eine Antwort heraus.

„Die Pi-Schule, das hier sind die Reste der Pi-Schule!"

Die Reste . . ., so sah es aus, auf dem Innenhof lagen Trümmer, vom Haus war das halbe Dach abgedeckt, kein Fenster war heil geblieben.

„Hier hat doch mal ein Regimentsführerlehrgang stattgefunden?"

„Ja, hat stattgefunden, ist aber schon vorbei!"

„Nun, ich soll dort hin, muß mich dort melden!"

„Da kommen Sie aber reichlich spät, Herr Oberst, wissen Sie noch nicht, haben Sie noch nichts gehört?" — „Nichts weiß ich."

„Nun, dann hören Sie mal zu, der Lehrgang wurde doch aus Angst vor den Russen verlagert, nach dem Westen. Und gerade heute vormittag haben wir die Meldung gekriegt, daß dort die Amis gekommen sind und den ganzen Kurs ‚hop' genommen haben."

„Was haben sie, den Kursus ‚hop' genommen?"

„Jawohl, mitten auf dem Übungsfeld. Wären Sie früher gekommen, dann hätten Sie es auch schon hinter sich, Herr Oberst!"

Oberst Zecke erfuhr weiter, daß im Hause schon einige Nachzügler für den Lehrgang in Quartier lagen und daß der Regimentsadjutant zurückgeblieben war und die Geschäfte des Regiments am Orte weiterführte.

Er ließ sich Zeit und suchte zuerst einmal die Kantine auf. Auf dem Wege dorthin hatte er auch Gelegenheit, sich die Unterkunftsräume zu betrachten. In der Kantine traf er einige jüngere Herren, sie bestätigten ihm die Erzählung des Postens. Darüber hinaus hatten sie bereits weitere Nachrichten. Danach war der gesamte Lehrgang tatsächlich in die Hände der Amerikaner gefallen, aber am gleichen Tage durch den Gegenstoß einer deutschen Panzerdivision wieder befreit worden und sollte nun abermals verlagert werden. Dieses Mal nach Süddeutschland, der genaue Ort war noch nicht bekannt. Als Zecke das Regimentsbüro aufsuchte, war er über alle Angelegenheiten des Lehrgangs bereits unterrichtet und wußte beinahe ebensoviel wie der Regimentsadjutant, auch über die Person des Adjutanten war er ins Bild gesetzt worden.

„Schönen guten Tag, hier Oberst Zecke, ich komme aus Prag."

Dem Adjutanten fiel das Einglas fast aus dem Auge. Er starrte den Eintretenden an. Er war Major und im Zivilberuf Gewerbelehrer, doch er vertrat hier das Regiment und durfte wohl auch von einem Obersten eine richtige Meldung erwarten. Aber weder die saloppe Haltung noch der joviale Ton Zeckes entsprachen seinen Vorstellungen über eine militärische Meldung.

„Hier ist ja schon alles völlig demoliert", setzte Zecke im gleichen Ton fort. „Was machen Sie da eigentlich noch hier! Ich bin ja nun offensichtlich zu spät gekommen. Wann kann ich also wieder abreisen?"

Dem Adjutanten fehlten die passenden Worte. Auch der Oberzahlmeister, der im gleichen Raum saß, blickte konsterniert auf, beugte sich aber gleich wieder über seine Papiere.

Der Adjutant sagte schließlich:

„Es tut mir leid, Herr Oberst, daß Sie vergeblich hierherkamen. Indessen habe ich weitere Telegramme, auch neue Aufträge für Herrn Oberst noch nicht erhalten. Unter diesen Umständen muß ich bitten, sich weiter bereit halten zu wollen.“ Und er erklärte, was Zecke bereits wußte, daß der Lehrgang nach Süddeutschland verlagert würde, der genaue Ort leider noch nicht bekannt sei, und daß man neue Marschbefehle für Nachzügler abwarten müßte.

„Aber Sie können doch mit dem Personalamt telefonieren. Eine Verbindung hier in Berlin oder nach Zossen kann doch nicht so umständlich sein?“

„Das Heerespersonalamt ist schon vor einiger Zeit nach Thüringen verlegt worden, und der Telefonverkehr nach Thüringen ist augenblicklich gesperrt.“

„Der Telefonverkehr nach Thüringen ist augenblicklich gesperrt – das will heißen, das Personalamt existiert auch in Thüringen nicht mehr, das halbe Thüringen existiert für uns zur Stunde nicht mehr. Das können Sie im Wehrmachtsbericht nachlesen. Unterlassen Sie also freundlicherweise solche euphorischen Umschreibungen.“

Der Adjutant schien tatsächlich, wie ihm gesagt worden war, ein martialischer Herr zu sein. Er ignorierte sogar die Verlautbarungen des OKH und wollte offenbar selbst Goebbels an ignorantem Durchhaltewillen übertreffen. Doch jetzt war er in die Defensive gedrängt, und das war der Moment für Zecke, kategorisch zu erklären: „Da das Personalamt sich offensichtlich in Verlagerung befindet und wir Weiteres abwarten müssen, werde ich also morgen oder übermorgen hier wieder vorsprechen.“

„Ich möchte Herrn Oberst aber doch bitten, in der Kaserne Quartier zu nehmen.“

„Kommt überhaupt nicht in die Tüte!“

Der Adjutant war geschlagen, seine Erwiderung klang lahm.

„Es wäre aber erwünscht, Herr Oberst!“

„Ich habe mir Ihre Unterkunftsräume angesehen. Die Räume sind recht unbequem, und die Betten sind auch schlecht. Ich denke gar nicht daran, die letzten vierzehn Tage meines Lebens so unbequem zu verbringen!"

Die letzten vierzehn Tage ... Was erlaubte dieser Oberst sich eigentlich, was wollte er damit sagen? Dieses Mal fiel das Einglas dem Adjutanten tatsächlich aus dem Auge. Der Zahlmeister beugte sich noch tiefer über seine Schreibarbeit. — Zecke betrachtete beide.

Da sitzen sie also, mit abgerissenen Telefonverbindungen, in einem zerbombten Haus, die Scherben der herausgefallenen Fenster auf dem Tisch, und anscheinend sind beide entschlossen, noch im letzten Augenblick den Krieg zu gewinnen. Immerhin dürften doch auch sie nicht übersehen, daß es ein Unterschied ist, ob ein Regimentsstab an der Front zerbombt wird oder ob die Front bereits nach Berlin hineingreift.

„Meine Herren, ich verstehe Ihre Zuversicht nicht. Was meine Angelegenheit anbelangt, so habe ich in der Stadt bereits ein Quartier. Ich habe Verschiedenes zu tun, will mich auch etwas umsehen, alte liebe Freunde besuchen, und übrigens ist alles bereits so derangiert, daß es keine Rolle spielt, ob das erwartete Telegramm ein paar Stunden früher oder später in meine Hände gelangt."

Dabei blieb es.

„Auf Wiedersehen, meine Herren, bis übermorgen also!"

Der Adjutant und der Oberzahlmeister blickten die Tür an, als handle es sich nicht um einen aus Prag kommandierten Obersten, sondern um eine Erscheinung, die sie heimgesucht hatte. Der Adjutant schüttelte mißbilligend den Kopf, und der Oberzahlmeister pflichtete ihm mit ebenso schweigsamem Kopfnicken bei. Solchem unverhüllten Zynismus waren beide noch nicht begegnet. Aber um so auftreten zu dürfen, mußte man wohl autorisiert sein. Dieser Oberst aus Prag, im Weltkrieg Oberleutnant, hatte vor Moskau ein Regiment geführt und kam jetzt von einer höheren Dienststelle; und man konnte nicht wissen, nein, nichts konnte man heutzutage wissen, man mußte ihn wohl seine eigenen Wege gehen lassen.

Zecke meldete sich einen Tag um den anderen in Karlshorst, um jedesmal zu erfahren, daß mit dem Heerespersonalamt noch keine Verbindung bestand. Im übrigen besuchte er „alte, liebe Freunde", machte auch neue Bekanntschaften. Die Abende und Nächte verbrachte er meistens bei den Wittstocks. Einmal suchte er auch Potsdam auf, um mit dem traurigen Bewußtsein zurückzukehren, daß Potsdam nur noch ein historischer Begriff ist. Seine persönliche, so lange gehegte Vorstellung entsprach in nichts mehr der trostlosen Wirklichkeit. Für seine verlassene, inzwischen ausgebombte und anscheinend ausgeplünderte Wohnung hatte er nichts als einen kurzen Rundgang übrig gehabt, nach keinem der herumgekollerten Gegenstände hatte er sich gebückt. Was sind schon Gegenstände — wenn die Mauern ringsum gerissen sind, die Tapeten von den Wänden hängen und durch die leeren Fensterhöhlen der Staub geblasen wird. Was sind schon Gegenstände, wenn sie die Beziehung zu den Menschen und zu einer intakten Umwelt verloren haben; was kann ein Louis-Quinze-Stuhl noch bedeuten, eine Damaszenerklinge, das verstreute Teil einer Münzensammlung, wenn ganz Potsdam in Trümmern liegt, die Garnisonkirche geborsten, die historische Gruft aufgebrochen, die sterblichen Überreste des Großen Königs verlagert, irgendwo über eine deutsche Landstraße rollen, und die Angehörigen des Gardejägerbataillons, des Leibhusarenregiments, des Garde du Corps in alle Welt verstreut sind, um niemals mehr zurückzukehren.

Um niemals mehr zurückzukehren! Mit solchem Gefühl der Unwiderruflichkeit kehrte Zecke nach Berlin zurück. Und wenn nun das Preußentum im Staube liegt, ist damit die auf das Preußentum aufgepfropfte Reichshauptstadt, aus hundert Bränden schwelend und in immer neuen Detonationen aufbrechend, ist damit auch diese Riesenansammlung steinerner Häuser mit ihrem Fünfmillionenvolk, mit ihrer in Tiefe und Weite wirkenden Dynamik ebenfalls verurteilt; und wenn der „Morgenthau“ über das Land kommt und sie das Reich in Teile spalten, wird Berlin dann sterben müssen? Wie wird eine Stadt und wie vergeht sie? Sie wird wohl nicht allein deshalb, weil ein Großer Kurfürst sein Schloß dort aufbaut und die Straße vom Schloß bis zum Stadttor mit Linden bepflanzen läßt, obwohl auch das mit dem Werden zu tun hat, ebenso wie die Lage an einem Wasserlauf, an einer Durchgangsstraße, und ebenso haben fahrende Kaufleute, der Handelssinn ihrer festen Bewohner, die Handfertigkeit ihrer Arbeiter und auch die große Feuersbrunst und die Quitzows und Itzenplitz und marodierende Kriegshaufen, die eine Feuerwehr und eine Bürgerwehr und manchmal auch tributzahlende Bürgerlist erstehen ließen, Anteil am Entstehen und Wachsen der Stadt. Vieles kam zusammen, Bewohner aus allen deutschen Gauen, aus Pommern, aus Schlesien, Kolonisten aus Frankreich und vom Lac Leman ... Hugenotten, Flamen und Holländer, viele Schicksale wurden zusammengegossen, viele und ganz verschieden geartete Männlein und Weiblein mußten zueinander finden, vieles mußte geschehen, in Bürgerbetten und Dienstmädchenmansarden und auch auf freier Liebesbahn, in den Kuscheln hinter den Zelten (das waren noch die Großmütter), und auf Wanderfahrt in den Rüdesheimer Kalkbergen und auf Sylt und unter dem Hohen Meißner (das waren die Väter und Mütter von den heutigen Pimpfen), so vieles mußte geschehen, ehe das Gesicht des Berliners zum Vorschein kam und die Berlinerin geboren wurde.

Und diese ganze Entwicklungsreihe, das aus Sand und Spreeschlamm aufgetauchte Gesicht, ist es auszulöschen mit einem Federstrich, hört es auf zu bestehen, weil ein von der Natur Versehener dank einer besonderen innenpolitischen (und noch mehr außenpolitischen) Konstellation für einige Jahre das Heft in die Hand bekam und weil am Ende des Krieges drei siegreiche Titanen sich zusammensetzen und erklären, daß das, was ist, nicht sein darf?

Kommt nicht in die Tüte! Und durch Berlin fließt immer noch die Spree, wird auch nach dem säkularen Zusammenbruch noch fließen, auch wenn in den letzten fünf Minuten ein Adjutant und die Pionierschüler aus Karlshorst und ein Major Hasse und andere Verzweifelte und Irrgeleitete sich finden werden, um die schon angelegten Sprengkästen zur Entzündung zu bringen und die sich von Ufer zu Ufer spannenden Brücken in die Luft jagen werden!

Berlin wird sein, weil es ist.

Es wird sein, weil sein Volk vorhanden ist. Die Kugel ist noch nicht ausgerollt, das Wort ist noch nicht gesprochen, und kein Repräsentant – weder im Kaisermantel noch im Rock des Präsidenten, am wenigsten der im braunen Hemd – hat es stellvertretend aussprechen können. Berlin selbst – Berlin in der Mütze, im Anzug von der „Stange“, in der blauen Schlosserbluse, im Rollkragenpullover und im selbstgefertigten Kleidchen – wird das Wort zu finden haben.

Und solange ...

Nein, kein Hokuspokus mit der Feder und auch nicht mit Salvengeschützen kann es wegeskamotieren.

Es kann sich nur selbst aufgeben!

Oberst Zecke wanderte über die Weidendammer Brücke.

Hier war der gleiche Zecke — das war bald fünfzig Jahre her — einmal an der Hand seines Vaters gegangen, unten der langsam dahinziehende gewölbte Fluß, darüber der blaue Frühlingshimmel, die Luft so traumhaft weich, wie sie nur in Berlin sein kann und ein traumhaft leiser Lufthauch nahm dem kleinen Zecke den großen breitrandigen Strohhut vom Kopfe, entführte ihn über das Brückengeländer und setzte ihn sanft aufs Wasser ab. Da schwamm er, verschwand unter der Brücke und kam auf der anderen Seite wieder zum Vorschein, trieb wie eine Nußschale, wie ein winziges helles Märchenschiffchen dahin. „He, Sie Männeken da unten, Sie mit der Stange ...", das war der Vater, und der Mann mit der Stange angelte den Hut, brachte ihn triefend und etwas klebrig heraus und erhielt als Lohn ein blankes Geldstück.

Das war an der Weidendammer Brücke.

Zecke ließ die Brücke hinter sich, kam an der zerfetzten Kaserne des Alexander-Grenadierregiments vorbei, folgte ein Stück Wegs dem langen Schlauch der Friedrichstraße und gelangte in eine Geröllschlucht. In ein Cañon, die beiden Häuserseiten hatten im Sturz einander berührt und bildeten bizarre und nicht ganz geheuer wirkende Arkaden, unter denen die Fußgänger ihren Weg zu suchen hatten. Zecke gelangte wieder ins Freie. Hinter sich die Oper und die Hedwigskirche, kam er auf ein Gelände, das mit den umhergestreuten Quadern eher als allem anderen einem Marmorbruch glich. Die riesigen Paläste der Geldmacht hatten hier gestanden. Ein Sturm hatte sie weggeblasen. Zecke erblickte auch das Haus, allerdings nur den Stumpf des Hauses, das er suchte und ging darauf zu. Es handelte sich um nichts Besonderes, um einen Gruß, den er auszurichten hatte, an einen Bankbeamten, einen ihm unbekannten Menschen, und deshalb war sein Unternehmen vielleicht doch etwas Besonderes. Das Parterre des Hauses war stehengeblieben, ruhte unter den zusammengesunkenen drei oberen Etagen. Auch die Straße war verschüttet. Ein Trampelpfad führte einen Schuttberg hinauf und führte wieder hinunter, ein paar Meter an der Hauswand entlang und hin bis zum Portal. Das stand noch, war unberührt geblieben, sogar die Drehtür funktionierte. Eine große Halle nahm den Hereinkommenden auf. Es war heller Tag, draußen schien die Sonne, aber der Schutt vor den Fenstern ließ nur ein diffuses Licht ein. Die Leute, die hier zu tun hatten, bewegten sich wie augenlose Wesen in einem Tiefseeaquarium.

Zecke stand an einem Schalter:

„Ich suche Herrn Schulze, wollte etwas ausrichten."

„Ach ja, Herr Schulze, da gehen Sie besser zu Schalter V. Dort bitte, dort geht es lang!" Die Hand des Beamten deutete in die Tiefseewelt. Zecke folgte der gewiesenen Richtung, eine in wüster Einsamkeit brennende Kerze führte ihn an das Pult eines anderen Schalters, und er wiederholte seinen Text.

„Ach ja, Herr Schulze."

Der Schalterbeamte zog es vor, noch einen anderen Beamten, seinen Abteilungschef, herbeizuholen. Der sah aus, wie ein Chef in dieser Unterwelt aussehen mußte, der Anzug ungebügelt, das Hemd schon lange nicht mehr gewaschen, er trug einen Pullover. Die Kerze brannte rauchend. Der Chef und sein Untergebener wisperten miteinander und betrachteten den Besucher, der nach Herrn Schulze gefragt hatte.

Als der Chef ans Schalterfenster kam, hielt Zecke es für nötig zu erklären: „Ich habe Herrn Schulze einen Gruß auszurichten und zu bestellen, daß es seinem Schwager in Prag gut geht. Das ist von meiner Seite aus alles."

„Ach ja, der Herr Schulze . . ."

Die Geschichte war dann aber doch ganz anders, als sie sich scheinbar angelassen hatte, jedenfalls nichts, das mit Haussuchung, Verhaftung, Gestapo und dergleichen zusammenhing.

„Der Herr Schulze, das ist doch so traurig. Die letzten sechs Monate war er im Feld. Er hat eine Frau zurückgelassen, eine junge, reizende Frau und zwei Kinder, vier war das eine und zwei das andere. Und wie das so ist . . ., eine Bombe geht ins Haus rein und die Frau und die Kinder im Keller werden verschüttet. An der Front bekommt der Schulze ein Telegramm, mit dem üblichen Text in solchen Fällen, Sie wissen schon, Totalschaden, Heimaturlaub.

Das ist jetzt drei Wochen her. Der Schulze kommt an mit acht Tagen

Urlaub. Und acht Tage hat er dabeigestanden. Die Arbeiter haben geschaufelt und geschaufelt, und er steht da vom Hellwerden bis zum Abend. Am nächsten Tag wieder, die Arbeiter schaufeln, und er steht da und guckt immer hinein in die Grube von dem Haus. Die Arbeiter schaufeln bis in die Nacht, und dann ist er schlafen gegangen, dann ist er wieder hingegangen und hat wieder dagestanden, das war sein ganzer Urlaub. Und was soll ich Ihnen sagen, denken Sie an, welches Glück hat der Mann gehabt, in den letzten drei Stunden seines Urlaubs haben sie die Leichen gebracht . . ."

Zecke schwamm durch das Tiefseebecken zurück, tippte gegen die Tür, die sich geräuschlos drehte, kletterte über die Schuttberge, überquerte die Steinbrüche, erblickte die Oper, das Zeughaus, die Universität, weiter hinten im Qualm blieb der Dom und die aufgeklaffte Fassade des Schlosses. Er stand wieder auf der Weidendammer Brücke, wo der Frühlingswind einmal ein Kinderhütchen davongetragen hatte.

Welches Glück hatte der Mann gehabt! Diese Floskel setzte sich in seinem Kopf fest und war auch sein Refrain, als er am folgenden Tag Generaldirektor Knauer kennenlernte. Generaldirektor Knauer war der Mann, draußen hinter Tempelhof in der Siedlung Mariendorf, dem er über Wittstock genaue Auskunft zu geben hatte. Nicht Knauer hatte er aufsuchen wollen, und bis zu seinem Besuch hatte er von ihm nicht mehr gewußt als den Namen, und auch der war ihm nur ein Synonym für die Siriuswerke bei Stettin gewesen. Es handelte sich um eine junge Dame, ihr hatte sein Weg bis ganz da draußen hinter Tempelhof gegolten. Er hatte einmal auf dem Sportplatz neben ihr gesessen, war mit ihr bekannt geworden und hatte sie einige Male gesehen. Eine junge Berlinerin – realistisch, praktisch, amerikanisiert, heißt es. Allerdings, die hellen Sommerkleidchen werden selbst geschneidert, am Samstag nach Geschäftsschluß selbst gebügelt, auf den Ausflug an den Havelsee wird ein Stullenpaket mitgenommen. Ja, praktisch, realistisch auch, nüchterne Einschätzung der Umwelt ebenfalls. Das stimmt alles, aber wieviel Sehnsucht daneben nach der blühenden Heide, wieviel Romantik ist noch vorhanden! Er war also wieder einmal nach Berlin hereingekommen, hatte sie angerufen, um sie zu einer Tasse Kaffee bei Josty und anschließend vielleicht zu einem Kinobesuch einzuladen. Aber sie konnte nicht kommen, sagte ihm, daß sie am gleichen Tage Kriegstrauung machen würde. Kriegstrauung, Ferntrauung, so eine Sache über den Äther. Und der Mann (ein junger Arzt, den sie ihm einmal vorgestellt hatte) war nicht anwesend, stand an der Ostfront im Felde. Nun, was war da zu tun, er kaufte einen Strauß weißer Rosen und nahm an der Hochzeit — Funkgespräche hin und her, auch ein weiterer Zeuge war da — als Trauzeuge teil, und seither hatte er die junge Frau nicht mehr gesehen.

Und nun — telefonisch war sie nicht zu erreichen gewesen — öffnete er das Gartentor, klopfte dann an die Haustür. Ein Mann öffnete, eben jener Direktor Knauer, wie sich nachher herausstellte. Im ersten Moment war es ein Mann, etwas sonderbar angezogen. Es war zwar alles von einem guten Schneider gemacht, aber nichts paßte, und nichts paßte recht zueinander, die Hose nicht zur Jacke und die Weste nicht zur Hose, paßte auch nicht zu dem, der es anhatte.

„Ich wollte zu Frau Halen."

„Tut mir leid, aber Frau Halen ist nicht zu Hause ..., überhaupt nicht mehr in Berlin."

„Dann kann ich vielleicht die Adresse haben!"

„Das ist nicht so einfach ..., die Adresse kann ich Ihnen tatsächlich nicht geben. Aber kommen Sie doch bitte herein!"

Sie saßen einander gegenüber — Zecke und Knauer, der Sirius-Knauer, das wußte Zecke in diesem Moment noch nicht.

„Die liebenswürdige Frau Halen hat plötzlich abreisen müssen, nach Salzwedel, doch die Adresse stimmt auch nicht mehr. Sie ist weitergefahren, weiter ..." Der Mann am Tisch hörte zu sprechen auf. Eine Pause, beide sahen einander an. Es gehörte nicht viel dazu, daß einer den anderen verstand.

„Sie sehen meine Weste so an, sie ist von meinem Bruder, der ist nun auch tot. Und die Jacke, die Ärmel sind etwas zu kurz. Es hat sie einer getragen, ein guter Freund, der wurde in Plötzensee gehängt. Und die Hose, wir haben sie hier gefunden, sie ist von einem, der nach Italien wollte, wir wissen nicht, ob er durchgekommen ist. Hoffentlich sucht die Gestapo ihn nicht hier im Hause."

Der Mann hatte schwere Hände und lange schwere Arme. Es war gewiß nicht leicht, eine passende Jacke für ihn zu finden.

„Knauer aus Stettin", stellte er sich vor.

Also der Sirius-Knauer, einer der reichsten Männer da oben an der Ostseeküste. Mit diesen schweren Händen und aus eigener Kraft hatte er das Werk aufgebaut, das seine Produkte früher nach England, nach Afrika, nach China, in alle Welt lieferte.

„In einer Nacht war alles platt“, erzählte er, „die Hallen, die Vorräte, der ganze Fuhrpark, auch meine Wohnung. Eine andere Wohnung hatte ich nicht. In Pyjama und Hausschuhen, eine Decke umgehängt, so kam ich davon!“

Und darin war der ganze Umfang der Katastrophe noch nicht beschlossen. Die Gebäude zerstört, Benzin und Staubkohle ein Flammenmeer, die Maschinen und Geräte Schrott, die Tresore aus den Büros in die Gegend geschleudert, ihr Inhalt von außen verglüht oder verstreut, auch sein Privattresor war dabei. „Ich kannte einen Schriftsteller, ich half ihm gelegentlich aus“, erzählte Knauer mit leiser Stimme, die im Gegensatz zu seiner wuchtigen Erscheinung stand. „Der Mann war besessen, war voll der ihn umdrängenden Bilder, aber er schrieb nicht mehr. Er hätte nur für die Schublade schreiben können. Aber sehen Sie, die Bombennächte, die einstürzenden Häuser, die Blätter aus der Schublade flattern über die Straße, das hatte ihn davon abgehalten, seine Gedanken zu fixieren. Nun, ich dachte immer, ein Stahltresor ist etwas anderes als eine Schublade..., ein Irrtum. Ich mußte es erfahren. Mein Privattresor ist in der Katastrophennacht gerettet worden — von der Gestapo, die ihn abtransportieren ließ. Und so kam ich nach Berlin und wurde hier weitergereicht, so kam ich in dieses Haus zu Frau Halen.“

Rot blüht die Heide.., wohin die Romantik der Berlinerin führen kann, das stellte sich so heraus, nicht nur zur Ferntrauung, auch zu sonstigen Fernzielen. Die kleine Frau Halen also auch... Hand in der Kette, ein Glied im Ring, empfängt Besuche, trifft auch den Gefängnispfarrer aus Plötzensee, nimmt Kassiber entgegen, befördert sie weiter, nimmt Gejagte auf, Juden, Offiziere, wie es kommt, auch mal einen Direktor Knauer. Und sie hat ihre Schützlinge zu bekleiden, muß sie füttern, hat Lebensmittelkarten, hat persönliche Dokumente zu beschaffen, zu erlisten, zu fälschen, vielleicht auch zu stehlen, und sie hat unter solchen Umständen — das konnte nicht ausbleiben — eines Tages zu verreisen, zuerst nach Salzwedel, dann immer weiter, und Direktor

Knauer kann dann wirklich die Adresse nicht angeben. So viel Romantik . . ., nicht nur die blühende Heide, auch die Hütte in der blühenden Heide und Friede in der Hütte, und damit die Hütte Frieden haben kann, Krieg den Palästen — den neuen Palästen des Reichsusurpators und der Reichsverderber! So viel Romantik, daß der Kreis sich schließt und romantisches Streben wieder Realität, blutige und zermürbende Realität wird.

„Ja, und nun sagt man mir, das Haus hier wäre nicht mehr ganz sicher, und erwägt andere Ausweichmöglichkeiten. Auch Dr. Wittstock wurde genannt. Sie kennen ihn doch, was ist das für ein Mann?"

„Ach, was ist das für ein Mann . . ."

Es war die Gelegenheit, bei der Oberst Zecke über seinen alten Freund Wittstock Auskunft zu geben hatte, und er sagte, seine Charakteristik abschließend: „So ein Mann ist er also, er schreibt nicht für die Schublade, er schreibt für den Tag. Und von den Männern des Tages glaubt er, daß sie — wie es auch ausgeht — bereits geschichtliche Figuren sind. Eine völlige Verkennung der Wirklichkeit also, und in seinen besten Stunden weiß er es auch und gibt es auch zu, sagt sogar, daß es sich nicht um geschichtliche Größen, sondern um einfache Schurken handelt. Wie gesagt, der Wittstock ist noch nicht über seinen eigenen Schatten gesprungen, wird es auch nicht tun, und der vergangene Wittstock ist noch immer sein bestes Teil."

Oberst Zecke hatte sich so lange aufgehalten, daß es nicht ohne Luftalarm abgehen konnte, und als die Sirene zu heulen begann und dann der Drahtfunk starke Verbände in Richtung Berlin-Süd meldete, begleitete er Knauer in den Keller.

Die Siedlung war hufeisenförmig angelegt, und zwar so, daß der offene Teil, der von der Hauswand umfaßte Hof, nach Norden, also in Richtung Tempelhof und Berlin zeigte. Im Keller fanden sich auch Leute aus den Nachbarwohnungen ein. Einige Frauen, zwei alte Männer, einer davon ein pensionierter Rektor, der andere ein Buchdrucker, dann noch ein jüngeres Ehepaar, Heinrich Putlitzer mit seiner Frau, die Photographin war. Mit den beiden Putlitzer machte Knauer ihn bekannt. Frau Putlitzer erinnerte ihn an die Abwesende, die er eigentlich hier hatte aufsuchen wollen. Nicht im individuellen Ausdruck, der war eigen bei der einen und bei der andern. Aber Blätter vom gleichen Baum, hinter den eigenen Zügen das Gesicht Berlins, und die Augen schon das lautlos näherkommende Verhängnis erspähend, und schon gewiß, auch das Schwerste zu überstehen.

Die beiden Putlitzer, der alte Buchdrucker Riebeling und Direktor Knauer gehörten zueinander, das war leicht zu erkennen. Auch die andere Seite war im Keller vertreten. Der pensionierte Rektor, der sich offensichtlich nicht mehr zurechtfand in einer in rasender Veränderung befindlichen Welt. Unter seinen Töchtern waren die beiden jüngeren einfältige Wesen ohne Ahnungen, die dritte ebenfalls im Schuldienst, glich ihrem Vater, mit knapp vierzig Jahren schon vertrocknet, und auch sie schien mit der Welt zerfallen. Es hatte damit aber eine besondere Bewandtnis. Unter den Nachbarn war es ein offenes Geheimnis, daß sich vor einigen Tagen der Jüngste der Familie, der in der Waffen-SS dienende neunzehnjährige Bruder, eingefunden hatte, und zwar in Zivil, als Deserteur, und sich seither in einem Holzschuppen verbarg. Der Alte wußte nicht mehr aus und ein. Ihn angeben würde bedeuten, daß man seinen Sohn, der bisher der Stolz der Familie war, am nächsten Laternenpfahl aufbaumelte. Das aber meinte seine älteste Tochter der „Volksgemeinschaft“, wie sie sagte, schuldig zu sein, und von morgens bis abends lag sie dem Alten damit in den Ohren. Sie verzehrte sich vor Scham, ihr Gesicht wurde noch spitzer. Sie wagte die Augen nicht mehr aufzuschlagen, sprach mit niemandem mehr, konnte auch niemanden mehr (und das hatte sie früher nicht selten getan) wegen unpassender Äußerungen zurechtweisen.

Knauer, die beiden Putlitzer, der alte Riebeling, der Vater mit seinen drei Töchtern, und außerdem war noch die Frau eines Magistratsangestellten im Keller, ein verhärmtes Wesen, nicht nach rechts und nicht nach links blickend. Der Süden Berlins bekam dieses Mal nichts ab. Der Angriff galt dem Zentrum. Nur die wieder abziehenden Maschinen waren zu hören. Zecke und Knauer verließen schon vor der Entwarnung den Keller, und Zecke ging noch einmal mit ihm in die Wohnung. Er kam nochmals auf das vorher unterbrochene Thema zurück.

„Alles in allem“, sagte er, „können Sie bei den Wittstocks unbesorgt sein. Auch die bunte Gesellschaft, die dort aus und ein geht, kommt eigentlich aus vergangenen Tagen, auch der täglich dort anwesende

Redakteur Splüge wußte einmal nicht, ob er Maler oder Schriftsteller oder Musiker werden wollte, und die Cafés am Kurfürstendamm und die Tage seines verbummelten Studentendaseins gehören noch immer zu seinen schönsten Erinnerungen, auch von ihm haben Sie nichts zu befürchten!"

„Die Gestapo oder die Russen", sagte Knauer, „das eine kommt vielleicht, das andere kommt gewiß! Welches von beiden schlechter ist, weiß ich nicht. Aber was kann mir eigentlich noch passieren. Ich kann mein Schicksal auch hier erwarten!"

Es war das letzte Wort von Direktor Knauer.

Er begleitete Zecke bis an die Gartentür.

Ja, was kann ihm eigentlich noch passieren – das Werk platt, bekleidet von lieben Freunden, der eine gehängt, der andere wartet auf das Hängen, der dritte flüchtig, betreut von einer liebenswürdigen Berlinerin, die von Stadt zu Stadt fährt und die Spuren hinter sich verwischt; so ausgebombt, so ausgebrannt, so beladen, daß es schlimmer nicht kommen kann und er sein Schicksal dort am Rande Berlins oder wo auch immer erwarten kann – welches Glück hat der Mann gehabt!

Als Zecke am gleichen Tage noch nach Karlshorst kam, überraschte ihn der Adjutant mit einem Auftrag. Danach sollte er über Hamburg nach Jütland fahren, um dort eine Truppe zu übernehmen. „Es besteht die Befürchtung, daß die Engländer eine Landung unternehmen", erklärte der Adjutant, „und deshalb soll aus verfügbaren Einheiten eine Sperrgruppe aufgestellt werden, um ein Einsickern britischer Truppen von Norden her abzuriegeln!"

„Ich höre nur ‚verfügbare Einheiten und britische Truppen', dazu will ich mich überhaupt nicht äußern!" erwiderte Zecke. „Aber rechnen Sie einmal aus: Bei der Paralysierung des Verkehrswesens werde ich bis Hamburg recht und schlecht eine Woche brauchen, bis an Ort und Stelle wieder eine Woche, für die Zusammenfassung der verfügbaren Einheiten – so solche überhaupt verfügbar sein sollten – nochmals eine Woche. Danach könnte ich beginnen, die Gegend zu erkunden, wieder eine Woche." Er nahm seine Finger zu Hilfe, zeigte: „Eins, zwei, drei – drei bis vier Wochen also! Sagen Sie mal, Herr Major, was glauben Sie eigentlich?"

Der Adjutant schaute ihn verständnislos an oder er spielte Verständnislosigkeit.

„Was glauben Sie, wieviel Zeit uns noch bleibt! Bis jetzt war ich gewohnt, mit einer gewissen Voraussicht an eine Sache heranzugehen. Ich kann mich nicht dazu entschließen, einen Auftrag anzunehmen, der von vornherein undurchführbar erscheint. Handelt es sich um einen Befehl, um eine über das Heerespersonalamt eingegangene Kommandierung?"

„Nein, um so etwas handelt es sich nicht, mit dem Heerespersonalamt haben wir noch keine Verbindung."

„Dann ist die Sache von mir aus entschieden. Ich bedaure, ablehnen zu müssen!"

Wieder blieben der Adjutant, der Zahlmeister, noch einige Herren der Pi-Schule kopfschüttelnd im Regimentsbüro zurück. Es war ihnen nicht gelungen, den Obersten, der sich in ihre Routine nicht einfügen wollte, auf diese Weise loszuwerden. Statt dessen hatten sie eine an Defaitismus grenzende Beurteilung hinnehmen müssen. Der Adjutant warf dem Zahlmeister einen verzweifelten Blick zu. Die Anwesenheit der jüngeren Herren hielt ihn davon ab, seine Gedanken zu äußern. Aber dieser Oberst Zecke wurde ihm allmählich zu einem „Fall Zecke". Muß er als Reserveoffizier und als alter Nationalsozialist alles herunterschlucken, muß er sich von einem aktiven Obersten alles bieten lassen? Ja, so lange wahrscheinlich, bis der Fall Zecke zu einem wirklichen aktenkundigen Fall geworden ist.

Zecke hatte es wieder mit allen Arten von Verkehrsmitteln zu tun. Bei einbrechender Dunkelheit, auf dem Fußweg von der Großen Frankfurter Straße zum Alexanderplatz, wurde er vom dritten Luftalarm dieses Tages überrascht. Dieses Mal geriet er in den Keller eines großen Mietshauses. Frauen in Hosen, in Pullovern, mit Koffern, Decken, Federbetten. Fast ohne Worte nahmen sie ihre Plätze ein. Das Toben der Flak, in der Höhe das Brummen der fremden Maschinen, die herabpfeifenden Bomben, das ohrenbetäubende Krachen naher Einschläge gehörte zu ihren Tagen und Nächten.

Ein Leben ohne Verdunkelung, ohne Luftangriffe, wie weit lag das hinter ihnen.

„Das können wir uns nicht mehr vorstellen!" erwiderte eine Frau, die er daraufhin angesprochen hatte. „Aber alles nimmt ja mal ein Ende, nicht wahr, Herr Oberst?"

Die Frau war vierzig. Sie hatte drei Kinder, zwei davon waren Söhne, beide Soldaten. Der eine im Osten vermißt, der andere in britische Gefangenschaft gekommen. Sie war vierzig, aber wenn man von allem absehen wollte, von der traurigen Umgebung, von der verwahrlosten Kellerkleidung, wenn man sie ansah, war sie weit jünger.

Zecke sah sie an.

Und in ihren Augen, ganz am Grunde, war ein Lächeln. Auf der Haut die Patina des Elends, aber die Augen konnten lächeln.

„Der bleibt mir jedenfalls erhalten", sagte sie. Sie meinte den in britische Gefangenschaft gekommenen Sohn.

„Und der Mann?" fragte Zecke.

„Der taugt nichts, hat es niemals zu etwas gebracht, und da ist er 1933 in den ‚Verein' eingetreten, das hat ihm auch nicht geholfen! Mir auch nicht, aber ich hatte mir das auch vorher schon nicht erhofft. Jedenfalls ist er aus dem „Verein" wieder ausgetreten, und das ist schlimmer, als ob er niemals drin gewesen wäre."

Es war aus mit der Unterhaltung. Ein Donnerschlag draußen war der Anfang. Alle bösen Mächte wurden losgelassen auf das eine Haus mit Seitenflügeln und Quergebäude. Die zerfetzte Fassade, die mürben Giebel hatten sich ganz allein dem Toben draußen entgegenzustellen. Ganz allein, denn es gab keine Flak und in der Luft keine Jäger. Die vier Etagen aus dem Vorderhaus und vier aus den Seitenflügeln, nochmals vier aus dem Hinterhaus hatten ihre Menschenfracht in den Keller geschüttet, eine ungekämmte, ungewaschene Menschheit. Wie denn auch waschen und wie die notwendigsten Verrichtungen besorgen, bei geplatzten Wasserleitungs- und Kanalisationsröhren, und wozu noch kämmen, wenn Tag und Nacht Kalkstaub und Ruß und schwarze Flocken herabregnen. Der Keller schwankte, ein Riß an der Zwischenwand wurde tiefer. Von der Decke fielen Kalkfladen herab. Der Boden unter den Füßen konnte sich in jedem Moment auftun, oder Bergeslasten rutschender Steinlawinen konnten herabkommen, und ein einziger Stein würde doch schon genügen! Der Mensch ist zu klein inmitten der losgelassenen Gewalten. Eine Frau betete, kein Wort war zu hören in dem Toben, nur die Lippen, die Worte formten, bewegten sich und hörten nicht auf, sich zu bewegen. Eine andere preßte den Kopf in beide Hände und heulte. Eine dritte kroch unter die Bank und wollte in die Erde, aber die Erde versagte sich ihr. Ein Frontsoldat war nicht mehr Herr über seine Nerven und wurde zu einem elenden Zitterer. Noch eine, es war eine alte Frau und besser angezogen und hatte ein abgezehrtes Gesicht, saß auf der Bank wie eine Tote, ganz starr und mit geweiteten Augen. Es war die Hausbesitzerin, das erfuhr Zecke später. Und sie spritzte Morphium, das erfuhr er auch später, zwischen der ersten und zweiten Angriffswelle.

Die betende, die heulende, die kriechende, die starre Frau und der Soldat waren aber erst fünf Gesichter, und im Keller waren hundert und noch mehr, Frauen und Kinder und von der Straße hereingekommene Soldaten. Einige erbrachen — „nicht aus Angst, nur weil man hier sitzt und sich nicht wehren kann!" auch das wurde ihm zwischen der ersten und zweiten Welle gesagt. Vielen aber und vielleicht den meisten schien alles einerlei zu sein. Aber es war ihnen nicht einerlei, es war niemandem einerlei. Sie schrien, sie erbrachen, sie warfen sich an den Boden, sie panzerten sich mit Gleichmut, aber sie wollten nicht sterben. Keiner wollte sterben, alle wollten das überstehen.

Pause.

Auch das gab es zwischen den Wellen der anfliegenden Bomber — auch das gab es in dem höllischen Spektakel, in dem die Betrachter zugleich die Beteiligten waren, die hoffenden Helden, die nicht wissen konnten, ob sie tot oder lebendig aus dem Drama herauskommen würden. — Es gab Pausen und gab auch Pausengespräche.

Zwischen der ersten und zweiten Welle hatte die Frau den Obersten auf einige Einzelheiten hingewiesen, hatte das über die Hauswirtin gesagt, auch die Neigung zum Erbrechen mit dem allgemeinen Nervenzustand entschuldigt. Auch ihren Mieter hatte sie ihm vorgestellt, ganz einfach: „Das ist Franz, der wohnt bei uns."

Franz hatte nur eine Hand, die andere war bei Wjasma geblieben, und da es die rechte war, hatte er mit der abgerissenen Hand auch seinen Beruf als Konstruktionszeichner verloren.

Der abgerissene Gesprächsfaden war wieder in Gang gekommen.

„Wenn der Mann nichts taugt, dann ist es wohl schwer ... schwer durchzukommen, meine ich."

„Das bißchen, was es auf Marken gibt, verdiene ich schon selbst, zu Hause mit Nähen. In die Fabrik mag ich nicht gehen. Den Krieg verlängern ist wohl nicht das Richtige, nicht wahr?"

„Nein, nicht das Richtige!" erwiderte er.

Die Frau machte aus ihrem Herzen keine Mördergrube, er also auch nicht. Sie schneidert also, bessert vielleicht Soldatenmonturen aus, und der Kerl lumpt herum.

„Aber sagen Sie . . ., nein, entschuldigen Sie, es geht mich nichts an."

„Fragen Sie nur drauflos!"

„Nun, ich sehe Sie ja nicht jeden Tag, was mich interessiert, warum nimmt eigentlich eine Frau einen Mann, wenn er doch nichts taugt?"

„Sehr einfach, Herr Oberst. Vielleicht sah er mal ganz gut aus, vielleicht hatte er dunkles, gelocktes Haar — man verguckt sich schnell, was dann kommt, dauert lange."

„Trinkt er, treibt er sich mit Weibern herum? Entschuldigen Sie noch einmal!"

„Nicht mal", sagte sie, „er ist einfach faul, sogar dazu zu faul, für das Kneipen und auch für andere Weiber."

Die zweite Welle und Heulen und Zittern und Hoffen und apathisches Vorsichhinstarren, und der Mensch ist zu klein und will überleben, will noch viele Tage außerhalb des Kellers im Sonnenschein zubringen. Von draußen wurden Bewußtlose hereingetragen. Die Straße brannte bis auf das Pflaster herunter. Vielleicht war es nur das Nachbarhaus. Im Keller wurde es heißer. Zecke atmete mühsam und fürchtete, keine Luft mehr zu bekommen. Ein mit Wasser getränktes Handtuch wurde ihm gereicht. Die Frau gab es ihm, sie preßte sich auch ein Tuch gegen das Gesicht. Andre hatten sich ganz in nasse Laken eingehüllt. Ein Haus krachte zusammen, mit schrecklichem Getöse.

Es war das Nachbarhaus.

„Wo ist eigentlich der Willem?" fragte die Frau.

„Der ist nach oben gegangen, will seine Drehorgel retten", erwiderte Franz.

Kein Gespräch mehr. Zecke war flau zumute. Das Tuch wurde ihm aus der Hand genommen. Er erhielt es wieder, frisch getränkt mit Wasser. Die Hauswirtin saß noch immer mit geweiteten Augen auf der Bank. Wieder wurden Verletzte herumgetragen. Auch ‚Willem' erschien jetzt, ein alter Veteran mit einem Kasten, einer altertümlichen Drehorgel, auf dem Rücken. Sein Gesicht war papierweiß. Er sackte in sich zusammen.

„Jetzt hat es die Orgel erwischt", hauchte er. Aber es hatte auch ihn erwischt. Ein Splitter war auf dem Weg über den Hof in die Drehorgel gefahren, hatte den Kasten durchschlagen und ihn am Rücken verletzt. Zusammengekrümmt blieb er sitzen.

Bomben fielen Schlag auf Schlag. Heulen und Pfeifen und berstende Erde. Das Höllengetöse erhob sich in steiler Kurve. Es war schon kompakteste Verdichtung, war die Vollendung im Bösen.

Die Perepetie ...

Was jetzt noch blieb, was noch ausstand, was ein Keller voll geängstigter Wesen noch erwarten konnte, war die Katastrophe. Aber auch in diesem gesteigerten Moment waren Apathie und allgemeine Gleichgültigkeit beherrschend. Nach tausend Luftangriffen wird es einem vielleicht noch schwarz vor Augen. Die schlechte Luft kann Erbrechen hervorrufen, aber man macht sich nicht mehr ‚die Hosen voll'. Die das einmal getan hatten, waren lange weg — ausgewichen, verlagert, in bombenfreie Gebiete, über ganz Deutschland und Böhmen verstreut.

Sanitäter holten die Verletzten in einen Nebenkeller. Sie kamen auch zu Willem. Der stöhnte, als sie ihn aufrichteten. Er wollte sich nicht von seiner Drehorgel trennen. Schließlich rief er Franz: „Die Orgel, ich übergebe sie dir, paß gut darauf auf, eine italienische Liratedesca, eine Sambuca ..." Es war wie ein Vermächtnis.

Plötzlich war es zu Ende.

Die Stille kam wie ein Bombenschlag.

Die Tür stand offen. Leute kamen herunter. Gerufen wurde, gestritten wurde sogar. Es ging um die Beteiligung an der Löscharbeit. Schließlich aber nahmen alle doch Eimer, Feuerpatschen, Schippen in die Hände und begannen wegzugehen. Auf die Straße, zur brennenden Ruine des Nachbarhauses, zum Löschen und Aufräumen.

Die Frau ...

Auch sie hatte einen Eimer in der Hand. Er gab ihr das Handtuch zurück. Und weiter, was konnte er ihr noch sagen, was konnte er ihr Gutes sagen, hier im Keller, neben der brennenden Ruine, der

Frau mit dem Eimer in der Hand? Etwa, daß er ihr vierzig Jahre nicht glaube, daß er ihr allenfalls dreißig zugestehen würde? Zu dumm, was ihm aber über die Lippen wollte, war noch dümmer. Diese Frau aber enthob ihn jeder Verbindlichkeit. Sie bemerkte seine Verlegenheit und lächelte. Sie lächelte, verstehend, überlegen und mit leiser Traurigkeit, und jetzt mit dem ganzen Gesicht, das überzogen war von Ruß und Kalkstaub.

Er sagte dann noch etwas. Es war noch immer dumm genug, aber jetzt schon legalisiert von ihrem lächelnden Gesicht.

„Sie haben die Augen einer Zwanzigjährigen."

„Nur die Augen, Herr Oberst, das dürfte nicht genügen."

Zecke saß in der S-Bahn nach Wannsee.

Er hatte ein Stück gehen müssen, zuerst mit einem vor die Nase gepreßten Tuch und dann mit Schwierigkeiten, mit Unterbrechungen, mit Wartenmüssen war er so weit gelangt. Er hatte nicht bemerkt, wie die Zeit vergangen war, bemerkte jetzt kaum die müden und verdrossenen Menschen, die neben ihm saßen und nur das Bestreben hatten, so schnell wie möglich und vor einem neuen Luftalarm nach Hause zu kommen.

Zecke lächelte in Erinnerung an das Erlebnis.

Ohne die brennenden Phosphorkanister und das einstürzende Nachbarhaus, ohne den brüllend aufgerissenen Rachen des Todes war die hinter ihm liegende Begegnung nicht zu denken, waren die Augen und war diese Frau nicht zu denken. Auch solche Augen, solches Lächeln kann die Berlinerin haben, selbst im Schatten der Katastrophe.

Eine Romanze ...

Eine Romanze hinter dem Alexanderplatz. Auch das Lächeln auf dem Gesicht Zeckes erstarb in leiser Traurigkeit. Die Wittstocks traf er im Keller an. Ein anderer Keller war es als jener, den er hinter sich gelassen hatte. Früher als Hausbar gedacht und mit altdeutschen Gegenständen eingerichtet, war der Keller seit Beginn der Luftangriffe zum üblichen Aufenthaltsraum für die Familie geworden.

Zecke begrüßte zerstreut den Sohn der Wittstocks.

„So, bist du auf Urlaub gekommen, gibt's denn das noch?"

„Nein, nicht auf Urlaub, bin nur dienstlich hier mit einem Transport Schwerverwundeter. Unser Reservelazarett wird aufgelöst. Die Gehfähigen sind schon alle entlassen worden und mußten zu Fuß weg oder mit der Bahn, wie sie konnten."

Es handelte sich um ein Reservelazarett, in dem in romantischer Gegend zwischen Berlin und der Oder gelegenen Städtchen Buckow. Von Frau Wittstock hatte Zecke gehört, daß ihr Sohn als Sanitätshelfer eingezogen und nach Buckow geschickt worden war.

„Dann wirst du also auch nach Berlin kommen?"

„Nein, die Sanitätskompanie bleibt dort, ich muß morgen wieder zurück sein."

Zecke war in Gedanken, er hatte jenen andern Keller — die Frau und Franz und Willem mit der Sambuca — noch nicht von sich abgeschüttelt.

„Gut, gut ...", sagte er, und es war eigentlich nicht einzusehen, was da gut sein könnte. Der junge Wittstock aber, Günther hieß er, griff es auf. „Ja, bei der Sanitätskompanie ist es ganz gut, besser als bei der Flak oder bei der HJ-Einheit."

Und da eine Erwiderung Zeckes ausblieb:

„Meine ganze Klasse ist eingezogen, die andern sind bei der Flak oder beim Volkssturm, das ist nichts für mich."

„Du strebst also nicht nach militärischem Ruhm?"

„Ich warte auf das Ende."

„Und deine Klassenkameraden?"

„Die sind ja doof."

Sich von einem Obersten über seine Absichten in bezug auf „militärischen Ruhm" anzapfen zu lassen, erschien dem sechzehnjährigen Wittstock ebenfalls einigermaßen doof, schließlich aber war ein Oberst, wie Herr Zecke, wohl dazu da. Er hatte aber nichts dagegen und war im stillen ganz damit einverstanden, daß Herr Zecke bald nach seinem Eintreffen wieder aufstand, weil er nach oben gehen wollte, um sich zu waschen und den Ruß und Dreck von seiner Wanderung durch Berlin loszuwerden.

Als Zecke in den Keller zurückkam, war er mit Wittstock allein.

„Er wartet auf das Ende", sagte Wittstock nach einer Weile. Er machte diese Bemerkung in bezug auf seinen Sohn, der weggegangen war, um einen Kameraden aufzusuchen, der nicht „doof" war. Die

Bemerkung war für ihn aber nur ein Übergang zu seinem eigentlichen Thema.

„Er wartet auf das Ende der saturnischen Zeit!“

„Ja“, erwiderte Zecke, er kannte das Thema bereits.

„Du scheinst heute deinen lakonischen Abend zu haben!“

„Ja“, erwiderte Zecke, „übrigens habe ich noch immer keine rechte Vorstellung vom ‚Saturnischen‘, was verstehst du genau darunter?“

„Einen aus unklaren Tiefen aufsteigenden Einfluß auf alle Gebiete – auf Kunst, Literatur, Politik, ein Wallen des Ungeformten, des Gärenden, Kochenden, Werdenden.“

„Jetzt sage nur noch ‚Weltschöpfung‘!“

„Warum nicht, genau das meine ich.“

„Ja“, sagte Zecke wieder.

Schöpfung unter platzenden Phosphorkanistern, im Rauch, in dem man fast erstickt. Nun, warum nicht, und wenn da eine Romanze möglich ist, dann vielleicht auch Schöpfung. Ich hätte sie doch nach ihrem Namen fragen sollen.

„Ja, Schöpfung – nur sind es keine Götter, aber elende Stümper, Dilettanten, Lügner, Betrüger, Hasardeure, die sich am Lebendigen versuchen und schließlich und endlich und von Anfang an sich am Lebendigen versündigen. Höre mir auf mit deinen Kategorien, dem Trüben, dem Zwielichtigen, den kochenden Dämpfen.“

„Im Unbewußten wohnt das Werden!“

Zecke gähnte.

Wittstock redete weiter. Er hatte es nötig, mußte reden, wenn er auch selbst nicht daran glaubte, er mußte in sich selbst etwas zu Boden reden. Was dabei herauskam, war unausgegorenes Zeug. Er sprach von der Macht des Unbewußten, ging dazu über, von der graduell verschiedenen Potenz der Unbewußtheit bei verschiedenen Völkern zu sprechen, wandte sich dann dem Einfluß dieser dunklen Kraft auf die Politik und auf die Kunst zu. Zecke merkte erst wieder auf, als er in seinen Betrachtungen gegenständlicher und greifbarer und, wie ihm schien, vernünftiger wurde.

Von Malern sprach er, von einer Auflösung der Linien und Formen. „Wenn die Franzosen gegen die Vernunft rebellieren“, sagte er, „dann bescheren sie uns einen Matisse, einen Braque, die feste Linie wird

Farbe, das Bild ein kochender Brei, und in der Literatur sind dann Surrealisten, Visionen und Halluzinationen die große Mode."

„Und alles wird fragwürdig, und der Mensch ist hilflos, ein heulender Hiob", warf Zecke ein, sich wieder an dem Gedankengang beteiligend. „Immerhin handelt es sich da um einen Ausdruck religiösen Suchens. Wir haben das alles auch, aber bei uns werden die Gottsucher mit Pinsel und Farbe und auf den Gebieten abstrakten Denkens allesamt als Entartete bezeichnet und wurden aus dem Lande gejagt. Soweit will ich dir noch folgen, doch wenn du in den Interjektionen und dem Lallen unserer derzeitigen politischen Dilettanten und Banditen eine unbewußte oder überhaupt irgendeine Potenz hineindeuten willst, da mache ich nicht mit. ‚Saturnisch' sagst du. ‚Paralyse' sage ich dir. Das ‚Unbewußte' sagst du, aber glaube mir und laß dir sagen, wir sind noch in der Paralyse so ordnungsbeflissen und noch im Unbewußten so wirklich, daß wir nicht ruhen, bis das Einhorn, der Zerberus, die Chimären, die Lindwürmer und alle Fabeltiere menschliche Gestalt annehmen und Ämter bekleiden und saufen und fressen, auch Blut saufen und Menschen fressen ..."

„Ich weiß nicht, was ihr immer gegen das Dritte Reich habt!"

Das war ein neuer Ton und brachte das Ende des Gespräches, das nichts als Geplänkel und von der Seite Wittstocks ein Ausweichen vor einer wirklichen Auseinandersetzung war. Der tägliche Gast Splüge war hereingekommen, mit einer Aktentasche und einem Paket unter dem Arm. Er stellte beides auf dem Tisch ab und begann auszupacken.

„Spirituosen und Konserven", sagte er und zählte auf: „Corned beef, Schafzungen, eine armlange Schlackwurst, Hennessy und Kirsch. Wir haben doch überhaupt keinen Grund zu meckern. Und hier sind Zigarren, Zigaretten. Und das hier ist für die gnädige Frau!"

Die gnädige Frau befand sich nicht im Keller, war oben in der Wohnung. — Splüge hielt eine Schachtel Papyrossen in der Hand.

„Direkt aus Moskau, einkassiert mit einem ganzen russischen Stab. Sie kamen über die Oder rüber und ließen uns das zurück. Ich habe übrigens die Absicht, ebenfalls mal an die Oder zu fahren, auf einen Sprung, für einen Tag oder so, vielleicht morgen schon."

Splüge war im Keller zu Hause und holte Gläser. Eine der Flaschen hatte er unterwegs schon geöffnet. Er schenkte ein und hob das Glas:

„Auf das Dritte Reich – ihr könnt euch ja was anderes dabei denken! Heute war bei uns was los. Pressekonferenz in ganz kleinem Rahmen, ein Bäckerdutzend und keine Auslandsvertreter dabei, die sind alle schon getürmt. Unser Doktor, er sieht blaß aus, steht ihm ganz gut, und er hat also, wie das so heißt, die Katze aus dem Sack gelassen. Na, Prost! kann ich dazu nur sagen!"

Die Enthüllung des Propagandaministers schien es in sich gehabt zu haben. Splüge stürzte ein zweites Glas hinterher, schenkte dann für die beiden andern ein, die so schnell nicht mithalten konnten, und für sich bereits ein drittes Mal.

PK-Oberleutnant Splüge war bedeutend jünger als Zecke und Wittstock. Zecke war zweiundfünfzig Jahre alt, und Wittstock war fünfzig geworden. Splüge hatte seinen vierunddreißigsten Geburtstag hinter sich. Zecke war mit der Familie Splüges, sein Vater war ein erfolgreicher Anwalt, seit vielen Jahren bekannt. Er hatte den jungen Splüge mit einer großen Tüte Bonbons auf seinem ersten Schulgang gesehen, hatte später seine Abgangszeugnisse bewundern müssen. Er war ein begabter Junge gewesen, hatte während der Schulzeit als überdurchschnittlich gegolten, nachher an der Technischen Hochschule studiert, sich daneben aber für alles mögliche, für Malerei ebenso wie für Musik interessiert, seine bohèmen Neigungen, die dem Vater viel Geld gekostet und genug Verdruß bereitet hatten, machten ihn dann wenig geeignet für einen akademischen Beruf. So fand ihn der Umbruch im Jahre 1933 als Dirigenten einer Jazzkapelle. Dann kam er eines Tages durch seinen Vater, der ein Parteiabzeichen trug, in eine Parteistellung, die ihm einen schnellen Aufstieg sicherte, einen raketenhaften Aufstieg sogar, der ihn im Kriege bis in eine der Schlüsselpositionen des neuen Reiches brachte.

Vicco Splüge war jetzt erwachsen, so ausgewachsen, daß er sogar mit jovialem Wohlgefallen auf seine väterlichen Freunde blicken konnte, auf Wittstock, von dessen Schreibereien er nicht viel hielt, den er aber wegen seines geradezu enzyklopädischen Wissens und auch wegen der zwar unterschiedlichen, aber immer unterhaltsamen Gesellschaft in seinem Hause schätzte, und auch auf Oberst Zecke, der als Generalstabsoffizier ohnehin ein unsicherer Faktor und nach dem 20. Juli in hohem Maße verdächtig war. Das aber konnte nicht verhindern, daß Zecke, den er schon als Primaner als den von Konspirationen umwitterten Offizier bewundert hatte, ihm eine Autorität geblieben war, und er ertappte sich manchmal dabei, daß es ihm immer noch als Gunst erschien, ihn bei seinem Vornamen Herbert ansprechen zu können. Im übrigen hatte er Parteiauffassungen gegenüber seine eigenen persönlichen Reservationen. Ja, die hatte er, und er unterschrieb noch lange nicht jeden Blödsinn, der gemacht wurde, und neben allem und über allem war er Privatmensch mit eigenen Auffassungen und eigenen Neigungen geblieben. Die Partei, das war sein Brotgeber – Freundschaften waren seine eigene Angelegenheit.

Es war nach dem fünften oder sechsten Kognak.

Splüge zündete sich eine Zigarre an und sagte, während er die ersten Züge vor sich hinblies und kennerisch die abbrennende weiße Asche betrachtete: „Wie schon gesagt, wir haben überhaupt keinen Grund zu meckern, denn uns allen – der ganzen Elite – geht es doch großartig! Wo gibt es das denn noch, so viel liberale Freiheit kann mir doch keine Demokratie bieten, wie ich sie im Dritten Reich habe. Ich kann, ohne daß ich etwas dafür zu zahlen habe, in ganz Europa spazierenfahren. Ich habe so viel Geld, wie ich früher nie hätte verdienen können. Ich bekomme mein altes Gehalt als Chefredakteur weiter. Ich bin in der Propagandakompanie Oberleutnant mit einem festen Gehalt, bekomme außerdem alle meine Artikel bezahlt, das ist zusammen so viel Geld, daß ich es niemals ausgeben kann."

„Du wirst bezahlen müssen, und zwar bald!"

„Sehr bald, meinst du, Herbert?"

Splüge griff nach dem Glas und stürzte es hinunter.

„Scheint mir ja auch so, scheint mir ganz verdammt so. Es ist ja nicht, daß ich nicht auch sehe, die Sache geht nun in die totale Katastrophe, und da heißt es dann bezahlen! Aber letzten Endes gibt es doch überhaupt nichts, was du nicht bezahlen mußt. Du kannst eine bürgerliche Existenz haben – bezahlst sie mit Langeweile. Du kannst aber auch, wie im Dritten Reich, ein Freibeuter Europas sein und ein paar Jahre alles haben, was du brauchst, bezahlst eben mit einer kleinen europäischen Katastrophe!"

Die Sirene, und wieder verspätet, der alarmierende an- und abschwellende Ton des Vollalarms.

„Das habe ich heute schon oft genug gehört!"

Splüge füllte die Gläser von neuem und blieb sitzen, und auch Zecke hatte keine Lust aufzustehen. Nur Wittstock war aufgesprungen und stellte das Luftschutzgepäck bereit. Zecke dachte an den Keller am Alexanderplatz, dachte an die Frau... Fängt die Frau vielleicht erst auf hohen Stöckelschuhen an? Bestimmt nicht, auf Stöckelschuhen hört sie manchmal bereits auf, hört jedenfalls auf, fest auf der Erde, noch dazu auf einer wankenden Erde, zu stehen.

„Du bezahlst also... Übrigens verteilt der Führer neuerdings Giftkapseln wie ein guter Onkel Bonbons."

Noch immer der auf- und abschwellende Sirenenton in der Luft und das Brummen schwerbeladener Flugzeuge. Eine Detonation – auf dem Tisch klirrten die Gläser. Frau Wittstock kam aufgeregt durch den Keller.

„Albert, wo bleibst du denn?"

Wittstock mahnte:

„Herbert, Vicco, hört ihr denn nicht?"

Splüge wehrte ab:

„Ach, leck mich doch – pardon, gnädige Frau – am Arsch mit deiner Sirene, bleib mir doch weg mit deinem komischen Splittergraben!"

Frau Wittstock wartete nicht länger, sie lief voraus. Wittstock, beladen mit Sachen und dem Luftschutzkoffer, blickte sich nochmals um und zuckte die Achseln: „Wie ihr wollt, aber wenn man am andern Tag die aus dem Keller gezogenen verkohlten Leichen sieht..."

Splüge unterbrach ihn:

„Schrumpfleiche, Brandleiche, Trockenleiche, Niere geschrumpft, Lunge eingefallen, Herz wie ein Schwamm, hab mir das alles in der Anatomie angesehen. Mich kannst du nicht schrecken... Nun, er ist weg, die Gnädige auch! Aber die Flasche ist leer, aber wir haben noch, wir machen noch eine auf, was, Herbert?"

Splüge schenkte ein, diesmal in Wassergläser, für sich und für Zecke. Der Keller war ein Halbkeller mit aufgestapelten Sandsäcken vor dem Fenster. Wieder fiel eine Bombe, und es sah aus, als ob die Wand aus Säcken einstürzen wollte. Der Boden schwankte, oben im Haus fiel etwas um.

„Das war aber verflucht nah!"

„Uns kann das nicht erschüttern. Das gilt nicht uns. Wo hielten wir denn, was sagte ich denn, wir werden doch hier dauernd unterbrochen. Ach ja, unser Doktor, mit dem Gesicht wie eine weiße Maske, auf der Pressekonferenz, vielleicht war es schon die letzte, die er abhielt. Die deutsche Widerstandskraft, sagte er, die vorbereitete große Offensive im Osten, der Kampf bis zum Letzten ... Du verstehst doch, Herbert?"

„Ja, ich verstehe."

„Nun, das eben, auch über die Uneinigkeit im Feindlager, auch darüber sollen wir schreiben, und ihm mit allem, was an Pressemitteln noch zur Verfügung steht, dabei helfen, das Volk für den Kampf bis zum Letzten aufzupulvern. Und daß der Endkampf die Wende bringt, darf nicht fehlen. Aber bitte halten Sie mich nicht für so dumm, sagte er, daß ich das selbst glaube. Der deutsche Untergang ist unvermeidlich, sagte er. Aber einen Ehrgeiz habe ich allerdings, und zwar bis zum letzten Atemzuge – du hast ihn nicht gesehen, Herbert, so weiß und vornehm wie der gestorbene Engel Gabriel –, den Ehrgeiz habe ich, daß in fünfhundert Jahren in den Geschichtsbüchern stehen wird, daß das deutsche Volk nicht kapituliert hat, sondern kämpfend unterging, das ist ganz allein das Verdienst des Propagandaministers Goebbels!" — „Da sieht man es ..."

Ein unterirdisches Grollen, sie spürten es unter ihren Füßen. Ein Teppich, ein Bombenteppich, weiter innen in der Stadt.

„Was sieht man, was meinst du, Herbert?"

„Dein gefallener Engel und das ganze gefallene Gezücht in der Wilhelmstraße und Voßstraße – diese Herren glauben tatsächlich, daß die Weltgeschichte eine Wagner-Oper ist. Sie haben keinen Sinn dafür, daß Schurken, die in der Schlußabrechnung so miserabel abschneiden, von der Geschichte und in der Geschichtsschreibung überhaupt eliminiert werden!" — Das Beben unter ihren Füßen hörte nicht auf.

„Ich habe ja auch die Kapsel, Herbert. Ich habe sie von Goebbels bekommen. Ich habe sogar zwei, und die zweite ist für dich. Die schenke ich dir, nimm sie doch. Du kannst nicht wissen, der Laternenpfahl, die Russen, alles ist jetzt möglich, und besser, du hast so etwas."

Oberst Zecke nahm die mit einem weißen Pulver gefüllte kleine Kapsel entgegen. Er legte sie vorsichtig in seine Brieftasche. Der Junge hatte recht, man konnte nicht wissen! Ein geheimnisvoller Schatz, den man da in der Brusttasche barg, eine dunkle Tür, die man aufstoßen oder auch geschlossen lassen konnte.

Es wurde Zecke zu eng im Keller. Er stand auf und fand sich plötzlich draußen. Ein sonderbarer Himmel, eine Wolke war rot angeleuchtet von einem riesigen Brand, und das rote Licht ohne Schatten fiel auf die Erde zurück. Zecke warf sich an den Boden. Ein Büschel Gras vor seiner Nase war übernatürlich groß und nackt und gezackt wie eine der großen Kakteen in der Wüste. Über die Avus oder über Zehlendorf trieb rotes Funkengestöber. Benzinzisternen brannten. Berlin war eingesäumt von loderndem Brand, und ganz innen — am Schloß, am Rathaus, am Alexanderplatz — war das Zentrum des Feuerofens.

Die Bombengeschwader rollten ab, es ging dem Ende zu.

Mit der Flak war es auch zu Ende — ausgeschossen, keine Munition mehr, man hörte sie nicht. Drüben aber waren Häuser eingefallen, und in den Kellern und Trichtern lagen Leichen. Es war das Ende des Angriffs, der Augenblick war gekommen, in dem die Überlebenden sich von den Toten trennten.

Splüge saß noch am gleichen Platz, heftete seinen Blick mit stierem Ausdruck auf den Zurückkommenden, auf Zecke, der seinen alten Platz wieder einnahm.

„Du mußt nicht denken, Herbert, daß es für mich kein herzzerreißender Anblick ist, durch Berlin zu fahren. Wie das aussieht, diese Straßen, diese Häuser und die Menschen ...“ Er suchte nach einem Bild, es war sein Beruf, für das Grauen Bilder zu finden. Aber die Sprache versagte, kein Ausdruck wollte sich einstellen.

„Jetzt habe ich es, nein, doch nicht, stimmt alles nicht!“

„Das wäre das Beste!“

„Was meinst du, was wäre das Beste?“

„Wenn du dich mit keinem leeren Vergleich abfindest.“

„Mein Leben ist verpfuscht, Herbert. Ich habe nichts geleistet. Und nun schon, und ich habe noch kein lebendiges Wort gesprochen, soll ich in den großen Topf, zusammen mit der weißen Maske, mit allen... Ja, das, die Maske muß man zeigen, und dahinter das gefrorene Herz. So klug, aber so kalt. So viele Frauen und so wenig Liebe. Seine Magda kämpft wie eine Löwin, will weg mit ihren fünf Kindern, weg aus Berlin. Er läßt sie nicht, hält sie fest. Mitgegangen – mitgehangen! Auf seinem Landhaus an der Lanke, die Kinder und seine Frau waren im Keller, und er und noch einer – das ist mein nächster Vorgesetzter – blieben oben und blickten hinüber nach Berlin und verfolgten den Verlauf des Luftangriffs am nächtlichen Himmel. Es könnte eine Zeit kommen, in der er nicht mehr leben wolle, sagte er, und immer weiter die unter den Bomben wie im Todeskampf zuckende Stadt vor Augen, er wüßte auch nicht, wie seine Kinder in einer solchen Welt leben sollten! Nun, du mußt nicht glauben, daß mein Ministerialrat mir das alles etwa in der genauen Reihenfolge erzählt hat. Nein, weit ab davon, aber hier ein Wort und da ein Wort, auch ein nicht gesagtes Wort, und nach und nach habe ich das Ganze so, als ob ich selbst dabeigewesen wäre. Nachher also sind beide die halbe Nacht auf dem Vorplatz auf und ab gegangen und haben die Frage diskutiert, ob irgendein Mensch, und wenn es auch der Vater wäre, das Recht hätte, über Leben und Tod von Kindern zu entscheiden. Er meinte ja und sagte, es gäbe sogar eine Pflicht, dem unmündigen Kind die Entscheidung abzunehmen, die es selbst noch nicht treffen kann.

Mitgegangen – mitgehangen! Das betrifft die Kinder, das betrifft auch mich, Vicco Splüge, auch nur ein unmündiges Kind. Und ich wollte doch mündig, wollte schon immer groß sein und volljährig, und dann erst ..., dann erst in den großen Topf. Dort in der Voßstraße und am Wilhelmplatz – die tanzenden Masken, alle dort am Rand des Topfes, und sie purzeln schon hinein, gestern erst der Schliff, der Rabenalt, der Ristisch ... Ich sehe es doch und habe es gesehen. Und das, Herbert, ja das, das wäre es. Wie Goya: Ich habe es gesehen! Wer so dabei- und darüberstehen könnte, der wäre volljährig, der hätte es geschafft, der hätte auch ein verpfuschtes Leben wieder in Ordnung gebracht. Sie alle anprangern, die Masken und wie du sagtest: das Einhorn, die Chimären, die Lindwürmer ..."

„Ich muß doch aber sehr bitten!"

Wittstock war wieder da, seine Frau und sein sechzehnjähriger Sohn kamen mit ihm in den Keller.

„Um was mußt du bitten, ich bin nämlich genau in der Verfassung, dir Rede und Antwort zu stehen!"

„Ich muß euch beide bitten, die Stimmen etwas zu dämpfen!"

„Sprich dich nur aus, du scheinst noch etwas auf dem Herzen zu haben!"

„Allerdings, es ist etwas sehr Peinliches passiert, sehr unangenehm für alle Beteiligten. Ein Teil der fatalistischen Unterhaltung zwischen dir und unserm gemeinsamen Freund ist leider durch die Kellerwand im Nebenraum gehört worden. Habt ihr denn ganz und gar vergessen, daß über uns ein sehr netter Oberst der Luftwaffe mit seiner Frau wohnt, er hat dazu noch Kinder. Nun stellt euch vor, der ist plötzlich nach Hause gekommen, und er kam also zu mir und erklärt, ich will ja nicht, daß man direkt von mir sagt, daß ich eine Anzeige erstatten werde. Es handelt sich schließlich um einen Kameraden von mir, im gleichen Rang. Aber meine Kinder sind ratlos betroffen, daß sogar höhere Offiziere und Parteifunktionäre derartig defaitistisch von der Zukunft Deutschlands sprechen können!"

„Nun, jedenfalls hast du dem Obersten doch deine Meinung gesagt!"

„Meine Meinung, was meinst du damit, Herbert, was willst du mir damit unterschieben?"

„Mein bester Wittstock, falls du noch halbwegs so viel Verstand hast wie früher und auch den alten Mut, dann hättest du ihn an den Knopf genommen und gesagt: Mein lieber Herr Oberst, wenn Sie noch Ihre Kinder liebhaben, dann bereiten Sie sie darauf vor, daß in wenigen Tagen vor der Tür dieses Hauses die russischen Panzer stehen werden, und erklären Sie ihnen, daß man dann die weiße Fahne am Fenster heraushängt, und was man sonst noch tut, wenn eine ganze Stadt kapituliert! So und nicht anders hättest du sprechen müssen! Und was dich selbst angeht, das wollte ich alle Tage schon fragen, willst du dir vielleicht erst fünf Minuten vor dem Ende die Lage klarmachen! Auf was und auf wen wartest du noch, vielleicht auf das zitternde Gespenst im Führerbunker, auf den Verderber Deutschlands, der noch immer nicht begreifen will, daß seine Stunde nun wahrlich abgelaufen ist!" Ein Schlag gegen die Tür, jemand verlangte Einlaß.

„Da haben wir's, da siehst du!"

„Was haben wir, du exaltierter Intellektueller, was soll ich sehen?"

Frau Wittstock öffnete die Tür. Es war der Fliegeroffizier, Oberst Aachern, den sie einließ. Oberst Aachern deutete einen Gruß an, übersah den Stuhl, den Wittstock ihm anbot, übersah auch seinen Nachbarn Wittstock und auch Splüge, und wandte sich ausschließlich an Zecke: „Daß ein höherer Offizier in voller Uniform auszusprechen wagt, was ich eben mit anhören mußte, das ist in meinen Augen der Untergang Deutschlands. In einem Kriege versündigt man sich nicht am Obersten Befehlshaber, dem wir Treue gelobten!"

„Oh", brachte Zecke nur hervor. Wo war er plötzlich hingeraten, wo fand er sich wieder, in einer Welt – er vermeinte sie schon in den Staub gefallen –, in der über den Fahneneid geredet wurde. Aber er wußte nur zu gut, welche furchtbare Bindung das in feierlicher Form gegebene Wort bedeuten konnte, und daß es selbst bei den Besten die tiefere Einsicht, jede Verantwortlichkeit, selbst das eigene mahnende Gewissen zu verdrängen imstande war. Was ihm aber bei seinen noch in der alten Tradition wurzelnden Freunden nur natürlich erschienen wäre – diesem immerhin noch jüngeren Offizier nahm er eine gleiche Haltung nicht ab, und noch weniger, da es sich um einen Offizier der Luftwaffe handelte. Nach dem problematischen Absturz Mölders, nach dem Selbstmord Udets, nachdem der Inspekteur der Luftwaffe Galland angesichts der Diskrepanz zwischen der Wirklichkeit und den zugemuteten Befehlen seine sämtlichen Orden Göring vor die Füße legte; nachdem die Luftwaffe ihren Anforderungen nicht im entferntesten nachkommen konnte und sie aus dem Kriegsgeschehen völlig desorganisiert und so demoralisiert herausgekommen war wie die Marine aus dem ersten Weltkrieg, glaubte er Oberst Aachern seine Haltung nicht. Ein solch unerschütterter Turm konnte er nicht sein – das war undenkbar! Der Fahneneid war ihm nichts als eine dünne Tapete, um sich dahinter zu verstecken, eine Korsettstange, die ihm Haltung geben sollte. Immerhin war das Thema gestellt – Fahneneid und Sauberkeit der Uniform, und er hatte darüber zu reden.

„Die Uniform trage ich nun vierunddreißig Jahre", sagte Zecke leise und wie zu sich selbst. „Die Regierungen wechselten, und den Eid habe ich dreimal abgelegt. Die Verpflichtung blieb jedesmal die gleiche. Das letztemal allerdings haben wir entgegen der preußischen Tradition unser Wort nicht an die Fahne, nicht an ein Prinzip, sondern an eine Person gebunden. Soll das uns nun geeignet machen, das Prinzip zu vergessen? Dürfen wir, gebunden an eine Person, die das Prinzip nicht mehr verkörpert (und ich behaupte, die es nie verkörpert hat), so weit gehen, den Krieg zu überspielen?"

„Das ist schon wieder – gelinde ausgedrückt – eine unerhörte Bemerkung, Herr Zecke. Und ‚den Krieg überspielen' – was wollen Sie damit sagen, Herr Zecke?"

„Ich will damit sagen, das alles in Bruch ist, daß wir auf dem letzten Loch pfeifen, daß wir nicht mehr die Mittel haben, die übrige, hochgerüstete Welt zu bekriegen."

Alles in Bruch – das war ein Wort, das den Geschwaderkommodore Aachern nicht unberührt lassen konnte. Er lag auf dem Flugplatz Rechlin. Von den einstmals neunzig Maschinen seines Geschwaders hatte er noch fünf, oder zur Not waren es sechs, die starten konnten. Alles andere lag zerbombt oder mit Motorschäden in den Schuppen. Oder lag gleich hinter dem Zaun im Dreck, gleich beim Auffliegen durch das Unternehmen „Blindschleiche" erfaßt und abgeschossen.

„Sie wissen es doch selbst, Kamerad Aachern. Wir haben weder das Material noch die Menschen!" sagte Zecke, und er wußte, warum er das dem Fliegerobersten gegenüber betonte.

Das ist allerdings so, dachte Aachern. Kein Brennstoff, und was er bekam, war Kartoffelsprit. Die Maschinen rauchten beim Start wie ein Bulldog, der eine zu schwere Last hinter sich hatte. Und mit dem Öl war es dasselbe – voller Späne, und wenn nach zehn Minuten Vollgas nicht Ölwechsel gemacht wurde, konnte man den Motor auf den Mist werfen. Kein positiver Brennstoff, kein positives Öl, kein Radar, die Maschinen hoffnungslos veraltet. Die neue für die Jagd gedachte Messerschmitt wurde zur Kampfmaschine umgebaut, und wir haben noch immer mit diesem alten Schlitten – mit der Me 62 – zu starten.

„Stimmt, stimmt ...", sagte Oberst Aachern. „Dennoch bedaure ich, daß in diesem Haus (und an Wittstock gewandt) unter unserem gemeinsamen Dach ein solches Gespräch stattfinden konnte."

Er stand noch immer, nach einer nochmaligen Einladung nahm er nun doch den Stuhl an, rückte ihn allerdings weg vom Tisch bis an die Wand, ehe er darauf Platz nahm.

„Den Krieg überspielen, darunter verstehe ich, daß wir in einem verlorenen Krieg nach den Soldaten auch die Soldatenfrauen und auch noch die Soldatenkinder in den Tod schicken, noch dazu ohne militärisches oder politisches Ziel. Da sind wir hingekommen — wir verheizen bereits das Saatgut, Herr Aachern!“

Auch das stimmt — die Kinder von den Segelflugschulen, die nach kurzer Ausbildung am Stummelhabicht in die Me 62 einsteigen müssen und beim ersten Flug auf „die Schnauze“ fallen, die kann man, wenn man so will, als Saatgut bezeichnen.

Aachern saß steif auf seinem Stuhl, mit düsterem Blick maß er die Gesellschaft am Tisch. Was tat er eigentlich hier, und zusammen mit seiner Frau, wenigstens sollte er Lisa wegschicken, sie brauchte nicht auch noch diese Giftluft einzuatmen. Aber eigentlich überflüssig ... genaugenommen hat er auch von ihr schon manchmal Ansichten vernommen, bei denen einem „der Hut hochgehen“ konnte.

„Unsere Lage, diese schreckliche, anhaltende Nervenprobe!“ warf Wittstock ein. Zecke wischte mit einer Handbewegung Wittstocks kläglichen Einwand weg: „Es ist nicht notwendig, hier jemand beschwichtigen zu wollen. Wir sitzen auf einem Vulkan, und, ach, du lieber Gott, da bemühen wir uns, artikuliert zu sprechen. Wenn etwas bedauerlich ist, dann sind es allein die Ursachen, die solche Gespräche herausfordern. Und doch nicht nur hier, in allen Berliner Kellern, wo zwei oder drei zusammensitzen, zermartern sie sich den Kopf darüber, wie aus unserer verfahrenen Lage herauszukommen ist.“

„Trinken wir lieber einen.“

Splüge hatte die Gläser schon bereit, auch ein Glas für den Luftwaffenobersten. Die Frauen erhielten Likör, auch seine Papyrossen konnte er jetzt herumreichen. Oberst Aachern hätte sicherlich abgelehnt, den Kognak und auch die Gesellschaft — hätte er nicht diesen Befehl X in der Tasche, den er am gleichen Tage auf dem Oberkommando des Heeres hatte entgegennehmen müssen. Er hatte niemals mit andern über solche Dinge gesprochen. Ich habe hinter dem Knüppel gesessen und meine Sache gemacht, und damit aus. Die Schwierigkeiten — die wahrlich groß genug waren — zu beheben, das war Sache von andern, von vorgesetzten Stellen, wozu sich also damit noch zusätzlich belasten!

Das war sein Standpunkt. Bis zu diesem Moment jedenfalls. Vielleicht war dieser Standpunkt zu revidieren. Zecke hat doch in vielem recht.

Eigentlich kann man es überhaupt nicht mehr verantworten, Leute mit in die Luft zu nehmen. Und nun, dieser Befehl! Danach hat er eine null Uhr dreißig aus Norden eintreffende Kuriermaschine zu sichern durch Abschirmung des Luftraumes über Berlin. Aber womit denn? Mit allen zur Verfügung stehenden Kräften! heißt es. Also mit den vom ganzen Geschwader gebliebenen fünf oder sechs Maschinen. Und wenn die Sicherung nicht mit den Waffen erreicht werden kann, dann durch Rammen! lautet der Befehl weiter.

Durch Rammen ...

„Wir sind noch beim Kognak", sagte Splüge, „die anderen sind schon beim Zyankali. Manche machen es auch mit Veronal oder mit Morphium. Den Schliff und Rabenalt und Ristisch habe ich schon erwähnt. Schliff mit Frau, Rabenalt mit Frau und Tochter, Ristisch allein — gestern nacht ist es passiert."

Nachtjagd, „Wilde Sau" — gegen den Himmel voller Moskitos!

Rammen ...

Oberst Aachern blickte von einem zum andern. Dieser Generalstäbler mit grauem Kopf, schon als junger Hauptmann vor Verdun, nachher vor Moskau, soviel er vernommen hatte. Und der andere, ein Oberleutnant, aber doch in bedeutender Parteistellung — aber dieser Jargon — Zyankali, Veronal! Rammen ... Wer konnte nur auf einen so wahnsinnigen Befehl kommen, nachdem die Aufstellung von Rammgeschwadern sich als völliger Fehlschlag erwiesen hatte, und aus der Nachahmung der japanischen Todesflieger war doch auch nichts geworden. Eine Idee, die dem Luftmarschall wohl im Rausch gekommen war, und Galland hat ihm darüber auch gründlich die Meinung gesagt. Nun, der Herr General — es muß sich bei diesem OKH-Auftrag allerdings um Ungewöhnliches handeln — hat keinen Zweifel daran gelassen, daß er den erhaltenen Befehl unter Androhung der Todesstrafe durchzuführen hat. Wir haben eben den Arsch in die Luft zu hängen, solange er warm ist, und dann... arme Lisa! Aachern betrachtete seine Frau, die ahnungslos war, und annehmen mußte, daß er, wenn er nach Rechlin zurückkehrt, morgen und übermorgen und auch in der Nacht, die dann kommt, wie immer die Geschäfte des Geschwaderkommodore vom Flugplatz aus erledigt. Arme Lisa ... und Hans, Joachim und Anneliese.

Aachern hörte kaum, was gesprochen wurde, und die am Tisch Sitzenden respektierten seine Abgekehrtheit — er mußte Veranlassung für düstere Gedanken haben.

„Ach ja, Dr. Lemke, ich habe ihn nun doch noch erreicht", sagte Zecke. „Nein, kein Zyankali! Ein ganz anderer Fall, Kamerad Aachern." Er versuchte nun doch, den Obersten Aachern in das Gespräch einzubeziehen. „Dr. Lemke ist etwas anderes, und auch in anderer Verbindung und gewissermaßen im Gegensatz zu der grassierenden Weltuntergangsstimmung wollte ich besonders Ihnen, Oberst Aachern, meine Begegnung mit Dr. Lemke und seine nun schon einige Tage zurückliegende Geschichte erzählen. Dr. Lemke ist mir ein alter lieber Freund, ein hochintelligenter Mann, er leitet einen großen Betrieb, einen Druckereibetrieb, außerdem ist er Herausgeber einer wissenschaftlichen Zeitschrift. Ich wollte ihn dringend sehen. Es klappte immer nicht, das Telefon funktionierte nicht. Nun, gestern meldete sich die Schwester. Ja, der Bruder wäre da, gerade von einer Reise aus dem Westen zurück, vollständig übermüdet und läge in einem todesähnlichen Schlaf. Nun, ich beschwor die Schwester, versuchen Sie es doch, schütteln Sie ihn mal etwas, sagen Sie meinen Namen, und daß ich täglich meine Wegkommandierung aus Berlin erwarte. Und dann, sie hätte es so gemacht, der Bruder wolle unbedingt mit mir sprechen, er hätte sich einen Mokka machen lassen und hätte dann eine Stunde Zeit für mich. Ich ging also hin. Er hatte in Voraussicht auf die ‚bevorstehende weltgeschichtliche Abrechnung' — so sagte er — seine Familie an den Bodensee gebracht. Dann war er nach Groningen gefahren, um seinen vierzehnjährigen Sohn aus dem bekannten alten Pädogogium dort abzuholen. Während er sich noch dort befand, waren die Amerikaner mit ihren Panzerspitzen bis auf fünfundzwanzig Kilometer herangekommen. Und nun begann sein eigentliches Abenteuer. ‚Lieber Oberst Zecke', sagte er zu mir, ‚ich weiß, was ich getan habe, ist völlig gegen jede Vernunft. Ich konnte mich dort also überrollen lassen. Die Schulleitung hatte mir angeboten, mich als Ökonom einzustellen, um mich so den Amerikanern gegenüber zu tarnen. Und ich war fast schon entschlossen, das Angebot anzunehmen. Plötzlich sagte ich mir: Nein, du gehörst auf deinen Posten in Berlin, du kannst deine Leute im Untergang nicht allein lassen. Ich mietete mir im letzten Augenblick —

die Amerikaner waren noch näher heran — für teures Geld ein Pferdegespann mit einem Jagdwagen, und im Karacho sind wir nach Osten gefahren. Querfeldein und quer durch den Untergang der deutschen Armee. Ich habe alle Truppenteile durcheinander gesehen, habe den Landser gesehen, der nicht mehr will, und den Soldaten, der zurückgeht. Keine Befehlsgewalt mehr, totale Auflösung. Nach fünf Stunden Fahrt, an einer kleinen Eisenbahnstation kamen wir in einen Tieffliegerangriff. Glauben Sie mir, Zecke, wenn im modernen Krieg ein Land in der Luft besiegt ist und der fremde Staat die totale Luftkontrolle ausübt, dann ist es aus, dann hat keine militärische Operation und keine Art Widerstand mehr einen Sinn — das ist Illusion, das ist vorbei. Die amerikanischen Jabos beherrschen die Chaussee, beherrschen die Eisenbahnlinie, sobald die Sonne aufgeht, kann keine Lokomotive mehr fahren, kann keine Kolonne, kein Auto, kein Pferdegespann sich mehr zeigen. Die Jabos sind da und jagen ihre Granaten in alles. Ich habe das mitgemacht, habe den Wagen verlassen, fuhr mit der Bahn weiter, nach zwanzig Kilometern hieß es wieder: Jaboangriff! Auf offener Strecke mußten wir raus und suchten unter einer Unterführung Deckung. Die Jabos haben auf der Brücke den Zug in Trümmer geschossen. Die Geschosse haben den Zug durchschlagen, haben die Unterführung durchschlagen und sind zwischen uns krepiert. In dem Knäuel von Zivilisten, alten Damen, kleinen Kindern, Wehrmacht habe ich gestanden. Ich habe Panik erlebt und gesehen, wie junge Offiziere völlig die Nerven verloren. Glauben Sie mir, die fünfzig oder hundert Soldaten, die das mitgemacht haben, sind in den nächsten Wochen für keinen Kampf mehr zu brauchen. Es ist vorbei, der totale Zusammenbruch ist da!‘

Das erzählte mein alter Freund Lemke. Er spricht von weltgeschichtlicher Abrechnung, und aus seiner Ablehnung Hitlers als der Hauptursache der deutschen Katastrophe hat er nie einen Hehl gemacht. Aber wenn die Mannschaft dem Untergang preisgegeben ist, kann er sie nicht im Stich lassen, auch ohne den Eid kann er das nicht.“

„Ja, das Verantwortungsgefühl für die Mannschaft!“ sagte Aachern. „Der hat jedenfalls noch eine Mannschaft. Ich habe auch das nicht mehr, habe keine Mannschaft mehr, schon seit Monaten nicht.“ Als er von den Kampffliegern zu den Jägern kam, hatte ihm der unter den Jägern herrschende Ton mißfallen. Dieses Sichgehenlassen und die mangelnde militärische Unterordnung hatte er bemängeln müssen.

Aber nachdem die übrigen Verbände zum großen Teil aufgelöst wurden und Transportflieger, Kampfflieger, Aufklärer, alles zu den Jägern gesteckt wurde, hatte er sich nach den alten Zuständen zurückgesehnt. Denn wenn das Benehmen auch unmilitärisch war, so war doch immer ein Zusammenhalt und ein Zusammenwirken gewesen. Es war vorgekommen, daß einer mit dem Fuß im Gipsverband in die Maschine geklettert war, nur um durch sein Fehlen die Gruppe in der Luft nicht zu schwächen. Und damit war es aus, mit dem Einbruch der aufgelösten Transportflieger, Kampfflieger, Aufklärer in die Jagdverbände war kein Zusammenhalt mehr, hörte die Kameradschaft auf, war überhaupt keine Zucht und Ordnung mehr. Es wimmelte auf dem Flugplatz von kriegsgerichtlich Abgeurteilten, persönliche Fälle, politische Fälle, andere, die wegen des schlechten Materials die Schnauze zu weit aufgerissen hatten. Degradierte liefen herum — bis zu Obersten mit Ritterkreuzen als Gefreite. Es war aus, aus, aus . . ., der eine ging stiften, der andere war krank, der Dritte scherte in Panik aus dem Verband aus, flog gleich bis Trier, bis ihm der Motor rausflog. Als die alte Equipe weg war, war auch die Kampfmoral am Ende. Und auch dieser Zustand war bereits durchlaufen, auch so einen zusammengeworfenen Haufen gab es bereits nicht mehr, was jetzt zur Verfügung stand — das war Volkssturm der Luft! Aber keine Mannschaft, und jetzt fünf oder sechs Mann . . . und Rammen!

„Ja, nach allem habe ich vieles anzuerkennen", sagte Aachern. „Auch die Beobachtung Ihres Freundes über die Bedeutung der totalen Luftkontrolle ist nur zu richtig. Anderes dürfte nicht weniger richtig sein. Auch das sehe ich ein, was Sie in bezug auf meine Kinder sagten."

Aachern faßte Zecke genau ins Auge. Fast hatte er die Neigung, sich mit ihm auszusprechen, aber unter vier Augen natürlich. Dieser Sonderbefehl ging ihm im Kopf herum. Er konnte keinen Moment davon loskommen. Aber nein, damit mußte er allein fertig werden. Er stand unvermittelt auf, wandte sich an Frau Wittstock zu und verabschiedete sich von ihr mit einem Handkuß. Zu den Herren sagte er: „Ich danke Ihnen für Ihre Gesellschaft und wünsche eine gute Nacht."

Begleitet von seiner Frau verließ er den Keller.

Oberst Zecke schweifte ein letztes Mal durch die zerbombte, aus vielen Wunden blutende Stadt, geriet hinter dem Spittelmarkt in eine Gegend, die so zerstört und von Menschen verlassen war, daß er sich in eine antike Ruinenstadt versetzt fühlen konnte, und der Regen, der Bäche in die Trümmerlandschaft gewaschen hatte, machte alles noch trostloser. Er blickte einer Straßenbahn nach, die ohne Schmieröl, mit ausgelaufenen Lagern über die Schienen klapperte. Er sah die Bevölkerung mit ihren Koffern auf der ewigen Wanderung in die Bunker, sah die Frauen in der Lebensmittelschlange auf ihre Zuteilungen warten oder mit Wassereimern zum nächsten Brunnen gehen. Einige Gespräche, die er noch mit Wittstock hatte, verliefen wie alle vorhergehenden im Sande. Den Obersten Aachern sah er nicht mehr, und von Splüge erhielt er nur einen von ihm hinterlegten Zettel, nach dem er für zwei Tage an die Oderfront fahre.

Als er wieder nach Karlshorst und in die Pi-Schule kam und seinen gewöhnlichen Weg von der Kantine zum Regimentsbüro machte, erschienen ihm alle Gesichter irgendwie verändert. Das war auffällig, und er wandte sich an einen, der besonders aufgestört wirkte.

„Sagen Sie mal, mein Bester, was ist los, ist hier irgendwas passiert?"

„Wissen Sie noch nicht?"

„Nein, was denn?"

„Die Russen sind angetreten. Heute morgen, so um vier herum, zwei Stunden Trommelfeuer. Die Einschläge der schweren Artillerie haben wir bis hierher gehört. Sie sind über die Oder rübergekommen, es heißt, daß sie schon die Seelower Höhen haben."

Die Informationen im Regimentsbüro stützten sich auf halb private Telefongespräche und auf Gerüchte. Danach waren die Russen zwar bis vor die Seelower Höhen gelangt, aber wieder zurückgeworfen worden. Jedenfalls aber hatten sie ihre Offensive mit einer unvorstellbaren Artillerievorbereitung und Materialüberlegenheit über die Oder getragen. So viel schien nach allem Gehörten und Zusammentelefonierten festzustehen. Dabei hatte die ganze Pi-Schule bis zu diesem Tag mit dem Beginn einer eigenen Offensive gerechnet.

Zecke erwartete im Regimentsbüro noch eine weitere Überraschung. Er hatte auf den Adjutanten zu warten und erfuhr, daß der Marschbefehl vom Heerespersonalamt endlich angekommen wäre, allerdings nur für ihn, den Obersten Zecke. Der Regimentsführerlehrgang war nunmehr nach Bayern ausgewichen, und dort in der Nähe von Regensburg hatte er sich zu melden.

„Die Zeit ist vorgeschritten, die Uhr schlägt bereits zwölf", bemerkte Zecke. Er nahm bei der Aufstellung seiner Marschroute den Lageplan zu Hilfe. „Von der Elbe bis zur Oder (oder wie es zur Stunde heißt, bis zu den Seelower Höhen) haben wir die schmale Wespentaille. Ist Ihnen schon aufgefallen, Herr Major, daß das uns noch verbliebene Deutschland auf der Karte genau einer Eieruhr gleicht. Im Norden ist noch etwas, und im Süden ist noch etwas, und in der Mitte – das ist hier um Berlin rum – sitzt der schmale Hals, durch den der Sand rinnt."

Dem Adjutanten war nicht danach zumute, sich solche verhängnisvolle Auslegung der Lagekarte zu eigen zu machen. Er konnte sich aber der Richtigkeit des Vergleichs mit der Eieruhr nicht ganz verschließen, überhaupt schienen plötzlich die bisher nur als arrogant und zynisch aufgefaßten Bemerkungen dieses Obersten eine nicht mehr zu übersehende unheimliche Realität bloßzulegen.

„Ich werde also", erklärte Zecke über seiner Karte, „da die Strecke über Leipzig und Nürnberg bereits amerikanisch geworden ist, um nach Regensburg zu gelangen, über Prag fahren müssen!"

Wieder so ein Wort, um aus der Haut zu fahren!

Auch der Oberzahlmeister fuhr herum wie von einem bösen Insekt gestochen, beugte sich aber (wohl einer ähnlichen Einsicht wie der Adjutant folgend) gleich wieder resigniert über seine Papiere.

Zecke nahm vom Adjutanten seinen Marschausweis entgegen.

Der Zahlmeister gab ihm eine Anweisung an die Kantine für die Ausgabe von Reiseproviant. Er erwies sich dabei als nicht nachtragender Charakter, trotz seiner offen bezeigten Abneigung hatte er auf seiner detaillierten Aufstellung der auszugebenden Produkte zusätzlich eine Flasche Kognak angegeben.

Der Abschied war kurz.

Höflich und kühl, stellte Zecke fest, als er draußen war.

Er begegnete übrigens dem Zahlmeister noch einmal, allerdings erst in einer völlig veränderten Welt. Das war in einem Haufen von vielleicht fünftausend Zivil- und Kriegsgefangenen, wo er sich eines Tages einer Gestalt in derangierter Uniform gegenüberfinden und den Zahlmeister aus der Pi-Schule erkennen sollte. „Nein, so etwas, daß ich Ihnen noch einmal wieder begegne", sollte er bei dieser Gelegenheit den andern sagen hören: „Nein, Sie ahnen nicht, welche Freude das für mich bedeutet. Wir waren damals ja so erbost über Sie, über Ihr ‚Schönen guten Tag', über alle Ihre Bemerkungen. Sie nahmen uns doch überhaupt nicht ernst, und erst jetzt verstehe ich, wie recht Sie hatten und daß wir Ihnen gegenüber tatsächlich wie unwissende Kinder waren!"

Das war einige Wochen später.

Noch war Zecke in Berlin, auf dem Wege von der Pi-Schule zur S-Bahn-Station Karlshorst. Hinter sich hörte er Abschüsse schwerer Artillerie, aber noch vereinzelt und noch so weit entfernt, daß sich das Donnerrollen nicht anders als das Quarren eines Frosches ausnahm. Er gelangte mit den üblichen verschiedenartigen Verkehrsmitteln bis zum Alexanderplatz und weiter nach Wannsee. Der Abschied von den Wittstocks war in anderer Weise frostig. Unter den Formeln betonter Herzlichkeit blieb auch im letzten Moment das Eigentliche unausgesprochen. Dem Luftwaffenobersten, der auf seine Dienststelle zurückgekehrt war, konnte er nur einen Gruß hinterlassen. Er packte seine Sachen zusammen. Mit dem Minimalgepäck, einem Rucksack und einer Aktentasche, machte er sich auf den Weg zum Anhalter Bahnhof. Gleich dem Potsdamer war auch der Anhalter Bahnhof ein ausgebranntes riesiges Gehäuse, in dem nichts als Schatten wohnten. Schatten waren die lautlos hereingleitenden Waggons mit der roten Schlußlampe. Wesen aus einer Schattenwelt waren die durch die Halle eilenden beladenen Soldaten, die alle Rucksäcke oder Koffer oder sonstiges Gepäck schleppten.

Zecke hielt einen Bahnbeamten an: „Ich muß in Richtung Dresden–Prag!"

„Da gehen Sie mal auf Bahnsteig V, da wird gerade ein Zug zusammengestellt, acht Waggons stehen schon da, die Lokomotive fehlt noch."

„Wann geht der Zug ab?"

„In spätestens fünf Stunden, das heißt, soll er fahren und fährt er, wenn Sie Glück haben!"

Zecke tastete sich durch die Finsternis, fand die Waggons, bestieg einen davon und geriet auch hier in eine Gesellschaft von stummen Schatten, die auf den Sitzen hockten und warteten. Im Schein eines aufflackernden Streichholzes erblickte er einen freien Platz.

„Gestatten Sie?"

„Ja, bitte schön!"

„Wo soll die Reise hingehen?"

„Nach Süden, Kamerad."

Es wurde nur noch, auch draußen in der Halle, in allgemeinen geographischen Richtungen gesprochen, und auch das war nun eigentlich vorbei, und es gab als denkbare Reiserichtung nur noch Süden und Norden.

„Hoffentlich haben wir Glück und kommen raus ... Der nächste Luftangriff ist bald fällig ... Ausgerechnet mitten auf dem Bahnhof ... Wir werden bestimmt eine unruhige Nacht haben!"

Mich könnt ihr nicht schrecken, dachte Zecke. Er hatte Brot, hatte ein Stück Knackwurst, auch Ölsardinen, hatte hundert Zigaretten und, dank des noblen Charakters eines Zahlmeisters, eine Flasche Kognak, und eine zweite Flasche hatte er aus Wannsee. Mich soll kein Luftalarm mehr schrecken, und ich denke nicht daran, den Rucksack zu schultern und einen Keller aufzusuchen, um nachher den Zug nicht mehr zu finden. Nein, hier bist du, und hier bleibst du! Bei Luftalarm in den Keller, ins Bunkerhotel und so weiter, diese und auch alle andern kleinen Lebensregeln sind ja sehr schön, aber nur für Kinderbücher und Kalendergeschichten. Besser ist eine Flasche Kognak. Er machte seinen Rucksack auf, öffnete die Flasche, nahm einen gehörigen Schluck, aß ein Brötchen und dazu ein Stück Schlackwurst, trank wieder, noch einen Bissen und wieder einen Schluck. Er trank, bis die Flasche fast leer war. Es konnte langen und es langte. So, nun laß dich durch nichts anfechten. Nun komme, was will, jetzt nur noch eines: Parole Tapferkeit!

Zecke sank in sich zusammen, umgaukelt von Bildern zuerst noch. Wittstock und die Dame Wittstock, der arme verpfuschte Goya-Splüge – der Mann, der so ein Glück hatte, trug jetzt die Züge des Herrn Knauer, und die Frauen Putlitzer und Halen und die Unbekannte hinter dem Alexanderplatz hatten jetzt ein Gesicht; und Lena fiel ihm ein, aber wann um Himmels willen war das, Lena im weiten Faltenkleid, mit einem Strohhut wie ein Wagenrad, das war doch auf der Kieler Woche . . ., während seines ganzen Aufenthaltes in Berlin hatte er nicht an seine Frau Lena gedacht. Er stürzte in einen tiefen Schacht und war eingeschluckt von Finsternis. Das dauerte, bis ein Rumoren um ihn her losging und die Schatten neben ihm zu gespenstischen Leben erwachten. Sie huschten vorbei, beladen mit Rucksäcken. Dann wurde es wieder still.

„Da sitzt noch einer!"

„He du, Herr Oberst . . . Luftalarm!"

Er griff nach der Flasche, kippte den Rest hinunter und machte die zweite auf. Zum Trinken wird's Zeit . . . Prost, Kinder! Prost, ihr alle meine Lieben. Der Weise reist durch die acht Barbarenländer, wäscht sich an den vier Meeren, besteigt die fünf Heiligen Berge, kehrt nach der Wanderschaft heim, blickt die leere Wand an, und so endet sein Leben. Ein preußischer Oberst ist genügsamer, im Barbarenland beginnt er bereits seine Reise, und Schlackwurst ist ihm das Zehrbrot, und Kognak ist ihm Necktar, und ein dämlicher Alarm kann ihn überhaupt nicht beeindrucken. Diese Flieger allerdings brummen ganz widerlich. Und da krachen Bomben, wahrhaftige Bomben. Wie würde ich mich jetzt ärgern, wenn ich nüchtern wäre. Ich käme in Gefahr, aufzustehen und davonzulaufen. Aber nein, hier sitze ich in bester Stimmung, und ob ein Geschwader oder zwei Geschwader in der Luft sind, ich zähle sie nicht.

Bombe fiel nach Bombe.

Berlin brannte, wie es gestern und vorgestern und alle Tage gebrannt hatte. Funkengestöber trieb in die Bahnhalle, Flammen leckten hoch in die Nacht. Kein Panorama aus der Ferne wie in Wannsee, auch nicht der Keller in einem sturmgeschüttelten Haus, dieses Mal saß er mitten drin im urweltlichen Toben, in Aufbrüchen einer erschütterten Erde. Der rote Glast des Feuers leuchtete in den Waggon hinein. Das Flackern durchtobte die ganze Farbenskala, von blendendem Weiß bis zur abgründigen Schwärze der Nacht. Durch die Lüfte taumelnde brennende Maschinen — verdammte Seelen am Himmel und an der Erde. Nur einer auf dem Heiligen Berg, nur einer ganz allein. Und das tut man doch nicht, man bleibt nicht allein. Man bleibt nicht sitzen, wenn die

Welt untergeht, man wirft sich mindestens unter den Waggon, obwohl auch das keinen Zweck hat.

Zecke nahm noch einen heftigen Schluck und blieb sitzen.

Ein toller Kerl, dieser Zecke – Befehl und Gespräch, man muß da unterscheiden! sagt er. Und wer nur Mann des Befehls ist, der ist ein halber Mann. Und Prinzip und Person, auch da sind Unterscheidungen möglich ...

Das war Aachern, der Fliegeroberst Aachern.

Und den Jägern der alten Equipe hat er Unrecht getan. Was will es schon besagen, wenn einmal die Mütze schief sitzt, wenn einer sich mal die Loden einen Zentimeter länger wachsen läßt. Nicht auf die Uniform, auf den Mann, der drin steckt, kommt es an.

Späte Erkenntnis!

Die Jungen sind alle weg – heruntergeholt, auf die Nase gefallen, sinnlos in den Dreck gejagt. Und was er nun hinter sich hat – zwei Alte und drei Junge – Volkssturm der Luft.

Jetzt sitze ich drin im Schlamassel, und dicker konnte es nicht kommen.

Das war Fliegeroberst Aachern – achttausend Meter über Berlin. Fünf Maschinen hatte er hinter sich, er flog die sechste. Der feindliche Verband fliegt ‚Hanni achtzig' (auf achttausend Meter). So lautete die Radarmeldung, die letzte, die er erhalten hat. Dann war es mit dem Radar aus, es war gestört, nicht mehr vorhanden, nicht mehr gebrauchsfähig.

Er flog auf achttausend, mit fünfhundertundsechzig Kilometer Stundengeschwindigkeit. Sechs Maschinen, eine Feuerkraft von sechsunddreißig Rohren, und versuchte ohne Radar Maschinen aus den Moskitoschwärmen „vor die Tapete" zu bekommen.

Wahnsinniger Befehl! Der General mit den roten Streifen an der Hose, mit krummen Reiterbeinen, ein kleiner lustiger Herr mit roter Portweinnase, war gar nicht mehr lustig.

„Die Kuriermaschine muß durch. Sie haften mit Ihrem Leben, Aachern!" Mit Waffen oder mit Rammen!

Aber wo sind sie? Auf achttausend, sagte das Radar – und schwieg, gestört, ausgefallen, tot ... tot!

Aachern sah unten die aufspritzenden Bomben, bemerkte über sich rote Blitze — elektrische Zündfunken, das Abreißen der Leuchtbomben. Oben sind sie also, höher sind sie! Links um nach oben! „Links um nach oben, auf ‚zehn'!" gab er durch Funk an seinen traurigen Haufen weiter, an seine fünf Mann, an Krokodil, Elefant, Caruso, Schlange und Iltis. Aber die Scheißkiste — die Me 109 — kam bestenfalls auf elftausend, und jetzt nur noch auf zehntausend, und die Moskitos hingen vielleicht auf vierzehntausend Meter. Aachern sah die aufspritzenden Bomben, sah die Leuchtkörper fallen — sie tropften herab in die Nacht, hingen in weißen, roten, gelben, grünen, blauen Streifen in einer Höhe von sechstausend Metern und tropften herab bis auf dreitausend, ehe sie sich auflösten und von neuen und anderen ersetzt wurden. Ein Kreis war abgesteckt, vom Brandenburger Tor bis zum Flugplatz Tempelhof, von Neukölln bis Schöneberg: der südliche Sektor von Berlin, genau der Raum, den er für die einfliegende Kuriermaschine zu sichern hat! Unten alles taghell, haargenau das Brandenburger Tor, der Anhalter Bahnhof, wie eine feine Nadel die Säule auf dem Belle-Alliance-Platz.

In diesen abgesteckten Kreis schmeißen sie alles rein. Der Befehl ist nicht auszuführen — das Opfer ist umsonst! Daran hätte er früher denken sollen. Seine Jungens zusammenholen, ihnen die hoffnungslose Lage vorstellen, dann starten und gleich abdrehen nach Westen! Zu spät! Er ist mittendrin, überfliegt den gespenstischen Kreis, zieht mitten hindurch, gerät in den Bombenstrom. Schatten huschen vorbei, schemenhafte, gespenstische Körper. Kehrt, raus! Ho — ruck! Linksum! Aachern zog seine Maschine heraus, zog sie links hoch, die andern folgten. Er blickte in das Mündungsfeuer der Flak. Das auch noch, unter Beschuß der eigenen Flak. Glühende Ballons stiegen aus der Tiefe auf, rote Sternschnuppenbahnen. Sie zerplatzten, rechts und links und über und unter den Maschinen. Ganze Bündel krepierender Flakgeschosse. Scheinwerfer, Brände. Dauerbrände. Der bleiche Finger eines Scheinwerfers packte Elefant, ein zweiter Scheinwerfer.

Elefant meldete sich.

Elefant an Taube: „Flaktreffer, Treffer, habe Treffer!" Und wieder der Ruf in Luftnot: „Treffer, Treffer!" Elefant an Taube: „Muß runter, steige aus, steige aus!"

Dann blieb es still – wieder einer weniger!

Wo sind die anderen?

„Taube an alle, Taube an alle ...“

Unten an der Erde ein abgezirkelter Kreis. Unten kochendes Chaos, ganze Häuserkomplexe umhüllt von Rauchkappen, rote Stichflammen brechen durch die Qualmwelt. Das ist die Potsdamer Straße, die Yorkstraße, der Güterbahnhof – eine einzige Rauchinsel, die Ränder rot gesäumt.

Wo sind die Moskitos?

Aachern schreit in das Funkgerät. Er brüllt: „Tuba, Tuba! Kuckuck, Kuckuck! Wo ist der feindliche Verband – welche Richtung, welche Höhe, welchen Kurs fliegt er?“

Der Jafü meldet sich nicht.

Der Jagdführer in Stade war ebenso tot wie das Radar.

Wo sind die anderen, die fünf? Vier sind es noch oder drei, ein Alter und zwei Kinder, die er in den Höllenkessel führte.

„Taube an alle! Taube an alle! Taube an alle ...“

Kein Viktor, kein Ricardo, kein „verstanden“ und auch kein „nicht verstanden“. Keiner meldete sich mehr, keine Antwort.

Krepierende Flakgeschosse, Rauchball neben Rauchball. Der Rauch der Flak ist kohlschwarz. Ein Dschungel kohlschwarzen Rauches und Aachern stürzt hinein, immer noch mit fünfhundertundsechzig Stundenkilometern. Er sieht die Hand vor Augen nicht, fliegt blind, stößt durch, gerät wieder in den Kessel, fliegt wieder im Licht – rot, grün, gelb. Unten liegt Berlin, gespenstisch beleuchtet. Brände, Qualmgebirge, auffahrende Blitze. Raus aus dem Höllenschlund, aus dem durch Leuchtkörpersperren abgezirkelten Raum! Doch er kommt nicht raus, ist geblendet, nicht mehr nachtflugtauglich, sieht nichts mehr. Wahnsinnige Portweinnase, dein Unternehmen ist sinnlos! Zecke, Zecke, wo ist Zecke ..., er muß mit ihm reden. Ja, man muß reden, muß sprechen miteinander.

Zu spät, zu spät!

Was nutzen noch Erkenntnisse!

Er muß den Angriff abblasen. Das einzige, was noch bleibt: Angriff abblasen! Aachern stößt durch, gerät wieder hinein, taumelt wieder innerhalb der Sperren durch das Licht ohne Schatten. Dann ist er wieder draußen im Raum voll huschender Schemen und voll gespenstischer Lichtreflexe.

„Kuckuck! Kuckuck!"

Der Jafü bleibt still.

„Taube an alle . . ."

Kein Krokodil, Iltis, Schlange, Caruso, keiner mehr, keiner ist mehr da.

„Taube an alle: Unternehmen sinnlos! Unternehmen gescheitert. Gescheitert, gescheitert . . ., absetzen, absetzen, absetzen."

Kein Viktor, kein Ricardo.

Keiner mehr — ich bin allein.

Huschende Schatten, tausend Reflexe. Vorbeiziehende glühende Strahlen von Auspuffgasen. Eine Maschine mit Brandfackel. Fallende Kanister, Wrackstücke, Bomben — alles fängt Licht, reflektiert hundertfach und schillert in allen Farben. Hell oder dunkel, Tag oder Nacht, oben oder unten, er weiß nichts mehr. Weiß nicht mehr, was Himmel, was Erde ist. Nur Schatten, fliehende Schatten, verlorene Schatten, verdammte Schatten. Was soll ich angreifen, wo ist der Punkt — kann weder schießen noch rammen!

Dann sah er . . . Er sah metallisches Blinken, hatte unter sich eine aufleuchtende Silhouette. Endlich, endlich . . ., drauf, eine volle Lage in die Seite gerotzt! Doch er sah nichts, war geblendet. Schießen ging nicht. Dann also: drauf — rammen! Er riß seine Maschine in Sturzflug. Er stürzt, stürzt . . ., kein Knall, kein Zusammenstoß, kein Ende! Er stürzte über das Ziel hinaus, und kein Ende! Wo bleibt der Tod?

Ein Stück Blech, ein glühendes Metallteil, einen Dödel, einen fallenden Reservetank, ein Gespenst, ein Irrlicht hat er gerammt, hat er zu rammen versucht. Aachern fing seine Maschine ab, zog sie nach oben. Das Blut wich ihm aus dem Kopf. Es wurde abermals dunkel vor seinen Augen. Alles verschwamm, alles war weg — Mattscheibe! Er war „fertig"; er zitterte, bebte, Schweiß brach aus allen Poren. Er vergaß seine Umwelt. Kam wieder zur Besinnung. Fand sich abermals in der Welt fallender Schatten. Ein Weltuntergang — doch zeigt vielleicht ein platzender Stern nur eine Farbe, die dahinsegelnden Teile schillern in allen Abstufungen des Spektrums. Was ist mit dem Befehl, gilt er nicht mehr, gilt er noch, gilt er noch an der Erde?

Vorbei, vorbei ..., die Welt des Befehls versunken, untergegangen in Rauch und Dreck. Was suche ich hier noch?

Raus hier – aber wohin, es gibt keinen Ausweg. Nur raus hier – nach Westen, nach Süden, egal. Kompaß auf Süden bringen!

Noch ein Versuch:

„Taube an alle! An alle von Taube! Angriff sinnlos. Angriff gescheitert. Gescheitert, gescheitert ..., absetzen, absetzen!"

Befehle eines fliegenden Gespenstes – an Caruso, Iltis, Schlange, Krokodil und Elefant, an zwei noch nicht Dreißigjährige und drei Achtzehnjährige, die verbrannt, zerschmettert, von Splittern durchsiebt zu Boden gesunken sind.

„Taube an alle. Angriff abgeblasen. Sammeln ..., aufschließen, in Reihe links. Abdrehen ..., nach Süden, Süden."

Keine Antwort.

Keine Antwort.

Kurs Süden!

Aachern fühlte nichts mehr, einen Stich mit der Nadel hätte er nicht gespürt. Er hatte keine Angst, hatte keinen Gedanken mehr, funktionierte mechanisch, war nichts als Teil seiner Maschine, die rasant in den Raum stieß, war nichts anderes als der Gashebel, den er in der Hand hielt.

Aber, wie komme ich runter? Es gibt keinen Landeplatz mehr. Nur weg – raus hier, raus aus der Hölle, auf der Erde wartet eine andere. Wohin werde ich kommen – zu den Russen, zu den Amerikanern, ins Niemandsland?

Nur eins bleibt: Raus aus der Kiste.

Aussteigen, aussteigen!

Ich fliege – vielleicht fliegt die Maschine mit mir.

Wohin denn?

Fliegen, fliegen ..., über dicke Hechtsuppe, durch Schnee, durch Luftlöcher ..., über braune Wüste, über die gewölbte Erde, einsames Licht neben anderen Lichtern, ein Bruder den Sternen, so ist Fliegen, doch ich, gehetzt von der Portweinnase, fliege in den finstersten Arsch.

Eine rote Lampe glühte auf – der Tank hat Durst. Die zweite rote Lampe glühte. Überall rote Lampen, in der Maschine, über Berlin, überall geht es zu Ende.

Aachern fuhr auf aus empfindungsloser Starre. Meine Zeit ist begrenzt. Zehn Minuten habe ich noch! Fünf Minuten habe ich noch!

Aussteigen, aussteigen!

Mit dem Sterben war es nichts. Er mußte handeln, hatte zu handeln – das war der Gedanke, der blieb, daneben gab es nichts mehr. Aussteigen, aussteigen! Und noch lauter: Aussteigen! Er löste die Gurte, löste den FT-Anschluß von der Haube, zog die Beine an, drückte auf den roten Hebel, auf den Sprenghebel des Kabinendachs, drückte mit beiden Beinen auf den Knüppel, stieß sich ab, wurde nach oben herausgeschleudert.

Er zählte mechanisch: Eins – zwei – drei.

Er zog den Fallschirm und schwebte. Welche Welt wird ihn erwarten – Ost, West, Niemandsland? Es war Nacht und unten rührte sich nichts. Kein Feuern, kein Krachen, keine Brände – kein Gespräch im Keller. Die Welt unten schlief. Ein breites, helles Band. Er trieb darüber hinweg. Es war eine Autobahn – aber welche, die nach Breslau, nach Leipzig oder Köln? Doch die nach Köln konnte es kaum sein! Eine Waldbürste schwebte heran. Er berührte mit den Füßen fast die Wipfel der Bäume. Tannenduft stieg ihm in die Nase, der starke Geruch der Erde. Er zog nach links – in eine Schneise ging es hinunter und weiter bis auf eine sich öffnende Wiese. Ein leiser Windhauch faßte den Fallschirm noch einmal. Er schwebte noch ein Stück, dann spürte er Grund unter sich.

Aber nur seine Füße hatten festen Boden. Noch eben in der dahinrasenden Maschine, noch eben durch Wolken abwärtsgleitend – und jetzt am Boden und weiches Gras unter sich, das war ein jäher Wechsel. Und für einen Moment der Notwendigkeit des Handelns enthoben, schmolz auch der Wille, der ihn so lange Knüppel, Gashebel, Sprenghebel und die Leine des Fallschirmes hatte betätigen lassen. Er fiel in sich zusammen, eine vom Himmel gestürzte hilflose Kreatur. So begann er seine Wanderung, taumelte über die Wiese, kam auf einen Feldweg, folgte der von Gespannfuhrwerken ausgewalzten Spur bis zur Einmündung in eine Landstraße.

Er erblickte einen Wegweiser.

Beim Schein eines Zündholzes entzifferte er: Stadtroda. Was war das, wo lag das? Es gab noch ein Schild, das wies in die Richtung nach

Kahla. Das sagte ihm auch nichts. Schließlich ging er auf dem gleichen Feldweg, den er gekommen war, zurück, kam wieder an der Wiese, dann an einer Tannenschonung vorbei. Noch ein Stück weiter und er erblickte ein Haus. Ein einsames Gehöft mit einer großen Einfahrt. Ein Hund schlug an. Hinter dem Spalt einer schlechtschließenden Tür bemerkte er einen gelben Lichtschimmer. Der Hund bellte wütend, und die Tür wurde geöffnet.

„Mein Gutester, da bist du ja . . ., etwas gerupft siehst du aus!“ hörte Aachern einen Mann sagen.

„Nun, dann komm mal. Immer rin in die jute Stube!“

Aachern folgte, er wäre auch dem Teufel gefolgt. Sie kamen auf eine schwachbeleuchtete Diele und dann in eine Stube mit Bauernmöbeln.

„Wir hatten schon gedacht, du wärst steckengeblieben . . . Aber das ist er ja gar nicht! Luise, guck mal, das ist er ja gar nicht!“

Aachern wurde angestarrt von einem Mann und einer Frau und beide waren – hier vor dem Bauerntisch und unter der niedrigen Decke und auf dem einsamen Gehöft, und es war weit nach Mitternacht – angekleidet wie zu einem festlichen Empfang.

„Nein, das ist er gar nicht!“

„Nun, ein gerupfter Vogel ist er nichtsdestotrotz!“

„Aachern“, stellte sich der Luftwaffenoberst vor.

„Rudi Paul, Meerschweinchen en gros“, sagte der andere. „Aber Mann Gottes, wo kommen Sie denn her, und was wünschen Sie?“

„Ja, woher, woher…, von dort.“ Aachern machte eine unbestimmte Bewegung, deutete zur Wand und hinauf zur Zimmerdecke. „Ja, genau von dort . . ., aus Berlin.“

„So, aus Berlin, lange unterwegs?“

„Ja, lange – eine halbe Stunde oder etwas mehr.“

Herr Paul sah, daß die Augen des andern flackerten, daß es um seinen Mund herum zuckte, daß er nahe daran war, in Weinen auszubrechen. Er bemerkte jetzt auch, daß die derangierte Uniform die eines Fliegers war. Und er selbst, im ersten Weltkrieg als Hauptmann, war auch einmal Flieger gewesen.

„Nun, setzen Sie sich mal erst. Ruhen Sie sich aus. Aus Berlin also, aus dem Zentrum des Dritten Reiches, hier kommen Sie genau in dem

Moment an, in dem das Dritte Reich auseinanderbricht. Unten in Ulrichswalde vor der Dorfschenke haben sich eben die letzten abgesetzt, ein Leutnant und vier Mann. Die vier wollten nicht, aber der Leutnant wollte. Auf der Autobahn sind gestern schon die Amerikaner vorbeigerollt.

Aachern saß in einem bequemen Stuhl. Es standen hier zwar Bauernmöbel, aber alte Bauernmöbel, bequem und dabei schön ... Der Mann ihm gegenüber erinnerte ihn an den Obersten Zecke, erinnerte ihn zugleich an die Portweinnase – doch nicht wie beim letzten Zusammentreffen, sondern so, wie der kleine joviale Herr früher aussah, als seine Augen noch lustig zwinkerten. Auch der hier war von kurzer Statur, aber er war breiter, hatte eine Brust wie ein Mühlstein, ein etwas zusammengehauenes Gesicht, aber Augen hatte er, sehr aufmerksame Augen.

„Wo bin ich eigentlich?" fragte Aachern.

„In Thüringen ..., nicht weit von Gera in Ulrichswalde, auf der Klitsche von Dr. Paul. Ich war auch mal Flieger, mein Lieber, war Staatsanwalt und hatte in Gera eine Praxis. Das Dritte Reich hat mir die Lizenz entzogen. Hier auf der Klitsche habe ich das Tausendjährige Reich abgewettert mit Meerschweinchen, die meine Frau aufzog und an Institute weiterverkaufte. Und jetzt ist es aus – mit den Meerschweinchen und auch mit dem Dritten Reich. So ist die genaue Lage, mein Junge."

„Ja, es ist aus. Alles ist aus!" — „O nein, alles fängt wieder an."

Aachern trank langsam eine Tasse Tee, die Frau Paul ihm vorgesetzt hatte. Er war so weit, daß er – wenn auch noch in abgerissenen Sätzen – von seinem Auftrag, vom Absetzen, vom verlorenen Caruso, Elefant, Iltis, von seiner Landung auf der Wiese berichten konnte.

„Ja, und nun – was kommt jetzt?"

„Jetzt wird alles anders."

„Die Amerikaner ..."

„Die sind schon in Gera, und auf der Autobahn sind sie weitergerollt in Richtung Chemnitz. Wir können damit rechnen, daß sie mit dem anbrechenden Tag auch hier erscheinen."

„Die Amerikaner ... Gefangenschaft."

„Haben Sie Familie, Herr Aachern?"

„Frau und zwei Kinder in Berlin-Wannsee."

Dr. Paul betrachtete den gerupften Vogel, das war er tatsächlich. Immerhin ist er noch im letzten Moment zu Verstand gekommen und hat noch versucht, seinen Caruso, Iltis und wie sie hießen, aus dem Schlamassel herauszubringen. Wofür sollte es gut sein, wenn der arme Teufel nach allem jetzt noch hinter dem Stacheldraht verschwindet. Aber soll er, der Rechtsanwalt Rudolf Paul – der in nicht abreißender Kette von Verhör zu Verhör in der Prinz-Albrecht-Straße hatte antreten müssen, und der auf das Ende des Unrechtsstaates gewartet hatte wie auf die Posaune des Jüngsten Gerichtes, kann er als Anwalt des Rechtes seinen ersten Schritt in eine neue Ordnung mit einer vielleicht nicht ganz ordentlichen Beihilfe belasten? Unsinn, mein lieber Rudi, sagte er zu sich selbst. Hast du dich nicht auch mal am Himmel in Luftnot befunden, und ist dir nicht auch Hilfe geleistet worden! Dem Mann hat er Zivilsachen zu geben, ganz selbstverständlich. Hunderttausende leisten gleiche Hilfe in dieser Stunde, worauf können sie sich berufen? Auf einen Notstand ..., auf einen ganz allgemeinen Notstand! O ja, das gibt es, landauf und landab, und wenn Notstand genaugenommen auch nur auf Sachen bezogen wird, so ist doch auch der Mensch zu einer verdammten Sache geworden, und auch in diesem Fall hier handelt es sich um eine Art Notstand.

„Sie wollen also in Gefangenschaft?"

Aachern blickte ihn nur an mit weiten Augen.

„Nun, dann warten Sie mal etwas."

Dr. Paul ging aus dem Zimmer. Er kam bald wieder und legte Hose und Jacke, den Anzug eines Bauernknechtes, vor Aachern nieder. Der legte Waffenrock und Hose ab und zog die nach Erde riechende Bauerntracht an. Und jetzt erst erwachte er zur vollen Bedeutung der Stunde.

„Und das hier, das verbrennen wir wohl am besten?"

„Ja, verbrennen wir ... Ach, Dr. Paul!"

Er drückte ihm die Hand.

Oberst Zecke tauchte auf aus abgründiger Finsternis. Um ihn her war Gewirr, war Schreien. Am Fenster liefen Leute vorbei. Zecke wußte nicht, wo er sich befand, und versuchte, den Anschluß an das Gewesene zu finden.

Die vorbeilaufenden Leute brüllten:
„Die Schienen – die Schienen ...“
Was hatte er mit Schienen zu tun, was ist denn los mit den Schienen?
Die Schienen – die Schiene war getroffen worden, und ausgerechnet der Schienenstrang, der zum Ausfahren benutzt werden mußte. Zecke wußte wieder, wo er sich befand, und er begriff, daß die zerbombte Schiene abermals Stunden des Wartens bedeuten würde.
Warten bis zum Hellwerden! hieß es.
Wieder blieb nur die Flasche. Zecke setzte sie an und leerte sie bis zur Neige. Den Zustand verlängern – zurück auf den Heiligen Berg und dort verweilen! Das gelang ihm so gründlich, daß um ihn her Raum und Zeit ausgelöscht wurden.
Als er die Augen wieder öffnete, war es heller Tag. Die Räder unter ihm rollten. Der Zug fuhr vorbei an einer herabgelassenen Bahnschranke, dann neben Rüben- und Kartoffelfeldern. Die Sonne schien, und nichts erinnerte an Berlin, an die riesige Stadt, die hinter dem Horizont lag und ihr Schicksal erwartete.

Die Stille in Buckow war noch beinahe vollkommen. An Wald und See und an einer Sackgasse des Verkehrs gelegen, blieb das Städtchen außerhalb des vorüberstrudelnden Untergangs. Einige Stäbe rückwärtiger Dienste hatten Quartier genommen, und nachts war, gedämpft vom dazwischenliegenden Wald, von der großen Überlandstraße herüber das Rollen des Nachschubs zu hören; die dreißig Kilometer zwischen Buckow und der Oder hatten bisher genügt, um russische Kampfflieger fernzuhalten.
Vor dem Kurhaus „Waldfrieden“, seit langem Reservelazarett, konnte man im Sonnenschein das Brummen großer Fliegen hören, und wer wollte, konnte nach dem Dunkelwerden dem Atem der Nacht lauschen oder den hallenden Schritt eines einsamen Postens vernehmen.
An der Oder lagen seit fast drei Monaten die Russen. Sie waren einmal über die Oder gekommen und aufgefangen und an den Fluß zurückgeworfen worden. Warum sollten andere Versuche nicht ebenso

abgeschlagen werden, und warum sollte die erwartete eigene Offensive den Russenspuk nicht von der Oder vertreiben und in die Weiten Rußlands zurückjagen!

Das war jedenfalls die ausgesprochene Meinung und die Hoffnung des Stabsarztes Dallmann und eines Teiles seiner Mitarbeiter im Kurhaus „Waldfrieden". Es kam der Befehl zur Auflösung des Reservelazaretts. Die gehfähigen Verwundeten wurden entlassen und hatten selbst zu sehen, wie sie weiterkamen. Die Schwerverwundeten wurden nach Berlin abtransportiert, etwas überstürzt, so daß die Frage der Liegeplätze in anderen Lazaretten vorher nicht genügend geklärt werden konnte. Das Kurhaus sollte weiterhin Feldverbandplatz bleiben, einer der Feldverbandplätze der Sanitätskompanie des Stabsarztes Dallmann.

Auch in der Nacht vom 15. auf den 16. April lag das Kurhaus in tiefem Frieden. Es war Frühling, und die Nacht war vorgeschritten, neigte sich schon dem neuen Tag entgegen. Stabsarzt Dallmann, Sanitätsfeldwebel Wustmann, Sanitätshelfer und Schwestern erwachten . . ., alle erwachten in der gleichen Minute. Eine Weckuhr hatte sich in Betrieb gesetzt und hörte nicht mehr auf.

Ein fremdes Geräusch.

Ein unterirdisches Beben, so leicht, daß es nicht imstande war, das Wasserglas auf dem Nachttisch zum Klirren zu bringen. Ein fremdes Geräusch, anders als alles bis dahin Gehörte. Nur der Feldwebel Wustmann und der Fahrer Stroh und noch einige Sanitäter aus dem Ostfeldzug, auch der Oberarzt Heide waren sofort hellwach und waren im Bilde: Trommelfeuer.

Es dauerte eine Stunde und eine halbe.

Ein Sanka mit Verwundeten kam an, daran war nichts Ungewöhnliches. Ein zweiter Sanka folgte, aber erst in einigem Abstand. Buckow lag nicht an der Hauptstraße, und auch nicht, noch nicht, in der Angriffsrichtung. Trotzdem war an ein Aufarbeiten der Verwundetenmenge nicht zu denken. Es konnte nur eine erste Hilfe geleistet werden, denn ein Befehl beendete die Arbeit, und ein zweiter Befehl verlangte sofortiges Absetzen.

Nicht weit, bis nach Werneuchen sollte ausgewichen werden, wo bereits ein Hauptverbandplatz eingerichtet war. Die Sanitätskompanie war motorisiert. LKWs, Sankas, auch Personenwagen waren vorhanden, und bis Werneuchen waren es kaum dreißig Kilometer. Dort aber wartete ein neuer Befehl: Absetzen bis Weißensee.

Weißensee: das war bereits der Stadtrand von Berlin.

Zurückgeblieben war Oberarzt Heide, der Sanitätsfeldwebel Wustmann, der Fahrer Stroh, zwei Sanitätsgefreite und der jugendliche Sanitätshelfer Wittstock. Sie hatten die nachgelassenen Angelegenheiten der überstürzt abgerückten Sanitätskompanie abzuwickeln und dann ihrer Einheit zu folgen. Sie konnten aber nicht anders, als weiter eine erste Hilfe zu leisten und die eintreffenden Verwundeten für ihren Weitertransport zu versorgen.

Zwei Tage und zwei Nächte. Buckow und der vorgelagerte Sektor bis zur Oder lag noch außerhalb der Kampfhandlungen. Aber Sankas und auch mit Verwundeten beladene Lastwagen aus dem benachbarten Frontabschnitt fanden das abgelegene Buckow. Der Oberarzt, der Feldwebel, die Helfer im Haus „Waldfrieden“ schliefen nicht mehr. Verletzte von Flakverbänden, vom Volkssturm, von der Hitlerjugend, der SS-Division Nordland, der Landesschützen – abgefetzte Arme, Splitter in Schenkeln, im Gesäß, im Bauch, Verbrennungen, verdreckte Uniformen, blutverschmierte Lappen ..., das Band bleicher Leiber unter ihren Händen riß nicht ab. Auffallend war der seelische Zustand mancher dieser Verwundeten. Es ging bis zu verkrampften Muskeln und bis zum Versagen der Sprache, Auswirkungen eines erhaltenen Schocks. Sie alle waren mit einem Transport aus dem Norden gekommen. Ein Leutnant, sein Mund zitterte, sagte: „Herr Doktor, zertrümmert, zersplittert, keine Front mehr, sie kommen ...“

Weiter nördlich war die Front aufgerissen. In der Richtung Küstrin und Frankfurt standen starke unerschütterte Verbände in ihren alten Stellungen. Drei Tage, und am dritten Tag kletterten auch der Oberarzt, der Feldwebel und die drei Helfer auf den mit abmontierten Geräten beladenen Lastkraftwagen.

Alle waren zermürbt, waren ausgehöhlt, wollten nichts als schlafen. Nur der Fahrer war noch imstande, die Augen aufzuhalten. Auf der von Bombenkratern aufgerissenen Straße ging es nur langsam vorwärts. Bis zur Einmündung in die von Freienwalde nach Berlin führende Hauptstraße, dort hörte die Bewegung fast ganz auf. Im Rücken die grollende Front, auf den Äckern rechts und links einschlagende Geschosse. Über ein Waldstück, über die Spitzen einer Kiefernschonung heulten Jagdbomber. Maschinengewehrsalven fegten über die Straße. Der Oberarzt, die Helfer öffneten kaum die Augen, waren nichts als schlafsüchtige Raupen. Feldwebel Wustmann hob kurz den Kopf, blinzelte ins Licht, fand sich in einem Pulk von Fahrzeugen. Zerbombte Wagen, ineinandergefahrene Wagen, Gespanne heillos ineinander verfilzt.

„Junge, Junge“, sagte Feldwebel Wustmann.

„Ja, ja“, erwiderte der Fahrer Stroh.

Ein bekanntes Land – an der Weichsel sah es so aus, am Dnjepr sah es so aus, einmal hatte es hinter dem Don und hinter dem Mius so ausgesehen.

Bekanntes Land, bekannte Straße ... Rückzugsstraße.

„Junge, Junge ...“

„Ja, ja!“

Der Feldwebel schlief schon wieder. Sie kamen nach Werneuchen, fanden das Haus des Hauptverbandplatzes ... Doch ihre Einheit war weitergezogen. Der abgestiegene Fahrer Stroh kam zurück mit einem neuen Befehl: „Weiter nach Weißensee!“

„Junge, Junge ...“

Bekanntes Land, bekannte Straße.

Zwischen versprengte Trosse und flüchtende Teile der auseinandergefallenen Etappe mischten sich schon Trümmer der Front, rückwärtige Dienste zuerst noch, dann ganze Scharen einer bei Freienwalde zerschlagenen Luftwaffendivision. Und Zivilisten, Frauen mit Kinderwagen, mit Leiterwagen, mit Schiebkarren, Männer mit Fahrrädern, Einheimische aus den Dörfern, auch Hängengebliebene der großen Flüchtlingstrecks aus dem Osten, auch Fremdarbeiter, Franzosen, Russen, Polen, Holländer.

Auch Splüge war dabei, Goya-Splüge: Ich habe es gesehen!

In der Nacht vor dem Beginn der Offensive war er an die Oder gefahren. Er war dorthin gefahren, wo es etwas zu sehen gab. Am anderen Ufer lag das Dorf Güstebiese. Eine Wagenfähre hatte hier einmal über den Fluß geführt. Hier hatten die Russen einen Übergang gebaut und einen Brückenkopf über den Fluß getrieben und hartnäckig gehalten. Von einem vorgeschobenen Posten aus hatte Splüge die Brücke gesehen – die Todesbrücke, die Teufelsbrücke, die Berliner Brücke, wie die Russen sie getauft hatten. Ein acht Meter breites Band aus frischgeschnittenem Holz, in einer Nacht war es plötzlich über die Oder gewachsen, und war seither, durch Wochen, das Ziel der Divisionsartillerie, der Korpsartillerie und das Dauerziel der Stukabomber gewesen. Durch Tage und Nächte, der Beschuß setzte nicht aus, das graue Wasser der Oder zu beiden Seiten der Brücke blieb in Wallung, in weißem, kochendem Aufruhr, überschwemmte das Fahrband, riß von Bomben getötete Menschen, riß Pferde, riß schwere Ladungen in den Abgrund. Flußabwärts trieben Leichen, trieben Pferdekadaver, trieben Planken, trieben herausgebrochene Brückenteile. Die Brücke blieb, auf den abgerissenen Enden wimmelte ein graues Volk von Pionieren, hantierte mit Drahtseilen, klopfte, hämmerte, stopfte Lükken, wurde von Bomben, von krepierenden 28-cm-Geschossen ins Wasser geblasen, und war wieder da, mit Hammer, mit Beil, mit Säge, und die Uferbänke zu beiden Seiten des Flusses verwandelten sich. Der Boden war von Bomben aufgewühlt, von Granaten zerhackt, und jedes Trichterloch wurde eine Werkstatt von Zimmerern und Schmieden. Das östliche Ufer war schon von Anfang an eine kilometerlange Handwerkersiedlung. Der Uferwald lichtete sich, verschwand bis auf letzte stehengebliebene Bäume, und die Stämme wurden von weit her herangeführt. Durch Tage und Nächte Detonationen, Qualm, aufspritzendes Wasser, und wenn der Rauch sich hob, war die Brücke wieder da, und war wie gestern, wie vorgestern, wie alle Tage, beladen mit Menschen, mit Pferden, mit Troßwagen, ein graues nicht endendes Band, das sich langsam nach Westen bewegte und vom Brückenkopf aufgespult wurde.

Splüge hatte durch das Scherenfernrohr des vorgeschobenen Beobachtungspostens der Korpsartillerie die Brücke gesehen, war zurückgekehrt bis zu dem abgelegenen Gehöft des Artilleriestabes. Nach einem Imbiß, darüber war es weit nach Mitternacht geworden, hatte er sich wieder in den eigenen Wagen gesetzt und war bis Letschin gefahren. Und im Dorf Letschin, genau in der Mitte zwischen der ersten und der zweiten Linie, überraschte ihn das Trommelfeuer, Geschosse aus Fernkampfgeschützen gingen im Dorf nieder, in die mit Soldaten vollgestopften Häuser. Auch draußen auf den Äckern zuckten grelle Blitze und erhoben sich Pilze aus Rauch und Erde. Er war gekommen, um zu sehen ..., aber was nutzen schon die Bilder in seinem Kopf, wenn der Kopf und der ganze Kerl von einem Fernkampfgeschoß an die nächste Hauswand geklebt wird! Im Dorf bleiben, in den nächsten Keller, in das aufzufindende tiefste Loch hinein! Aber was wird die nächste Stunde, was wird das Ende des Trommelfeuers, was wird der anbrechende Tag bringen? „Weiter nach Quappendorf!" sagte er zu seinem Fahrer. Das ging nicht, es war kein Durchkommen. Die nach vorn rollenden Nachschubkolonnen drückten sie von der Straße herunter. Sie fuhren zurück nach Letschin, versuchten auf der parallel zwischen den beiden Linien verlaufenden Straße und auf Umwegen zu der befestigten zweiten Linie zu gelangen, um nachher die Anschlußstraße nach Berlin zu gewinnen. Es ging nicht, auch diese Straße lag unter dem Feuer der mittleren und schweren Artillerie, und das Feuer war mörderisch.

Die Schlacht an der Oder hatte begonnen.

Die letzte große Schlacht in Deutschland, und Splüge fand sich mitten im Gemenge. Er hatte es so gewollt, aber nicht ganz so. Nicht mit den andern im Topf als eines der hunderttausend Körner unter dem stampfenden Kolben. Der Rand des Topfes hätte genügen können, um zu sehen. In der nächsten Stunde sah Splüge nichts, hörte auch nichts mehr. Das menschliche Trommelfell ist solcher alles überbordenden Erschütterung nicht gewachsen. Nach Stunden in einem Kartoffelkeller, nach einer und einer halben Stunde genau, als der deutsche Soldat sich aus seinen Erdlöchern erhob, um zum letztenmal die grauen Wellen der russischen Infanterie abzuwehren, nach anderthalb Stunden im Trommelfeuer konnte Splüge wieder aufstehen und seinen Weg fortsetzen. Und auch jetzt waren es nur Bruchstücke, nur abgerissene Stimmen aus der großen Fuge, die er mit seinen Augen und Ohren aufnahm. Ein Dorf ist kein Dorf mehr. Eine Straße ist keine Straße mehr. Aus Dächern schlagen Flammen und es regnet heiße Dachziegel. Pferde, Wagen, dazwischen eine Flakkanone mit gen Himmel ragenden Drillingsrohren. „Idioten, Troßknechte ..., totschlagen, umlegen müßte man die Hunde!" Der tobende Feldwebel, der Hauptmann an seiner Seite brachten den Pulk deshalb doch nicht auseinander. Erst ein russischer Schlachtflieger, eine krepierende Bombe, die die Pferde in Pferdekadaver verwandelte, zertrümmerte Wagen auf einen Haufen fegte, brachte eine Art von Entwirrung zustande.

Das Dorf Posedin war kein Dorf mehr. Die Straße nach Sitzig und nachher nach Neu-Trebbin war keine Straße mehr. Drei Kilometer und nachher nochmals vier Kilometer — Panik, Verwirrung, liegengebliebene Ausrüstungsgegenstände. Der Stomü in einem Streckenwärterhäuschen, den Uniformkragen aufgeknöpft, darüber ein kalkweißes Gesicht und flackernde Augen. Nur zu verständlich, bei den Pulks da draußen — diesem großen Durcheinander, dieser unentwirrbaren Scheiße gegenüber! Haufen querfeldein treibender Soldaten. Eine traurige Gestalt, ohne Spaten, ohne Waffe, alles weggeworfen, hinter den andern hertaumelnd und lallend: „Russen, Russen ... nur Russen!“

Splüge und sein Fahrer brauchten für die Überwindung der kurzen Strecke fast den ganzen Tag. Noch vor den eigentlichen Stellungen der zweiten Linie bemerkten sie heftiges Gewehr- und Werferfeuer und deutsche Soldaten, die es auslösten. Deutsche Soldaten, die Stirn zur Oder gekehrt. Ihre Stellungen vorn hatten sie aufgegeben, und sie setzten sich ab, aber in geschlossener Reihe und kämpfend, angelehnt an die zweite befestigte Linie, die sie fast zugleich mit ihnen erreichten.

Splüge wurde zur Nachprüfung seiner Ausweise durch die Erdanlagen zum Stab geleitet. Der Ic betrachtete die Papiere und legte sie vor sich auf den Tisch. Er bot Splüge eine Zigarette an, machte einige Bemerkungen über die Lage. „Die Russen müssen buchstäblich und auf viele Kilometer Breite und Tiefe gestaffelt Geschütz neben Geschütz stehen haben“, sagte er. „Wir haben schon manches erlebt, aber solches Trommelfeuer ist noch nicht dagewesen. Nun, der Angriff im ganzen ist abgeschlagen, die Lage bereits stabilisiert!“

Ein Stab ist nicht die Front, und im Stab kann man einen kühlen Kopf bewahren! dachte Splüge. Aber dennoch ..., dieser Ic ist doch kein Hitlerjunge, und wenn er vielleicht auch nur ganze einundzwanzig Jahre zählt, so ist er doch ein Offizier der Wehrmacht, noch dazu ein Offizier des Stabes. Splüge hatte die Stunden im schwankenden Kartoffelkeller noch nicht von sich abgeschüttelt. Das Davonkommen mit der Geschwindigkeit eines kriechenden Gewürms, und rechts und links die platzenden Geschosse, die Dreckfontänen auf dem Acker, die verstörten Gesichter auf der Straße, das alles hing ihm noch an. Der helle zuversichtliche Ton des jungen Stabsoffizieres irritierte ihn. Ihm war einen Moment lang zumute, als stände er dem Ic mit dem gleichen Ausdruck gegenüber und als blicke er ihn mit den gleichen leeren Augen an, wie er sie auf der Straße hinter sich gelassen hatte.

Der Oberleutnant schien auch etwas zurückstecken zu wollen:

„Nun ja, Sie haben sich ja selbst umgesehen. Um einige Einbruchstellen handelt es sich noch. Bei uns ist es auch hart hergegangen. Der Einbruch geht ziemlich tief, und um die Abriegelung wird noch gekämpft. Die Verluste scheinen leider, soweit das bis jetzt zu übersehen ist, sehr hoch zu sein, schauderhaft hoch sogar."

Das Telefon klingelte.

Der Ic telefonierte, war dabei von seinem Platz aufgestanden und gab lakonische Antworten. Er blickte Splüge an, schob ihm die Papiere über den Tisch herüber und bedeutete ihm, sie wieder an sich zu nehmen, und war anscheinend im Begriff, ihn so nebenher mit einer erhobenen Hand zu entlassen. Es kam aber nicht mehr dazu. Ein Ereignis veränderte die Situation.

Die Front begann zu sprechen, zum zweitenmal an diesem Tag. Der Hörer fiel auf die Gabel zurück. Der Ic, Splüge, ein im Raum anwesender Schreiber lagen am Boden. Das zweite Trommelfeuer — das erste Feuer vor Tagesanbruch hatte anderthalb Stunden gedauert, jetzt, bei Beginn des zweiten Angriffs, war es Punkt sechzehn Uhr.

„Punkt sechzehn Uhr", stellte der Ic mit einem Blick auf seine Armbanduhr fest. Und die Russen hatten ihr Feuer vorverlegt, dieses Mal betraf es die zweite Linie. Solange die Telefonverbindungen nicht zerfetzt waren, wurde es noch klar, daß das Feuer das gesamte Gelände eindeckte und die befestigten Stellungen ebenso betraf wie die hinter den Stellungen liegenden Stabsquartiere und Anmarschstraßen.

Splüge konnte wieder nicht weiter.

Er wurde in einen Bunker geführt. Ein einfacher Erdbunker, keine schalldichten Doppeltüren, nur eine grobe Holzverschalung. Elektrisches Licht gab es, das fiel nach einer Weile aus und Hindenburglichter flackerten.

An den Wänden lehnten Soldaten.

Ich habe es gesehen . . ., er hatte genug, ihm waren Hören und Sehen vergangen, doch er mußte nun, mußte sehen und auch hören. Wie lange man das aushalten kann? Die herabklatschende Erde, immer wieder auffahrend, immer wieder zusammenfallend, eine mahlende, siebende Bewegung, gespeist und in Gang gehalten von einem durch die Lüfte donnernden Katarakt. Ein Niagara aus Eisen und Feuer, und hörte nicht auf zu stürzen, zu wühlen, zu brodeln. Und du sitzt darunter, unter dem Rauschen des Todes, und weißt nicht, wann du selbst erschlagen, zerquetscht, verbrannt, verschüttet, in die Luft geschleudert, auf die Erde zurückgeschmettert und von der Ungeheuerlichkeit eingesaugt wirst.

Nicht hinhören, an anderes denken!

Anderes gibt es nicht . . ., oh, doch, es gibt vieles!

Das Fahnentuch, zerfetzt, verbrannt... Ach, Blödsinn, höherer Blödsinn. Das Fahnentuch . . ., ein angefangenes Gedicht liegt in seinem Notbüro auf dem Tisch. Und ja, Leonore, die gibt es allerdings.

Acht Paar Schuhe hat sie im Schrank und nicht genug, sie muß Schuhe kaufen, war bei Leiser, bei Karstadt, am Hermannplatz, am Spittelmarkt, bei einem bekannten Einkäufer, überall war nichts, sie bekam nichts, soll wiederkommen, wenn die Lager gefüllt sind, nun will sie nach Köln oder gleich nach Amsterdam, mindestens aber einen Kurier schicken. Diese dumme Ziege, als ob man noch nach Köln und Amsterdam fahren oder Kuriere schicken könnte! Übrigens hat sie nun doch den Pudel angeschafft. Ich habe ihr nicht genügend Bengel zwischen die Füße geworfen. Die Beate hat auch einen, behauptet sie – die braucht überhaupt nur zu tönen: Ich will einen scharfen Hund haben! dann hat sie ihn schon – das sagt sie und nun mußte sie eben auch einen haben . . .

Dieses Brüllen, Heulen, Orgeln! Und der Mann in der Ecke, ein Landesschütze, sein kleiner Finger, er beobachtet ihn schon eine Weile – zuerst der Finger, dann die Hand, jetzt der ganze Kerl. Der Kerl zittert ja ganz erbärmlich, und das ist ansteckend!

Einen Kanarienvogel hat sie schon, nun noch den Pudel. Und ich kann morgens mit ihm runter und ihn in den Grunewald zum Pissen führen.

Die Freundin Leonore, die nur noch ausgehaltene Gattin Beate... Pudel, Vogel, Fahnentuch, neben ihm die starren Gesichter unter Stahlhelmen – nichts konnte ihm helfen. Sein Finger zitterte, sein kleiner Finger zuerst, der zweite und dritte auch schon. Wie lange kann man das ertragen? Dieser orgelnde Aufruhr, ein Urwald voll kreischender Affen, voll rasender Elefanten, dieser brüllende Untergang, Fauchen und Kochen — saturnisches Kochen! sagte dieser Idiot Wittstock. Wie lange noch, und wann kommt der Moment, da man aufspringt, davonläuft, aber wohin denn ... der Ic im Stahlhelm sitzt ebenfalls im Bunker, und die Zuversicht auf seinem Gesicht ist jetzt eine angefrorene Maske. Nun sind es schon beide Hände – er zitterte mit dem armen Landesschützen um die Wette.

„Es geht alles mal zu Ende!"

Der Mann an seiner Seite sagte es zu ihm. Den Stahlhelm auf dem Kopf, das Sturmgepäck neben sich, saß er auf der Holzbank und atmete ruhig. Die Zigarette in seiner Hand zitterte nicht im geringsten. Dem Sausen und Fauchen und Mahlen, dem brüllenden und schlagenden Wetter draußen zum Trotz rauchte er und wartete ab. Er wartete wie alle hier in der Höhle auf das Ende des Trommelfeuers und auf die Russen, die dann in dichten Wellen gegen die zweite Linie anrennen werden.

„Es geht alles mal zu Ende!"

Und es ging zu Ende. Der zitternde Soldat wurde erlöst, er sprang auf. Alle standen auf, um abzurücken und anderen Schrecken in anderer Gestalt ausgeliefert zu werden. Von Punkt sechzehn Uhr bis siebzehn Uhr dreißig, ebenso lange wie am Morgen, hatte das Trommelfeuer gedauert.

Draußen war es noch hell.

Die Russen schienen zu meinen, daß sie die Höhen so im Vorbeigehen und noch am gleichen Abend haben könnten. Für Splüge wurde es Zeit zur Abfahrt. Seinem PKW war das Dach eingedrückt worden. Der Motor war in Ordnung, die Räder drehten sich – der Wagen fuhr.

Tiefensee–Werneuchen–Weißensee: das war die vorausliegende Straße. Im Grunde war es nur ein Sprung, und es hatte Zeiten gegeben, da er zur Abwechslung mit Leonore mal in östlicher Richtung gefahren war, auf die Seelower Höhen zum Kaffeetrinken. Das hatte mit Hin und Her, einer Tasse Kaffee und dem üblichen Krach etwas mehr als zwei Stunden gedauert, bis er wieder den Kurfürstendamm vor sich hatte. An diesem Abend war die Strecke Nachschubstraße, eine zerbombte Nachschubstraße mit Umleitungen, und lag unter den Bordwaffen russischer Jagdbomber.

Und die Straße wurde in der Nacht und noch mehr am folgenden Tag zur Vormarschstraße mit Vorfahrtsrecht für die eilends aus Berlin herangeführten Truppen und wurde immer mehr zur Fluchtstraße. Vormarsch und Flucht, alles neben- und durch- und gegeneinander. Zu Fuß, ja, wenn er daran gleich gedacht hätte! Zu Fuß hätte er es in einer einzigen Nacht schaffen können. Diese Erkenntnis kam ihm zu spät, kam ihm erst, nachdem sie lange auf die Fertigstellung einer Straßenausbesserung gewartet, sich durch einen endlosen Pulk durchgewürgt, auf Umleitungen viel Zeit verloren hatten. Die russischen Bomben taugen nichts, heißt es; noch dazu wären die Hälfte Blindgänger. Immerhin waren sie imstande, die Fluchthaufen in Panik zu jagen, und eine davon genügte, auch den Volkswagen Splüges über die Straßenböschung zu schleudern und mit allen vier Rädern nach oben auf einer Wiese abzusetzen. Jetzt blieb nur übrig, sich auf die eigenen Füße zu verlassen. Doch mit geprellten Knochen ging es sich nicht mehr so gut, und noch vor der Panzersperre bei Werneuchen blieb Splüge in einem Haus am Wege über Nacht. Die Bomben und auch das Auftauchen ambulanter Streifen hatten die Leute von den Straßen herunter in die Wälder gejagt, in dem Durcheinander hatte er auch seinen Fahrer verloren — er sollte ihn niemals wiedersehen. Es kam ein neuer Tag der Wanderung. Auf der Straße flüchteten Frauen, Kinder, Greise, zu Fuß, mit Pferd und Wagen, selbst die so lange abgestellt gewesenen Planwagen der großen Flüchtlingstrecks waren wieder hervorgezogen worden und schwammen mit im Strom. Und aus Berlin kamen gemischte Formationen und Heimattruppen, Landesschützen, Hitlerjungen, Wehrmacht, Luft- und Marineeinheiten, zu Fuß und auf Lastkraftwagen. Kilometerlang war die Straße verstopft, alles heillos ineinander verfilzt. Es ging nicht mehr vorwärts, nicht mehr rückwärts. Ratas warfen Bomben, Jäger spritzten Feuerstöße in die verkneulte Masse. Truppenkommandeure fluchten, Offiziere, Feldwebel, Fahrer versuchten die Flüchtlingshaufen von der

Straße zu drücken. Die Fußgänger suchten ihren Weg auf der Wiese und über Äcker, und auch Splüge suchte sich so an den Straßenverstopfungen vorbei. Kranke blieben zurück, Neugeborene lagen am Straßenrand, verwundete Pferde, tote Pferde, zertrümmerte Wagen. Auflösung, letzte Atemzüge ... Es wurde Abend, bis Splüge vor Weißensee ankam. Ich habe es gesehen ..., auch das muß bezahlt werden. Mit einem lahmen Fuß war er noch billig davongekommen. Lindwürmer hatte er nicht gesehen – nur Würmer. Der zitternde Landesschütze im Erdbunker, der gelassen Ausharrende und neben ihm auf der Straße die Alte mit dem Handkarren, der Unteroffizier mit dem Notverband am Kopf, die Frauen mit Rucksäcken, mit Säuglingen im Arm, mit Kindern am Rockzipfel, Flüchtlinge von weit her, auch solche, die erst in der vergangenen Nacht ihr Haus verließen – alle arme Würmer. Die Alte mit dem Schubkarren sagt, daß sie aus Groß-Schliewitz in Westpreußen käme und so lange ein Notquartier gehabt hätte. Den Unteroffizier mit dem Verband am Kopf hatte er angesprochen, der winkte nur mit der Hand, winkte ab, wollte nichts mehr wissen, hatte die Schnauze voll. In den Flüchtlingsstrom mischten sich immer mehr Gestalten der zerbrechenden Front. Versprengte und Übriggebliebene, zerschlagene Trosse, Soldaten mit Verwundetenkarten am Uniformrock, Armstümpfe in verschmierter Verbandpackung, an Stöcken humpelnd, leere Gesichter, offene Wunden. Die Geschlagenen von Kunersdorf können nicht anders ausgesehen haben.

„Alles ist verloren!“ rief der König.

Zwei Pferde wurden ihm unter dem Leib weggeschossen, und als er nach Hause kam, war das Königreich gerettet. Der Tod der Zarin und die Uneinigkeit der Verbündeten retteten die Preußen.

„Das Fahnentuch,
zerfetzt, verbrannt,
es leuchtet überm Vaterland.
Voran,
voran ...“

Und nun war Roosevelt gestorben wie damals die Zarin Elisabeth – die große geschichtliche Parallele. Die Amerikaner und die Russen müssen bald aufeinanderprallen! das behaupten alle, die aus der Voßstraße in das Promi herüberkamen, das ist die letzte Hoffnung im Führerbunker.

Das Fahnentuch . . ., doch dieses Mal war es nur ein armer baumelnder Lappen, ein baumelnder Mensch ohne Schuhe, ein Gehenkter an einem Laternenpfahl. Ein Pappschild an der Brust: „Ich heiße Walter Schulz und hänge hier, weil ich zu feige war, Frau und Kind zu verteidigen!“ Die abwärts gebogenen Füße des gewesenen Volkssturmmannes, einer der sich lösenden Fußlappen, hingen über der vorbeitreibenden Menge und berührten fast ihre Köpfe.

Splüge sah auch, daß der Menschenstrom sich lichtete, sah, wie sich viele seitlich davonmachten, manche in nördlicher Richtung den Rieselfeldern entgegen, andere in Richtung Hohenschönhausen, um zu versuchen, auf Nebenstraßen in die Stadt zu gelangen.

Auf den Feldern erhoben sich fensterlose Fassaden, zerbombte Häuserblocks, eingesprenkelt zwischen Äcker, erste Vorposten der riesigen, sterbenden Stadt. Die Fluchthaufen zogen dem Stadtrand und dem dort aufgestellten Sperriegel entgegen. Die Panzersperre war, bis auf einen schmalen Durchgang für Wagen, geschlossen. Das Sperrkommando funktionierte noch und warf seine Netze aus, suchte unter den Herankommenden neue Opfer. Plötzlich tauchten sie auf — Gesichter unter Stahlhelmen, Blechschilder an der Brust:

„Soldbuch raus, Papiere vorzeigen!“

PK-Oberleutnant Splüge wurde durchgelassen.

So weit war er also gekommen — nun eine Straßenbahn, eine S-Bahn oder sonst ein fahrbares Untergestell! „Da werden Sie nicht viel Glück haben, mein Bester. Die S-Bahn geht nicht, die U-Bahn geht nicht, mit der Straßenbahn ist es ganz aus. Nach dem Angriff heute nachmittag ist alles kaputt. Vor morgen früh ist nichts zu machen, und was morgen kommt, das wissen wir nicht.“

Nein, das wissen wir nicht!

Das weiß allein der liebe Gott und vielleicht der Marschall auf den Seelower Höhen, denn nach allem, was er gesehen und gehört und ausgestanden hat, muß der Russe dort bereits angelangt sein. Splüge war hundemüde, lahmte dazu auf einem Bein. Der Salto bei Tiefensee auf die Wiese hatte ihn gehörig zusammengestaucht. Telefonieren, die Dienststelle anrufen, Leonore anrufen — gut, das kann man versuchen, obgleich auch das nicht klappen wird. Zu Fuß bis in die Voßstraße humpeln, das konnte bis zum Jüngsten Tag dauern, und der war sowieso auf vollen Touren hinter ihm her und konnte ihn leicht am Alexanderplatz oder vielleicht schon am Friedrichshain schnappen. Seine gute Stimmung, und die hat er mit Unterbrechungen immer hochgehalten, ging langsam, aber sicher in die Binsen. Das war auch kein Wunder, nicht mal ein Fahrrad besaß er, und ganz Weißensee schien in dieser Stunde radzufahren. Zudem hatte er seit Tiefensee kein einziges Glas Kognak mehr gesehen. Der Rest in der Flasche war samt dem Fahrer verschwunden. Und jetzt noch das – russische Jäger schon in der Stadt. Wollten sie Weißensee schon sturmreif machen? Nun, haben wir ja gesehen, ist nicht weit her mit den Blumentöpfen, die sie runterwerfen, und hier zwischen den Mauern wird es überhaupt nicht so schlimm werden!

Splüge warf sich aber doch hin.

Eklige Dinger, die haben doch überhaupt keine Geschwindigkeit, sieht aber aus, als ob sie bis auf den Fahrdamm runterstoßen und dann heulend und vorbei an gestürzten Lichtmasten und baumelnden Drähten wieder nach oben.

Abendstunde in Weißensee.

Der arme Vicco im Rinnstein, ein brennendes Haus wirft rote Lichter aufs Straßenpflaster. Die Frauen am Brunnen tun so, als ob sie nicht wissen, was Bomben sind, oder auch sie scheinen die russischen Bomben nicht ernst zu nehmen, sind an andere Kaliber gewöhnt. Aber nicht alle Russenbomben sind Blindgänger. Da haben wir's schon – die Wassereimer, noch eben in den Händen der Frauen, kollern über den Fahrdamm. Aber sie holen die Eimer wieder und stehen schon wieder am Brunnen. Ungemütlich, sehr ungemütlich, besser weggehen von der Hauptstraße, auch in einer Nebenstraße kommt man weiter.

In der Nebenstraße roch es nach Brand, nach Staub, aus Kellerlöchern und den zusammengeworfenen Ruinenhaufen quoll Verwesung. Übereinandergefallenes Gerümpel, das ganze herumliegende Zeug, alte Schuhe, Matratzen, weggeworfener Mist, schwelte und stank. Splüge war es speiübel, ihm war zum Kotzen und das Kreuz tat ihm weh. Wie konnte man nur zu einem Kognak gelangen? Er faßte das ausgehöhlte Skelett eines Hauses ins Auge. Ein Sofa hing noch da oben an einem Eisenträger. Das Haus schien ihm bekannt, die Straße auch. Die gleiche Straße war er schon gegangen. Und mehr als einmal, nur noch ein Stück hat er zu gehen und kommt zum Auferstehungsfriedhof. Und dort wohnt Haderer, nicht auf dem Friedhof natürlich, in einer Straße hinter dem Friedhof, sein alter Maßschuster Haderer. Einen besseren Schuster gibt es nicht, und einen guten Tropfen hat er auch immer auf seinem Bord stehen. Ein Nordhäuser, gespiegelt im Licht der Schusterkugel, gleich daneben der Auferstehungsfriedhof, wie beziehungsvoll und zugleich erhebend! Splüge fand die Mauer des alten Friedhofs und erblickte gegenüber das Haus.

Das Haus stand noch, auch die Werkstatt war noch vorhanden. Im Hochparterre hatte der alte Haderer eine Werkstatt und eine Wohn- und Schlafküche. Und der Alte war zu Hause, er brauchte nur anzuklopfen und einen Moment abzuwarten und dann die Tür aufzumachen. Und da saß er, auch die Schusterkugel war da, sie spiegelte das Licht einer Kerze wider.

Haderer saß auf seinem Schemel. Auf seinem Gebiet ein Künstler, war er Nachtarbeiter oder doch ein Spätarbeiter. Allerdings war er nicht allein, schon ein anderer war bei ihm, der saß ihm gegenüber. Haderer hätte Grund gehabt, überrascht zu sein, denn es war kaum die passende Stunde, um sich etwa ein Paar Langschäfter anmessen zu lassen. Doch er blickte nur gleichmütig auf.

„Ich komme hier gerade vorbei, S-Bahn, Straßenbahn, nichts geht mehr, ein Fahrrad habe ich auch nicht, und mit meinem Kreuz ist etwas nicht in Ordnung“, erklärte Splüge.

„Ischias, ein Hexenschuß?“ fragte der Alte.

„Nein, das Auto ist umgekippt, bei Tiefensee. Ich muß nur etwas verschnaufen!“ — Splüges Blick schweifte zum Wandbord.

„Vielleicht auch einen Korn?“ fragte Haderer.

„Ein Korn wäre auch nicht schlecht!“

Er bekam einen Korn und noch einen zweiten und durfte auf einem alten Sessel, der zwar keinen Bezug mehr hatte, aber eine Rückenlehne besaß, Platz nehmen. Der Korn war gut und sitzen und sich weit zurücklehnen können, war ebenfalls gut.

„Sie brauchen nicht zu sprechen, ruhen Sie sich nur erst aus, Herr Splüge!“

Splüge machte von diesem Vorschlag gern Gebrauch. Er hätte augenblicklich in Schlaf fallen können. Es dauerte nicht lange, bis er die Augen schloß. Haderer und sein Gast schwiegen, eine Weile war nur der Schusterhammer zu hören.

Dann sagte Haderer: „Ja, vieles hat sich seither verändert, August!"

Wieder der Hammer.

„Und was macht Pauline?" fragte der andere.

„An Pauline brauchst du nicht mehr zu denken."

„Und Riederheim?"

„Verdorben, gestorben — wer weiß!"

„Und Feierfeil?"

„Ebenso — wer weiß!"

Mit geschlossenen Augen sah Splüge die Schusterhöhle und den alten, krummgezogenen Haderer. Er sah auch den andern, und er sah ihn erst, als er schon am Versinken war. Wie aus dem Hinterhalt wurde er vom Schlaf übermannt und in ein Loch gestürzt. Er fand sich im Topf, im großen Topf und oben am Rand war der Unbekannte. Ein ausgebranntes, aus der Erde wieder aufgestandenes Gesicht. So was war doch „abgeschrieben", schon eingebuddelt, wo kommt das her, wo kann das herkommen, über die Todesbrücke oder vielleicht durch den Schornstein?

Eine Stunde war vergangen, vielleicht auch nur ein Augenblick, Splüge erwachte im Gefühl höchster Gefahr, schlug die Augen auf und begegnete dem Blick August Gnotkes ...

August Gnotke war wirklich von Erde und Moder zugedeckt gewesen, war durch Sümpfe und Verwesung gegangen, und wenn ein bestimmter, um zwei Jahre zurückliegender Tag andern kaum mehr als ein abgerissenes Kalenderblatt bedeuten mochte, ihm hatte jener Tag das Ende der Zeit gebracht und den bis in Mark und Bein gehenden heiseren Anruf der siebenten Posaune, unter deren Stoß die Himmel sich zusammenfalten und die Erde leer wurde, die Gräber sich auftaten und abgezählte einundneunzigtausend Knochenmänner den Marsch zur Stätte des Gerichts antraten. Durch Wind und Schnee und über gefrorene Erde, und das Urteil lautete: Tod am Wege — durch Hunger und Typhus, durch rote und weiße Ruhr und durch Sklavenarbeit. Einundneunzigtausend und übrig blieben dreitausend — von einundneunzig blieben drei. Für die Übriggebliebenen lautete das Urteil abermals: Hunger und Sklaverei und Hergabe der lebendigen Seele. Kein Gedanke mehr an die Vergangenheit, kein Denken an eine mögliche Zukunft, kein Mitfühlen mit dem stöhnenden Nächsten, mit der niedergetretenen Unschuld, das Gewissen war eingesargt, kein Sterben und auch kein Mord durfte es mehr erreichen.

Übrig blieb ein Geschöpf ohne Willen und ohne menschliche Seele, übrig blieb eine Puppe, und übrig blieb, vorgesagte Sprüche aufzusagen, vorgeschriebene Bewegungen auszuführen, auch durch das Niemandsland auf die andere Seite der Front hinüberzukriechen und dort zu sterben oder zurückzukehren, um das Spiel mit dem Tod zu wiederholen.

August Gnotke hatte als Stalingradgefangener seine Armee sterben sehen. Der einzelne, schon vor dem physischen Zusammenbruch verdorrt — durch Hunger, durch Läuse, durch Propaganda, durch Sollarbeit —, wurde hierhin geschoben, dorthin geschoben, zum Arbeiten, zum Aufpassen und Antreiben der andern, oder er wurde auf Schulen geschickt — zum Auswendiglernen, zum Nachplappern, zur Beichte und „selbstkritischen" Vernichtung des Restes an Persönlichkeit, der noch geblieben sein mochte. Gnotke machte das alles durch, dann wurde er mit anderen Übriggebliebenen als „Fronthelfer" nach vorn geschickt — das war am Dnjepr, an der Weichsel war er noch dabei, schon auf deutschem Boden verschmähte ihn noch immer der Tod.

Mit Menschenleben wurde nicht gespart.

Die andere Seite lieferte immer frischen Nachschub. Aus den großen Gefangenenzügen ausgelesen, wurden die Neuen nach kurzer „Umschulung" durch die Front zurückgeschickt und in Hekatomben geopfert. Es fehlten passende Uniformen, deutsche Waffen, entsprechende Papiere, ein Blick in die Karte wurde ihnen verwehrt, so daß die meisten schon vor der deutschen Linie in den Minenfeldern liegenblieben, tot oder verwundet, und andere, die durchkamen, fielen Feldpolizisten in die Hände und wurden der SS zur Exekution übergeben.

Gnotke kehrte zurück, immer wieder hinübergeschickt, kehrte er jedesmal wieder oder wurde von den vorrückenden Abteilungen der Armeegruppe, die ihn abgesetzt hatte, wieder aufgenommen und dem Nachrichtenchef vorgeführt. Gnotke hatte begriffen, daß an seinem

Frontabschnitt die blanke Waffe alles war und die Propaganda nichts galt, und wußte, daß die Erklärungen des deutschen „Nationalkomitees", die Generalsaufrufe aus Moskau, ihre Flugblätter, Zeitungen und Handzettel anderen Zwecken zu dienen hatten und in den Latrinen des Stabes der Armeegruppe verschwanden.

Die Waffe war alles, die Propaganda galt nichts. Der „Fronthelfer" im Lautsprecherwagen oder mit einem einfachen Schalltrichter in der Hand, der die deutschen Gräben ansprach und zur Niederlegung der Waffen aufforderte, und gutes Essen, ärztliche Betreuung und Rückkehr in die Heimat versprach, wurde zu einer lügenhaften, geschwätzigen und häßlichen Sirene. Es kam vor, und nicht selten, daß Überläufer niedergeschlagen wurden und nach hinten geführte deutsche Kriegsgefangene fielen unter den Händen von Troßleuten. Deutsche und russische Artillerie feuerte gleichzeitig in Flüchtlingstrecks.

Eine verwilderte Soldateska plünderte, mordete, sengte, und Lazarette verwandelten sich unter Gewehrkolben in Totenhäuser. Gnotke sah vieles – einem Gespenst im Niemandsland waren beide Seiten der Front offen. Er blickte einem Zug nach, auf den offenen Loren hockten Frauen mit Kopftüchern, ihre Haare waren verrußt und ihre Gesichter schwarz vom Rauch der Lokomotive. Sie kamen aus Ostpreußen und fuhren an das gläserne Meer, fuhren dorthin, wo er herkam. Er blickte dem Zug nach, bis der letzte Wagen im Dunst verschwand, und seine Augen blieben gläsern.

Er ging wieder über das Niemandsland und kam in die Stadt Schneidemühl. Die Rotarmisten tranken und zogen betrunken durch die Straßen. Aus den Kellern, aus den Fenstern gellte hilfloses Schreien. Frauen stürzten sich von Balkons hinunter auf das Straßenpflaster, andere flohen und wurden im Laufen ergriffen. Die Augen Gnotkes blieben gläsern und seine Ohren blieben taub.

Er kam durch das Dorf Güstebiese, überquerte auf der „Teufelsbrücke" die Oder und wartete im Brückenkopf auf neuen Einsatz. Mit den platzenden Granaten und den vorgehenden Wellen der russischen Infanterie gelangte er bis in die zweite deutsche Verteidigungslinie. Die russische Abteilung zog sich zurück. Er blieb auf dem Dachboden eines Hauses sitzen. Den Russenmantel warf er weg, die Wehrmachtsuniform darunter und ein um den Kopf gelegter blutgetränkter

Verband waren seine Ausstattung. Echte Ausweise, Soldbuch, Verwundetenkarte, sogar private Briefe und etwas Geld, hatte er von einem gefallenen Unteroffizier. Was er noch brauchte, war Dunkelheit und Panik und regellose Flucht. Das alles kam, als die Russen die aufgegebene Häuserreihe und darüber hinaus den ganzen Frontabschnitt einnahmen. Alle bösen Geister der Katastrophe waren mit Gnotke im Bunde. Ein Gesicht im Zusammenbruch, ein Stäubchen aus der zerfallenden deutschen Front, so wurde er nach hinten geweht und fand seinen Weg weiter über Tiefensee und Werneuchen bis Weißensee. Bis vor den Wall aus Steinen, Eisenträgern, umgekippten Wagen, bis vor die von Volkssturmmännern und Straßenbahnern besetzte Panzersperre und die Kontrollstelle der Feldgendarmerie. Der Feldgendarm, heiser und müde von den vielen vorbeiziehenden Menschen, bellte nur noch: „Soldbuch raus . . .“ Als er den Verband am Kopf Unteroffizier Gnotkes, die Verwundetenkarte am Uniformrock und die gläsernen Augen erblickte – er war nicht weichherzig, wollte auch keinen durchschlupfen lassen –, aber da hatte er genug, winkte mit der Hand ab und wendete sich dem Nächsten zu. Wie von einem kalten Luftzug berührt, drehte er sich nochmals um, jener Unteroffizier aber war schon in der Menge verschwunden.

In Berlin-Weißensee ging Gnotke seinen eigenen Weg, zum erstenmal seit dem Stoß der siebenten Posaune. Für seinen Auftrag, das Auffinden der Schlupfwinkel des „Werwolfes“, blieb noch Zeit genug. Er suchte den aus seinem Dorf in Pommern stammenden Schuster Haderer auf. Haderer hätte sein Vater sein können, hatte auch immer wie ein Vater an ihm gehandelt, doch seit seinem Eintritt in die SA im Jahre 1932 war er mit ihm zerfallen. Er fand ihn noch in derselben Straße und traf ihn zu Hause an. Haderer zeigte kaum Überraschung und auch keinen Unmut über die Heimkehr des „verlorenen Sohnes“.

„Woher kommst du, August?“

Vom gläsernen Meer, konnte er nicht antworten. Und so war es auch nicht, daher kam er nicht, das kam mit ihm, war dort, wo er auftauchte, und noch niemals hatte er erlebt, daß es unter seinen Füßen geschmolzen und betretbare Erde zum Vorschein gekommen wäre.

„Ich komme aus Güstebiese“, war die Antwort Gnotkes. „Und wie sieht es hier aus?“

„Wie soll es schon aussehen!"

„Und was macht Pauline?"

Aber da war schon der andere dazwischengekommen. Ein PK-Oberleutnant, ein kleiner Kerl, ein Windhund, vielleicht der Leitwolf einer Werwolfmeute. Doch irgendwie war er angenockt, bei irgendeinem frechen Unternehmen hat er „eins über die Schnauze gekriegt". Kommt her, haut sich hin und schläft — oder stellt sich schlafend.

Riederheim, Feierfeil . . ., ja, wer weiß, wo die sind! Vielleicht auch dahinten, hinter einer Feldbahnlore, auf Gleisen, die krumm sind und die Loren aus den Schienen springen lassen, neben Drehscheiben, die sich nicht drehen und die Lore zu einem angewachsenen Felsen machen, in den Händen Brechstangen, die zerbrechen, und Schippen, die sich zusammenrollen wie Papier, und geschundene Haut und Schorf überall, und Augen, die vor Hunger aus den Höhlen springen, und dahinter der Starsche mit Gebrüll: „Die Norm, daway, daway . . .", wer weiß, wer weiß?

„Wer weiß!" sagte Haderer.

Der PK-Wolf schien doch eingeschlafen zu sein. In seine Gedanken einbrechen, die Schlupfwinkel der jungen Wölfe aus ihm herauslocken, wenn man das könnte! Das war der Moment, in dem Splüge die Augen auftat und dem Blick Gnotkes begegnete.

Ein gläserner Blick . . .

Splüge war alarmiert, erkannte jetzt den Unteroffizier wieder, den von der Straße nach Weißensee. Der blutgetränkte Kopfverband hatte, als er hier hereinkam, das fiel ihm ein, zwischen den Lederstücken und dem Pech und den Messern auf dem Tisch gelegen. Die Wehrmachtsuniform, die er anhat, ist richtig, irgendwas an ihm ist aber nicht richtig. Das Gesicht, der reine Gottseibeiuns, dazu das Einvernehmen mit Haderer, nicht ganz geheuer. Und überhaupt, wie konnte er hier in die Höhle geraten? Eine Falle, ein Seydlitz-Quartier, wer kann wissen, jedenfalls nicht geheuer.

Nur raus hier, nur weg, aber es darf nicht wie Flucht aussehen!

„Nun, Herr Splüge, wie geht's?"

„Danke, ja, habe etwas geschlafen, bin ausgeruht. Will mich auch gleich auf den Weg machen." Splüge sagte es so ruhig, wie er es vermochte. Aber seine Kehle war rauh, die Worte kamen heiser. Doch keiner von den beiden schien etwas gegen seinen überstürzten Aufbruch einzuwenden zu haben.

Splüge stand schon auf den Füßen:

„Herr Haderer, die Ohren steif, es wird wohl etwas Wind kommen!"

„Ja, wird wohl", erwiderte Haderer.

„Herr Unteroffizier . . ."

„Roeder", stellte Gnotke sich vor.

„Herr Roeder, Hals- und Beinbruch!"

Das übliche „Heil Hitler" verschluckte Splüge. Er zog die Tür hinter sich zu, suchte sich im Finstern die paar Stufen hinunter. Er atmete tief, als er den nächtlichen Frühlingshimmel über sich hatte. In dieser Stunde war es still — gespenstische Stille, nur das ferne, nicht endende Gebrummel und das Geflacker in den Wolken am östlichen Himmel. Splüge tastete sich an der Kirchhofsmauer entlang, lief dann durch verdunkelte Straßen. An die beiden in der Schusterhöhle denkend, schalt er sich einen Idioten. Aber dennoch, ich weiß nicht, ich weiß nicht, und ich fresse einen Besen, wenn der Roeder heißt. Es war eine Begegnung, ich weiß nur nicht, was für eine, weiß nicht mit wem oder mit was!

Junge, Junge, wenn das man gut geht!"

„So was habe ich doch schon mal gesehen!"

Sanitätsfeldwebel Wustmann und der Fahrer Stroh tauschten Erinnerungen aus. Die anderen hockten hinter ihnen im Wagen zusammengesunken zwischen Kisten. Auch in Weißensee hatten sie, wie vorher in Werneuchen, nur eine zurückgelassene Weisung vorgefunden, nach der sie weiterzufahren hatten, da der Feldverbandplatz jetzt in Berlin-Mitte, im Reichstagsgebäude, eingerichtet werden sollte. Bis zum Güterbahnhof Weißensee waren sie gekommen und hier in marschierende Truppen geraten und in eine Nebenstraße abgedrängt.

Panzer, Flakgeschütze, Artillerie, Soldaten, Gewehrläufe, Fahrzeuge. Der Zug bewegte sich zur Panzersperre und weiter in Richtung Werneuchen—Tiefensee—Semmelberg.

„Wenn das man gut geht!"

„In Odessa, 1944, sah es ebenso aus, und als sie vor die Stellungen kamen, die sie besetzen sollten, saß schon der Russe drin!"

„Damals hat es Schnaps gegeben."

„Ja, damals wurde noch gesoffen und laut gegrölt."

Schweigende Kolonnen trieben zum Stadtrand. Der Schein aus brennenden Häusern flackerte auf den Gesichtern. In den Geruch von Brand und Kalkstaub mischte sich die Ausdünstung ungewaschener Leiber, von Leder, von verschwitzten Uniformen.

„Aber das gab es damals nicht!"

Der Volkssturm zog vorbei, alte Männer mit Schirmmützen und in belgischen Militärmänteln. Die Hitlerjugend – sogar Vierzehn-, Fünfzehn und Sechzehnjährige in Wehrmachtsuniformen, die viel zu groß waren und lose an den mageren, halbwüchsigen Körpern hingen.

Langsam rollende Räder und schlurfende Füße.

Flieger mit Infanteriegewehren, Flakeinheiten und Teile von Bauregimentern, Offiziersschüler, Polizei mit Karabinern, die Berliner Feuerwehr, Straßenbahner.

Die Straße war von einer Kette aus Feldgendarmen abgesperrt, damit sich keiner auf die Seite drücken konnte. Ein Mann wurde durchgelassen. Ein Oberleutnant, er blieb neben dem LKW stehen und fragte, ob er mitfahren könnte.

„Guten Tag, Herr Splüge!" wurde er von dem Sanitätshelfer Wittstock begrüßt.

„Du, Günther? Wo kommst du denn her?"

„Aus Buckow, wir sind getürmt."

„Da habt ihr Glück gehabt, und wo soll es hingehen?"

„Zum Reichstag!"

„Ausgezeichnet, da muß ich auch hin! Na, Herr Feldwebel?"

„Meinetwegen schon, fragen Sie unsern Oberarzt."

Oberarzt Heide hatte nichts dagegen, und Splüge durfte aufsteigen und mitfahren.

Bis zum Reichstag waren es acht Kilometer, und unter normalen Umständen hätte es eine halbe Stunde Fahrt bedeutet. Jetzt standen sie bereits Stunden neben dem Güterbahnhof, und als sie sich endlich in Bewegung setzten, um auf Umwegen und auf Nebenstraßen zu ihrem Ziel zu gelangen, kamen sie nur langsam vorwärts. Trümmerstücke lagen im Wege. Sie sahen einen ganzen Straßenzug in Flammen – es gab kein Wasser zum Löschen, und das Feuer konnte sich ungehindert ausbreiten. Im Schrittempo ging es weiter. Der Mond stand am Himmel. Sterne hingen über der Ruinenwelt. Ganze Häuserkarrees waren ausgebrannt und menschenleer. Als sie über den Alexanderplatz kamen, wurde es schon Tag. Noch einmal mußten sie in einem engen Straßenschlauch warten und marschierende Truppen vorbeilassen. Nochmals zwei Stunden vergingen, bis sie den monumentalen, aus schweren Quadern aufgeführten Block des deutschen Reichstages vor sich hatten.

DEM DEUTSCHEN VOLKE, so leuchtete es in goldenen Lettern über dem Hauptportal des Gebäudes. Die deutschen Stämme hatten nach der Reichsgründung im Jahre 1871 hier ein gemeinsames Dach gefunden. An dem Rednerpult dieses Hauses hatte ein Bismarck, ein Bethmann Hollweg, ein Prinz Max von Baden gestanden, aber auch ein Liebknecht, senior und junior, ein Bebel und Ledebour und eine Rosa Luxemburg. Hier, aus einem Fenster der Westfassade heraus, hatte Philipp Scheidemann am 9. November 1918 die Republik ausgerufen. Es hat auch einen Reichstagsbrand und einen Reichstagsbrandprozeß gegeben. Im Qualm dieses Brandes, der den großen Sitzungssaal zerstörte und die Glaskuppel durchschlug, hatte das Dritte Reich seinen Anfang genommen, und es sah so aus, als ob es auch hier in Qualm und Feuer sein Ende nehmen sollte.

Sanitätsfeldwebel Wustmann war alt genug, um einige Vorstellungen von dem Vergangenen haben zu können. Auch eine Reichstagssitzung hatte er erlebt. Als Urlauber war er – im Oktober 1918 – einmal in dieses Haus gekommen. Er hatte damals nicht wissen können, daß er einer entscheidenden Sitzung beiwohnen würde.

Ein trüber, naßkalter Tag. Berlin hungerte. Berlin hatte kein Öl mehr für die Petroleumlampen. Die Straßenbahnen klapperten. Die Gummidecken an den Autorädern waren abgefahren und glatt wie Glas. Es gab nichts mehr, keine Seife, keinen Tabak, wenig Brot. Alles schepperte, kreischte, hustete und pfiff auf dem letzten Loch:

Ein Krieg ging zu Ende.

Das Kaiserreich ging zu Ende.

Der zwanzigjährige Sanitätssoldat blickte von der Gästegalerie in den Saal hinunter über die Reihen der Abgeordneten hinweg. In sich zusammengekauerte, fröstelnde Gestalten. Viele husteten, in Berlin herrschte die Grippe. Der neue Kanzler, der sich dem Hause mit einer Antrittsrede vorstellte, war kaum zu verstehen. So leise sprach er, er war heiser, auch er hatte die Grippe. Der neue Kanzler war der Prinz Max von Baden.

Einer nach dem andern stand am Rednerpult. Die Reden gingen ins Leere. Die Volksvertreter in ihren Bänken blätterten in Zeitungen. Nur einmal war es, als ob jähe Windstöße durch ihre Reihen fuhren. Sie sprangen von ihren Sitzen auf, und alle redeten. Einer mit dem andern und eine Bank mit der andern. Es war kein Wort zu verstehen, und Wustmann hatte erst später in veröffentlichten Protokollen nachgelesen, um was es eigentlich gegangen war. Der Zusammenbruch an der Front, ein panischer Hilferuf der Obersten Heeresleitung, Wilsons vierzehn Punkte hatten zur Debatte gestanden. Der Unabhängige Haase hatte gesprochen und ihm waren Vertreter der nationalen Minderheiten gefolgt – Elsässer, Lothringer, Polen, Dänen.

Sozialdemokraten und Unabhängige bezichtigten einander der Kriegsverlängerung, einer beschimpfte den andern, daß auch sie Kriegsanleihen bewilligt hätten.

„Volksabstimmung!“ forderte ein Däne.

„Da müßten auch die Toten mitstimmen“, meinte ein Pole und verlangte: „Polen den Polen!“

Der Sozialdemokrat Noske sagte:

„Danach müßte ja Amerika den Indianern gehören!“

Über der Regierungsbank kauerte Verzweiflung.

„Der Chor der Schakale!“ sagte einer.

„Finis Germaniae?“ ein anderer.

Der Staatssekretär Haußmann zitierte Heinrich Heine: „Alt Deutschland, wir weben dein Leichentuch, wir weben hinein den dreifachen Fluch!“

Das war im Jahre 1918, jetzt war es wieder soweit. Keine vierzehn Punkte standen dieses Mal zur Debatte. Nur die „Totale Kapitulation“, die war ohne Debatte anzunehmen oder auch nicht anzunehmen, so oder so war der Untergang unaufhaltsam.

Finis Germaniae!

Oberarzt Heide, Feldwebel Wustmann, die beiden Gefreiten, der Sanitätshelfer Wittstock durchsuchten den ganzen Reichstag und kamen ohne Erfolg zum Wagen zurück, von Stabsarzt Dallmann und der Sanitätskompanie keine Spur. Wustmann ging schon zum soundsovielten Mal durch die Vorräume, durch die Wandelhalle und kam wieder in den Plenarsaal. Wie die Halle und der Wandelgang war der Plenarsaal ein einziges großes Soldatenbiwak, überwölbt vom nackten Eisengestänge der hohen Kuppel. Dieser Teil des Gebäudes war unbenutzt geblieben, so wie die Brandstifter im Jahre 1933 ihn zurückgelassen hatten. Sie hatten keine Zeit gefunden, ihn zu renovieren und wollten ihn wohl in diesem Zustand als Denkmal an den Beginn ihrer Herrschaft der Zukunft vermachen. Im Saal standen in Pyramiden zusammengestellte Gewehre. Weggeworfene Konservenbüchsen, verstreutes Papier, Fußlappen, Monturen lagen herum. Soldaten, den Kopf auf dem Tornister oder auf dem Rucksack, schliefen, andere aßen, noch andere spielten Karten – schon am frühen Morgen, es war zehn Uhr geworden.

Eine Sanitätskompanie? Nein, keiner konnte Auskunft geben. Ja, da war einmal eine, gestern oder vorgestern. Aber wo sie geblieben war, wußte auch dieser Mann nicht anzugeben. Dann aber sagte einer: „Ja, Herr Feldwebel, da ist so was, im ersten Stock, eine Wehrmacht-Sanitätsinspektion oder wie sich das nennt!"

Wustmann ging in den ersten Stock.

Auf dem Gang hing Schild neben Schild. In den ehemaligen Fraktionszimmern hatten alle möglichen militärischen Einheiten und Behörden Büros eingerichtet. Die Angestellten und Schreiber nahmen es nicht so genau, oder die Verkehrsmittel waren gestört, viele trafen jetzt erst auf ihren Dienststellen ein. Auf dem Gang war ein Kommen und Gehen von Menschen. Wustmann hielt einen an und erkundigte sich nach der Stelle, die er suchte. „Ja, gibt es", wurde ihm erwidert. „Sanitätsinspektion, ganz hinten die letzten Zimmer." Wustmann stellte noch weitere Fragen, und dann war er im Bilde. Es handelte sich um ein Zentralamt mit einem Oberfeldarzt als Leiter und einer Anzahl von Kanzleibeamten und Schreibkräften, die damit beschäftigt waren, die Krankenblätter der ganzen deutschen Wehrmacht in einer Kartei zu erfassen.

Er fand die richtige Tür und gelangte bis vor den Oberfeldarzt, der bereits hinter seinem Schreibtisch saß.

„Ja, ein Stabsarzt Dallmann ist hier gewesen. Gestern war das. Er meinte in unsere Räume einziehen zu können, was für Vorstellungen!"

Der Oberfeldarzt war ein alter Mann. Aktiv konnte er im Weltkrieg vor 1918 gewesen sein. Die Inspektion im Reichstag führte er seit Beginn des Krieges. Die Reihenfolge der Dinge hatte sich in seinem Kopf etwas verdreht, so wollte es Wustmann scheinen, und der Oberfeldarzt war wohl der Auffassung, daß eine der wichtigsten Aufgaben der Lazarette und der Hauptverbandplätze darin bestehe, seine Kartothek mit Material zu beliefern.

Immerhin, Dallmann und sein Haufen befanden sich in der Nähe. Schließlich hätte sich der Stabsarzt mit der gegebenen Tatsache abgefunden und die Sanitätskompanie wäre in einen angefangenen S-Bahn-Stollen gezogen, gleich hier neben dem Reichstag, um dort einen HV-Platz einzurichten, erfuhr er weiter vom Oberfeldarzt.

„Schade, ein paar Büroräume hier oben wären nicht schlecht."

„Und was sollen wir tun, schließlich müssen wir doch arbeiten!"

„Meinen Sie, daß das noch so wichtig ist? Die Russen sind über die Oder rüber und sind auf dem Wege nach Berlin!"

Der Oberfeldarzt schüttelte mißbilligend den Kopf.

Die Tür stand offen, und Kanzleibeamte und Schreiber aus dem Nebenraum blickten herüber, ebenso mißbilligend wie ihr Chef.

„Über die Oder — das heißt wohl noch nicht auf dem Weg nach Berlin." — „Nun, sehr weit ist der Weg nicht."

Sie glaubten wohl noch an die Wunderwaffen und an die Wunderarmee Wenk! Es gab keinen elektrischen Strom und sie hörten kein Radio, Zeitungen erhielten sie nur sporadisch. Sie hörten nichts als täglich hundert verschiedene und einander widersprechende Gerüchte. Und gelogen und übertrieben worden war in diesem Kriege so viel, daß man sich überhaupt nur noch auf seine eigenen Augen und Ohren und auf einen „sechsten" Sinn verlassen wollte.

Der Oberfeldarzt erklärte jedenfalls:

„Verbreiten Sie bitte hier keine Tatarennachrichten!"

„Tataren ..., die können Sie bald hier haben, Herr Oberfeldarzt. Meinen Sie, daß das hier immer so weitergeht?"

„Was reden Sie eigentlich, wir müssen doch unseren Dienst machen!"

Nun aber hob der Oberfeldarzt den Kopf. Ein fernes Geräusch – er hatte es in diesem Krieg noch nicht vernommen, doch aus dem ersten Weltkrieg war es ihm bekannt – traf seine Ohren. Auch der Kanzleirat, die Schreiber, die Sekretärinnen draußen, alle vernahmen ein fernes Grollen, anders als das Pfeifen und Heulen und Motorenbrummen des Bombenkrieges, ein anderes Geräusch, aber nicht weniger bedrohlich.

„Was ist das?" fragte einer den andern.

„Artillerie", sagte Wustmann ins Nebenzimmer hinein. „Am Stadtrand, in Weißensee wahrscheinlich!"

„Der Stadtrand wird beschossen!"

„Ist doch nicht möglich!"

Aber das Geräusch blieb, ein pausenloses Grollen, ein Gebrummel, es war Wustmann auf seinem Weg von Buckow über Tiefensee gefolgt, und jetzt war es auch hier zu hören. Und noch anderes geschah, und das war, als ob ein ratternder Eisenbahnzug durch die Wolken fahre, ganz außen um die Stadt herum, von Osten in riesigem Halbkreis nach Süden.

„Das wäre dann etwa Teltow oder hinter dem Teltowkanal!" sagte Wustmann.

„Was meinen Sie damit?" fragte der Kanzleirat.

„Berlin wird auch von Süden her beschossen."

„Das ist kein Luftangriff und das wird dann wohl so schnell nicht aufhören", meinte der Oberfeldarzt.

Ein Heulen fuhr durch die Luft, ein von weither kommendes, sich steigerndes und überwältigendes Grollen. Dann eine Detonation: die Erde bebte. Die erste im Stadtkern Berlins einschlagende Granate einer Fernkampfbatterie.

Der Oberfeldarzt kam zu einer bedeutsamen Einsicht:

„Unter diesen Umständen muß die Kanzlei dann wohl doch ein paar Tage geschlossen bleiben!"

Oberleutnant Splüge war in der Voßstraße angekommen. Er ging am Reichskanzlerpalais vorbei und hatte das Propagandaministerium vor sich. Das Gebäude war schwer mitgenommen, war stellenweise eingefallen, doch noch immer ein riesiger, wüster Klotz, an einigen

Stellen schwelten Brände. Um in sein Büro, das heißt in sein Notbüro zu gelangen, hatte er durch den Keller, durch eine ganze Flucht von kleineren und größeren Kellern zu gehen. Mitarbeiter des Amtes, Ministerialdirektoren, Ministerialräte, Kanzleibeamte, Sekretärinnen und hundert und mehr zufällige Besucher. Aber was war das – Kanzleiräte in Hemd und Unterhose, und Uniformen lagen herum, ganze Stapel. Und die Mitarbeiter suchten aus der Auswahl Passendes heraus. Es gab Uniformen der Partei, SS, Luftwaffe, Marine, Infanterie, Monturen aller Gattungen. Und die Mitarbeiter zogen ihre Zivilsachen aus und vertauschten sie gegen Waffenröcke. Splüge ging weiter, kam durch einen anderen Keller, der immer mehr zu einem Massenlager wurde. Familien der Mitarbeiter des Amtes waren hier eingezogen, und zusätzlich kamen während der Luftangriffe in ganzen Scharen Frauen und Kinder und Soldaten aus der Nachbarschaft und von der Straße herein; und es war so weit, daß viele mit Betten und Koffern und ihrem ganzen Gepäck gleich hierblieben und den nächsten Angriff abwarteten. Na, meinetwegen, dachte Splüge, aber wenn der Keller nun schon zu einem Karneval von schlechtsitzenden Uniformen, und zusätzlich zu einer Katakombe, zu einer Art Begräbnis- und Zufluchtsstätte für Erste Christen wird, was stellen dann die rings um dieses heulende und kotzende Babel gelegenen Notbüros eigentlich dar – die Einzelkammern der großen Begräbnisanlage wahrscheinlich. Laßt die Toten die Toten begraben! Das sagte Jesajas oder der Apostel Paulus – jedenfalls einer, der auch nicht dabeisein wollte.

Splüge betrat sein Büro.

Leonore war schon da, die Sekretärin Fräulein Leonore Stassen saß auf einem Stuhl, hatte Nadel und Faden in der Hand und vor sich einen Haufen Uniformen liegen.

„'n Tag!“ grüßte Splüge und hängte seine Mütze an den Nagel. Er hörte keine Antwort, und falls sie seinen Gruß erwidert haben sollte, war es so hauchfein von ihren Lippen gekommen, daß sein an gröbere Geräusche gewohntes Trommelfell ihr „Guten Tag“ nicht berührt hatte.

Er nahm an seinem Tisch Platz.

Fräulein Stassen stand auf und wehte zur Tür hinaus. Sie ist geladen, wahrscheinlich meint sie, daß er dort bei Güstebiese drei Tage lang von einer Odernixe festgehalten wurde. Splüge war dabei, sich eine Zigarre anzuzünden, als seine Sekretärin zurückkam und ihm ein Tablett mit einer Tasse Kaffee und einem Kognak auf den Tisch stellte, und machte sich dann wortlos wieder an ihre Näharbeit.

„Was gibt's Neues?“ fragte er nach einer Weile.

Pause, und dann:

„Das Bataillon ‚Wilhelmplatz II‘ formiert sich.“

„Ja, habe ich gesehen: Karneval.“

„Wir gehören zur 2. Kompanie.“

„Wir – Frauen also auch?“

„Ja, Frauen auch. Ich habe eine Luftwaffenuniform.“

„Gratuliere.“

„Danke.“

„Was gibt's noch?“

„Pg Bormann verspricht für geleistete treue Dienste in schwerer Stunde Rittergüter, einem Herrn aus der Abteilung ‚Kultur‘ hat er eins angeboten.“

„Genehmigt, soll er haben, von mir aus auch zwei. Weiter!“

„Pg Ley stellt eine ‚Todeslegion‘ auf, hauptsächlich drüben, hat aber auch hier im Haus einige Herren dafür geworben.“

„Dito, soll er. Weiter!“

„Der Führer hat gestern Geburtstag gefeiert.“

„Ach ja.“

„Einige Herren aus der engsten Umgebung sind gleich danach abgereist.“

„Wer denn?“

„Göring nach Süden, Dönitz und Himmler nach Norden. Überhaupt hat das große Absetzen begonnen.“

„Und was machst du da, was nähst du da eigentlich?“

„Die Damen sind aufgefordert worden, die Armbinde ‚Wilhelmplatz II‘ an die Waffenröcke zu nähen.“

„Nützliche Beschäftigung. Gibt es sonst noch Veränderungen?“

„Ja, durch Gift, aus der Abteilung ‚Zeitschriften‘ Herr Schmidtke..., der Leiter der Rechtsabteilung, Herr Schmidt-Leonhardt, ging mit seiner Tochter in eins der oberen Zimmer, und sie kamen nicht wieder, haben sich oben erschossen.“

„Verschonen Sie mich damit, Fräulein Stassen.“

Sie war beleidigt, am besten redet man mit so einem „Herrn“ überhaupt nicht mehr! Ich bin eben doch nur das „fünfte Rad am Wagen“. Wahrscheinlich hat er die verflossenen Nächte bei seiner Beate zugebracht. Am Hohenzollerndamm ist anscheinend der größte Friede ausgebrochen, während ich in Nikolassee sitze und ein halbes Dutzend Taschentücher zerkaue und mir irrsinnige Sorgen um den „Teuren“ mache. Aber so war es schon immer, und so wird es auch bleiben. Warum macht er nicht Schluß, es ist doch nur eine Qual für sämtliche Beteiligten. Er denkt ja gar nicht daran, sich scheiden zu lassen. Er denkt nicht daran, und ich, törichtes Kind, habe eben immer nur Pech im Leben, und ich werde ihm auch nicht mehr lange den Trottel spielen.

Splüge streifte die Asche von seiner Zigarre, kippte den Rest des Kognaks hinunter.

„Weiter, Leonore!“ mahnte Splüge — er gähnte.

„Ach ja, was denn noch ... Ja, Dr. Goebbels hält seine übliche Morgenkonferenz ab, scheint sich etwas verspätet zu haben.“

„Und was noch?“

„Dr. Meißner ist nach Mecklenburg abgereist, und die Reichsminister sind wohl alle weg.“

Leonore nahm ihre Waffenröcke und zog damit ab. Sie kam aber bald wieder und brachte die Uniformstücke wieder mit. Die Binden waren verkehrt angenäht, sollten weiter oben an den Ärmeln sitzen, und so hatte sie die ganze Arbeit noch einmal und zusätzlich noch das Abtrennen zu machen.

„Vielleicht kannst du die Näherei irgendwo anders machen“, sagte Splüge. Er war müde, zu viele Dinge zogen ihm durch den Kopf, und Leonore fiel ihm in dieser Stunde etwas auf die Nerven. Sie nahm die Waffenröcke wieder auf und ging wütend weg. Die Angelegenheit würde sie eine Zeitlang beschäftigen und ihm gestatten, sich etwas zu sammeln.

Er kam aber auch jetzt nicht zur Ruhe. Ein Hauptmann Boehlke ließ sich anmelden. Ein Hauptmann mit einem Ritterkreuz trat ein.

„Entschuldigen Sie, Herr Ministerialrat, ich bin hier nicht ganz an der richtigen Stelle, aber ich wurde hierher gewiesen.“

„Ich bin nicht der Ministerialrat, doch um was handelt es sich, Herr Hauptmann?“

„Ich wurde General Meuspath, dem General für die artilleristische Verteidigung Berlins, zugeteilt. Ich war beim Stellvertretenden Generalkommando, war im Bendler-Bunker, im Zoo-Bunker und kann den General nicht finden. Jetzt komme ich von drüben aus der Reichskanzlei. Man hat mich hierher gewiesen, man meinte dort, bei der gut funktionierenden Verbindung hier im Ministeramt müßte es doch ein leichtes sein, die Befehlsstelle General Meuspaths festzustellen."

Der junge Hauptmann befand sich, er hatte es selbst gesagt, in der Tat nicht an der richtigen Stelle. Splüge hätte ihm gern geholfen. Im Hause wimmelte es ja von Leuten, die überall herumkamen und mit hundert Stellen Verbindung hatten. Auch das Telefonnetz funktionierte noch immer einigermaßen. Er öffnete eine Tür zum Nebenkeller und rief die Archivarin herein.

„Wir werden sehen, was wir machen können, Herr Hauptmann Boehlke. Frau Dannewitz wird so freundlich sein, Sie zu einigen Stellen, die in Betracht kommen könnten, hinzuführen."

Splüge nannte ihr die Namen einiger Herren, und Frau Dannewitz begleitete den Hauptmann.

Splüge blieb allein.

Er schloß einen Moment die Augen und versuchte, sich zu entspannen. Ein napoleonischer Kurzschlaf wäre das richtige, oder ein Yogi sollte man sein, und nach einigen Sekunden Vergessen würde man wie ein Bär nach dem Winterschlaf mit ausgeruhten Nerven auf dem Stuhl sitzen.

Drei Nächte ohne Schlaf.

Der Schuster Haderer, die Wassereimer in Weißensee, der Unteroffizier Roeder, der nicht Roeder heißt, die Abteilungsleiter und Sekretärinnen in Luftwaffen-, SS- und Marineuniformen ... Ach, wie gut wäre es, in Nikolassee hinter zugezogenen Gardinen lang ausgestreckt liegen und schlafen zu können. Nichts mehr hören, nichts mehr sehen, keine Entschlüsse fassen müssen! Er atmete tief, einmal, zweimal. Aber nun war sein Hirn wie ein Seismograph und nahm ein fernes Geräusch auf. Ein Rumoren, es kam von weither, und er wußte schon woher, und verebbte über den Dächern Berlins. Er machte seine Augen wieder auf und blickte sich um. Vorzüglich eingerichtet war der Keller. Rote Sessel mit eingravierten Hakenkreuzmustern (die Sessel stammten aus den großen Konferenzsälen), ein Schlafsofa, Bücherregale. Porzellantiere, alte Vasen, japanische Lackarbeiten standen überall herum. Aber in der Ecke lehnten zwei Karabiner – einer für ihn, der andere für Leonore. Patronengürtel hingen an der Wand. Die ausgegebenen Rationen lagen zwischen Büchern und Vasen. Und die Fenster waren mit Sandsäcken verbarrikadiert. Es wird Scherben geben, und der Keller ist überhaupt kein Keller. Das gesamte Kellergeschoß befand sich über Erdgleiche. Und das pompöse vielstöckige Gebäude darüber, das so lange einen unvollkommenen Schutz bot, ist überhaupt nur noch ein riesiger hohler Zahn. Mitgegangen ..., aber die Herrschaften hauen jetzt ab!

Das ferne Rumoren blieb.

Leonore kam zurück. Sie schien das Geräusch, den neuen Ton im Monsterkonzert des Todes, nicht zu vernehmen.

„Ist ja auch Moll!“ sagte Splüge.

„Was meinst du?“

„Ist Moll, weiche Tonart.“

„Meinetwegen. Übrigens hat sich nun auch Fräulein Dr. Hannemann als Archivarin mit einer Wohnungsbaugesellschaft ausgelagert.“

„Viel Glück für Fräulein Dr. Hannemann. Und was ist das hier?“

„Manuskripte für den Panzerbär!“

Das ferne Rumoren blieb beständig.

„Dann habe ich in Erfahrung gebracht, daß in der Linkstraße der Schuheinkäufer Dr. Weichhardt eine sehr schöne Auswahl hereinbekommen hat!“

„Deine Sorgen ...“ Hat sie denn eigentlich gar kein Gefühl dafür, was die Karabiner und die Patronengürtel und ihre lächerliche Vermummung in eine Luftwaffenuniform (sie hatte sich inzwischen umgezogen) zu bedeuten haben!

„Dr. Weichhardt hat noch andere lebenswichtige Dinge.“

„Der Panzerbär – das Zeug hätte doch lange erledigt sein müssen.“

„Du könntest mich doch leicht mit Dr. Weichhardt verbinden. Er soll auch Wein besorgen können.“

In der Luft das Rumoren.

„Weichhardt, Weichhardt ..., an eine Druckerei für den ‚Panzerbär‘ hättest du denken sollen.“

„Ja, schließlich bin ich ja dein Abreißblock, und für mich privat darf ich überhaupt keinen Wunsch mehr haben. Nach Garmisch wollte ich dringend zur Erholung. Du hast mir einfach das Zimmer wieder abbestellt. Es wäre doch besser, ich wäre bei meiner Geburt ein Regenwurm geworden!"

„Du bist es, ein Wurm aus ganz tiefem und schmutzigem Niveau!"

„Mir scheint, Sie verwechseln mich mit Frau Beate, Herr Splüge!"

Ein von weither rollendes Grollen, ein Donnerschlag.

„Das ist keine Bombe, was war das, Vicco?"

„Das ist, das ist ... Da hast du dein Zimmer in Garmisch ... du Wurm, du Wurm, du Wurm ... Und ich auch nur ein Wurm!"

ZWEITER TEIL

Den Götzen macht nicht der Vergolder,
sondern der Anbeter.

Balthasar Oracian y Morales

Ein etwas sonderbarer alter Knabe, aber nicht unsympathisch, ganz und gar nicht. Eigentlich schade, daß man die ganze Nacht nebeneinandersaß und nichts miteinander anzufangen wußte und kaum ein Wort miteinander sprach. Aber es kommt ja nichts dabei heraus, einer kennt den andern nicht, und einer traut dem andern nicht. Aber zuletzt, als der Zug in Wannsee einlief, da war plötzlich eine Verbindung von Mensch zu Mensch. Eine Brücke, die jäh im Leeren endete. Schade ... Oberst Zecke heißt er, stand früher in Potsdam. Ich muß mal Onkel Raimond nach ihm fragen.

Hauptmann Boehlke erfuhr auf dem Generalkommando in Potsdam, daß General Meuspath, hinter dem er schon seit Prag und Leitmeritz herreiste, nun mit der artilleristischen Verteidigung Berlins beauftragt worden war, und er sollte sich in Döberitz bei ihm melden. Nach seiner Vorstellung im Generalkommando suchte er seinen Onkel Raimond auf. Der Onkel befand sich noch auf seiner Dienststelle, aber die Tante sorgte rührend für ihn. Die beiden Cousinen – Anna und Leonore – waren leider nicht zu Hause. Anna, die Medizin studierte, war in Göttingen und hatte vor einigen Tagen telefoniert, daß die Engländer schon über den Mühlkanal in die Altstadt eingedrungen wären. Sie hatte es also bereits hinter sich! Und Leonore schien das Sorgenkind der Familie zu sein. „Die hat ja nun die ministeriale Laufbahn eingeschlagen", sagte die Tante, sagte es aber mit einem sonderbaren Nebenton. Leonore war als Sekretärin im Propagandaministerium gelandet, und es war nicht ganz einzusehen, warum es gerade das Propagandaministerium sein mußte. „Jedenfalls bitte ich dich", sagte die Tante zu ihm, „erwähne Leonore dem Onkel gegenüber überhaupt nicht. Er regt sich jedesmal auf, wenn nur der Name genannt wird!" Sehr sonderbar war das alles.

Onkel Raimond kam nach Hause, wie immer beladen mit Büchern und zusätzlich mit Aktendeckeln voller Zeitungen. Hocherfreut über den überraschenden Besuch bedauerte er, daß er bis zum andern Vormittag noch eine Arbeit fertigzustellen hatte. Er fand dann aber doch eine Stunde, die er seinem Neffen widmen konnte. In einer Ecke des Arbeitszimmers, in bequemen Sesseln, auf dem niedrigen Tisch Mokkaschalen und Kognakgläser, umgeben von den bis zur Decke reichenden, im Halbdunkel verschwimmenden Büchern, saßen beide einander gegenüber. Onkel Raimond bot seinem Neffen eine „Uppmann" an, eine der letzten aus seiner Kiste, und sagte: „Auf eine Zigarrenlänge, lieber Berthold, dann mußt du mich leider entschuldigen."

Vor allem wollte er von seinem Neffen einiges hören.

„Ja, Onkel, die Verlagerung damals nach Bad Kissingen ging ziemlich überstürzt vor sich, und so hatte ich keine Gelegenheit mehr, dich zu sehen. Die letzten Tage hier in der Schule für höhere Adjutantur verliefen einigermaßen gespenstisch. Ein kleines Häuflein waren wir zuletzt nur noch, es war die Geschichte von den ‚zehn kleinen Negerlein', die wir spielten, jeden Tag waren wir um einen weniger. Der aufregende Moment war morgens, wenn der Oberst mit den Abkommandierungen kam. Einmal hieß es: Sie sind dem Kampfkommandanten von Graudenz als zweiter Adjutant zugeteilt und werden heute nachmittag in den Kessel Graudenz eingeflogen. Ein andermal: Sie werden nach Breslau kommandiert oder nach Königsberg oder in die Festung Thorn oder auf ein anderes versinkendes Wikingerschiff. Und einmal verlangte der Reichsführer SS, Himmler, die Zuteilung eines Verbindungsoffiziers zur Wehrmacht. Der Betreffende sollte Träger des Ritterkreuzes, sollte hellblond und groß sein und hatte sich am Nachmittag des gleichen Tages auf dem Bahnhof Zoo in dem durchfahrenden Sonderzug bei Himmler vorzustellen. Du kannst dir wahrscheinlich vorstellen, mit welchen Gefühlen die Abkommandierten ihre Sachen zusammenpackten und abrückten. Mir selbst war in der Mitte des Kurses gesagt worden, daß meine Stammdivision in Kurland mich zurückhaben wollte, so blieb ich außerhalb des schlimmen Spiels; ich hatte von vornherein vor Augen, auf eine verlorene Position geschickt zu werden. Und das kam dann doch noch anders. Als der Kursus zu Ende ging, existierte meine Division nicht mehr. So wurde ich einem höheren Artilleriekommandeur zugeteilt, und den suche ich seither, in Prag, in Leitmeritz, in Dresden. Und jetzt hier in Berlin läßt es sich ebenso an. Auf dem Generalkommando konnten sie nicht angeben, ob mein General sich in Döberitz oder in Freienwalde an der Oder befindet. Ich müsse ihn eben suchen, irgendwo in Berlin oder um Berlin herum. Das ist meine Geschichte, Onkel, seit wir uns zum letztenmal sahen."

Onkel Raimond schüttelte nur vielsagend den Kopf.

„Dabei fühle ich mich saumäßig, Onkel. Früher war man nicht allein, hatte den andern neben sich, dem konnte man vertrauen, auch wenn alles sonst in Bruch ging. Und jetzt erst, seit ich von der Front weg bin, fühle ich mich verlassen, ohne Nebenmann in einem Geschehen, für das man, allein auf sich gestellt, zu klein ist!"

„Ja, Kameradschaft ..., geteiltes Brot, gemeinsames Ertragen von Strapazen, da wird auch das Schwerste leichter!"

„Sag mal, Onkel, wie lange kann das noch dauern?"

„Nun, Stalingrad hat einmal siebenundsiebzig Tage gedauert — wenn nicht alles täuscht, wird es in Berlin schneller gehen. Die Berliner, glaube ich, machen da nicht mit, und auch die Truppe ist schlachtenmüde."

„Und was gedenkt unser ‚geliebter Führer' eigentlich zu tun?"

Die Frage kam nicht von ungefähr, Onkel Raimond konnte darüber vielleicht wirklich etwas aussagen. Oberbibliotheksrat und Leiter einer Abteilung der großen Heeresbücherei im OKW, hatte er seit Kriegsbeginn im Sonderauftrag die Auslandspresse zu beobachten und Auszüge daraus anzufertigen, eine Beschäftigung, die ihn von Zeit zu Zeit ins Führerhauptquartier brachte, um seinen Auftraggeber, den zum Vortrag befohlenen Berichterstatter Scherf, zu unterstützen. Jedenfalls kannte er die Atmosphäre und die wechselnden Stimmungen in der nächsten Umgebung Hitlers aus eigener Beobachtung.

Onkel Raimond war etwas überrascht über diese direkte Anfrage, ging aber darauf ein: „Ich will dir was sagen, Berthold, bis vor kurzem war die Stimmung in der Reichskanzlei so am Boden, wie du es dir nicht schlimmer vorstellen kannst. Diese ‚letzten Zuckungen' sind nicht mehr zu ertragen, das konntest du in allen Variationen hören, und zwar unter den Ohren der SS-Wachen. Je schneller die Katastrophe über uns wegrollt, um so besser! Das war so etwa die Grundeinstellung, bis vor etwa drei Wochen die Stimmung von heute auf morgen umschlug und alle wieder mächtigen Auftrieb hatten."

„Und was war die Ursache?“

„Nach allem, was man hörte, schien der Hitler im letzten Stadium seines Wahnsinns Verstand bekommen zu haben!“

„Das ist ja eine Sensation, wieso denn?“

„Scherf war bei ihm zum Vortrag, und ich sah ihn hinterher. Bormann war herausgerufen worden, und so hatte er ihn einen Moment lang allein unter vier Augen. Er blickte ihn von unten herauf an und sagte plötzlich: ‚Hören Sie mal, Scherf, ich habe den Eindruck, wir sollten jetzt alles, was an Truppen und Macht noch vorhanden ist, gegen den Osten werfen und den Westen überhaupt nicht mehr verteidigen!‘ “

„Unser Führer, der stets tausend Jahre voraus denkt, kommt immer ein halbes Jahr zu spät, lieber Onkel. Einen solchen Ratschlag hätte er bereits im September vorigen Jahres von jedem Landser haben können. Mindestens vor der Offensive in den Ardennen hätte ihm das einfallen sollen.“

„Ja, die Ardennenoffensive — die letzten Divisionen, die letzten Groschen eines bettelarm gewordenen Mannes! Du weißt wohl, wer das sagte, ein sehr hochgestellter Offizier im OKH, ich will seinen Namen nicht nennen. ‚Ohne politisches und militärisches Ziel, eine rein hysterische Angelegenheit!‘ das hörte ich bisher von allen Einsichtigen.“

„Bei uns in Kurland war die Einschätzung nicht anders. Unser Oberst hat getobt. Der Ausdruck Hasardspiel war ihm zu wenig. Er nannte das Ganze einen Bluff, einen Betrug, eine versuchte Düpierung der übrigen Welt, auf die sie aber nicht hereinfallen werde.“

„Wenn es dazu für Deutschland nicht einen sehr tragischen Aspekt hätte! Er hat damit tatsächlich den letzten moralischen Kredit, nicht den eigenen, aber den des deutschen Volkes, verspielt und hat erreicht, daß die über uns hereinbrechende Katastrophe nun um tausendmal größer sein wird. Der letzte Rest guten Willens, ein letzter Rest von Schonung, der bis dahin bei den Entscheidungen der Sieger hätte mitsprechen können, war damit ausgelöscht!“

„Und nun will er alles nach Osten werfen?“

„Das war auch nur ein kurzer Lichtblick. Du weißt selbst — in der Poebene, in Böhmen, Norwegen, Dalmatien, in Kurland, überall sind deutsche Divisionen verstreut. Nichts hat er aufgegeben und mit dem Gedanken einer Konzentrierung der Kräfte im Osten und einer Öffnung der Front im Westen hat er nur gespielt und Bormann und auch anderen gegenüber ähnliche Andeutungen wie Scherf gemacht; und in den Gängen und Nebenräumen und oben in der Halle wird jedes Wort aus dem Bunker aufgeschnappt und kommentiert, und schon sahen sich alle mit Unterstützung und Material der Amerikaner aufs neue nach Osten marschieren, um den ganzen Zug der Schrecken noch einmal zu wiederholen. Wie gesagt, die Hochstimmung dauerte nur Tage, dann war es aus. Der Sturz war dann um so tiefer. Und so ist es geblieben, auf und ab, und sie halten es nur noch unter Alkohol aus."

„Also wirklich ‚letzte Zuckungen'!"

„Dementia paralytica – nur, daß die sich bis zur Tobsucht steigernde Geisteskrankheit in diesem Falle nicht zwei Jahre dauert, sondern in zwei Wochen durchgemacht werden muß. Und was Hitler selbst anbelangt, der ist völlig verbraucht, mitten im Gespräch ist er manchmal wie geistesabwesend und träumt dann vor sich hin, eine höchst unangenehme Situation für den Gesprächspartner. Von den allernächsten Kriegsaufgaben schweift er sehr leicht ab und kommt immer wieder auf seine frühere politische Zeit zu sprechen, dann kommt ein Glanz in seine erloschenen Augen. Auch von großen Bauten, die er nach dem Kriege errichten will, spricht er gern."

„Große Bauten, dabei geht doch alles ringsumher kaputt. Und die Russen an der Oder werden auch nicht Gewehr bei Fuß stehenbleiben."

„Weiß er es oder weiß er es nicht – ich sehe da nicht durch. Jedenfalls befindet er sich dauernd auf der Flucht vor der Wirklichkeit. Und was von der Wirklichkeit an ihn herankommt, das muß durch Bormann gehen. Dieser Kurzbeinige, dieser Speckbauch, der niederträchtigste Intrigant, den die Nazikloake hervorgebracht hat, ist heute seine einzige Verbindung zur übrigen Welt. Alles, was an ihn herankommt, ob es sich um eine Idee, um einen Plan, um eine Person handelt, muß Martin Bormann passieren. Einem einzigen gelang es in diesen Tagen an ihn heranzukommen, ohne daß Bormann davon wußte, das war Hoffmann."

„Hoffmann?"

„Ja, der Photograph Hoffmann, eine Beziehung aus seiner allerfrühesten Zeit, noch aus München. Aber das ist eine etwas zurückgreifende Geschichte."

„Erzähle sie mir, wenn es dir nichts ausmacht, Onkel."

„Nun, Hoffmann hatte, wie gesagt, freien Zutritt zum ‚Führer', eine Tatsache, die Bormann ein Dorn im Auge war. Es liegt nun ein halbes Jahr zurück, daß Hoffmann ein Ekzem an der Nase hatte, und Morell, den er daraufhin ansprach, erklärte ihm, daß er eine genaue Diagnose nur nach einer Stuhluntersuchung stellen könne. Es kam zu einer solchen Untersuchung, zweimal sogar, und jedesmal erklärte Morell, daß er Paratyphuserreger gefunden hätte. Hoffmann jedenfalls ist der Meinung, daß durch Himmler ein falsches Präparat unterschoben wurde, um ihn von Hitler zu isolieren. Von der Beseitigung des Ekzems war überhaupt nicht mehr die Rede.

Hoffmann dachte gar nicht daran, sich isolieren zu lassen, jedenfalls nicht in einer Villa unter SS-Aufsicht. So fuhr er nach Wien, rief dort einen Stabsarzt an, mit dem er gut bekannt war und erzählte ihm den Sachverhalt. ‚Mensch, begreifst du denn nicht, die wollen dich loshaben!' sagte der, nachdem er Hoffmann untersucht hatte und nichts Verdächtiges festgestellt hatte. Der Befund des Stuhls war negativ und die anderen Anzeichen für Paratyphus, wie Schüttelfrost, Brechdurchfall und Fieber, hatten sich überhaupt nie gezeigt. Im Gegenteil, Hoffmann fühlte sich gesundheitlich ausgezeichnet.

Bormann und Himmler hatten natürlich sehr bald festgestellt, wo Hoffmann sich aufhielt. Sie ließen ihn zwar dort, doch er bekam einen SS-Posten zur Bewachung und durfte nicht zurück nach Berlin. Nun, du weißt, wie es in Prag aussieht, genau so ist es in Wien. Im ‚Imperial' sitzen die aus dem Balkan geflüchteten deutschen Agenten. So fand sich für Hoffmann ein Weg, mit einem Flugzeug nach Berlin zu kommen. Er wollte mit Hitler sprechen, ging in die Reichskanzlei, saß dort im Vorraum und wartete. Nach einiger Zeit kam ein Adjutant durch den Raum, in dem sich noch eine Menge anderer Leute aufhielten und befahl, daß alle sitzenbleiben sollten, der ‚Führer' würde gleich durchgehen. Hoffmann erhob sich aber doch, und als Hitler ihn sah, prallte er förmlich zurück: ‚Wie kommen Sie hierher, Sie sind sterbenskrank!' sagte er und ging weiter. Bormann, der in Hitlers Begleitung war, benahm sich wie ein Verrückter und beschimpfte Hoffmann, daß er nach Berlin gekommen sei, da er als Bazillenträger eine Gefahr für Hitler sei. Hoffmann war verwirrt, war völlig durcheinander, ging in den zweiten Stock der Reichskanzlei in sein Zimmer, um seine Koffer zu packen. Bei dieser Beschäftigung fand ihn Fräulein Wolf, eine der Sekretärinnen Hitlers, der er alles, was man ihm angetan hatte, erzählte. ‚Du mußt mit ihm sprechen', sagte sie und ging hinunter, kam aber nach einiger Zeit mit der Nachricht zurück: ‚Hitler läßt für zwei Uhr nachts bitten.' Hoffmann wartete, bis er um zwei Uhr nachts zu Hitler geführt wurde. ‚Sprechen Sie nicht mehr von Ihrer Krankheit, ich weiß alles!' wurde er von Hitler begrüßt. Die Unterhaltung verlief dann sehr mühselig, dauerte auch nicht lange. ‚Gut, dann fahren Sie!' war das letzte, was er von seinem alten Freund Hitler hörte. Wäre Bormann zugegen gewesen, dann hätte Hoffmann in Berlin bleiben müssen und wäre heute vermutlich nicht mehr am Leben. So ist er auf irgendeine abenteuerliche Weise aus Berlin verschwunden, und auch Bormann weiß zur Stunde nicht, wo er sich aufhält."

„Bormann und Himmler, da dürfte es nicht lange dauern, bis sein Aufenthaltsort festgestellt ist."

„Er wird, um am Leben zu bleiben, einen Wettlauf mit der Zeit machen müssen."

„Die Affäre Hoffmann gehört auch, wie du es nanntest, zur Dementia paralytica von Hitlers Hofgesellschaft. Scheußlich das ganze, und unter solchen Umständen habe ich mich bei dem General für die artilleristische Verteidigung Berlins zu melden."

„Du hast ihn noch nicht gefunden, auch in deinem Fall handelt es sich um einen Wettlauf mit der Zeit. Was ist übrigens zu tun ..., ich muß in dieser Nacht noch Auszüge aus der amerikanischen Presse zusammenstellen, die sich auf eine Änderung der amerikanischen Politik nach dem Tode Roosevelts und auf einen wachsenden Konflikt mit den Sowjets deuten lassen. Was kann ich tun, kann ich das hinwerfen ..., und dann?"

„Ja, wir sind einbegriffen, wir müssen die ‚letzten Zuckungen' mitmachen." — „Ob wir wollen oder nicht!"

„Sag mal, Onkel, ich bin auf der Fahrt einem netten Obersten begegnet, er ist aus Potsdam, ein Oberst Zecke."

„Ach ja, der gute Zecke, ewig in Aufruhr, was macht er denn?“
„Geht auch auf einen Kursus.“
„Siehst du, alle gehen irgendwohin, machen irgendwie weiter. Was bleibt auch übrig, soll man sich fünf Minuten vor dem Ende an einen Laternenpfahl aufbaumeln lassen! Aber die Aufstellung für Scherf wartet, und die ‚Uppmann‘ ist aufgeraucht. Lieber Berthold ...“
„Ich danke dir, Onkel. Ich bin froh, daß ich dich noch vor dem Debakel gesehen habe!“ Das war ein Abschied, daß es ein Abschied fürs Leben war, konnte keiner von beiden wissen.
Hauptmann Boehlke fuhr zwei Tage später nach Freienwalde. General Meuspath fand er weder im Westen noch im Osten der Reichshauptstadt. Er fuhr nach Berlin zurück, nahm am Kaiserdamm ein Privatquartier und suchte weiter. Viel Zeit hatte er dazu allerdings nicht. Der Tag mit den gestörten Verkehrsmitteln ließ dafür nur drei bis vier Stunden übrig. Sonst verbrachte er seine Zeit in Hauskellern und Bunkern, eben dort, wo er von den kaum noch aufhörenden Luftangriffen überrascht wurde. Er meldete sich beim Stellvertretenden Generalkommando am Hohenzollerndamm, sein General war nicht da. Der muß im Zoo-Bunker sein oder sonst im Bendler-Bunker! wurde ihm gesagt. Auch im Zoo-Bunker und im Bendler-Bunker war General Meuspath nicht. Am folgenden Tag kam er über die Ost-West-Achse und wollte zum Anhalter Bahnhof. Noch hinter dem Brandenburger Tor vernahm er vom östlichen Stadtrand her das einsetzende Trommelfeuer. Für Spaziergänge würde es also bald zu spät sein! An der Voßstraße konnte er sich nicht versagen, in die Straße einzubiegen und einen Blick auf den wuchtigen Bau der „Kanzlei des Führers“ zu werfen. Er ging bis zur Ecke der Wilhelmstraße. Vom Palais der alten Reichskanzlei stand nur noch die zerbombte Fassade, der offene Vorplatz war von Trümmern übersät. Vor dem Wehrmachtseingang der Neuen Reichskanzlei hielt ein großer Mercedes. Drei Offiziere, rote Streifen an den Hosen, rote Aufschläge an den Waffenröcken, stiegen ab. Ein General, ein Major, ein Oberst ... Oberst Boldt, Gerhard Boldt, damals in der Schneehölle von Demjansk war er noch Hauptmann gewesen. Boehlke wurde schon angesprochen:
„Mensch, Boehlke, wo kommen Sie denn her, und wohin? Kommen Sie mit rein!“

„Mensch, Boldt, das geht doch nicht!"

„Kommen Sie, das geht schon, ich werde dann ein paar Minuten finden." Boldt mußte sich beeilen, um hinter dem General und dem langen, distinguiert aussehenden Major herzukommen. Ein Dutzend Stufen ging es hoch, rechts und links die Posten, ausgesucht große Kerle des Wachbataillons, präsentierten das Gewehr. Eine hohe Halle, pompöse Kandelaber, livrierte Diener. „Einen Moment, lieber Boehlke!" Oberst Boldt stand schon vor einem Schalterfenster und sagte, mit einem Blick auf ihn, einige Worte zu dem hinter dem großen Anmeldebuch sitzenden Beamten. „Hier wartest du etwas, du hast doch Zeit?" Boehlke wurde von einem Diener geführt, einige Stufen hinunter, dann neben ein Buffet gesetzt. Er blickte Boldt nach, der hinter dem General und dem Major auf einem langen Gang verschwand. Am Ende des Ganges führte eine Treppe hinunter in die unterirdische Bunkerwelt. Auf dem Gang lag ein roter Läufer, übergossen von Licht, noch keine Spur von dem Schmutz, der sich draußen breit machte und schon bis an das Reichskanzlerpalais heranrückte.

Ein Diener stellte eine Erfrischung vor Boehlke hin.

„Ja, bitte einen Whisky-Soda", hatte er, nach seinem Wunsch gefragt, geantwortet. Er fühlte sich hier nicht zu Hause, und ihm war nicht ganz geheuer zumute. Offensichtlich saß er mit seinem Whisky-Soda direkt vor dem Zugang zum Führerbunker. Auf dem lichtüberfluteten Gang war ein Kommen und Gehen, Besucher in den Uniformen der Wehrmacht, der Partei, der SS. Boldt allerdings, das war eine Begegnung! — Oberst Boldt kam zurück.

„Nur auf einen Sprung", sagte er. „Hast du noch Zeit, vielleicht können wir uns nachher zusammensetzen, hier nebenan im Großen Speisesaal. Du mußt mir erzählen, unbedingt. Du kommst doch aus Kurland?"

„Nein, von dort bin ich schon lange weg."

Boldt schien etwas enttäuscht, offensichtlich war ihm daran gelegen, gerade über seine Stammdivision in Kurland etwas zu hören. „Nun, das macht nichts", sagte er, „du mußt mir erzählen. Bei uns ist alles aufs äußerste angespannt, kannst dir vorstellen! Ich bin beim OKH geblieben. Nach dem Weggang Guderians hat mich Krebs übernommen."

„Das also war Krebs?"

„Ja, und der andere, Baron Loringhoven, ist sein Adjutant. Du mußt mich jetzt entschuldigen, ich muß runter – Führerlage."

Boldt war schon wieder auf und davon. Der General war also Krebs, der neue Generalstabschef, der Guderian abgelöst hatte. Und unten ist Führerlage – Heer, Luftwaffe und Marine berichten über die Lage an den Fronten. Die Lage an den Fronten ..., ja, du großer Gott, die russischen Salven rauschen doch schon über die Dächer Berlins!

Einer der vielen Adjutanten setzte sich zu ihm und machte Konversation, versuchte jedenfalls, Konversation zu machen. Es war gewiß der geeignete Ort und die geeignetste Stunde, um über belanglose Dinge zu reden! Er saß hier wie vor einer geöffneten Bühne, Auftritt und Abgang. Der läuferbelegte Gang war das Verbindungsstück zu einer anderen unter der Erde gelegenen Welt. Manche kamen von unten herauf, andere verschwanden in der Richtung nach unten. Ein Marineoffizier, ein Luftwaffengeneral, ein Hitlerjunge. Der Junge sah ärmlich aus, hatte ein blasses Gesicht, aber seine Augen strahlten.

„Der Junge hat einen T 34 mit der Panzerfaust erledigt. Der Führer hat ihm das EK angeheftet", erklärte der Adjutant. Er stand auf und entschuldigte sich. Ein SS-Offizier mit gebräuntem jugendlichem Gesicht, in elegantem Waffenrock und mit sehr verbindlichen Formen. Zu verbindlich und zu höflich für den Geschmack Boehlkes.

Boehlke blieb allein.

Auftritt und Abgang – Offiziere in enganliegenden Uniformen, Zivilisten in dunklen Anzügen. Und da war auch er – die livrierten Diener verharrten wie Statuen an der Wand. Die Uniformträger traten zur Seite. Die Strecke vom Gang zur Ausgangstür war leergefegt. Das war er – „Die Stunde vor Sonnenaufgang ... Berlin bleibt deutsch ... Wenn Europa und das gesittete Abendland noch nicht ganz im Strudel des finsteren Abgrundes versunken sind ..." Das also war er, und er war es nicht. Die Wangen eingefallen, unter der bleichen Stirn tiefe Höhlen, seine Augen unnatürlich weit. Er hinkte zur Tür, die, wie von unsichtbaren Händen angerührt, aufging und sich hinter ihm wieder schloß.

Europa und das gesittete Abendland!

Der deutsche Soldat, der einzige Wall gegen den Osten, der schon abbröckelnde und unter der Flut dahinsinkende Wall! Wie wahr und wie falsch ..., wie falsch, wenn doch derselbe Goebbels dem deutschen Soldaten einmal ganz andere Ziele unterschob und er triumphierend von den wogenden Weizenfeldern der Ukraine, von dem Öl bei Maikop, von den Erzen bei Kriwoirog sprach und er den Sinn des Krieges nicht in der Bewahrung abendländischer Werte suchte, sondern die eroberten Länder und ihre Bodenschätze als den Preis des Sieges forderte.

Goebbels war draußen.

Sein Wagen brachte ihn in wenigen Minuten zu seiner Villa hinter dem Brandenburger Tor. Er hatte sich etwas verspätet, ein kleiner Kreis engster Mitarbeiter erwartete ihn. Er betrat den Filmsaal der Villa. Keine Fenster, kein Glas mehr, Bretter in den zerbombten Höhlen, kein elektrischer Strom, und Kerzen flackerten im kalten Lufthauch.

Ein Dutzend Gesichter, müde, hoffnungslos, zusammengefallen, hingen an den Augen ihres Meisters, an seinen Lippen. Er war ihr Motor, sollte ihren müden Herzen frisches Blut zupumpen, sie wieder aufrichten, und war doch selbst ausgehöhlt und wußte, daß er mit leeren Händen ankam. Er hatte abgeschlossen, hatte alles hinter sich, war schon in dieser Stunde eine Erscheinung aus dem Reich der Schatten. Was wollten sie also von ihm, warum versammelten sie sich hier wie alle Tage? Was wollten sie denn – eine Botschaft aus dem Hades? Diese Armseligen, Kläglichen, seine Mitarbeiter, die sich ein Leben ohne Hakenkreuz vorstellen können! Gut, können sie haben, er kann seine Stimme noch einmal erheben, das Instrument seines Verstandes, schon der Nacht zugewendet, noch einmal sprühen lassen. Das Dutzend bleicher Gesichter im Schein der Kerzen wurde zum Auditorium. Die alten Offiziere, die Generalstäbler, die Reaktion in den Staatsämtern, das ganze deutsche Volk, das weiterleben und nicht auf brennendem Wikingerschiff untergehen wollte, stand unter Anklage ..., zu klein, zu feige, zu unfertig!

„Verrat!" — „Verrat!"

Wie das Gekrächze eines schwarzen Raben stand es über der Versammlung, zog es durch die finstere Halle mit den vernagelten Fenstern und der in Fetzen herabhängenden Wandbespannung.

„Verrat . . .“

Ein Rabe, der keinen Platz mehr fand, sich niederzulassen, der allein hinunter mußte in den Abgrund, eine Hand voll versengter schwarzer Federn und nichts . . ., keine Wiederkehr, keine Spur soll bleiben, kein Wort im Buch der Geschichte aufgezeichnet sein.

„Verrat . . .“

Schauerlich hallte es durch die leere Halle. Und das klägliche Dutzend Mitarbeiter wagt es, weiterleben zu wollen, wenn ein Dr. Goebbels nicht mehr sein wird. Und einer aus dem zitternden Haufen erdreistet sich, steht auf und wagt zu widersprechen.

Lodernder Haß.

Und schlägt um in Hohn:

„Geben Sie sich keinen Illusionen hin, ich habe ja niemanden gezwungen, mein Mitarbeiter zu sein, so wie wir auch das deutsche Volk nicht gezwungen haben. Es hat uns ja selbst beauftragt. Warum haben Sie mit mir gearbeitet? Jetzt wird Ihnen das Hälschen durchgeschnitten!“

Er war plötzlich am Ende, wankte zur Tür; schon einen Fuß draußen, wandte er sich nochmals um, mit einem Blick seiner haßgeweiteten Augen umfaßte er die zurückbleibende Gesellschaft, ihre papierweißen Gesichter und schrie: „Aber wenn wir abtreten, dann soll der Erdkreis erzittern!“

Die Tür flog hinter ihm zu mit lautem Knall . . .

Der junge Adjutant saß wieder neben Boehlke.

„Haben Sie bemerkt, der Herr Minister Goebbels kam eben hier durch, auf dem Rückweg von seinem Morgenbesuch beim Führer. Ich habe übrigens in Ihrer Angelegenheit herumgehorcht, konnte aber leider nichts erfahren. Von einem General Meuspath weiß hier keiner etwas. Ja, da fällt mir noch einer ein, den könnte ich auch noch fragen.“

Er stand schon wieder auf:

„Gestatten, Herr Hauptmann!“

Hauptmann Boehlke gestattete, konnte sich aber des Eindrucks nicht erwehren, daß der höfliche junge Mann ihn hinauskomplimentieren wollte.

Der Adjutant kam bald wieder und sagte:

„Die Führerlage kann noch dauern, es sieht ganz danach aus. Große entscheidende Fragen stehen heute zur Debatte. Der betreffende Herr hat übrigens auch keine Auskunft geben können. Aber der General, der die artilleristische Verteidigung Berlins hat, muß doch zu finden sein! Versuchen Sie es doch einmal drüben im Propagandaministerium. Die Herren dort wissen doch immer das Neueste und haben überall ihre Verbindungen."

Eine weitere Erfrischung lehnte Boehlke ab. Er bat den SS-Offizier, Oberst Boldt seine Empfehlung auszurichten, er könne nicht länger warten.

Dann ging er ...

Über die Wilhelmstraße hinüber ins Propagandaministerium.

Oberst Boldt war in der Tat nichts anderes übriggeblieben, als einen der zahllosen untätig herumstehenden Ordonnanzoffiziere zu bitten, sich seines in der Halle zurückgelassenen alten Kameraden anzunehmen und ihm zu sagen, daß die Lagebesprechung doch mehr Zeit in Anspruch nehmen würde, als er angenommen hatte. Nachdem er einmal in die Bunkerwelt gelangt war — einem riesigen, unter der alten und neuen Reichskanzlei und auch unter dem Garten gelegenen Labyrinth mit Gängen, Bunkergaragen, Mannschaftsräumen, Schlafräumen, mit Vorratsmagazinen und vielen Treppen, die immer weiter nach unten führen, bis vor eine Siedlung aus zwölf Räumen — Diätküche, Rumpelkammern, Dienstbotenzimmer, Gastzimmer —, bis er hierhergelangt war und im Mittelgang vor der Wendeltreppe stand, die zu einem noch tieferen und etwas größeren Bunker führte, zu dem eigentlichen Führerbunker, und es sich nun herausstellte, daß noch Zeit genug für ein Gespräch wäre, da war es nicht mehr möglich, den ganzen Weg zurück und die ganze Prozedur noch einmal zu durchlaufen. Der hier beheimatete Ordonnanzoffizier kam leichter durch die Kontrollen, und er entledigte sich des übernommenen Auftrages auf seine Weise.

Führerlage — sie dauerte eine knappe Stunde.

Die drei Offiziere — General Krebs, Oberst Boldt, Major von Loringhoven —, die nach der Lagebesprechung vor der Reichskanzlei den großen Mercedes für die Rückfahrt nach Zossen bestiegen, sprachen nicht miteinander. Sie blickten starr geradeaus, sahen nicht den ausgebrannten Rumpf des Hauses „Vaterland“, nicht die verrußten Fassaden, die den Potsdamer Platz umfaßten, auch nicht rechts und links die Ruinenfluchten der Saarlandstraße, die sie durchfuhren. Der Belle-Alliance-Platz, die schnurgerade Belle-Alliance-Straße, Berliner-Straße — eine lange Gasse durch ein Trümmermeer, durch wüste, zerhackte Steinmassen. Große Brocken lagen im Wege, und sie blickten nicht hin, sie sahen nichts, fuhren aus ihrer Versunkenheit kaum auf, als der Fahrer mit einem Ruck stoppte, weil mitten auf dem Fahrdamm ein Blindgänger lag, dem er ausweichen mußte.

Die drei Generalstäbler blickten starr geradeaus ...

Vor sechs Tagen hatte die Schlacht an der Oder begonnen. Auf der Karte im Führerbunker sah das anders aus als in der Wirklichkeit. Da fuhr eine Hand vom Oderbruch bis nach Böhmen, und die 9. Armee, deren düsteres Schicksal sich schon abzeichnete, führt eine Angriffsbewegung in Schukows Rücken durch. Und Generaloberst Heinrici mit seiner Streitkraft, die den schon fadenscheinig gewordenen Namen „Armeegruppe Weichsel“ trägt, tritt den Marsch nach Süden an, um den aus den böhmischen Wäldern hervorbrechenden Kräften Schörners zu begegnen und den Russensturm an Oder und Neiße abzuschneiden.

Das war vor noch zwei Tagen, am vierten Tag nach dem Beginn der russischen Offensive, als im südlichen Vorfeld Berlins die Panzer Konjews schon die Lausitz hinter sich gelassen hatten und in den Spreewald eindrangen und im Norden Schukow über Eberswalde und Bernau bis vor Oranienburg gelangt war.

Diese müde Hand, die fahrig über die Karte zog, erblickten die drei Generalstäbler am gleichen Tag im hellen Sonnenschein, in den sie nicht mehr recht hingehörte. Es war im Garten der Reichskanzlei. Sechzehnjährige, Fünfzehnjährige, Vierzehnjährige, dabei auch ein Zwölfjähriger, waren angetreten. Eine Reihe Hitlerjungen, nicht einmal besonders ausgesucht, verwegen, waghalsig, gläubig waren sie alle. Auf der Straße frech, vorlaut, tollkühn, und hier standen sie mit stockendem Atem, sie waren überwältigt, ihr Oberhaupt schritt die Reihe ab. Der Herrliche, Angebetete — der Zauberer, der sie ins Dasein gerufen. Ein Zauberer, und war doch nur ein betrogener Gaukler, der aus seinen Taschen nichts mehr hervorholen konnte.

Der Herrliche, der Angebetete, der Fatzke...

Auch dieser Ausdruck, vielleicht zu klein, um ihm das Maß zu nehmen, stand neben bombastischen Redeblumen in der Mittagshelle des 20. April über dem Garten der Reichskanzlei, und mindestens ein Hirn gab es, dem sich aus Abscheu und Haß dieser Begriff eingab.

Viele erblickten in ihm ein Genie, andere brachten ihm göttliche Ehren dar, noch andere verblüffte er mit seinem erstaunlichen Gedächtnis, und er war imstande, mit einer enzyklopädischen Fülle von Argumenten jeden Menschen und auch jeden Fachmann auf seinem eigensten Gebiet zu Boden zu reden. Die Völker von den Pyrenäen bis zum Schwarzen Meer hat er an den Rand des Abgrunds gestoßen, und vielleicht – die Dinge sind noch im Fluß, und wir kennen das Ende noch nicht – hat er für Europa das Todestor aufgerissen.

Der Herrliche, der Angebetete, der Fatzke, nun so grauenhaft zerbrochen, schritt die Reihe ab. Er blieb stehen, bei jedem der Jungen verweilte er. Ein pensionierter Omnibuskutscher, ein Postbeamter außer Dienst, in unscheinbarem Mantel, sehr alt und halbtaub. Der große Mützenschirm verdeckte die tiefliegenden stieren Augen, verdeckte das ungeprägte Gesicht, ließ nur die große knollige Nase frei. Ein Briefträger, ein pensionierter herrschaftlicher Kutscher, doch ein Ungeheuer, eine Ausgeburt des Waldviertels hart an der böhmischen Grenze, eines Bodens, der Betbrüder und Närrische und Verschrobene und Schwachsinnige und Tolle und Umnachtete und religiöse und politische Eiferer in Menge hervorgebracht hat. Das Waldviertel hart an der böhmischen Grenze, zu Füßen liegt das Donautal, die breite Heerstraße der Völkerwanderungen – Nibelungen und Goten, Hunnen, Avaren, Sueven, Sachsen, Kroaten und Magyaren zogen die Straße, und das zurückbleibende Flußtal und der Wald blieben durch tausend Jahre das Wochenbett eines vorbeigewirbelten Völkergemisches. Und im Rücken des Waldviertels liegt Budweis, das auch Budjovice heißt, wo einmal böhmische Brüder sich in brünstigem Gebet versammelten, liegt auch Tabor, der Ursprungsort der Taboristen, wo einmal, und ebenfalls zur Ehre Gottes, der Ziska die Trommel aus Menschenhaut rührte. Da kam er her, aus einem Land, in dem jedes zweite oder dritte Kind Gesichte hat, eine sich gewöhnlich mit der eintretenden Pubertät verlierende Gabe, die ihm geblieben war, bis das Attentat sein Trommelfell zerriß und sein Nervensystem ruinierte und seinen Kreislauf unregelmäßig machte, der Schößling einer einzigen Mutter, zugleich aber ein Nachfahre der durch das Donautal und das Waldviertel gestrudelten vielschichtigen verwehten Mannschaft, und Heerfahrer, Marodeure, aufgeblasene Wagenlenker gehörten zu seinen Altvorderen ebenso wie Spintisierer, Spökenkieker, religiöse und politische Sektierer. Er brauchte nicht erst aus der Art zu schlagen, er war schon außerhalb jeder Art geboren, und seine besonderen Gaben, auch das Schubladengedächtnis, quollen aus dem nicht ausgegorenen Wein einer aus zu vielen und ungleichen Teilen zusammengesetzten Völkermischung.

Und es lag im Zuge der Krisenzeit und des allgemeinen Niedergangs der abendländischen Kultur, daß die Trommel, die er ein Vierteljahrhundert rührte, ihm den Zulauf politischer und religiöser Heimatloser, aller Schwärmer und Fanatiker, aller Entwurzelten und Heruntergekommenen, aller Hoffärtigen und auch aller Bedrängten, Richtungslosen und Hoffnungslosen einbrachte. Ein Ausdruck der Katastrophe von Anbeginn an, waren es die Elemente des Verfalls, die Ungesammelten und Unvollständigen, die er anzog, und es waren die Gesammelten und Intakten, Traditionen und sittlichen Anschauungen Verbundenen, die er abstieß. Ein schwarzer Komet, immer der Sonne abgewandt, immer ein Wesen der Nacht, war er noch auf den Straßen des Triumphes, im Schein der Jupiterlampen und unter hochstrebenden Lichtdomen nichts als ein aufstrahlendes Gespenst. Ein gemischtes und mit vielen Zufälligkeiten belastetes, dennoch ungeheures Kapital war ihm zugefallen, er hatte es nicht bedenkenlos, doch seinem dunklen Gebot folgend, eingesetzt und hatte es verspielt; damit war es aus, und in ihm und um ihn her war Finsternis. Die deutsche Jugend in Waffen hatte ihm Europa zu Füßen gelegt, und für die ganze Welt war er zum Nabel des Aufruhrs geworden, und das hatte ihm nicht helfen können und hatte nicht vermocht, dem Ungestalteten Maß und Wert zu geben, dem Gespenst eine Seele zu verleihen. Selbst nur Ungestalt, mußte auch sein Vorhaben ungestaltet bleiben, und das Reich war unter seinen Händen zu einem bis zum Rande mit Unfreiheit, Zersetzung, Heuchelei, Bluttat und Meuchelmord gefüllten Gefäß geworden. Nun war er alt, es war aus. Der Kopf wackelte, die Hand gehorchte nicht mehr. Es geschah, daß er die eine zitternde Hand mit der anderen, die weniger zitterte, festhalten mußte. Wenn er wie ein aufgezogener Automat zum Kartentisch hinüberging und ihm von hinten ein Stuhl untergeschoben wurde, klappte er darauf zusammen wie eine Puppe ohne Gelenke. Und sollte nun die für ihn ersonnene Rolle des alternden großen Königs spielen. Langsam, zögernd, schleppend, nur der Krückstock fehlte, bewegte er sich und blieb stehen – vor dem Jungen, dem einen, dem andern, dem nächsten und hob die Hand.

Er hob die Hand . . ., und, Herr im Himmel, diese müde suchende Geste der Hand war echt, war der erste aus Eigenem gewachsene Ausdruck. Er hatte keine verhaßten Generäle, auch nicht hoffärtige Diplomaten vor sich, sondern einfache Kinder, und eine Hand, die niemals gewußt hatte, wem sie zugehörte und wo sie hingehörte, und die nur zur Faust geballt oder zum Gruß erhoben, großspurig, prahlerisch, übersteigert, Geltung gesucht hatte, diese Hand, schon ohne Gefühl, schon taub, nur noch eine hölzerne Kelle, war einmal im Leben wahr, hob sich und tätschelte dem Jungen die Backen, fand müde suchend das Ohrläppchen und zupfte daran. Beim vierten, fünften war auch das schon eingespielt und wurde schon Routine. Der alte Onkel, der alte Briefträger, das Phantom aus dem Waldviertel mit dem auseinanderlaufenden Gesicht streichelte seine Jungen . . ., die Kinder der deutschen Mutter, die Letzten, die ihm blieben, die sich noch schlagen, noch um sich beißen und kratzen, nachdem Wehrmacht und auch SS schon kampfmüde geworden sind. Sie kämpfen, weil sie nicht wissen, was Sterben ist. Der gute Onkel, der betagte Vater, der gelähmte und schlagflüssige alte Landstörzer . . . in der Maske des betagten Königs, und nur der vermummte Postillon des Todes. Er hat für seine Hitlerjungen nichts als die Panzerfaust und den Hundetod auf der Straße.

Voran der Trommlerbube,
Mit frischem, frohem Mut,
Er weiß noch nichts von Liebe,
Weiß nicht, wie Scheiden tut.

Dem Beobachter lief es kalt den Rücken herunter. Erschauernd sah er das sich Schritt um Schritt und von einem zum anderen tastende Phantom, sah die unmenschliche, suchende und streichelnde Hand und sah die ergriffenen, hingerissenen Gesichter der Kinder und ihre weit offenen, entflammten Augen.

Der Beobachter, der junge Generalstabsoffizier, sah die gleiche Hand am Abend wieder über die Lagekarte fahren. Das Phantom war durch den Bunker gekommen, mit einem nachschleppenden Fuß, mit krummgezogenem Rücken, den Kopf vornüber gesackt, derselbe, von dem Joseph Goebbels am gleichen Tage am Radio gesagt hatte, daß er im Frühling seiner Gesundheit stehe, daß seine Gegenwart den Einsatz von zwanzig Panzerdivisionen gleichkäme und daß um seinetwillen Deutschland Ehren erwerben werde, gegen den der Ruhm Roms verblassen würde. Er saß am Tisch, die Hand auf der Karte flatterte...

Es war nach dem Fest.

Die glänzende Schar der Geburtstagsgratulanten hatte sich verlaufen, die letzten hatten den Bunker verlassen. Göring hatte schon vorher gepackt, in der Wilhelmstraße von einem Konvoi von Lastwagen erwartet, bestieg er seinen großen Mercedes-Benz-Rennwagen und brauste davon, blieb aber im Tausendbomberangriff, den die Amerikaner zu Ehren des Führergeburtstages veranstalteten, stecken und mußte für Stunden in einem Berliner Keller Zuflucht suchen. Die Paladine saßen hinter den letzten Lokomotiven, die aus Berlin noch herauskamen, saßen in Sonderzügen, in Kuriermaschinen, in großen, von Bewaffneten eskortierten Autos; sie rollten, fuhren, flogen, nach Mecklenburg, Schleswig, Oberbayern, Böhmen. Es begann schon die Vereinzelung und große Zerstreuung, die Diaspora ohne Hoffnung auf Wiederkehr.

Götterdämmerung.

Im Bunker Aschermittwoch.

Das Phantom, umgeben von den militärischen Beratern, beugte sich über die Lagekarte. Die fahrige Hand zog über blaue und rote Einzeichnungen, über Linien unheilvoller Bedeutung, Zeichen für zerrissene Fronten und Felder blutiger Massaker. Worte, Namen..., und wenn die Worte geöffnet wurden, kam Unrat heraus und alle Namen waren Symptome für die Katastrophe. Die Engländer am Westufer der Elbe gegenüber Hamburg. Bremen hat kapituliert. Die Amerikaner stehen vor Dessau. Die Russen sind im Spreewald bis Luckau und Spreeberg vorgedrungen. Im Norden wird die an der Oder stehende

3. Panzerarmee durch die in ihrem Rücken einsickernden Russen von Berlin isoliert.

Das Phantom schlotterte auf, wankte im Lagebunker auf und ab wie ein angeschossenes Tier und ließ sich erschöpft wieder in den Sessel mit Armlehnen fallen.

Fuhr wieder auf und erteilte Befehle:

Offensiven, Gegenangriffe, Ausfälle, Verhaftungen, Hinrichtungen. Sein besonderer Sinn des Vorausschauens, der ihn achtmal einem Attentat auf sein Leben hatte entrinnen lassen, war ihm gänzlich geschwunden. Die Schrift an der Wand des Bunkers, das feurige Menetekel, hatte er schon in den Tagen von Stalingrad nicht zu entziffern vermocht, und er war auch jetzt außerstande, die Zeichen zu deuten.

„Berlin wird niemals in die Hände der Russen fallen — seit 1760 sind die Russen nicht in Berlin einmarschiert."

Ein Telegramm General Busses, des Kommandeurs der 9. Armee an der Oderfront, lag vor. Busse ersuchte um die Erlaubnis zum Rückzug, wies auf die drohende Umfassung vom Rücken her hin, auch auf das ungleiche Kräfteverhältnis, eins gegen drei gab er an, auch in der Ausrüstung wäre er unterlegen und Unterstützung aus der Luft fehle ganz.

„Gibt es nicht. Busse tritt zum Gegenangriff an und wird bis zum letzten Mann kämpfen. Sofort durchgeben!"

Das war die Erwiderung Hitlers.

Es fiel der Name: Steiner.

Der tief in den Schultern steckende Kopf drehte sich, bewegte sich von einem zum andern. Die großen Kugelaugen glotzten. „Steiner, Steiner... und die Erbärmlichen, Jämmerlichen, Nichtswürdigen, diese Ruchlosen, Schufte, Schurken, man muß sie dutzendweise erschießen."

Hitler sprach von seinen Generalen.

„Sie sind untauglich, wenn sie nicht einmal einen Fluß verteidigen können, ist das der positive Beweis dafür, daß sie überhaupt nicht verteidigen wollen. Jeder kann doch einen Fluß verteidigen. Überall Feigheit, Verrat, kein Kampfgeist mehr, und hier sieht man es, hier sind sie ertappt. Einem Mann wie Steiner übertragen sie die lächerliche Aufgabe einer Flankendeckung."

Die Magie begann..., so oft gewirkt, verfehlte sie auch diesmal nicht, die im Bunker Anwesenden, die Vertreter des Heeres, der Luftwaffe, der Marine, auch die Ordonnanzoffiziere und Adjutanten, in ihren Bann zu ziehen.

„Steiner, Steiner..."

Die Hand wischte über die Karte. Die zweimal aufgerissene Oderfront zerflatterte im Nebel. Der absonderliche Plan zur Schließung der Frontlücke südlich Berlins, auch alle anderen strategischen Verstiegenheiten verblaßten und wurden Hintergrund. Steiner, und neben Steiner gab es nichts mehr! Allenfalls noch Wenk, doch auch die „Entsatzarmee Wenk" war in dieser Stunde ein Gedanke zweiter Ordnung.

„Steiner wird Berlin entsetzen... Sie werden sehen!"

Die Generalstäbler hätten es besser wissen können und wußten es besser, doch die Faszination erfaßte alle. Sie ließen sich treiben und wurden Zeugen einer Erleuchtung, folgten der zitternden Hand auf der Karte. Der gekrümmte Finger fuhr über die Straße Freienwalde—Weißensee. Es war die Straße, übersät mit Wagen und zerschossenen Omnibussen und toten Pferden, mit kreißenden Frauen und Sterbenden und weggeworfenen Neugeborenen in den Gräben. Der Finger kreuzte die Straße zwischen Werneuchen und Weißensee. „Hier wird Steiner angesetzt. Aus dem Raum Bernau—Eberswalde wird er vorbrechen und die Angriffsspitze Schukows abschneiden und Berlin entsetzen."

Es war die Rettung..., auch ein Generalstabschef, sein Gehilfe, die Verbindungsoffiziere zu den Wehrmachtteilen, Adjutanten und Ordonnanzen unterlagen der Bezauberung. Erst als Krebs, Boldt und Loringhoven wieder in ihrem Wagen saßen und zurück nach Zossen fuhren, durch eine Straße mit brennenden Häusern, mit auftreibendem Qualm, und sie sich durch müde Marschkolonnen, die zur Stadtgrenze marschierten, durchwinden mußten, fielen sie zurück in die Realität. Sie befanden sich wieder in einer Hauptstadt, die nur noch ein Torso war, das Zentrum eines Ruinenreiches mit verwaisten Kommandotürmen. Sie waren einer Wirklichkeit zurückgegeben, die auch nur ein Alptraum war und verfügten über Truppen, die nur dem Namen und der Nummer nach vorhanden waren. Die glänzenden Panzerdivisionen und Infanteriekorps, bedeckt mit Ehrenzeichen von allen Schlachtfeldern

Europas, waren ausgeglüht, waren nur noch Schlacke. Die Soldaten waren schlachtenmüde, und es gab keine Idee mehr, die sie aufrichten konnte.

Und wer war Steiner, und wo stand Steiner?

Krebs, Boldt und Loringhoven wußten es nicht. Und die Verbindungsoffiziere im Bunker hatten es nicht gewußt. Ein SS-Obergruppenführer, der an der Flanke der 3. Panzerdivision eine Kampfgruppe aufstellen soll, so viel war festgestellt worden. Aber wo war sein Standort, sein Stabsquartier, und hat er bereits ein Häuflein um sich gesammelt?

Ein Nichts, ein Schatten ...

Das Phantom im Bunker war imstande, ein Nichts aufzublasen, einen Schatten, wenn schon nicht mit lebendem Odem, so doch mit Material aufzufüllen – mit Menschen, mit Waffen, mit Brennstoff. Der Führerbunker befand sich wieder in Alarmstufe I. Generäle standen herum, hilflos, betäubt, betrachteten das rastlos durch den Lageraum wankende Phänomen mit dem krummen, buckelhaften Rücken, mit flackernden Augen, das noch einmal seine eigene Dimension sprengte und über sich hinauswuchs. Kuriere, Ferngespräche, es knisterte. Motorradfahrer brausten über die Wilhelmstraße, verschwanden in der von Schüssen durchpeitschten Nacht. In der Bunkerzentrale waren alle Leitungen besetzt. Gespräche nach Zossen, nach Potsdam, zum Reichsführer-SS im Ziethener Schloß, zum Luftwaffenhauptquartier in Wildpark-Werder.

Der Tag des Luftwaffengenerals Koller hatte um zwei Uhr morgens begonnen mit einem Telefongespräch mit dem Chef des Generalstabes des Heeres über die Feindlage und über die gewünschten Einsatzpunkte für die Luftwaffe. Seine Uhr zeigte drei Uhr morgens, als auf der Straße eine Hupe dröhnte und er Göring (so lange war Göring durch die Luftangriffe in Berliner Kellern festgehalten worden) im Rennwagen an der Spitze seiner Wagenkolonnen in hohem Tempo an seinem Haus vorbei und durch das Tor bei der Hauptwache hinausfahren sah – ohne Aussprache und ohne Abschied, und Koller war doch der in Berlin zurückbleibende Vertreter des Luftmarschalls. Göring hatte es eilig – nun, er mußte über die Elbe hinüber, und der Weg über die Elbe konnte in jedem Moment zugehen. Es war noch nicht Tag. Das Telefon schrillte. Am Apparat war Adolf Hitler: „Wissen Sie, daß Berlin unter Artilleriefeuer liegt, das Stadtzentrum?"

„Nein."

„Hören Sie das nicht?"

„Nein! Ich bin in Wildpark-Werder."

„Starke Aufregung herrscht in der Stadt über Artilleriefernfeuer. Es soll eine Eisenbahnbatterie schweren Kalibers sein. Die Russen sollen eine Eisenbahnbrücke über die Oder haben. Die Luftwaffe hat die Batterie sofort auszumachen und sie zu bekämpfen."

„Der Feind hat keine Eisenbahnbrücke über die Oder. Vielleicht hat er eine schwere deutsche Batterie nehmen und herumschwenken können. Wahrscheinlich aber handelt es sich um mittlere Kanonen des russischen Feldheeres, mit denen der Feind bereits in die Stadtmitte reichen muß."

In zehn Minuten wollte Hitler zuverlässig wissen, wo die Batterie stand. In zehn Minuten . . ., wie stellte er sich das vor, wer konnte auf dem riesigen Schlachtfeld rings um Berlin und bis zur Oder eine Batterie auskundschaften, wenn man nicht den geringsten Anhaltspunkt hatte und nicht einmal die Himmelsrichtung wußte, aus der sie feuerte.

Das Telefon im Kabinett des Luftwaffenchefs kam nicht zur Ruhe. 1. Schwerpunkt, 2. Schwerpunkt . . . Vorgehende Russen angreifen. Bewegungen eigener Truppen unterstützen. Aufklärung und Nachtschlacht-Einsatz. Lufttransporte für eingeschlossene Einheiten. Die Strahler auf den Plätzen bei Prag sollen nach Berlin geholt werden – unmöglich, sie werden schon beim Start von feindlichen Jägern am Boden zerschossen.

Wieder war Hitler am Telefon:

„Wo bleiben die Strahler . . . So, so . . . Nun, dann braucht man auch die Strahler nicht mehr, die Luftwaffe ist überflüssig. Man müßte die ganze Luftwaffenführung sofort aufhängen!"

Um zwei Uhr morgens hatte der Arbeitstag des Luftwaffengenerals Koller begonnen – nun war es 21 Uhr –, neunzehn Stunden waren seit Arbeitsbeginn vergangen.

Wieder war Hitler am Telefon:

„Hören Sie, der Reichsmarschall unterhält in Karinhall eine Privatarmee. Diese ist sofort aufzulösen und einzusetzen. Er braucht keine Privatarmee."

„In Karinhall steht keine Privatarmee, lediglich die Division ‚Hermann Göring' stand dort und die ist eingesetzt, nur noch ein Bataillon ist dort zurückgeblieben."

„Das Bataillon unverzüglich SS-Obergruppenführer Steiner unterstellen ..."

Koller überlegte noch, was das nun wieder bedeuten sollte und wer der SS-Obergruppenführer Steiner ist, als das Telefon wieder klingelte und die wütende bellende Stimme sich abermals hören ließ:

„Jeden verfügbaren Mann der Luftwaffe im Raum zwischen Berlin und der Küste, von Stettin bis Hamburg Steiner unterstellen!"

Steiner, Steiner ...

Koller telefonierte nach allen Richtungen. Der Chef der Operationsabteilung des Heeres vermutete Steiner in Oranienburg. Eine Stunde später meldete er: „Gefechtsstand Steiner ist bei Liebenwerda." Major Freigang vom Stab der Division „Hermann Göring" meldete, daß bisher Steiner mit nur einem Offizier in Schönwalde eingetroffen sei.

Wo also war Steiner, wo genau sollte der Angriff stattfinden, wo genau war der Versammlungsraum und welches waren die für den Angriff bereitgestellten Heeresteile?

Koller telefonierte mit dem Generalstabschef.

„Hören Sie mal, Krebs, keine Einzelheiten, weder die genaue Zeit des Angriffs, noch die Zubringerstrecke, noch sonstige Details sind bekannt, und ich soll meine Leute für einen Angriff bereitstellen, aber wo denn in Teufels Namen soll der Angriff stattfinden?"

In das Gespräch hinein bellte die Stimme Hitlers:

„Haben Sie noch Zweifel an meinem Befehl? Ich glaube, ich habe mich klar genug ausgedrückt. Alle Kräfte der Luftwaffe im Nordraum, die für den Einsatz auf der Erde verfügbar gemacht werden können, müssen sofort Steiner zugeführt werden. Jeder Kommandeur, der Kräfte zurückhält, hat binnen fünf Stunden sein Leben verwirkt. Das müssen die Kommandeure auch erfahren. Sie selbst haften mir mit ihrem Kopf, daß der letzte Mann eingesetzt wird."

„Alles zum Angriff von Eberswalde nach Süden", fügte der Interpret Krebs, der doch ebenfalls nichts Genaues wußte, und auch den genauen Standort Steiners nicht kannte, noch hinzu.

Motorräder knatterten durch die Wilhelmstraße. Schnelle Wagen huschten durch Berlin. Flugzeuge erhoben sich mit Kurieren. Der Telegraf tackte. Das Telefon spielte.

Steiner soll ein AOK formieren, jeder verfügbare Mann für Steiner... Bodentruppen der Luftwaffe, Bauregimenter, Eisenbahntruppen, die Berliner Feuerwehr, Polizeieinheiten, Volkssturm. Der Führer führt..., er führte bis dahin jede Division, jedes einzelne Bataillon, nun führte er auf ein Drittel, auf ein Viertel, manchmal auf ein Zehntel ihres ehemaligen Bestandes geschrumpfte Gespensterformationen, die in seinem Kopf noch immer waffenstarrende Kontingente darstellten, mit Mann und Roß und Geschütz, mit Nachschub und Intendantur und voller Ausrüstung.

Der an der Oder stehende General Busse verlangte schon vor zwei Tagen und nochmals vor einem Tag für seine zwischen Küstrin und Frankfurt stehende 9. Armee den Rückzugsbefehl, angesichts der Russen in seinem Rücken ersuchte er nun um die Erlaubnis zu einem Durchbruchsversuch.

„Nein, Busse bleibt, wo er steht!"

Der ohne Schlaf und ohne Rast durch das Konferenzzimmer und durch den langen Mittelgang tappende Wettermacher hielt in seiner Wanderung inne, hielt sich an einer Stuhllehne fest und brüllte: „Was fällt denn dem ein, er steht genau an der richtigen Stelle!" Es ging alles nach einem fertigen Plan und der schon zu einem Schatten ausgelaugten 9. Armee war dort an der Oder in der bevorstehenden großen Vernichtungsschlacht eine besondere Rolle zugedacht, die Funktion einer Fleischhackmaschine. „Hier sehen Sie her, betrachten Sie sich das auf der Karte. Steiner wird die Angriffsspitzen Schukows vor Berlin abschneiden. Die geschlagenen russischen Horden werden in Auflösung und in wilder Flucht nach Osten treiben. Und hier an der Oder, genau an dieser Stelle, wird die 9. Armee die führerlosen Haufen vollends in Stücke hacken. Kein Russe, der es wagte, vor Berlin zu erscheinen, soll lebendig über die Oder zurückkommen!"

Steiner hatte nun alles erhalten, alle erreichbaren Bodentruppen der Luftwaffe, Offiziersschüler, Hilfsformationen, selbst aus Strafgefangenen und Ausländern zusammengeworfene Einheiten. Alles war bereitgestellt, und das Amt für Kraftfahrzeugwesen hatte Transportmittel zu stellen. Die Flugplätze lieferten Brennstoff. Menschen und

Materialmassen in Stärken und Tonnenzahlen für ein bis zwei Divisionen warteten auf Abtransport. — Wohin?

Über Straßen, die schon zu russischen Nachschubstraßen geworden waren. Schukow stand bei Oranienburg, und seine Angriffsspitze war weitergestoben bis in die Gegend um Glienicke, um sich dort westlich Berlins mit der aus dem Süden anmarschierenden 1. Ukrainischen Armee unter Konjew zu vereinigen und Berlin in den Sack zu nehmen.

Wohin mit den bereitgestellten Menschen und dem aufgebrachten Material für Steiner? Koller wußte es noch immer nicht. Der General der Flieger Stumpf wußte es nicht. Der Operationschef der Armeegruppe Weichsel, General Detlevsen, wußte es nicht. Der Chef des Generalstabes des Heeres, Krebs, wußte es nicht.

Es war in der Nacht auf den 22. April.

In Wildpark-Werder taumelte der Luftwaffenchef Koller aus kurzem Schlaf auf und griff nach dem Telefonhörer.

Am Apparat war Hitler:

„Morgen früh steigt der Angriff Steiner. Welche Maßnahmen hat die Luftwaffe für den Angriff Steiner unternommen?"

Koller berichtete: „Die Luftwaffe hat zwölf- bis fünfzehntausend Mann bereitgestellt. General Stumpf hat seine Bodentruppen in Kompanien und Bataillone organisiert. Ich kann aber nicht verschweigen, daß es sich um ganz kampfungewohnte Truppen handelt. Sie sind weder für Erdkämpfe ausgebildet noch entsprechend ausgerüstet. Schwere Waffen fehlen ganz!"

Hitler überhörte den Pessimismus im Bericht und noch mehr im Ton Kollers. Er sprach über die Lage, danach wußte er also, daß die Russen im Norden und Nordosten in die Vorstadtstellungen Berlins eingefallen waren, daß sie in westlicher Richtung weit an Berlin vorbeistießen und daß die beiden Zangenarme nahe daran waren, sich zu schließen, dennoch war er zuversichtlich, sogar überschwänglich in seiner Beurteilung der Lage. „Sie werden sehen", sagte er, „der Russe erleidet die größte Niederlage, die blutigste Niederlage seiner Geschichte vor den Toren der Stadt Berlin!"

Koller griff sich an den Kopf. Er kam zu keiner Erwiderung mehr. Der Draht war stumm. Im Führerbunker war der Telefonhörer auf die Gabel zurückgefallen.

„Der Russe erleidet die blutigste Niederlage seiner Geschichte vor den Toren der Stadt Berlin!“ sagte Hitler, diesmal zu Bormann. Er sagte dasselbe zu dem an der Wand stehenden Ordonnanzoffizier, sagte es in seinem Arbeitszimmer zu der hinter der Schreibmaschine sitzenden Sekretärin; er sagte es im gleichen Tonfall, als er auf dem Stuhl saß und sich von seinem Friseur die Haare schneiden ließ.

Der Flakturm Friedrichshain hatte am gleichen Tage fünfhundert Schuß der russischen Artillerie gezählt, die auf die Stadtmitte niedergegangen waren. Fontänen aus Pflastersteinen, aus Asphaltstücken, aus Dreck stiegen aus den Berliner Straßen auf. Schwere Granaten aus Fernkampfgeschützen rissen Breschen in ganze Häuserfluchten. Die Bevölkerung saß in den Kellern mit Koffern und Betten und ihrer ganzen Habe und konnte die Keller eigentlich nicht verlassen und mußte es doch tun, und wenn schon zu keinem anderen Zweck, als um Wasser zu holen. Man konnte das Leben riskieren, aber ohne Wasser konnte man nicht leben.

Hinter dem Alexanderplatz, in der Landsberger Straße, wo Oberst Zecke einmal im Keller gesessen hatte, war die gleiche Frau, die ihn damals betreut und ein nasses Tuch gereicht hatte, zusammen mit den andern auf dem Weg zum Wasserhydranten. Gegen fünf Uhr morgens war es. Dicke Staub- und Brandwolken hingen über den Ruinen. Grünes Licht sickerte auf die Straße – giftgrün war die Spiegelung von dem zusammenfallenden Feuer auf einem Lagerplatz für ausländische Hölzer, und grün waren auch die Gesichter der Frauen. Mit den Eimern in der Hand drückten sie sich an der Häuserwand entlang. Die schauerliche Sirene ertönte nicht mehr, war verstummt – aus Strommangel. „So hat alles sein Gutes“, sagte jene Frau Riek zu ihrer Nachbarin. „Wir brauchen dieses scheußliche Heulen nicht mehr zu hören. Bei Gefahr soll dreimal geschossen werden. Zum Lachen, denn wer hört das schon bei dem ununterbrochenen Höllenlärm!“ Das Krachen und Bersten der Bomben war abgelöst worden von den Geräuschen der Front. Artilleriegeschosse fegten durch die Landsberger Straße. Manche Geschosse brummten nur, andere heulten, noch andere pfiffen und nochmals andere rollten dumpf und langanhaltend. Die Frauen aus dem Hause in der Landsberger Straße hatten ihre Eimer gefüllt und gingen zurück. Frau Riek stellte ihre Eimer ab und blickte auf. Vor ihrem Haus am Laternenpfahl hing ein armseliges Bündel Mensch. Ein Soldat war während der Nacht von einer Streife aus dem Keller geholt worden und hing nun hier mit einem Pappschild an der Brust. Auch die anderen Frauen machten halt und starrten entsetzt dieses unwirkliche Bild an.

Aus dem Hausflur heraus ließ sich eine Stimme vernehmen:

„Sehr richtig – so muß man es mit allen machen, die feige sind!" Der Frau wurde es kalt, ihr Gesicht verfärbte sich, wurde blaß unter der Schicht aus Staub und Ruß. Sie brachte das Gesehene und das darüber Ausgesagte nicht zusammen. Und sie konnte und wollte die Stimme nicht erkennen. Die scheppernde Stimme ihres Mannes. Dieser Jammerlappen stand unter dem Haustor und entblödete sich nicht, solche hämische Bemerkung zu machen und fand vielleicht noch Zustimmung, nicht bei allen, aber bei manchen.

Auch Franz war da. „Quatsch doch nicht dämlich!" sagte er zu Riek.

Es gab aber noch immer Dumme und Verblendete und Verführte genug. Frau Riek wollte über ihren Mann herfallen, doch sie verschluckte das Wort, das sich ihr auf die Lippen drängte. Sie faßte sich, der lauernde Ausdruck auf den Gesichtern der andern warnte sie. Noch nicht, noch nicht . . ., wären doch bloß erst die Russen da! „Steh da nicht herum, trag lieber die Eimer", schrie sie Riek an. Sie ließ die mit Wasser gefüllten Eimer stehen und ging voran in den Hausflur. Sie ging vorbei an den Toten, die dort an der Wand abgestellt waren. Von der Straße Hereingetragene waren es, aus dem Haus ein altes Ehepaar mit ihrer Tochter, die sich vor einer Stunde das Leben genommen hatten. Und der alte Veteran Willem lag in der Reihe; er war in der vergangenen Nacht an der vor einigen Wochen während des Luftangriffs erhaltenen Splitterverwundung gestorben. Eine weitere Tote war die Hausbesitzerin, die ohne Morphium geblieben, in sich zusammengefallen und ohne ein Wort der Klage gestorben war.

„Warum kommt denn Herr Splüge nicht mehr?" fragte Frau Wittstock ihren Mann. „Weil er ein großzügiger Charakter ist, wirklich vornehm und einsichtig", war die Erwiderung Dr. Wittstocks, und er meinte es auch so. Er rechnete es seinem alten Kumpan Vicco Splüge hoch an, daß er seit einigen Tagen das Haus mied; in der Tat war Splüge seit der Abreise Zeckes wie verschollen geblieben. „Ein guter Junge, der Splüge, aber die Zeit ist nicht danach, Besuche von einem Oberleutnant der Propagandakompanie zu erhalten, das verstehst du doch?“

Frau Wittstock verstand es. Sie hatte auch vor elf Jahren verstanden, daß die Gesichter in ihrem Haus wechselten und wechseln mußten. Immerhin waren viele der alten Besucher geblieben, nur waren sie Hintergrundfiguren geworden. Auf diesen Hintergrund hatte Wittstock jetzt zurückzugreifen. Er hatte hin und her überlegt, wen er für sich einspannen und wer ihn in die „Welt von gestern“, die ja die „Welt von morgen“ werden mußte, wieder einführen könnte, zuletzt war ihm ein Dr. Dreyer eingefallen. Ja, der Dreyer war der Richtige! Die Beziehung zu ihm war niemals abgerissen und er war eine Figur der anderen Seite, das wußte er. Wittstock verlor keine Zeit, es war auch alles so weit gediehen, daß keine Stunde zu versäumen war. Das Dritte Reich lag in den letzten Zügen! Er suchte, wie er ging und stand, Dr. Dreyer auf, in seinem Büro in der Potsdamer Straße – „Gemeinschaft Textil“ nannte sich die Stelle, an der Dreyer saß, ein dem Reichswirtschaftsministerium zugehöriges Amt. Als Wittstock dort hereinkam, fand er in dem Büro, in dem sonst Dr. Dreyer und allenfalls noch eine Sekretärin saßen, einen Wirbel von einem Dutzend Menschen. Keiner arbeitete, alle redeten aufeinander ein, und das Telefon ging von einer Hand in die andere. Die „Gemeinschaft Textil“ befand sich in voller Auflösung, wie alle anderen Stellen des Reichswirtschaftsministeriums. Teile des RWM – das erfuhr Wittstock – waren bereits verlagert, nach München oder Berchtesgaden, zur „süddeutschen Regierung“, andere Teile befanden sich in Verlagerung nach Schwerin zur „norddeutschen Regierung“. Süddeutsche Regierung, norddeutsche Regierung, es war, als ob die Auflösung des Reiches hier im kleinen Maßstab demonstriert würde. Wittstock begrüßte seinen „alten Freund Dreyer“, der alle Hände voll zu tun hatte, die ihn umdrängenden Beamten zu beruhigen. Was war los, was wollten sie, zur süddeutschen, zur norddeutschen Regierung? Nein, es handelte sich um einen Vorgesetzten, um einen Staatssekretär, der mit einer Kolonne Autos – mit viel Benzin, Schnaps und Lebensmitteln – noch unten auf der Potsdamer Straße stand, um nach Schwerin abzureisen. Einige Beamte hatte er mitgenommen, und andere, die ein besonderes Anrecht zur Mitreise zu haben meinten, hatten verärgert zurückbleiben müssen und bestürmten nun ihren Chef, Dr. Dreyer.

In diesem Durcheinander war es nicht möglich, miteinander zu sprechen, so lud Dr. Dreyer seinen alten Bekannten Wittstock in ein benachbartes Café ein. Ein kleiner Laden, in dem es vor nicht allzu langer Zeit noch richtigen Kaffee und Kuchen gegeben hatte. Es handelte sich jetzt nicht um Kaffee und Kuchen, sondern um weit Wichtigeres – zunächst um einen UK-Schein und weiter um die Erneuerung der alten Beziehung. Nachdem Wittstock sein Anliegen vorgebracht hatte, ging Dreyer in sein Büro zurück. Er brachte den UK-Schein, mitten in der allgemeinen Auflösung seines Amtes schien die Ausstellung dieses Schreibens ihm keine besonderen Schwierigkeiten bereitet zu haben. Er hatte noch ein übriges getan, hatte an die Volkssturmabteilung, der Wittstock zugeteilt worden war, ein Schreiben gerichtet, aus dem hervorging, daß er als freier Mitarbeiter des Reichswirtschaftsministeriums uk-gestellt war. Die Kopie dieses Briefes (und nur um die Kopie handelte es sich) nahm Wittstock entgegen, um sie gegebenenfalls vorweisen zu können.

Als er sich später von Dreyer verabschiedete, hatte er zu allem noch eine Verabredung für den folgenden Nachmittag. Dr. Dreyer wollte ihn in einen „interessanten Kreis“ einführen, in eine Gesellschaft, von der er sagte, daß sie für die zukünftige Entwicklung nicht ganz ohne Bedeutung sein würde. Dreyer hatte sich für eine solche Einladung um so eher entschlossen, als Wittstock sich, danach gefragt, sofort bereit erklärt hatte, Schützlinge dieses „interessanten Kreises“ bei sich in der Wohnung aufzunehmen.

Wittstock sprach am gleichen Tage noch bei seinem zuständigen Wehrbezirkskommando vor, um die frischerworbene UK-Stellung in seinen Wehrpaß einschreiben zu lassen. „Nützt im Ernstfall zwar auch nichts“, meinte der diensttuende Gefreite, doch immerhin machte er die Eintragung und setzte darunter einen Stempel, und im übrigen würde er schon selbst dafür Sorge tragen, sich den „Volkssturm“ vom Leibe zu halten.

Die Zusammenkunft am folgenden Nachmittag fand in einer Villa in Zehlendorf statt. Es war in der Tat eine besondere Gesellschaft, die sich hier zusammengefunden hatte. Der Gastgeber war ein Syndikus der Mitteldeutschen Stahl- und Anhaltischen Kohlenwerke. Unter den Gästen befanden sich ein Mitarbeiter am Institut für Konjunkturforschung, ein Bank und Währungsfachmann, noch ein Bankfachmann, ein Experte für Energiefragen, ein Statistiker der Reichsstelle Chemie und ein Statistiker der Wirtschaftsgruppe Lederindustrie.

Draußen lag das Dritte Reich in den letzten Zügen.

Vor den Fenstern auf der Straße „Unter den Eichen" strudelten Flüchtlingshaufen aus den östlichen Außenbezirken Berlins vorbei. Getarnte Lastkraftwagen und Transporte in Richtung Potsdam rissen nicht ab, und der starke Verkehr zog russische Jagdflugzeuge an, die mit ihren Bordwaffen über die Straße kämmten.

Auf der Straße Flucht, Tieffliegerangriffe, Untergang.

Und hier im Hause am runden Tisch wurde über die Neuordnung der Wirtschaft debattiert, wurden die politischen Voraussetzungen und möglichen Absichten der Siegermächte erörtert und ein Exposée über die „Beseitigung des Geldüberschusses nach dem Kriege" geprüft, in dem Maßnahmen empfohlen wurden, die versprachen, ohne eigentliche Inflation und Arbeitslosigkeit mit rein kapitalistischen Methoden die Kriegsschäden allmählich zu beheben.

Die Debatte zog sich in die Länge.

Wittstock beschränkte sich darauf, zuzuhören. Das behandelte Gebiet lag ihm auch zu fern. Er schwieg auch, als man sich mit anderen, mehr am Rande gelegenen Nachkriegsproblemen beschäftigte. Er meldete sich auch nicht zum Wort, als einer beispielsweise das Frauenwahlrecht verwarf und angesichts des völligen Versagens und der großen Hilfe, die den Nazis durch das Frauenstimmrecht geworden war, eine Wiedereinführung im Nachkriegsdeutschland für völlig unmöglich hielt.

Ein furchtbarer Geschützdonner unterbrach die Sitzung. Man siedelte in den Keller um und versuchte, weiter zu debattieren, doch es war kein Wort mehr zu verstehen. Anscheinend handelte es sich um eine im Botanischen Garten aufgefahrene schwere deutsche Batterie, die ohne Aufhören feuerte. Als die krachenden Abwürfe russischer Bomber, die die Batterie zum Schweigen zu bringen versuchten, sich in das Donnern der Abschüsse mischte, wurde das Haus „Unter den Eichen" von den Gästen fluchtartig verlassen. Jeder versuchte, so schnell wie möglich aus der Gegend wegzukommen.

Dr. Wittstock kehrte nach Wannsee zurück.

Er hätte mit dem in zwei Tagen Erreichten zufrieden sein können, und wäre es auch voll und ganz gewesen, wenn Dr. Dreyer es mit dem anderen Teil des Paktes nicht gar so eilig gehabt hätte. Schon am Abend nach seinem ersten Besuch in der „Gemeinschaft Textil" hatte Dreyer ihm zwei aus einem OT-Lager für Mischlinge geflüchtete Brüder gebracht. Und als er jetzt nach Hause kam, war ein dritter Gast eingetroffen. Nicht Dreyer, ein anderer Freund des „Kreises" hatte ihn gebracht, einen Mann in Militärhosen und Militärstiefeln mit einem Gesicht polnischen Typs. Wittstock fragte ihn, ob er aus Tegel käme. Der Gast erzählte eine unglaubliche Geschichte, wie er als polnischer Student vor den Russen geflohen wäre. Aber wie war er dann zu den Militärhosen und Militärstiefeln gelangt? In die Enge getrieben, erzählte der Pole eine andere Geschichte. Danach war er in die Wehrmacht gepreßt worden, hatte dort Spionage für die polnische Exilregierung in London getrieben, nach der Entdeckung des Spionagenetzes verhaftet, hatte er zuerst in Wien und später in Tegel in Untersuchungshaft gesessen und war nun, nach zwei Jahren Haft, zusammen mit allen anderen Mithäftlingen nach Spandau zur Verteidigung Berlins in Marsch gesetzt worden, hatte bei dieser Gelegenheit flüchten können und war so schließlich zu Wittstock ins Haus gekommen. Für Dr. Wittstock bedeutete die Anwesenheit der beiden Flüchtlinge aus dem OT-Lager für Mischlinge schon eine starke seelische Belastung. Der Pole Boguslaw Sikowski aber war ihm vom ersten Moment an schlechtweg unheimlich. Vielleicht stimmte die Geschichte, die er erzählte, vielleicht stimmte sie auch nicht, auch diese Möglichkeit war ins Auge zu fassen. Sikowski sprach russisch und insofern stellte er eine interessante Erwerbung dar und konnte bei Ankunft der Russen von Nutzen sein. Aber würde er mit einem Haus voller Flüchtlinge (Dreyer hatte noch zwei Frauen aus dem Untersuchungsgefängnis Moabit angemeldet) den „Tag der Russen" überhaupt erleben.

Er besaß nun zwar einen UK-Schein, hatte den roten Ausweis für die erste Dringlichkeitsstufe für Verkehrsmittel; er sollte durch einen kommunistischen Verbindungsmann Dreyers auch einen Schutzbrief erhalten, und war mit dem Anschluß an den „interessanten Kreis" beinahe in den Stand eines Widerstandskämpfers erhoben. Doch der Zustand in seinem Hause zehrte an seinen Nerven. Die Fensterscheiben klirrten, der Artilleriebeschuß war jetzt auch in der Wohnung in Wannsee zu hören. Wittstock brauchte Ablenkung, er baute die Winterfenster aus und schaffte sie in den Keller. Das beschäftigte ihn eine Weile, danach wurde er wieder zu einem Spielball wilder Gedanken. Die Luft war doch voll wilder Gerüchte. In Schöneberg wollten Leute gesehen haben, wie angebliche Deserteure und Saboteure mit entsprechenden Schildern kurzerhand an Laternenpfählen aufgehängt worden waren — schöne Perspektiven für einen Hausvater, der in seinem Keller ein Asyl für geflüchtete Häftlinge aus Lagern und Gefängnissen unterhielt. Wittstock schlich ruhelos durch sein Haus, vom Keller bis zum Dachboden. Für einige Minuten trat er auch bei Frau Aachern ein, die nicht mehr auf eine Nachricht von ihrem Mann hoffte und seit dem spurlosen Verschwinden des Fliegerobersten völlig zusammengebrochen war.

Nach Anbruch der Dunkelheit brachte Dreyer die beiden angekündigten Frauen aus dem Moabiter Untersuchungsgefängnis. Dreyer war in Eile und ging gleich wieder. Die beiden Frauen brachte Wittstock zu den andern drei Gästen in den Keller hinunter. Die eine war die Sekretärin eines Hingerichteten vom 20. Juli, die andere hieß Halen, eine junge, zarte Frau; doch sie ging schwerfällig, offensichtlich befand sie sich in hochschwangerem Zustand.

Er begann wieder seine Wanderung durch das Haus und durch den Garten. Am liebsten hätte er sich im Splittergraben verkrochen. Er stieg auch hinunter, doch hier war es feucht, und es mutete zu sehr wie eine Gruft an. Schließlich suchte er sein Zimmer auf, warf sich auf sein Lager und preßte beide Hände gegen die Schläfen. Er wollte von der Welt nichts mehr wissen. Die Fensterscheiben klirrten. Das Telefon klingelte. Seine Frau sprach mit einer Freundin am Nollendorfplatz. „Tieffliegerangriffe und entfernter Artilleriebeschuß, sonst ist am Nollendorfplatz alles in Ordnung", sagte sie.

Wittstock stöhnte.

„Ist dir nicht gut?"

„Ich habe Kopfschmerzen."

Er griff nach einem Buch. Er hatte vorher, um sich auch geistig auf die Welle der Neuorientierung zu bringen, eine Lektüre bereitgelegt. Nicht gerade Autoren wie Karl Marx oder Lenin oder Stalin, doch Romain Rolland „Beethoven“ und Hermann Hesse „Das Glasperlenspiel“ und Joseph Conrad „Taifun“.

Er las in Rollands „Beethoven“, bis die Druckzeilen vor seinen Augen verschwammen. Seine Frau telefonierte wieder, sagte nachher zu ihm: „Du warst doch vor zwei oder drei Tagen in der ‚Gemeinschaft Textil‘. Das Haus hat die SS besetzt und richtet es für die Verteidigung ein. Übrigens ist die Achse gesperrt, man kann nicht mehr in die Stadt gelangen.“

Der „Beethoven“ flog auf die Seite. Wittstock sprang auf: „Ach, was mache ich nur, vielleicht in den Keller, Holz sägen.“

„Du bist völlig verrückt, es ist ein Uhr nachts.“

Es fiel ihm aber doch noch etwas ein. Er ging hinunter in den Kohlenkeller, zog dort unter den Kohlen das Original eines Propagandaplakates für die „Internationale Arbeiterhilfe“ hervor. Der expressionistische Maler Wilhelm Seifert hatte es in den zwanziger Jahren gemacht und ihm mit einer persönlichen Widmung geschenkt. Mit Schlemmkreide überzogen hatte es mehr als zehn Jahre unter den Kohlen geruht.

Aus Pietät, als Erinnerung an die eigene Jugend, an alte Freunde, an das Leben in Kaffeehäusern hatte er es so lange bewahrt. Jetzt konnte dem Bild aber eine ganz andere Bedeutung zukommen. Er holte Wasser und einen Schwamm und befreite es von dem Kohlenruß und der Kreide. Eine Fabriklandschaft, dahinter ein großer gelber Mond. Vorn ein Arbeiter mit schweren Fäusten und die Überschrift: Hunger in Deutschland. Er brachte das von Ruß und Kreide befreite Bild nach oben, hatte die Absicht, es über seinem Schreibtisch aufzuhängen. Dann aber erschien es ihm doch dazu noch verfrüht. Ein unberufenes Auge könnte es erblicken. Er schob es hinter einen Schrank und selbst das erschien ihm noch unsicher und er war drauf und dran, es wieder zurückzubringen und aufs neue unter den Kohlen zu vergraben.

Seine Frau telefonierte schon wieder.

„Irene aus Blankenfelde…, sei doch mal still, sei still!“

Wittstock war doch still, er saß auf einem Stuhl, sagte gar nichts, doch er war ein Wirbel lärmender Gedanken. Sein Gesicht war käsig weiß, das Haar hing ihm in die Stirn. Er war von namenloser Angst gepackt.

„Hörst du, hörst du ... Blankenfelde ist von den Russen besetzt, es ging ohne große Kämpfe ab, nichts ist passiert, nur ihre Armbanduhr ist Irene losgeworden. Der Ortsgruppenleiter hat sich erschossen!"

„Die Russen, ach wären sie doch schon hier!"

Hauptmann Boehlke war seinem General Meuspath doch noch auf die Spur gekommen. Bei seinem Besuch im Propagandaministerium hatte er die Auskunft erhalten, daß der Stab Meuspath in der Dorotheenstraße Ecke Luisenstraße läge. „Sie wissen doch, das große rote Gebäude dort, eine Schule oder Universität, ich glaube, das Französische Gymnasium ist es. Dort hat Ihr General sich einquartiert, Herr Hauptmann."

Hauptmann Boehlke kam vor das rote Gebäude in der Dorotheenstraße. Posten, Ordonnanzen. Auf den Gängen des Hauses Kommen und Gehen, in den Klassenzimmern Büro neben Büro, eine Wehrmachtstelle. In den Zimmern lagen Berge Papier, überall wurde ins Telefon gebrüllt. Es sah hier aus wie im Bendlerbunker, wie beim stellvertretenden Generalkommando am Hohenzollerndamm. Auflösung und Durcheinander und hin und her laufende Offiziere.

„Meuspath, General Meuspath ..., vielleicht ist er auch schon getürmt!"

„Aber erlauben Sie mal, Herr Oberleutnant!"

Der Oberleutnant fing sich wieder: „Meuspath, höherer Artilleriekommandeur, sagen Sie? Ja, da ist doch so was, auf dem Hof stehen doch Teile des Trosses."

Hauptmann Boehlke ging auf den Hof. Teile des Trosses waren dagewesen, waren aber am Morgen abgerückt. Nach weiterem Herumfragen fand er einen zum Stab General Meuspaths gehörenden Oberleutnant.

Endlich also – nach Prag, Dresden, Potsdam hatte er den Anschluß gefunden. Der General hatte sein Quartier in Fürstenwalde, östlich von Berlin. Der aus dienstlichen Gründen zurückgebliebene Oberleutnant suchte eine Fahrgelegenheit nach Fürstenwalde, und Boehlke schloß sich ihm an. Hier im Hause war nichts zu finden, ein vorbeikommender Hauptmann gab ihnen einen Tip: „Versuchen Sie es doch mal in der General-Pape-Straße, von dort aus fahren noch Wagen nach allen Richtungen."

Hauptmann Boehlke und Oberleutnant Hergesell machten sich auf den Weg. Auch in der General-Pape-Straße sah es aus wie auf der Heeresstelle, die sie hinter sich gelassen hatten, nur die Ausmaße waren großartiger als in der Dorotheenstraße. Auch hier ein unentwirrbares Durcheinander. Schreiende Offiziere, telefonierende Offiziere, offenstehende Türen, auf den Tischen standen Büchsen mit Schweinefleisch, lag Brot. In den Ecken lagen Ausrüstungsgegenstände, gepackte Rucksäcke. Alle waren betrunken oder angetrunken, ein Major weinte. Eine „fröhliche" Henkersmahlzeit, ein in Auflösung begriffener auseinander treibender Sauhaufen. Boehlke und Hergesell mußten sich, ehe sie selbst an die Reihe kamen, eine lange Rede anhören, die an einen Hauptmann gerichtet war, der eine Fahrgelegenheit nach Süden suchte. Der Redner betonte die Bedeutung Berlins in dem bevorstehenden Entscheidungskampf zwischen Europa und dem Bolschewismus und kam endlich zu Ende und sagte: „Nein, is nischt, Herr Hauptmann, aus Berlin kommt keiner mehr raus. Es gehn keine Transporte mehr. Berlin wird verteidigt, alle Abkommandierten und Zurückgebliebenen werden in der Berliner Front eingereiht."

„Fürstenwalde, Richtung Küstrin ...", das ging Boehlke und Hergesell an, „ja, da haben Sie Glück. Es geht gerade ein Transport ab, Sie können gleich einsteigen."

Der von den alten grauen Gebäuden eingefaßte Hof war vollgepfropft mit Autos – Lastkraftwagen, Personenwagen, darunter zwei der großen zweistöckigen Omnibusse der Berliner Verkehrsgesellschaft. Die Omnibusse waren bis obenhin besetzt. Boehlke und Hergesell stiegen dazu. Sie saßen kaum, als das große Vehikel schon durch das Tor schwankte und, gefolgt von dem andern, seine Reise antrat.

„Da haben wir Glück gehabt."

„Ja, der Kerl hat aus dem Hals nach Schnaps gestunken", lautete die Erwiderung Boehlkes.

Oberleutnant Hergesell war Ordonnanzoffizier im Stab Meuspaths, der in Fürstenwalde hinter der Oderfront lag. Eine Woche war er in Berlin gewesen. „Zufällig bin ich genau am Morgen des russischen Trommelfeuers abgefahren. Die Front hält, worauf Sie sich verlassen können!“

„Worauf ich mich leider nicht verlassen kann!“ meinte Boehlke.

„Ach, wo denken Sie hin, Herr Hauptmann. Die Division ‚Kurmark‘ hat noch jeden Einbruch wieder bereinigt. Vor uns liegen allerdings auch diese Beute-Germanen. Sie wissen schon, gemischte Einheiten – Polen, Balten, Siebenbürger Schwaben, Burgenländer und solches Volk, dann schließt die SS-Division ‚Nederland‘ an. Aber ‚Kurmark‘ ist das Herzstück, die Jungen sind in Ordnung, alles alte Frontschweine aus dem Osten.“

Hergesell blickte sich um, betrachtete etwas abschätzig die anderen Mitfahrenden, die freudlos die vorbeiziehende Landschaft betrachteten. Es waren Leute einer Ersatzeinheit aus Spandau. Hergesell wechselte einige Worte mit seinem Nachbarn. Der Mann war Metallarbeiter, war solange uk-gestellt gewesen.

„Sind alle hier im Omnibus uk-gestellte Spandauer Arbeiter?“ fragte Hergesell.

„Fast alle“, erwiderte der Mann, „aber ein Teil, vor allem in dem anderen Omnibus, kam aus dem Strafgefängnis Tegel und auch aus Moabit. Vor zwei Tagen sind wir in der Kaserne in Spandau eingekleidet worden.“

Der Mann neben Hergesell war vierundvierzig Jahre alt, und alle, die hier saßen, waren zwischen vierzig und fünfzig Jahren.

„Ein furchtbares Lebensalter“, meinte Hergesell. „In diesen Jahren tut allen doch alles weh.“ Er wandte sich wieder Boehlke zu: „Solchen Ersatz haben wir mal gehabt, keine Bereicherung für die Front, durchaus nicht!“

„Hinter dem Schraubstock wären die Leute auch besser am Platze“, war die Erwiderung Boehlkes. „Aber wo fahren wir eigentlich hin, wir müßten doch über Erkner fahren!“

Der Autobus fuhr in östlicher Richtung auf der Straße, die nach Küstrin führte. Hergesell stand auf, erkundigte sich bei dem Transportleiter. Er erhielt den Bescheid: „Den Bogen über Fürstenwalde können wir nicht mehr machen. Wir fahren über Müncheberg, dann bis Heinersdorf, dort können Sie absteigen, von dort aus finden Sie dann bestimmt eine passende Verbindung.“

Rüdersdorf blieb zurück. Die Straße sah aus wie alle Straßen in der Umgebung Berlins in diesen Tagen. Frauen und Kinder, beladen mit Rucksäcken, mit Koffern, mit Betten, mit kleinen Wagen, die sie hinter sich herzogen. Durch die Luft surrten „Nähmaschinen“, die kleinen langsamen und ziemlich tief fliegenden russischen Doppeldecker. Sie richteten nichts an, schossen nicht, warfen auch keine „Blumentöpfe“ ab, zogen Schleifen und Kreise und blieben beobachtende Augen. Dann und wann versuchte sich ein Schütze an ihnen, aus Gebüschen spritzten Schüsse zum Himmel. Auch weiter nördlich waren Schießereien im Gange und ließen wieder nach. Die Gespräche im Omnibus hörten auf. Die Spandauer blickten noch hoffnungsloser drein als vorher. Kiefernschonungen blieben zurück. Einmal blinkte Wasser auf, ein schmaler Nebenarm der Spree. Der fast stillstehende Wasserspiegel war bedeckt von den großen Blättern der Seerose. In anderen Zeiten war der eine und andere mal mit dem Faltboot über diese stillen Gewässer gezogen, die sich hier durch die Wiesen schlängeln und die vielen Seen miteinander verbinden. Lange war es her, und nichts lauerte damals hinter den Bäumen des Waldes, und auch vom Himmel her war nichts zu befürchten.

Sie erreichten Müncheberg. Die beiden Omnibusungetüme hielten sich am südlichen Ortsrand. Keine Einwohner, die Straßen gespenstisch leer, und im Innern des Ortes krepierten Bomben. Heißer Brandgeruch kam den Omnibussen entgegen. Als sie die Straßenabzweigung hinter sich hatten und in der Richtung nach Frankfurt an der Oder weiterfuhren, sahen sie hinter sich über Müncheberg eine dicke Qualmwolke stehen. Waren das Bomben gewesen, hatten sie nicht auch Kampflärm vernommen? Sie hatten sich diese Frage noch nicht beantwortet, als Kugeln schwirrten, die Omnibusse waren gemeint. Die Schützen lagen in der sich neben der Straße hinziehenden Tannenschonung. Fensterscheiben zersplitterten, die Geschosse durchlöcherten die Blechwand, fuhren durch die Holzverschalung. Am Boden war nicht Platz genug für alle. Ein übereinander geworfener Haufen Männer, und der Fahrer fuhr so schnell er konnte. Die großen Vehikel stoben durch eine Zeile brennender Häuser. Der Ort Heinersdorf blieb zurück. Die

Nebenstraße, in die sie einbogen, war kaum mehr als ein Feldweg. Das Schießen hörte auf und der zusammengesunkene Haufen löste sich langsam aus seiner Verschlingung.

„Ein paar durchgesickerte Russen", sagte Hergesell, „der Spuk wird ja bald aufhören."

„Das glauben Sie ja selbst nicht, mein lieber Hergesell!"

„An was soll ich denn sonst glauben?"

„An die Realität, Herr Oberleutnant! Jedenfalls sind wir jetzt an der Stelle, an der wir hätten aussteigen müssen, vorbeigefahren, und es sieht nicht so aus, als ob wir absteigen könnten!"

Nein, daran war nicht zu denken. Der Omnibus fuhr noch immer, was er konnte, der zweite folgte. Steine spritzten in die Luft. Eine Staubwolke dammte auf. Oben im Deckgeschoß schrien Verwundete. Die Bremsen kreischten, der Wagen stand mit einem Ruck. Die Überraschung war vollkommen. Die Fahrgäste taumelten aus dem Wagen. Auf der Wiese standen Pilze aus Rauch und Erde. Splitter krepierender Granaten sausten durch die Luft. Der Omnibus hinter ihnen stand in Flammen. Sie waren mitten in die Schlacht hineingefahren und kamen nicht zur Besinnung, taumelten eine Senke hinunter, in eine tief in den Boden geschluchtete Mulde. Unten winkte ein Kieferndickicht und wollte ihnen Schutz bieten. Aber sie mußten weiter, und die schon deckungsuchend am Boden lagen, mußten sich wieder erheben. Sie wurden an das andere Ende der Senke geführt. Oben am Rand, zwölf bis fünfzehn Meter über ihren Köpfen, zog sich eine Eisenbahnlinie hin. Auf dem Bahndamm lagen Soldaten. Das hier war Front, war die Oderfront, die Ostfront, die zweite Linie, auf die die Division „Kurmark" sich zurückgezogen hatte.

Die Linie war dünn — so dünn, daß genug Platz für die Spandauer vorhanden war. Sie krabbelten hoch, wurden zwischen die anderen gelegt, zwischen jedesmal zwei „Kurmärker" fünf Spandauer. Sie brachten ihre Karabiner in Anschlag und hatten auf vorausliegende Ziele zu feuern. Auf Staubwolken, auf Maulwurfshügel, auf schattenhafte Bewegungen im Gelände. Es war unfaßbar, der Wechsel war zu jäh. Sie hatten doch nach Lietzen fahren sollen, um hier erst mal eine Ausbildung zu erhalten. Sie befanden sich in Lietzen oder in der Nähe des Dorfes Lietzen. Doch Lietzen und Umgebung war bereits Front, und die Staubwolke, auf die sie feuerten, war ein russischer Panzer, und hinter den Zweigen, die sich leise bewegten, lauerten Menschen.

„Urräh ..."

Das war zuviel. Die tiefe Mulde im Rücken und das dichte Kieferngestrüpp dort unten lockten. Einer brach aus der Reihe aus. Zuerst einer, dann alle. Die Spandauer sprangen aus dem Graben, liefen zurück, ließen sich in den Talkessel fallen.

Oben wurde gebrüllt: „Wo denn hin? Stehenbleiben! Zurück, kommt zurück!" Die Spandauer hörten nicht, liefen weiter, warfen sich in die Kiefernschonung.

„Bleibt stehen oder wir schießen. Alle zurück oder wir schießen!" Die Spandauer stutzten, liefen dann trotzdem weiter. Geschosse aus Maschinenpistolen surrten über ihre Köpfe weg.

Boehlke und Hergesell standen vor dem Bataillonsgefechtsstand.

„Ausgeschlossen, Herr Hauptmann, es ist ganz ausgeschlossen, daß Sie nach Fürstenwalde gelangen könnten", sagte der Bataillonsadjutant. „Es geht nur ein Weg über Heinersdorf und der ist zur Stunde nicht passierbar."

„Davon haben wir uns überzeugt!"

„Wir verstehen überhaupt nicht, wie Sie durch Heinersdorf und noch weniger, wie Sie durch Müncheberg kommen konnten. Hier bei uns heißt es, daß in Müncheberg schon der Russe sitzt."

„Stimmt, stimmt, es sah ganz danach aus."

„Und da sind wir durchgefahren."

„Jedenfalls sitzt er in einem Teil des Ortes, am nördlichen Rand, das ist fast sicher!"

„Viele sind es noch nicht, überall im Gelände sind es nur dünne Schleier und mit einem ‚Tiger' würden Sie wahrscheinlich durchkommen. Das ist überhaupt hier unser Problem. Wir alle würden noch durchkommen, in dieser Stunde würden wir uns noch durchschlagen können. Aber die Schleier werden dichter, und wir alle, vom Divisionsgeneral bis zum letzten Landser, warten auf den Befehl zum Absetzen. Der General hängt dauernd an der Strippe und hört immer nur: Die Front bleibt stehen!

Wir stehen ja auch, das heißt, wir liegen auf dem Bahndamm. Ein Mann von uns, fünf von den Schiet-Beutegermanen, Volkssturm, Ersatz und solches Kroppzeug. Sie haben ja selbst gesehen, was das für Helden sind, Pantoffelhelden vielleicht. Jedenfalls halten wir, solange es verlangt wird!"

Ja, sie hielten ..., es war eine der unerschütterten Divisionen der Oderfront, die Division „Kurmark", die vor zwei Tagen am Geburtstag des Obersten Befehlshabers Hitler wegen besonderer Tapferkeit ausgezeichnet worden war.

„Verflucht kritischer Moment vorhin, als die ‚Neuen' bei dem Panzerangriff türmten. Aber die alten Frontschweine haben sich nicht beeindrucken lassen. Die Panzer haben wieder abgedreht. Wir haben davon im Osten genug zu sehen bekommen. Wir halten, aber was geht in unserm Rücken vor? Weiter im Norden ist der Russe durchgebrochen und sickert immer weiter. Der Russe steht ja heute schon fast vor Berlin!

Durchbruch nach Berlin — das ist das einzige, was uns noch bleibt. Aber der Befehl dazu kommt nicht."

„Unter diesen Umständen bleibt uns beiden auch nichts anderes übrig, als hier auf den Durchbruchsbefehl zu warten", sagte Hauptmann Boehlke. „Und bis dahin werden wir eben auch die Knarre in die Hand nehmen müssen!"

Einstürzende Häuser, Katarakte aus Ziegelsteinen, Fontänen aus Feuer und Dreck. Der in die Luft wirbelnde Staub schien zu glühen. Aus der Ferne — aus Fürstenwalde und Wriezen, aus Oranienburg und Hermsdorf, aus Wildpark-Werder, aus dem Lager Maybach I bei Zossen sah es aus, als ob der Schweif eines gestürzten Kometen über Berlin läge und langsam verschwele. Ein irisierender Gasball, der Blocksberg in schwefligem Licht. Der Blocksberg, der Köterberg, der Huy ..., und in der tiefsten Höhle tobt der Hexensabbat, zelebriert der gelähmte Hohepriester das maleficium, und keiner, der die Höhle betrat, um dem Herrn in Gestalt eines Greises mit wackelndem Kopf und rundem Katzenbuckel zu huldigen, und nach den streng vorgeschriebenen Riten des Ringeltanzes sich dem Thron nahte, um ihm den Hintern zu küssen, keiner oder kaum einer kehrte aus dem Dunstkreis der Höhle zurück auf die Erdoberfläche, ohne in seiner Menschenwürde beschädigt, der hellen Seite seines Charakters beraubt und in eine Katze, in einen Wolf, in ein Schwein, in ein Tier verwandelt worden zu sein.

Der Blocksberg im schwefligen Licht – so sah in dieser Nacht der Kommandant des Luftwaffenhauptquartiers in Wildpark-Werder Berlin, und so sahen es auch die Reiter einer Schwadron, die aus dem Lager Maybach I bei Zossen in die Nacht hinaustrabten.

Der Kommandant des Luftwaffenhauptquartiers betrat das Zimmer seines Chefs, des Generals Koller. Die Augen Kollers saßen tief in den Höhlen. Er sah aus wie nach Nächten schwerer Ausschweifungen. Das Leben ohne Schlaf hatte an ihm gezehrt und noch mehr die Auswirkungen seiner befohlenen Teilnahme an dem gotteslästerlichen Sabbat im Führerbunker. Sich dauernd beschimpfen, begeifern, mit dem Tode bedrohen zu lassen, das war kaum noch auszuhalten, und da er abermals den Befehl erhalten hatte, entweder selbst den Tag über im Bunker zu verbringen oder aber einen Vertreter zu senden, hatte er beschlossen, zuerst Generalmajor Christian zu schicken, um ihn später abzulösen. So würde sich die Bürde auf zwei Schultern verteilen. Die Nacht war wieder einmal herum, aber was für eine Nacht, welch ein Wahnsinn! Er war scheußlich müde, wenigstens eine Stunde Ruhe brauchte er. Vorher mußte er noch anhören, was der Quartierkommandant zu berichten hatte. Es war das übliche: Brennstoffmangel bei den fliegenden Verbänden. Brennstoffzüge waren wieder auf dem Weg zu den Flugplätzen von motorisierten SS-Verbänden angehalten und ausgetankt worden. Also die Staffeln ohne Brennstoff – wie konnten sie da eingesetzt werden! Nun, so war es schon in Rußland gewesen, also warum sich heute darüber wundern? Koller sah seinen Quartierkommandanten wie durch eine dicke gläserne Wand. Er schlief fast, es war morgens vier Uhr fünfzehn. Doch er ermunterte sich noch einmal. Was war das, was sagte er da? Havel ... Potsdam ... Zufahrt nach Wildpark nicht mehr gesichert?

„Was sagen Sie da, was ist das?"

„Die Verteidigung von Berlin ist hinter die Havel zurückgezogen worden, also auf die andere Seite von Potsdam", berichtete der Kommandant. „Unser Hauptquartier liegt jetzt außerhalb der Verteidigung und ist nicht mehr gesichert."

„Was ist zu tun, wir müssen selbst eine Verteidigung organisieren."

„Womit, Herr General? Das letzte Bataillon der Division ‚Hermann Göring' ist für den Angriff Steiner bereitgestellt worden."

„Also können die Russen in jedem Moment bei uns vor der Haustür auftauchen?"

„Ich habe motorisierte Posten an den Brücken und Zufahrtsstraßen nach Wildpark-Werder aufgestellt. Das ist alles, was wir leisten können."

„Gut, so werden die Russen wenigstens nicht unangemeldet kommen, um uns auszuheben!"

„Eine Verlagerung des Hauptquartiers – anderes gibt es doch unter den gegebenen Umständen nicht, Herr General!"

„Die Genehmigung zur Verlagerung bekommen wir nicht."

Nein, solche Genehmigung bekommen wir nicht. Der „Führer" hat in dieser Stunde andere Sorgen! Der Herr im Blocksberg zelebriert – und schon zweimal vierundzwanzig Stunden lang – eine schwarze Messe. Der Inhalt des besudelten Tabernakels ist Rauch und Gestank, und das Monstrum, das in dieser Nacht das Licht der Welt erblicken soll, heißt Steiner!

Die Schwadron, die aus dem Lager Maybach I bei Zossen in die Nacht hinaus geritten und gefahren war und von einem Oberleutnant angeführt wurde, war die Wachtruppe des Oberkommandos des Heeres. Nachdem aus eingegangenen Meldungen ersichtlich geworden war, daß der in die Lausitz eingebrochene Marschall Konjew auch den Spreewald hinter sich gelassen hatte, war der Stab zu dem Entschluß gekommen, die letzte Kampfreserve des Oberkommandos den Russen in Richtung Luckau entgegenzuschicken. Es handelte sich um eine zweihundertundfünfzig Mann zählende Schwadron, die mit schwerer Infanterieausrüstung und mit der blanken Waffe gegen Hunderte von Panzern und einem Himmel voller Flugzeuge ihren Mann stehen sollte.

Es war sechs Uhr morgens geworden, als Rittmeister Boldt im Oberkommando eine dringende Meldung entgegennahm. Am andern Ende des Drahtes befand sich der Führer der Schwadron, Oberleutnant Kränkel, und seine Meldung lautete: „Etwa vierzig russische Panzer sind an uns vorbeigestoßen. Um sieben Uhr greife ich an."

Zwei Stunden später meldete Kränkel:

„Eigner Angriff unter starken eigenen Verlusten gescheitert. Unsere Panzeraufklärung meldet weiteres Vordringen feindlicher Panzer nach Norden."

Weitere Reserven gab es nicht. Es gab auch keine Waffe, um die russischen Jäger, die über dem deutschen Hauptquartier kreisten, zu vertreiben. Im Vorzimmer des Generalstabschefs, in dem Rittmeister Boldt saß, und auch im Arbeitszimmer des Chefs war das heisere Bellen russischer Panzer zu hören.

„Russische Panzer bei Baruth!"

Diese Meldung ging nach Berlin in den Führerbunker. Es kam keine direkte Antwort. Es kam kein Befehl zur Räumung des Hauptquartiers. Der „Führer" war nicht ansprechbar – ausgenommen Meldungen, die den Angriff Steiner betrafen.

„Findet die Lage unter diesen Umständen heute trotzdem statt?" fragte Boldt.

„Sie findet wie gewöhnlich um elf Uhr statt", erwiderte der Verbindungsoffizier.

Noch vor elf Uhr betraten die drei Generalstäbler aus Zossen – Krebs, Boldt und Loringhoven – die Reichskanzlei. Sie gelangten in den Bunker, bis vor die unterste Höhle, stiegen die letzte Wendeltreppe hinunter und wurden über den langen Gang in das Lagezimmer geführt. Hitler saß am Tisch, stierte vor sich auf die Karte, sonst sah er nichts und hörte nichts. Es verging eine Zeit, bis er den Kopf hob und sein Blick sich auf die Anwesenden und die eben Hereingekommenen richtete. Die Luft war geladen wie in einer Pulverfabrik kurz vor dem Ausbruch einer Katastrophe. Das schwammige Gesicht bebte. Der Blick aus flackernden Augen bettelte, flehte, forderte, verlangte Nachricht über den Angriff Steiner. Eine solche Nachricht gab es nicht. Steiner war nicht angetreten. Der Angriff hatte nicht begonnen. Wann er beginnen sollte, wußte niemand.

„Am Morgen, spätestens am Vormittag habe ich den Beginn des Angriffs erwartet!" Die Stimme, die das hervorbrachte, war hohl, war wie ein Vakuum, das die atemlos Lauschenden einsaugte. Dem Generalstabschef des Heeres, General Krebs, wäre es zugekommen, auszusprechen, daß nach allen vorliegenden Informationen Steiner nicht angetreten war, daß er seine Truppen nicht rechtzeitig bereitstellen konnte, daß zwar Bodentruppen der Luftwaffe, aber die Teile des Heeres und der SS noch nicht herangekommen wären; an Krebs wäre es gewesen, dem Obersten Befehlshaber Hitler klarzumachen, daß mit einem ernsthaften Angriff Steiner, selbst mit einem Teilangriff, an diesem und auch an den folgenden Tagen nicht zu rechnen war. General Krebs, der kleine rundliche Herr mit der Portweinnase — der einmal den Fliegeroberst Aachern abgefertigt hatte —, der nicht mehr rundlich war und schon lange seine Lustigkeit verloren hatte, schwieg sich aus, und soweit er zu einer Stellungnahme gezwungen wurde, bewegte er sich in unbestimmten Redewendungen.

Eine Meldung des Reichsführers SS Himmler wurde gebracht:

„Steiner ist ganz sicher angetreten, der Angriff hat begonnen."

Hitler sprang auf:

„Die Luftwaffe soll durch Luftaufklärung sofort feststellen, ob das wirklich der Fall ist!"

General Christian gab den Befehl an General Koller in Wildpark-Werder weiter. Koller aber, der von Stunde zu Stunde russische Panzer vor seinem Hauptquartier erwartete, war zu allererst daran gelegen, zu erfahren, ob und wann er sich aus Wildpark-Werder absetzen dürfe. Christian versuchte, ihm klarzumachen, daß der „Führer" daraufhin im Moment nicht anzusprechen wäre. Die neue Zumutung brachte Koller fast an den Rand der Verzweiflung. Welche Idee aber auch — erreichte Ziele kann man ausmachen, aber kaum so ein Antreten in Rauch und Dunst, ohne genaue Kenntnis der Bereitstellungsräume und der Angriffsstreifen! Zudem mußte auf der Erde doch viel schneller festzustellen sein, ob Steiner das Antreten überhaupt schon befohlen hatte.

General Christian kehrte nach dem Telefongespräch in den Lageraum zurück. Hitler stierte wieder auf die Karte, es sah aus, als ob sein Kopf auf die Tischplatte herabsinken wollte. Er schien völlig erschöpft zu sein, stand dann auch auf und wankte zur Tür, wo er sich umwandte, und sein leerer Blick noch einmal die regungslos Zurückbleibenden streifte. Eine kaum angedeutete Bewegung seines Kopfes bedeutete das Ende der Lagebesprechung.

Das kam überraschend, und nicht nur Krebs blieb bestürzt zurück. Auch Krebs hatte noch ein Wort in eigener Sache, in der Angelegenheit der Verlagerung des Hauptquartiers, an den Führer zu richten, schließlich aber konnte er ihn nicht am Jackenärmel zurückhalten. Hitler wankte bis zur anderen Wand und verschwand in seinen eigenen Räumen. Krebs blieb nur noch übrig, Bormann die Dringlichkeit der Angelegenheit vorzustellen, doch der konnte allein nichts entscheiden, und Hitler ließ sich nicht mehr sprechen.

Krebs, Boldt und Loringhoven kehrten aus der Unterwelt zurück – ohne die Genehmigung zur Verlagerung des Hauptquartiers. Sie bestiegen auf der Straße ihren Wagen und brausten, ungeachtet der Hindernisse auf dem Fahrdamm, in schneller Fahrt dem Stadtrand entgegen. Ihr Ziel war Zossen, und das konnte unter den Umständen, unter denen sie das Hauptquartier verlassen hatten, nur russische Gefangenschaft oder den Tod bedeuten. Als sie durch Zossen fuhren, war die Straße zwar von Flüchtlingen angefüllt, doch sonst war nichts zu bemerken, was auf das Eintreffen der Russen schließen ließ.

Vor dem Lager Maybach I fanden sie eine Handvoll Fahrzeuge und zwanzig Soldaten, abgehetzt und verdreckt. Eine Gestalt kam quer über die Straße herüber und trat an den haltenden Wagen heran. Oberleutnant Kränkel – unter der angetrockneten Schlammkruste war sein Gesicht nicht gleich zu erkennen – machte Meldung. Danach standen nochmals zwanzig Mann und zwei Flakgeschütze auf der Straße nach Baruth im Abwehrkampf. Und das war alles, was von der Schwadron des Oberkommandos übriggeblieben war. Baruth war von den Russen eingenommen worden. Doch auf halbem Wege nach Baruth, zehn Kilometer vom deutschen Hauptquartier entfernt, war der russische Panzerkeil ohne sichtbare Ursache und erkennbaren Grund stehengeblieben.

Wie lange ..., wie lange werden die Russen dort halten?

Krebs eilte in sein Büro, und Boldt und Loringhoven liefen voraus. Sie stürzten sich auf die Telefone – vier, sogar fünf Apparate waren gleichzeitig in Betrieb. Bormann, Burgdorf, Christian, und jeder, von dem anzunehmen war, daß er in das düstere Brüten Hitlers einbrechen könnte, wurde angesprochen.

Die Antworten waren niederschmetternd.

Hitler verweigerte die Genehmigung zur Verlagerung des Hauptquartiers. Es vergingen dreißig Minuten. Über dem Generalstabslager kreisten russische Flieger. Die Fensterscheiben vibrierten unter den Aufschlägen russischer Panzergranaten. Endlich um dreizehn Uhr kam die Genehmigung zum Absetzen aus Zossen. Verlagerung des Hauptquartiers nach Potsdam-Eiche, lautete der Befehl, gleichzeitig wurde die Mitteilung durchgegeben, daß die nächste Lagebesprechung im Führerbunker um vierzehn Uhr dreißig stattfinden würde.

Überstürzter Aufbruch in Zossen.

Kaum, daß ein paar Drähte abgenommen und die wichtigsten Aktenstücke eingepackt wurden. Das meiste blieb stehen und liegen. Die Wagen Kränkels wurden beladen. Als sie unter Führung des Obersten Boldt abfuhren, ließen sie ein Gespensterlager hinter sich. Türen bewegten sich im Wind. Die großen Flügel der Pforte blieben weit geöffnet. Auch der Panzerschrank im Arbeitszimmer des Generalstabschefs stand offen. Am Boden verstreut lagen Papiere. Im Lagezimmer hingen noch die Karten an den Wänden. Nichts hatte zerstört werden können. Die automatische Nachrichtenzentrale — die größte Fernsprech- und Fernschreibzentrale Deutschlands — funktionierte weiter. Der erste eintreffende Russe brauchte nur den Hörer abzunehmen und konnte mit Nord und Süd, mit Dönitz in Lübeck, mit Göring in Berchtesgaden, mit Himmler in Schwerin, auch mit Hitler in der Reichskanzlei sprechen.

Die Kolonne des Oberkommandos zog in Richtung Berlin, würgte sich vorbei an verstörten Menschen, ganze Scharen, mit Pferd und Wagen, mit Schubkarren, Kinderwagen, auf Fahrrädern und zu Fuß, waren unterwegs. Alte und Kranke, verwundete Soldaten, ganze Familien mit Koffern und Betten, manche nur halb angekleidet, zogen auf Feldwegen und auch über freies Gelände nach Westen — weg von den Russen, nur weg von den Russen!

Noch schneller als die Flüchtlingshaufen jagten Gerüchte:

Das Zentrum Berlins liegt unter Artilleriefeuer. In der Dorotheenstraße hat es die ersten Toten gegeben. Die Russen sind schon auf dem Alexanderplatz. Sie sind an Berlin vorbeigestoßen und über die Havel geschwommen. Glienicke ist in russischer Hand. Brandenburg ist gefallen . . .

Die Kolonne des OKH kreuzte die Autobahn, fuhr weiter auf der verstopften Landstraße über Großbeeren nach Westen. Die einzelnen

Wagen kamen in dem Durcheinander weit auseinander. Boldt ließ halten, damit die Wagen wieder aufschließen konnten und in geschlossener Kolonne kamen sie nach Potsdam. Sie fuhren bis zur Brücke vor dem alten Schloß, hier blieben sie liegen, eingekeilt zwischen Hunderten von Fahrzeugen. Es ging nicht mehr weiter, weder rückwärts noch vorwärts. Auch das Eingreifen Boldts und Kränkels und anderer Offiziere und Hauptfeldwebel von anderen Kolonnen, die ihre Wagen verließen und sich bemühten, den Fahrzeugkorken aufzulösen und wieder in Fluß zu bringen, konnten nicht viel ausrichten. Sie hatten zu warten, bis die vom letzten Bombenangriff auf dem Wege liegengebliebenen Blindgänger von Pionieren entschärft waren, und darüber konnten Stunden vergehen.

Zur gleichen Zeit, in der Boldt mit seinen Fahrzeugen in Potsdam festsaß, fuhren Krebs und Loringhoven in schneller Fahrt durch die lange von Tempelhof kommende Ausfallstraße dem Stadtinneren zu, um zum zweitenmal an diesem Tag vor der Reichskanzlei zu halten.

Es war zwei Uhr nachmittags, aber vom blauen Frühlingshimmel war nichts zu bemerken. Aus einem Umkreis von hundert Kilometern gesehen, war Berlin ein hochaufwallendes Dschungel aus Rauch, aus glühendem Staub. Ein gestürzter, verendender Meteor ... der Blocksberg, der Köterberg, der Huy, schweflige Walpurgisnacht, auch wenn es Tag war.

Fünfhundert russische Granaten hatte der Flakturm Friedrichshain am Vortage gezählt und hatte seinerseits die Kanonade mit vierhundert Schuß beantwortet. Während der vergangenen vierundzwanzig Stunden hatte die Welt sich verändert. Der Ring um Berlin, wenn auch weit nach Westen ausgreifend, war fast geschlossen. Von den zwanzigtausend Geschützen, die die Russen über die Oder gezogen hatten, waren jetzt Tausende von Rohren auf den schmalen Schlauch zwischen dem Müggelsee und den Gewässern der Havel gerichtet und spien Feuer und Verderben auf das Häusermeer Berlin. Die Luft war in einem einzigen Aufruhr. Schmelzendes Basaltgestein. Sturzbäche herabpolternder Ziegel, in die Höhe geschleudertes Straßenpflaster.

Der kleine, von seinem Fleisch gefallene, eingetrocknete Krebs, der lange, elegante und zu einem Windhund abgemagerte Loringhoven waren, als sie vor der Reichskanzlei aus ihren Wagen sprangen, von schlagenden Wettern umgeben. Auf dem Schutthaufen eines quer über die Straße gefallenen Hauses erhoben sich die Säulen der hohen Eingangspforte. Die hölzernen Postamente rechts und links des Einganges waren leer. Kein Mensch war zu sehen. Die Posten waren verschwunden. Gespenstisches Geflacker irrlichterte um das Gebäude.

Der Blocksberg, der Köterberg, der Huy ...

In einem Satz nahm Loringhoven, nachdem er dem keuchenden Krebs den Vortritt gelassen hatte, die zwölf Stufen. Erst in der Halle tauchte ein Hüter des Blocksberges auf. Ein schlotternder SS-Unteroffizier, er ließ die Eintretenden ohne eingehende Prüfung passieren und löste sich wieder auf im Zwielicht der weiten Halle. Krebs und Loringhoven eilten über den teppichbelegten Gang nach unten. Eine Panzertür und ein SS-Doppelposten mit Maschinenpistolen, in den Gürteln steckten Handgranaten. Ein langer Gang, an beiden Wänden standen schwerbewaffnete SS-Soldaten mit Stahlhelmen, manche lehnten schlafend an der Mauer. Ein von einem Bombentreffer in der schützenden Betondecke verursachter Riß zwang zu einer Umleitung. Schlechte Beleuchtung, es roch nach frischem Kalkverputz, am Boden stand fußhoch Wasser. Es ging hinweg über ausgelegte Planken, nachher durch eine Aufwaschküche und durch zwei Frühstücksräume für Mannschaften. Offiziere und Unteroffiziere saßen vor Schnaps und Bohnenkaffee und großen Platten mit dickbelegten Broten. Wieder Treppen und Doppelposten, dann kam die letzte Kontrolle. Zwei Offiziere der Leibwache, Kerle mit gekrümpelten Boxerohren und eingeschlagenen Nasen, taxierten mit geübten Blicken die eng anliegenden Uniformen und durchsuchten die Aktentaschen nach Waffen und Sprengstoff. Die Generale Christian und Jodl, Ordonnanzoffiziere und Stenographen hatten sich bereits eingefunden. Sie warteten, bis der Adjutant Hitlers, Sturmbannführer Günsche, heraufkam und die Versammelten in den unteren Gang vor das Konferenzzimmer führte.

Es war noch immer Nachmittag, es waren zwanzig Minuten vergangen, seit Krebs und Loringhoven den schwefligen Tag hinter sich gelassen hatten. Hier unter der Schicht aus acht Meter dickem Eisenbeton und dem darübergestockten Bunkerlabyrinth mit einer abermaligen drei Meter dicken Betondecke, fünfzehn Meter tief im Boden war kein Unterschied zwischen Tag und Nacht, hier war das

Reich, in dem niemals die Sonne aufging. Von Aggregaten gespeiste Leuchtkörper verbreiteten künstliche Helle, und surrende Ventilatoren saugten die Moderluft ab.

Die Stunde war gekommen.

Eine Geburt konnte es nicht sein. Es konnte sich nur um Todesröcheln, um Agonie, um Leichenstarre, um rasende Verwesung handeln.

Das Maul des Baal war aufgerissen.

Wen wird es zermalmen — den kurzbeinigen Bormann mit dem Speckbauch und dem dunklen Intrigantengesicht, den General Burgdorf, dem ohnehin Moral und Glauben in diesem Keller vor die Hunde gegangen waren, den Generalfeldmarschall Keitel mit den hellblauen Augen, die wie die eines gestorbenen Schellfisches aussahen, den obersten Generallobhudler Jodl, den kleinen, säbelbeinigen Krebs oder vielleicht den Hohenpriester selbst, der so lange die weißen und schwarzen Lose verteilt hatte und jetzt die gotteslästerliche Messe zelebrierte.

Das besudelte Tabernakel ging schon aus den Fugen. Ein kotiger Absud aus Lug und Verblendung und Ohnmacht troff über den Rand. Es war nicht einmal ein Wechselbalg, der erscheinen sollte. Es begann ganz gewöhnlich wie jede Führerlage. Lagebesprechung war an diesem Tisch schon immer gleichbedeutend mit Verherrlichung des Führergenies, und Strategie war zu geheimnisvoller Zauberei geworden, die ohne mathematische Genauigkeit und ohne Ingangsetzung kausaler Wirkungsreihen auszukommen vermeinte. Schwarze Magie, die jenseits der Bunkerwände mit wirklichem Menschenblut bezahlt wurde, und mit besudelten Händen nach dem lebendigen Leib eines ganzen Volkes griff und Männer und Frauen und den eben geborenen Säugling in den Staub warf.

Bormann, Burgdorf, Keitel, Jodl und Krebs saßen auf Hockern, und am Ende der Tafel thronte der Hexenmeister in einem Armsessel. Es begann wie üblich mit Berichten des OKH-Chefs Krebs und des OKW-Generals Jodl. Örtliche Erfolge in Sachsen, in Italien, auch bei der 9. Armee an der Oder. Sonst hatten sie nichts Günstiges zu berichten, aber in ihrem Munde war es auch nicht ungünstig, daß die Russen den Rand Berlins erreicht hatten, daß durchgebrochene Panzerspitzen auf das Stadtinnere zielten, daß die beiden im Norden und im Süden operierenden russischen Heeresgruppen bereits sechzehn Außenstädte besetzt hielten; und es war, wenn man ihren glatten Worten Glauben schenken wollte, auch noch kein positives Unheil, daß die 1. Ukrainische Armee einen Keil durch die deutschen Verbindungslinien getrieben und die Hauptstadt vom Süden des Reiches getrennt hatte. Es kam nur auf die Betrachtungsweise an, und jedes Ding hat bekanntlich zwei Seiten, und die bevorstehende Vereinigung der Russen mit den Amerikanern an der Elbe konnte sehr wohl zum Zusammenstoß führen, den Stein ins Rollen bringen, die allfällige sowjetisch-amerikanische Auseinandersetzung einleiten und den Beginn der weltgeschichtlichen Wende bedeuten.

Jodl sprach und Krebs sprach. Bormann beobachtete beide mit gewohnheitsmäßigem Mißtrauen. Der OKW-Chef Keitel saß auf seinem Hocker so gerade, als ob er ein Lineal verschluckt hätte, und seine Gesichtszüge waren erstarrt und dabei so glatt wie das mit Brillantine angekämmte Haar. Der Heerespersonalchef Burgdorf, am Tiefpunkt seiner Herabwürdigung angelangt, meinte, daß nur noch übrigblieb, das Bewußtsein seiner Demoralisierung zu verlieren. Die an der Wand stehenden Ordonnanzoffiziere blieben passive Zeugen und wußten nicht, ob sie einer heiligen oder unheiligen Handlung beiwohnten.

Jodl hatte gesprochen, und Krebs hatte gesprochen, und ihre, einer heillos verfahrenen strategischen Lage gewidmete Rethorik, ihre Schönfärberei, ihr Lobhudeln waren nichts als Arschkriecherei gewesen. Der Effekt blieb jedoch aus, diesmal zeigte sich auf dem Gesicht ihres Objektes nicht der abstruse Ausdruck des Entzückens ob der dargebrachten Huldigung. Nein, Erfolge in Sachsen und Italien und der Abschuß von zwei Panzern an der Oderfront interessierten nicht. Das Ungetüm blieb ungerührt, um abrupt und mit der geliehenen Lautstärke einer vergangenen lärmenden Epoche einen Satz in den Raum zu schleudern, drei inhaltsschwere und unumwundene Antwort heischende Worte:

„Hat Steiner angegriffen?“

Schweigen an der Tischrunde. Ein aufgezäumter Feldmarschall und die Reihe der Hofgeneräle spürten das Herz bis in den Hals hoch klopfen. Keiner antwortete, doch die Frage blieb, hing über dem Tisch, schwebte unter der Decke des Betongewölbes wie ein explosiver

Gasball. Ein Hauch konnte die Entzündung bringen, und die Detonation mußte nicht nur diese eine Lügenkonstruktion, mußte eine ganze Welt aus Schein und Blendung, aus Fälschung, Irreführung und Wahn zum Einsturz bringen. Das Schweigen war von unheimlicher Penetranz und wurde draußen vor der Trennwand vernommen. Posten und Sekretärinnen, Adjutanten und Günstlinge hielten den Atem an.

Die großen Kugelaugen glotzten. Im teigigen Gesicht wechselte der Ausdruck, ging über von Verblüffung in helle Wut. Will denn keiner dieser elenden Gaffer antworten! Der Wartende beugte sich vor, stützte beide Arme auf dem Tisch auf, bleckte die Zähne, schien nicht übel Lust zu verspüren, den Feldmarschall mit dem Monokel und einen nach dem anderen die ganze Tafelrunde zu verspeisen.

Jodl stand auf. Feiges Drücken ging nicht länger. Einer mußte den rächenden Blitz auf sich ziehen.

Er sagte, und seine Stimme war dabei ein Hauch:

„Mein Führer, Steiner hat nicht angegriffen."

Das Phantom stutzte, war fassungslos, beugte sich unter dem betäubenden Schlag nach vorn. Sein Kopf war plötzlich zu schwer und die Augen gingen ihm über. Als die Versteinerung wich und seine Augen wieder Objekte erkennen konnten, war es die auf dem Tisch ausgebreitete Karte. Sein Blick haftete an der Lagekarte und tastete die darauf eingezeichnete Bewegung ab, die Berlin umfaßte. Und jetzt erst, in diesem Moment, wurden die beiden Zangenarme von ihm identifiziert, wurden sie leibhaftig — und nicht die Stadt und die dreieinhalb Millionen Menschen in den Kellern — er selbst saß darin, spürte die messerscharfe Schneide, hörte sie zuschnappen. Und kein Steiner mehr, der die harten Fangarme aufzwingt und sie abbricht! Und kein Busse, kein Heinrici — keine Fleischhackmaschine ist mehr vonnöten. Es wird nicht dazu kommen, denn die durch die Maschine gedreht werden sollten, hat er über sich, morgen oder übermorgen wird es soweit sein! Sein Blick erhob sich — die Herumsitzenden erbleichten, es war der Blick eines Irren. Aus dem aufklaffenden Munde kam klägliches Gewimmer: „Ich bin betrogen worden, von der SS! Das konnte ich niemals erwarten, die SS!"

Das Klägliche, Wimmernde verebbte. Das Erfrorene schmolz dahin. Es war Frühling, und der Föhn brauste. Die Schleusen aller hohen

Wasser gingen auf. Es polterte, knatterte, peitschte, brauste. Ein Unwetter ging nieder auf das halbe Dutzend erbärmlicher Gestalten: „Betrüger, Schufte, Schurken, Schlangen! Doppelzüngige Schlangen habe ich an meiner Brust genährt!“

Der Wütende erhob sich, klammerte sich an die Stuhllehne, seine Gurgel blähte sich. Und wo kam dieser Laut her, dieser ganz unmenschliche, aus blasig aufgetriebenem Rachen. Das Brüllen rollte unter dem Betongewölbe dahin, fiel herab, verblüffte die Gesellschaft, betäubte, verwirrte, verstrickte sie in ungeheuerlichen Fluch.

Verrat und Versagen, wohin das Auge blickt! Korruption, wohin die Hand greift! Und Lügen, Lügen, Lügen... Die Luftwaffe hat gänzlich versagt. Die ganze Luftwaffe sollte aufgehängt werden. Die Wehrmacht ist nicht viel besser. Jeder General ist ein Verräter und todeswürdig. Alle Soldaten sind feige Memmen. Das deutsche Volk ist unzulänglich, mangelhaft, kraftlos, hinfällig. So kam es aus weitgeöffnetem Rachen, fiel es von allen Wänden zurück und hallte durch die langen Gänge. Und hörte plötzlich auf, doch das war nur ein Luftholen, ein kurzes Auftauchen aus Besessenheit.

Die heisere Stimme bellte:

„Alle, mit Ausnahme von Bormann, Burgdorf, Keitel, Jodl, Krebs und den beiden Stenographen, verlassen das Zimmer!“

Die Ordonnanzen gingen hinaus, stießen auf dem Mittelgang zu dem zitternden Häuflein der Günstlinge, der persönlichen Adjutanten, der Leibwächter und Sekretärinnen, der Verbindungsoffiziere zu den Wehrmachtteilen und Reichsämtern. Der General der Luftwaffe Christian und der Vertreter Himmlers, Fegelein, auch der Botschafter Hewel standen dort neben der Diätköchin, dem Chauffeur und dem Hundewärter, und neben Eva Braun, die den von außerhalb des Bunkers eingetroffenen Offizieren zum erstenmal zu Gesicht kam.

Die Verbindungstüren waren wieder geschlossen.

Das Toben im Konferenzzimmer sprengte alle Grenzen. Eine Flut brauste dahin, trübe von losgerissenem Schlamm aus tiefsten Bodenschichten. Vergessenes kam an die Oberfläche. Im Strudel kreiselnde und dann weitertreibende grüne Antlitze von Ermordeten, neben unbekanntem Gewürm und Schalengetier, neben strangulierten, erschossenen, ersäuften Würdenträgern, denen der Wüterich nur einmal und noch einmal begegnet war, auch das verhauene und vernähte Gesicht mit treuen Hundeaugen, das Landsknechtsgesicht Ernst Röhms... und Schleicher und Frau, und Heines und Strasser, Hunderte nur aus einer Aktion am Anfang der Herrschaft, und noch frühere aus früherer Zeit, Geli Raubal mit durchschossener Brust, ein unbekannter Kommunist in einen Sack eingenäht, Leichname ohne Zahl lösten sich aus unberührt gebliebenem grünen Sumpf und wirbelten vorbei.

Und wofür das alles?

„Wofür?" fauchte das Ungetüm.

„Wofür in der Tat, wenn doch alles umsonst war, wenn es kein Deutschland mehr geben soll, wenn das deutsche Volk doch nichts als gestaltlose Horde, nichts als niemals zu formender Brei ist!?

Reden Sie nicht, verschonen Sie mich mit Erklärungen! Lassen Sie diese langweiligen SS-Führer aus dem Spiel, langweilig, arrogant, entschlußlos... Ich will nichts mehr wissen, nichts hören, nichts hören, nichts hören..." Auch die fünf Köpfe vor ihm – die Bormann, Burgdorf, Jodl, Keitel, Krebs – und die beiden Stenographenwürmer waren bereits deformiert, von Algen überwachsen, von Fischen angebissen und schwammen auf dem Fluße Styx dahin. Sie sollten nicht entrinnen, waren angenagelt auf der gleichen Planke. Alles strömt dahin, der Fluß strömt ins Meer. Der Treibende, zerfressen von Meersalz, wird zum klappernden Gerippe und sinkt, sinkt und wird Kalk.

„Kalk, Kalk, Kalk...", hallte es von der Decke, fiel es von den Wänden. Und Deutschland ist zu klein, zu beschränkt, zu schwach. „Ich habe meine Kraft an Deutschland verloren, nutzlos vertan. Es ist nicht zu retten, ist meiner nicht wert. Ich werde ihm keine Träne nachweinen. Ach, ach..."

Er heulte, schrie. Die fünf am Tisch krochen in sich zusammen, bis ins Gebein zerknirscht, konnten ihre Gesichter nirgendwo verbergen. Die Höflinge jenseits der Trennwand zitterten.

Der Todkranke steigerte sich in neue Raserei.

Ein Brachfeld stülpte sich um. Ein steiniger Boden, niemals im Licht gewesen, brach auf. Eine Kaskade von Lauten, Geröll der Tiefe, heiße Lava, Wortbrocken. Die Stenographen zogen Spinnweben übers Papier, die niemals jemand wird entziffern können. Und niemand im Lagezimmer verstand die Rede. Keiner konnte folgen, lange Enden gingen verloren, der Faden riß ab, langgezogenes Gurgeln, ein kochender Geiser, Schaum stob aus dem weitoffenen Mund. Flocken flogen Burgdorf, flogen Keitel ins Gesicht.

Das Donautal sprach – die Wagen der Vandalen knarrten, Wurfgeschosse der Hunnen heulten. Rom ging noch einmal unter: *„Furchtbarer Hohn! Wie, ist dies Rom? / Verflucht, vertilgt sei diese Stadt! / Vermodre und verdorre, Rom! / So will es dein entartet Volk!"*

Das war Operntext, das war Linz im Jahre 1905, eine nächtliche Stunde auf dem Freinberg, da wankte ein sechzehnjähriger Realschüler mit brennendem Kopf nach einer Wagner-Aufführung auf und ab. Aber es war Gegenwart. Wagen knarrten, Wurfgeschosse heulten. Jenseits der Bunkermauern bogen sich Frauen unter bärtigen Gesichtern, unter den Lederkollern von Kurden und Tadschiken. Und im tiefsten Bunker heulte einer: „Verflucht, vertilgt sei diese Stadt... Entartet Volk, entartet Volk, ihm ist nicht mehr zu helfen. Es soll den heutigen Tag bereuen. Das Unheil kommt, von mir nicht mehr gebannt. Das deutsche Volk, das tiusche Volk, das Täuschevolk! Ich werde es nicht länger rehabilitieren, nicht länger ehrlich machen, nicht länger führen, werde ihm nicht länger Leitstern sein, ich denke nicht daran..."

Drei Stunden dauerte schon das Toben. Drei Stunden dauerte schon das Sterben. Das aus dem Waldviertel aufgetauchte Phantom – noch immer ein Schüler aus dem zerfallenden Habsburgerreich, noch immer ohne Bürgerrecht in einem Imperium, das nicht werden will, von Anbeginn an eine hohle Form, und von dem Wind aus Versailles, St. Germain und Trianon aufgeblasen zu weltgeschichtlichem Ausmaß –, das Phantom im Bunker war am Ende, und sein Röcheln war schon Todesröcheln. Der Mund klappte herunter, und was die Bormann, Burgdorf, Keitel, Jodl, Krebs über sich hatten, ungeheuerlich aufgebläht und auseinandertreibend und den Bunkerraum bis unter die Decke ausfüllend, war das hippokratische Gesicht.

Der Vater in Linz war im Wirtshaus gestorben. Dieser Spätling, in dem Nationalitätenhader und Ungeformtheit und Zerfall der Donaumonarchie, in dem Blut und Tränen des von Kriegswirren und Völkerumschichtungen durchtosten Tales zu flackerndem Dasein erwacht waren, starb in einem Trümmerhaufen, in der untersten Wabe eines Bienenstockes, angefüllt mit Säufern und Prassern und Lüstlingen, mit Dünkelhaften, Prahlern, Verschwendern und Aufgedonnerten und Blendenden, denen die bleiche Angst unter der prangenden Haut saß.

„Alles ist aus, aus, aus . . .“

Es gibt kein Drittes Reich mehr. Die Embleme zerbrochen, die Hakenkreuzbanner, die SS-Standarten, die Blutfahne, der Blutorden, die Kreuze in Gold und Silber, mit Schwertern und Brillanten, liegen besudelt unter den Füßen.

„Wer bin ich, was bin ich denn noch?“

Keiner vermochte zu antworten, doch Antwort wurde. Sie kam aus dem erschöpften Herzen. Das Gesicht verfiel und das Blut strömte nur noch schwach. Die Haut wurde kalkweiß und Zittern befiel den Aufgebrauchten. Ein Gespenst warf seine Arme in die Luft und brach zusammen. Hing nachher schlaff im Sessel und weinte, weinte, weinte...

Das Gespenst lallte:

„Der Krieg ist aus, alles verloren, alles verkauft, alles verraten: Ich erschieße mich!“

„Ich — werde — mich — erschießen!“

Das hatte er gesagt, und nichts . . ., kein zürnender Thor mit dem Hammer schlägt den Bunker in Stücke. Kein Donner hallt an den Wänden und durch die hohlen Ruinengassen der verruchten Stadt. Die Erde tut sich nicht auf. Der Himmel hat es gehört und nichts geschieht.

Nichts, nichts, nichts . . .

Wer ist er . . ., ein unbekannter Kaffeehausschwätzer aus München, ein namenloser Verschütteter aus dem ersten Weltkrieg, ein Postkartenmaler im Wiener Ledigenheim, ein Schüler aus Linz, dem die Commenda, Engstler und Huemer schlechte Zensuren geben durften? Vielleicht ein von den Masern befallenes Kind?

Eine Gurre, ein abgetriebenes Pferd?

Noch weniger . . .

Und abermals: „Das konnte ich nicht erwarten! Das ist schmählich, ist weniger, als ich verdient habe. Das Menschengeschlecht ist zu klein, um wahre Größe würdigen zu können!“ Ein Geschlecht von Zwergen — zusammenhauen und aus dem Brei eine bessere, fähigere Menschenrasse heranziehen! Aber dafür ist es nun zu spät. Der Versuch ist mißglückt, und es bleibt keine Zeit mehr, das Verfahren zu wiederholen. Der Hingestreckte fiel noch mehr in sich zusammen. Sein Gesicht war klebrig von kaltem Schweiß, seine Augen blieben ohne Glanz. Er war gefällt, es war endgültig.

Die Tür zum äußeren Gang stand jetzt offen. Die Vertrautesten unter den Günstlingen kamen herein. Draußen telefonierte Fegelein mit Himmler, telefonierte Hewel mit Ribbentrop, telefonierte Christian mit Koller.

Nein, er brauche nicht zu kommen, um ihn abzulösen, sagte Christian zu Koller. „Im Bunker spielen sich Vorgänge von historischer Bedeutung ab!“

Der auf dem Sessel Hingestreckte hatte sich aufgegeben. Auch der Arzt konnte ihm nicht mehr helfen. Der schlampige Tolpatsch Morell kann seine Spritze zerbrechen. Er braucht sie nicht mehr, er braucht auch keine Pillen mehr. Der Quacksalber kann gehen, ganz weggehen, wegfahren. Jeder kann jetzt gehen und fahren, wohin er will.

„Ich werde Berlin nie verlassen – *nie*!“

Er wird Berlin nie verlassen – es sei denn, er löse sich auf in Rauch. Er gehörte nicht mehr zu den Lebenden. Was jetzt begann und was an ihm noch geschah, war Bemühung am toten Objekt.

Der Krieg war verloren, war schon vor Jahren verloren. Das auszusprechen, hatte bisher jedem die Hinrichtung eingebracht. In dieser Stunde hatte der Satz seine Sanktion aus berufenstem Munde erhalten. Aber es sollte nicht sein, sollte nicht zu Ende sein. Der Apparat von Usurpatoren, die Deutschland in das Verderben führten, wollte noch nicht stillstehen. Die Paladine wollten noch nicht abtreten. Die Soldaten mußten weiter ins Feuer getrieben werden. Die Jungen aus den Jugendverbänden mußten weiter sterben. Die Hinrichtungspeletone mußten in Gang bleiben. Es war zu einfach, sich eine Kugel durch den Kopf zu jagen, ein Giftpille oder eine Giftphiole zu schlucken. Die Macht mußte bleiben – die Hand, der sie zufallen sollte, war schon ausgestreckt. Es war die von dichten schwarzen Haaren bedeckte Hand Bormanns. War es nicht der lebende Hitler, so brauchte er den dahingestreckten Popanz, um nicht selbst augenblicklich ins Nichts abzustürzen.

So redete Bormann auf den Abgewendeten ein und andere redeten auf ihn ein. Er könne nicht ein Volk im Stich lassen, das so treu und so lange ausgehalten habe. *Treu und lange* . . ., das Gesicht des

Gelähmten lief blaurot an. Sein Arm, so lange noch krampfhaft geschüttelt, wurde ganz leblos.

Es half ihm nichts. Die Bemühungen um ihn gingen weiter. Die Beschwörung ging weiter. Es wäre noch nicht alles verloren. Es gäbe noch viele Chancen. Deutsche Truppen ständen noch in den Bergen Österreichs und der Tschechoslowakei. Die Entsatzarmee Wenck sei im Anmarsch. Keitel, Bormann, Burgdorf, einer nach dem anderen trat an den Sessel, der schon die Bahre eines Abgekehrten war. Telefonisch meldete sich Himmler, meldete sich Göring.

Was geschah, war Nekromantie.

Es war Totenbeschwörung.

Das dauerte Tage — noch Zeit für taumelndes Erwachen, für jähe Todesurteile, für Erschießungen, für Parteiausstoßungen, für Degradierungen, für politische Enterbungen, für schauerliche Verfluchungen, für das Aufsetzen eines Testaments, für eine Hochzeit — es vergingen nochmals Tage und Nächte.

Nach sieben Tagen erst kam unwiderruflich der Tod.

„Frau, komm!" hieß es.

„Und du, dumme Ziege, mach die Brosche ab!" hieß es.

„Wo bleibt die Armee Wenck?" hieß es.

„Wir können ja bloß den Kopf hinhalten und fallen!" hieß es.

„Ihr Schweine wollt uns hier verrecken lassen!" hieß es.

„Ich kann nicht mehr, erschieß mich!" hieß es.

Die Brosche mit Hakenkreuz und Ähre, das Abzeichen am Ärmel der Reichsarbeitsdienstuniform, und nicht nur die Brosche und die Uniform, das ganze Mädchen war Gnotke ins Auge gefallen. Das war eine — eine Wölfin, eine Werwölfin. Der Instinkt des Jägers sagte es ihm, und das Gehabe des Mädchens; die Meldetasche an ihrer Seite und wie sie damit umging und schützend die Hand darauf hielt, als wäre ihr wertvoller Inhalt bedroht, bestätigte ihn in seiner Annahme. Das Mädchen war blutjung, konnte kaum achtzehn Jahre alt sein. Sie kam aus dem Weißenseer Laubengelände und strebte der nach dem Stadtinneren führenden Straße zu. Sie wollte weiter, irgendwohin, in die Höhle der Wölfe wahrscheinlich. Aber die Straßenbahn fuhr nicht, auch die S-Bahn hatte ihre Tore geschlossen. Es war aus mit dem Verkehr in Berlin. Sie suchte ziemlich ratlos nach einer Gelegenheit, versuchte auch, vorbeifahrende Autos anzuhalten. Vergebens, es war nichts zu machen. Gnotke blieb ihr auf den Fersen. Er hatte es nötig, bis jetzt hatte er noch keinen Anhaltspunkt, und nach allen Anzeichen, nach der zunehmenden Artilleriebeschießung und nachdem nun auch noch die Stalinorgel einsetzte, konnte es nicht mehr lange dauern bis zum Eintreffen seiner Einheit, und er wollte und durfte auch nicht – nach fünftägiger Abwesenheit – mit leeren Händen und ohne Angaben vor seinem Nachrichtenchef erscheinen.

Ein armes Ding, die kleine Wölfin! Ihre Uniform war zerknittert, Reste von Erde, auch Strohhalme hingen an dem grauen Stoff. Sie hatte Nächte unter freiem Himmel zugebracht, und ihre Stiefel verrieten, daß ein weiter Weg hinter ihr lag. Sie war müde, die umschatteten Augen paßten nicht zu dem jungen Gesicht. Wenn ein Raketenbündel auf der Straße auseinanderspritzte, fuhr sie zusammen; sie nahm es aber auch nicht zu ernst, sie hatte Erfahrung, machte nicht zum erstenmal Bekanntschaft mit der Katjuscha. Gnotke wünschte ihr persönlich nichts Böses. Sie war trotz der Widrigkeiten, die sich ihr in den Weg stellten, und trotz ihrer Müdigkeit viel zu erpicht auf ihren Zweck, und solcher Hartnäckigkeit konnte er seine Anerkennung nicht versagen. Er wollte von ihr nichts, als daß sie ihn zu der Höhle führte, zu der es sie mit aller Macht hintrieb.

Und damit war es plötzlich zu Ende.

Die Sirene heulte. Einmal, zweimal, viermal und hörte nicht mehr auf. Alarm allerdringlichster Stufe. Kein Luftalarm, damit war es aus. Das Heulen kündigte die Ankunft der Russen an. Die Artillerie und auch die Abschußstellen für die Raketengeschütze waren vorverlegt worden. Die Sirenen heulten. Alarmschüsse gingen in die Luft. Die Leute liefen in ihre Keller, aber noch mehr, beladen mit ihren Habseligkeiten, eilten so schnell sie konnten einem am Rand des Laubengeländes stehenden Hochbunker zu, hinter dessen dicken Mauern sie den Russensturm besser zu überstehen glaubten. Auf der Straße wurde niemand mehr geduldet. Streifen trieben die Leute zur Eile an. „Alarm! Panzeralarm! Straße frei! Alle in den Herzberger Bunker!"

Der Betonklotz am Stadtrand war wie ein Magnet, zog die treibenden Spänchen, von Panik halbirre Menschen, unwiderstehlich an.

Die ganze Gegend vom Auferstehungsfriedhof bis zum Faulen See und bis Hohenschönhausen wurde von Menschen halb leergepumpt. Auch das RAD-Mädchen mußte sein Vorhaben aufgeben und trieb mit den andern im Strom dahin, und ihr dicht auf den Fersen gelangte auch Gnotke vor den Bunker.

Acht Uhr abends war es, der Tag ging zu Ende. Der Himmel über den Schrebergärten war blutrot. In den Lauben saßen schon Scharfschützen. Das Mädchen allerdings verstand es, den geeigneten Moment für das Durchschlüpfen zum Bunkereingang abzupassen. Gnotke blieb an ihrer Seite, betrat zugleich mit ihr den Bunkervorraum. Ein langer Gang, Treppen, oben wieder Gänge. Elektrische Lampen brannten. Unten, gleich neben dem Vorraum, war eine Sanitätsstelle eingerichtet. Gnotke brauchte nicht zu befürchten, daß er mit seinem vorläufigen Kopfverband etwa festgehalten würde, um einer gründlicheren Behandlung unterzogen zu werden. Der Arzt und der Sanitätsfeldwebel hatten Arbeit genug. Alte Männer vom Volkssturm und halbe Kinder aus der Hitlerjugend wurden ihnen vor die Schwelle gelegt, und sie konnten nichts anderes tun, als vorläufige, unzulängliche Hilfe zu leisten, so viele waren es. Der Bunker war überfüllt – vielleicht fünf-, vielleicht acht-, vielleicht zehntausend Menschen waren hier zusammengepreßt. Es summte wie in einem Bienenstock mit einer toten Königin. Die Ventilatoren sausten und konnten die verbrauchte und heiße Luft nicht schnell genug absaugen. Aus den Toiletten, die verstopft und randvoll und übergelaufen waren, zog ein säuerlicher Gestank durch den ganzen Bau.

Gnotke war bis an eine der Treppen gelangt. Die von den Gängen abzweigenden Kabinen – kleine Quadrate mit zweimal drei Betten übereinander, also für sechs Menschen eingerichtet – waren überbelegt, und zudem standen Koffer und Kisten, drei, vier und fünf übereinander, im Weg, und es gab Familien, die sich hier mit Kleidern und Betten und Kochtöpfen ganz eingerichtet hatten. Es war kein Platz mehr, und die Leute saßen, umgeben von ihren Sachen, auch auf den Treppenstufen.

In einer Kabine war ein Kofferradio angestellt.

„So trete ich wie immer seit 1933 vor das deutsche Volk hin, um zu ihm vom Führer zu sprechen...“ Es war Goebbels, war seine Geburtstagsrede, die am Vorabend des Geburtstags, die am Geburtstag und die nun in nochmaliger Wiederholung durchgegeben wurde.

„... Der Krieg neigt sich seinem Ende zu. Der Wahnsinn, den die Feindmächte über die Menschheit gebracht haben, hat seinen Höhepunkt bereits überschritten. Das Haupt der feindlichen Verschwörung ist vom Schicksal zerschmettert worden ... Wer anders könnte die Richtung aus der Weltkrise weisen als der Führer? Er ist der Kern des Widerstandes gegen den Weltzerfall. Er ist Deutschlands tapferstes Herz und unseres Volkes glühendster Wille ...“

„Ist doch Krach genug hier, die sollen doch das abstellen!“ rief einer.

„Wenn die Nation noch atmet, wenn vor ihr noch die Chance des Sieges liegt, wenn es noch einen Ausweg aus der tödlich ernsten Gefahr gibt, wir haben es ihm zu verdanken ... Trotzig und kampfesmutig stehen wir hinter ihm, Soldat und Zivilist, Mann und Frau und Kind ...“

„Mann und Frau und Kind ...“, wiederholte derselbe, der vorher schon unterbrochen hatte und blickte sich herausfordernd um.

„Noch ist nichts verloren — nur daß die Russen drüben in den Lauben sitzen und ein bißchen Feuerwerk machen?“ sagte ein anderer.

„Wir stehen zu ihm, wie er zu uns, in germanischer Gefolgschaftstreue, wie wir es geschworen haben ...“, tönte das Radio weiter.

„Müssen wir den Quatsch eigentlich anhören?“

„Vielleicht ist wirklich noch nicht alles verloren. Die Entsatzarmee soll doch ankommen!“

„Ja, die Entsatzarmee, die Armee Wenck!“ Das war das RAD-Mädchen. Es war außergewöhnlich, war ganz unglaublich, was sie eben hatte anhören müssen. Sie hatte solche lästerlichen Reden nicht für möglich gehalten. Ihre Augen waren geweitet vor Erstaunen und Empörung.

„Quatsch!“

„Wahnsinn!“

„Ist ja alles Schwindel!“

„Ich habe die Schnauze voll!“ sagte ein Soldat und legte sein Lederkoppel mit Patronentasche und dem ganzen Drum und Dran ab.

„Aber nicht hier hinschmeißen, das muß verschwinden.“

„Die Russen dürfen hier drin nichts finden!“

„Und du, dumme Ziege, mach die Brosche ab!"

Die Arbeitsmaid dachte nicht daran. Ihre Augen funkelten, obgleich sie mitten in der Auflösung, die sich vor ihren Augen vollzog, dem Weinen nahe war. Der Soldat, der eben sein Koppel abgelegt hatte, zog jetzt auch seinen Uniformrock aus und vertauschte ihn gegen eine Ziviljacke, die ihm gereicht wurde. Jede Welle, so hoch sie auch steigt, kippt einmal über. Im Bunker Herzberge war der Moment des Überkippens gekommen. Die einen so lange oben, waren plötzlich unten, die einen so lange groß, übersteigert, intolerant, waren jetzt klein, wagten den Mund nicht aufzutun, und im selben Augenblick waren die anderen oben und gaben den Ton an.

Es war die Situation des Niemandslandes.

Der Bunker lag unter Beschuß. Die dem Laubengelände zugekehrte Betonwand wurde von Aufprallern aus Gewehren und von Granatsplittern der russischen Feldartillerie angekratzt, und vom Westen, aus dem Stadtgebiet herüber heulten Geschosse aus deutschen Batterien über den Bunker weg, prallten gleich dumpfen Hammerschlägen gegen die hintere Bunkerwand und weckten im Inneren des Gehäuses hallendes Getöse. Es ging durch Stunden, ebbte ab und schwoll wieder an, und in den Momenten der steigenden Flut, des gesteigerten Bombardements von beiden Seiten, glich der Bunker einer riesigen Kesselpauke. Im Inneren des vibrierenden Gehäuses zehntausend durcheinandergeschüttelte Körner, und das Licht ging aus – die Lichtmasten draußen wurden abgeknickt, die Wasserleitungsrohre wurden aus der Erde gefetzt. Es war finster, die von Aggregaten gespeisten Notlampen, durch die Gänge ziehende Taschenlampen waren nichts als glimmendes Gewürm in weiter Nacht. Das Geräusch der Stalinorgel, gedämpft durch den Beton, wurde zu dünnem Gewimmer, zu einem Singen der Hölle, es ging durch alle Knochen.

Zehntausend Menschen – es wurden weniger. Viele benutzten die Intermezzos abflauender Beschießung und wanderten ab. Die Nazis, die sich so lange hervorgetan hatten, benutzten die Gelegenheiten, um zu verschwinden. Eine Änderung bahnte sich im Bunker an. Die bisher – und elf Jahre lang – geschwiegen hatten, versuchten, den Übergang in die andere Hand vorzubereiten und so reibungslos wie es nur möglich war zu gestalten. Waffen müssen verschwinden! Uniformen müssen verschwinden, sagten sie. Verwundete wurden hereingeschleppt. Sie erzählten, daß die Russen zwischen den Lauben ständen, nicht mehr als dreißig oder vierzig Schritte entfernt. Wenn die Russen kommen und Waffen finden, werden sie den ganzen Bunker in die Luft jagen! wurde gesagt. Die Bunkerbewohner gaben Zivilanzüge für Soldaten her. Die Volkssturmmänner demobilisierten sich selbst. Sie hatten nur ihre Armbinden abzunehmen und waren in Zivilisten verwandelt.

„Und was ist mit dir los, mein Töchterchen, willst du nicht endlich die Brosche ablegen und auch die Uniform, es wird sich doch ein Kleidchen für dich finden!“ Der alte Schuster Haderer, der ebenfalls in den Herzberger Bunker geraten war und der, umgeben von einigen Leuten, die Seele der Umordnung zu sein schien, sagte es zu dem RAD-Mädchen. Der Schein einer Taschenlampe lag auf der Brosche, die soviel Mißfallen erregte, und auf dem ebenmäßigen, trotzigen Gesicht.

„Ein hübsches Mädchen, und Bange machen läßt sie sich auch nicht, hat sich lange genug gewehrt. Wenn sie ein Kleid anhat, können wir sie in die Empfangskommission mit einstellen!“ meinte Haderer.

„Wie heißt du denn, Kleines?“

„Tut wohl nichts zu Sache – Agnes Hasse!“ sagte sie dann aber doch.

„Also, Agnes Hasse, vier Frauen haben wir schon, und du bist die fünfte. Ihr werdet die Russen, wenn sie ankommen, im Bunkereingang mit Zigaretten und mit Kaffee empfangen und dabei ganz freundliche Gesichter machen. Das macht einen guten Eindruck und, paß mal auf, wie zahm die dann sein werden!“

„Niemals!“ protestierte Agnes Hasse, „lieber gehe ich hier weg.“

„Nun, wie du willst, aber die Brosche tust du ab, und die Uniform muß verschwinden, die dumme Meldetasche auch, du solltest ein Handtäschchen tragen.“

„Niemals . . .“

„Was, niemals ein Handtäschchen, armes Kind, kommst mal zu mir, ich mach dir eins! Also weg mit der Brosche und dem ganzen Kram!“

Andere waren weniger duldsam als der alte Haderer. Hände streckten sich nach dem Mädchen aus, wollten ihr die Uniform mit Gewalt abreißen. Sie fand unerwarteterweise einen Beschützer, den Unteroffizier Gnotke.

„Laß ihr doch die Brosche, laß sie doch gehen, wenn sie will!“

Haderer war überrascht, einmal über die Anwesenheit Gnotkes und zum andernmal über sein unverständliches Eingreifen.

„Du auch hier, bei dir piept's wohl, August?"

„Es piept gar nicht."

Weiter sagte er nichts, erhob nur seine starren Augen, die Haderer von der ersten Stunde seiner Rückkehr an ein Rätsel waren. Was ist mit dem Kerl los, was steckt hinter ihm. Er war von drüben gekommen, das hatte er gesagt, doch was suchte er hier und was bedeutete seine absonderliche Parteinahme?

„Gehen kann übrigens jeder, der will", sagte Haderer.

Wenn irgendwann, war jetzt die geeignete Stunde dazu. Die Kanonade, die die ganze Nacht über den Betonklotz am Stadtrand umtobt hatte, war abgeflaut. Nur von Zeit zu Zeit erinnerte ein Donnerschlag daran, daß der Krieg noch auf der Lauer lag. Agnes Hasse drängte sich durch die Menge, kam in den Vorraum, und man ließ sie passieren. Als sie vor den Bunker kam, und Gnotke befand sich an ihrer Seite, waren die gegenüberliegenden Laubengärten von weißem Bodendunst bedeckt. Vor ihren Füßen spritzte Sand auf. Die herüberpeitschenden Gewehrschüsse waren ungezielt. Gnotke blickte überhaupt nicht hin. Schüsse, die man schon sieht oder die man pfeifen hört, gehören ohnehin zum Unvermeidlichen. Wenn man nicht vorher weiß und noch ehe der Finger auf der anderen Seite abgezogen hat, daß etwas „in der Luft ist", dann läßt sich ohnehin nichts mehr machen. Das Mädchen ging durch die aufspritzenden kleinen Sandfontänen, ging um den Bunker herum und schlug die Richtung zum Stadtrand ein.

Wo sie hinwollte, fragte Gnotke.

„Ins Zentrum", erwiderte das Mädchen.

Ins Stadtzentrum, da müsse er auch hin, da hätten sie ja den gleichen Weg. Er blieb an ihrer Seite. Kein Mensch war zu sehen. Die Straßen waren leergeblasen. Keine SS-Streife mehr. Der Volkssturm hatte sich verflüchtigt. Sogar die Hitlerjungen mit ihren „Ofenrohren" waren verschwunden. An einer Straßenecke stand ein eingebautes Sturmgeschütz ohne Bedienung. Der „Befehlsstand" in einem ausgebrannten Milchgeschäft – dort hatte Gnotke einen Tag vorher einen Haufen führender Nazis beobachtet – war verwaist. Aus dem Hausflur nebenan spähte ein bleiches Gesicht um die Ecke.

„Wo sind sie denn geblieben?“ fragte Gnotke, mit dem Daumen zeigte er in das Milchgeschäft.

„Haben sich aufs Fahrrad geschwungen und sind verduftet!“ Der Mann benutzte ebenfalls den Daumen und zeigte in die Richtung zur Innenstadt.

In den Ruinen schwelten Brände. Qualm brodelte aus leeren Fensterhöhlen. Folgen des nächtlichen Artilleriebeschusses. Die Bevölkerung saß in Kellern und Luftschutzräumen. Dann und wann tauchte ein Gesicht auf. Um die Brände kümmerte sich keiner. Die beiden ungleichen Wanderer waren bis in die Gegend vor dem Steuerhaus in der Landsberger Allee gekommen. Die Straßen wurden wieder belebter. Gnotke und die Arbeitsmaid wurden von einer Streife angehalten. Eine kombinierte Streife: Wehrmacht, Marine, Luftwaffe, SS – so war jeder Aufgegriffene und jedes Ausweispapier gleich in den Händen eines Fachmannes. Die Papiere des RAD-Mädchens waren in Ordnung, auch die Ausweise Gnotkes waren es, und die Verwundetenkarte und der Kopfverband machten die Dokumentation komplett. Wo sie herkamen, wollte der Führer der Streife noch wissen. „Aus dem Bunker Herzberge“, antworteten sie wahrheitsgemäß. „Da sitzt der Russe“, fügte Gnotke noch hinzu.

Sie durften ihren Weg fortsetzen.

Die große Brücke am Bahnhof Landsberger Allee war vorbereitet für die Sprengung. Gnotke und das Mädchen bemerkten im Vorbeigehen das Sprengkommando. Ein Offizier und zwei Pioniere hockten in einem Loch, umgeben von vielen leeren Flaschen. Wermut war auf den Etiketten zu lesen. Die drei waren besinnungslos betrunken – die Brücke wird also wahrscheinlich nicht in die Luft fliegen.

Es waren jetzt schon eine Menge Einzelheiten, die Gnotke seinem Nachrichtenchef mitzuteilen hatte. Sie bedeuteten zusammen so viel, daß die Einheit ungehindert bis zur Brücke Landsberger Allee würde vordringen können. Jedoch zu einer solchen Berichterstattung hätte er umkehren und seine Einheit am Rande Weißensees erwarten müssen. Das tat er nicht, spazierte statt dessen durch den Sonntagmorgen – an der Seite einer Wölfin mit den strengen und tragischen Zügen einer Römerin.

Er war ein schweigsamer Begleiter.

Dem Mädchen war er unheimlich. Sein verschandeltes Gesicht flößte ihr Entsetzen ein. Doch er hatte ihr geholfen, war ihr beigesprungen, als sie unbeschützt in eine Höhle von Diversanten gefallen war. Sie müsse zum Potsdamer Bahnhof, da wäre das Büro, ihre Dienststelle, so viel sagte sie.

„Ja, die Dienststelle", erwiderte Gnotke verständnisvoll.

„Wichtige Meldungen?" er schielte nach der Meldetasche.

„Ja, Meldungen und neue Befehle abholen."

Gnotke nickte vielsagend.

„Trifft sich gut, daß ich auch bis zum Potsdamer Bahnhof muß!"

Die Artillerie setzte wieder ein, auf vorverlegte Ziele diesmal. Schwere Granaten rauschten über die Dächer weg. „Der Friedrichshain, der Bunker am Friedrichshain!" schätzte Gnotke. Aber auch auf dem Alexanderplatz lag Feuer. Das Vorwärtskommen wurde schwieriger. Aber sie schafften es, kreuz und quer durch Nebenstraßen, mit Hinwerfen, mit Aufenthalten in Kellern, nach wiederholten Kontrollen überquerten sie zuerst am Mühlendamm, dann noch einmal am Spittelmarkt die Spree.

Sie war also an der Weichsel gewesen, südlich Warschau. Hatte sich durchgeschlagen, eine in einem ganzen Rudel, sie hatten sich am Tage in den Wäldern verborgen gehalten und waren von Einbruch der Dunkelheit an bis zum Hellwerden marschiert, bis fünfundvierzig Kilometer in einer Nacht, bei Wind und Schnee, noch dazu mit Marschgepäck, im Laufen schliefen sie ein und mußten doch hellhörig sein, waren ja nichts als Wild, auf das hinter jedem Baum der Tod wartete. So viel hatte Gnotke auf dem Weg vom Dönhoffplatz bis zum Potsdamer Bahnhof erfahren.

Aber was weiter geschah seit ihrer Rückkehr bis zum gegenwärtigen Zeitpunkt, darüber war von ihr nichts Genaues zu erfahren.

Sie wäre in einem Auffanglager gewesen — wo dieses Auffanglager sich befand, sagte sie nicht. Was sie dort getrieben hatte, in was ihre Ausbildung bestand, sagte sie ebensowenig.

„Wir mußten aus Gardinen und Tischdecken Kleider nähen, jedes Mädel für sich zwei Stück."

„Das war also die Aussteuer", sagte Gnotke — „die Wolfshaut", hätte er sagen können.

„Es waren Kleider", sagte das Mädchen, blickte ihn dabei an mit Augen ohne Arg.

Aber sonst ... Die Ausbildung mit dem „Ofenrohr", das war selbstverständlich, war anzunehmen, ohne daß sie es erst sagte. Aber weiter: der Sprung aus dem Dunkel, der Werwolfbiß, darüber fiel kein Wort.

Das Mädchen war chitry — gerieben, glattzüngig, geschmeidig, vorsichtig, schlau. Gnotke dachte in dem zusammenfassenden russischen Begriff: chitry.

Agnes Hasse war in der Tat stutzig geworden über das weitgehende Interesse, das der sonst so wortkarge Unteroffizier ihren Angelegenheiten entgegenbrachte. Sollte sie ihm vielleicht sagen, daß sie im Auffanglager Nauen durch eine Spezialausbildung gegangen war, daß alle Formen eines Kampfes in Nacht und Nebel durchexerziert worden waren, daß sie die Ausbildung mit „gut" abgeschlossen hatte und nun selbst ein Rudel führte. Dann hätte sie ja auch gleich ihre Meldetasche öffnen können, ihm die Adressenlisten der PG-Bauern vorlegen, die jeder eine Maid oder auch zwei bei sich aufzunehmen hatten als Verbindungsleute für den Werwolf.

Nein, vom Werwolf wird er noch früh genug erfahren. Aber die starren Gesichter, die dann landauf und landab in jeder Nacht auf Straßen und stillen Plätzen abgesetzt werden, auch sie werden alle Einzelheiten verschweigen.

Das Mädel war chitry, da war nichts zu machen.

Es war nachmittags drei Uhr, als er sich von ihr verabschiedete und in der wüsten Halle des Potsdamer Bahnhofs hinter ihr herblickte. Er wartete, bis er sie hinter einer Tür verschwinden sah. Dann ging auch er vorsichtig weiter, kam an derselben Tür vorbei und las: Deutscher Reichsarbeitsdienst, Gau Brandenburg.

Er wußte mehr:

Er stand vor der Höhle — vor der Leitstelle der Wölfe.

Nachmittags drei Uhr drangen die Russen in den Bunker Herzberge ein. Sie sind da, es ist aus, sie werden uns allen die Köpfe abschlagen! So ging es durch den Bau. Immer ruhig Blut, es wird alles nicht so schlimm! sagten andere. Tausende von Menschen hielten den Atem an.

Fünf Frauen hatte Haderer ausgesucht, unter den jüngeren Frauen die freundlichsten und liebenswürdigsten. Sie standen im Eingangsraum hinter der weit offenen Bunkertür und hielten Zigaretten bereit, auch Tassen, gefüllt mit Kaffee, der nun schon Stunden hindurch aufgewärmt worden war. In der Nähe wartete Haderer, auch sein Gehilfe, der Werkzeugschlosser Reimann, der ihn dabei unterstützt hatte, den Bunker in einen Zustand reibungsloser Übergabe zu bringen. Die Frauen blickten so freimütig, so ungezwungen, wie es ihnen nur möglich war, wenn das Herz auch gegen ihre Rippen pochte.

Ein schreckliches Geschrei, Schüsse, Staub. Im Pulverqualm eine kreisende Bewegung. Die Schüsse gingen in die Decke. Kalk fiel herab, der Staub setzte sich. Ein Reiter mit einem Rindshautmantel, weiße bleckende Zähne. Das Pferd drehte sich auf der Hinterhand. Die blanke Waffe schnitt durch die Luft. Alle im Vorraum wichen zurück, taumelten gegen die Wand. Am Boden lagen die Zigaretten, die Scherben der Kaffeetassen. Der alte Haderer konnte seine beabsichtigte Rede nicht halten. Funken sprühten vor seinen Augen, er sank unter einem Faustschlag zusammen. Seinem Umkreis erging es kaum anders. Hiebe regneten auf die Herumstehenden. Der Werkzeugschlosser Reimann sprang vor, stammelte ein russisches Wort: „Sdraswuitje! Seid gegrüßt!" und fügte hinzu: „Ich Kommunist!" Ein Höllengelächter war die Antwort. Ein riesiger Kerl packte ihn um die Hüften, stemmte ihn durch die Luft und wieherte: „On Kommunist! On Idiot! – Guckt ihn an, er Kommunist, und hat es nicht nötig gehabt. Keiner hat ihn dazu gezwungen, guckt ihn an, den Dummkopf!" Reimann flog in weitem Bogen auf den Boden, und es fanden sich einige, die ihn für seine Dummheit windelweich schlugen. Der kaukasische Reiter war vom Pferd geglitten. Eine der lieblichen Kaffeekredenzerinnen, eine Fleischermeistersfrau mit rosiger Haut, wurde von ihm ergriffen und umgeworfen. Auch die andern vier „Kaffeefräuleins" wanden sich unter der Last von betrunkenen Männern am Boden. Zwanzig, vierzig, ein halbes Hundert wilder, verwitterter Gesichter strudelten in den Vorraum, alle waren voll Wodka – um einen Bunker mit zehntausend „Faschisten" einzunehmen, hatten sie zuerst einmal vielen Flaschen den Hals brechen müssen. Andre drängten nach, immer neue, immer mehr kamen herein. Ein nicht abreißender Entsetzensschrei zog mit ihnen die Gänge entlang. Die Frauen im Vorraum und in der vordersten Reihe der Einzelkabinen hatten den ersten Ansturm auszuhalten. Die für den Empfang Ausgewählten vermochten nicht mehr, sich vom Boden zu erheben, ließ der eine von ihnen ab, wälzte sich schon ein anderer über sie und hielt dabei die entsicherte Pistole in der Hand.

Körpervisitationen, Koffer wurden durchwühlt, Sachen umhergeschleudert. Frauen schrien, schrien ... Kinder standen dabei. Schüsse krachten, Männer brachen zusammen. Wer konnte, nahm seine Sachen und versuchte zu entkommen.

Der Bunker Herzberge war ein Irrenhaus.

Der alte Haderer schlug die Augen auf, im Mund hatte er den Geschmack von Blut. Er kam nicht zur Besinnung, erblickte die von ihm ausgesuchte Frau des Schlachtermeisters, ein hingeworfenes entstelltes Bündel. Eine andere der Ausgewählten — wimmernde Bedrängnis. Hinter ihm im Bunker Schluchzen, Schreien, Wimmern.

„Uri, Uri!"

„Frau, komm!"

Furchtbarer Irrglauben, schrecklicher Götzendienst ..., der Turm voll des Jammers, die Einzelkäfige mit den sich unter der Last fremder Männer bäumenden Frauen klagten ihn an. Hintergangen, entehrt, besudelt ..., er verlor sein Gesicht, das war mehr als ein Mund voll Blut und ein Zahn, den er ausspie. Er war ohnmächtig, ohne Kraft, konnte nichts tun. Es erging ihm, wie es Gnotke ergangen war. Die niedergetretene Unschuld schrie, und er mußte seine Ohren versperren. Er versagte ganz und gar. Die pechgegerbte Hand, die jahrein, jahraus den Schusterhammer geschwungen hatte, war zu nichts nutze. Ein ausgelaugter Schatten, schlich er an der Wand entlang, vorbei an den Rücken der Gewalttäter, die überall den Weg verstellten. Diese Verschrobenen, Verstörten, Irregehenden! Faschisten — dabei sind es doch Weißenseer Arbeiter und die Frauen und Töchter von Arbeitern! Er kam an den Bunkerausgang, trat hinaus ins Licht und konnte sich nirgendwo verstecken. In langem Faden zogen sich die Beladenen aus dem Bunker, gingen neben ihm her, bepackt mit Koffern und Sachen, strebten hierhin und dahin, nach Hause. Eine Wolke herangaloppierender Reiter. Auseinanderstiebende Frauen. Geplatzte Koffer, Kleider, Wäschestücke verstreut und zertrampelt auf der Straße. Bettfedern stäubten in die Luft.

Schwarzer Sonntag in Weißensee.

Schwarzer Sonntag – wie war das einmal? Das Volk von St. Petersburg mit dem Priester Gapon an der Spitze demonstrierte für Menschenrechte und wurde niedergeritten und zusammengehauen von Kosaken. An dieses Blatt im Buch der Geschichte dachte Haderer. Aber was machen sie daraus, ist es nicht mehr wahr, ist es nur papierne Literatur ohne Gehalt und ohne Kern? Der Sohn jenes gegen Unterdrückung und Willkür aufgestandenen Volkes von St. Petersburg kniet auf dem Straßenpflaster und durchstöbert die von Pferdehufen zerfetzten Koffer nach Brauchbarem und Unbrauchbarem, nach Flittern und Putz und Tand.

Und das geschah am andern Stadtrand Berlins, in der Siedlung Mariendorf, nicht weit von der über Zossen hereinführenden Reichsstraße 96, im gleichen Keller, in dem Oberst Zecke einmal mit Direktor Knauer, dem Photographenehepaar Putlitzer und den anderen Hausbewohnern zusammengesessen hatte.

„Frau, komm! Und du, Mann, tuda!" Der Mann sollte weggehen, sollte nicht dabeisein. „Geh, Heiner!" brachte Anna Putlitzer zwischen aufeinandergepreßten Zähnen hervor. Was wollte er denn, was konnte er denn, etwa sich niedermachen lassen? Und dann war es doch auch noch so! Einer hielt sie am Handgelenk gepackt. Wo wollte er mit ihr hin – nirgendwo! Er hob sie mit dem andern Arm vom Boden auf und warf sie hin. Der Keller war voller Schatten, die Eingedrungenen blieben Schatten. Nur den einen sah sie genau und würde ihn immer wieder erkennen. Das Gesicht vom Winde zernagt, die Augen glühten, daß sie weiß aussahen, waren aber nachtdunkel, lange ovale Schlitze, und er roch nach Schweiß, Schmutz, vor allem nach Schnaps.

„Geh, Heiner . . ." Heinrich Putlitzer taumelte unter der Pistolenmündung, die ihn vorwärtsschob. Die Schwestern Quappendorf zappelten, die Kleine schrie mit dünner Stimme, die dürre Lehrerin wollte davonlaufen und wurde an der Kellertür wieder eingefangen.

„Auf Hof, alle Männer auf Hof!"

Der Keller blieb zurück. Putlitzer, Knauer, der alte Buchdrucker Riebeling, der Rektor Quappendorf taumelten die Treppe hoch, stolperten hinein in eine veränderte Welt.

Ihre Augen waren nur an trüben Kerzenschein gewöhnt. Fünf Tage waren sie nicht mehr ans Licht gekommen. Unter Artilleriegeschossen, unter heulenden Stalinorgeln, unter dröhnenden Jagdbombern hatten sie nicht mehr gewußt, ob draußen die Sonne schien, ob der Mond am Himmel stand.

Es war nicht mehr ihr Hof — der hufeisenförmige, von Hauswänden und Blumenrabatten eingefaßte Platz war kein Hofplatz in Mariendorf mehr, war eine Karawanserei. Es war Asien, eine Nacht in Asien mit ruhenden Schatten, und es roch nach Heu und Pferdemist. Wagen und ausgespannte Pferde standen da, eine Kamelstute mit einem hochbeinigen Füllen am Euter. Die Front war über sie hinweggerollt. Wo der Hofplatz offen war, gloste Feuer. Der Horizont war rot gesäumt, über dem Teltowkanal hingen Qualmwolken.

Die Russen kämpften um den Weg nach Tempelhof.

„Du Nazi!" wurde Direktor Knauer angebrüllt.

„Du auch Nazi!" das betraf Putlitzer.

„Du auch ... alle Nazi, alle an Wand!"

Riebeling, Putlitzer, Knauer, auch der pensionierte Rektor wurden an die Wand gedrängt. Ein Junge wurde gebracht, mit zerzausten hellblonden Haaren, ein neunzehnjähriger SS-Mann, er trug jetzt Zivil, der Sohn Rektor Quappendorfs; er wurde zu den andern gestoßen.

Ein schrecklicher Irrtum ..., der alte Drucker Riebeling hatte auf diese Stunde, hatte auf die Russen, hatte auf die Befreier gewartet. Einmal, das war im Haupttelegrafenamt und im November 1918 gewesen, hatte er die Verbindung Berlin—Moskau hergestellt. „Hier Riebeling ..." — „Hier Tschitscherin, Moskau. Ich verpflichte Sie, Genosse Riebeling. Holen Sie den Genossen Liebknecht an den Apparat!" Er muß sich melden, sich erklären, alles aufklären. Sein Mund klappte auf: Moskau, Moskau, hier Riebeling, hier steht Genosse Riebeling an der Mauer. Ein Alp, die Sprache versagte, kein Laut kam aus seinem Mund. Rektor Quappendorf dachte an seine Frau auf dem Stahnsdorfer Friedhof — wie gut, daß sie das nicht mehr erleben muß! Und Else, Margot, Lisbeth im Keller ... und der Junge, der arme Junge! Er faltete seine Hände, aber nicht die Worte des Gebetes, eine Textstelle aus dem letzten Goebbels-Aufruf drängte sich ihm auf: „Der Russensturm wird zerschellen, zerschellen, zerschellen..." Knauer war vorbereitet und erwartete gelassen das Ende, von den Russen wollte er es eher hinnehmen als von der Gestapo. Und Frau Halen war zurückgekehrt und noch einmal für zwei Tage weggegangen, um ihren Vater zu holen. Glücklicher Umstand, dem zuzuschreiben ist, daß sie nicht im Keller dabeisein muß. Die struppigen Pferdchen, an der Krippe friedlich Heu malmend, ein Kamelfohlen am Euter der Mutterstute, das wird das letzte sein, das er von dieser Welt mitnimmt.

Riebeling, Knauer, Putlitzer, ein fast siebzigjähriger Vater, ein neunzehnjähriger Sohn standen an der Wand, ein Blitz riß durch ihre Augen und die Welt ging unter.

Die Salve krachte, und Kalk rieselte von der Mauer.

Die Schüsse fegten über ihre Köpfe weg, und es war nicht das Ende. Die Troßleute steckten ihre rauchenden Pistolen ein. Wildes Gelächter, Püffe, Schläge, diesmal gut gemeint. Alles war Spaß gewesen, die Erschießung war ein Spaß gewesen. Jetzt erst waren die fünf zu Tode getroffen und fühlten sich erbärmlich. Sie mußten sich anlehnen, einer machte sich die Hosen voll, ein anderer erbrach sich, ein dritter heulte fassungslos.

Noch in ihrem Elend befangen, wurden sie zur Beute einer neuen Erschütterung, einer seltsamen Erscheinung. Jeder empfand sie anders und Knauer auf seine Weise: Das offene Hufeisen wurde mit Wagen und Heubündeln und Pferden und Burjäten und Tadschiken in die Höhe getragen, und das Land bis zum Kanal lag offen vor ihnen in blendender Helle. Geknickte Telegrafenpfähle, herabhängende Drähte, eine durchlöcherte Fassade, auf hoher Straßenböschung eine gespenstische Karawane — an die Front marschierende Soldaten. Die Erde erbebte unter einem dumpfen Schlag. Das Licht am Himmel erlosch, versickerte in rostrotem Brand, und Telegrafenmasten, Ruinen, Soldaten, Pferde und Burjäten stürzten zurück in die Finsternis.

Der Hof war wieder ein Hof mit einer Troßkolonne.

Die Brücke am Teltowkanal war in die Luft geflogen.

•

An der Straßengabel Britz—Neukölln, einige hundert Schritte von der Siedlung entfernt, stand ein russischer Armeegeneral. Erste graue Fäden im dunklen Haar, ein kräftiges Gesicht, die Gestalt geschmeidig wie die langen juchtenledernen Stiefel an seinen Beinen. General Tschuikow, neben ihm der Kommandeur der Jagdflieger Kusnjetzow und der General der Panzer Woronow, etwas abseits sein Erster Adjutant und der Chef der Aufklärer, noch weiter entfernt warteten einige ältere Oberste.

General Tschuikow war vor einigen Tagen bei Zossen durch das verlassene Hauptquartier des Deutschen Generalstabs gekommen. Nun stand er am Rande eines riesigen Trümmermeers, und die Zacken und die wilde Zäsur zerstörter Häuser, im Feuer gekrümmte Stahlträger, turmhohe granitne Zahnstocher, sekundenlang im Schein der Detonation erstrahlend, erinnerten ihn an eine andere Stadt, auch dort waren die Häuserfassaden nur noch Steinkulissen mit leeren Fensterhöhlen und die Straßen Geröllschluchten, die Einwohner geflüchtet oder nach Osten evakuiert oder unter den Trümmern begraben; nur noch Reste waren geblieben und damit beschäftigt, an jedem Tag den immer wieder aufgewirbelten Schutt aus dem Wege zu räumen, und nur noch ein Rest der Stadt, der schmale Uferstreifen und die zum Niveau der Straßen ansteigende Halde war übriggeblieben. Und hier, in Kies- und Lehmschichten eingegraben und Erdloch neben Erdloch und nur wenige Schritte von der feuerspeienden Frontlinie entfernt, saßen die Stäbe, die Regiments- und Divisionsstäbe. Der Erdbunker am abfallenden Uferstreifen der Wolga war der Ausgangspunkt, der Wendepunkt gewesen, genau die Stelle, wo das Geschehen umschlug. Bis hierher war die Epopöe der Rückzüge gegangen, durch die Bukowina, durch Bessarabien, quer durch die Ukraine, über den Dnjestr, den Dnjepr, den Don bis hier und nicht weiter.

Bis hierher und nicht weiter!

Rückzüge, Schläge, Staub in der flimmernden Steppe, Schneestürme, Kälte, Hunger und immer laufen, ein Erdwall, jeder Erdwall kaum aufgeworfen, wurde wieder verlassen unter den heranstampfenden Horden der Eindringlinge. Eine Verteidigungslinie nach der anderen, kaum in den Boden geritzt, wurde aufgegeben, und der russische Soldat kannte nichts als Flucht. Die von einem Rudel anrollender Panzer in die Luft geschleuderte Staubwolke genügte schon, um Iwan und Nikolai und Kyril und Mathwei und ganze Kompanien von Iwans und Mathweis aus ihren Gräben zu treiben und ins Weite zu blasen.

Bis Stalingrad ...

Bis zu dem schmalen Uferstreifen und der Erdhöhle am Uferhang.

„Jetzt ist Schluß, aus mit Rückzügen! Hier kommen sie nicht mehr rüber, über die Wolga nicht!“ Das war der Zerberus, wie die Soldaten und Offiziere und Generäle der Wolgafront ihn nannten. Klein, dick, rund wie eine Kugel, auf dem Kopf eine Ballonmütze, und guckt schief, und es hat Regimentskommandeure und alte Haudegen gegeben, denen sein Blick für zwei Wochen den Appetit verschlagen hatte. Kommt in den Bunker, wünscht keinen „guten Tag“, sagt nicht „auf Wiedersehen“, trinkt ein Glas Schnaps oder läßt es auch unberührt stehen und geht wieder. Er kommt und ist schlechter Laune, ist immer schlechter Laune, aber ein Gedächtnis hat er, jeden kennt er wieder. „Wie war denn das, und wer war denn das damals, Grigorij?“ konnte sein Chef, aller Chef, der Chosain ihn fragen und die Antwort erhalten: „Ja, das war doch der Kerl, der uns 1936 (oder 38 oder 41 und in Charkow oder Alma-Ata, im Kreml oder im Livadiapalast) über den Weg lief, das war dieser Schuft (oder der britische Intrigant oder der amerikanische Dummkopf), der alles besser wissen wollte!“ Ein Gedächtnis hat er und besonders für Personen, die künftige Schwierigkeiten ankündigen.

Das war er, der Bevollmächtigte Stalins, Mitglied des Obersten Verteidigungskomitees der UdSSR, zusammen mit Chruschtschew, dem Mitglied des Verteidigungskommitees für die Stalingrader Front, war er über die von deutschen Granaten aufgerührten Wasser der Wolga gekommen, war in den Erdbunker gekrochen, schlechtgelaunt selbstverständlich, hatte den Mund verzogen, den Kommandeur der Jäger Kusnjetzow und den General der Panzer Woronow schief angeblickt und gesagt: „Schluß jetzt, bis hierher und nicht weiter! Über die Wolga kommen sie nicht!“

Und Armeegeneral Tschuikow hatte das rechte Wort gefunden:

„Nur über meine Leiche kommen sie über den Uferstreifen, Genosse Malenkow!“

„Schluß! Aus, aus, aus ...“, das sagte er und kroch wieder zum Bunkerloch hinaus, der Höllenhund aus dem Kreml, Genosse Grigorij Malenkow.

Und es war Schluß, war aus mit russischen Rückzügen. Es kam die

Offensive, eine Kettenreaktion von Offensiven. Zuerst bis zum Mius, dann bis zum Dnjepr, zur Weichsel, zur Oder—Neiße — es kam der Marsch durch die Lausitz und durch den Spreewald. Das Hakenkreuzemblem vor der Pforte zum deutschen Generalstab bei Zossen sank zerfahren von den Panzern Woronows in den Staub.

Und hier stand er, hier standen sie, Tschuikow, Woronow, Kusnjetzow, noch ein paar alte Oberste — und viele andere, sehr viele hatte der weite Weg verschlungen. So weit waren sie gelangt — nach Rückzug und Vormarsch, nach Kälte, Wind und Schnee, bis vor das Ziel. Die vorausliegenden, im Schein der Detonation erstrahlenden Einzelziele hatte Tschuikow auch ohne Karte in seinem Kopf. Das Widerstandsnest jenseits des Kanals war der Fabrikbunker einer Firma Lorenz. Das hohe Gebäude im amerikanischen Stil war das Ullsteinhaus. Weiter rechts, hinter einer kleinen Anhöhe und ebenfalls jenseits des Kanals stand ein altes Lazarett mit vielen Gebäuden, an den Dächern und Umfassungsmauern hing das Rote Kreuz. Wir werden die Anlage schonen müssen, wird übrigens ein gutes Stabsquartier abgeben, wir werden sie nur mit Katjuschas etwas abbürsten.

Tempelhof, der Vorhof zur Stadt — von hier aus führt eine grade Straße, wie mit dem Lineal gezogen, bis zum Halleschen Tor, und hinter dem Halleschen Tor beginnt der Stadtkern. Von dort bis zu Hitlers Bunker ist es dann nicht weiter als vom Twerskoi-Boulevard bis zum Kreml, und es wird näher und die Strecke wird kürzer sein, je mehr wir die „Fritzen" auf dem Wege durch Tempelhof und auf dem Flughafengelände zusammendreschen! Aber viel russisches Blut ist geflossen, auch ukrainisches, usbekisches und kasachisches, und kein Iwan und Pjotr, auch kein Achmed will auf den letzten paar Metern tot liegenbleiben. Einmal noch, meine Söhnchen, meine Starrköpfigen, Aufsässigen, Unbotmäßigen, ein Sprung nur noch, ein Sprung, nicht der Rede wert . . , blickt doch hin, die größte Stadt des Kontinents — zwar nur ein Torso, aber doch keine Seifenblase —, dieses große europäische Zentrum liegt unter eurer geöffneten Faust, gehört euch, ist schon noch genug dran, lohnt schon noch ein letztes kleines Fingerritzen.

Die Brücke war in die Luft gegangen. Die Brocken waren zurückgefallen. Der grelle Feuerschein brach in sich zusammen. Es blieben die bleichen Finger der Scheinwerferbatterien, hunderte in Ruinen aufgestellt und die zerbombten Gemäuer und zerschlagenen Straßen in Gespensterstätten und Gespensterstraßen verwandelnd. Es blieben aufschleudernde Eruptionen, hohe Säulen aus Feuer und wallendem Brandqualm am Rande und auch im Herzen der todwunden Stadt.

Tschuikow wandte sich an seine Begleiter:

„Nu wot . . . Berlin!"

Noch ein Wort sagte er:

„I na nasche pereulokje budit prasdnik!" Und auch in unserer Gasse wird es ein Fest geben!

„Jetzt ist sie aufgeflogen, schade drum!"

„Ja, schade drum!"

Schade drum, die Russen waren über den Don, über den Dnjepr, über die Weichsel, über die Oder gekommen, sie würden auch über den Teltowkanal gelangen.

„Auch ohne Brücke werden sie über diesen Pinkelgraben wegsetzen, ich habe die Schnauze voll!"

Feldwebel Loose hatte auch die Schnauze voll. Er kannte den Unteroffizier an seiner Seite nicht, war erst kurze Zeit bei dieser zusammengeworfenen Einheit. Sein eigener Haufen war bei Lübben untergegangen. Schon auf dem Weg in die Gefangenschaft, hatte er sich auf die Seite drücken können, war bis auf die Reichsstraße 96 abgedrängt worden und hatte, von einer Truppe aufgegriffen, den Rückzug bis zum Teltowkanal und bis ans andere Ufer des Kanals mitmachen müssen.

Der Unteroffizier neben ihm war ebenfalls neu in der Kompanie, und hatte allerdings Grund die „Schnauze voll" zu haben. So sieht ein Elitesoldat aus, so sieht die zu Pferd fechtende Truppe aus, so durch die Scheiße gezogen. Der Unteroffizier gehörte zur letzten Kampfreserve des OKH in Zossen, einer Schwadron von zweihundertundfünfzig Reitern, die den Russen in Richtung Luckau entgegengeschickt worden war — mit Maschinengewehren, mit Karabinern, mit dem Degen und der blanken Waffe gegen Flugzeuge und Hunderte von Panzern! Zwanzig von zweihundertundfünfzig Mann retteten sich und gelangten zurück nach Zossen. Als der einundzwanzigste, dieser versprengt gewesene Unteroffizier, nach Zossen und vor das deutsche

Hauptquartier kam, stand kein Posten mehr vor dem großen Tor. Beide Flügel standen weit offen, kein Mensch war mehr zu sehen, nur Kiefern. Die ganze Anlage war verlassen worden. Weiterziehend und von einer sich absetzenden Truppe aufgegriffen, war er ebenfalls bis ans andere Ufer des Teltowkanals gekommen.

„Ich habe die Schnauze voll!"

„Ich auch", sagte Loose.

„Ich will nichts als zu meiner Truppe zurück!"

„Kann ich mir denken!" erwiderte Loose. Doch das Auffinden seiner zwanzig Mann, das soll ihm wohl schwerfallen in diesem cannensischen Untergang. Bleibt nichts übrig als abzuhauen, den richtigen Moment dazu abzupassen! Drüben am Ullsteinhaus zeigten sich weiße Fahnen, kalkweiß im Scheinwerferlicht. Schaurig schön, schauerlich ..., das Ende einer SS-Truppe und letzter Schritt eines langen Marsches, durch Schnee, Nebel, schwirrende Geschosse, durch brüllende Stürme, in denen Menschen die fallenden Blätter waren, und alles wäre nicht nötig gewesen. Zu Hause mit der Emma am Ofen sitzend, dabei wäre mehr herausgekommen.

Abhauen ..., aber der Moment war noch nicht gekommen.

Noch einmal zwei Tage und zwei Nächte dauerte die Agonie am Teltowkanal. So lange brauchten die Russen, um vorzudringen, und es war doch nichts mehr vorhanden. Am Kanal stand alle fünfzig Meter ein Mann. Kanalaufwärts die große Gottlieb-Dunkel-Brücke wurde von einem Leutnant mit dreißig Mann gehalten. Das Hauptwiderstandsnest nach dem Fall des Ullsteinhauses war der Fabrikbunker der Firma Lorenz. Loose hatte in Vertretung seines verwundeten Abschnittskommandeurs diesen Bunker einmal aufgesucht und war froh gewesen, ihn wieder hinter sich lassen zu können. Ein Vorzimmer zur Hölle – der Gestank da drin war kaum zum Aushalten gewesen, alle Klosetts verstopft und übergelaufen. Rohrbrüche – die Kanalisation und auch die Wasserleitung waren zerstört. Offiziere und auch höhere Offiziere, alle schrien durcheinander. Im Eingang saß einer und brüllte ins Telefon, verlangte passende Patronen für ausländische Gewehre, forderte Panzer und sogar Flugzeuge zur Unterstützung an. Ob er selbst an eine solche Hilfe glaubte? Loose konnte nur den Kopf über so viel Unverstand schütteln. Er hatte den Eindruck, daß die meisten in Offiziersuniformen gesteckte mittlere und größere Pgs waren. Und alle waren besoffen, zu trinken gab es genug, auch Tabak war vorhanden und zu essen soviel man wollte. Das riesige Lebensmittelmagazin im Gebäude konnte in Jahren nicht aufgegessen werden. Aber Trinkwasser fehlte, und im Luftschutzbunker lagen etwa dreihundert Zivilisten, die meisten Frauen und Kinder, auch ganz kleine Kinder, denen man keinen Schnaps gegen den Durst geben konnte. Die Besatzung bestand aus Kranken, Genesenden, aus gv-Heimat-Soldaten, weiter gab es fünfzig Mann vom Mariendorfer Werkschutz und nochmals dreißig Mann vom Tempelhofer Volkssturm, die weder Uniform noch Ausweise hatten, noch ausgerüstet waren. Irgendwo aufgegriffen, waren ihnen in einer Kneipe ausländische Beutegewehre in die Hände gedrückt worden, doch nun gab es dafür keine passende Munition. Das war die Hauptmacht, die den Russen den Weg verlegte.

Doch es vergingen zwei Tage – die Straßen waren leergefegt von Menschen, niemand ließ sich blicken, ausgenommen Frauen, die mit Eimern zum nächsten Brunnen liefen, um Trinkwasser zu holen. Die Gottlieb-Dunkel-Brücke flog in die Luft, und russische Panzer mit aufgesessener Infanterie tauchten auch auf dieser Seite des Kanals auf.

Wieder wurde es Abend und es kam die Nacht.

Auf der Berliner Straße stand ein schweres Flakgeschütz und feuerte hinweg über den Kanal in Richtung Reichsstraße 96. Zwischen dem Flakgeschütz und der vor zwei Nächten in die Luft gegangenen Stubenrauchbrücke lag ein Leutnant mit einem kleinen Haufen – einer davon war Feldwebel Loose, ein anderer der Unteroffizier von der zu Pferd fechtenden Truppe aus Zossen. Ein quer über die Straße hinüber führender Graben mit einer Brüstung aus Sandsäcken, eine Falle, nur der Tod oder die Gefangenschaft waren hier zu erwarten.

„Willst du in Gefangenschaft?“ fragte Loose den Unteroffizier neben sich.

Das wollte der Unteroffizier nicht und Loose wollte es auch nicht, schon bei Lübben und schon früher einmal hatte er es zu vermeiden gewußt. Er wollte nach Magdeburg zu seiner Emma. Die Stunde für den Lorenzbunker schien gekommen. Am anderen Ufer lag Infanterie und schoß aus allen Rohren. Scheinwerfer faßten die Gebäude. Aus der Richtung der Gottlieb-Dunkel-Brücke feuerten Panzer.

„Wieder ein Kandidat!" sagte Loose.

Aus dem Lorenzbunker kam ein Offizier heraus, es konnte auch einer der in Uniform gesteckten Pgs sein, taumelte bis zum Kanal, stand dort aufrecht und kreideweiß im Scheinwerferlicht, riß den Karabiner an die Backe und feuerte. Der Mann suchte den Tod und fand ihn schnell, er brach zusammen . . ., wieder einer.

„Die werden da drüben ja auch völlig verrückt, noch dazu mit dem vielen Schnaps! Du willst also nicht in Gefangenschaft, ich auch nicht!" sagte Loose zu dem Unteroffizier. „Also wenn der Moment da ist, dann ‚Sprung auf' und zurück! Aber vorher natürlich, wenn der Russe schon vor dir steht und ‚daway' brüllt, ist es zu spät!"

Gewehrfeuer, krepierende Minen, auch die Ratschbum setzte ein. Die Russen nahmen das Lorenzhaus und den ganzen Abschnitt unter Feuer. Der Dachstuhl der Fabrik brannte, aus den Fenstern der oberen Stockwerke schlugen Flammen. Am Kanal stand schon wieder ein Selbstmörder mit dem Karabiner an der Backe.

Und im Rücken war das Ende bereits eingetreten. Das schwere Flakgeschütz schwieg. Ein dorthin geschickter Melder kam zurück: „Ausgefallen, sind alle tot. Einer ist noch da, aber mit dem ist nichts anzufangen, der ist ganz verdreht, gibt überhaupt keine Antwort."

Der Moment, der Moment . . ., dachte Loose.

Der Moment kam mit einer krepierenden Granate. Erde, Pflastersteine, Splitter deckten den Graben zu, für Sekunden war allen der Atem genommen. Loose spürte einen harten Schlag an seiner Schulter. Er biß die Zähne zusammen.

„Jetzt oder nie . . ."

Er stieß den Unteroffizier an, kletterte aus der Deckung, sprang nach hinten, Finsternis umgab ihn. Er lief zehn Schritte, warf sich hin, machte noch ein paar Schritte, warf sich wieder hin. An seiner Hand spürte er Blut, es troff aus seinem Ärmel. Er tastete seinen Arm ab. Er konnte den Arm bewegen, es schien nicht schlimm zu sein. Er wartete auf den Unteroffizier. Der kam nicht, und das russische sMG begann wieder zu tacken. Auch eine Ratschbum nahm den Graben unter Feuer. Schneller als er gedacht – das dauert keine Viertelstunde mehr, es kann sich nur um Minuten handeln! Schade – er hatte doch den von der zu Pferde fechtenden Truppe mitnehmen wollen, nichts zu machen! Ein leises Bedauern blieb – in solchen Momenten läßt man die andern doch nicht im Stich! Loose hatte eine zwiegespaltene Seele – er war Feldwebel, war aber noch etwas anderes. Seine Skrupel mußte er überspielen.

Es war einmal ein treuer Husar ... Und jetzt immer an der Wand lang! Aber da geht's nach Tempelhof und weiter zum Belle-Alliance-Platz. Das ist wieder nicht die Richtung nach Magdeburg. Doch der weiteste Weg ist manchmal der kürzeste. Er tastete sich an der Häuserwand entlang. Weit war er nicht gekommen, als er das zusammengeschossene Flakgeschütz erblickte und auch den Mann, von dem der Melder berichtet hatte. Die Leichen der Bedienung lagen herum, und der eine saß auf der zerbrochenen Lafette. Er preßte beide Fäuste gegen den Kopf und blickte kaum auf, als Loose ihn ansprach. Anscheinend war er unverwundet geblieben. „Komm, komm ..., die Russen sind gleich da!“ Der Mann rührte sich nicht, heftete nur seine starren Augen auf Loose. Und nicht der Mondschein – die Lichtreflexe der krepierenden Ratschbum spiegelten sich in diesen abgestorbenen Fischaugen. Wahnsinnig geworden ... mit so einem konnte Loose sich kaum belasten. Er machte noch einen Versuch, gab es aber auf und sprang mit einem Satz zurück, als ein Scheinwerfer aufblendete. Das weiße Licht hatte das zusammengeschossene Flakgeschütz nur gestreift, aber es lag voll auf dem vorausliegenden Graben. Und nun war es soweit, auf dem Grabenwall flatterte ein weißer Lappen. Loose sah erhobene Hände und sah sie aus dem Graben steigen, einen nach dem anderen.

Auf Wiedersehen, meine Lieben, auf Wiedersehen nach dem Krieg, unter der Normaluhr auf dem Potsdamer Platz! Bis dahin war es aber noch weit, bis zur Kaiser-Wilhelm-Straße war er gekommen. Er suchte sich weiter, ließ zwei oder drei Häuser hinter sich und mußte schon wieder Deckung nehmen. Er stand in einem Hausflur, und nach einer Weile fuhr er plötzlich wie gestochen herum.

„Wo kommen Sie her?“

In dem Geflacker ringsumher und den huschenden Lichtreflexen erblickte er eine Gestalt. Er erkannte das Gesicht, der mit dem zerschossenen Arm war es, dieser blödsinnige Major, der die ganze Gegend unsicher macht und den Leuten mit der Pistole unter den Nasen herumfuchtelt. Daß er auch an den nicht gedacht hatte und an das Widerstandsnest, das er mit zusammengelesenen Leuten irgendwo hier errichtet hat!

„Kommen Sie aus dem Graben dort, sind das Ihre Leute?"

„Nehmen Sie mal erst die Knarre da weg, Herr Major. Dieses Ding macht etwas nervös, da kann man sich nicht unterhalten. Mein eigener Haufen ist schon bei Lübben untergegangen. Drüben im Graben habe ich im letzten Moment abspringen können."

„Haben Sie gut gemacht, Feldwebel. Na, dann kommen Sie mal mit!"

Es blieb Loose nichts anderes übrig. Der Graben vorn war ausgehoben. Das Flakgeschütz war ausgefallen. Am Lorenzbunker ging es zu Ende. Aber er hatte in einen zerschossenen Wagen der BVG hineinzukriechen. Das war jetzt vorderste Linie, und einer Armee sollte hier der Weg verlegt werden. Einer ganzen Armee, es sah ganz danach aus, und dieser blödsinnige Major schien vorzuhaben, hier an der Stelle die Wende in der Schlacht um Berlin herbeizuführen. Ach, Emma, der Weg nach Magdeburg zieht sich immer mehr in die Länge!

Unter umgefallenen Lichtmasten, unter herabhängenden Leitungsdrähten, eingesponnen in Stacheldraht, umgeben von Eisenschienen steckte dieses ehemalige Straßenvehikel wie eine Spinne im Netz. Eine Barrikade aus Trümmerstücken und an der Flanke ein mit Sandsäcken beladener Möbelwagen taten ein übriges. Der Major glaubte jedenfalls, daß dieser Haufen aus Sand und Eisen und Pflastersteinen ein geeignetes Widerstandsnest bildete, ein Vorwerk für den nahen Hausbunker, den er auch noch in Besitz genommen hatte, von dem aus jedoch nur ein begrenzter Sektor einzusehen war.

Der nach Berlin gekommene Major Hasse hatte in Hermsdorf seinen Vater angetroffen (die übrige Familie war in ganz Deutschland verstreut), war zur Nachbehandlung in das Reservelazarett Tempelhof gekommen und hatte sich, als von Süden her die Front an Berlin heranrückte, der nächsten Truppe — das war eine von der Reichsstraße 96 hereintreibende Kampfgruppe, zur Verfügung gestellt.

Eine Stalinorgel fauchte, bleiche Lichter huschten durch die Ruinenwelt. In der Höhe brummten Jagdbomber. Fensterlose Fassaden leuchteten auf im Schein der Detonationen. Das alles hatte Hasse schon einmal gesehen. Nicht bei seinem letzten Einsatz in Griechenland, doch vor zwei Jahren im Osten. Die gleiche gespenstische Zahnstocherwelt, und auch dort hockten Menschen unter den Ruinenhaufen und starben. Es fehlte damals an Brot, es fehlten Medikamente, die Transportflugzeuge konnten nicht genug heranschaffen. Verwundete nahmen sie noch mit. Er war verwundet ausgeflogen worden, mit demselben zerschossenen Arm, der ihm jetzt wieder zu schaffen machte. Die umkämpfte Stadt vor zwei Jahren hieß Stalingrad, diese hier Berlin. Und wenn irgendwo, dann war hier der Ort und die Stunde, in der das kategorische Gebot verlangte, sich zusammenzureißen und die Landser, die Unterführer, die Gefolgschaft zur Kameradschaft auf Leben und Tod zu zwingen.

„Feldwebel Loose ..."

Es war kaum der geeignete Moment, um seinen eben geworbenen Feldwebel auf jenes alte Soldatenprinzip hin anzusprechen, und von Feldwebel Loose kam auch keine Antwort. Loose hatte das MG übernehmen müssen. Ein Gesicht wie aus Erde, die Uniform zerschlissen, und so sahen alle aus und müde sind alle. Sie brauchen den Kampf, brauchen das Rattern und Stoßen der MGs wie Herzkranke Kampfer. Ohne dauernde Anspannung, ohne die Gefahr, ohne das immer wieder aufgellende „Urräh" würden sie hinsinken und verschrumpeln wie schlafsüchtige Raupen. Wir alle sind „fertig", da ist nichts zu machen. Ausschlafen werden wir uns nach dem Sieg.

Das MG unter den Händen Looses bebte.

In der Dunkelheit eine flatternde Bewegung – verwehende Nebelgebilde über nächtlichem Moor, und braun sahen sie aus und Gestalt nahmen sie erst an, wenn flackerndes Licht sie streifte. Sie fielen auf die Nase, nicht auszudenken, daß sie Nikita, Kyril, Iwan, Anton hießen, daß sie so lange Kascha und klitschiges Brot aßen und Machorka rauchten und manchmal auflärmten und manchmal einer Ziehharmonika lauschten und schwermütige Lieder sangen. Sie fielen, und hinter verstreuten Steinbrocken erhoben sich andere, immer andere, immer neue, kein Ende abzusehen, so viele – nicht totzuschießen.

„Wir können ja nur hier stehen und den Kopf hinhalten und fallen", brachte Loose hervor, „aber wir müssen doch wenigstens wissen, wofür wir fallen!"

„Aber Herr Feldwebel, hören Sie mal!"

„Ja, das will man doch wissen!“

„Hier vor Berlin ...“

Die Stalinorgel jaulte, und was nutzte es, wenn man sich sagte, daß die Dinger nicht so schlimm sind, wie sie aussehen, daß ihr höllischer Gesang in der Hauptsache eine demoralisierende Wirkung hat, der man sich entziehen kann. Das gelingt eben nicht und sie bringen einen doch außer sich und machen einen halb verrückt!

„Hier vor Berlin sollte jeder wissen, für was er einsteht, Herr Feldwebel!“

„Ich weiß es nicht – ich weiß bald nicht mehr, wie ich heiße, Herr Major.“

Die Übergabe des Lorenzbunkers schien beendet zu sein. Volkssturm, gv-Heimat, Werkschutz, Zivilisten gingen mit über dem Kopf zusammengelegten Händen quer über die Straße und verschwanden in der Finsternis. Eine Scheinwerferbatterie suchte nach neuen Zielen, packte das Maschinengewehrnest im Straßenbahnwagen und ließ es nicht mehr los.

„Es geht hier bald nicht mehr, Feldwebel!“

„Es geht schon lange nicht mehr, Herr Major.“

„Nein, es geht zu Ende, zurück in den Kellerbunker!“

„Ja, rein in die Mausefalle!“

Loose deckte den Abzug. Er wartete, bis das sich absetzende Häuflein im Hausbunker angekommen sein mußte. Dann kroch er mit der Bedienung des MGs hinterher. Die Schützen schleppten das MG. Loose blieb zurück, blieb neben der Bordschwelle liegen und sah zu, wie die anderen im Kellerloch verschwanden. Sein Entschluß war gefaßt. Er kroch nicht zum Keller, sondern daran vorbei. Es war einmal ein treuer Husar ..., dieses Mal aber soll kein Verrückter ihn vom geraden Weg abbringen. Der „gerade Weg“ führte ihn bis zur nächsten Straße, um die Ecke herum, dann mit einem Sprung in eine Ruine, weiter bis vor das Reservelazarett 122, an der Lazarettpforte vorbei (mit der Wache dort wollte er nichts zu tun haben), dann durch eine Mauerlücke in den Garten, abermals durch ein Loch, durch eine in die Hauswand gerissene weite Bresche in das Innere einer Station.

Er fand sich auf einem langen Gang. Am Ende des Ganges brannte eine Kerze. Verloren im Raum die Kerze, der leere Tisch darunter, sonst war nichts da, kein Mensch. Ein zweites Kerzenlicht leitete ihn weiter, an eine Kellertreppe. Er ging hinunter und fand sich in einem Gewölbe, dem Vorraum zu einem verzweigten System unterirdischer Gänge, Türen wurden geöffnet, ein schwacher Lichtschein drang heraus und hier roch es nach Lazarett. Eine Schwester mit einem Verbandwagen hielt an, Loose zeigte ihr das an seiner Hand verkrustete Blut. Die Sache schien nicht schlimm zu sein. An einem Verband war ihm aber doch gelegen und je dicker um so besser, und mit der dazugehörigen Verwundetenkarte hatte er dann gegebenenfalls gleich einen Ausweis. Die Schwester wollte ihn weiterschicken, in einen anderen Block, dort wäre die Station für ambulante Fälle, sagte sie.

„Ich will ja nur ein Pflasterchen und dann will ich machen, daß ich weiterkomme", erklärte Loose. Sie fragte, wo er herkäme.

„Vom Kanal", erwiderte Loose.

„Und wie sieht es dort aus?"

„Da sind die Russen!"

„Na, zeigen Sie mal her, kommen Sie mit." Das sagte ein vorbeikommender junger Arzt. Die Schwester führte ihn in das Verbandszimmer, ließ ihn den Uniformrock ablegen und den Hemdsärmel hochstreifen. Der Arzt betrachtete die Wunde. Im Oberarm saß ein Splitter, es war wirklich nicht schlimm. Er pflückte den Splitter heraus und überließ Loose der Schwester zur weiteren Abfertigung.

Der Arzt war noch sehr jung. Er hatte ein bleiches Gesicht und tiefe Schatten unter den Augen und schien ebenso abgespannt und müde zu sein wie draußen die Landser.

Der Unterarzt Dr. Theysen hatte am gleichen Tage — das war am Teltower Damm in Zehlendorf — ein Landesschützenbataillon vorbeimarschieren sehen. Eingezogene alte Männer, fast alle hatten graues Haar, viele waren ohne Waffen. In lang auseinander gezogener Reihe waren sie herangekommen. Drei Mann, fünf Mann, wieder einer, und viele hatten sich auf den Bordstein gesetzt, um vor dem Weitergehen auszuruhen. Wo sie eingesetzt werden sollten, wußten sie nicht. Nur, daß sie vor zwölf Stunden die letzte Verpflegung erhalten hatten, wußten alle. „Was heißt schon ‚Einsatz', Herr Doktor, wir sind doch alle zu müde, um weglaufen zu können, wenn es soweit ist!" hatte einer geantwortet.

„Was meinen Sie denn, wann die Russen hier sein werden?“ wandte der Arzt sich an Loose.

„Das kann in jedem Moment passieren, Herr Doktor. Ich fürchtete, daß sie schon hier wären. Zwischen dem Lazarett und den Russen steht nichts mehr.“

„Trinken Sie einen Kognak?“

Der Arzt schenkte ein . . . „Sie dürfen, wir haben genug. Unser Chef rechnet auch mit der Ankunft der Russen. So hat er allen Alkohol verteilen lassen und drängt darauf, daß er auch ausgetrunken wird.“

Unter diesen Umständen trank Loose auch noch ein zweites und drittes Glas. Schon an der Tür, drehte der Arzt sich nochmals um und sagte:

„Sie dürfen die angebrochene Flasche einstecken.“

Loose ließ sich das nicht zweimal sagen. Er steckte die Flasche in die Tasche.

„Ein spendabler Arzt!“

„Ja, unser Unterarzt!“ erwiderte die Schwester. „Er ist erst von der Front gekommen, aus dem Westen. Er ist der Sohn vom Chef, hat heute eigentlich Polterabend, morgen feiert er Hochzeit, hier im Lazarett mit einer Schwester.“

„Das hat er aber schlecht eingerichtet — die Russen kommen als Gäste. Da ist es kein Wunder, daß er so blaß aussieht.“

Auf dem gleichen Weg, den Loose gekommen war, verließ er das Haus wieder. Im Garten folgte er einer Reihe von Trägern, die aus den Stationen die Gestorbenen holten und an das äußerste Ende des Grundstücks brachten, um sie dort beizusetzen. Es war die gegebene Stunde für ihre Verrichtung. Auch sie hatten in dieser Nacht genug Kognak getrunken, und es schien ihnen nichts auszumachen, ob sie Tote trugen, die in der Verwaltung noch hatten identifiziert werden können und die jedesmal zwei Mann, Kopf auf Fuß, in ein Grab gelegt wurden, oder ob es sich um jene für das Massengrab Bestimmte handelte, die aus dem Maul des Krieges als unerkennbares Gewöll aus Fleisch und Uniformfetzen hervorgegangen waren. Eine Station brannte. Die Geschosse aus einer Stalinorgel fachten das zusammenfallende Feuer wieder an und sorgten für Beleuchtung. Loose ließ die Leichenbestatter hinter sich und stand wieder vor einer Mauer. Es war kein Loch da, so stieg er hinüber. Er kam durch einen Park, dann durch Laubenland, durch ausgebombte Häuser – von einer modernen Wohnsiedlung waren hier nur Schornsteine und Umfassungsmauern übriggeblieben. Nachdem er auch noch eine Bahnunterführung hinter sich gelassen hatte, stand er am Rand einer weiten leeren Fläche, vor dem Tempelhofer Feld.

Am andern, jenseitigen Rand dieser nächtlichen Wüste stand die große Empfangshalle und standen die Schuppen des Flughafens. Aufspritzendes Gewehrfeuer ließ Loose die Richtung wechseln und versuchen, das Tempelhofer Feld zu umgehen. Nach einer Weile hatte er nur noch das ferne Gebrummel hinter sich, und wenn er sich umwandte, sah er das Flackern in den Wolken. Er kam durch tote Straßen, durch Streifen Laubenland, kam an einem Friedhof vorbei, dann durch eine ganze Friedhofsgegend. Das nächste große Ruinengelände gehörte schon dem Außenrand der eigentlichen Stadt an. Schuttberge, die Straßen zermahlen und verschwunden in einem Brei aus Schutt. Kein Mensch zu sehen, er mußte weiter, doch wohin eigentlich? Nach Magdeburg – war es noch möglich, auszubrechen und in welcher Richtung, und wie konnte er durch die Panzersperren am Stadtrand kommen? Gelegenheiten wollen gefunden sein und Glück muß man haben! „Schwein muß man haben", sagt Emma. Nicht allzuweit von hier in einer Versammlung auf der Hasenheide hatte er sie einmal kennengelernt. Zu dumm, daß sie gerade jetzt in Magdeburg sitzen muß! Vielleicht war es überhaupt schon zu spät, aus Berlin herauszukommen. In diesem Falle mußte er Zivilklamotten haben, von irgend jemandem eine Hose und eine Jacke auftreiben und einen Hut. Aber von wem denn . . ., der Atze, der Willi, der Paule, die waren alle nicht mehr da. Es war ja alles aufgeflogen und auseinander gesprengt. Und die übrigen waren so tief untergetaucht, daß nicht ranzukommen war. Loose hatte seine Geschichte. Er war zwar Feldwebel der Hitlerarmee, war aber einmal dabeigewesen, bei der „Kommune". Nur als einfaches Mitglied, ohne Funktionen, so hatte er in einer anderen Stadt untertauchen können, und war unbehelligt geblieben. Er war später eingezogen worden, hatte den halben Ostfeldzug mitgemacht und die ganze Folge der Rückzüge, vom Don bis zur Oder und Neiße, bis seine Einheit zerschlagen wurde. Er hatte seine Geschichte und dazu noch einen besonderen Anlaß, der ihn die russische Kriegsgefangenschaft vermeiden lassen wollte. Nun, Hemd und Hose wird in diesem riesigen Trümmerhaufen ja schließlich aufzutreiben sein. In irgendeinem Haus, von irgendeinem vernünftigen Menschen, die muß es in Berlin doch noch geben, sie können doch nicht alle ein Brett vor dem Kopf haben. Aber nicht zu früh darf man sich verpuppen. Der richtige Zeitpunkt ist abzupassen, bis dahin galt es, die Streifen zu vermeiden.

Meide, meide!

Er hatte genug gesehen. Mit Standgerichten sind sie schnell bei der Hand, und schon den Schuljungens haben sie den Stahlhelm verpaßt. Weder die Schwindsucht noch ein lahmes Bein, nichts kann retten, der kleine Verband an seinem Arm bedeutet überhaupt nichts, einen UK-Schein kann er nicht vorweisen. Also: meide, meide!

Keine Spur von Leben, kein noch so kleines Licht in der großen Finsternis. Eine tote Stadt, wo stecken nur die vielen Menschen? Der Nachthimmel war ohne Wolken, ausgehöhlte Häuser und darüber funkelnde Sterne. Loose hielt vor einem eisernen Geländer und blickte hinunter. Unten glänzte schwarzes Wasser. Es war der Landwehrkanal, an den wird er sich halten, am Kanal entlang gehen bis zum Tiergarten. Und dort am Bahnhof Bellevue kennt er eine Portierswohnung. Und wenn die alte Frau noch existiert, wird er dort Hilfe, ein Versteck, auch einen Anzug finden.

Bis dahin Vorsicht!

Die Sterne über den Ruinen wurden blasser. Der Himmel war schon wie graue Watte. Über die Brücke muß er rüber, dann am Halleschen Tor vorbei, aber erst sich gut umgucken. Es tagt schon, also noch vorsichtiger!

Da war es schon geschehen:

„Soldbuch, Papiere!"

Es war eine Wehrmachtsstreife, ein Feldwebel und zwei Mann.

„Und wo ist Ihre Einheit?"

„Untergegangen, dort in Tempelhof!"

„Na gut, kommen Sie mit zur Sammelstelle!"

Es war zwar nicht gut, war alles andere als gut, aber er mußte mitgehen, zur Sammelstelle in der Lindenstraße. Sie ließen die Brücke hinter sich, gingen außen herum um den Belle-Alliance-Platz. In der Mitte des Platzes ragte die dem Andenken an die Schlacht von Waterloo gewidmete hohe Friedenssäule in den grauen Tag. Die Viktoria mit dem Siegeslorbeer auf der Höhe der Säule blickte nach Tempelhof.

In Tempelhof lebte nach einer Ruhepause das Feuer wieder auf. Für den Haufen Hasses, für das Reservelazarett 122, für den Flughafen, für ganz Tempelhof kam das Ende. Die SS-Besatzung aus dem Ullsteinhaus, die Heimatverwendungsfähigen und der Mariendorfer Werkschutz aus dem Lorenzbunker, der Volkssturm vom Teltowkanal befanden sich schon, eskortiert von Kosaken auf zottigen Pferdchen, auf der Reichsstraße 96, eine lange Straße, für viele sollte sie die Straße ohne Ende werden.

Aus dem Kellerbunker Hasses, zwischen umgeworfenen und wieder aufgebauten Sandsäcken, ragte der Lauf eines Maschinengewehrs. Das MG schoß nur noch nach längeren Pausen. Hasse hatte nicht nur Soldaten um sich, wie im Lorenzbunker saßen auch hier Zivilisten, Frauen, alte Männer, auch Kinder. Sie saßen und lagen am Boden, ohne Essen, mit wenig Wasser, es gab kein Licht, auch der Vorrat an Wachskerzen ging zu Ende. Ihre Bedürfnisse hatten sie an Ort und Stelle mitten unter den anderen zu verrichten. Vor der Kellertür lagen unversorgte Verwundete. Die Luft war verbraucht. Blut, Kot, Eiter, in den Gestank mischte sich der Pulverqualm.

Hasse war unter der Schicht von Staub, Schweiß und Pulverrauch weiß – so weiß wie ein Neger in namenloser Angst werden kann. Er atmete schwer, es war ihm eng in der Brust, Unruhe trieb ihn durch den Keller, und immer wieder jagte er aus den finsteren Ecken seine Leute auf.

Der Gedanke an seinen Vater in Hermsdorf mußte ihn aufrichten. Der Vater, untersetzt, grauhaarig, ungebrochen – so hatte er ihm vor einigen Tagen gegenübergestanden. „Wir brauchen dich, wir alle und vor allem Mutter“, hatte der Vater zu ihm gesagt. „Aber dein Entschluß, dich mit dem Arm in der Binde zur Verfügung zu stellen, das zeigt, von welcher Art du bist!“ Die Worte waren dem Alten aus trokkener Kehle gekommen, und er selbst hatte den Abschied abkürzen wollen und war gegangen, war aber an der Gartentür von ihm wieder eingeholt worden.

„Und dabei bleibe ich, Wolfgang, der Sieg gehört uns, wenn wir festbleiben und durchstehen!“ Das waren die letzten Worte gewesen, die er ihm mit auf den Weg gegeben hatte.

Die weiße Fahne ...

Niemals!

Draußen ein bellender Knall. Die Sandsäcke flogen wieder um, Staub schlug in die Kellergewölbe und trieb bis in die hintersten Ecken. In Erdhöhe gähnte ein Loch, das mußte wieder geschlossen werden. Das mußte zu, koste es, was es wolle! Er schaffte es, zwei Mann halfen ihm dabei. Das MG steckte seinen Lauf wie vorher durch den Schlitz und begann wieder zu rattern. Alle waren weit weg, die ganze Familie verstreut – nur der Vater saß in Hermsdorf, und Agnes war auch in Berlin, saß auch in der ratternden Hölle, in irgendeinem Loch beim Werwolf. Kapitulieren? Niemals – er wird sich doch nicht von Agnes beschämen lassen!

„Es ist aussichtslos, Herr Major!“

Hasse blickte auf, einen Mann hatte er vor sich, ein Gesicht mit einer Brille. Auch einige seiner Soldaten umdrängten ihn. Was wollten sie? Der Zivilist mit der Brille war der Sprecher.

„Herr Major, es hat keinen Zweck mehr!“

„Kapitulation!“ sagte ein anderer.

„Niemals ..., bis zum letzten Schuß!“

Es war zu spät – die Tür flog auf. Männer, Frauen und Frauen mit Kindern auf den Armen, Frauen und Soldaten, eine Woge schwemmte an ihm vorbei und riß ihn mit bis auf die Straße.

Erhobene Hände, in der Luft weiße Fetzen.

Die Russen!

„Wer hier Starsche?“ fragte einer.

Wer der Rangälteste ist, wer den Bunker so hartnäckig verteidigt hatte, wollte er wissen. Er brauchte kein zweites Mal zu fragen. Um Hasse herum bildete sich ein freier Platz. Ein Rotarmist holte mit der Faust aus und schlug Hasse nieder. Ein anderer, derselbe, der gefragt hatte, schoß den Niedergeschlagenen, als er sich auf die Arme stemmte und wieder aufrichten wollte, aus einer Pistole ins Genick.

„Da hast du ...“ sagte er. Und zu den Frauen: „Frauen nach Hause, Kinder nach Hause!“ Und zu den andern, auch zu den Zivilisten unter den Männern: „Nu daway!“

Mit der Mündung der rauchenden Pistole wies er zum Kanal, in die Richtung zur Reichsstraße 96.

„Hier ist es richtig – der freie Platz in der Mitte gibt eine prima Feuerstellung und die Bäume ringsherum geben eine prima Tarnkulisse!"

Gedacht – getan!

Der Batteriechef, hoch zu Roß, ritt durch den Haupteingang des Reservelazaretts 122. Der Wachtmeister und die Kanoniere folgten mit zwei 15-cm-Feldhaubitzen. Auf dem freien Platz in der Mitte des Lazarettgeländes protzten sie ab. Sie waren mit ihren Verrichtungen noch nicht weit gediehen, als der Chefarzt des Lazaretts, Oberfeldarzt Dr. Theysen, begleitet von seinem Feldwebel und dem Unteroffizier vom Dienst näher kam.

„Hören Sie mal, Sie haben sich wohl in der Adresse geirrt, Herr Hauptmann!"

„Nein, durchaus nicht, Herr Oberfeldarzt. Hier ist es richtig."

„Was fällt Ihnen eigentlich ein. Auf den Dächern und draußen an den Umfassungsmauern, überall hängt weit sichtbar das Zeichen des Genfer Roten Kreuzes."

„Das ist egal, das ist überholt. Sie haben ja keine Ahnung, Herr Oberfeldarzt, welche Formen heute der Kampf angenommen hat!"

„Wir haben zweitausend Verwundete im Bau. Wir stehen unter dem Schutz des Roten Kreuzes. Unter diesen Umständen können wir hier auf dem Gelände keine kämpfende Truppe dulden!"

„Hier wird abgeprotzt und damit fertig, der Platz hier ist richtig."

Der Feldwebel mischte sich ein. Er schien nicht übel Lust zu haben, dem Hauptmann seine Meinung zu sagen. Doch er wandte sich zunächst an den Unteroffizier vom Dienst: „Das scheint denen ganz egal zu sein, wenn die Verwundeten hier in die Luft fliegen!"

„Lassen Sie nur, Feldwebel. Wir werden das gleich in Ordnung bringen."

Der Oberfeldarzt und seine Begleiter gingen zum Chefarztgebäude zurück. Dr. Theysen griff zum Telefon. Mehr als zwei Stunden brauchte er, bis er zum Kommandeur der zuständigen Division durchdrang.

„Das geht unter keinen Umständen, Herr General. Wir stehen hier unter dem Schutz des Roten Kreuzes. Ich habe an meine Verwundeten zu denken."

„Nun, schmeißen Sie den Kerl doch einfach raus."

„Nicht so einfach, der Batteriechef benimmt sich ziemlich rabiat. Und über Waffen, um ihn damit vom Gelände zu vertreiben, verfüge ich nicht."

„Dann bringen Sie ihn mal bitte hierher an die Strippe, werde ihm mal die Meinung sagen!"

Dr. Theysen ließ den Batteriechef holen. Der Sanitätsfeldwebel, der dem Hauptmann den Hörer überreichte, bemerkte, daß der Divisionskommandeur seinen Batteriechef gründlich „abbürstete" und den Antworten entnahm er, daß der Hauptmann den Befehl zum Abrücken erhielt. Die Batterie verschwand wieder vom Lazarettgelände, und damit war diese Angelegenheit erledigt.

Die Gefahr für das Reservelazarett 122 sollte von anderer Seite kommen. Die Nähe des Lorenzbunkers und die drei Tage währende Verteidigung dieses Fabrikgebäudes erwies sich für das Lazarett als fatal; es wurde in die um die Lorenzfabrik tobenden Kämpfe einbezogen.

Bomben, Granaten, auch Salven aus Stalinorgeln, die anscheinend der Lorenzfabrik galten, gingen auf dem Lazarettgebäude nieder, richteten dort Verwüstungen an und verlangten Opfer.

Das Reservelazarett 122 war überbelegt, achthundert Betten waren vorhanden, und zusätzlich hatten die in letzter Minute evakuierten Verwundeten aus den Außenstellen, aus Mariendorf und der Schlageterschule untergebracht werden müssen. Mehr als zweitausend Kranke lagen verteilt in den verschiedenen Stationen.

Und das Lazarett lag unter Beschuß!

Alle hinunter in die Kellergewölbe! Unterbringung in Betten, zwischen den Betten, auf den Gängen, am Boden. Behelfsmäßig. Notstand. Alles konnte nur provisorisch bleiben, selbst das Begrabenwerden erwies sich als vorläufige Einrichtung.

Verwundete, zuerst aus dem Ullsteinhaus, später aus dem Lorenzbunker, vom Teltowkanal, von der Berliner Straße, aus der Gegend vom Attilaplatz bis zur Gottlieb-Dunkel-Brücke, wankten in das zum Feldverbandplatz gewordene Reservelazarett oder wurden auf Tragen hereingebracht. Der Chefchirurg, Oberärzte und Assistenten, Männer in Gummischürzen und mit aufgekrempelten Hemdärmeln, arbeiteten mit Schere, mit Messer und Säge, banden Arterien ab, zersägten Knochen. Wundgeruch, Stickluft, Kerzenlicht. Sie operierten bei Kerzenlicht und es wiederholte sich am Rande Berlins, was seit Stalingrad, was am Mius, am Don, am Dnjepr, was auf allen Feldverbandplätzen des Ostens geschehen war. Das Blut lief vom Operationstisch, unter den Füßen wurde es zu Schlamm, es trocknete nicht mehr auf. Die Operateure waren Schwerarbeiter, arbeiteten ohne Pause, es ging durch Tag und Nacht. Nur mit starkem Kaffee hielten sie sich aufrecht. Draußen brannte die Lorenzfabrik, der Feuerschein fiel auf das Lazarettgelände, flackerte an den Fassaden und Mauern der Gebäude. Die Operateure arbeiteten weiter, die Schwestern hielten aus. Doch andere — Pfleger, Verwaltungsangestellte, Schwestern und Leichtverwundete, Kranke aus der kieferchirurgischen Abteilung, auch aus der Nasen- und Ohrenstation verließen in hellen Haufen das Haus. Wer wollte sie hindern und brächte nicht auch noch ein gewisses Verständnis dafür auf — wenn das panische Davonlaufen auch sinnlos war. Tempelhof oder der Alexanderplatz oder der Führerbunker — überall wartete das Schicksal.

Ein neuer Tag kam.

In den unterirdischen Gewölben und Verbindungsgängen war der Tag wie die Nacht. Kerzenlicht. Stöhnen. Sterben. Eine Fliegerbombe hatte eines der Massengräber wieder aufgerissen und die Leichen in die Gegend gestreut. Auf den Stationen wurden die Toten auf den Gängen abgestellt. Die Reihen wurden länger. Die Sektionsgehilfen und Träger betraten den unter Beschuß liegenden Garten nicht mehr. Die Toten mußten warten.

Die folgende Nacht brachte das Ende. Von der Eingangspforte her kam der Unteroffizier vom Dienst: „Die Russen sind da, Herr Oberfeldarzt, sie sagen, der Kommandant soll kommen."

Der Chefarzt, Dr. Theysen, nahm seinen „Spieß" mit. Der Chef der Psychiatrischen Abteilung begleitete ihn freiwillig. Im Garten standen drei Russen, ein Offizier und zwei Mann mit angelegten Maschinenpistolen.

„Hände hoch!"

Dr. Theysen brachte nur eine Hand hoch. Der linke Arm war steif, noch von einer Verwundung aus dem ersten Weltkrieg. „Ich habe nichts, keine Waffe!“ brachte er hervor.

„Du Chef?“

„Ja, Chefarzt!“

Der Offizier, ein junger Leutnant, kam näher, reichte Dr. Theysen zur Begrüßung die Hand und sagte: „Komm!“

Komm – nichts weiter. Der Feldwebel und der Psychiater, Dr. Schott, blieben zurück. Sie blickten den drei Russen nach, die mit ihrem Chef durch den Garten gingen, durch eine von Panzern in die Mauer gefahrene Bresche stiegen und in der von Gewehrschüssen durchflackerten Nacht verschwanden.

Einige Stunden später kehrte Dr. Theysen zurück, von den gleichen Russen begleitet. Er ging zur Pforte, traf dort neben dem Unteroffizier vom Dienst seinen Adjutanten an, einen älteren, ihm von der Truppe zugeteilten Major. Er ließ Dr. Schott und den übrigen Herren im Chefarztgebäude, auch seiner Frau und seinem Sohn, die auf ihren Stationen beschäftigt waren, ausrichten, daß er zurückgekehrt sei. „Vor allem aber, Herr Wegemann, sind die Waffen einzusammeln, alle Handwaffen sind abzuliefern!“ Er selbst hatte das Verlangen, allein zu sein, suchte in dieser Nacht auch nicht das Gewölbe in der Desinfektionsabteilung auf, das er bisher bewohnt hatte.

Er ging in seine Wohnung in die Chefarztvilla.

Dort stand er nachher im abgedunkelten Zimmer an einem geöffneten Fenster. Es war eine Nacht mit einem Himmel voller Sterne. Die Luft war weich, eine Frühlingsnacht, wie sie schöner nicht zu denken war. Der Krieg war also über ihn hinweg gerollt. Das Lazarett war zurückgeblieben wie eine vergessene Insel. Auf den Straßen rechts und links des Lazarettgeländes schwemmte der Nachschub vorbei. Die Reichsstraße 96 und weiterhin die Berliner Chaussee und hier die Berliner Straße waren zur Vormarschstraße geworden. Feldhaubitzen, Panzer, Fußvolk, Panjewagen ..., nur einen Steinwurf weit von seinem Fenster entfernt ratterte und stapfte der Nachschub, ratterte und stapfte durch die von brennenden Häusern überflackerte Nacht dem Stadtinneren entgegen. Ein endloses Band und so gefüllt, daß es sich ausbuchtete und in die Nebenstraßen hineinquoll. Wagen mit

Motorschäden und anderen Pannen; vielleicht parkten sie auch nur, weil es vorn nicht weiterging und in der Mitte eine Fahrrinne für eilige Transporte offen bleiben mußte. Auch in der stillen Nebenstraße vor der Chefarztvilla und im gegenüberliegenden Park waren Wagen abgestellt. Unter den Bäumen glimmten Lagerfeuer. An der Parkmauer bewegten sich Schatten. Die zerfetzten Mauern und die einsam ragenden Rauchfänge der ausgebrannten Wohnsiedlung waren wieder überflackert von fernen Detonationen. Schon auf seinem Rückweg durch das Laubengelände hatte Theysen in der Richtung zum Flugplatz Kampflärm vernommen und flackerndes Gewehrfeuer bemerkt. Kampflärm vernehmen und flackerndes Gewehrfeuer bemerken — das ist allerdings eine zu verallgemeinernde Umschreibung für den tatsächlichen Zustand. Er hatte sich an den Boden werfen müssen, und das Prasseln über sich im dürren Lattenzaun hatte ihn veranlaßt, das Gesicht in die Erde zu bohren. Garben aus Maschinengewehren und das feurige Aufspritzen von Wurfgeschossen hatten ihn abermals zu Boden gehen lassen, mit seinen Begleitern war er gelaufen, hatte sich wieder hinzuwerfen, und auf diese Weise war er ins Lazarett zurückgelangt.

Er war müde zum Umsinken und hätte Ruhe nötig gehabt, um den Anforderungen des nächsten Tages gewachsen zu sein, doch der Schlaf ließ sich nicht kommandieren.

Er stand am Fenster, hörte unten einen Schuß fallen. Unter seinem Fenster brach eine Gestalt zusammen. Ein zweiter Schuß hallte und noch eine Gestalt, eine Frau, fiel nach vorn, schlug mit der Stirn aufs Pflaster und blieb liegen. Ein Streichholz flackerte auf — einer zündete sich eine Zigarette an. Die Feuer unter den Bäumen des Parkes waren heruntergebrannt und glimmten nur noch. Es machte nicht allein die Nacht, daß Theysen die unbeteiligten Zigarettenraucher und die unter den Bäumen hockenden Schatten wie Lemuren erschienen.

Theysen zog sich vom Fenster zurück. Ohne die bereitstehende Kerze anzuzünden streckte er sich auf seinem Lager aus. Auf dem Laubengelände war er in den Keller eines der Mietshäuser geführt worden, die dort vereinzelt zwischen den verlassenen Schrebergärten standen. Er hatte warten müssen und war nachher von einem Major befragt worden. Der Major hatte fließend deutsch gesprochen, ein höherer Offizier saß dabei, ein General in einfacher Soldatenbluse mit leicht angegrautem Haar und mit elastischen Bewegungen. Der Höhere blieb im Hintergrund, ganz im Schatten der Lampe, doch so, daß er das Gesicht des Befragten beobachten konnte.

Die eigentliche Befragung war kurz, doch vielleicht nicht ohne unheimliche Vorbedeutung. Sie betraf die vorzubereitende Übergabe des Lazaretts. Weiter fragte der Major, ob er Parteimitglied war, wie lange, seit wann Chefarzt und ob er sich während des Krieges im Osten aufgehalten hatte. Was das Lazarett betraf, so wollte er wissen, wie viele Betten es gab, wie viele Verwundete, wie viele davon gehfähig wären, auch wieviel prominente Parteiangehörige sich unter den Kranken und dem Personal befänden. Auch für die Menge der Lebensmittelvorräte, für die Ausrüstung, besonders für die chirurgische Ausrüstung des Lazaretts interessierte er sich. Schließlich erkundigte er sich noch nach der eigenen Villa, wie er die Dienstwohnung nannte, nach ihrer Größe, der Anzahl der Zimmer und der Einrichtung der Zimmer. Der General in der Soldatenbluse stand auf und ging weg, ohne ein Wort und ohne die Andeutung eines Grußes. Die beiden gleichen Russen, die ihn geholt hatten, begleiteten ihn, nachdem er erklärt hatte, daß er allein nicht durch das von Russen besetzte Gebiet gehen könne, zurück bis zum Lazarettgelände.

Theysen mußte wohl eine Weile geschlafen haben. Er fuhr unruhig auf, ging zurück an das noch geöffnete Fenster. Geschosse zogen ihre Bahn. Durch den Himmel jaulten Salven der Stalinorgel. Über dem Tempelhofer Feld barsten Granaten. Gewehrfeuer knatterte. Der Kampf um den Flughafen war in vollem Lauf, prallte gegen das große Empfangsgebäude und gegen die halb amphitheatralische Anlage der Hallen, sprang weiter und wütete in dem dahinter beginnenden endlosen Trümmermeer.

Auf dem Straßenpflaster unter seinem Fenster lagen Mann und Frau. Wo waren sie hergekommen — aufgetaumelt aus einem Entsetzen und geflohen, und hier den Lemuren vor die Pistolenmündung gelaufen, lagen da und rührten sich nicht. An der Mauer kauerten Schatten. In der Ferne Kampfgetöse. Auf der Straße Larven. Die Sterne verschwanden. Die Luft war schwarze Asche. Aus ausgebranntem Pulver, aus wallendem Rauch erhob sich ein wehendes Gebilde, stand auf bis zur halben Höhe des Himmels, suchte schlotternd Gestalt, beugte sich herab bis zum blutenden Saum der Stadt, armlos und ohne Hände schwingt es die Sense.

Mit dem Bild der schwingenden Sense wachte Dr. Theysen am nächsten Morgen auf. Vor ihm stand der Unteroffizier vom Dienst und draußen wartete sein Stellvertreter Dr. Kohlhammer. Theysen fand sich noch angekleidet auf seinem Bett. Nur die Stiefel hatte er anzuziehen, die langen Stiefel waren lehmverschmiert, und er erinnerte sich an seinen nächtlichen Weg durch das Laubengelände. Er ließ Dr. Kohlhammer hereinrufen, auch Kohlhammer sah unausgeschlafen aus.

„Im Büro erwarten Sie zwei Kommissare, Herr Oberfeldarzt", sagte Kohlhammer. „Die beiden sind ziemlich ungeduldig. Außerdem sind Veränderungen im Gange, man darf wohl sagen, sehr einschneidende Veränderungen."

Einschneidende Veränderungen, das war wohl so. Zu allererst war die Übergabe des Lazaretts vorzubereiten.

„Veränderungen also, Herr Kohlhammer?"

„Nun, Sie werden schon sehen, Herr Oberfeldarzt. Übrigens bin ich die halbe Nacht verhört worden."

Kohlhammer also auch!

Begleitet von Kohlhammer ging Theysen zum Chefarztgebäude hinüber. Im Büro warteten die beiden Kommissare, zwei Männer in Lederjacken.

Veränderungen, das wußte er schon! Und jetzt stürmten die Fragen – und es waren Befehle – auf ihn ein. Es handelte sich um Waffen, um Lebensmittel, um die Gebäude, um die Chefarztvilla. Bestandlisten waren aufzustellen, personell und materiell, sagten sie und zwar personell ausführlich mit Charakteristiken für jeden einzelnen, und materiell gesondert nach Art der Gegenstände und nach Abteilungen.

„Betten, Stühle, Tische, Lampen auf ein Papier. Instrumente, Zangen, Scheren, Apparate auf anderes Papier. Und wo sind Waffen, sind nicht eingesammelt, sind viel zu wenig. Du Chefarzt, verantwortlich! Und du, Kohlhammer, auch verantwortlich. Mit Kopf, du verstehst!"

„Mit Kopf – ich verstehe."

„Wir werden Waffen suchen, wenn wir finden, du Chef: puck-puck!"

Er machte die Bewegung des Erschießens. „Und Lazarett wird angezündet. Feuer, alles kaputt, verstehst!“

Es war alles sehr verständlich.

Die beiden Kommissare gingen, begleitet von Dr. Kohlhammer, den sie aufgefordert hatten, mitzukommen. Im Büro blieb Theysen mit seinem Adjutanten, dem Major Wegemann, mit seiner Sekretärin und dem Kompaniefeldwebel.

„Jetzt die Ärmel aufgekrempelt und ran!“ sagte Theysen.

Die Genfer Flagge wurde anscheinend respektiert, und er hatte dafür zu sorgen, daß es dabei auch blieb.

„Wo sind die Waffen?“

Es wurde ihm gesagt, daß die Waffen eingesammelt worden waren bis auf jene, die in den Löschteichen versenkt und in der Erde vergraben worden waren.

„Das geht nicht, die Waffen müssen her. Herr Wegemann, setzen Sie sich sofort hinter diese Sache. Und Herr Feldwebel, Sie rufen sofort die Abteilungsärzte und die Assistenten zusammen!“

„Es wird nicht zu machen sein, Herr Oberfeldarzt.“

„Warum denn nicht?“

„Weil ein Teil der Ärzte sich nicht im Hause befindet.“

Einige Ärzte standen vor einem Verhörzimmer, andere standen vor der Pforte auf der Straße. Ärzte, Pfleger, Verwundete, jedenfalls alle, die gehen konnten, in Anstaltskleidung, andere in Unterhosen und Hemd, wie sie standen und gingen, hatten sie die Krankengewölbe verlassen müssen und warteten auf der Straße schon seit Stunden auf ihren Abtransport.

„Also erstens die Waffen, es muß gemacht werden!“

Der zweite Punkt: die Listen über das Inventar und Namenslisten (einschließlich Charakteristiken) über alle im Lazarett anwesenden Personen.

„Wir haben noch einige Schreibkräfte nötig“, wandte Theysen sich an seine Sekretärin, „zehn oder besser besorgen sie zwanzig, Fräulein Kindler!“

Ein Russe kam herein mit einem Zettel und einem Stempel darunter. Er wollte einen Zentner Butter abholen. Ein anderer Russe, ein dritter, ebenfalls mit Ausweisen, alle wollten irgend etwas haben. Ob ihre Ausweise echt waren oder ob sie nicht echt waren, was überhaupt darauf stand, war nicht festzustellen. Da sie ihre Anliegen aber mit der gezogenen Pistole unterstützten, war nichts zu machen, und was sie verlangten, wurde ihnen ausgeliefert.

„Und was ist das hier, Fräulein Kindler?"

Einige zusammengefaltete Briefe, darunter eine Photographie von einem älteren Mann mit einem Borstenkopf und einem Bart lagen auf seinem Tisch.

„Das sind Sachen von einem Gefallenen von der Berliner Straße. Die Personalien sind schon für die Totenliste weitergegeben worden. Ein Major mit einem Genickschuß, er soll Angehörige in Hermsdorf haben."

Wieder Russen.

Dann der Zahlmeister aus der Verpflegungsabteilung.

„Gut, Herr Oberzahlmeister. Sie bringen wahrscheinlich die Liste über die Lebensmittelbestände?"

„Nein, die bringe ich noch nicht."

„Es wird aber Zeit. Wir brauchen die Liste dringend."

„Übrigens wird die Aufstellung bald nicht mehr stimmen, Herr Oberfeldarzt."

„Ich weiß, ein Zentner Butter fehlt."

„Es sind bereits zehn Zentner Butter, die fehlen. Sie müssen sich das ansehen, Herr Oberfeldarzt. Die Magazine werden geplündert. Jeder nimmt, was er will und noch mehr wird dabei verwüstet."

Das Lazarett stand zwar unter dem Schutz eines Divisionsstabes. Es waren auch Posten aufgestellt, dennoch fanden viele von der Straße in die Gebäude hinein. Kleine, geduckte Gestalten, verschwitzte Gesichter, die graubraunen Soldatenblusen zerschlissen. Die Krankengewölbe – Beine in Gips, in den Betten Sterbende, in andern Betten Gesichtsmasken, die nur die Nase freiließen, das war nichts, sie gingen weiter, sickerten in alle Räume ein und blickten suchend und unsicher um sich. Auch von Vergewaltigungen konnte keine Rede sein (eine Schwester unter zweihundert). Aber sie fanden die Küche, fanden die Magazine. Sie verlangten Schnaps.

„Du geben Schnaps!"

„Kein Schnaps da!"

„Du lügen, Lazarett immer Schnaps."
„Was dort hinter Vorhang?"
„Was in Schrank, was in Tisch?"
„Kein Schnaps!"
Schnaps war nicht mehr vorhanden, da war vorgesorgt. Aber der medizinische Alkohol, ganze Ballons voll und die großen Vorräte an Spiritus waren vergessen worden.
„Hier Schnaps, viel Schnaps!"
Um Gottes willen, was wird geschehen, eine halbe Kompanie russischer Soldaten wird sich schwerste Alkoholvergiftungen zuziehen! Aber sie vertrugen Brennspiritus, sogar in großen Mengen, und sie tranken medizinischen Alkohol und Kölnisches Wasser ohne sichtbar Schaden zu nehmen. Sie hatten auch nicht viel Zeit. Ihre Offiziere fanden sie auf den Gängen des Lazaretts. Sie brüllten und fluchten, fuchtelten mit Stöcken und Pistolen herum und jagten sie weiter. Noch ein Schluck und noch einer, sie trollten davon und andere kamen.
„Und was ist das dauernd für ein Geschieße?"
„Das weiß kein Mensch, Herr Oberfeldarzt. Vorhin hat sich ein Verwundeter, ein Oberstleutnant, in seinem Bett erschossen, und der im Nachbarbett hat es in dem Krach ringsherum nicht einmal bemerkt."
„Ist doch nicht möglich!"
„Doch, Herr Oberfeldarzt", erwiderte der UvD. „Der Oberstleutnant hat sich dabei das Kissen um den Kopf gelegt. Und vor einer halben Stunde wollten sich vier Kranke draußen auf der Terrasse niederlegen. Sie machten die Tür auf, kamen heraus und der russische Posten schoß sie ohne Anruf nieder."
Dieses Mal war das Schießen vor der Pforte.
„Dort stehen die Verwundeten und warten auf weitere Befehle für den Abtransport, Herr Oberfeldarzt. Es haben sich auch viele Neugierige angesammelt. Und wenn die Neugierigen zu dicht herankommen, hält der Posten mal seine MP dazwischen."
Ein Oberleutnant kam mit einem Waschkorb herein und verlangte Uhren. Er fuchtelte mit der Pistole herum. „Befehl vom Stab, alle Uri einsammeln. Abliefern in zwei Stunden!"
Theysen nahm den Waschkorb entgegen und gab Waschkorb samt Auftrag weiter an Major Wegemann. Ein russischer Majorarzt kam

herein und begrüßte den Kollegen Chefarzt. Er blickte sich im Arbeitszimmer Theysens um und bemerkte an der Wand das große Hitlerbild und daneben das Porträt des Generalfeldmarschalls Hindenburg. „Oh, nix gutt. Hitler nix gutt!" Er nahm einen Stuhl, stieg hinauf, zerschlug das Bild aber nicht etwa, sondern drehte es nur um. Gegen Hindenburg hatte er nichts einzuwenden. Offensichtlich hatte er niemals etwas über die Schlacht bei Tannenberg und über das Ende von zweihunderttausend Russen in den Masurischen Sümpfen gehört.

„Gutt Mann, Bild kann bleiben!" sagte er.

Bald nachdem der Majorarzt gegangen war, betrat einer der Kommissare das Büro, dieses Mal war er sehr ungehalten und schimpfte: „Nichts wird gemacht, keiner tut was ..., fünf Minuten warte ich noch, dann werden alle auf die Straße geschmissen!"

„Was wird nicht gemacht, wer wird auf die Straße geschmissen?"

Es handelte sich darum, daß zwei Stationen, die mit Schwerverwundeten belegt waren, geräumt werden sollten. Eine russische Sanitätseinheit mit russischen Verwundeten wollte dort einziehen. Die Gebäude waren über der Erde unbelegt, doch dort fehlten in den oberen Etagen Betten; außerdem mußten die mit Verwundeten belegten Kellergewölbe geräumt werden.

„Ich werde selbst für die Räumung der beiden Gebäude sorgen!" Theysen wollte sofort zu den betreffenden Stationen hinübergehen. Er kam jedoch nur bis zur Tür des Chefarztgebäudes, dort begegnete er dem jungen Leutnant, der ihn in der vergangenen Nacht zum Stab geführt hatte.

„Sofort zum Verhör!"

Bis er zurückkam, war es Nachmittag geworden.

Vor der Pforte hockten noch die gehfähigen Verwundeten und ein Teil des Pflegepersonals. Für die Ärzte und das Personal brachte er aus dem Stab im Laubengelände den Befehl mit, daß sie ihre Arbeit wieder aufzunehmen hätten. Auch für die Schwerverwundeten war die Stunde noch nicht gekommen, in der sie auf Tragen geladen und von russischen Lastkraftwagen in östlicher Richtung und mit unbekanntem Ziel abtransportiert werden sollten. Auch die Leichtverwundeten durften noch einmal auf ihre Stationen zurückkehren.

Die Maschine arbeitete langsam.

Theysen hatte sich um die noch nicht durchgeführte Räumung der Kellergewölbe in den beiden Schwerverwundetenstationen zu kümmern, suchte aber vorher sein Büro auf. Auf dem Wege zum Büro begegnete er plündernden Russen – Wäsche, Möbel, Bücher, Lebensmittel, alles wurde weggeschleppt, und jetzt bereits, ohne daß entsprechende Papiere vorgezeigt wurden. Sogar medizinische Geräte und Instrumente sah er in den Händen von Betrunkenen. Und in diesem Fall, wenn schon nicht bei den andern Dingen, meinte er eingreifen zu müssen. Doch vergebens, er konnte sich nur davon überzeugen, daß jedes Stück aufgeschrieben wurde und im Gegensatz zu der wilden Plünderung der übrigen Dinge der Abtransport der medizinischen Ausrüstung systematisch durchgeführt wurde. Auch die Einsammlung der Uhren schien ja eine von einem Stab veranlaßte systematische Maßnahme zu sein. Die Uhren waren inzwischen angekommen. Im Büro fand er neben seinem Schreibtisch den Waschkorb zur guten Hälfte angefüllt, doch nicht nur Uhren, auch Orden und Ehrenzeichen, Abzeichen des Luftschutzbundes und der NSV lagen im Korb, sogar ein goldenes Parteiabzeichen fand sich in der Menge der goldenen und silbernen Uhren. Die kategorisch befohlenen zwei Stunden waren übrigens herum. Theysen hatte sich über das Wichtigste des während seiner Abwesenheit Vorgefallenen informieren lassen, als der betreffende Offizier auch schon eintrat. Ein Hauptmann, am Vormittag schien er doch noch Oberleutnant gewesen zu sein.

„Uri, Uri...", brüllte der Eintretende und legte seine Hand an die Pistolentasche. Der Mann war ohne Grund aufgebracht. Theysen blickte auf den Waschkorb, auch der Hauptmann bemerkte jetzt die eingesammelte Beute.

„Oh, du gutt Mann!" Seine Stimmung war mit einem Schlage verändert. Er zog eine Wodkaflasche aus der Tasche und stellte sie auf den Tisch. Nicht genug damit, brachte er aus einer anderen Tasche ein Flakon Kölnisches Wasser zum Vorschein. Theysen mußte sich gefallen lassen, damit ausgiebig besprengt zu werden.

„Gutt Mann, serr gutt Mann!"

Theysen bezweifelte, daß er gerade in diesem Fall besonderes Lob verdient hätte. Aber was konnte er tun, als Chef oder „Kommandant", wie sie ihn jetzt bezeichneten, war er zugleich zum Komplizen der

Räuber erhöht oder degradiert, je nachdem von welcher Seite aus man es betrachten wollte. Er sah den Hauptmann mit dem Waschkorb abrücken, mußte aber die Überraschung erleben, den Oberleutnant, und zwar unzweifelhaft den vom Vormittag, ins Büro hereinkommen zu sehen.

„Die Uhren."

„Bereits abgeliefert!"

„Abgeliefert, was heißt das . . ."

Dieses Mal wurde es ernst. Der Oberleutnant brüllte und zog die Pistole. Theysen fühlte das kalte Eisen am Genick. Sterben wenn es sein mußte, aber nicht wegen so einer dummen Uhrengeschichte, das war zuviel verlangt. Dagegen wehrte er sich und mit heftigen Worten, sein Temperament ging mit ihm durch.

Das blieb auf den Russen nicht ohne Eindruck.

Er nannte Theysen zwar noch einen Saboteur und sagte, daß er ihn erst nachher erschießen wolle, aber erst erfahren müßte, wo die Uhren geblieben seien, doch er war wenigstens bereit, Theysen vorher anzuhören. Die Verständigung war schwer, noch dazu, da der andere betrunken war. Doch endlich begriff der Russe, was tatsächlich geschehen war. An der Hand zog er Theysen hinter sich her. Und nach einigem Hinundherlaufen erkannte Theysen, und zwar auf dem langen Gang des Gebäudes, den Hauptmann wieder:

„Der ist es, der auf dem Fahrrad!" Der Hauptmann übte auf dem Lazarettgang Radfahren. Der Oberleutnant war mit einem Sprung bei ihm und riß ihn vom Rad herunter. Mit vorgehaltener Pistole trieb er ihn zur Eingangshalle, die Treppen herunter und auf den Vorplatz. Ein Oberleutnant, und der andere war doch Hauptmann, aber die folgende Szene versetzte Theysen überhaupt in Fassungslosigkeit. Der Hauptmann machte fünf oder sechs Schritte, ein Schuß knallte und er stürzte, von dem Oberleutnant niedergeschossen, in den Sand. Ein Hauptmann, vielleicht hat er eine Kompanie oder sogar ein Bataillon geführt, durch Schnee und Entbehrungen und feindliches Feuer und war als Sieger bis nach Berlin gekommen. Eine halbe Stunde Übermut, ein Waschkorb voll Uhren und Radfahren im Lazarettgang, und nun liegt er tot im Sand. Eine schnelle Exekution — aber was ist dieser junge Oberleutnant, und wer gibt ihm die Macht über Leben und Tod?

Theysen ging weiter, sein Weg führte ihn an der Chefarztvilla, an seinem eigenen Haus, vorbei. Schwerbeladene Lastwagen, Personenwagen, leichte Panzer, Fahrzeuge aller Arten waren vorgefahren und umlagerten das Haus. Die beiden Torflügel standen weit offen und Russen, in Uniform und auch in Zivil, viele in Lederjacken, standen herum. Sie brachten Koffer, Kisten, Teppiche, sogar Bilder, und schleppten alles in das Haus. Ein Rudel Frauen, eben angekommen, und ebenfalls uniformiert, sahen durchaus anders aus als die derben Verkehrspolizistinnen, die Theysen auch schon gesehen hatte, geradezu einer anderen Art schienen sie anzugehören. Junge Frauen (das waren die Verkehrspolizistinnen auch), doch diese waren gut zurechtgemacht, trugen lange elegante Stiefel, hatten lederne Meldetaschen umhängen, manche gleich drei. Eine mit Majorsabzeichen hatte rubinrote Fingernägel und rauchte eine schwarze Zigarre. Die Frau war gepudert, aber sehr schlecht, hatte eine graue trockene Haut, wie sie Nachtarbeiter haben, die niemals von einem Sonnenstrahl berührt werden. Sie überließ ihre Sachen einem Soldaten und ging an Theysen vorbei. Er wollte ebenfalls dort hinein, schließlich handelte es sich um seine Wohnung und er hatte dort neben allem anderen noch seine persönlichen Sachen. Es war schwer, durchzukommen, überall standen die Männer mit den schweren Lederjacken. Sie waren Offiziere, sogar höhere Offiziere, das bemerkte Theysen erst zu spät. Eine etwas unheimliche Gesellschaft, bis auf wenige Schritte war er an sein Haus herangekommen. Vor ihm war die mit den spitzen gefärbten Nägeln, auf den Stufen erschien sie noch größer. Sie wandte sich halb um, machte einen Zug an ihrer Zigarre und sah ihn an. — Die Sense ...

Dieses Mal streifte sie an ihm vorbei. Er war nichts als ein Neugieriger, das allein, das wußte er, hätte genügen können. Er wurde ergriffen und in das Haus gezerrt. Auf der Diele stand ein Tisch und dahinter saß ein Bewaffneter, der vor sich Papiere und Schreibzeug hatte. Es war wie im Aufnahmeraum eines Gefängnisses. Und er befand sich in der Tat – das sollte er bald erfahren – in der Besonderen Abteilung der Armee, die sich in der gleichen Stunde in seinem Haus einquartierte. Und die Frau da draußen mit den Eulenaugen und der ungesunden Haut und die anderen aufgetünchten Erscheinungen waren die eben eingetroffenen Verhörweiber des Apparates der GPU.

Am andern Ende Berlins, an der nach Oranienburg und weiter nach Norden führenden Straße liegt der Vorort Hermsdorf. Eine alte Villensiedlung, daneben Straßenzeilen mit bescheidenen Einfamilienhäusern mit roten Ziegeldächern, mit Hausgärten und Blumenrabatten vor den Fenstern, mit eingesprenkelten Baumgruppen aus knorrigen Kiefern, die einmal die weiten sandigen Flächen bestanden hatten und im Rücken der Siedlung noch einen zusammenhängenden Waldbestand bildeten. Einige tausend Menschen wohnten hier, Handwerker, die zur Arbeit nach Berlin fuhren, pensionierte Beamte, Angestellte, kleine Geschäftsleute, Hochschullehrer, darunter auch der Professor Dr. Hasse.

Der alte Hasse war nicht mit sich selbst, aber mit der Welt zerfallen. Der Aufrechten, der Geraden, Reinen und Starken, der Opferbereiten, so schien es ihm, wurden immer weniger. Es gab zu viele Wichte, die wanken und fliehen, wenn die Lage brenzlig wird. Auch seine Berliner kannte er kaum wieder. Unfreundlich, nervös, keiner hilft mehr dem andern, keiner darf ein Wort sagen, dann schreien sie einer den andern schon an! Der Bombenkrieg, diese Zerreißprobe, will eben bestanden sein, und es besteht sie nicht jeder! Es ist ja auch schauerlich, es gibt bereits ganze Städte, die zu existieren aufgehört haben, und die bombengeschädigten Flüchtlinge tragen das Gift der Zersetzung durch das ganze Land. So viel Erregung, Erbitterung, Panik – und das alles das Werk Churchills, dieses Mannes, den unsere schlechtberatene Propaganda nicht lächerlich genug machen konnte, statt ihn so ernst wie möglich zu nehmen! Dieser Churchill ist tatsächlich der Teufel in Menschengestalt, und Wahnsinn und kaum auszudenken ist es, daß so einer die Freiheit hat, zu reden und zu agieren und die Hoffnung nähren darf, daß er uns wie 1918 niederringen kann. Man muß sich unentwegt an den Kopf greifen, um den Sinn des Geschehens noch zu erfassen.

Lassen wir das . . ., zu unerquicklich.

Es war noch einmal der 22. April 1945, der Tag, an dem der Ring um Berlin sich zu schließen begann, die Russen im Süden Zossen hinter sich gelassen hatten und vor dem Teltowkanal erschienen, die Nacht vor dem Sonntag, in der die Russen in den Laubengärten vor dem Herzberger Bunker lagen und im Norden an Oranienburg vorbeistießen.

Professor Hasse saß am Tisch seiner Wohnküche, den alten borstigen Kopf in beide Fäuste gestützt. Die Eichenplatte seines Tisches schien in dieser Stunde ein Instrument zu sein, das ferne Geräusche aufnehmen und registrieren kann, sie befand sich in dauerndem Vibrieren. Er hatte das schon einen Tag vorher bemerkt, da hatte er noch an eine Sinnestäuschung gedacht ... Das war so naheliegend, denn wir leben überhaupt in einer Zeit der Täuschungen, in kleinen Dingen und noch mehr in großen. Die offizielle Propaganda geht da allem anderen voran, und andere abweichende Auffassungen werden nicht geduldet. Seine eigenen abweichenden Ansichten über Roosevelt, über Churchill, über Teheran und Jalta beispielsweise konnten keine Anerkennung finden. Und bereits ausgearbeitete Vorträge – auch Einladungen hatte er bereits, vom AOK droben im Nordosten, auch von der SS-Junkerschule in Tölz – mußte er auf Eis legen, sie wurden immer wieder vertagt, „angesichts der allgemeinen Lage", hieß es, zunächst auf vier Wochen, dann wieder auf vier Wochen, dann bis zum St. Niemalstag.

Besserwisser, Wichte!

Lassen wir das ...

Das ferne Geräusch, die registrierende Tischplatte, es war keine Sinnestäuschung, das war nicht mehr anzunehmen. Er stand auf und ging in den Garten. Hier war es nur ein leises Grollen, weit hinter dem Horizont. Die Richtung war schwer festzustellen, wenn man nicht mit der ausgestreckten Faust einen Halbkreis von Oranienburg über Bernau bis Rüdersdorf andeuten und einen Sektor von fast einhundertachtzig Grad annehmen wollte, und das wollte er nicht. Gott behüte, das wäre ja um aus der Haut zu fahren!

Er saß wieder in der Küche.

Ganz allein im Haus, die Kinder waren in aller Welt verstreut. Walter im Pflichtdienst, Jürgen Unterführer in einem KLV-Lager, Almut in Godesberg, Edda mit Mutter in Obersdorf, nur Wolfgang, sein lieber Ältester, befand sich in Berlin und hat sich aus der Nachbehandlung im Reservelazarett Tempelhof an die Front gemeldet, worauf ich ganz besonders stolz bin, und darüber und über die Bedeutung einer solchen Bewährung für den Charakter und den künftigen Aufstieg eines Offiziers werde ich ihm in ruhigeren Tagen einen ausführlichen Brief schreiben. Auch Agnes ist in Berlin geblieben, auch sie tut ihre Pflicht als deutsches Mädchen beim Werwolfbataillon ‚Adolf Hitler'. Was Mutter anbelangt, so war er selbst es, der sie zu einer Reise ins Allgäu überredet hatte. Es war dringend nötig gewesen, nach den Strapazen eines „mädchenlosen" Jahres, nach dem dauernden Ärger mit der tolpatschigen ukrainischen Haushilfe, nach der wüsten Rennerei um das Essen, nach der Schufterei des ewigen Packens und Wegschickens bedurfte sie einer Erholung. Es war mit ihr auch kaum noch zum Aushalten gewesen, diese ewigen Redereien — alle Flüster-Ungespräche aus der Umgebung hatte er schlucken müssen —, so viel Unsinn, so viel Kleinmut, so viel Defaitismus! Und in solcher Giftluft hätte schließlich auch der Stärkste zermürben müssen. Solcher Gefahr durfte er sich nicht aussetzen, und im Grunde hatte er mit Mutters Reise nur auszulöffeln, was Goebbels ihm vor Jahr und Tag, im August 1943 genau, mit seinem Panikaufruf eingebrockt hatte, ihm und allen aufrechten Berlinern. Dieses Flugblatt einer teilweisen Evakuierung Berlins war Wasser auf die Mühlen der Kleingläubigen gewesen. Jetzt konnte die Giftluft der Zersetzung sich frei ausbreiten und ungehemmt in der Reichshauptstadt wüten. Die Panik war geradezu vollkommen, reichte bis in die Ministerien, die in heller Auflösung waren, alle miteinander fort wollten. Selbst der Rundfunk war damals ausgerissen — nach Königsberg, Wien, Luxemburg und Stuttgart, bis ein Führerbefehl dem Spuk ein Ende setzte und alle zurückrief. Nun, Mutter soll nur bleiben, wo sie ist. Wenn die Ministerialen sich so kopflos benahmen, was konnte man da von einer einfachen Frau wie seiner Auguste erwarten! Sie war fertig mit den Nerven, und die würzige Bergluft wird ihr guttun, und bis sie zurückkehrt, ist das Schlimmste überstanden, und sie wird genug Kraft gesammelt haben, um weiter wirken zu können.

Er war allein, auch die ukrainische „Hilfe" hatte er weggeschickt, und zwar wegen eines besonderen Vorhabens, bei dessen Ausführung er keine Zeugen brauchen konnte. Er wartete, bis die Uhr im Wohnzimmer zwölf schlug, auch dann saß er noch eine Weile. Ich glaube noch an den Sieg wie je! sagte er sich, doch unterlassen bleiben soll trotzdem nichts, zornig und lachend zugleich werde ich es tun! Er zog seine festen Gartenstiefel an, setzte den alten verbeulten Hut auf und ging hinaus. Den Platz für sein Vorhaben hatte er vorher schon ausgewählt. Mit einem Spaten in der Hand machte er sich daran, eine Grube auszuheben. Er machte es genau, die Maße waren ein Meter zwanzig mal ein Meter sechzig. Eine mühsame Arbeit, auch im märkischen Sand, und von Zeit zu Zeit mußte er verschnaufen. Es war so dunkel, daß der große Zweig der über der Grube stehenden Kiefer nicht mehr zu erkennen war. Das ferne Grollen hatte ganz aufgehört. Die Nacht war still wie schon lange nicht mehr. Nach allem war der Russe weit vorgeprescht, aber noch nicht zu weit. Und die Herren an den Kartentischen mit den roten und blauen Einzeichnungen werden schon wissen, was zu tun und was zu lassen ist, und wenn die 9. Armee an der Oder, noch dazu starkgemacht durch die Legionen der SS, wenn die 9. Armee ihre rechte Hand zum Zugreifen freibekommt, konnte ein Mordsspaß entstehen – ein Finkenfang, wie er noch nicht da war!

Der alte Hasse machte den letzten Spatenstich.

Die Grube war tief genug. Er ging ins Haus, um den Koffer zu holen. Der Koffer war vorbereitet, vor allem waren es die Uniformen und Zivilsachen Wolfgangs, auch einige Erinnerungsstücke aus der Kindheit Wolfgangs, die er hineingelegt hatte. Im Koffer war noch Platz und er räumte seinen Schreibtisch aus und legte einige Manuskripte zu den Sachen, auch die Niederschrift der in der SS-Junkerschule in Tölz nicht mehr gehaltenen Rede. Von der Wand seines Arbeitszimmers nahm er einige Stücke ab, zwei Reiterpistolen aus dem Türkenkrieg und einen Helm, nicht gerade einen alten Karolingerhelm, aber doch ein altes Stück, ein bayerisches Rumford-Kaskett aus dem achtzehnten Jahrhundert, diese Sachen legte er dazu. Dann verschloß er den Koffer und schleppte ihn in den Garten. Die Dunkelheit umlauerte ihn bei seinem Tun. Die Hand vor Augen war nicht zu sehen. Die Stunde vor Sonnenaufgang ist die dunkelste! zitierte er und diesmal wirklich mit grimmigem Auflachen. Er war fast am Zusammenbrechen, aber der Koffer war nun in der Grube. Er umhüllte ihn gehörig mit Dachpappe, legte noch einen Eisenrost oben drauf, dann Bretter und Erde, und es war geschafft. Morgen kommt der Koffer mit den Sachen Augustes dran. Aber unterkriegen lasse ich mich nicht, weich werde ich nicht! Die Stunde vor Sonnenaufgang ist tatsächlich die dunkelste – in diesem Falle hatte der gewitzte kleine Doktor wirklich einmal ein Wort gefunden, das nicht nur das Hirn, sondern auch das Herz zugleich anspricht. Hasse schleppte sich mehr als er ging ins Haus zurück. Er hatte Schmerzen in der Seite, die hatte er immer nach körperlichen Anstrengungen. Die gehen vorbei, er hätte auch einmal ein Ausspannen nötig. Diesmal gestattete er sich den Luxus — die Flieger waren weggeblieben und die Nacht ging bereits zu Ende —, sich ganz auszuziehen. Er stand in seinem kahl gewordenen Arbeitszimmer im Nachthemd, mit krummen Säbelbeinen, mit zerfranstem Bart, auf der bloßen Brust dichte weiße Behaarung und lauschte nach draußen in den anbrechenden Tag.

Kein fernes Grollen, doch etwas anderes.

Gewehrfeuer, und ganz nahe!

„Urräh ..."

Was war das?

Die Schüsse saßen so nahe, daß in den Gärten Zweige angeknickt wurden. Die Hähne krähten und eine Schar Gänse — und wo kamen denn die her — stiebte durch den Garten, hinterher eine graubraune Gestalt. Der Graubraune überkugelte sich fast, als er in die wild mit den Flügeln um sich schlagenden Gänse hineingeriet. Er erhob sich wieder, die größte aus der geflügelten Schar im Arm, verschwand hinter der Gartenhecke.

Ein Russe?

Ein Wunder, ein völliges Rätsel!

Es war nicht möglich, schließlich gab es bei Oranienburg und am Ruppiner Kanal einen starken Sperrgürtel. Wenn auch nicht gerade die Legion Nordland dort stand, die war weiter östlich eingesetzt, so waren dennoch beträchtliche Verbände der Wehrmacht, auch motorisierte Einheiten dort konzentriert, gar nicht zu reden von der Auffüllung durch den Volkssturm aus Hermsdorf, aus Schönfließ, Henningsdorf, Birkenwerder.

Aber es blieb dabei, es war ein Russe, und es wurden mehr. Andere tauchten hinter der Hecke auf. Von der Hauptstraße kamen sie in hellen Haufen, guckten neugierig die weißen Häuschen mit den roten Ziegeldächern an und benahmen sich wie Spaziergänger. Und jenseits der Bahnlinie, unten an der Hauptstraße, ratterte und kreischte und dröhnte die wilde Jagd. Der von motorisierten Kolonnen aufgeworfene Staub quoll über die Dächer, trieb bis in die stille Nebenstraße.

Es war kein Bataillon, kein Regiment, es war die aus nördlicher Richtung operierende Armeegruppe, die Infanterie und die Panzer General Bersarins, der über Oranienburg, Eberswalde und Bernau den Angriff bis an die nördliche Stadtgrenze Berlins trug. Hermsdorf war schon bei der ersten Berührung nichts als Durchmarschstraße, und einen Tag später war es Etappe.

Einen Tag und eine Nacht und nochmals Tag und Nacht saßen die Russen schon in Hermsdorf und der dritte Morgen kam heran. Ein heller Frühlingsmorgen, die Sonne schien. Über dem Rathaus wehte die rote Fahne. In der Schule lag ein Regimentsstab, die Post, der Bahnhof, andere öffentliche und auch private Häuser waren von irgendwelchen Abteilungen besetzt worden.

Über die Straße jagten Reiter, und es wimmelte von Motorrädern, Lastwagen, Personenwagen, und einfache Bauernkarren parkten in den Nebenstraßen. Auch das Grundstück Hasses hatte sich verändert. Der Zaun war umgebrochen, die Buchsbaumhecke war niedergefahren. Panjewagen und losgeschirrte Pferde standen im Garten, dazwischen Kosaken mit Bärten, in den Händen lange Peitschen. In der Mitte stand ein riesiger Kerl mit einer Kosakenmütze auf dem Kopf, der Mützendeckel leuchtete wie roter Mohn.

Auf dem Nachbargrundstück waren zwei Panzer abgestellt.

Ein Trompetensignal.

Und die Frühlingssonne lachte.

„Djadja, Onkelchen . . ." Der mit dem mohnroten Mützendeckel rief es. Eine Reckengestalt wie ausgeschnitten aus einem Bilderbuch, und er hatte eine weittragende, tiefe Baßstimme. Aus dem Haus kam eilfertig der alte Hasse.

„Djadja, du schnell bringen Schnaps!"

„Habe schon gebracht."

„Noch Schnaps!"

„Keiner mehr da."

„Du nicht lügen – du alter Mann, du bald im Himmel!" Der Riese wieherte, daß die Pferde die Ohren spitzten. So ein guter Witz war ihm eingefallen, doch er ließ nicht locker.

„Du haben noch Flasche, ich gesehen!"

Der alte Hasse mußte die Flasche holen. Er hatte seine geringen

Vorräte erschöpft, hatte ihnen alles bringen müssen. Diese eine Flasche hatte er auf die Seite gestellt, eine Flasche alten Henessy, einmal dafür bestimmt gewesen, am Tage des Sieges und zur Rückkehr seines Ältesten geöffnet zu werden. Ein böses Omen, wenn sie in eine andere Kehle floß; er mußte zusehen, wie der Riese sich keine Zeit nahm, sie richtig zu öffnen, an der Kante eines Wagenrades der Flasche den Hals absplitterte, sie vorsichtig an die Lippen setzte und den Inhalt hinuntergurgeln ließ, bis zur Hälfte, ehe er sie weiterreichte.

Es war ein Abschiedstropfen.

Die Leute liefen hinter den losgelassenen Pferdchen her, die Gäule wurden eingefangen und gesattelt oder angeschirrt. Auf dem Nachbargrundstück liefen die Motoren der beiden Panzer an. Das Signal des Regimentes ertönte zum zweitenmal, und die Reiter und auch die Panjewagen, beladen mit Betten, Kleidern, auch Hasses Perserbrücke war dabei, ritten und fuhren über die niedergewalzte Hecke. Vor dem Nachbarhaus kletterten die Besatzungen auf ihre Panzer. Und dort geschah etwas, es war nicht gleich zu fassen, ein widerstrebendes Bündel, eine Frau mit herabhängendem Haar, einer trug die sich Wehrende und sie hatte fast nichts an, hob sie hoch, und oben nahm sie ein anderer entgegen und packte und schob sie durch die offene Luke in den Panzer.

Und Hasse meinte, diese Frau erkannt zu haben, er war dessen sogar ganz sicher, aber ganz unvorstellbar, wie konnte das sein! Der Panzer rollte davon, der zweite folgte. Das Fußvolk, die Reiter und Wagen machten Platz. Zu Fuß, mit Wagen, auf Pferden . . ., singend, johlend, strebte alles vorwärts.

Hasse erblickte noch einmal den mohnroten Mützendeckel, er erblickte im Gewimmel den dunklen Panzerrumpf. Die Lücke schloß sich, Wagen und Pferderücken schwemmten hinterher, und alles verschwand im Getümmel in der Richtung zur Hauptstraße.

Hasse stacherte über den verlassenen Lagerplatz. Im Gras verstreut lagen leere Flaschen, lagen Scherben, Stoffetzen, lag ein schiefgetretener Soldatenstiefel. Ein leiser Wind trieb Federn aus aufgeschlitzten Betten über die Rabatten.

Kein Wunder mehr, ein Spuk . . .

Und ist nicht vorbei, kommt wieder!

Der erste Besucher nach dem Abzug der Russen und die ersten Nachrichten aus dem übrigen Hermsdorf ließen das deutlich erkennen. Über dem Rathaus wehte also die rote Fahne. Der Bahnhof und die Eisenbahnlinien waren besetzt. Vor dem Rathaus hatte sich eine Schmiede aufgetan und dort beschlugen sie ihre Pferdchen. Auch anderswo sah es nach rückwärtigen Diensten aus. Überall waren Stäbe und Truppenteile zurückgeblieben. Was Hermsdorf bisher erlebt hatte, war eine Truppenstauung – und die Berliner sollten bald herausfinden, daß nicht die vorn kämpfenden und weitereilenden Truppen, daß die müßiggehenden Soldaten unter allen Plagen die schlimmste war. Der erste Besucher, der an diesem Morgen bei Professor Hasse an die Tür klopfte, war die alte Martha. Eine aus Ostpreußen geflüchtete Einundachtzigjährige. Seit ihrer Flucht lebte sie von dem, was die Leute ihr gaben. Alle acht Tage kam sie auch zu ihm und holte sich ihr Stück Brot ab. Und seit es keine Zeitungen mehr gab und das Radio aus Strommangel nicht mehr funktionierte, war die Alte ein Nachrichtenersatz, jedenfalls was Hermsdorf und auch noch Frohnau und Waidmannslust anbelangte. Ihre Geschichte, und wie sie auf der Flucht ihren (auch schon sechzigjährigen) Schwiegersohn verlor und den Leichnam ihres Schwiegersohnes benutzte, um drei Tage lang zudringliche Russen aus ihrem Unterschlupf wegzuhalten, das alles wußte Hasse bereits. An diesem Morgen kam sie mit einer überbordenden Menge an Neuigkeiten, und sie tat geheimnisvoll, ihr alter Kopf wackelte, ein tiefsinniges Kopfnicken sollte es darstellen.

„Ach ja . . ., ja, ja“, sagte sie, „also nun doch!“

„Was denn nun doch?“

„Nun das eben. Das Schlimmste ist, daß man dabei nicht allein ist, daß alle zugucken!“

Was wollte die alte Vettel, wollte sie etwa andeuten, daß die Russen sich an ihr vergriffen hätten. Der Ausdruck Hasses war ungläubiges Staunen.

„Was denken Sie, Herr Professor, keine ist übriggeblieben, in unserer Straße keine, die kleine Steckendorf hätten Sie sehen müssen. Sie hatte sich das Gesicht mit Marmelade eingeschmiert und Brotkrümel draufgestreut, wie eine Hexe sah sie aus. Macht nichts aus, auch Hexen nehmen sie, groß und klein, alles, was einen Rock anhat. Und der arme Dr. Linth ist zusammengebrochen, der ist ganz erstarrt, sagt die Frau, die unten wohnt, die Frau von dem berühmten Schauspieler. Die Linths wohnen doch bei denen oben in der Mansarde. Dabei passierte in der Nachbarstraße gar nichts, und ein Stück weiter, eben in der Straße von Dr. Linth, sind sie wieder ebenso total vorgegangen wie bei uns.

„Dr. Linth, was ist denn mit ihm?"

„Seine Frau haben sie weggeholt, und sie ist nicht zurückgekommen, auch heute morgen nicht."

Das war sie..., er hat sie doch erkannt, die Frau des Dr. Dr. Linth. Dr. med. und Dr. phil., ihm hat er immer etwas ferngelegen, nicht nur wegen seines Spezialgebietes, der Sinologie. Er scheint sich allerdings während des Krieges ganz und gar der Medizin zugekehrt zu haben. Ist auch besser, denn das eine wie das andere – Geschichtsforschung und auch wohl die Medizin – verlangt den ganzen Mann. Und ein Genie mit siebenfachen Meisterschaften ist er ja wohl nicht! Jedenfalls war der Linth niemals sein Fall gewesen, und sie waren einander aus dem Weg gegangen. Bei einem Grußverhältnis aus der Ferne war es geblieben, und so im Vorbeigehen hatte er auch die Frau manchmal gesehen, das letztemal auf dem Weg vom Bahnhof. Eine noch junge Frau, eine elegante Frau, würde er sagen, wenn sie nicht noch besser und ganz und gar unauffällig in Benehmen und Kleidung wäre. Auffallend war sie ohnehin – eine Besucherin des buddhistischen Tempels in Frohnau –, man dreht sich nach ihr um. Eine Berlinerin, aber ebensogut hätte sie aus der Fremdenstadt in Schanghai oder aus Paris kommen können.

Das war sie, die Frau von heute morgen!

Nein, er steht mit dem Linth alles andere als gut, doch müßte er sich einen Wicht heißen, wenn er nicht das Verhältnis völliger Beziehungslosigkeit außer acht ließe und zu dem Manne hinginge, um ihm mitzuteilen, was er über den Verbleib seiner Gattin bezeugen konnte. Einen Wicht wollte er sich nicht heißen, und auch andere sollten keinen Anlaß haben, an einem Mann ohne Fehl und Tadel Flecken zu finden. Er komplimentierte die Alte aus dem Haus, gab ihr ein besonders großes Stück Brot mit auf den Weg. Dann war er bereit, eine gute Sache soll man nicht aufschieben, sie wird dadurch nicht besser!

Eine Viertelstunde hatte er zu gehen. Er fand das Haus des alten Schauspielerehepaars. Die Dame des Hauses machte ihm auf, und diese Dame war nur einige Jahre jünger als die alte Martha. Auch der Mann war schon siebzig, konnte aber in seinem Alter, das wußte die ganze Nachbarschaft, noch einen Handstand machen. Dieses Ehepaar gehörte auch nicht zu seinem Umgang, war ihm politisch ebenso fragwürdig wie der Linth oben in ihrer Mansarde. An diesem außergewöhnlichen Tag aber und unter den obwaltenden Umständen wollte er nicht vorbeigehen, ohne einige Höflichkeitsworte zu wechseln. Schließlich war ja auch sein Besuch bei Dr. Linth außergewöhnlich. Hier in der Villa waren die Russen also auch gewesen, ein paarmal sogar. Den beiden aber war nichts passiert, und damit hatte es eine besondere Bewandtnis. Der Mann hatte sich als Künstler, für die die Russen viel übrig haben sollen, von dem an der Straßenecke einquartierten Kommandanten einen sogenannten Schutzbrief geben lassen. Ein sonderbarer Brief und verteufelt lustig dazu. Der alte Herr war Schauspieler, sogar ein bedeutender, konnte es also sichtbar machen, wie die beiden ersten Russen hereinkamen. Durch das Fenster waren sie eingestiegen, ein großer und ein kleiner. Der große hatte mißtrauisch den Brief entgegengenommen und ihn nachher dem kleinen vorgelesen, hatte auf eine bestimmte Stelle mit dem Finger gedeutet und dann hatten beide ein brüllendes Gelächter angestimmt und waren nach einem verständnisvollen Blick auf die beiden Alten wie bei ihrer Ankunft wieder durch das Fenster gestiegen und verschwunden. Dieser Brief machte jedesmal und zwei Nächte hindurch auf jeden Besucher den gleichen Eindruck und der Hauswirt des Dr. Linth hatte Gelegenheit, alle Arten des Lachens, vom homerischen Ausbruch der Heiterkeit, wie er sagte, bis zu dem verkniffenen Zusammenziehen der Lippen des Mißgünstigen zu studieren und ebenso die ganze Skala freudigen, mitfühlenden, bedauernden, auch skeptischen und verärgerten Betrachtetwerdens. Die Russen, sagte er, sind alle geborene Mimiker. Und das Ende war jedesmal das gleiche, alle Besucher, manchmal waren es einige gleichzeitig, rückten wieder ab. Seine Wohnung wurde nicht demoliert und seine Gattin blieb unangetastet. Ein Talisman war ein solcher Brief, und sein Geheimnis war ihm erst vor einigen Minuten von einem, der die wenigen Worte verdolmetschen konnte, offenbar geworden. Und das war einfach genug und was ihn selbst und seine Gattin anbelangte alles andere als eine Schmeichelei. „Guck sie dir an, die alte klapprige Schachtel", so hieß es da von der würdigen älteren Dame, „geh aber nicht so dicht ran, du Hundesohn. Dieser kahle Besen (und es waren noch andere Adjektive verwendet) konnte einmal singen wie eine Nachtigall und tanzen wie die Ulanowa und steht nun unter dem Schutz der Abteilung Kultura. Die Alte bleibt unberührt. Laß sie vertrocknen, faß sie nicht an, daß du dich nicht unterstehst! Befehl von deinem Kommandeur: Marsch, kehrt! ... ras, dwa, in die nächste Datsche, da gibt es eine junge Saftige, das ist was für dich, Söhnchen!"

Ein Talisman, dieser Brief, und verfehlte kein einziges Mal seine Wirkung, nur einmal war einer nicht in das nächste Haus, sondern die Stiegen hoch zur Mansardenwohnung Dr. Linths gegangen.

„Der arme Dr. Linth ist überhaupt nicht ansprechbar!" sagte die alte Dame. „Er sitzt schon seit Stunden an einem Fleck und blickt die leere Wand an."

Hasse ging hinauf.

Er fand einen Mann in einem unaufgeräumten Zimmer, alles war durcheinandergeworfen, entweder während dieses eklatanten Hausfriedensbruches oder erst später. Der Mann saß auf einem Stuhl und schien in der Tat kein Bewußtsein mehr für seine Umgebung zu haben, auch der gewiß ungewöhnliche Besuch machte keinen Eindruck auf ihn. Erst während der Erzählung Hasses und nachdem dieser ihm das Beobachtete mitgeteilt hatte, ging es durch Linth wie ein Erwachen. Er ließ sich alles noch einmal berichten, den ganzen Sachverhalt. Er bezweifelte keinen Augenblick, daß es sich tatsächlich um seine Frau handelte. Und Hasse war sich dieser Sache jetzt auch ganz gewiß. Plötzlich stand Dr. Linth auf und war im Begriff, wie er ging und stand, davonzulaufen. An der schon geöffneten Tür verharrte er, als ob er sich gewaltsam zur Ruhe und zu ordentlichen Bewegungen und Reaktionen zwingen wollte. Er bedankte sich bei Hasse für die Nachricht und sagte, daß es doch einen Kommandanten, an den man sich um Hilfe wenden könne, geben müsse. Er verließ das Haus ohne Hut und ohne sich nochmals umzudrehen.

Es gab einen Kommandanten, aber der war mit anderen Angelegenheiten beschäftigt, mit der Beschlagnahme von Vorräten und Rohstoffen, mit der Mobilisierung der Bevölkerung für Aufräumungsarbeiten, auch mit dem Einsetzen eines Bürgermeisters, der ihm bei der Durchführung seiner Maßnahmen mit Rat und Tat zur Seite stehen und verantwortlich sein sollte. Der in sein Büro hineinwehende Dr. Linth war, wie er bei seiner Befragung feststellte, nicht Mitglied der Nazipartei gewesen. Was ein Sinologe ist, ließ er sich erklären. Der Fall sah dann noch aussichtsvoller aus, der Mann war ja als Chinese oder Chinesenvertreter geradezu ein Alliierter und schien tatsächlich der vom Himmel oder vom Teufel gesandte Bürgermeister. „Ach, Frau, nicht so schlimm, Frau kommt immer wieder!" versuchte er Linth zu beruhigen. „Werden schon finden, diese oder eine andere", meinte er. In der Angelegenheit war er allerdings nicht zuständig, die unterlag dem Kommandeur der Truppe, und der befand sich auf dem Wege nach Berlin.

Dr. Linth kehrte nach Hause zurück.

Er hatte nichts über den Verbleib seiner Frau erfahren, auch nichts dazu tun können, sie aus ihrer Lage zu befreien, statt dessen hatte er — und zwar innerhalb von zwei Stunden — zu entscheiden, ob er den Posten des Bürgermeisters in Hermsdorf annehmen wollte.

Er starrte wieder die Wand an.

Aber nicht aus der Wand, aus ihm selbst hatten Entscheidungen — über seine Frau, ihn selbst, seine Umwelt — zu kommen, und selbst das war nur bedingt richtig, denn in dieser Stunde wurde die Abhängigkeit des Menschen von äußeren Gewalten noch mehr als sonst offenbar.

Alles Leben ist Leiden. Er war niedergeschlagen worden und bewußtlos liegengeblieben. Diesem Umstand verdankte er sein Leben — und den noch zu durchlaufenden Weg der Prüfungen. Das Amt des Bürgermeisters sollte nicht zu seinen Prüfungen gehören... Die Verwirrung ist groß. Der Sturm kommt nicht ohne Ursache. Die Blüten, die er abreißt, bleiben abgerissen.

Dolores... eine abgerissene Blüte?

Linth blickte die Wand an, versenkte sich in die kleine Buddhastatue auf seinem Tisch... Keine Antwort.

Himmel und Erde schweigen.

Das haben die Berliner nicht gewollt, daß ihre Häuser sich in brennende Kohlenmeiler verwandeln, daß die Ziegel von den Dächern wie Schwärme glühender Vögel durch die Straßen treiben, daß Trambahnschienen sich abrupt in den Himmel biegen, daß die Gas-, Wasserleitungs- und Kanalisationsröhren aus dem Bauch der Erde aufbrechen, daß glühender Staub vom Himmel fällt: das haben sie nicht gewollt, und welcher Stadt Begehren könnte wohl das pompejanische Schicksal des Begrabenwerdens unter Stürzen heißer Asche sein? Auch das Gespenst im Bunker der Voßstraße, das als letzten Boten nur noch über den Engel mit der scharfen Wippe gebietet und hinter Vorhängen aus Feuer und Rauch Zerstörungs- und Hinrichtungsbefehle in die brennende Stadt sendet, haben sie nicht gewollt!

„Laß dir das nicht einreden, mein Junge! Bei den letzten einigermaßen richtigen Wahlen — du warst damals noch ein Wickelkind — hat er in Berlin nur einunddreißig Komma drei Prozent Stimmen gekriegt!"

31,3 Prozent — Sanitätsfeldwebel Wustmann wußte es genau.

„Das ist, abgesehen von Köln und Aachen, weniger als irgendwo in Deutschland. Nein, Berlin hat ihn nicht gewollt, hat ihn niemals beauftragt — und heute sich auf solchen Auftrag berufen, ist Quatsch, ist Schwindel, sage ich dir!"

Es war ein Wunder, daß Feldwebel Wustmann noch Zeit für solche Reminiszenzen fand. Doch er brauchte in dem irrsinnigen Kreis, in den er gebannt war, einen festen Punkt und hatte sich zu vergewissern, daß sein Verstand noch intakt war. Und als in einer Bunkerzelle ein Radioapparat angestellt wurde und Goebbels, Fritzsche oder Naumann — das war in dem Toben ringsumher nicht genau auseinanderzukennen, und schließlich waren alle drei Lügner — vom Auftrag durch das deutsche Volk sprach, den die Partei bis zum Ende erfüllen würde, da wandte sich Wustmann an den dabeistehenden jugendlichen Helfer Wittstock.

„Laß dir nichts einreden, mein Junge, alles Schwindel! Und hier sind einige Päckchen Zigaretten, die verteilst du. Jeder, der einen von diesen hier wegschleppt, erhält zwei Stück. Verstanden?"

Wittstock nahm die Zigaretten entgegen und suchte Männer, die für jedesmal zwei Zigaretten einen Leichnam durch den langen Gang auf die Straße hinaustrugen. Er fand nur alte Leute, die selbst kaum auf den Füßen stehen konnten. Seit mehreren Tagen gab es im Bunker nichts mehr zu essen.

Der Anhalter Bunker ...

Aus dem S-Bahn-Stollen neben dem Reichstag waren Heide, Wustmann, Stroh und die Helfer weitergeschickt worden, zur Unterstützung eines im Anhalter Bunker eingerichteten Feldverbandplatzes. Seither war eine unmeßbare Zeit vergangen, ein Weilen in dichter Finsternis, nur durchflackert von Hindenburglichtern und dem Schein von Wachskerzen.

Es gab keinen Strom, doch das Radio spielte.

Es gab keinen Strom, kein Licht, kein Trinkwasser. Die Ventilation arbeitete nicht mehr. Die Kanalisation war zerbrochen. Die Straße konnte niemand betreten. Männer und Frauen hockten sich hin, wo sie standen – der lange Gang war von vorne bis hinten eine einzige Kloake. Keiner ging mehr weg, keiner konnte in den Hagel von Granatsplittern hinaus. Aber das Kommen hörte nicht auf – ein dauernder Strom von Verletzten, die noch selbst gehen konnten, und von Schwerverwundeten, die von der Straße hereingetragen wurden. Zunächst war das erste, dann auch das zweite der fünf Stockwerke als Lazarett geräumt worden, und die Leute, die dort so lange gehaust hatten, wurden, ob es ging oder nicht, in die oberen Etagen hineingepreßt.

Das Radio spielte.

Fritzsche oder Naumann oder wer immer es war, hatte seine Rede beendet und wurde vom Werwolf-Sender abgelöst. Dieses Mal war es unverkennbar die Diktion des Propagandaministers Goebbels. Der Minister war abgetreten, hatte für seine Mitarbeiter keine Befehle mehr, war mit Frau und fünf Kindern im tiefsten Bunker Berlins verschwunden, um nie mehr aufzutauchen, doch seine Stimme geisterte durch den Raum: „... unter den Trümmern unserer zerstörten, verwüsteten Städte sind die letzten sogenannten Großtaten des mittelständischen neunzehnten Jahrhunderts endgültig begraben. Dem Feind, der Europas Zukunft zu vernichten strebte, ist nur die Vernichtung der Vergangenheit gelungen – und damit ist es mit allem Alten und Verbrauchten vorbei ... O reinigende Zerstörung, es gibt kein Ende der Revolution ..."

Eine Stimme aus dem Nichts.

Aus einem mißratenen Leben, aus mißlungenen Plänen, aus rasend um sich greifender Zersetzung, aus der Vernichtung von ungezählten Menschenleben, aus massenhafter Zerstörung von Gütern der Zivilisation filterte er nun eine Philosophie des Nihilismus.

Permanente Revolution ...

Aschenkrieg ...

Nach der Werwolf-Sendung wurde Tanzmusik durchgegeben, eine etwas veraltete Polka, aber intoniert mit Schlagzeug und Saxophon. Die alten klapprigen Kerle, die sich durch eine Mauer von Menschen hindurchwinden mußten und um die Prämie von jedesmal zwei Zigaretten die Leichen nach vorn schleppten, brachen unter ihrer Last fast zusammen. In der Finsternis schrie ein kleines Kind. Eine tropfende Wachskerze in der Hand eines Sanitätshelfers warf ihren gelben Schein auf die Hand des Operateurs und auf die geöffnete Brust eines Verwundeten, der im Ätherrausch auf der Planke lag. Das Betongewölbe erdröhnte unter den Schlägen schwerer Artillerie. Der junge Wittstock kam von vorn zurück und sagte: „Das Rote Kreuz an der Bunkertür ist weg, auch von den Bunkerwänden wird es abgemacht!“ Im Radio quäkte eine Frauenstimme: „Wir versaufen unsrer Oma ihr klein Häuschen ...“ Das war zuviel! Wustmann hatte an der zerschlagenen Weichselfront und im untergehenden Odessa seine Nerven behalten – er verlor sie jetzt; sein Gesicht verzerrte sich. Er ergriff einen Gegenstand, es war eine Gipszange, taumelte über den Gang, in die gegenüberliegende Bunkerzelle hinein und schlug den Radioapparat in Stücke.

Tumult.

Aber was wollten die kläglichen Proteste des Radiobesitzers besagen gegen das pausenlose Dröhnen der Geschosse, die große Fladen aus der Außenhaut des Bunkers herausrissen; was wollte es besagen gegen die Schreie der Verwundeten, die nicht versorgt werden konnten, gegen das Röcheln der Sterbenden, gegen die randalierenden Streifenkommandanten, die aus dem Betonhaus von übereinandergestapelten Halbtoten, Verhungernden, Verwundeten, Kranken, Lahmen, Greisen und Kindern neue Rekruten für den Volkssturm auskämmten.

Ein Beinhaus, ein Grabgewölbe, auch wenn die Bewohner noch

atmeten, noch schrien, auch wenn sie noch hofften. Ein Beinhaus neben anderen – neben dem Bunker am Zoo, neben dem Flakbunker am Friedrichshain, neben dem Shellhaus am Tirpitz-Ufer, in den brennenden blutroten Himmel Berlins ragende Zitadellen des Todes –, und die Eingesargten hofften noch und konnten in noch tiefere Schrecken gestürzt werden.

„Was sagst du da?“

„Das Rote Kreuz an der Bunkertür ist weg, auch von den Bunkerwänden wird es abgemacht!“

Der Fahrer Stroh bestätigte die Beobachtung Wittstocks:

„Der Kampfkommandant läßt die Roten-Kreuz-Fahnen abmachen! Den Bunker neutralisieren, das gibt es nicht, der Bunker ist Kampfbunker! sagt er.“

Wustmann lief nach vorn, er hatte noch immer die Gipszange in der Hand. Ein Stabsarzt, noch ein Arzt, der Feldwebel einer anderen Sanitätskompanie umdrängten den Kampfkommandanten des Anhalter Bahnhofs. Der Kommandant hatte nur einen Arm und nur ein Bein, war nur ein halber Mensch, sein dunkles Haar lag glatt an, seine tiefliegenden Augen flackerten. Er stieß den eisernen Haken seiner Prothese auf den Tisch:

„Ich sage es zum letztenmal. Der Bunker ist Kampfbunker, gehört zum System der Verteidigung!“

„Was verteidigen Sie eigentlich, Herr Oberstleutnant, wohin schießen Sie! Wir befinden uns hier mitten in der Stadt, um uns her im Umkreis von Meilen ist Wohngebiet, steht Haus neben Haus!“

Der Oberstleutnant wußte, was er verteidigte – eine der Zufahrtsstraßen zur Reichskanzlei, zum Bunker des „Führers“. Er beachtete die Protestierenden nicht mehr. Er telefonierte, brüllte in den Apparat: „Sie müssen, Sie müssen, Sie müssen ...“ und wußte offenbar selbst nicht mehr, was es war, das sein Gesprächspartner mußte. Er blickte sich wild um, dann fiel es ihm wieder ein: „Wo bleiben die Flieger? Sie müssen die Flieger schicken. Russische Panzer tasten sich schon an den Bunker heran!“

Er wandte sich an den Stabsarzt und die Sanitäter: „Scheren Sie sich weg, kümmern Sie sich um Ihre eigenen Angelegenheiten. Der Bunker wird überhaupt geräumt – von Verwundeten und auch von Zivilisten!“

„Räumen? Wie denn, wohin denn! In den Regen von Eisen und Feuer draußen?"

„Egal, wird geräumt, ich werde den Befehl für die Räumung erwirken!"

„Das ist Mord", schrie Wustmann. Er war im Begriff, sich auf den Kommandanten zu stürzen. Die andern hielten ihn fest, brachten ihn nach hinten in seinen OP zurück.

„Das ist Mord, Herr Doktor!"

Oberarzt Dr. Heide war außerstande, noch einen Gedanken zu denken. Während er mit der Schere Wundränder frisierte, mit der Pinzette Knochensplitter aus Wunden herauszog, fielen ihm die Augen zu.

„Wir versaufen unsrer Oma ihr klein Häuschen,
ihr klein Häuschen,
ihr klein Häuschen,
für die erste,
für die zweite,
für die dritte Hypothek ..."

Die Baronin versuchte zuerst noch von ihrem Tänzer, einem schlanken SS-Offizier, den schicklichen Abstand zu halten, doch er preßte sie fest an sich. SS-Offiziere und Frauen, darunter Hitlers und Bormanns Adjutanten, Offiziere der Leibwache, Privatsekretärinnen, die vegetarische Köchin, Fräulein Manzialy, Gerda Christian, die Frau des Generals der Luftwaffe Erhard Christian, Telefonistinnen, drehten sich im Tanz.

Es war heiß, die Luft war blau von Zigarettenqualm. Die Ventilatoren summten. Auf den an die Wände gerückten Tischen waren Platten mit belegten Brötchen abgestellt. Es gab Zigarren, Liköre, Kaffee. Wenn über der Erde eine schwere Granate detonierte, erzitterte das Betongehäuse und klirrten die Gläser auf den Tischen.

Die Radiomusik setzte aus. Ein Grammophon wurde in Betrieb gesetzt. Einer brachte englische Platten. „Hot music", sagte er.

Der „Tiger Rag" wurde gespielt.

Ein Marineoffizier brachte eine Platte mit einem Seemanns-Chanty:

„Ich liebe ein Mädchen,
ich weiß nicht, warum,
mein Mädchen kaut Tabak,
mein Mädchen trinkt Rum.
Oh wake her, oh shake her,
oh wake that girl with the blue dress on . . .“

Es war in einer der Nebenabteilungen der unterirdischen Plantage, im Zweiten SS-Bunker. Tief unter dem Straßenpflaster lagen verstreut eine Anzahl Betonbehälter, versorgt mit künstlichem Sauerstoff und künstlichem Licht, jeder Bunker eine Welt für sich mit Quartieren, mit Küchen, Speiseräumen, mit Wachstuben und Schlafkabinen, und jeder dieser Bunker – der des Parteihauptamtes Bormanns, der unter der Alten Reichskanzlei, der unter dem Propagandaministerium, der Erste und Zweite SS-Bunker – war durch Gänge mit dem Mittelpunkt der Unterwelt, mit dem Führerbunker, verbunden.

Fast tausend Menschen hausten hier, zogen auf Wache, machten Streifzüge durch die nähere und weitere Umgebung, kehrten zurück, schliefen, aßen, tranken, feierten eine Orgie, die um so pausenloser, ungestümer, schamloser und wütender wurde, je näher der Tod heranrückte.

Wie grauenhaft zerbrochen „er“ ist! Nicht wiederzuerkennen, was haben sie nur aus ihm gemacht, die Bormann, Burgdorf, Jodl, Keitel, Krebs und diese hier . . . Schmeichler, Betrüger, Flunkerer, Belanglose: Diese Niederträchtigen haben nichts als einen Schatten von ihm zurückgelassen.

Ausräuchern . . .

Es wäre nichts anderes als eine sanitäre Maßnahme gewesen. Doch es ist vorbei, der Plan ist verworfen, mußte fallen gelassen werden!

„Nein, danke!“

Der Mann schüttelte den Kopf, der befrackte Kellner trug die Platte mit Lachs- und Sardellenbrötchen, mit Straßburger Gänseleberpastete und Hummerschwänzen weiter zum nächsten Tisch. Der Mann lehnte die Delikatessen ab, auch die Auswahl an Getränken verschmähte er. Eine Tasse schwarzen Kaffee hatte er vor sich stehen, und nachdem er ausgetrunken hatte, ließ er sich wieder Kaffee mit Kognak bringen.

Ein paar Tische weiter saß Burgdorf, schüttete ein Glas nach dem anderen hinunter und blickte mit stieren Augen herüber.

> *„Oh wake her, oh shake her,*
> *oh wake that girl with the blue dress on,*
> *when Blacky comes down to Hilo*
> *poor old man ...“*

Heiße Musik. Der Wein floß in Strömen. Sektkorken knallten. Schreibmaschinenhilfen wurden zu Bacchantinnen. SS-Offiziere in enganliegenden Uniformen bekamen gläserne Augen.

„Heute auf der Streife“, flüsterte ein blutjunger Tänzer der Baronin von Varo zu. Er war auf Streife gewesen, hatte einen Trupp seiner Leute hinter sich gehabt. Er schloß jetzt die Augen, sog den Geruch des erhitzten Frauenkörpers tief ein, während er das Geschehene noch einmal wachrief: „‚Ich mache nicht mehr mit, der Krieg ist aus, es hat keinen Sinn mehr!‘ hat der Kerl gesagt. Nun, Sie können sich wohl vorstellen, meine Gnädige, was ich mit ihm gemacht habe. Eben das, was mit einem Verräter zu machen ist. Ich habe ihn am nächsten Baum aufgehängt.“

Die Varo hörte gar nicht zu.

„Ich bin heute noch einmal entschlüpft, war im Tiergarten, voller Frühling ...“, sagte sie.

„Und der Artilleriebeschuß?“

„Machte mir nichts. Niemand war in den Straßen. Es war so, als gehöre mir allein ganz Berlin.“

Ausräuchern ...

Vorbei, verworfen; ohne Mandat nicht zu machen. Die Bergarbeiter, die Leute in den Luftschutzkellern, das Volk hatte ihm das Mandat entzogen. Das in dunkler Nacht erlauschte Gespräch in einem Graben der Westfront – nur einige Grubenlampen gaben ein schwaches Licht, und niemand erkannte ihn –, jenes Gespräch einfacher Soldaten hatte ein neues Licht auf die Angelegenheit geworfen und ihr ein anderes Gesicht gegeben. Nicht der drei Meter hohe Turm, den der ahnungsvolle Herr des Bunkers im letzten Moment um den Ventilationsschacht herum hatte aufführen lassen (auch diese zusätzliche Komplikation wäre noch zu überwinden gewesen), aber die Meinung des einfachen Mannes hat ihn das Vorhaben verwerfen lassen und es ungeschehen gemacht. Denn viele, erstaunlich viele Soldaten und Arbeiter und einfache Frauen, glauben ja noch an ihn, auch heute noch in seinem völlig verdorbenen Zustand; sein Glorienschein lebt länger als er selbst. Ein Begräbnis mit einem Totengefolge von tausend Mann, und der Nimbus wäre ins Gespenstische angefacht worden ...

Ein pharaonisches Begräbnis ..., darauf wäre es hinausgekommen. Aber nicht das war es, was er beabsichtigt hatte. Keine Verherrlichung, kein Zug von Größe durfte der Sache anhängen. Er hatte den Plan verwerfen müssen, obwohl keine besonderen technischen Schwierigkeiten mehr zu überwinden gewesen waren. Das Problem hatte sich auf die einfachste Formel reduziert. Eine genügende Quantität eines Giftgas erzeugenden Stoffes, in den äußeren Ansaugschacht der Ventilationsanlage geworfen, mußte, zur Zeit einer Lagebesprechung angewendet, in kürzester Frist den ganzen Kreis der heuchlerischen und pflichtvergessenen Spitzen des Heeres erreichen, die Privatgemächer, die Wohn- und Schlafzimmer, die Bäder und Toiletten, die Diätküche Fräulein Manzialys und, unabhängig von den vielen Panzertüren, die Gänge und Treppen, alle Nebenbunker, auch diese Tanzhöhle ausfüllen und alle Bewohner des unterirdischen Labyrinths tot hinstrecken, und ob für das Geschehen fünf oder nur zwei Minuten gebraucht würden, das war einzig und allein von der Zusammensetzung des giftigen Gases und der Rasanz seiner Verbreitung abhängig.

Vorbei, vorüber, abgeblasen. Ich denke nicht mehr daran. Sie haben sich ihr Begräbnis selbst zu bereiten.

„Nein, danke, danke ..."

Der Kellner mit der silbernen Platte zog wieder vorbei. Ein Artillerietreffer ließ die oben gelegenen Hohlräume erdröhnen. Einen Moment lang schien es, als ob das Licht ganz aussetzen wollte. Die Paare drängten sich um so enger aneinander und trieben vorbei im Schunkelwalzer. Das Grammophon blieb stehen, es machte nichts aus, sie summten die Melodie und trieben weiter. Gerda Christian, Frau Junge, die goldhaarige Else — er kannte sie alle, er war kein Fremder in diesem Kreis. Auf dem Berghof über Berchtesgaden, im ostpreußischen Rastenburg, im Adlerhorst bei Bad Nauheim oder wo immer der Pharao hofgehalten hatte, war er den gleichen Günstlingen, Würdenträgern, Sekretären und Sekretärinnen oder ihren inzwischen in das Reich der Schatten geschleuderten Vorgängern begegnet. Er kannte sie alle, gehörte zu ihnen, doch schon als Favorit Nummer Eins war er ein Abgesonderter in der Hofgesellschaft gewesen, und die Intrigen und das Rennen um die gefällige Zuneigung des Despoten hatte er nicht mitgemacht. Solche Gunst war ihm ohne besonderes Zutun und allein auf Grund seines rückhaltlosen Wesens und seiner immer zuverlässigen Bewährung in den ihm gestellten Aufgaben zugefallen, hatte niemals eine Änderung erfahren und war ihm auch – und das grenzte an ein Wunder – nach tausendfältigem Ungehorsam noch geblieben. — Er war mit seinem Gebieter zerfallen.

Solange er Bauten hatte ausführen können, solange die Bewältigung technischer und organisatorischer Probleme von ihm verlangt worden war, hatte er sich auf eigenem Boden befunden, war er als Mensch bestätigt, als schöpferischer Mensch am Weltwillen beteiligt gewesen, und der Gebieter als Bauherr mit weitschweifenden Plänen war ihm adäquat erschienen, und so sehr, daß es ihn über die dunklen Seiten in seinem Wesen und in seinem Reich hinwegsehen und ihn beide Augen gegen die Menge der geforderten Opfer verschließen ließ. Auch die Pyramiden hatten nur unter Stöhnen und Klagen und unter der Peitsche grausamer Antreiber erstehen können. Und jeder Durchstich einer Meerenge, jede durch den Dschungel gelegte Eisenbahn, jede ins Meer hinausgebaute Mole ruhen auf den Knochen ihrer Erbauer. Eines jedoch blieb unabdingbar: die in die Jahrtausende ragende Pyramide, der meerverbindende Kanal, der ländervereinigende Schienenstrang, die fertiggestellte Autobahnbrücke. Die zivilisatorische Leistung allein war imstande, den Schöpfer und die Menge der Opfer, die er für seine Schöpfung verlangt, zu rechtfertigen. Was aber, wenn der Befehl verlangte, Brücken, Kanäle, Dämme, Eisenbahnen, Fabriken, Städte zu sprengen, die Ackererde unfruchtbar zu machen, die gespeicherten Lebensmittel zu verderben, die Länder von den Pyrenäen bis zur Finnischen Bucht unter Asche zu begraben ..., welche Rechtfertigung blieb dann noch, und was überhaupt bleibt dann von der eigenen Wirkung, von der kurzen Spanne eigenen Lebens?

Nichts ...

Schreckliche Befehle kamen aus dem Führerhauptquartier, und er hatte sie durchzuführen, sollte sie durchführen. Aber er war mächtig genug, verfügte über einen eigenen Dienstweg, über eine Armee von Beamten, hatte hochgestellte Freunde im Oberkommando des Heeres, im Oberkommando der Wehrmacht, in den Generalkommandos in Prag, Brüssel, Paris, hatte überall Verbindungsmänner und wachsame Agenten, so daß er wirksame Gegenbefehle erlassen konnte. Er schützte Bergwerke und Fabriken in Belgien und Nordfrankreich, die Kanäle in Holland, die Nickelwerke in Finnland, die Erze des Balkans und Ölfelder in Ungarn. Er hatte nicht verhindern können, daß die Deiche am Wieringer Meer gesprengt wurden und viele Quadratmeilen Ackerland unter einer Sturzflut begraben und die Felder für viele Jahre durch das sich absetzende Seesalz unfruchtbar gemacht wurden. Er lebte nur noch auf Reisen, jagte von einem Ende des immer mehr zusammenschrumpfenden Kontinentalreiches zum anderen, und wo er hinkam, begegnete er dem zum Streich erhobenen Arm des Zerstörers, tausendmal hatte er den Streich abwenden können, und tausendmal war es ihm nicht gelungen. Städte wurden zertrümmert, Brücken sanken in die Flüsse. Schleusen flogen in die Luft. Ganze Straßennetze und lebenswichtige industrielle Anlagen wurden zerstört. Er stand dabei, ohne den Verheerungen Einhalt gebieten zu können. Noch ohnmächtiger war er gegenüber der um sich greifenden Apathie und der aus Quellen des Propagandaministeriums gespeisten Untergangsstimmung. Er setzte sich hin und schrieb eine Denkschrift und ließ sie in der Feststellung und der Forderung gipfeln: „Der Krieg ist militärisch und wirtschaftlich verloren, und wenn nicht auch die Nation verloren sein soll, muß eine materielle Basis erhalten bleiben, auf der das Leben des Volkes weitergehen kann.“

Der pharaonische Förderer, der großzügige Bauherr, der mächtige Mäzen der Künste, der biedere Hausherr auf dem Obersalzberg, der ihm nun so jäh verwandelt als ein über dem Bodenlosen schwebendes Phantom erschien, befahl ihn in sein Hauptquartier, und dort vernahm er aus geiferndem Mund: „Wenn der Krieg verloren ist, wird auch die Nation untergehen. Dieses Schicksal ist unvermeidlich. Es besteht keine Notwendigkeit, die Basis auch nur der primitivsten Existenz weiter in Betracht zu ziehen. Im Gegenteil, es ist besser, sogar diese zu zerstören, und es selber zu tun. Die Nation hat sich als schwach erwiesen, die Zukunft gehört ausschließlich der stärkeren östlichen Nation. Überdies sind diejenigen, die nach der Schlacht übrigbleiben, nicht viel wert, denn alle Guten sind gefallen."

Wieder entlassen und seiner Ämter entkleidet, aber noch in Freiheit und weiter im Besitze zahlreicher Beziehungen und eines unversehrten und ihm nach wie vor ergebenen Apparates hochgestellter Freunde und Verbindungsmänner in der Industrie und der Wehrmacht, fiel er dem Zerstörer abermals in den Arm, und in abermals vielen Fällen mußte er versagen. Mitten in der Woge des Untergangs, die nun mit ganzer Wucht über Deutschland hereinbrach, beschloß er, der Vernichtungsorgie ihren motorischen Antrieb zu nehmen und den Europazerstörer samt seinem Hof auszurotten. Aber der Nimbus des „Führers" (dem auch er, und selbst jetzt noch, mit einem Teil seines Wesens verfallen war) erwies sich als stärker, und die Überzeugung, daß sein Tod dem deutschen Volk seinen zwar desperaten, doch den ihm einzig verbliebenen politischen Mittelpunkt nehmen und es militärisch und gesellschaftlich dem völligen Verfall und mit noch gesteigertem Ungestüm dem Chaos ausliefern würde, ließ ihn seinen schon angelegten Plan verwerfen.

Er wurde wieder vor den Pharao zitiert und fand ihn diesmal bereits dem Tode zugewandt, und in der schicksalhaftesten Stunde seines Lebens erlag er abermals der Faszination der stumpfen, graublauen Augen, die Wirtschaftsführer zu Hasardeuren, ärztliche Helfer zu Mördern, Wissenschaftler zu Afterwissenschaftlern, einen Generalstab zu einem Konsortium von Affen, ein ganzes Volk in eine verschworene Gemeinschaft von Amokläufern verwandelt hatte. Auch der Mann, der sich dem unheimlichen Einfluß schon entzogen hatte, der unberührt von der grassierenden mentalen Zersetzung geblieben war und der sich vermessen hatte, den Amoklauf von kontinentalem Ausmaß anhalten zu wollen, geriet in neue Verstrickung. Das Aufgehen in einer Idee, die beiden eigene Besessenheit war die Brücke von einem zum anderen. Zwischen dem Pharao und seinem Baumeister bestand eine brüderliche Verbundenheit. Der eine ein Magier der Technik und der andere ..., was sicherte dem schon Verfallenden überzeugenden Einfluß, was brachte seine Augen zum Glühen, was lieh ihnen plutonische Kraft?

Albert Speer begriff es.

Es war geschehen.

Er hatte in das hohle Herz des Mahlstroms geblickt. In jener Stunde und während der Länge eines Augenaufschlages begriff er, begegnete er erschauernd dem Vorahn aus dem Dschungel einer vor Äonen versunkenen Vergangenheit. Der Vorahn, schon als Urform verworfen, war nun ausgebrannt. Noch der Wurm in bröckelnder Erde, noch der Hering im nächtlichen Schwarm leuchtet aus eigener Fluoreszenz, hier aber das Licht im erloschenen Krater schwamm auf dem Meer des Nichts. – Das war geschehen.

Goebbels mochte ihn einem Attila, einem Dschingis-Khan vergleichen. Speer hatte an die Wirklichkeit gerührt, hatte das aus der Finsternis ausgefahrene und ohne Kompaß dem verhangenen Horizont entgegentreibende Schiff erblickt und spürte menschliches Erbarmen, und ihm wurde vergeben. Ihm wurde vergeben in einer Zeit, in der jedes Wort aus dem Munde der Bunkergottheit nach Rache schrie und Ströme fließenden Blutes sein Verlangen nach immer neuen Opfern nicht stillen konnten. Ein zur selben Stunde hinausgegangenes Urteil lieferte acht Offiziere, die eine Brücke nicht hatten sprengen wollen, dem Tod durch Erschießen aus. Der Ungehorsam Speers war tausendmal größer, war tausendfältige Meuterei, und ihm wurde vergeben. Das war ebenso unwirklich wie die schlaff im Armsessel ausgestreckte Gestalt, und unwirklich und kaum auf Erhörung berechnet waren auch die Worte, die der in Gnaden wieder Aufgenommene sich sagen hörte. Er erklärte, daß er sein Amt nicht niederlegen könne, daß es seine Pflicht wäre, auf seinem Posten zu bleiben, und daß der Führer sich auf ihn ebenso verlassen könne wie früher. Die Worte waren ohne Bedeutung, denn das Einverständnis zwischen beiden war in einer tieferen, einer unergründlichen Schicht verborgen. Nach tausendfacher Meuterei wurde Speer wieder in seine Amtsgewalt eingesetzt – und nur, um sie, sobald er aus der Bunkerdämmerung in die von Sprengungen durchflackerte Wirklichkeit zurückkehrte, abermals mit ganzer Wucht gegen die Woge der Zerstörungen zu wenden.

Es kam der Zusammenbruch des Potentaten.

Im Garten der Reichskanzlei brannten die von ihm persönlich für die Vernichtung ausgewählten Dokumente. Die Paladine im Süden und im Norden bereiteten sich auf die Übernahme der Macht vor. Nicht Göring, aber Himmler ließ sich in eine Konspiration ziehen, welche die Ermordung des schon Gefällten zum Ziel hatte. Speer ließ große Mengen Sprengstoff verbergen, sprach in Hamburg auf eine Schallplatte, verlangte die sofortige Kapitulation und beschwor das deutsche Volk, sich allen Zerstörungsbefehlen zu widersetzen und an die Erhaltung der industriellen Basis für Deutschlands Weiterexistenz nach dem Tode Hitlers zu denken.

Nachdem diese Rede gehalten, mechanisch fixiert war und in sicheren Händen auf die Veröffentlichung wartete und er so getan hatte, was er in dieser Stunde überhaupt noch zu tun vermochte, beschloß er, seine Ämter niederzulegen und nach Berlin zu reisen. Der Sog aus dem Bunker war unwiderstehlich. Der letzte Besuch hatte ihm eine Wunde geschlagen und ihn in das Zwielicht von halben Worten und auf jene Ebene von Heuchelei herabgezogen, der er bisher hatte fernbleiben können. Er mußte hin, um seinen abermaligen Ungehorsam zu bekennen, und er sah seiner Verhaftung entgegen und war bereit, den Tod für seine Eigenmächtigkeit entgegenzunehmen. Im Auto kam er bis Rechlin, dann ging es auf der Landstraße nicht weiter. Er bestieg ein Sportflugzeug, erreichte Gatow und wechselte in einen von einem Feldwebel gesteuerten „Fieseler Storch" hinüber, landete nach einem kurzen Flug durch Wellen krepierender Flakgeschosse in Berlin nahe dem Brandenburger Tor.

Und hier war er, saß hinter einer Tasse kalt gewordenen schwarzen Kaffees. Acht Stunden hatte er im Bunker zugebracht. Er war nicht verhaftet worden, war frei, konnte gehen, wohin er wollte, konnte hinausgehen in den Hagel von Bomben und Artilleriegeschossen. Er hatte Hitler, umgeben von Bormann, Goebbels, Ribbentrop, Krebs und seinen persönlichen Adjutanten Schaub und Guensche, gegenübergesessen und seinen abermaligen Ungehorsam bekannt. Bormann hatte in finsterem Brüten dabeigesessen; er und der abgemagerte, affenartige Goebbels schienen schon die Salve des Hinrichtungspelotons zu vernehmen. Krebs blieb gleichmütig, er war es gewöhnt, Vernichtungsurteilen beizuwohnen; Blut floß in dem Reiche, in dem er eine erste Marionettenrolle zu spielen hatte, ebenso leicht wie draußen in seiner privaten Bunkerzelle der dunkle Saft aus der Portweinflasche. Aber nichts geschah, der Herr über Tod und Leben befand sich in einem Zustand unnatürlicher Ruhe – gefaßt, menschlich, wie schon lange nicht mehr –, das war der Eindruck Speers. Der Akt des Ungehorsams interessierte ihn nicht mehr. — Speer wurde entlassen.

Eva Braun empfing ihn wie einen verirrten Sonnenstrahl aus ihrer bayrischen Heimat. Dieses einfache, bedauernswerte Kind, geschaffen für die Umarmungen eines emsigen Dorfschulmeisters, hatte elf dürre Jahre an der Seite des Phantoms verbracht, war verödet und überempfindsam, und in ihrer exaltierten Art hatte sie ihm den Zusammenbruch ihres Idols und die nachfolgende Verwirrung geschildert, von der die Bewohner des Bunkers sich nun nach achtundvierzig Stunden noch nicht erholt hätten. Auf dem Wege durch das unterirdische Labyrinth begegnete er einer anderen bemerkenswerten Erscheinung. Sie kam ihm auf der abwärtsführenden Treppe entgegen. Elegant, schlank, mädchenhaft – und war doch Mutter von sechs Kindern. Er mußte auf dem Treppenabsatz haltmachen und sie vorbeilassen. Seinen Gruß erwiderte sie mit einem verklärten Lächeln, auch dem SS-Posten zeigte sie ein strahlendes Gesicht. Fünf ihrer Kinder kamen hinter ihr her, überstürzt. Die zwölfjährige Helga, der neunjährige Helmut nahmen gleich zwei Stufen auf einmal, die Kleineren folgten. Helga, Helmut, Hölde, Hedda, Heide – dem „Onkel Adolf" zu Ehren, bei dem sie Gäste waren und den sie besuchen gingen, hatten sie alle Namen erhalten, die mit dem Buchstaben H begannen.

„Onkel Adolf" schien alles hinter sich gelassen zu haben. Das kompaßlose Schiff befand sich schon jenseits der Barre, war schon eingedrungen in das schwarze Gewölk, zog langsam über den Grund, der nichts als Seeungetüme und abgenagte Skelette und tangüberwachsene Rümpfe zerfallender Formen barg. Er hatte es hinter sich, konnte sich „privat" geben, versammelte eine Kinderschar zum Kuchenessen um sich und ließ morgens gegen zwei Uhr Frau Gerda Dardanowski-Christian und Frau Traudl Junge aus den Armen ihrer Tänzer abberufen, damit sie an seiner nächtlichen Teegesellschaft teilnahmen. Da saß er also und knabberte Keks, plauderte über seine Erhebung aus der Armut zum Herrscher über Europa, auch zum Unterwasserherrscher der sieben Meere – und sein Reich war doch zusammengeschrumpft auf das von Bomben geschüttelte Loch in der Erde.

Grauenhaft, ihn anzusehen, an ihm ist nichts mehr umzubringen! Er hat es schon selbst getan, sein unnatürliches Leben, Dr. Morell mit achtundzwanzig verschiedenen Spritzen und Arzneien (den er nun auch hinausgeworfen hat), sein verruchter, verschrobener, prahlerischer und flatterhafter Hofstaat hatten bereits alles vollbracht, hatten nichts als ein abgenutztes, morsches Gefäß zurückgelassen. Albert Speer hatte sich einmal achtundvierzig Stunden in einer vom Feinde eingeschlossenen und dem Tode geweihten Stadt aufgehalten und dort beobachtet, wie unter dem kalten Hauch des Todesengels Männer und Weiber in gegenseitigem Verlangen aufs äußerste angestachelt in einer einzigen Nacht hemmungslos alles vorwegnehmen wollten, was anders ein ganzes Leben für sie bereitgehalten hätte. Hier war das alles auch. Die Haut unter den dünnen Seidenfahnen der Frauen dampfte, ihre Augen waren unnatürlich geweitet. Wein floß in Strömen. Die Auswahl an Schnäpsen war reichhaltig. Die Vorräte des Bunkers an ausgesuchten Leckerbissen waren nicht auszuschöpfen. Morell mit seinen Aphrodisiaca fehlte, und ob der Nachfolger Dr. Stumpfenegger ebenso gefällig war, wußte er nicht. Aber es ging auch ohne aufpulvernde Mittel. Der nahe Tod war die aufrührendste aller Injektionen. Frauen, SS-Offiziere, Wachen, Chauffeure, Schreiber – der Zweite SS-Bunker mit der barbarischen Grammophonmusik, mit seinen benachbarten Zellen und Gängen glich einem Stall voll hoppelnder Kaninchen.

Auch die stieren Säufer fehlten nicht. Da war Burgdorf, und ihm gegenüber saß jetzt Bormann. Der eine an den andern gebunden durch furchtbare Schuld, und dem einen fiel jetzt ein, daß die Kameraden in der Wehrmacht ihn schnitten, daß sie ihn verachteten. Und war da nicht Rommel gewesen, war er es nicht, der Rommel die Giftampulle gebracht und ihm die Wahl zwischen Selbstmord oder Erschossenwerden gelassen hatte? Ja, sie haben recht gehabt mit ihrer Verachtung. „Sie haben recht, einmal muß es gesagt sein. Ich war naiv, war dumm, habe mich zu eurem Handlanger gemacht. Und ihr ..., gepraßt habt ihr, Reichtümer zusammengerafft, Rittergüter gestohlen, Deutschland ausgeplündert."

„Aber, mein Lieber, du mußt doch nicht gleich persönlich werden ..."

Und in der untersten Bucht saß der Herr des Geheges mit seiner Damengesellschaft und schlürfte Tee aus Lindenblüten. Und wenn er nicht über seinen eigenen märchenhaften Aufstieg plauderte oder über die Wurzellosigkeit der Intellektuellen oder über die Treue seines Schäferhundes, dann eiferte er über unfähige Generäle, über die Untreue der SS, über die Dummheit und Schlechtigkeit der Menschen. Und dann war es soweit, daß er nach dem Blut von Saboteuren, von Geiseln und Gefangenen verlangte.

Ein Irrenhaus von unten bis oben, eine Fundgrube für Psychiater. Sie saufen und prassen, und in ihren starren Augen spiegelt sich schon der Engel mit der scharfen Wippe. Sie hoppeln und tanzen sich in den Tod und wissen es und wissen es in der nächsten Minute nicht, und meinen, daß alles wie ein Spuk an ihnen vorbeiziehen könnte. Wahnsinnige — aber keiner darf glauben, daß er vor dem Richterstuhl der Geschichte geistige Unzurechnungsfähigkeit für sich in Anspruch nehmen könnte. Es gibt keine mildernden Umstände. Der Weg bis hierher ging durch Blut. Sie saufen, sie hoppeln, sie tanzen und haben Europa verstümmelt hinter sich gelassen und morden kaltblütig Deutschland, erdrosseln in dieser Stunde Berlin.

Albert Speer stand auf ..., er war frei, er konnte gehen. Hinter dem Brandenburger Tor hatte er den Fieseler Storch getarnt auf einem Gartengrundstück zurückgelassen. Das Bombardement war abgeebbt, trat nur nach Pausen und in Wellen auf.

Er blickte sich noch einmal um.

Marionetten unter dem fallenden Vorhang, und sie wissen es und wissen es nicht. Es gibt noch einige, welche meinen, daß aus den erkaltenden Händen im tiefsten Bunker Macht zu erben ist. Bormann meint es, und der Klüngel um Bormann meint es mit ihm. Speer war vor einigen Stunden Zeuge gewesen und hatte beobachtet, wie Bormann unter Anwendung seiner ganzen Heimtücke den mächtigsten seiner Rivalen, den abwesenden Luftmarschall Göring (der auch noch an eine Machtnachfolge glaubte), auf die Seite schob und bei dem gespenstischen Chef Degradierung und Verhaftung Görings erwirkte, nur die Verhaftung, noch nicht den Tod, den er ebenfalls vorschlug. Bormann in Berlin, Göring in Berchtesgaden, Himmler in Mecklenburg — jeder auf einer isolierten, zersplitternden Eisscholle, und sie recken ihre besudelten Hände aus nach einem Reich, das nicht mehr vorhanden ist!

Diadochen ...

Es wird keine geben!

Marionetten – und wenn die Hand nicht mehr da sein wird, die sie so lange am Gängel hielt, dann werden sie auch das nicht mehr sein, gefallene Lumpenbündel auf verlassener Bühne, und vielleicht wird der Henker kommen und sie zusammenkehren!

Speer stieg die Treppen hoch. Panzertüren wurden geöffnet und hinter ihm wieder geschlossen. Er kam auf den mit einem roten Läufer ausgelegten Gang und betrat die Vorhalle. Porphyr und Marmor, er selbst hatte hier Block auf Block fügen lassen. Riesige Kandelaber, doch sie verbreiteten kein Licht mehr. Es roch nach verbranntem Pikrin aus krepierten Granaten, und die Luft war voller Staub. Es war zwei Uhr morgens, und im fahlen Licht saß ein einsamer Besucher, ganz in sich zusammengesunken, und über den ihm servierten Kaffee und Kognak hatte er gegen den von der Decke herabregnenden Kalk seinen Hut gestülpt. Speer konnte nicht wissen, daß der Wartende hierhergekommen war, um seine Seele zurückzufordern. Er ließ die Halle und den späten Gast zurück und verlor sich draußen auf einer Straße mit geknickten Lampenmasten und herabhängenden Leitungsdrähten und voll frischer Granattrichter.

Der Mann in der öden Halle der Reichskanzlei war der Rundfunkkommentator Hans Fritzsche. Er war es gewesen, der vor einigen Tagen in der Goebbelsvilla hinter dem Brandenburger Tor den Propagandaminister in seiner Schmährede gegen Deutschland unterbrochen und damit den Zorn des Gewaltigen auf sich gezogen hatte und dem dann in erster Linie die Worte galten: „Warum sind Sie gekommen? Ich habe Sie nicht gerufen. Warum haben Sie mit mir gearbeitet? Jetzt wird Ihnen das Hälschen durchgeschnitten!“ Solchem hemmungslos lodernden Haß gegenüber hatte Fritzsche sich erst fassen müssen. Dann war er hinter seinem Chef – an dem er immer den scharfen Verstand, die Weite des geistigen Horizontes, die Latinität der Diktion bewundert hatte – hergeeilt, doch er kam zu spät, und als er die krachend zugeschlagene Tür wieder öffnete, war Goebbels schon in seinen Privaträumen verschwunden. Er mußte ihn sprechen, mußte sein Gesicht noch einmal sehen. Es handelte sich nicht um die in der Elfuhrkonferenz ausgebliebenen Erklärungen zur Lage, denn die war eine steil abfallende Rutschbahn in den Abgrund, daran konnten Worte nichts mehr ändern, doch er mußte wissen, ob der Ausbruch im Filmsaal ein vorübergehendes Versagen der Nerven gewesen war oder ob es sich, und so hatte es ausgesehen, um eine Demaskierung gehandelt hatte, und ob die jäh aufgetauchte Fratze des Zynikers, der Herkommen, Sitte und Kultur bis in den Grund verachtet, das wahre Gesicht seines Meisters war, dem er mit Hingabe, Bewunderung und mit Selbstverleugnung nachgeeifert hatte.

Natürlich hatte der Virtuose aller Denkweisen sich auch des Zynismus bedient. Aber sich eines Mittels um der Wirkung willen zu bedienen oder ihm mit Haut und Haar verfallen zu sein, ist nicht dasselbe. Zynismus als Mittel – da bleibt die Sache, um derentwillen es angewendet wird. Zynismus des Zynikers, da bleibt nichts, ist *nichts*. Das mußte er wissen, er mußte ihn wiedersehen. Aber der Stuhl des Ministers im Ministeramt blieb verwaist. Er fand sich vor verschlossenen Türen, lauschte in Telefonhörer, die keine Antwort gaben. Er umkreiste das Haus hinter dem Brandenburger Tor. Die Fenster waren vernagelt, und niemand zeigte sich. Er machte Ausflüge in die brennende Stadt, drang bis an die umkämpften Straßen und Plätze vor, doch als ein Mann ohne Schatten kehrte er immer wieder an seinen Ausgangspunkt zurück. Am Abend des zweiten Tages sah er zwei kleine Autos aus der Ministervilla herauskommen, und er erkannte, an die Wand des Hausflurs gedrückt, im zweiten Wagen die Frau und einige Kinder des heftig Gesuchten. Er sah die Wagen in die Voßstraße einbiegen. Im nahen Tiergarten ging im gleichen Augenblick wie ein kleiner Weltuntergang die erste Granate eines russischen Fernkampfgeschützes nieder. In der verlassenen Villa wurden nach dem Auszug die Türen nicht mehr geschlossen. Die Hoftür und auch die Haustür und im Inneren des Hauses die Zimmertüren, die Schreibtischladen, die Schränke – alles stand offen und Koffer lagen umher. Er fand sich umringt von Telefonistinnen, Stenotypistinnen, von den Männern der Wache, und alle schrien, einige weinten, andere fluchten. Alles ist aus! lamentierten sie, der Minister ist weg, ist mit seiner Familie in den Führerbunker gefahren und kommt niemals mehr zurück.

Er ging in die Reichskanzlei und ließ sich anmelden. Goebbels war nicht zu sprechen. Er kam wieder, und Adjutanten fingen ihn ab, setzten ihn auf denselben Stuhl, auf dem einmal Hauptmann Boehlke gesessen hatte. Er kehrte zurück ins Propagandaministerium, das wie eine Fackel brannte, hockte sich im Keller in eine Ecke und stülpte die letzten elf Jahre seines Lebens um. Die deutsche Außenpolitik, Kriegsbeginn, Kriegführung, Kriegsziele: alles zeigte plötzlich ein verzerrtes Gesicht. Und was war echt, was war wertbeständig, was blieb in der neuen Sicht von den in seinen Kommentaren immer wieder beschworenen Idealen? Wieviel Sorge, Furcht, Entsetzen und Entschlossenheit hatten die Aktionen der letzten zwölf Jahre begleitet – konnte es sein, daß der immer wieder propagierte deutsche Friedenswille, daß Großdeutschland als sittliche und allen Völkern gerecht werdende Ordnungsmacht im Herzen des Kontinentes sich letzten Endes als hohle Attrappen erwiesen? Warum war keine Klarheit über die Kriegsziele zu erhalten gewesen? Die Alliierten hatten den Völkern der umkämpften Länder eine Atlantik-Charta zu bieten. Der deutschen Propaganda hatte nur das Versprechen einer „Neuordnung Europas" zur Verfügung gestanden, ein vages Schlagwort – warum war es niemals mit konkretem Inhalt erfüllt worden? Warum hat man den Franzosen, den Völkern in West und Ost nicht gesagt, was man von ihnen wollte und was sie zu erwarten hatten, warum kam es nicht zu der verlangten und immer wieder in Aussicht gestellten „Magna Charta Europaeensis"? Ist es möglich und stellt sich jetzt beim traurigen Ende im Zwielicht der Götterdämmerung heraus, daß Hitler, Goebbels und Kompanie sich nicht binden und keine festumrissenen Rechte gewähren wollten, weil sie mehr und schließlich alles zu erhalten hofften, weil sie unersättlich waren? Und war so die Geschichte der vergangenen zwölf Jahre nur die Wiederholung der niederdeutschen Erzählung vom *Fischer und siner Fru,* die den einmal gefangenen Glücksfisch über alle Maßen ausbeutete und nach der Reihe ein Landhaus, ein Herzogschloß, einen Fürstensitz haben wollte und König, Kaiser, Papst und endlich der Herrgott selbst werden wollte, um zuletzt unter Blitz und Donner zurückgeschleudert zu werden in den „Pißpott" – und der wäre demnach der Führerbunker? Doch die Vermessenheit war so groß, daß auch dieser geschrumpfte Topf nicht lange letzte Zuflucht und Behausung bleiben konnte . . .

Der Rundfunkkommentator Hans Fritzsche ging wieder in die Reichskanzlei. Er mußte dabei die paar Meter von einer Straßenseite zur anderen unter einem Hagel von Splittern springend zurücklegen. Bei dem desorganisierten Zustand auch des Posten- und Wachsystems gelangte er über den Gang bis hinunter auf die Treppe zum innersten Bunker, und dort erst wurde er diesmal abgefangen und wieder nach oben in den verwüsteten Speisesaal geführt. Ein Adjutant leistete ihm Gesellschaft und machte Konversation, bis er, müde des Wartens, wieder ging. Und er kehrte zurück, wartete morgens, am Nachmittag und nach Mitternacht; von Goebbels hörte er nichts.

Kommt niemals mehr zurück – aber er mußte ihn haben, mußte sein Gesicht noch einmal sehen, mußte erfahren, wem er zwölf Jahre gedient hatte und wer es war, dem er seine Seele verpfändet hatte.

Der in die Unterwelt Geflüchtete ließ sich nicht sprechen.

An seiner Stelle tauchte der Staatssekretär Naumann auf. Dem von seelischer Not und endlosem Warten Zermürbten erschien der schwadronierende Staatssekretär wie ein altes Weib, das aus zahnlosem Munde unkontrollierbare Nachrichten herausgeiferte. Danach waren politische Entschlüsse von großer Bedeutung gefaßt. Es handelte sich nur noch um einige Stunden, ja nur noch um eine einzige Stunde des Durchhaltens. Zwei kampfkräftige Armeen – Wenck und Steiner – wären im Anmarsch und würden Berlin freikämpfen. Überdies wurde eine Panzergruppe von Generalfeldmarschall Schörner erwartet, die schon in einigen Tagen eintreffen konnte, und die Oderfront hielt, die Russen waren nur an dem schmalen Abschnitt vor Berlin durchgebrochen. Die Oderlinie würde wiederhergestellt werden.

Fritzsche sah Dr. Naumann wieder verschwinden. Eine garstige alte Hexe ritt auf zerfleddertem Besen in die Tiefe des Blocksberges hinunter. Fritzsche wartete, wartete . . ., von dem Erwarteten, so mächtig Beschworenen kam ein einziges Mal ein Wort nach oben, und das Wort war Lüge. Nach der Beschießung würde er selbst heraufkommen, ließ er ihm sagen, doch er kam nicht, und erst als Leiche sollte er ihn wiedersehen.

Albert Speer hatte den Feldwebel, der ihn von Gatow herübergeflogen hatte, neben der Maschine gefunden. Der „Fieseler Storch“

hob sich von der Straße Unter den Linden ab, zog einen Kreis über dem Brandenburger Tor. Berlin blutete aus tausend Bränden. Wo der Rauch dem Blick eine freie Fläche öffnete, zeigten sich unter den Tragflächen der Maschine in Quadrate und Reihen geordnete und von der Schwärze des Brandes überzogene Steinskelette. Keine Dächer mehr – und die Unterteilungen in Etagen waren verschwunden.

Aus dem Meer von Ruinen erhob sich der Anhalter Bunker. Zurück blieb der Tiergarten mit der Siegesallee, eine Doppelreihe marmorner Nippesfiguren aus der preußischen Geschichte. Umgeknickte Bäume, der Goldfischteich ein schwarzer Unrattopf, einsam neben dem Ufer trauerte die Amazone von Tuaillon. Wieder ragte eine der Schöpfungen Speers in die von Rauchschwaden durchwehte Welt, abermals ein Sarg aus Beton und Stahl: der Bunker am Zoo.

Flakgeschosse krepierten neben der Maschine. Detonationen erschütterten die Luft. Der Wanderer über Ruinen mußte höher klettern, warf sich in eine schwarze Rauchbank. Blauer Frühlingshimmel, wieder erschüttert von Detonationen, und wieder Flucht hinein in das nächste Dschungel aus quellendem Rauch. Von einer treibenden Rauchinsel zur andern führte der Weg weiter. — Zurück blieb Berlin:

Angenagelt zwischen Müggelsee und Havel, zwischen den sandigen Heideflächen des Barnim im Norden und den Kiefernwäldern des Teltow im Süden blieben dreiundeinehalbe Million Frauen und Männer und Kinder und warteten auf die Sintflut.

Der Rückzugsbefehl für die Truppen an der Oder war nicht gekommen. Der Befehl zum Durchbruch – nur noch ein Hilfeschrei aus dem eingeschlossenen Berlin – erreichte die bis auf die alte Oder und die Seelower Höhen abgedrängte und auch in ihrem Rücken umfaßte 9. Armee, darunter die Divisionen „Kurmark“ und „Nederland“, als es zu spät war.

Die Straße von Falkenhagen bis zum Scharmützelsee und weiter der Raum um Märkisch-Buchholz und Halbe war vier und fünf Tage hindurch ein wandelnder Friedhof und nach dieser Zeit immer noch Friedhof und Sammelplatz und Abmarschstraße für Kriegsgefangene. Das war das Ergebnis einer der letzten „strategischen Züge“ aus dem Führerbunker.

„Ein wandelnder Friedhof" war ein Wort aus einem Brief Hauptmann Boehlkes an seinen Onkel Raimond. Hauptmann Boehlke war bei der Division „Kurmark" geblieben und hatte mit der schon beim Abmarsch ausgehöhlten Truppe den Durchbruchsversuch mitgemacht. „Wie recht Du hattest, lieber Onkel – Dementia paralytica, und wir sind einbezogen und müssen die letzten Zuckungen mitmachen", schrieb er. „Und es gibt kein Entrinnen, dabei ist es gleichgültig, wo der einzelne sich befindet. Du an Deinem Tisch über ausländischen Zeitungen, der Divisionsgeneral über undurchführbaren Befehlen, der aus einer Spandauer Fabrik hierher geschaffte und so lange uk-gestellte Arbeiter oder ich, der ich vom ersten Tage an hier fehl am Platz war, da ist kein Unterschied. Und es wäre auch kaum etwas geändert, wenn ich mich in dieser Stunde noch bei meiner Stammdivision in Kurland befände oder wenn ich meinen Artilleriekommandeur gefunden hätte oder wenn mich das Los eines anderen aus unserem Kursus getroffen hätte und ich nach Graudenz, nach Königsberg, nach Breslau eingeflogen worden wäre; überall ist Untergang und der in den Strudel Hineingerissene zeigt unabhängig vom Ort und von seinem Lebensalter und sehr oft auch von seiner Erziehung das gleiche Gesicht.

Ich habe Dir schon unseren Frontabschnitt geschildert. Der Bahndamm zwischen Lietzen und Falkenhagen, ein letztes Stück Ostfront, war nur noch eine aus der Flut aufragende langgestreckte Klippe. Hier lag ‚Kurmark', dann die Legion ‚Nederland' und weiter nördlich eine Division unter dem am 20. Juli berüchtigt gewordenen Remer. Von einer führenden Hand war kaum noch etwas zu spüren. Es war einfach so, daß der endlich eingetroffene Durchbruchsbefehl jedem Häuflein den Freibrief bedeutete, kehrtzumachen und das Heil in der Flucht zu suchen. Drei Divisionen, das heißt was von drei Divisionen übriggeblieben war, mit Mann und Roß und dem Rest an Geschütz und Wagen und schweren Panzern und Trossen, alles warf sich von der versinkenden Klippe herab und hinein in den schmalen, etwa achtzehn Kilometer langen Schlauch bis zum Scharmützelsee, der sich wunderbarerweise auftat, wie einmal vor den Kindern Israels das Wasser des Roten Meers sich aufgetan hatte. Es war aber so, daß – bewaffnet oder schlecht bewaffnet oder gar nicht bewaffnet und geführt oder schlecht geführt oder überhaupt nicht geführt – die uns wie eine

Mauer umstehende rote Flut dem Druck der dahinrollenden, zersplitternden und Trümmer zurücklassenden Menschenlawine nachgab, allerdings nicht in der befohlenen Richtung und nicht zum Entsatz von Berlin, wie es vorgesehen war. Wir wurden abgedrängt in südwestlicher Richtung, eben hin zum Scharmützelsee, und auch hier hatte sich die Kraft, die Schwerkraft oder Fallkraft der stürzenden Lawine noch nicht verbraucht, und soweit ein Gewichtsverlust eingetreten war (niemals können die zerbrochenen Wagen, das aufgegebene Material, die toten Pferde, die am Wege liegengebliebenen Menschen gezählt werden), wurde die Verminderung durch die Ansammlung am Scharmützelsee wieder aufgewogen. Abermals in BVG-Omnibussen aus Berlin herangekarrte Arbeiter, Werkschutz und Feuerwehr, eine Matroseneinheit aus der Marineschule bei Jüterbog – aber keine Waffen, kein Nachschub, kein Brennstoff; jeder Omnibus und jeder LKW besaß nur so viel, wie er in seinem Tank mit sich führte. Dazu kam noch die Zivilbevölkerung, sehr viele Frauen, ältere Männer und Kinder, aus den Dörfern kamen sie mit Pferd und Wagen, und aus den Städten zu Fuß, halbe oder sogar ganze Bevölkerungen der schon eine Woche unter Russenherrschaft gewesenen Städte Bad Saarow, Pieskow, Radlow, Wendisch-Rietz schlossen sich den vorbeitreibenden Truppenhaufen an. Die Lawine rollte weiter, wie vorher in südwestlicher Richtung; voraus lag das bereits russisch besetzte Märkisch-Buchholz und das ebenfalls besetzte Städtchen Halbe. Es kam sogar so etwas wie ein Plan zustande, auch die von Krebs aus dem OKH eingetroffenen Weisungen waren jetzt der Gegebenheit angepaßt. Es hieß nicht mehr, Berlin wäre vom Westen her zu entsetzen, sondern südlich Berlins sollten wir uns mit der Armee Wenck vereinigen. Aber Weisungen oder keine Weisungen, den Gegebenheiten angepaßt oder nicht angepaßt, Vorgehen mit Plan oder ohne Plan, und ob nun Besprechungen zwischen ‚Kurmark' und ‚Nederland' stattfanden oder ob keine Besprechungen stattfanden, das alles war belanglos. Das Chaos war befohlen – ich sage Dir, es war befohlen und alles war von langer Hand her so angelegt, und es hätte nun schon gar nicht mehr der Russen bedurft, um uns umzubringen. Wir waren so gottverlassen, so ohne jede geistige Direktion, waren in der Zusammenballung nur noch Element, unbelebte Natur wie Erde, wie Wind, wie Wasser, und waren instinktloser als Tiere im Steppenbrand, führungsloser als flüchtendes Damwild, das einen Fluß überquert und sicher das andere Ufer erreicht. Die alten Ostkämpfer hatten völlig ihre Gelassenheit verloren. Es brauchte nur einer zu sagen, vor uns läge eine russische Stellung — wenn dann einer schoß, dann knallten alle los. Die vorn lagen oder vorne gingen, bekamen von hinten Schüsse und stürzten und wußten überhaupt nicht, wie und woher es gekommen war. In einer rollenden Lawine mahlt ja auch ein Stein am anderen, und ein Stück Bruchholz zerbricht das andere. Es war also nichts Besonderes, und die Bewegung ging weiter. Die eigentliche Tragödie und das Aufhören auch des elementaren Zusammenhalts kam aber erst in der kleinen Stadt Halbe über uns.

Im Morgengrauen griffen wir an. Es waren, wie ich angenommen hatte, tatsächlich Besprechungen zwischen ‚Kurmark' und ‚Nederland' vorangegangen. ‚Nederland' ging aus nordöstlicher, wir gingen aus südöstlicher Richtung vor. Zwischen uns, in einem sich verengenden Keil, stand der Russe. Die allgemeine Stoßrichtung war der Bahnhof. Es wurde nachher geschätzt, daß schon ein Drittel von uns auf der Anmarschstraße liegenblieben. Zwei Stunden dauerte das Ganze. Es entspann sich ein Kampf im Dunst, auf den Ruinenfeldern der fast völlig zerstörten Stadt, mit sehr vielen Toten. Erst als es vor dem Bahnhof zum Handgemenge kam und Mann gegen Mann stand, erkannten wir die ‚Nederländer' und sie erkannten uns. ‚Kurmark' und ‚Nederland' hatten einander mit Tigerpanzern, mit schweren Infanteriewaffen, mit Granatwerfern die Schlacht um den Bahnhof, um den Weg zur Autobahn nach Königswusterhausen und Berlin geliefert, und das nur, um nachher unter der dann einsetzenden russischen Artillerie in kleinere und größere Haufen zu zerfallen und in völliger Versprengung zu enden.

Statt uns den Weg nach Berlin freigekämpft zu haben, fielen wir wieder zurück. Die folgende Nacht fand uns — aber wir waren nun nicht mehr ‚Kurmark', waren zusammengelaufene Haufen aus ‚Kurmärkern', ‚Nederländern', Zivilisten, Marine und Bodentruppen der Luftwaffe — auf der Straße südöstlich von Märkisch-Buchholz. Alle zusammen, die Soldatenhaufen, Panzer und Trosse und die Planwagen mit Bauern und Frauen und Kindern, waren wir nun wieder eine riesige Masse menschlichen Gerölls mit der Bewegungsrichtung

Märkisch-Buchholz und abermals Halbe und dem hinter dem Horizont unter gelbem Feuerschein liegenden Berlin. Allein an der Spitze waren an zweitausend Mann versammelt, darunter sehr viele Offiziere, dazu vielleicht vierzig Fahrzeuge, zwei Tigerpanzer und einige Schützenpanzerwagen und LKWs. Ein General tauchte auf. Doch außerstande, die durcheinandertreibenden Haufen – Marineinfanterie, Luftwaffe, Panzergrenadiere, Landesschützen, Zivilisten – in eine Form zu bringen, und auch wohl die völlig unzureichende Bewaffnung vor Augen, verschwand er wieder. Die Nacht hatte ihn eingeschluckt, niemand sah ihn mehr. Nun, es gab alte Obersten, gab Oberstleutnants, vielleicht die Hälfte aller Soldaten waren Offiziere oder alte Unteroffiziere. Aber keiner wollte das Kommando übernehmen. Jeder, der daraufhin angesprochen wurde, lehnte ab. Jeder wollte raus aus dem Chaos, jeder einzelne verstand auch, daß der Weg über das russisch besetzte Märkisch-Buchholz gehen mußte, doch keiner wollte führen. Ich kann die Verantwortung für andere nicht auf mich nehmen, sagte der eine. Ich habe keinen Auftrag, sagte ein anderer. Ich weiß überhaupt nichts, bin in völliger Unkenntnis der Lage, bin nur hierher versprengt! lauteten die Ausreden von noch anderen. Und mir selbst erging es nicht anders. Ich dachte daran, daß überhaupt kein Nachschub vorhanden war, kein Munitionstroß, keine Verpflegung, keine Feldküche, kein Feldverbandplatz, nicht einmal der geringste Ansatz für Erste Hilfe. Das waren zwar berechtigte Besorgnisse, doch in der gegebenen Lage nichts anderes als Ausflüchte. Mit solchen Bedenklichkeiten versuchte ich mir nur selbst etwas vorzumachen. In Wirklichkeit war ich wie alle anderen unsicher, unschlüssig, voller Zweifel, ich war gelähmt, konnte alles nur gehen und treiben lassen, war außerstande zu eigenem Tun, war infiziert von dem Bazillus, der aus der brennenden riesigen Stadt am Horizont auf uns herabregnete. Alles, was ich noch vermochte, das war mit starren Augen beobachten, was um mich her vorging. Ein Hauptwachtmeister der Feldpolizei, er trug das Goldene Kreuz, übernahm dann das Kommando. Und alle, auch alte Oberste, Majore, Hauptleute ordneten sich ihm willig unter. Er ging ganz primitiv vor, auf der Straße in direkter Richtung auf Märkisch-Buchholz. Ein Rammbaum, die Spitze hart gemacht durch die beiden Tigerpanzer und die nachfolgenden Schützenpanzerwagen. Er konnte aber nicht verhindern, daß alle vorn sein wollten, daß sich zwischen die Lücken der Panzerwagen, von einem zum anderen blieben etwa dreißig Meter, unbewaffnetes Soldatenvolk, Frauen und Kinder hineinschoben. Die Tiger rollten vor, schossen und stoppten plötzlich. Die nachfolgenden Panzerwagen, der dritte, der vierte, auch noch der fünfte liefen auf die vorderen auf. Lieber Onkel Raimond, ich will Dir keine Schlachtenbilder geben. Ich will nur zu einer Selbstverständigung gelangen, und deshalb schreibe ich das alles auf. Und ich will Dir klarmachen, und ebenso allen anderen, die diesen Brief noch lesen sollten, daß der von dem Hauptwachtmeister der Feldpolizei aus Frauen und Kindern und waffenlosen Soldaten gebildete und auf Märkisch-Buchholz gerichtete Rammklotz die auf die Spitze getriebene, im Führerbunker im Kreise Bormann, Burgdorf, Jodl, Keitel und Krebs ersonnene Strategie war. Eine Kettenreaktion aufeinanderprallender Fahrzeuge. Die Masse in den Lücken stob auseinander, aber fünf, sechs oder acht blieben jedesmal dazwischen; vielleicht fünfzig oder sechzig Personen, Männer und Kinder und Frauen, blieben zerquetscht und überrollt auf der Straße — der Rammklotz aber fährt, stampft, hastet und stürzt weiter hinein nach Märkisch-Buchholz, bis er auf dem Ruinengelände einer ehemaligen Fabrik unter einem aus der Nacht herabfallenden zusammengefaßten Feuer zersplittert, sich in Teile auflöst, in heulend auseinanderspritzende, nach allen Himmelsrichtungen geschleuderte Atome. Auch ich lief, ich floh — aber das ist nicht ganz richtig, denn ich war festgeheftet, war erstarrt, wie Lots Weib vor Gomorrha, und nur die Dinge um mich her warfen sich in rasende Flucht. Die kahlen Steinkamine, die Schutthaufen, geborstene Mauern, eine tote Kuh, ein geknickter Telegrafenmast, ein Baum, noch ein Baum . . ., Bäume, Bäume, ein Wald. Ich fand mich im Wald südlich der Straße Märkisch-Buchholz. Unter den Bäumen erblickte ich einen Tigerpanzer, auch andere erblickten den Panzer. Es sammelten sich zwanzig Mann. Ein ‚Tiger' — und wir zwanzig zogen hinterher und hatten auch wieder eine Führung. Ein Major hatte das Kommando übernommen. Aus einer Baumkrone erhielten wir Feuer, wir hatten Verwundete und fünf oder sechs Tote. Das Geschütz des ‚Tigers' holte das Maschinengewehrnest aus der Baumkrone herunter. Die Toten blieben liegen, die Verwundeten legten wir auf den Panzer und fuhren und marschierten weiter. Quer durch den Wald, bis wir im ersten Morgengrauen von hinten an eine russische Artilleriestellung gelangten. Schwere Geschütze, eine der Batterien, die Berlin beschossen. Kein Posten, niemand zu sehen, die Kanoniere schliefen in den wallförmig angelegten und mit Erde abgedeckten Unterständen und taumelten jetzt heraus, machten verdutzte Gesichter, brachen unter unseren Schüssen zusammen. Wir demolierten die Verschlüsse der Geschütze, und im übrigen suchten wir etwas zu essen. Außer ein paar Händen voll Grütze war kaum etwas vorhanden. Auch vorher bei den aus der Baumkrone heruntergeschossenen MG-Schützen hatten wir nichts gefunden. ‚Da sieht man es, deshalb haben wir den Krieg verloren', meinte der Major. ‚Findet man einen toten Russen, hat er kein Brot, aber Gewehrmunition im Brotbeutel – bei uns war es immer umgekehrt: keine Munition, aber alle Taschen voll Eßwaren!' Nichtsdestoweniger waren jetzt anderthalb Stahlhelme voll Grützekörner die einzige Verpflegung, über die der Major für seinen Haufen von vierzig Mann verfügte. Er beschloß deshalb, die vorausliegende Ortschaft anzugreifen. Die ausgeschickten Späher berichteten, daß der Ort nur schwach besetzt wäre. Ich wurde mit fünf Mann zu einem Umgehungsversuch an den rechten Flügel geschickt, hatte aber wenig Neigung, um eines Stück Brotes willen bei einem vorher am Sandkasten ausgeknobelten Kriegsspiel mitzuwirken, zu keinem anderen Ende als zusammen mit einem Dutzend Russen auch die vielleicht noch vorhandene Dorfbevölkerung mit Geschossen aus einem Tigerpanzer und einem Hagel aus Gewehr- und Pistolenläufen zu überziehen. Zudem hatten einige Bemerkungen des Majors, darunter die über eine der Hauptursachen des verlorenen Krieges ihn mir als Kommandanten nicht vertrauenswürdiger gemacht. Ich beschloß statt des organisierten Raubzuges ein Stück Brot oder einen Platz zum Sterben lieber in eigener Regie, jedenfalls auf einfachere Weise zu finden, und zwei von meinen fünf Mann war es ähnlich zumute, und sie folgten mir auf meinem Weg durch einen Abwassergraben und weiter durch eine Mulde zurück in den Wald. Hier stießen wir wieder auf Soldaten, die ein Feldwebel führte. Wir lagerten zuerst bei ihnen und blieben dann bei dem Häuflein und zählten nun zweiundzwanzig Mann. Durchbruch nach Westen, Entsatz von Berlin, Vereinigung im Süden Berlins mit der Armee Wenck! waren die Parolen, unter denen wir aufgebrochen waren und die uns so weit begleitet hatten. Hier in dem Häuflein des Feldwebels bestanden keine kriegerischen Absichten mehr. ‚Im Gegenteil, wir verstecken uns am Tage im Unterholz und marschieren nur nachts nach dem Kompaß', erklärte der Feldwebel. ‚Und vielleicht kommen wir bis an die Elbe und dann werden wir weiter sehen!'

Nun, ich glaube nicht, noch einmal die Elbe oder ein anderes lebendiges Wasser zu erblicken. Der zurückgelegte Weg . . ., so entsetzliche Schreie, so groß die Verzweiflung, kein Verbandpäckchen, kein Stückchen Brot mehr. Ein Trunk Wasser, einem Verwundeten gereicht, das war im wasserreichen Land zwischen Dahme und Spreewald schon sehr viel. ‚Hilf mir, Kamerad, ich kann nicht mehr!' Und wir zogen weiter, zogen vorbei. ‚Ihr Schweine laßt uns hier liegen, wollt uns verrecken lassen!' Wir zogen weiter, zogen vorbei. Was konnten wir tun, wir schleppten schon eigene Verwundete und konnte einer sich drei und vier, konnte ein Häuflein von zweiundzwanzig sich tausend aufladen? Aber sie brüllten: ‚Schweine! Mörder! Ihr denkt nur an euch.' Sie waren wahnsinnig vor Wundschmerzen, Tiere brüllen nicht so, wie sie gebrüllt haben. Wir zogen weiter, über einen heulenden Friedhof, und nun hängen die Schreie mir an, ich komme nicht davon los. Und die Schüsse, die diese Verzweifelten hinter uns herjagten, treffen mich jetzt. Der Friedhof, Onkel, zwischen Dahme und Spreewald, ist riesengroß, und ich weiß nicht, ob nur Menschen, hunderttausend oder zweimalhunderttausend, hier ins Grab sanken, ob nicht auch die Idee der Menschlichkeit hier unterging, ob nicht die Kraft zum Guten, die Deutschland und die Völker unseres Kontinents in gemeinsamer Zivilisation verband, nicht genau an dieser Stelle für immer scheiterte.

Ich kann nicht mehr, Onkel Raimond. Ich bin unverwundet durch die Hölle gekommen, und nun geht es nicht weiter. Aber ich mußte das hier schreiben, den Bericht von der deutschen Ostfront. Ihr sollt wissen, wo sie blieb und wie sie sich in Nichts auflöste.

In Nichts . . ., wäre das möglich gewesen, wenn sie nicht — so dröhnend sie marschierte, so weit ihre Schwungkraft sie auch trug — einmal aus der gleichen Quelle ins Dasein gerufen wurde? Nichts, nichts . . ., anderes kann ich nicht mehr denken. Helfe mir Gott!"

Dieser Brief, geschrieben in einem Kieferndickicht zwischen der Autobahn Berliner Ring—Neiße und dem Dorf Dornswalde, wurde an den

Oberbibliotheksrat Raimond Stassen in Potsdam adressiert und von Hauptmann Boehlke in der Innentasche seines Waffenrocks verborgen. Hauptmann Boehlke aber irrte in der Annahme, schon am Ende seines Weges angelangt zu sein. Noch nächtelang sah er während seines Marsches nach Westen das Feuerzeichen hinter dem Horizont, den glühenden Atem der verendenden und immer mehr in sich zusammenfallenden Stadt Berlin. Und dann, im Fiener Bruch, kam auch noch nicht das Ende, doch dort, in der von Sümpfen umgebenen und abseits der Straße gelegenen Ortschaft Fienerode wurde sein Leben anders gebahnt.

Die Russen hatten jenen Ort bereits eingenommen, aber wieder verlassen und gingen dort nur noch Patrouille. Boehlke saß in der Stube eines Bauern, noch zwei Mann waren bei ihm, ein Stabsgefreiter und ein siebzehnjähriger Junge aus dem Volkssturm. Boehlke und der Gefreite trugen noch Uniformen, aber ohne Abzeichen und ohne Militärknöpfe, und auf den Köpfen hatten sie Zivilmützen. Es war Abend, und ein russischer Sanka hielt vor dem Haus, und zwei Russen kamen herein.

„Du deutscher Soldat!"

„Nix deutscher Soldat, Fremdarbeiter Nederland!" erwiderte der Stabsgefreite.

Der Bauer bestätigte: „Fremdarbeiter, Holländer."

Auch der siebzehnjährige Junge erklärte: „Auch Fremdarbeiter, Nederland!"

Boehlke schwieg.

Die beiden Russen kamen an den Tisch heran, und der eine breitete eine Karte aus. Er wollte in den Nachbarort, nach Hohenseeden, suchte aber auf der Karte in der Gegend von Lübeck. Er trug eine Lederjacke und roch stark nach Parfüm, mit dem er sich von oben bis unten übergossen hatte. Er war aber nicht betrunken und wirkte fast höflich. Der andere, ein Soldat, ein kleiner Kerl mit schräggestellten Augen, blickte mißtrauisch in der Stube umher und beobachtete Boehlke, der dem Offizier auf der Karte die Straße zeigte, die er zu fahren hatte.

Er machte plötzlich den Mund auf:

„Du deutscher Offizer!"

Boehlke sagte wieder nichts.

Der mit der Lederjacke erklärte: „Offizer oder nix Offizer, das egal, du mitkommen, uns Weg zeigen!"

Dr. Dr. Linth ließ sich treiben, überließ sich dem gleichen Wind, der Dolores davongetragen hatte. Während die Panzer über den Oraniendamm und den Bahnhof Wittenau dem Berliner Stadtrand entgegenrollten, trieb er durch das noch unbesetzte Tegel, durch die Jungfernheide, überquerte schließlich den Kaiserdamm, kam an der Einfahrt zur Avus vorbei und fand sich im westlichen Teil Berlins, und insofern stellte sich heraus, daß sein Sichtreibenlassen dann doch zielvoll gewesen war. Er befand sich auf dem Wege zum Oskar-Helene-Heim, wo er ein Ausweichkrankenhaus der Stadt Berlin leitete. Er war wohl einer der letzten, der unbehelligt den Weg von Hermsdorf bis in den Westen Berlins zurücklegen konnte, allerdings nur bis zum Grunewald, wo über die Dächer der Villenkolonie russische Jagdbomber dahinbrausten. Staffel nach Staffel, es war die Stunde, in der die Russen das Grunewaldviertel sturmreif machten. Dr. Linth wurde von einem Mann eingeholt, von einem Mann in Uniform, der ein hochbepacktes Fahrrad vor sich herschob. Linth konnte nicht wissen, daß der Mann mit dem Fahrrad, der schon nach zwei Schritten in dem von krepierenden Bomben aufdammenden Rauch und Staub verschwand, der ihm vom Himmel gesandte Schutzengel war. In den wehenden Rauchgardinen tauchten noch andere Gesichter auf, aus der entgegengesetzten Richtung herantreibende und von Deckung zu Deckung springende Volkssturmmänner.

„Mensch, hau bloß ab, runter in den nächsten Keller!"

Linth ging weiter. Eine Villa zeigte in Blitz und Donner plötzlich einen Riß an ihrer Fassade, und Steinbrocken spritzten über die Gartenmauer hinweg bis auf die Straße. Linth wurde am Bein angepackt und heruntergezogen. „Mensch, runter, runter! Steck die Schnauze weg!" Das war der Schutzengel mit dem Fahrrad, der Regisseur und Theaterintendant Sarfeld, der eine Uniform und Feldwebelabzeichen trug und vor einer Stunde noch der Ansager für den Luftlagedienst gewesen war.

Mit der Luftlage war es aus, mit jeder denkbaren Lage war es aus. Es kam jetzt nur noch darauf an, den Kopf über der Woge zu halten.

Die Abteilung Sarfelds war nach Mecklenburg und er selbst mit einem Lkw und seinem Gerät nach Berlin geschickt worden, um vom Zoo-Bunker aus über das Funkhaus seine Berichte über die Luftlage und ebenso den angeschlossenen Panzerwarndienst wieder aufzunehmen. Höherer Blödsinn bei dem völligen Durcheinander des Nachrichtenwesens! Er dachte auch nicht daran, dem Befehl nachzukommen und in die Todesfalle am Zoo einzuziehen, statt dessen ging er in den Keller am Hohenzollerndamm und rief von dort aus den Flakturm an. Die wollten ihn auch gar nicht haben. „Was sollen wir noch mit einem ‚Nachrichtenfritzen'", war ihre Erwiderung. „Ja, wenn Sie eine Kanone mitbringen, dann können Sie kommen!" Sarfeld war mit dem Bescheid zufrieden und drückte sich weiter im Keller am Hohenzollerndamm herum, bis überraschenderweise sein Kommandeur erschien und ihn anbrüllte: „Was machen Sie eigentlich hier, Sie haben doch von mir den Befehl erhalten, sich im Flakturm zu melden! Wenn Sie nicht binnen einer Stunde dort sind, schieße ich Sie nieder! Sie steigen sofort zu mir ein!"

Der Kommandeur hatte seinen Wagen vor der Tür stehen.

„Aber das geht doch nicht so schnell, Herr Major! Ich habe meine Sachen überall verteilt, und die muß ich doch erst zusammenholen. Und Sie sehen doch, wie es hier aussieht . . ." Das sah der Major dann auch selbst, auf Tischen und Bänken und unter Tischen und Bänken und überall lagen Soldaten von Einheiten aus dem östlichen Vorfeld, lagen Helferinnen und Telefonistinnen und Postbeamte, die nicht mehr nach Hause konnten.

„Also gut, Sie packen Ihren Klumpatsch zusammen und melden sich in zwei Stunden bei mir im Flakturm!" lautete der neue Befehl seines Vorgesetzten. — Sarfeld sah ihn abziehen.

Prost Mahlzeit, jetzt ist es aus . . ., jetzt ist es Zeit, sich abzusetzen. Er suchte seinen „Klumpatsch" zusammen, allerdings nur seine persönlichen Sachen, verstaute und verzurrte alles wetterfest auf seinem Fahrrad und machte sich davon – nicht Richtung Flakturm, sondern entgegengesetzt: Richtung Monika, Richtung nach Hause, Richtung Nikolassee, schließlich hatte er Monika nicht mit dem letzten Zug aus Prag nach Berlin geholt, um sie nun in dem zu erwartenden Untergang oder untergangmäßigen Übergang allein zu lassen.

Bis in die Grunewaldkolonie war er gelangt, hatte unterwegs allerdings verschiedene Male niedergehen und auch einige Male einen Keller aufsuchen müssen. Er lag wieder einmal, vor sich das Fahrrad mit den darauf befestigten Sachen, neben einer Gartenmauer, als er diese seltsame Figur – Dr. Dr. Linth – herankommen sah. Ein Selbstmörder, jedenfalls zeigte der Mann eine seltsame Verachtung für Gefahren. Es langte bei ihm nicht einmal für das instinktive Hinwerfen, für das unbewußte Zusammenfahren, das doch jeder Kreatur in Gefahrenmomenten eigen ist. „Entschuldigen Sie...", sagte Sarfeld denn auch, nachdem er Linth jählings zu sich aufs Straßenpflaster gezogen hatte. „Entschuldigen Sie..., aber die Dinger, die in hohem Bogen über uns wegspritzen, hätten Sie, da Sie die Mauer um Haupteslänge überragen, an den Kopf bekommen, nicht alle, doch immerhin einige davon."

„Ja, wahrscheinlich."

Es schien ihm gleichgültig zu sein und nicht sonderlich viel auszumachen; also wenn schon kein Selbstmörder, dann doch ein seltsamer Heiliger – er hatte richtig gesehen.

Die beiden, Linth und Sarfeld, gingen zusammen weiter.

Wieder kamen Volkssturmmänner aus der entgegengesetzten Richtung, aus der Gegend des Grunewaldsees, keuchend angelaufen.

„Wo denn hin?" riefen sie. „Macht euch bloß weg hier, ihr kommt nicht mehr durch."

Sarfeld aber wollte „durch", der andere offensichtlich auch. Sarfeld wollte zu Monika, die bei seiner Mutter wohnte, auch mußte er aus seiner Uniform heraus. Wenn nicht alles täuschte, war die letzte Stunde für das Aussteigen aus der Uniform und das Verpuppen in einen Zivilisten bereits angebrochen. Auf der andern Straßenseite Poltern – tausend tobende Kobolde; nur das Geräusch war vernehmbar, die Optik ging in dem Rauch und Staub verloren. Aber die Alte erblickten beide, eine alte Frau, die so lange – das sah man ihr noch an – am Stock und langsam Schritt um Schritt gegangen war, und die nun plötzlich lief, ohne Stock und aus innerstem Antrieb. Sie lief, wie sie vielleicht einmal als junges Mädchen gelaufen war, mit dem wilden Steppenrauch um die Wette. Eine hexenhafte Erscheinung im wehenden Dunst – und unwirklich war auch ihr jähes Zusammenbrechen unter einem

Sturzregen fallender Dachziegel. Sie rührte sich nicht, richtete sich nicht mehr auf. Eine Puppe in fahlem Kleid, lang ausgestreckt, gebettet in dem darüber hinziehenden Staub. Sarfeld erlebte eine neue Überraschung und abermals ein selbstmörderisches Unternehmen seines Begleiters. Dr. Linth ging hinüber auf die Straßenseite voll treibender und wirbelnder Gegenstände, kniete neben der Alten, stand erst wieder auf, nachdem er sich von ihrem Tod überzeugt hatte, und kam zurück.

Am Grunewaldsee war es dann wieder so.

Hier lag die Rückzugsdeckung der Volkssturmabteilung eingegraben mit einem Maschinengewehr, daneben noch ein paar Schützen in Einmannlöchern. Doch keiner konnte seinen Kopf heben. Wo sich nur eine Nase zeigte, surrte eine Kugel. Am andern Seeufer hatten sich Scharfschützen festgesetzt, die Spitze der russischen Infanterie, die von Tempelhof her über Friedenau und Steglitz, über den Breitenbachplatz und Dahlem die südlichen Vororte Berlins aufgerollt hatte und zur Stunde bis an das andere Ufer des Grunewaldsees gelangt war.

Es war kein Durchkommen, und mit dem seltsamen Wanderer auf dem Großstadtschlachtfeld schon überhaupt nicht. Wo wollte er eigentlich hin? Er suchte etwas, suchte seine Frau. Wo denn, im Grunewald? Im Grunewald auch, aber überhaupt überall, an jeder Wegkreuzung konnte sie auftauchen, auf jedem russischen Panzer konnte sie sitzen. Suchen im eigentlichen Sinne tat er auch nicht, jedenfalls nicht in der Welt der äußeren Erscheinungen. Und finden konnte er sie nur in sich selbst. Sie würde plötzlich dasein oder würde auch nicht dasein. Das war die Geschichte, und Sarfeld erfuhr sie, während er dafür zu sorgen hatte, daß sein Weggenosse unter den gezielten Schüssen sibirischer Scharfschützen die Nase tief genug ins Gras steckte, und während beide, da doch kein Durchkommen war, den Weg bis zur Villenkolonie wieder zurückzugehen und streckenweise von Baum zu Baum zu kriechen hatten, um dann in einem weiten Bogen über den Kleinen Stern bis Onkel Toms Hütte zu gelangen.

Zwischendurch hatte er einen wilden Leutnant abzuwehren, der in einem Keller alle wehrfähigen Leute sammelte und auch sie beide einkassieren wollte, um sie zusammen mit seinem zusammengekratzten Haufen zum Flakturm am Zoo zu führen; zwischendurch hatten sie noch einige Male in Keller zu kriechen, und auch am Kleinen Stern gab es noch einen Aufenthalt durch eine ambulante Streife, die ihre Papiere kontrollierte, beide aber wieder laufen ließ.

„Dann alles Gute und grüßen Sie Ihre Frau, und wenn Ihr Weg Sie in Nikolassee an der Teutonenstraße vorbeiführt, dann wird es mich freuen!“ Das sagte Sarfeld bei Onkel Toms Hütte, und er ging weiter nach Westen, Nikolassee entgegen, während Linth sich in die entgegengesetzte Richtung wandte und das Oskar-Helene-Heim aufsuchte.

Im Oskar-Helene-Heim hatte Linth die Tür kaum hinter sich geschlossen und seinen weißen Arztmantel angezogen, als sowohl von Norden, vom Grunewald her, als auch von Osten, aus der Richtung des Thielplatzes und über die Kronprinzenallee herüber, russische Infanterie das Lazarettgelände einschloß.

Eine halbe Stunde verging, eine halbe Stunde voll jäher Veränderungen. Alle Ärzte und Pfleger, das Personal, auch die Leichtkranken hatten das Krankenhaus verlassen müssen, nur die Schwestern waren zurückgeblieben. Linth stand am Drei-Pfuhl-Platz, einer schmalen Gartenanlage in der Nähe des Oskar-Helene-Heims, in einem Haufen aus Kellern und Häusern zusammengetriebener Zivilisten, darunter Soldaten, die aber ebenfalls, und zwar in letzter Stunde angelegte Zivilsachen trugen.

Die Zusammengetriebenen wurden sortiert. Der Haufen wurde allmählich kleiner. Teile wurden weggeführt, in Gefangenensammelstellen, andere Teile zu Aufräumungsarbeiten, vorher hatten alle ihre Gold- und Silbersachen, Taschenmesser, Uhren, Füllfederhalter abzugeben. Die Russen schienen alles brauchen zu können, sogar Taschentücher nahmen sie den Durchsuchten ab. — Die Reihe kam an Linth.

Er trug einen weißen Mantel, am Arm hatte er die Binde mit dem Roten Kreuz. Der provisorische Kommandant, ein dicker Offizier mit einem Schnauzbart, stellte einige Fragen, welche die auf dem Platz stehenden Baracken ausländischer Arbeiter betrafen. Ein Soldat, ein kleiner Kerl, die Hand am Pistolenknauf, sprang während der Befragung um ihn herum. „Du puck-puck! Du puck-puck!“ sagte er immerfort. Linth war es gleichgültig, auch mit dem Schicksal des Erschossenwerdens war er einverstanden, doch das betrunkene Gehabe des Kleinen war lästig wie das Surren einer Mücke.

Dem Dicken wurde es auch zuviel.

Ein Tritt in den Hintern, der den Mann sich überkugeln ließ, machte der Sache ein Ende. A la bonheur – eine strenge Zucht, aber immerhin Zucht; und wo es an Herzensbildung fehlt, muß äußerer Zwang nachhelfen, war der Gedanke Linths; doch der Eindruck, den er hier erhielt, war einer neben anderen und stand im Gegensatz zu seinen Hermsdorfer Erfahrungen.

Ihm wurde der Bescheid:

„Du Doktor ..., du nach Hause!"

Nach Hause, wo war das? Das Oskar-Helene-Heim war ihm verschlossen. Hermsdorf war weit weg, und auch dort hatte er nichts zu suchen. Er war überall zu Hause, überließ sich dem Wind, dem Zufall, ließ sich treiben, durch Zehlendorf, durch die Argentinische Allee, wieder an Onkel Toms Hütte vorbei. Es gab Arbeit für ihn, in den Kellern und auf der Straße. Ein im Gebüsch liegender Junge, den er nur noch die Augen zudrücken konnte, war noch so klein, daß er in einer seiner Taschen Patronen und in der anderen Bonbons trug. Einem Polizeiwachtmeister verband er den zerschmetterten Arm. Dieser Wachtmeister war der letzte aus der Truppe seines Polizeireviers, das am Morgen am Kleinen Stern eine sogenannte Widerstandslinie besetzt gehalten und sich dann im Rauch bis zur Avus zurückgezogen hatte, dort in ein Panzerrudel hineingeriet und der völligen Auflösung verfiel. Der Wachtmeister, der jetzt Zivil trug, war wie durch ein Wunder entkommen, und seine Aussortierung und Wiederfreilassung an der provisorischen Kommandantur war abermals ein Wunder. Auf seinem weiteren Weg wurde Linth in die Bürgermeisterei hineingerufen. Der Bürgermeister Helfenstein hatte den Russen die Kapitulation angeboten und das Rathaus übergeben (über die durch Zehlendorf treibenden HJ-, Wehrmacht-, Feuerwehr- und Polizeihaufen besaß er keine Macht), und nach der Übergabe hatte er sich erschossen. Dr. Linth blieb nur übrig, seinen Tod festzustellen und einen Totenschein auszustellen – eine Formalität, die sich bei der Menge der Fälle bald erübrigen sollte. Er setzte seinen Weg fort, kam durch menschenleere Straßen. Rauch verhüllte die Sicht, aber kein Schuß fiel. Plötzlich hörte er wieder deutsche Laute, hörte auch einen Befehl: „Ausschwärmen!" Soldaten in ausgeschwärmter Linie zogen in Straßenbreite nach Westen, hinterher rollte ein Panzer. Die Soldaten und der Panzer verschwanden wie ein Spuk. Wieder ein Platz, Panjewagen und ausgespannte Pferdchen und Haufen zusammengetriebener Menschen, unter denen sich einige befanden, die eine erste Hilfe brauchten. Der weiße Mantel Linths und die Rote-Kreuz-Binde an seinem Arm schienen ein Freibrief zu sein, und seine Unbekümmertheit und Gleichgültigkeit gegenüber den an allen Ecken lauernden Gefahren öffneten ihm überall eine Gasse. Wieder eine Straße zwischen den Fronten. Ein herabstoßender Flieger warf Bomben, und ein Trupp Russen stürzte in einen Laden hinein, auch Linth suchte dort Zuflucht. Unter den Zivilisten, die sich bereits im gleichen Raum befanden, waren zwei Rote-Kreuz-Schwestern, die das Krankenhaus in der Spanischen Allee erreichen wollten. Sie fragten Linth, ob er nicht vielleicht den gleichen Weg hätte, und ob sie sich ihm, da sie sich alleine fürchteten, anschließen könnten.

Nach dem Tieffliegerangriff zogen die Russen wieder ab. Dr. Linth begleitete die beiden Schwestern. Tote Pferde, tote Soldaten; die Straße war wie ausgestorben. Ein Gesicht in einem Kellerfenster zeigte baßes Erstaunen. Noch andere aus anderen Schlupflöchern beobachteten die ruhig ihres Weges gehenden Fußgänger, und ihr Erstaunen war nicht geringer. Auf der Hauptstraße, in die Linth mit seinen Begleiterinnen einbog, marschierten russische Kolonnen. Die beiden Schwestern waren im Begriff davonzulaufen. Linth mußte sie beruhigen: Es geschähe nichts, was nicht geschehen müsse, sagte er. Ein Keller sei ebensowenig ein Versteck wie die Straße. Zudem aber wären aus einer großen in Ordnung marschierenden Kolonne heraus noch am wenigsten Übergriffe zu erwarten. Mit der letzten Bemerkung hatte er offensichtlich recht. Die marschierenden Russen waren ebenfalls überrascht, dann grinsten sie erfreut.

„Du nicht laufen weg, du keine Angst vor Ruski?“

„Nein, keine Angst, warum auch Angst haben!“

Unbehelligt konnten die drei ihren Weg fortsetzen. Neugierige, verwunderte, verblüffte Blicke folgten ihnen aus den Häusern. Dann tauchte einer der Kellermenschen auf der Straße auf, noch einer, noch ein anderer. Es wurden mehr, sie kamen aus ihren Löchern hervor. Sie winkten, und die Russen winkten zurück. Unter den ermunternden Zurufen der Herumstehenden machte ein kleiner Russe erste Versuche auf dem Fahrrad und kurvte unsicher neben seiner Kolonne her. Es bildete sich ein Spalier. Plötzlich waren auch Blumen da, die den Marschierenden zugeworfen wurden. Endlich, endlich ..., endlich können wir aus den Kellern heraus! Kein Fliegeralarm mehr, wir werden uns am Abend ausziehen, werden uns wieder ruhig hinlegen können!

Auf dieser Straße war der Bann gebrochen. Panzer rollten vorbei. Erhobene, winkende Hände, die aufgesessenen Infanteristen lachten. Eine Lücke, dann zwei Kosaken, ihre Pferde stiegen steil in die Luft, die Umherstehenden klatschten wie bei einer Zirkusvorstellung.

Endlich endlich ..., es war aus, der Krieg war über sie weggerollt. Linth brachte die Schwestern bis an die Pforte ihres Krankenhauses. Nachher setzte er allein seinen Weg fort. Er wußte nicht, wohin er wollte, doch er konnte nirgendwo verweilen. Eine Brücke, die im Wasser lag, ließ die Straße im Leeren münden. So kehrte er um, ging langsam zurück und geriet abermals in eine von Menschen leergefegte Gegend. Stalinorgeln streuten die Häuser ab. Die Geschosse fielen irgendwohin, auf einen Hof, auf einen Garten, auf ein Ruinengrundstück. Der Goldregen stand in voller Blüte. Die Kirschen waren schon abgeblüht. Weiße Blütenblätter lagen auf allen Wegen. Es war Frühling, und über dem davontreibenden Rauch der geplatzten Salvengeschosse stand ein rosafarbener Himmel. Linth erblickte einen Brunnen und blieb stehen, um zu trinken.

Es wurde schnell dunkel. In der gegenüberliegenden Anlage und auch weiter in der Ferne flammten Wachtfeuer auf. Herumstromernde Russen, auch abgeschirrte Pferdchen bewegten sich durch den Abend. Rufe in der fremden gutturalen Sprache hallten herüber.

Linth trank aus der hohlen Hand, anders ließ es sich nicht machen. „Sind Sie Arzt? Würden Sie so freundlich sein, mit mir zu kommen?“ wurde er angesprochen. Ein Mann von etwa fünfzig Jahren stand vor ihm. „Wittstock“, stellte er sich vor, „aber es handelt sich nicht um mich, es handelt sich um eine Frau, um eine Dame, die ich bei mir aufgenommen habe. Es ist ganz plötzlich passiert, während des Umzuges, wenn man so sagen darf. Ich wurde von den Russen auf die Straße gesetzt.“

Dr. Wittstock war von den Russen auf die Straße gesetzt worden. Jenes aus dem Kohlenkeller hervorgezogene und von Schlemmkreide befreite Bild hatte dabei eine entscheidende Rolle gespielt. Wer hätte das aber auch für möglich halten sollen! Das Bild mit dem Arbeiter und der riesengroßen roten Fahne und der Überschrift: Hunger in Deutschland. Eine bessere Legitimation war doch nicht auszudenken! Es war doch gerade so, als ob er zwölf Jahre lang sein Mitgliedsbuch der Kommunistischen Partei im Kohlenkeller vergraben hätte. Das war es ja auch, was er dem Russen – ein Unterleutnant und zwei Mann waren ins Haus gekommen und hatten sich in allen Zimmern umgeblickt – hatte klarmachen wollen. Und als der endlich begriff, war der Effekt dann ein ganz anderer, als zu erwarten gewesen war. Das Bild war für den russischen Unterleutnant wirklich ein rotes Tuch. Durak, Dummkopf, Trottel, Einfaltspinsel! – das war so etwa die Reaktion, die er mit seinem Bekenntnis hervorgerufen hatte. Und nicht genug damit, die beiden Soldaten gingen mit dem Bajonett auf das Bild los, fetzten es in Stücke; bei der Gelegenheit wurde auch gleich eine Palisanderkommode zerhackt. Der zu Hilfe geholte Pole konnte nichts retten, im Gegenteil führte dessen Einmischung nur zu einem neuen Wutausbruch. Und das Ende der Geschichte war, daß er aus dem Haus herausflog, mit seiner Frau und dem ganzen Anhang, mit dem Polen Sikorski, den beiden OT-Mischlingen, den beiden Frauen aus dem Untersuchungsgefängnis, die jetzt alle, auch Frau Oberst Aachern mit ihren Kindern – man sollte es nicht für möglich halten – als „verdammte Kommunisten“ galten. Und bei Frau Halen hatte die Aufregung dazu geführt, daß sie jetzt drüben in der Pfeddersheimer Straße im Privatbunker eines Freundes aus dem Dreyer-Kreis mit Kindswehen am Boden lag.

Sein neuer Freund, der Architekt Poppert aus dem Dreyer-Kreis, bei dem er mit seinem ganzen Anhang vorläufig untergekommen war, hatte ihn veranlaßt, aus dem nahegelegenen Krankenhaus Hilfe zu holen. Der Mann am Brunnen im weißen Mantel und mit der Roten-Kreuz-Binde stand da wie bestellt. Er würde also den Weg an der Rehwiese entlang und an den herumstromernden Russen vorbei nicht fortzusetzen haben. In der vorgerückten Stunde wäre das wahrscheinlich auch kaum zu machen gewesen. Und der Mann war wirklich Arzt. Besser hätte es sich nicht fügen können.

„Es handelt sich, wie gesagt, um eine auch mir unbekannte Dame“, sagte Wittstock. „Die schrecklichen Aufregungen und während der

Umsiedlung das Hinwerfen auf die Straße haben es dazu kommen lassen. Anscheinend steht sie kurz vor der Niederkunft."

Er brauchte nicht viel Worte zu machen. Linth war bereit, mit ihm zu gehen. Er ließ sich von Wittstock in die Pfeddersheimer Straße in den in einem Garten gelegenen Privatbunker des Architekten Poppert führen. Frauen und Kinder, Wittstock mit seinem ganzen Anhang, und außer der Familie des Hausherrn auch Bewohner aus der Nachbarschaft waren in dem Bunker versammelt. Linth fand ausgestreckt neben der Wand jene Frau. Eine zarte Erscheinung, helles Haar und große helle Augen. Ihr Gesicht war fast weiß. Sie hatte Schmerzen, der Mund verriet es. Doch es kam kein Laut über ihre Lippen, und sie fand Zeit für einen dankbaren und zugleich entschuldigenden Blick. Ihr Gesicht glättete sich, das Flackern des Schmerzes verschwand, die Wehe ging vorüber. Die Angabe Wittstocks bestätigte sich. Die Niederkunft konnte jederzeit eintreten, konnte aber auch noch auf sich warten lassen.

Einige betrunkene Russen kamen in den Bunker herein. Sie wurden geführt von einem Deutschen, der sich mit einem Achselzucken an Poppert wandte: „Ich kann nichts machen, es tut mir leid. Sie sitzen drüben bei mir mit meiner Frau und meinen Töchtern. Sie trinken und wollen noch Frauen dabeihaben und ich mußte sie hierherführen."

Die Russen blickten sich inzwischen schon selbst um. Frau Aachern und die fünfzehnjährige Tochter, Anneliese Aachern, wählten sie aus, und die dritte, auf die ihr Blick fiel, war Frau Halen.

„Ganz ausgeschlossen, die Frau ist schwanger", wehrte Linth den Russen ab. „Schwanger, schwanger ...", wiederholte er, da der Russe nicht zu verstehen schien.

„Du mir sagen: Swinja!" brüllte der Russe.

„Schwanger", wiederholte Linth.

„Du mir sagen: Swinja!"

Der Russe zog die Pistole.

„Halt, warte noch, versteh doch erst!" Der Pole Sikorski mischte sich ein, keine Sekunde zu früh, aber auch nicht zu spät, um den Irrtum aufzuklären. Der Wütende ließ sich beruhigen und zog dann mit seinen Spießgesellen und Frau Aachern und der weinenden Anneliese Aachern aus dem Bunker ab. Der Deutsche aus der Nachbarschaft, noch immer achselzuckend und sich entschuldigend, trottete hinterher.

Dieser Russenbesuch war nicht der erste und auch nicht der letzte. Die unweit gelegene gleiche Hauptstraße, die am Nachmittag Zeuge der einmarschierenden Russen und des freudigen Empfanges seitens der Bevölkerung gewesen war, hatte mit der einbrechenden Dunkelheit ihr Gesicht verändert. Die marschierenden Kolonnen hatten sich aufgelöst, in kleine Einheiten und auch in marodierende Haufen. Sie durchstöberten die Wohnungen und suchten die Keller heim. In Rotten traten sie auf, meistens zu dritt, selten kam einer allein. Tapp, tapp ... kam es die dunklen Treppen herauf, leise, katzenhafte Schritte, ein paar halblaute, Einlaß heischende Worte an einer Korridortür, und wenn nicht sofort geöffnet wurde, sprengte ein Pistolenschuß das Türschloß. Oder eine Horde wälzte sich durch einen Keller. Oder ein Gesicht erschien im Fenster einer Hochparterrewohnung – Frauen, Schnaps, Uhren waren die am meisten begehrten Dinge; auch Frauen waren Dinge, erleidende oder sich sträubende, stumme und manchmal schreiende Objekte.

Es ging eine Tür auf, und eine Mutter mit ihrer Tochter befanden sich im Raum. Und die Mutter und neben ihr die Tochter hatten die Eindringlinge zu befriedigen und waren nachher noch froh, daß es nur drei gewesen waren. Eine Kriegerfrau mit ihren kleinen Kindern starrte den Hereintaumelnden an, und es mußte geschehen, während die Kleinen dabeistanden und Kinderfäustchen nach dem Wüstling schlugen. Ein Vater hörte die halblauten fremden Worte an der Korridortür und ging weg; da er seine Tochter doch nicht schützen konnte, hielt er es für besser, sie mit den Besuchern allein zu lassen. „Ich bin doch noch ein Kind", jammerte eine Zwölfjährige und wiederholte nur die Worte, die sie von Erwachsenen gehört hatte; und es bedurfte erst langer Überredung, bis der Betrunkene das Mädchen freiließ und an seiner Stelle eine sich ihm vertretungsweise anbietende junge Frau annahm.

In der Argentinischen Allee in einer Hochparterrewohnung saß eine im kleinen Abendkleid. Während andere Frauen sich häßlich machten, die Haare weiß puderten, die Gesichter mit Ruß verunstalteten, hatte sie sich schön gemacht. Allerdings hatte sie, die von Berlin nach Moskau und von Moskau zurück nach Berlin einen abenteuerlichen Weg hinter sich hatte, eine andere und ungewöhnliche Form, dem Russensturm zu begegnen, wählen können. Sie saß zwischen Teppichen und Bildern im Licht einer Stehlampe im weichen Klubsessel. Das Fenster ging auf, und ein Russe erschien auf der Brüstung. „Schto wui jelaetje?“ „Was wünschen Sie?“ wurde er angesprochen. Die erhobene Maschinenpistole ging nieder. Vor der geöffneten Theaterszene und unter der in der eigenen Sprache hervorgebrachten alltäglichen Floskel kapitulierte der Eindringling, murmelte etwas Unverständliches und verschwand so plötzlich, wie er aufgetaucht war. Dreimal wiederholte sich der gleiche Auftritt. Der vierte Besucher allerdings ließ sich nicht beeindrucken. „Er knöpfte mich vor, am Boden, mit dem Gewehr daneben“, erzählte sie nachher. „Und ich habe gebrüllt wie eine Wahnsinnige.“ Sie brüllte so, daß ein anderer, ein Offizier, zur Tür hereinstürzte und der erste, schneller als ein Gedanke, mit einem Sprung zum Fenster hinaussetzte, sogar sein Gewehr nahm er dabei mit. „Kak sche etot moschet büit, wui sche dama!“ — „Wie ist das möglich, Sie sind doch eine Dame!“ hörte sie den Offizier dann sagen, und nun war es an ihr, ihn in wirklicher Fassungslosigkeit anzustarren.

Der Ansager für den Luftlagedienst, der Regisseur und Intendant Sarfeld war nach Hause gekommen, hatte sich Zivil angezogen und zusammen mit seiner Mutter und seiner Braut Monika den Keller aufgesucht. Es war ein großer Wohnblock, die Keller von sechs oder sieben Häusern gingen hier ineinander, und viele Menschen saßen hier beisammen. Bis zur Ankunft der Russen vergingen noch Stunden, noch Zeit genug, um allerlei Unfug mit Panzerfäusten und anderen Feuerwerkskörpern zu veranstalten. Und Sarfeld faßte eine Gruppe ins Auge, ein paar halbwüchsige Jungens, geführt von einem Gemüsehändler mit SA-Mütze, die mit Schießzeug aus dem Keller zur Straße und von der Straße zum Keller hin und her pendelten.

„Wenn ihr so ein Ding hier loslaßt, werden die Russen das ganze Häuserviertel in Brand stecken“, sagte Sarfeld.

Der Gemüsehändler guckte nur schief.

„Die Russen kriegen Berlin überhaupt nicht“, wußte einer. „In Teltow stehen die Amerikaner, und die Armee Wenck ist schon bis Wannsee vorgedrungen“, erklärte ein anderer.

„Bei euch piept's wohl, ich habe jedenfalls die Russen am Grunewaldsee gesehen!“

Jetzt fiel der Gemüsehändler ein:

„Kameraden, hier im Keller liegt einer, der macht Propaganda, und was für Propaganda, das könnt ihr euch wohl denken!" Es fand sich auch gleich ein Sprechchor zusammen und brüllte: „Raus, raus!" Das war der Moment, in dem Sarfeld zu handeln hatte, wenn er nicht selbst zum Opfer einer Handvoll Unbesonnener werden wollte. Er zögerte auch nicht, sprang auf und ohne ein Wort der Warnung packte er den Gemüsehändler. Ehe seine Halbwüchsigen begriffen hatten, was vorging, war ihr Anführer überwältigt. Sarfeld fand auch sofort Beistand von anderen, die sich solange abwartend verhalten hatten. Der Gemüsehändler und noch ein halbes Dutzend Männlein und Weiblein, die seine Partei ergriffen, wurden in einen Nebenkeller eingesperrt. „Da können sie bleiben, bis sie schwarz werden oder bis die Russen da sind und wir den Übergang überstanden haben! Und jetzt los, jetzt müssen wir das Haus und unsere Straße in einen Zustand bringen, der uns das erste überstehen läßt!" Sarfeld stellte ein Komitee zusammen und nahm Verbindung mit den Bewohnern der anderen Straßenseite auf. Die Panzerfäuste verschwanden, und weiße Fahnen an beiden Häuserfronten zeigten, daß hier eine Straße war, die Frieden haben wollte.

Als dann die Russen kamen, ging es ohne Schießereien und Komplikationen ab. Anders wurde es erst in der Nacht. „Frau, komm?" „Uri, uri . . .!" Der eine kam und holte sich eine, der andere kam und holte sich eine. Die Frauen kamen zurück, sehr still oder weinend. Die Wohnungen wurden durchsucht und das Unterste zuoberst gekehrt. So sah das also aus; anders, als Sarfeld es sich vorgestellt hatte. Er ging zum Kommandanten, der sich an der Straßenecke einquartiert hatte, wurde auch vorgelassen, und ein Dolmetscher, der fließend deutsch sprach, sagte, da wäre nichts zu machen, und die Deutschen hätten es in Rußland nicht anders getrieben! Das wüßte er nicht, erwiderte Sarfeld, er wäre nicht in Rußland gewesen, hätte in Berlin Theater gespielt. Der Kommandant, ein junger Oberleutnant, erkannte in Sarfeld den Mann wieder, der ihn bei seiner Ankunft an der Spitze einer Delegation begrüßt und ihm einen Stapel Panzerfäuste und eine Anzahl Pistolen übergeben hatte. Vom Theater war er also, ein Künstler, das bedeutete noch einen weiteren Pluspunkt. „Du Artista. Du Theater machen?"

wandte er sich direkt an Sarfeld. „Ja, und meine Braut auch vom Theater, soll morgen meine Frau werden.“ – „Soll morgen Frau werden, also morgen Hochzeit. Sehr gutt. Ich kommen, ich dein Gast auf Hochzeit. Solange du wohnst in Nachbarwohnung!“ Sarfeld durfte in die Nachbarwohnung einziehen und unter dem Schutz der Kommandantur bleiben. Ob er noch einige Bekannte mitbringen könne, fragte er den Kommandanten. Das wurde ihm ebenfalls gestattet, und so nahm er bei seinem Umzug neben seiner Braut und seiner Mutter noch eine Anzahl Frauen mit. Fast zwanzig Personen waren es, die so in den Schutz einer sowjetischen Kommandantur gelangten. Das war, wenn er an die Zustände in den Kellern dachte, nicht ganz befriedigend, doch mehr konnte er nicht erreichen, und es war besser als nichts.

Der Bunker des Architekten Poppert wurde alle halbe Stunde oder in noch kürzeren Perioden von einem anderen Trupp heimgesucht. Einmal war es einer, dann war es ein Haufen, dann waren es die üblichen drei Mann, die herunterkamen. Immer wieder wurden die Koffer durchwühlt und Kleider und Wäschestücke, auch Frauen- und Kinderkleider mitgenommen. Immer wieder hatten alle aufzustehen und wurden mit Taschenlampen abgeleuchtet und abgetastet, aber Ringe und Uhren kamen kaum noch zum Vorschein, die waren alle schon in den Händen der Vorangegangenen. Einmal wurde geschossen, um die „nötige Stimmung“ zu machen; das andere Mal ging es wortkarger zu. „Frau, komm!“ Und eine Frau wurde hinausgezerrt und kam nach kurzer Zeit verstört zurück. In den Zwischenzeiten aber, in den Viertelstunden, die zwischen den einzelnen Überfällen blieben, lagen alle in tiefem Schlaf. So abgestumpft, gleichgültig und erschöpft waren alle, und mehr als alles andere brauchten sie Ruhe, und auch die kurzen Schlafperioden taten ihren angespannten Nerven gut.

Zwei Frauen taumelten in den Keller hinein. Sie waren betrunken, waren demoralisiert, schimpften in unflätigster Weise. „Lieber einen Russen auf dem Bauch als eine Bombe, aber einen und nicht zwanzig, nicht eine ganze Kompanie.“ Die Frau trug einen Pelzmantel und hatte darunter nichts an. Wie sich herausstellte, war sie so aus dem Haus entsprungen und nachher wieder eingefangen worden. In ihrer Trunkenheit beschimpfte sie die Frauen im Bunker, daß sie zu faul wären und sich verkröchen und sie alles alleine machen müßte. Die zweite, ein blutjunges Mädchen, sekundierte ihr dabei. Auch die Männer blieben nicht unverschont. Sie wären allesamt Feiglinge und schreckhafte Kaninchen, und besser, sie wären an der Front totgeschlagen worden. Aber mitten aus wüstem Geschimpfe heraus brach sie in Weinen aus, und auch das junge Ding begann zu heulen, beide waren dem Zusammenbruch nahe. Poppert gelang es schließlich, beide abzuschieben und in einer der obengelegenen Wohnungen unterzubringen.

Dr. Linth war weiter um Frau Halen bemüht. Er stand ihr bei, soweit er konnte. Nach allen Beobachtungen schien es sich um eine normale Geburt zu handeln.

Zwischendurch wurde er weggerufen.

Es war die Nacht der Selbstmorde und Selbstmordversuche in Zehlendorf. Die Ursache waren Russenbesuche oder seelischer Zusammenbruch infolge der durch alle Straßen und Häuser schleichenden und nicht mehr zu ertragenden Angst. Eine Frau hatte sich am Pfosten ihres verwühlten Bettes erhängt. Eine andere Frau hatte sich, als die Tür in ihrem Rücken aufging, mit zwei Kindern zum Fenster hinausgestürzt. Viele Fälle waren Schlafmittelvergiftungen, und in diesen Fällen war sehr oft Hilfe möglich. Und es grassierte das Pulsaderaufschneiden. Versuche, die in den seltensten Fällen gelangen. Sie machten es nicht wie Seneca im alten Rom, der von Anatomie mehr verstanden hatte, sich die Ader der Länge nach aufschnitt, so ein Zusammenrollen und Wieder-Schließen verhütete und sich zusätzlich noch in ein Wasserbad legte. Die Selbstmörder in Zehlendorf, zu denen Linth gerufen wurde, hatten quergeschnitten und dabei lediglich die Sehnen verletzt. Am übelsten waren jene Fälle, in denen Mütter ihren Kindern alle Sehnen und Nerven durchschnitten und sich selbst dann nur an einer Hand unwillkürlich nur eine geringere Verletzung beigebracht hatten.

Linth hatte einen großen Wohnblock hinter sich gelassen, vor dem die Russen auf der Kellertreppe anstanden. Der Frau, zu der er gerufen worden war, hatte er nicht mehr helfen können. Als er in den Bunker zurückkam, rief Poppert ihn in die Wohnung hinauf, in die er vorher die beiden randalierenden Frauen gebracht hatte. Er fand beide Frauen vergiftet vor. Eine lag ausgestreckt im Bett, die andere lag, gekleidet in ihren Pelz, in der mit kaltem Wasser gefüllten Badewanne; Schlafmittelvergiftung und zusätzlich Ertrinken. Mit Hilfe Popperts hob er sie aus der Badewanne, konnte aber nur den bereits eingetretenen Tod feststellen. Die zweite, die Achtzehnjährige, eine Musikschülerin aus der gleichen Straße, brachte er wieder zu sich. Noch benommen und noch im Schlafmittelrausch wollte sie Poppert zu sich aufs Bett ziehen, und als er sich losmachte, beschimpfte sie ihn mit gleichen Ausdrücken, die sie vorher von der Toten gehört hatte.

Linth wurde in den Bunker zu Frau Halen gerufen. Es war jetzt soweit, und da es ohne Hebamme gehen mußte, besorgte er selbst das Notwendige. Eine Frau nahm das Neugeborene entgegen, wickelte es nach einem sehr behelfsmäßigen Bad in ein Tuch und legte es neben die junge Mutter, die nun, nachdem es überstanden war, matt und zufrieden auf den ihr untergeschobenen Kissen lag. Die Gelöstheit in ihren Zügen wich auch nicht, als das Kellergewölbe unter einer Serie von Schüssen erdröhnte.

Drei-, vier-, fünfmal peitschte es durch den Raum, von der Decke fiel Kalk herab. Die Kerzen verlöschten. Dunkelheit und Staub und fremde Gesichter. Dunkle und Blonde, Schlitzäugige und Schmalköpfige. Wildes Gebrüll. Der Anführer der Rotte überschrie alle.

„Wo Soldat, wo deutscher Soldat?"

Es gab hier keinen deutschen Soldaten.

„Uri, uri ..."

Die Uhren waren schon fünfzigmal abverlangt worden, und so konnte damit nicht mehr gedient werden. Das Luftschutzgepäck wurde von neuem durchsucht, die Koffer umgestülpt, alle Sachen durcheinandergeworfen.

„Nix gutt, nix gutt ..."

„Alle Männer an Wand!"

„Du jetzt puck-puck!"

Linth war es egal, Poppert war es egal, fast allen war es nun schon gleichgültig. Keiner war besonders mutig, aber die Prozedur hatte sich zu oft wiederholt, und sie waren es müde. Der Abscheu war stärker als alles andere. Den Kopf an die Wand gepreßt — so würde doch diese Nacht ein Ende nehmen.

Die Schüsse fielen nicht.

Rufe wurden laut, verwunderte Ausrufe: „Ach, oh ... oh, ein Kind, ein Kind weint."

Ein kleines Kind lag in den Kissen und weinte. Und daneben, die Frau, was ist das? Ein Kind wird geboren, ein Kind ist geboren.

„Jetzt?“ fragte der Russe.

„In dieser Stunde?“

„Ja, in dieser Stunde.“

Der Führer der Rotte war es, ein zwei Meter langer, ein verwegen aussehender Kerl. Er erblickte auf dem Regal eine Ziehharmonika, nahm sie herunter und hockte sich hin, der jungen Mutter gegenüber. Er hatte eisgraue Augen, sah aus wie ein Seeräuber und war plötzlich nicht mehr betrunken, mit einer Stimme wie ein Gong aus altem Metall, sang er das Lied vom wilden Birnbaum, dann das Lied von den weiten Steppen hinter dem Baikalsee, und ohne Pause weiter:

„Wolga, Wolga, math rodnaja ...“

Seine Leute schickte er nach draußen. Sie durften keine Plünderer mehr hereinlassen. Der Bunker hatte Frieden. Niemand wurde mehr gestört. Die Achtzehnjährige mit der Schlafmittelvergiftung kam herunter, war jetzt ganz still und hatte große, verwunderte Augen. Ringsumher war Schnarchen, aber andere gab es, die kein Auge zumachten. Der Riese sang mit halblauter Stimme.

„Ist es ein Junge?“

„Ein Mädchen ist es!“

„Es blühen die Äpfel und Birnen,
es steigen die Nebel am Fluß,
und du, Katjuscha,
wohin steigst du,
so steil am Ufer empor ...“

Rattern und Stoßen, Benzin- und Ölgestank.

Eine Drehorgel spielt – spielt ganz falsch. Das Rattern des fahrenden Panzers blieb ganz außen, der abscheuliche Gestank berührte sie kaum.

Das Drehorgelmotiv saß tiefer.

Das war sie selbst, war Dolores, war zweimal Dolores, einmal im weißen Kinderkleid mit einem gestrickten Saum aus bunten Blumen, das andere Mal die gleiche Dolores, größer geworden und mit langen Zöpfen. Das drittemal ... aber da war die Drehorgel ein ratterndes, feuerspeiendes Ungeheuer geworden.

„Wolga, Wolga, unsere Mutter ...“

Auch einen Film hatte sie gesehen, einen schlechten Film, eine rührselige Geschichte nach der gleichen Ballade. Die Flotte des Räubers Stenka Rasin fährt die Wolga hoch. In der Kajüte des Kapitänsschiffes liegt die geraubte persische Prinzessin. Die Schiffsknechte beobachten grimmig ihren verliebten Hauptmann. Eine Meuterei droht auszubrechen. Entschlossen schreitet der Räuberhauptmann in die Kabine, ergreift die Geliebte und opfert sie den Fluten der Wolga.

Es hatte ihn nicht gerettet.

Aber das ist schon nicht mehr Film, auch nicht mehr Ballade, so berichtet bereits die Geschichte.

Er fiel in die Gewalt des Zaren, wurde ergriffen und in einem Käfig wie ein wildes Tier, ohne Kleider und vom Volk bespien, nach Moskau gebracht und auf dem Roten Platz enthauptet.

Wolga, Wolga ...

Die Wirklichkeit ist anders, ganz anders.

Rattern und Stoßen und Ölgestank und Rauch beißt in die Augen. Der Panzer fuhr durch eine Stadt und feuerte, beim Aufreißen des Geschützverschlusses schlug Qualm heraus und blieb an den Wänden, am Gesicht, an der Haut kleben. Und sie selbst, elend und verworfen, einen Soldatenmantel über die Blöße gedeckt, auf der Fahrt ins Nirgendwo.

Alles ist ganz anders – die Kabine ist anders und die Nacht war anders.

Ein Pandämonium böser Geister. Einer fuhr, einer schoß, einer schob Granaten in das aufklaffende Metallmaul, der vierte klopfte auf einen Morseapparat. Und der fünfte, der Kommandirtanka – er steckte nur zur Hälfte in dem Gehäuse –, berührte sie fast mit den Stiefelspitzen und zur anderen Hälfte und mit dem Kopf ragte er draußen in den rauchenden Himmel und brüllte. Und er füllte mit seinem Körper das Loch fast ganz aus und verstellte das Licht und versperrte den Abzug des nach jedem Schuß aus dem Verschluß zurückschlagenden Pulverdampfes. Finsternis und gerade genug Licht, um die Gesichter der schwitzenden Teufel noch wahrnehmen zu können. Sie konnte nicht liegen, konnte die Beine nicht ausstrecken, war ein überzähliger Passagier, ein zusammengekauertes Bündel. Eine fahrende Gruft, eine ratternde Totenkiste aus Stahl, und alle übrigen hatten ihren Sehschlitz, sie hatte nichts. Die Kiste stieg vorn hoch, fuhr eine Böschung hinauf, und alles rutschte nach hinten und sie mitsamt den leeren Messinghülsen. Der Fahrer, der Radiomann grinsten, aber der dritte half ihr, warf ein paar Hülsen zur Seite und deckte den Mantel, den man ihr zugeworfen hatte, wieder über sie. Eine Höflichkeit, die Geste mit dem Mantel, auch das gab es in der Gesellschaft der bösen Geister. Draußen zerreißendes Eisen, zischender Dampf, Maschinengewehrgarben prasselten wie Erbsen gegen Blech.

Der Kommandeur in der Luke brüllte:

„Tegel, Tegel . . . "

Tegel war genommen und wurde durchfahren.

Das Rattern hörte nicht auf. Die Fahrt ging weiter. Für die Verdammten im Panzer gab es kein Verschnaufen. Der Radiomann, der „Radist", wie sie ihn nannten, war ein blonder Junge mit strohgelbem Haar. Der Fahrer, so schwarz wie die Nacht, hatte ein Maul, das sich wie ein Schlitz von einem Ohr zum andern zog. Fahren und Schießen, die herausspringenden Kartuschhülsen klirrten. Sie schnauften, spien ihren Speichel in die Gegend, der Schweiß zog Rinnen auf ihre rußverschmierten Gesichter.

Dolores dachte an ihren Mann, der zusammengeschlagen zurückgeblieben war. Lebte er, lebte er nicht? Sein Gesicht, verzerrt und bleich wie eine Maske, Blut rann aus seinen dunklen Haaren, und seltsamerweise war es dieses rinnende Blut, das ihr sein Leben zu verbürgen schien. Es war alles ganz anders, und auch die Nacht war anders gewesen. In dem gräßlichen Hermsdorfer Bett, in einem Haus, aus dem sie die Bewohner verjagt hatten, war nichts geschehen. Ein methodischer und vorbedachter junger Mann, ihr Kommandirtanka. Er legte sie hin, deckte sie sorgsam zu, nahm neben ihr Platz und rief, ehe er sich zum Schlafen umdrehte, den Schlitzmäuligen herein und erklärte ihm, befahl ihm etwas. Es war nichts geschehen, und erst später, nachdem Stunden vergangen waren und der Schlitzmäulige hereinkam und ihn rüttelte, begriff sie, was er vorhatte und was er dem Soldaten aufgetragen hatte. Er wollte schlafen und nach jedesmal zwei Stunden von dem anderen geweckt werden. Aber daraus wurde nichts, als der Soldat hereinkam und ihn wachgerüttelt hatte, schickte er ihn fluchend wieder weg, drehte sich um und schlief gleich weiter. Das wiederholte sich noch einmal. Er schlief die ganze Nacht durch, und sie lag neben ihm und machte kein Auge zu. — Das war die Nacht: La drôle de guerre!

Der Tag begann mit einem Trompetensignal. Der fremde Mann sprang auf, betrachtete sie stirnrunzelnd. Er war wütend über die verschlafene Nacht, und nun war es zu spät. Er fand einen schrecklichen Ausweg, packte sie und schleppte sie weg.

Und jetzt, wie konnte es weitergehen?

Das Dröhnen, der Gestank, ihr wurde wieder schwarz vor Augen.

Der Lärm draußen war nicht mehr der von berstenden Geschossen. Ein kakophonisches Durcheinander von menschlichen, von tierischen, von mechanischen Lauten schlug über ihr zusammen.

Wohin, wohin?

Sie taumelte wieder auf.

In dem engen Stahlgefängnis konnte sie kaum den Kopf heben. Rattern von Ketten, Dröhnen wirbelnder Motoren, Trappeln von Pferden, in der heißen Luft Stimmen. Und weiter, immer weiter. Der Mann in der Luke beugte sich herab, rief ihr etwas zu. Der mit dem strohgelben Haar half ihr in die Ärmel des Soldatenmantels und drückte ihr ein Soldatenkäppi aufs Haar. Sie sollte sich aufrichten, durfte ihren Kopf durch die Luke ins Freie stecken.

Ins Freie – in eine verwandelte Welt!

Panzerrudel mit aufgesessener Infanterie, flankiert von Reitern, an der einen Seite Kosaken, an der andern Seite Kaukasier. Blitzende Säbel, Lanzenspitzen, flatternde bunte Brusttücher, steifstehende Mäntel aus Ochsenhaut, die bis über die Pferdeschwänze reichten. Die schnurgerade von der Peripherie zum Zentrum verlaufende Müllerstraße wurde kampflos durchfahren. Zu beiden Seiten an den hohen Häuserfluchten der Mietskasernen lösten sich aus den Fenstern die Holzverschalungen. Das schwarze Verdunkelungspapier wurde abgerissen. Weiße Fahnen reckten sich heraus.

Weiße Fahnen, so weit das Auge blickte!

Zurufe, winkende Hände, Fenster voll ekstatischer Gesichter. Die Panzer rollten vorbei. Reiterei, eine Kapelle zu Pferd, schmetternde Musik. Das Fußvolk folgte. Pioniere, Minensucher, Troßwagen, bepackt mit Hausrat, mit Federbetten.

Mützen flogen in die Luft:

„Krieg kaputt! Hitler kaputt!"

Eine dichte Menschenmenge säumte die Straße, ihre Rufe verschmolzen zu einem einzigen Brausen.

„Wie der Goebbels wieder geschwindelt hat! So nette Leute! Guck mal den da, den Kleinen auf dem Fahrrad!"

Die Blechmusik riß ab. Die Luft verfinsterte sich. Die Bewegung kam ins Stocken. Voraus brodelte dichter Rauch. Es war am Ende der Müllerstraße. Aus dem Bahnhof Wedding schlugen Flammen. Stalinorgeln jaulten durch den Himmel. Die Reiterei stob nach vorn wie brauner Steppenrauch.

Die Frau mußte wieder hinunter in ihr Stahlgefängnis. Auch der Kommandirtanka kam herunter, und die Klappe wurde bis auf einen Schlitz zugeschoben. Qualm und Hitze, und es ging nur noch ruckweise vorwärts. Ihr Kopf war wüst, die Augen schmerzten. Eine lange Zeit verging. Endlich hielt der Panzer. Die Luke wurde aufgemacht und sie durfte aus dem Gehäuse heraus. Es war Nacht. Die leeren Messinghülsen flogen aus dem Wagen heraus. In Kanistern wurde Benzin gebracht. Es wurde aufgetankt und munitioniert. Der Strohblonde brachte Essen, einen dicken Hirsebrei. Auch sie erhielt davon eine Portion. Der Kommandirtanka putzte den Löffel mit Sand und mit einem Lappen, ehe er ihn ihr reichte. Sie konnte nicht anders als diese Geste bemerken. Der Panzer stand in einer Reihe mit anderen, eine Wagenburg, die sich rings um die Kirche herumzog. Dürftiges Gesträuch trennte ihren Wagen vom nächsten. Weglaufen, in die von fremden Lauten durchflackerte Nacht? Wohin denn, und wie weit würde sie kommen? Sie ließ sich auf dem Lager aus Pferdedecken nieder. Den Mantel behielt sie an. Das mußte sie ja wohl, da sie darunter fast nichts trug. Sie lag allein, die andern hörte sie in der Nähe sprechen. Der Kommandirtanka plätscherte in einem Zuber mit Wasser. Er wusch sich und die anderen begleiteten seine Zeremonie mit Zurufen und mit dröhnendem Gelächter. Das Gemäuer der Kirche zu ihren Häupten war im oberen Teil angeleuchtet von fernen Bränden. Es war die Dankeskirche, die gleiche Kirche, in der sie getauft worden war, und unter deren Außenmauern und Pfeilern sie einmal Verstecken gespielt hatte. Die Müllerstraße und die Reinickendorfer Straße von Norden her, die Fennstraße vom Kanal und von Moabit herüber und aus westlicher Richtung, und die Chausseestraße und weiterhin Friedrichstraße, die ins Stadtzentrum führt, liefen hier am Platz zusammen.

Sie lag allein in der Nähe von tausend Männern und in der von jähen Geräuschen, von aufbrechenden Feuerstößen, von fernen Detonationen durchflackerten Nacht. Sie schlief ein, und der grelle Schrei einer Frau weckte sie wieder auf. Und nun war sie nicht mehr allein. Der Mann neben ihr sagte etwas, das sie verstand, das sie in jeder Sprache verstehen mußte. Er versuchte sie zu beruhigen, seine Hand suchte sich durch ihr Haar. Und was nachher geschah, war keine Vergewaltigung, sie ließ es geschehen. Sie dachte an Peter, an ihren Mann, und schlief wieder ein.

Die folgenden Tage verliefen wie der erste. Sie saß wieder in dem engen Kasten, durfte manchmal den Kopf ins Freie hinausstrecken. Und es war doch nicht mehr ganz dasselbe, zwischen ihr und dem Kommandirtanka bestand ein stummes Einverständnis. Es wurde viel gefahren, doch es ging hin und her — Fennstraße, Sellerstraße, Boyenstraße, am Ufer des Kanals entlang am ersten Tag; und Schulzendorfer Straße, Grenzstraße bis zur Ackerstraße am zweiten Tag. An den Abenden war die zurückgelegte Strecke ganz unbedeutend und hatte fast an den Ausgangspunkt zurückgeführt. Die beiden folgenden Nachtlager befanden sich auf dem großen Hof einer Brauerei zwischen der Schulzendorfer und der Liesenstraße. Auch in diesen Nächten hatte sie den Schlafplatz zuerst für sich allein. Einen Zwischenfall gab es, der Kommandirtanka war zu einer Besprechung gerufen worden, und sie hatte in der Finsternis plötzlich das Gesicht des Schlitzmäuligen über sich. Es roch nach keimender Gerste, nach feuchten Dämpfen der Brauerei, und die Augen des Mannes flackerten. Er riß ihr den Mantel auf, die Knöpfe rissen dabei ab. Sie wehrte sich und überraschenderweise erhielt sie Hilfe. Nicht von dem zurückkehrenden Kommandirtanka, sondern von einem anderen, einem höheren. Der packte den Soldaten am Kragen und schleuderte ihn in die Nacht. „Du Verfluchter, du sabbernder Hund“, aber das konnte sie nicht verstehen. „Du hast dir in deinem Dorf noch den Arsch mit Sand gewischt, die ist nichts für dich!“ Sie war nach der Meinung des Majors, der das ganze Panzerrudel führte, auch nichts für den Kommandirtanka. Sie wurde von dem Major auf die Füße gestellt und mit wohlwollendem Blick betrachtet, es war wie bei der Musterung eines gut eingehandelten Pferdes. Sie hatte die Nacht mit dem Abteilungskommandeur zu verbringen, um am nächsten Morgen wieder im Panzer des Leutnants eingesperrt zu werden.

Die Truppenmasse, in die sie eingefangen war, kam wieder vorwärts, in einer aus hundert einzelnen Sprüngen zusammengesetzten Bewegung. Auf der Chausseestraße, an dem großen grauen Kasernenblock vorbei, ging es ruckweise dem Stadtinneren entgegen. Die Panzer fuhren oder hielten unter den flachgespannten Bogen der Artillerie. Die Salven rauschten fast über die Panzerdecken weg. Die ganze Straßenzeile stand in Flammen, von der Brücke der Panke bis zu der feuerspeienden Maschinenfabrik Löwe und noch weiter bis dorthin, wo dicker Qualm die Sicht verhüllte und das Feuer aus den Mündungen deutscher Panzer blinkte.

Der Tag versickerte in einem grauen Aschenregen.

Die von Norden ins Stadtzentrum führende Chausseestraße wird von der in Ost-West-Richtung verlaufenden Invalidenstraße gekreuzt. Einige hundert Meter von der Straßenkreuzung entfernt stand die vorderste russische Linie, und jenseits, und auch nur in geringem Abstand von der Straßenkreuzung, drängten sich die aus der aufgegebenen Maschinenfabrik und die aus der Maikäferkaserne verjagten Volkssturm- und Genesenden- und Reservistenhaufen auf engstem Raum.

Genau in der Mitte des rauchenden und brodelnden Niemandslandes führten Stufen in den Schacht zur U-Bahn-Station Stettiner Bahnhof. Nachmittags in der vierten Stunde war es, auf der obersten Stufe des U-Bahnhofs, im Zentrum jener Welt einstürzender Hausfronten, rutschender Gesteinsmassen, krepierender Granaten, zeigte sich ein Gesicht. Ein erstes Gesicht, andere folgten und prallten zurück vor dem heißen Atem des Kampfes. Es nützte nichts, ein Zurück gab es nicht. Die drei, die fünf, das erste Dutzend, die ersten hundert Gesichter waren nicht allein. Tausend, einige Tausend, viele Tausend, eine lange Säule aus Menschen stand hinter den ersten und preßte sie weiter und trieb sie ins Feuer. Die Erde schien an dieser Stelle zu bersten und eine Fontäne menschlicher Wracks, Lahme, Geschundene, Ausgehungerte, durchs Wasser Gezogene, auszuspeien. Es gab kein Anhalten und kein Zurücktaumeln. Es gab nur Erschlagenwerden von fallenden Steinen, von Eisensplittern, von schwirrenden Geschossen oder Durchkommen, vielleicht Durchkommen bis zum Stettiner Bahnhof.

Stettiner Bahnhof: dort ist Ruhe, dort gibt es zu essen, zu trinken, gibt es Verbandzeug, Linderung für die Wunden. Der Stettiner Bahnhof ist das Ziel, das Ende aller Leiden. „Der Weg ist vollständig frei. Alles ist für die Aufnahme vorbereitet. Essen und Trinken gibt es in Hülle und Fülle!" so war gesagt worden, das hatten diese Schweine behauptet, diese Lügner und Betrüger. Unwahrheit, Irreführung, Betrug — nach zehn Tagen ohne Essen, ohne Wasser, ohne Tageslicht.

Der Druck ließ nicht nach.

Die Fontäne schleuderte verstümmelte Soldaten, verunstaltete Frauen, abgemagerte Kinder, Hunderte und abermals Hunderte aus der Erde. Das Feuer aus Panzern warf sie aufs Pflaster oder peitschte sie vorwärts. Der Weg zum Stettiner Bahnhof war voll von Toten und Verwundeten. Die Verwundeten schrien, aber wer wollte wohl bei ihnen verweilen! Der Sanitätsfeldwebel Wustmann wollte nicht, der Fahrer Stroh wollte nicht, auch keiner von den anderen. Wer wollte sich den peitschenden Schüssen, deutschen und russischen, aussetzen — vielleicht eine Mutter, die ihr sterbendes Kind nicht verlassen konnte und ohnehin nichts anderes mehr als den Tod verlangte. Alle anderen liefen, bis sie stürzten, oder so weit sie konnten.

Der Bunker am Anhalter Bahnhof war geräumt worden. Alle fünf Stockwerke, auch die beiden mit Verwundeten belegten Etagen, hatten freigemacht werden müssen. Die SS war dort eingezogen. Der Bunker war ausschließlich Kampfbunker geworden.

Wustmann sagte nichts mehr, war jenseits aller Verwunderung, hatte keinen Ausdruck mehr für die Verwirrung, in die er sich verstrickt sah, war außerstande zu irgendeiner Äußerung. Zehntausend oder zwanzigtausend oder noch mehr Menschen — wer könnte das genau sagen — hatte der Bunker ausgespien. Zurückgeblieben waren jene, die mit sich Schluß gemacht hatten; zurückgehalten wurden im letzten Moment alle Ausländer. Was sonst noch an Männern vorhanden war, stellte die SS für den Transport der Schwerverwundeten zusammen.

Morgens um vier Uhr war Abmarsch gewesen – und jetzt war es vier Uhr nachmittags geworden. Die dunklen Gleise entlang, Richtung Potsdamer Platz, an der Spitze Soldaten mit Pechfackeln, so begann es. Die Soldaten sollten den Tunnel nach eingesickerten Russen absuchen. „Nicht sprechen, ganz leise verhalten!“ wurde nach hinten durchgegeben. Das Gewölbe dröhnte unter den Einschlägen der russischen Artillerie. Unter den Füßen plätscherte Wasser, lagen weggeworfene Decken, Federbetten, Koffer. Das Wasser auf den Gleisen stieg bis zu den Knien, stieg bis Leibeshöhe.

Unter den Linden war das Gewölbe an einigen Stellen durchschlagen. Aus einer gebrochenen Kanalisationsröhre stürzte Wasser. Das Wasser schmeckte stark chlorhaltig, aber wer in dem Gedränge an die Quelle herankommen konnte, trank davon nach dem tagelangen Durst im Bunker. Weiter hinein in die dichte Finsternis. Die Soldaten mit den Pechfackeln waren verschwunden. Das Wasser stieg höher, erreichte Brusthöhe. Im Wasser lagen nicht nur Koffer und weggeworfene Gegenstände. Die Füße glitten über Weiches, über Tote und über Gestürzte, die noch versuchten wieder hochzukommen. Frauen mit Säuglingen auf dem Arm oder mit kleinen Kindern stürzten, und wenn sie den Säugling dabei verloren, fanden sie ihn nicht wieder. Sie heulten und wurden weitergestoßen, trieben im Strudel dahin. Wustmann war ein Gesicht in der unterirdischen Nacht, Stroh ein anderes, Oberarzt Heide noch ein anderes. Else Krüger, der Franzose Lucien, der Milchhändler Dickmann, die Milchhändlersfrau ..., Hunderte, Tausende wirbelten durch den Schacht. Kein Gedanke mehr, keine Menschen mehr, Larven in massenhafter, unwiderstehlicher Bewegung, durch eine Schlammflut, durch zu Boden gesunkenes Wrackgut, durch von oben herabtropfendes Wasser, durch fallende Zementstückchen, sickerndes Erdreich, einem unbekannten Gesetz folgend ...

Der Milchhändler Dickmann war noch reichlich bei Kräften. Er hatte eine Menge Lebensmittel mit in den Bunker gebracht und damit hausgehalten. Wenn eine Suppe ausgegeben wurde, nur für kleine Kinder, und zusätzlich vielleicht noch hundert oder zweihundert Portionen für die vielen hungernden Menschen übrigblieben – dann stand er in der Schlange, und als einmal aus dem brennenden Hotel Excelsior ein Faß Butter herangerollt wurde, gehörte er zu den ersten, die mit den

Absätzen das Faß auseinandertraten und mit schmutzigen Händen Butter herausrissen. Mit einem Attest, das ihm Angina pectoris bestätigte, war er davongekommen. Jetzt hatte er seine schwere Frau durch die Finsternis zu schleppen.

Oberarzt Heide war nur noch ein Skelett, seine Augen flackerten wie die eines Irren. Der weiße Mantel an seinem Leib war nichts als ein blutgetränkter Lappen. Er klammerte sich an eines der totgelegten Hochspannungskabel, ließ den Strom der strudelnden Larven an sich vorbeiziehen, wollte verschnaufen, wollte wissen, daß er ein Mensch war und kein Geschöpf ohne Organe, ohne Empfindung und ohne Ziel inmitten einer Bewegung, von der er ein Teil war. So an das Hochspannungskabel angeklammert, hatte Stroh ihn erblickt, und nachher war er von niemandem mehr gesehen worden.

Das Wasser nahm wieder ab, umspülte nur noch die Füße, war dann ganz weg. Das Gehen über die Schwellen war beschwerlich genug. Gepäckstücke wurden noch immer weggeworfen, noch immer tappten die Füße im Dunkeln über leblose Körper. Und viele, die so weit gekommen waren, konnten jetzt nicht mehr und blieben an den Wänden und in den Nischen von Luftschächten hocken, und würden dort hocken bleiben, bis die durch die Sprengung der Landwehrkanal-Schleusen eindringende und heraneilende Flutwelle den Tunnel bis zur Decke und alle Nischen und Nebenschächte ausfüllen sollte. Unter dem Bahnhof Friedrichstraße wurde eine Umleitung vorgenommen, vom S-Bahn-Schacht ging es in den U-Bahn-Schacht der Nord-Süd-Bahn. Die Schleusentore an der Weidendammer Brücke waren nur so weit geöffnet, daß ein Mensch sich gerade hindurchzwängen konnte, und durch das anschließende Horizontaltor war nur kriechend zu gelangen, und nachher waren von hundert Metern zu hundert Metern Barrikaden zu überklettern. Die Schleuse an der Weidendammer Brücke, das Vertikaltor und das Horizontaltor verlangten Opfer. Die Barrikaden waren von vielen, die zu entkräftet waren, und von vielen Müttern, die ihre Kinder mitzuschleppen hatten, nicht mehr zu übersteigen.

Der Todesmarsch ging weiter, bis zum Stettiner Bahnhof, bis die Massen ans Licht sprudelten, in ein in Flammen gehülltes Stadtviertel. Wustmann sagte nichts mehr, fragte auch nicht mehr nach dem Verwundetentransport. Dickmann kam ohne Frau oben an. Else Krüger war morgens um vier Uhr mit einem dreijährigen Kind in den S-Bahn-Schacht gestiegen und war jetzt allein. Wustmann, Dickmann, Krüger, hundert andere liefen und warfen sich hin. Nicht alle standen wieder auf, um weiterzulaufen.

Wustmann erreichte die Halle des Stettiner Bahnhofs, ein Feld von Toten und Verwundeten. Die Treppen zum S-Bahn-Tunnel waren schwarz von Menschen: auf der Reise überraschte Flüchtlinge, Frauen und Kinder und alte Männer aus dem Bunker Alexanderplatz. Auf den Bahnsteigen standen Züge mit Soldaten der kämpfenden Truppe.

„Urräh ..."

Es ging durch die kurze Zinnowitzer Straße. Der Geschützverschluß zischte. Schuß nach Schuß ging hinaus. Der in Rauch gehüllte düstere Koloß aus dicken Mauern mit überwölbenden Eisenträgern, am Sockel mit Erdwällen umgeben, und fensterhoch mit Stacheldraht umwickelt, war der Stettiner Bahnhof.

„Urräh ..."

Die abgesessenen Infanteristen stürmten über die Erdwälle, zerschnitten den Stacheldraht, beseitigten die Reste der zerschossenen Holzverschalungen in den Fenstern und hielten ihre Maschinenpistolen in das Innere der riesigen Halle.

Die Panzer drehten ab. Das Rudel, zu dem der Tank gehörte, in dem Dolores Linth saß, kehrte zurück zur Chausseestraße, passierte die Kreuzung Invalidenstraße, rollte weiter, bis es an der Flanke von Feuer erfaßt wurde.

Eine Friedhofsmauer, der Friedhof der Dorotheenstädtischen und Französischen Gemeinde; das Gelände zog sich bis zu der parallel verlaufenden Hessischen Straße. Die Panzer brachen durch die Mauer, rollten über Gräber. An der Hessischen Straße und vor dem flachen Bau des Leichenschauhauses blitzte Mündungsfeuer deutscher Panzer. Der Abschußrauch trieb über die deutschen Linien weg. Der Turm der Apostolischen Kirche schwamm auf einer Wolke wallenden Rauches.

„Diese Hunde, diese Fritzen, kriegen sie niemals die Schnauze voll?"

„Halten, nicht weiterfahren!" — „Halten, weiterfeuern!"

„Hunde, Hunde ..."

Es waren Tiger und Königstiger, auch Panther, schwere Panzer, schwere Kaliber trommelten gegen die Panzerung der T 34.

„Was tun, wir kommen nicht durch!"

„Job two je . . ., diese Verdammten!" Eine weitere Gruppe rollte heran, brach durch die Mauerlücken, bedeutete Verstärkung.

„Feuer!"

„Trommeln, trommeln . . .!"

Mitten auf dem Friedhof brannte ein T 34. Ein anderer mit Kettentreffer drehte sich wie irrsinnig im Kreis. Mündungsfeuer. Abschußrauch. Hartes Zuklappen des Verschlusses. Stickig. Heiß. Schweiß. Dreck. Stöhnen. Es brüllt, knallt, kracht, donnert. Der Schlitzmäulige schreit, kein Ton ist zu verstehen. Der Kommandirtanka kreischt. Der Radist versteht ihn nicht. Dolores Linth hockt in der hintersten Ecke, begraben unter heißen Kartuschhülsen, fühlt nicht, hört nicht, weiß nichts mehr.

Das Klingeln, Reißen, das pausenlose Hämmern gegen die Panzerwand, der Hall herabschmetternden Eisens beherrschte alles.

Detonierende Fliegerbomben.

Die Panzer rollten weiter, stießen hinein in eine blutrote Nacht. Fahren und Anhalten und Munitionfassen und abermals Fahren. Aber Fahren oder Stehen, eine Detonation in der Ferne oder das harte Bellen krepierender Geschosse neben der Panzerwand: es machte schon keinen Unterschied und blieb außerhalb des Bewußtseins der unter den Füßen der Panzerbesatzung liegenden Frau.

Elend, hilflos, betäubt.

Irgendwann wurde ihr ein Trunk gereicht. „Moskowski, vierzigprozentig, charascho . . ." Es war Wodka; besser wurde ihr danach nicht. Doch es brannte den Rauch aus der Kehle, und sie nahm auch ein zweites Mal.

Sie fuhr auf aus ihrer Betäubung. Etwas hatte sich draußen verändert. Es war so, als ob das geschüttelte Schiff nach der Fahrt über grobe See im Hafen angekommen wäre und die Wellen leise gegen seine Bordwand plätscherten.

Sie war allein.

Alle anderen waren ausgestiegen. Sie war allein, doch sie blieb nicht allein. Der Schlitzmäulige kam in ihr Verließ, füllte es ganz aus, dünstete sauer nach Wodka. Eine schwere Wolke drückte sie nieder. Kein Ausweg, kein Fluchtweg, diesmal nicht!

„Leutnant kaputt, Major kaputt! Du auch kaputt, ich dich machen puck-puck!“ Er blickte sie an, hatte Augen wie Glasscherben, zog ein Messer, schlitzte ihr das Kleid, das sie vom Kommandirtanka erhalten hatte, vom Hals bis unten auf und wälzte sich über sie.

Peter ...

Sie hatte ihn zu ertragen. Die Metallhülsen unter ihr klingelten. „Woina kaputt! Hitler kaputt! Du kaputt! Ich dich machen kaputt ...“ Worte wie aufsteigende Blasen, sie gurgelten in seinem Mund, er brachte sie nicht zu Ende. Der Griff an ihrem Hals ließ nach. Der Mann erhob sich nicht, blieb über ihr mit seinem ganzen Gewicht. Sie lag in einer Pfütze Öl, in kaltem Pulverrauch, unter einem atmenden Wodkaberg, ein hingeworfener besudelter Lappen. Der Mann schnarchte, war besinnungslos betrunken. Weg, raus aus der Höhle! Sie machte sich los und schaffte es, kroch bis zur Luke, hob ihren Kopf, kletterte hinaus in die Nacht. – Aber was war das für eine Nacht!

Neben dem gähnenden Loch blieb sie sitzen. Was unten war, was hinter ihr lag, ihr jammervoller Zustand, die Zeit, in der sie lebte, war jäh vergessen. Sie fühlte sich losgelöst vom festen Boden. Die Panzerdecke, auf der sie saß, war ein schwebendes Taburett. Es roch nach Heu, nach ausgeweideten Tieren und röstendem Fleisch. Peter ... Der Turm, der achteckige, neunstöckige Turm, die heulenden Nomaden unter der neunstöckigen Pagode aus Porzellan!

Himmel und Erde waren verändert. Die Zeit stimmte nicht mehr. Der Breitengrad hatte sich verschoben. Die Welt war aus den Fugen.

Der Zeiger der Weltuhr stand auf Untergang.

Troßwagen, Pferde, Kühe, Schweine, Köpfe und Eingeweide von Tieren. Zelte wie spitze Hüte, eine von fremdem Volk wimmelnde Zeltgasse. Das im weißen Licht einer Detonation erstrahlende Gespinst eines Hochhauses und die berühmte Porzellanpagode aus Nanking waren dasselbe. Das Wasser der Spree und des Jangtsekiang war das gleiche. Das Wasser war schwarz und gefärbt von Bränden. Der nächtliche Himmel war der gleiche, war rot und durchweht von Rauch. Und die Uferbank war die gleiche – Heuhaufen, Johlen, Lärm, friedlich malmende Widerkäuer und schmausende Barbaren, und die Töchter des Kaisers durch das Feldlager geschleift, geschändet und verstümmelt und die abgetrennten Köpfe in die Gosse gekegelt. Aber es gab keinen

Kaiser und auch keine Töchter des Kaisers. Es gab BDM-Mädchen und Flakhelferinnen. Es gab eine Gruppe Arbeitsdienstmädchen, die aus ihren Uniformen herausgeschält und splitternackt auf eine eben abgezogene blutige Tierhaut geworfen wurden. Es gab den Kopf der RAD-Maid mit schwarzen anliegenden Haaren, der ihr vor die Füße gerollt wurde.

Sie saß auf der Decke des Panzers, und vom Himmel fielen drachenköpfige Lichter. Sie saß auf schwebendem Taburett, lag zugleich unter dem Ochsenhautmantel eines kaukasischen Reiters, streckte zugleich ihren Körper unter ein schützendes weißes Laken. Sie war an die Stelle gebannt und hielt ihr klopfendes Herz in der Hand und stürzte gleichzeitig dahin in rasender Flucht. Die zu Scherben zerfallende Porzellanpagode und der sich unter Detonationen bäumende Deutsche Reichstag, die in Trümmer- und Ackerfelder verwandelte Alte Mauer und die Ruinenreihe am Schiffbauerdamm, das auf Pulverdampf schwimmende Stahlgespinst des Bahnhofs Friedrichstraße und der sanft pendelnde Mastenwald auf dem Jangtse, alles war nebeneinander da, und die auf abgründigem Wasser treibenden Bündel waren Ertränkte – hier und dort, in der Gegenwart und in der Vergangenheit, und was geschah, auch was an ihr geschah, war herausgelöst aus der Zeitfolge und geschah gleichzeitig.

Sie war gefangen, und sie floh. Schüsse peitschten hinter ihr her. Die rettende Brücke neigte sich jäh in das schwarze Wasser. Die RAD-Maid klammerte sich an sie und nannte eine Adresse in Hermsdorf. Ein sausendes Blitzen, und der Kopf der Maid war getrennt vom blutenden Rumpf. Sie floh und saß fest in einem Gestrüpp von Armen. Sie war an ein Brett gespießt und floh noch immer. Sie lag in einem Krankenbett, und die Flucht hörte nicht auf.

„Ein bemerkenswerter Fall“, sagte der Geheimrat.

„Die große Pagode in Scherben . . .“

Ja, Scherben, davon konnte man wohl reden, auch ohne Fieber zu haben.

„Und die Drehorgel spielt falsch.“

„Das tut sie wohl immer!“

„Berlin spielt falsch – und nicht nur Berlin!“

„Das walte Gott!“ meinte der Geheimrat. Er hatte die Untersuchung selbst durchgeführt. Die Wunde am Arm schien ungefährlich, auch der anscheinend von einem Messer herrührende Durchstich des linken Oberschenkels hatte keine Sehne durchschnitten, hatte den Knochen nicht berührt und ließ keine Komplikationen erwarten. Der Puls der Kranken war beschleunigt, doch sie war ohne Fieber und sagte dabei merkwürdige, abgelegene Dinge.

„Und wer ist sie?"

„Das ist aus ihr nicht herauszubekommen."

„Wie ist sie eigentlich hierhergelangt?"

„Ein Soldat hat sie eingeliefert, ein russischer Infanterist, in eine Pferdedecke gewickelt, darunter hatte sie fast nichts an, nur ein Stück von einem zerfetzten Kleid."

„Anscheinend hat sie neben den Verletzungen am Arm und am Oberschenkel und außer dem erhaltenen psychischen Schock noch eine durchaus physische und mechanisch herbeigeführte Gehirnerschütterung davongetragen. Legen wir sie an einen ruhigen Fleck und halten wir weitere Aufregungen von ihr fern!"

Drachenköpfige Lichter über Berlin, platzende Sterne, rote und weiße; und wo sie niedergingen, stanzten sie aus dem nächtlichen Häuser- und Ruinenmeer einen hellen Kreis aus.

Taghell erstrahlte der Anhalter Bahnhof mit seiner Umgebung, mit Bunker und Kühlhaus und dem hohlen Gerippe des Hotels Excelsior. Aus dem Kühlhaus schlugen Flammen zu allen Fenstern heraus, und das verkohlende Fleisch von vierzigtausend Ochsen verpestete die Luft. Aus den Kellereien des Hotels Excelsior hallte ein tausendstimmiger Schrei: Die Russen sind da! Der Bunker, in den die Spitze Tschuikows, Infanteristen mit Pechfackeln in erhobenen Händen, eindrangen, enthüllte sich als stinkender Abtritt, als Beinhaus, als wunderliche Schatzkammer, bewacht von stummen Hütern, von an den Wänden hockenden Leichen. Zu Bergen übereinandergeworfene Koffer mit Wäsche und Kleidern; zu Bergen getürmt Fahrräder und Kinderwagen. Der Gang zur Straße und der lange Schacht zur S-Bahn war eine fußhoch mit Fäkalien bedeckte Kloake. In den beiden unteren Stockwerken, in dem aufgegebenen Feldverbandplatz röchelten Sterbende. In den Gewölben hockten Selbstmörder, unter den Bänken und in den Toiletten lagen die kleinen Leichname verhungerter Kinder. Hunderte Tote, solche, die mit sich selbst ein Ende gemacht hatten, und andere, die verhungert oder an Entkräftung gestorben waren. Die SS hatte den Bunker, den Bahnhof, das ausgebrannte Excelsior aufgegeben und sich bis zum Potsdamer Platz, bis zur Ruine des Gestapogebäudes und des Luftfahrtministeriums zurückgezogen und stand, noch immer Feuer spritzend, fast Rücken an Rücken zur Voßstraße und dem Bunker Hitlers.

Taghell erstrahlte der Dom und das Schloß mit der Schloßfreiheit und dem Lustgarten. Schloß, Schloßfreiheit und Lustgarten waren bereits von deutschen Truppen aufgegeben, und die Schüsse der vom Alexanderplatz heranrückenden Spitze des Marschalls Schukow fegten über die Schloßbrücke, schwirrten um das eingemauerte Reiterstandbild Friedrichs II., streuten der ganzen Länge nach über die Straße Unter den Linden, die übersät war mit den Wagen von Trossen, mit Protzenwagen, Geschützen, toten Pferden und gefallenen Soldaten.

Taghell erstrahlte am anderen Ende der Straße Unter den Linden das Brandenburger Tor. Die Säulen geborsten, die Seitenflügel ausgebrannt, das Viergespann auf der Dachzinne — schon einmal auf Reisen, im Jahre 1807 nach Paris und 1814 zurückgekehrt — erdröhnte hohl unter aufprallenden Schüssen. Die Füße der Rosse zersplitterten wie Schäfte aus Glas, ihre Flanken wurden durchlöchert, die metallenen Köpfe brachen ab. Die Zügel in der Hand des beflügelten Wagenlenkers schleiften, und das Zepter mit dem Preußenadler in der anderen Hand des Friedensengels baumelte geknickt nach unten.

Taghell erstrahlte das Zentrum des Aufruhrs, die Voßstraße und Wilhelmstraße, der Wilhelmplatz mit den zertrümmerten Bauwerken der Alten und Neuen Reichskanzlei, des Auswärtigen Amtes und des Propagandaministeriums.

War Berlin vor einigen Tagen noch der Amboß, so war der übriggebliebene Teil des Stadtkerns nur noch der schmale Rücken einer Axt, auf den sich die gesammelte Wucht einer Kraft entlud, die einen Kontinent überrollt hatte. Artilleriegeschosse fuhren ohne Pause durch die hohlen Ruinenschächte und trommelten auf die darunterliegenden Betondecken des verzweigten Bunkerlabyrinths, die oberen Schichten bröckelten und zeigten klaffende Risse, und die Straßen waren aufgewühlt von Kratern und gespickt von den in dichten Schwärmen niedergehenden Granaten aus den in nächster Nähe aufgestellten Werferbatterien.

Drachenköpfige Lichter über Berlin – und durch Geflacker, durch Rauschen und Tosen senkte sich ein Schatten aus der Höhe herab, suchte sich aus einer Höhe von viertausendeinhundert Metern, in immer enger werdenen Kreisen, eine „Arado 96" durch Wolken treibenden Rauches, bis es ihr gelang, in die aus allen Straßen und Schlünden aufwallende dichte Qualmbank einzutauchen und auf der Ost-West-Achse zu landen.

Seit drei Tagen das erste landende Flugzeug!

Vor drei Tagen war es der Ritter von Greim mit Hanna Reitsch – die begleitenden vierzig Jäger waren wie Fliegen im kalten Lufthauch einer nach dem andern vom Himmel gefallen – und die beiden, der Ritter von Greim und seine Begleiterin, waren mit weggeschossenem Boden und der Ritter mit einem zerschossenen Fuß auf der gleichen Ost-West-Achse gelandet. Der Feldwebel-Pilot in der „Arado 96" machte es mit weniger Aufwand, ohne Jagdschutz und ohne Verluste an Menschenleben. Er fand in dem dichten Rauch, der über den geknickten, zerschossenen Baumstümpfen des Tiergartens lag, noch Gelegenheit, sein Flugzeug zu verstecken, und suchte dann, ein Stück von einem vorbeifahrenden Wagen mitgenommen und weiter zu Fuß, seinen Weg zum Führerbunker. Er hatte die gleiche Strecke vor einer Woche zurückgelegt, als er den Rüstungsminister Speer nach Berlin gebracht und auch wieder ausgeflogen hatte. Der Zugang zur Wilhelmstraße hatte sich seither verändert.

Das Viergespann auf dem Brandenburger Tor schepperte wie ein großer Mülleimer in prasselnden Hagelböen. Auf dem Pariser Platz lagen große Steinbrocken. Die amerikanische Botschaft, die Akademie der Künste, das Hotel Adlon blickten auf ihn herab wie Bauwerke aus dem ausgegrabenen Pompeji. Ein enger Cañon von Ruinen nahm ihn auf. In den zerfetzten Mauern ringsherum heulte der Tod. Bomben, Granaten, Stalinorgeln. Und die jaulenden Werfer, die singenden MG-Garben und Einzelschüsse von Scharfschützen, waren russische und auch deutsche.

Im Schutt lag ein Toter, eine Marineuniform und ein junges Gesicht.

Das war einer von jenem Häuflein aus Gatow. Sie waren also anscheinend durchgekommen — mit einem Lkw. vom Flugplatz über die Heerstraße —, hatten dann hier die gleiche Ruinengasse passiert. Vor drei Nächten waren sie über dem Flugplatz erschienen, drei Ju 52, zwei hatten wieder abgedreht und waren zurückgekehrt nach Stralsund, nur eine Maschine war gelandet. Kapitänleutnant Papendieck mit achtundzwanzig Offiziersanwärtern der Marine aus Stralsund: Verstärkung für die Truppen am Führerbunker. Ein Teelöffel voll von den dreitausend, die in Stralsund für Berlin aufgestellt worden waren. Der Feldwebel verweilte neben dem Toten und durchsuchte dessen Taschen. Er fand das Soldbuch, ein Notizheft und ein paar Briefe und nahm die Hinterlassenschaft an sich; vielleicht, daß eine Mutter einmal wissen will, wo ihr Junge geblieben ist! Armer Junge, und auch die anderen achtundzwanzig, keiner von ihnen war mehr als siebzehn Jahre alt. Bis hierher hatten sie nur das Knallen von Platzpatronen gehört, und als sie über diese von Stalinorgeln überflackerte Schutthalde krochen, waren erst fünf Stunden vergangen, seit sie auf dem Kleinen Dänholm Wache gestanden und vor der im Meer versinkenden Sonne die Türme der Stadt Stralsund vor Augen gehabt hatten. Papendieck und seine achtundzwanzig Marineschüler mußten es verflucht eilig gehabt haben, daß sie dem zurückgelassenen Toten nicht einmal die Papiere abgenommen hatten.

Trichter. Verwesungsgeruch. Ein totes Pferd, tote Zivilisten. Er konnte nicht alle Toten nach Papieren durchsuchen und arbeitete sich weiter. Plötzlich war es um ihn herum so hell, daß eine Maus im Schutt zu erkennen gewesen wäre. Russische Tiefflieger, vier oder fünf; es sah aus, als ob sie es haargenau auf ihn abgesehen hätten und sich auf ihn niederstürzen wollten. Ein Sprung unter einen Ruinenbogen. Bomben krachten und Staub spritzte auf, eine heiße Wolke streifte sein Gesicht. Auf der Höhe der nächsten Schutthalde erblickte er die rauchgeschwärzten Mauern der Reichskanzlei. Zugleich mit einer Gestalt, die vom Propagandaministerium her in ein paar langen Sätzen die Straße überquerte, betrat er die verödete Vorhalle. Durch die leeren Fensterhöhlen trieb Staub herein, gelbe Qualmschwaden zogen durch den weiten Raum. Unter einer geborstenen Säule lagerten Jugendliche, Marine und Hitlerjugend mit Karabinern und Panzerfäusten. Der rote Läufer auf dem nach unten führenden Gang war bedeckt von weggeworfenem Papier, von leeren Konservenbüchsen und Scherben zerbrochener Flaschen. Er folgte dem Zivilisten aus dem Propagandaministerium und beide stiegen ungehindert in den Schacht hinab. Erst auf der obersten Sohle und vor der ersten Panzertür wurden sie angehalten. Der Beamte aus dem Propagandaministerium war ein täglicher Nachrichtenüberbringer und konnte sofort passieren. Der Fliegerfeldwebel hatte sich auszuweisen und den Zweck seines Besuchs anzugeben. Er war gekommen, um sich bei dem Ritter von Greim, dem an Stelle Görings eingesetzten neuen Oberbefehlshaber der Luftwaffe, zu melden und um ihn aus Berlin auszufliegen. Der Posten starrte ihn an wie eine Erscheinung aus einer andern Welt. Also doch noch einer, der durchgekommen war! Das Gerücht eilte ihm in dem versunkenen Schiff, das von allen Verbindungen zur lebendigen Erde abgetrennt war, voraus in den äußeren großen Bunker. Als er dort hineingeführt wurde und Platz nahm, wandten sich ihm starre Blicke von hoffnungslos Betrunkenen zu. Ein Kellner schwebte heran mit belegten Brötchen, mit einer Auswahl an Schnäpsen und einer Kiste Zigarren. Er wählte einen Schnaps und nahm eine Zigarre. Er hatte keine Zeit, die Spitze von der Zigarre abzubeißen. Eine hohe SS-Charge, ein fettes, verschwommenes Gesicht, reichte ihm vom Nachbartisch her Feuer; ein zweiter kam mit seinem Streichholz schon zu spät. Verflucht höflich, die hier sitzenden Träger höchster Würden! „Sie läßt sich rauchen!“ meinte der hohe SS-Offizier in bezug auf die Zigarre. Und, bei Gott, sie ließ sich rauchen! Hier saßen sie also und rauchten himmlische Zigarren und tranken Rum und lauschten auf das grollende Monsterkonzert des Todes über ihren Köpfen. Es roch, wie überall in dieser Bunkerwelt, nach frischem Kalkverputz. Ein ungemütlicher Warteplatz, noch ungemütlicher als der Sitz in der vom Luftdruck der Detonationen hin und her geworfenen „Arado 96“. Die Russen schienen das Feuer ihrer gesamten schweren und mittleren Artillerie auf diesen Punkt Berlins vereinigt zu haben. Tausend eiserne Zähne nagten an der Decke aus Stahl und Zement und rumorten an den Seitenwänden. Es war so, als ob sie diesen riesigen Betonkessel aus der Erde ausgraben wollten. In einer kurzen Feuerpause war das Herabpoltern von Steinen und das Rutschen von Schuttmassen zu vernehmen.

Eine Versammlung rauchender und trinkender und hoffnungslos vor sich hinstarrender Götzenanbeter, aber ihr Idol, schon lange wurmstichig, hatte vor genau sieben Tagen den fatalen Riß gezeigt, der das baldige Ende ankündete.

An einem der Tische saßen Bormann, Goebbels und der Botschafter Hewel. Bis an diesen Tisch war der Beamte aus dem Propagandaministerium, der stellvertretende Reichspressechef Heinz Lorenz, gelangt. Er überreichte seinem Chef Goebbels ein mit Maschinenschrift bedecktes Blatt. Goebbels überflog es und reichte es an Bormann weiter, aber mit behutsamen Fingern und so, als ob es sich um Nitroglyzerin oder um einen jener neuartigen Sprengstoffe handle, die der Tritt einer Fliege zur Explosion bringen kann.

Eine Reutermeldung – und sie besagte nichts weniger, als daß der Reichsführer SS, Heinrich Himmler, den Grafen Bernadotte in Stockholm um die Vermittlung eines Waffenstillstandes ersucht hatte. Der Reichsführer SS – und hier im Bunker wußte niemand davon! Es war so, als ob das Führerhauptquartier und der Führer nicht mehr existierten, nicht mehr zu bestimmen, nicht mehr mitzureden hatten. Hier in der Höhle gab es für jedes unlösbare Problem, für jedes außer Reichweite liegende Ereignis, für jeden Zusammenbruch von der Nordsee bis zu den Alpen nur einen Kommentar: Verrat. Das aber, was ihm von dem überreichten Blatt Papier entgegengrinste, war schwärzester Verrat – von einer Seite, von der es am allerwenigsten erwartet wurde.

Heinrich, der Wagen bricht!

Nein, Herr, es sind die Eisenringe, die sich ums Herz mir legten.

Der getreue Heinrich . . ., so sieht er also in Wirklichkeit aus. Ein erbärmlicher, niederträchtiger Schuft, der seine besudelte Pfote nach dem Zepter ausstreckt, derweil die Hand, die es hält, noch nicht erkaltet ist. Weder Bormann noch Goebbels wagten es, mit dieser Nachricht vor dem Angesicht ihres Meisters zu erscheinen. Der Kammerdiener Linge wurde gerufen, und ihm wurde die Aufgabe übertragen, eine Kopie der Hiobsbotschaft seinem Herrn zu überbringen.

Die drei am Tisch blickten Linge nach. Sie starrten in düsterem Schweigen die in ihren Händen verbliebene andere Kopie des Schriftstückes an. Es war in der Tat ein hochexplosiver Stoff, und Bormann und Goebbels und Hewel wußten, daß die Auslösung in Donner und Rauch nicht lange auf sich warten lassen konnte.

„Ich erwarte den Entsatz von Berlin! Was macht Heinricis Armee? Wo ist Wenck? Wo bleibt Holste? Wie weit ist der Entsatzangriff Schörner gediehen? Wann wird Wenck sich mit der 9. Armee vereinigen? Wo bleiben die Strahler aus Prag?“ So lauteten die Telegramme, die nach allen Richtungen der Windrose hinausgingen, an Keitel und Jodl in Fürstenberg, an Dönitz in Flensburg, an den inzwischen verhafteten und wieder freigelassenen Koller in Berchtesgaden. Die Antwort war Schweigen . . ., tödliches Schweigen. Bormann machte seinem schwarzen Herzen Luft: „Statt mit Befehl und Appell die Truppen, die uns freikämpfen sollten, anzutreiben, Schweigen der maßgeblichen Männer. Die Treue scheint vor der Untreue zu weichen. Wir bleiben hier. Reichskanzlei bereits Trümmerhaufen.“ — Abermals Schweigen!

Und welche Antwort darf eine Gruft erwarten, selbst wenn der mit seinem Hofstaat eingemauerte Pharao noch atmet und weiter atmen will, obgleich seine Zeit abgelaufen ist!

„Ich erschieße mich!“ hatte er vor Wochenfrist gesagt, hatte mit großem Aplomb, mit einer orgiastischen Rede und dem zur kleineren Hälfte gespielten und zur größeren Hälfte echten physischen Zusammenbruch den Sprung ins Nichts vollführt, um auf seine zitternden Füße zurückzufallen. Er hatte alle Autorität dahinfahren lassen, hatte sich ausdrücklich der Führergewalt entkleidet, nur um kurz danach seinen Reichsmarschall, der die ihm freigestellte und seit langem gesetzlich übertragene Nachfolge antreten wollte, verhaften zu lassen. „Man werfe ihn in die Festung Kufstein!“ hatte er pathetisch deklamiert. Er hatte den Oberbefehl über die Wehrmacht niedergelegt und sich auf den Abschnitt Berlin beschränkt, um trotzdem und ohne jemals seine Abdankung zu widerrufen weiter zu befehlen und die Befehlsverhältnisse endgültig zu verwirren.

Die Befehle aus dem Führerbunker waren nur noch ohnmächtiges Lallen des Gestürzten, Begrabenen, auf die Einäscherung Wartenden. Die Lagekarte, die einmal vom Nordkap bis zu den ägyptischen Pyramiden und bis zum Kaukasus gereicht hatte, war reduziert auf einen Stadtplan von Berlin. Und dieser Plan löste sich unter den krankhaften Schweiß absondernden Händen des Feldherrn, der einen Kontinent verspielt hatte, in eine unleserliche Masse auf. Und die Armeen, die er gruppierte und marschieren und die Einschließung Berlins durchbrechen ließ, waren nicht mehr vorhanden oder waren nur noch Schatten ihrer einstigen Macht. Und nicht mehr Keitel und Jodl – die waren als weiße Raben von dem unheiligen Ararat aufgeflogen, um auf dem von der Sintflut überzogenen Land den Entsatz zu organisieren –, aber Bormann, Goebbels und die nur noch unter Alkohol funktionierenden Burgdorf und Krebs assistierten bei dem nicht endenden Spiel der Führerlage.

Von Keitel kamen Antworten, welche die bösen Tatsachen beschönigten, alles versprachen und nichts hielten und nichts halten konnten. Keitel suchte den Armeeoberbefehlshaber Wenck in seinem Hauptquartier auf und wollte ihn veranlassen, den befohlenen Versuch, nach Berlin durchzubrechen, zu beschleunigen. Doch der Oberbefehlshaber Wenck wußte, daß der von Zweifeln noch ungetrübte Glaube und der patriotische Kampfwille seiner siebzehnjährigen Offiziersschüler und der Jungen aus dem Reichsarbeitsdienst zwar den klingenden Namen seiner Korps und Divisionen – der Divisionen „Scharnhorst", „Ulrich von Hutten", „Theodor Körner", „Clausewitz", „Friedrich Ludwig Jahn" – entsprachen, daß aber der zu jedem Opfer bereite kindliche Idealismus nicht die notwendigen Kraftfahrzeuge und Nachrichtenmittel, Panzer und Sturmgeschütze ersetzen konnte und daß er ohne Panzer und Artillerie und ohne Unterstützung aus der Luft außerstande war zu jeder großen Bewegung und eine Angriffshandlung völlig außerhalb der gegebenen Möglichkeiten lag. Wenck war nur bereit zu einer Variante des Unternehmens, der Bildung einer Auffangstellung für die sich von der Oder absetzende 9. Armee südlich Berlins.

Keitel traf den Oberbefehlshaber Heinrici der Heeresgruppe „Weichsel" auf der Straße zwischen Neustrelitz und Neubrandenburg. Die Front Heinricis war durchbrochen, und Haufen Verwundeter und waffenloser Soldaten, durchsetzt von Flüchtlingstrecks, zogen vorbei. Kolonnen ohne Geschütze, ohne Panzer, fünfzehnfache Übermacht im Rücken. Keitel brüllte den Oberbefehlshaber an: „Hätten Sie wie Rendulic in Wien einige Tausend Fahnenflüchtige erschossen oder an die Bäume gehängt, wäre die Lage anders, dann befände sich Ihre Armee nicht auf der Flucht!"

Heinrici ließ Keitel nicht verhaften, wie die herumstehenden höheren Offiziere es angesichts der irrealen Forderungen und der maßlosen Beschimpfungen erwarteten. Er war aber nicht gewillt, auch noch die ihm einzig verbliebene 3. Panzerarmee für eine Fiktion zu opfern, und nahm gegen den Befehl auch seinen rechten Flügel von der Oder zurück. Ebenfalls lehnte er ab, eine Division schlechtbewaffneter siebzehnjähriger Marinerekruten im Festungskampf in Swinemünde dem sicheren Untergang zu überlassen, und erklärte, daß er für seine Person den Befehl zur Verteidigung von Swinemünde nicht geben werde. Der wieder nach Fürstenberg zurückgekehrte Keitel erklärte ihn für abgesetzt und ordnete wegen Gehorsamsverweigerung vor dem Feind Verhaftung und Kriegsgericht an.

Hitler verlangte von Keitel Nachrichten über Wenck, Heinrici, auch über Busse und die 9. Armee, die er über Keitel und Jodl bis zum Ausbluten — wie andere Armeen vor ihr — an ihrer letzten Widerstandslinie an der Oder festgehalten hatte und deren noch bewegliche Reste zur gleichen Stunde mit einhundertzehntausend Toten und ebenso vielen Kriegsgefangenen zwischen Halbe und Märkisch-Buchholz ihr Ende fanden.

Keine Nachrichten über Wenck, Busse, Heinrici, über Holste und Schörner, und schließlich meldeten sich auch Keitel und Jodl nicht mehr. Das OKW mit Keitel und Jodl hatte sein Quartier in Fürstenberg überstürzt verlassen müssen und befand sich fliehend auf Waldwegen nach Norden. Hitler hörte nichts mehr. Der Fesselballon, der den Bunker solange noch mit der Welt verbunden hatte, war heruntergeschossen. Das Radiotelefon nach Fürstenberg, die letzte Verbindung mit den Ereignissen draußen, war verstummt. Alle Kabel waren taub, der Äther blieb leer. In diese Situation hinein kam Linge, sein alter, guter Linge, mit einem Blatt Papier in der Hand. Hitler war zu Besuch bei dem Ritter von Greim, saß auf dessen Bettkante, wußte sofort, daß Linge Entscheidendes brachte: die ausstehende Antwort.

Heinrich, der Wagen bricht ... Sein Gesicht verfärbte sich, wurde dunkelrot, trieb auseinander, wurde zu Brei, zu einem Sumpf, in dem wie irre Lichter die Augen flackerten.

Er stieß einen Laut aus.

Verrat, Schmach, Niedertracht — alles konnte es heißen. Er wankte davon, suchte seine Höhle auf, doch nur, um im nächsten Augenblick auszubrechen und schreiend in das Bunkerloch von Greims zurückzukehren. Das neue Unheil brachte den Ritter von Greim zum Weinen. Das Wehklagen pflanzte sich fort durch den ganzen Bunker.

„Armer, armer Adolf!" rief die durch den Bunkergang treibende Eva Braun aus. „Nichts bleibt ihm erspart!" jammerte Magda Goebbels. Goebbels und Bormann wurden zu einer Konferenz hinter verschlossenen Türen befohlen, und nach einer Weile wurden Krebs und Burgdorf dazu herangezogen.

Der Fliegerfeldwebel wurde zu dem Ritter von Greim gerufen. Er meldete sich zur Stelle, und das war dann bereits alles, was von ihm erwartet wurde. Es war nicht möglich, über das gescheiterte „Störche-Unternehmen" zu berichten. Sechs Störche und dreißig Jäger waren von Rechlin aus gestartet worden, um von Greim und Hanna Reitsch auszufliegen, und weder den Störchen noch den in der folgenden Nacht angesetzten zwölf Ju 52, die beim Anflug SS-Mannschaften nach Berlin mitnehmen sollten, war es gelungen, durchzukommen. Und nun schienen die riesigen Anstrengungen und die Menge der Opfer, die beide Unternehmungen gekostet hatten, nicht mehr wichtig zu sein. Der bewegungslos auf dem Lager ausgestreckte Ritter von Greim und auch die Einfliegerin Hanna Reitsch, die sich während seiner Meldung in der gleichen engen Bunkerzelle befand, hatten gar nicht mehr die Absicht, auszufliegen. Sie wollten in Berlin bleiben, wollten den Bunker nicht mehr verlassen, wollten mit ihrem Führer sterben.

Junge, Junge, wie hast du dir verändert! Der Fliegerfeldwebel kannte den energischen Oberbefehlshaber der Luftflotte 6 nicht wieder. Der jetzt zum Feldmarschall und Oberstkommandierenden der Luftwaffe Beförderte lag mit gelbem Gesicht auf seinem Lager und lauschte den Worten Hanna Reitschs, nach denen beide die vom Führer erhaltene Giftampulle zwischen den Zähnen zerbeißen und gleichzeitig die an ihrem Gürtel befestigte Handgranate abziehen wollten, damit ihre Körper, in tausend Stücke gerissen, keinem Russen mehr in die Hände fallen konnten. Nein, sie wollten nicht mehr ausfliegen. Mit dem Führer siegen oder mit ihm zusammen sterben, war ihre Devise. Es sollte indessen anders kommen. Ihr „Führer" hatte anderes mit ihnen vor.

Keiner weiß, was auf der gleichzeitig ablaufenden Konferenz gesprochen wurde. Der Präsident und die vier Beisitzer, die den Tod vor Augen hatten, konnten auch für andere, für ihre Frauen, für ihre Kumpane, für fünf Kinder und für alle, die sie außerhalb des Bunkers noch zu erreichen vermochten, nur den Tod planen. Goebbels, Bormann, Burgdorf, Krebs schlichen davon. Ihr Gebieter blieb zurück, lag zitternd im Sessel, lauschte mit tauben Ohren den sich Entfernenden nach, lauschte auf das Wehklagen, auf Schmähreden und Verwünschungen in den Bunkerräumen, lauschte auch auf Schritte, die schon verhallt waren, und auf das Jammern und die Beteuerungen, welche die Wände der Bunkergänge noch eben vernommen hatte.

„Ich bin unschuldig, unschuldig . . ., mein Führer, ich bin unschuldig!" So tönten Angstrufe von unten bis oben, durch alle Gänge, die Treppen hinauf, bis zum Garten der Kanzlei. Tönten dort weiter in der von Artilleriesalven zerfetzten Nacht. Der im untersten Bunker Hingestreckte schlug mit seiner tauben Hand den Takt zu dem Geschrei und dem sich entfernenden Gleichschritt des Pelotons. Ein Leutnant und sechs Mann führten in ihrer Mitte, gefesselt und kalten Schweiß auf der Stirn, Hermann Fegelein nach draußen, der ewigen Nacht entgegen. Fegelein, eine Kröte, ein Betrüger, ein schmieriger Verräter, im Komplott mit dem Scheusal Himmler – und er war beinahe der Schwager und sollte in wenigen Stunden auch nach den Buchstaben des bürgerlichen Gesetzes sein Schwager sein!

Hermann Fegelein hatte die Schwester Eva Brauns, Gretel Braun, geheiratet und sich so lange der Gunst eines „Kronprinzen" erfreut. Aber anders als die meisten der düsteren Entourage des „Führers" hatte er dem gemeinsamen Tod im Bunker entgehen wollen, hatte vor einigen Tagen den Bunker heimlich verlassen, war jedoch aus seiner Wohnung in Charlottenburg zurückgeholt worden, und zwar genau in dem Moment, in dem für den „Verräter Himmler" ein Sündenbock gebraucht wurde. Himmler war nicht zu erreichen, doch Fegelein war der dem „Führer" detachierte Vertreter Himmlers, und vertretungsweise hatte er Himmlers Tod zu erleiden.

Es dauerte lange, es dauerte zu lange, bis dem am ganzen Körper Zitternden der Vollzug der Exekution gemeldet wurde.

Endlich: „Befehl ausgeführt!"

Fegelein war tot, oben zwischen Trümmern und unbegrabenen Toten lag ein Leichnam mehr. Aber das Ende dieses Armseligen war ihm zu wenig, die Salve galt Himmler. Um Himmler zu treffen, stand ihm nur ein Geschoß zur Verfügung – der Ritter von Greim und Hanna Reitsch. – Hitler wankte hinüber zum Bunkerloch von Greims.

Ein schlotterndes Gespenst mit lodernden Augen. Artilleriegeschosse nagten an der Bunkerwand. Die Betondecke schien die Last der darüber hingestürzten Mauerbrocken nicht mehr tragen zu wollen.

„Himmler unschädlich machen!“ sagte Hitler. „Unschädlich machen, unschädlich machen . . .“ wiederholte er, rollten seine Worte wie ein endloser Trommelwirbel. „Ein Verräter darf nicht mein Nachfolger sein! Sofort starten, unverzüglich nach Ploen fliegen, Himmler verhaften, unter Anwendung jeden Mittels unschädlich machen!“

Es nutzte Hanna Reitsch nichts, daß sie zusammen mit dem Führer sterben wollte. Es half dem Ritter von Greim nichts, daß er bewegungsunfähig war, daß sein zerschossener Fuß zu einem unförmigen Klumpen angeschwollen und sein Blut von der Wunde her vergiftet war und Fieberschauer durch seinen Körper jagten. Zwei Aufträge hatte sein Führer für ihn. Erstens sollte er Himmler verhaften, dann weitere Weisungen abwarten. Zweitens hatte er alle Luftstreitkräfte, deren er habhaft werden konnte, zusammenzuziehen und den Potsdamer Platz, den Anhalter Bahnhof und alle Straßen, auf denen die Russen zum Schlußangriff auf die Reichskanzlei ansetzten, bombardieren zu lassen. So würden noch einmal vierundzwanzig Stunden gewonnen, und die Zeitspanne mußte für Wenck genügen, seinen Durchbruch nach Berlin zu vollenden, meinte Hitler.

Der Ritter von Greim, ein Wrack mit gelber Haut und auf zwei Krücken humpelnd, und Hanna Reitsch, die eilends geschriebene Abschiedsbriefe von den Bunkerbewohnern mitnahm, wurden in einen Panzerwagen verladen und durch die glühende Nacht zu dem auf der Ost-West-Achse verborgenen Flugzeug transportiert. Die „Arado 96“ erhob sich. Die wild schießende russische Flak blies schwarze Wolken in den Himmel. Die Maschine, von den Detonationen wie ein Blatt Papier hin und her geweht, taumelte von einer Rauchinsel zur anderen und gewann Höhe. Das brennende Berlin blieb unten, blieb schließlich zurück.

Und zurück blieb der Bunker mit dem zitternden Bunkergespenst, das jetzt die Stunde für gekommen erachtete, seine Hochzeit zu richten. Eine Hochzeit mit einem Standesbeamten, mit einem erschossenen Schwager vor der Haustür, mit einem in düsteres Schweigen versunkenen Bräutigam, der das Ende erwartete und das Ende noch immer nicht wahrhaben wollte, der, wenn er doch ein Wort an die Braut richtete, erklärte, daß ihr baldig vorzunehmender Selbstmord die Erlösung aus einer Welt des Verrates bedeutete. Während der ganzen Zeit, während des Hochzeitsschmauses, während der Abfassung des Testaments, während des wortlosen Abschieds von den Kumpanen, krepierten Granaten, barsten Bomben, schlugen Geschosse aus Panzergeschützen gegen die Zugänge des Bunkers, pumpte das Ansaugrohr der Ventilationsanlage Pulverdampf von oben bis in die untersten Räume und blies Staub in die gefüllten Champagnergläser, so daß schließlich die Ventilation abgestellt werden mußte, das Surren aufhörte, ungewohntes Schweigen sich ausbreitete und Moderluft aus allen Ecken hervorkroch. Und während der ganzen Zeit setzte der betrunkene Lärm aus der Kantine der Reichskanzlei nicht aus. Jazzmusik. Johlen. Gelächter. Der mit der Abfassung seines Testamentes Beschäftigte mußte eine Wache nach oben schicken und um Mäßigung ersuchen lassen.

Das Testament war bedeutungslos. Auch die Unterschrift, früher einmal eine Deutung auf geistige, menschliche und moralische Unzulänglichkeit zulassend und jetzt nur noch hingesetzter Fliegendreck, sagte allenfalls etwas über die völlige körperliche Zerrüttung des Erblassers aus. Kein Attila, kein Dschingis-Khan ... Hat er Unruhe in die Welt gebracht oder war er Ausdruck einer in der Welt vorhandenen Unruhe? Ist er der Mörder Europas oder war er nur der Wurm in dem schon mürben Apfel? Waren die geistigen Eliten in den europäischen Hauptstädten bereits so korrumpiert und so am Ende, daß ein „Kaiser ohne Kleider“ sie beiseite fegen konnte? Bedeutete er das Ende der geistigen Aristokratien, der individualistischen Vielfalt der europäischen Gesellschaft, und soll der Aufmarsch der Masse, der unter seiner erhobenen Hand Gestalt gewann, in den alten Städten unseres Kontinents nicht mehr zum Stillstand kommen? Das Testament gibt darüber keine Auskunft. Die Deklaration, auch die allerletzte, eines Geistes, der sich niemals über ein enzyklopädisches

Nebeneinander des Wissens und in der Durchdringung eines Stoffes und in der Diktion niemals über die Flüchtigkeit schlechten Zeitungsstils erhoben hatte, konnte darüber nichts aussagen. Die Karte Nachkriegseuropas war in jener Stunde bereits gezeichnet. Der ganz im Schatten eigener vergangener Größe Stehende hatte nichts mehr beizutragen.

Er diktierte sein Testament.

Sein Geheimnis blieb unausgesprochen.

Sein Geheimnis war: Nichtsein – niente, njet, nihil!

Aber das hatte er fertiggebracht: er hatte dem Nichts Bewegung verliehen.

Das Tor war weit aufgerissen.

Die Kugel war im Rollen ... rollt weiter. Werden die Erben der Zerstörung, die Koalition der Siegermächte, sie noch einmal anhalten, das gestörte Gleichgewicht der Welt wiederherstellen können?

Am 30. April, in der vierten Stunde, fiel im untersten Bunker der Voßstraße hinter verschlossenen Türen ein einzelner Schuß, der alle Fragen offen ließ, der nicht einmal das Feuer in Berlin, das Sprengen der Brücken, das Versaufen der U-Bahn-Schächte beendete. Die Grammophonplatte in der Bunkerkantine spulte weiter ab. SS-Ordonnanzen, die aus Mangel an Frauen miteinander tanzten, hoppelten weiter durch den Raum. Desperate Säufer stierten wie vorher ins Glas. Nur in dem streng abgesperrten und von Wachen und Ordonnanzen entblößten Teil des Bunkers, auf der nach unten führenden Wendeltreppe und auf dem Gang versammelte sich eine gespenstische Gemeinde: Bormann, Burgdorf, Goebbels, der Adjutant Guensche, der Kammerdiener Linge und zuletzt der Chauffeur Kempka und der Jugendführer Axmann. Verstörte Gesichter, Bestürzung, plötzliche Angst und ebenso plötzlich wechselnd in Befreiung von einem furchtbaren Druck: das war dann alles – bis auf die ihnen hinterlassene und noch auszuführende Verrichtung.

Der „Chef“ war tot.

Es blieb noch übrig, seinen Leichnam zu verbrennen. Sie betraten das Zimmer, Goebbels, dann Axmann, dann der Diener Linge, Linge hüllte den Körper mit dem zerschmetterten Kopf in eine Decke und trug ihn mit Hilfe eines anderen bis auf den Gang. Bormann lud sich den Leichnam Eva Brauns auf, ohne ihn zu verhüllen. Eine düstere Stafette – aus den Händen Linges und Bormanns wurden die toten Körper von Kempka, auf der Treppe von Guensche, noch weiter oben von einem dritten SS-Offizier übernommen, der sie bis in den Garten trug. Die Trauergemeinde blieb unter den krepierenden russischen Granaten in Deckung unter dem Türbogen stehen. Guensche warf einen brennenden Lappen auf die mit Benzin übergossenen Leichen. Eine hohe Flamme schoß auf. Ein letztes Mal gingen die Hände zum Hitlergruß hoch. Nichts weiter, kein Wort des Abschieds, nicht ein Wort. Stalinorgeln fauchten. Krepierende Geschosse verbreiteten ein grünes Licht. Die Leidtragenden verschwanden im Bunker und zerstreuten sich.

Das war alles.

Die Flamme und nachher die Rauchfahne, von nachmittags vier Uhr bis abends acht Uhr. Von niemandem mehr beachtet, nur von einem Posten auf dem Wachturm. Einmal kam einer, stieß mit einem Fuß nach den Knochen, daß sie auseinanderfielen. Später kamen zwei SS-Schergen und schleppten die Reste weg, warfen sie in einen Trichter, zu den verstreuten Überresten von anderen.

Kein Findling über einem Hünengrab, kein Stein mit einem Namen; niemals wird der nächtliche Himmel sich über einer letzten Stätte wölben, niemals werden Sterne, die ewigen Totenlampen, über dem Grab Wache halten.

DRITTER TEIL

Der vorgeschlagene Friede schien mir
eine furchtbare Saat von Drachenzähnen.

Flottenadmiral William D. Leahy

Ein Nachtmar ...
Und noch nicht verflogen, noch kauert er über der geschundenen Stadt, reitet über das verwüstete Land, sitzt den Männern im Nacken, zerkrallt die Frauen ... Boehlke, Loose, Splüge, Theysen, Sarfeld, Wittstock senior und junior, Frau Halen und Frau Riek, der Architekt Poppert und der Milchhändler Dickmann, Bauer und Hasse, auch Zecke, und jedes Schicksal – Boehlkes oder Looses oder Theysens – multipliziert ins Hundertfache, Tausendfache.

Auch Oberst Zecke war den Krallen des Nachtmars nicht entgangen. Der Sog des Untergangs hatte ihn zurückgerissen ins Zentrum. Der Zug, in den er eingestiegen war, der letzte auf dem Anhalter Bahnhof abgefertigte Zug mit zwei angehängten OKH-Wagen, die nach Berchtesgaden sollten, kam nicht mehr bis nach Dresden. Die Station, an der die Waggons stehenblieben, hieß Elsterwerda. Zecke hatte Felder und Straßen und funktionierende Bahnschranken vorbeiziehen sehen, unwirklich noch in seinem verfliegenden Rausch und wie Bilder eines Traumes. Als die Räder dann stillstanden und er völlig zur Besinnung kam, war sein Abteil fast leer. Alle Reisenden standen draußen auf dem Gang. Er sah die vorn abgehängte Lokomotive an den Fenstern vorbeigleiten, um am andern, dem hinteren Ende des Zuges angekoppelt zu werden, und er hörte sagen: „Wir kommen nicht bis Dresden! Wir kommen nicht bis Dresden!“ Dann ließ der Stationskommandant durchsagen, daß die Strecke zwischen Elsterwerda und Dresden durch die Russen unterbrochen wäre, daß der Zug nach Berlin zurückgeleitet würde, daß aber, wer wollte, versuchen könnte, auf der Landstraße, zu Fuß oder mit Wagen, nach Dresden zu gelangen. Zecke wollte nicht zurückkehren, wollte keine überflüssigen Bogen machen, keine Haken schlagen wie ein fliehender Hase – nach Norden, nach Süden wie die Flüchtlingstrecks, die er beobachtet hatte. Berlin, Dresden oder Prag, war es in dieser Stunde nicht dasselbe? „Überall ist Wunderland ...", zitierte er, und wenn der Zufall nicht zu Hilfe kam, würde es überhaupt keine Hilfe geben. Er beschloß, die eingeschlagene Richtung fortzusetzen, zu Fuß diesmal, mit dem Rucksack auf dem Rücken. Die Straße vor ihm und hinter ihm war gesprenkelt von den gleichen bepackten Gestalten. Weit kamen sie nicht, bis an eine Straßenkreuzung, bis an ein Rudel russischer Panzer. Das Wunderland war dann, nachdem sie in tagelangen Märschen über Finsterwalde und Luckau eskortiert worden waren, der wandelnde Friedhof zwischen Halbe und Märkisch-Buchholz, das Grab der Panzer und Geschütze und Lastkraftwagen der 9. Armee.

Der sowjetische Heeresbericht lautete an diesem Tage: „Südöstlich von Berlin schlossen die Truppen der 1. Bjelorussischen Front und der 1. Ukrainischen Front die Liquidierung der eingekesselten deutschen Kräftegruppe ab. Eingebrachte Kriegsbeute: 304 Panzer und Sturmgeschütze, über 1500 Feldgeschütze, 2180 MGs, 17 600 Kraftfahrzeuge und zahlreiche andere Waffen und Kriegsgut. Mehr als 120 000 deutsche Soldaten und Offiziere wurden gefangengenommen. Unter den Gefangenen befinden sich der Stellvertreter des Oberbefehlshabers der 9. Armee, Generalleutnant Bernhard, der Kommandeur des V. SS-Korps, Generalleutnant Ekkel, der Kommandeur der 21. SS-Panzerdivision, Generalleutnant Marx, der Kommandeur der 169. I.D., Generalleutnant Ratschi, der Festungskommandant von Frankfurt an der Oder, Generalmajor Biel, der Artilleriekommandeur des XI. SS-Panzerkorps, Generalmajor Strammer und General der Luftwaffe Zander.

Generale, alte Oberste, Majore in einer Reihe, hinterher Soldaten, abgerissen, schmutzig, müde, viele verwundet, viele humpelten, und einer in der grauen Flut, der jetzt mit leerem Rucksack und ohne Marschverpflegung zwischen zusammengetriebenen Pferden und Kuhherden in Richtung Rüdersdorfer Kalkberge dahinzog, war Oberst Zecke.

Ein anderer in den noch unsortierten Haufen der Kriegsgefangenen war Hauptmann Boehlke. Die beiden Russen, die er mit dem Sanka von Fienerode nach Hohenseeden zu führen hatte, waren ihm zum

Verhängnis geworden. Und die Straße, die er zusammen mit anderen von russischen Infanteristen entlanggetrieben wurde, führte an zerschossenen Lastkraftwagen vorbei, an weggeworfenen Geschoßkörben, an aufgegebenen Geschützen, an dem zurückgelassenen Material der Armee Wenck, die hier Aufnahmestellungen für die von der Oder erwartete 9. Armee gehalten hatte und dann an Stelle der von Osten herantreibenden Soldaten Flüchtlingsmassen aus den südlichen Vororten und dem südlichen Vorfeld Berlins in ihre Mitte nahm und unter dem Druck sowjetischer Truppen in westlicher Richtung zur Elbe hin abzog. Und Boehlke hatte neben sich auch viele Zivilisten, die den Anschluß an die Armee Wenck verpaßt hatten und von den vordringenden Russen überrollt worden waren. Mit der Menge dieser verspäteten Flüchtlinge gelangte er bis zum Schwielowsee und wurde nach nochmaligem Aussortieren weiter in Richtung Kaputh in Marsch gesetzt.

Die Kugel war im Rollen ...

Hauptmann Boehlke blieb in einem Lager in der Nähe des Ortes Kaputh mit einer schweren Erkrankung an Ruhr liegen. Oberst Zecke kampierte bei Regen und Sonnenschein mit zehntausend Gespenstern unter freiem Himmel auf dem Gelände der Rüdersdorfer Kalkwerke. Der Architekt Poppert hatte, wie vorher Wittstock, sein Haus räumen und einer NKWD-Truppe überlassen müssen und befand sich mit Frau und Kind auf dem Wege quer durch die Fronten über Wannsee und Potsdam nach Paaren an der Wublitz, wo er in einem Wochenendhaus Zuflucht zu finden hoffte. Frau Halen lag nach einer Vergewaltigung, die niemand hatte verhindern können, mit Kindbettfieber in einem anderen Keller der Pfeddersheimer Straße. Dr. Linth hatte sie nach Räumung des Hauses Poppert dorthin gebracht. Linth gelangte auf seinem Wege von Keller zu Keller bis in die Teutonenstraße. Seinen Weggenossen durch den Grunewald, den Regisseur Sarfeld, fand er nicht mehr in seiner Wohnung. Nein, es wäre ihm nichts zugestoßen, erzählten die Nachbarn, es ginge ihm gut und er hätte eine ganz große Nummer bei den Russen. Der örtliche Kommandant von der Ecke Teutonenstraße hätte ihn nach Schmargendorf mitgenommen und als Polizeileiter eingesetzt.

Der neue Polizeileiter Sarfeld war pausenlos beschäftigt. Er hatte die Ausplünderung der Lebensmittelgeschäfte und der verlassenen

Privatwohnungen zu verhindern; allerdings hatte er Gewalt nur über die Berliner Einwohner, nicht über die Russen. Die örtliche Kommandantur kam mit vielen Wünschen, die er zu befriedigen hatte. Tische, Stühle, Fleisch und Gemüse hatte er zu liefern, und die Wunschzettel waren detailliert – Gurken, Radieschen, Salat, Mohrrüben, Petersilie, Sellerie, Zwiebeln, auch bunt bedrucktes Papier, als Tischdecken zu verwenden, auch ein Netz, damit die Kommandantur Fische fangen konnte. Zur Stunde nahm er den Korrekturabzug eines Plakatanschlages entgegen, auf dem eine zentral herausgegebene Bestimmung der Besatzungsmacht abgedruckt war. Danach war der Bevölkerung verboten, von abends bis morgens die Häuser zu verlassen, sich auf den Straßen, den Höfen, auf Wegen oder sonstwo zu zeigen, Räume mit unverdunkelten Fenstern zu beleuchten, nachts Scheiterhaufen anzuzünden und elektrische Lampen zu gebrauchen; ferner durfte man in den Bestand der Familie niemanden, auch keine Angehörigen der Roten Armee, zu Wohnungs- und Übernachtungszwecken ohne Erlaubnis der Militärkommandantur aufnehmen.

Direktor Knauer saß zusammen mit verhafteten Technikern und Ingenieuren im Keller der Chefarztvilla auf dem Gelände des Reservelazaretts 122 und wurde zum zehnten- oder zwanzigstenmal zum Verhör vorgeführt, diesmal zu dem Chef der Abteilung, dem jungen Major Judanow. Er durfte sitzen, bekam sogar zu rauchen angeboten. Der vernehmende Major benahm sich höflich. Die im gleichen Raum sitzende, zigarrenrauchende Sekretärin mit rubinroten Fingernägeln schrieb jedes von ihm gesagte Wort mit. Der Major hatte die Protokolle der bisherigen Verhöre vor sich liegen. Es handelte sich um technische Fragen, und nicht nur über Maschinenbau, auch über seine eigene Branche hinaus hatte er Angaben über Fabriken der Papierverarbeitung, der Bekleidungsindustrie und der Elektrotechnik machen sollen, auch über die aus Berlin verlagerten Industrien.

„Ihre Antworten sind sehr allgemein gehalten, Herr Knauer!“ bemängelte Major Judanow. „Aber lassen wir das.“ Er schickte seine Sekretärin nach Tee und bot Knauer von seinen Zigaretten an.

„Lassen wir also den Fall ‚Ardenne‘ auf sich beruhen“, sagte er und hatte guten Grund, so zu sprechen. Vierundzwanzig Stunden waren es her, daß er über einen Agenten des britischen Geheimdienstes einen

Wink erhalten hatte. „Sie erschießen einen wertvollen Mann, den berühmten Atomphysiker Baron von Ardenne.“ Das war die Nachricht. Er hatte Budin gerufen, sich in einen Wagen geworfen. Sie kamen keine Minute zu früh, aber auch nicht zu spät auf jenem Kasernenhof an, auf dem ein Haufen „Faschisten“ zum Erschießen zusammengetrieben worden waren, mitten unter ihnen der Baron Ardenne. Er hatte ihn gerettet und ins Hauptquartier Karlshorst in Sicherheit gebracht.

„Wenn Sie also über den Baron Ardenne nichts wissen“, wandte er sich wieder an Knauer, „so können Sie aber doch gewiß sagen, wo der Physiker Hertz sich aufhält.“

„Ich sagte Ihnen schon, ich weiß in diesem Fall nicht mehr als das Berliner Adreßbuch.“

„In seiner Wohnung befindet er sich nicht. Er muß aber doch eine sogenannte Ausweichwohnung haben. Begreifen Sie doch, wir wollen sein Bestes. Wir wollen wertvolle Menschen in der unruhigen Zeit schützen.“

„Ich bedaure, ich bin mit Professor Hertz nicht bekannt.“

„Oh, da sind wir aber anders unterrichtet.“

In der Tat war Direktor Knauer Professor Hertz einmal in einer Gesellschaft vorgestellt worden. Major Judanow wollte daraus eine Bekanntschaft ableiten und blieb hartnäckig dabei, daß Knauer den gegenwärtigen Aufenthalt des berühmten Physikers kennen müsse.

„Wir wissen, daß Sie im Kaiser-Wilhelm-Institut aus und ein gegangen sind.“

„Ich hatte dort Zutritt, war einige Male dort, das ist alles.“

„Sie waren oft dort. Aber nun wollen Sie weder Professor Hertz noch die Professoren Thießen oder Döpel kennen. Was soll ich davon halten?“

„Ich kenne die Herren alle dem Namen nach, habe aber zu keinem direkte Beziehungen gehabt.“

Wieder eine lange Pause.

Judanow schrieb, die Sekretärin blies dicke Rauchwolken in die Luft. So konnte es weitergehen, ein Ende war nicht abzusehen. Doch dieses Mal trat etwas ein, das Knauer von dem peinlich werdenden Verhör befreite. Ein Telefonanruf, es mußte sich um Außergewöhnliches handeln. Major Judanow starrte Knauer, starrte seine Sekretärin an und hatte es nötig, sich zu fassen. Er rief nach seinem Stellvertreter, und der kugelrunde Hauptmann Budin kam sofort herein. Ein Wort sagte Judanow und schien diesen spontanen Ausruf sofort zu bereuen: „Chramoi!"

Die Zigarre in der Hand der Sekretärin verschwand. Budin blieb wie angewurzelt an der Stelle stehen. Das Verhör wurde abgebrochen und Knauer abgeführt.

Im Keller fragte er einen, der russisch verstand: „Was heißt Chramoi?"

„Der Hinkefuß!"

Der Keller der Chefarztvilla war ein provisorisches Gefängnis, zudem handelte es sich um einen Halbkeller und das Fenster lag über Erdgleiche. Die eingesperrten Wirtschaftsexperten konnten beobachten, daß ein gepanzertes Auto vor dem Hause anhielt. Der Chef der Abteilung, Major Judanow, gefolgt von Budin und noch einigen Offizieren, trat zur Begrüßung an den Wagen heran. Zwei Männer stiegen aus, der eine in Zivil, der andere, ein kleiner Mann mit dürrem Gesicht, trug am Mantel die Abzeichen eines hohen Militärs; er schleppte, als er zum Haus ging, einen Fuß nach.

Der Hinkefuß, der die Offiziere der Besonderen Abteilung erbleichen machte... Die deutschen Wirtschaftler im Keller konnten nicht wissen, was Major Judanow, Hauptmann Budin, was die Offiziere der Abteilung wußten: daß ein Besuch des Hinkenden Verschickung und Liquidierung ganzer Stäbe oder der Leitungen ganzer Industriekombinate bedeutete. Dieser Mann, schmächtig, von gebeugter Gestalt, blaß, kurzsichtig, hatte durch Jahre und durch Länder, durch Transbaikalien, die Ukraine, bis Weißrußland und den neu einverleibten Gebieten des Baltikums eine Spur hinter sich gelassen — gekennzeichnet durch aufsehenerregende Fälle von Selbstmorden unter höchsten Rängen, durch überfüllte Gefängnisse und in beschleunigtem Tempo arbeitende Exekutionskommandos. Der Hinkende war der mit außerordentlichen Vollmachten ausgestattete Chef der Operativen Abteilungen, Iwan Serow, und der Zivilist an seiner Seite war Saburow, der Bevollmächtigte für Industriedemontagen in Deutschland.

Im Stadtzentrum wurde noch gekämpft, flackerten noch Hoffnungen auf eine Wende des Kriegsglücks. Ein Dutzend Gruppen stand auf immer weiter abbröckelndem Boden mit dem Rücken zur Reichskanzlei. Der Bunker am Zoo spritzte aus seinen 15-cm-Flakgeschützen noch immer Feuer, und im Feuerschatten des Bunkers sammelten sich beträchtliche Wehrmachtteile. Und in Spandau hielt Axmanns Hitlerjugend noch immer die Brücken über die Havel, um die Armee Wenck aufzunehmen.

„Wo stehen die Russen?"

„Blödsinn!"

„Sitzen sie schon im Postministerium, im Luftfahrtministerium, auf dem Buchhändlerhof, ist die Mauerstraße noch frei?"

„Blödsinn!"

Blödsinn schien Vicco Splüge ja auch alles, die wie angeschossene Tiger um sich schlagenden Haufen auf den Dachböden und den Straßenzugängen und ebenso das Heerlager im Propagandaministerium, die Herren Regierungsdirektoren und Kanzleiräte im Stahlhelm und mit umgeschnallten Pistolen, diese ganze sinnlose Kriegsspielerei, dazu sein Patrouillengang, der ihn nur quer über die Straße, an der Ruine des Hotels Kaiserhof vorbeigeführt hatte. Zwei Mädchen, bis an die Zähne bewaffnet und auf Motorrädern unter Schutzgittern sitzend, suchten ihren Weg durch die Trümmer. Zwei Kuriere der ambulanten, bald hier und bald dort an Brennpunkten eingesetzten Frauentruppe Mohnke. Die meisten der Truppe waren Ostpreußinnen, die Haus und Eltern, Geschwister und Kinder verloren hatten, die nichts mehr denken konnten als Rache, und denen nichts mehr geblieben war als ein düsterer Opfergang.

„Zwei Mohnke-Mädchen", sagte Splüge.

„Blödsinn!" erwiderte der andere.

Dieses eine Wort war doch etwas wenig und für eine Verständigung zu armselig.

„Allerdings Blödsinn", gab Splüge zu, „aber wo sind die Russen?"

„Überall sind sie, auf der Straße sind sie, dir im Genick sitzen sie, ist alles Blödsinn, sage ich dir!"

Ein Artillerieeinschlag, ein Feuerball, herumfliegende Brocken. Die beiden Mohnke-Mädchen waren wie ein Spuk im Dunst verschwunden.

Splüge und der von ihm angesprochene Feldwebel – der am Belle-Alliance-Platz von einer Streife gestellte und bis hierher geratene Feldwebel Loose – lagen nebeneinander am Boden, platt wie Flundern und wie die Flachbäuche der Tiefsee zugedeckt bis an die Augen, zugedeckt von Splittern, Ziegelbrocken und dem aufgewirbelten Erdreich der Wilhelmstraße; ihre Augen blinzelten in das wehende Chaos aus Kalkstaub und Rauch und Brand.

Der Feldwebel erhob sich, und mit ihm taumelten zwei Gestalten auf, segelten im Zickzack über den Wilhelmplatz und verschwanden in der Ruine der Reichskanzlei. Splüge blieb liegen, und neben ihm und hinter ihm lagen Verwundete, Röchelnde, Tote. Der Lauf eines Geschützrohrs ragte gen Himmel. Die Bedienung lag herum, zerfetzt die einen, anscheinend unversehrt und wie Schlafende die anderen. Und da taumelten nochmals und diesmal vier jener sonderbaren Gesellen auf, zwei darunter zebragestreift, begleitet von SS-Wachen.

„Hinlegen!" brüllte einer der Begleiter. Neben der gefallenen Geschützbedienung gingen sie nieder. Auch sie befanden sich, wie der Feldwebel vorher, auf dem Weg in die Reichskanzlei. Ein schwerer Brocken orgelte durch die Höhe. Die Erde bebte. Dreck. Steinsplitter. Mondfinsternis.

Splüge lag noch wie eine Flunder, zugedeckt von wehendem Geriesel. Eine Luftwaffenuniform beugte sich über ihn, ein bleiches, spähendes Gesicht.

„Bist du wahnsinnig, Leonore?"

„Lebst du noch, Vicco?"

„Bist du wahnsinnig, was tust du hier?"

Er zog sie zu sich nieder in das Geröll. Einschlag folgte auf Einschlag. Ringsherum standen Ratsch-Bum-Geschosse auf wie Gespenster mit glühenden Augen. Von dem brennenden Vordertrakt des Propagandaministeriums fielen Feuerbälle herab. Brennende Aktenstöße trieben Funkengestöber über ihn weg. Aus dem Schutt starrten ihn die gläsernen Augen eines Toten an. Aber er küßte das Mädchen auf den Mund. Das hatte er während der ganzen Zeit im Heerlager des Propagandaministeriums nicht getan, und er nestelte an ihrer Luftwaffenuniform. Nach zehn Tagen fiel ihm plötzlich hier draußen mitten im orgelnden Tod etwas ein.

„Bist du wahnsinnig, Vicco?“ fragte sie jetzt.

„Ich glaube, wir sind es beide, Leonore.“

Ja, völlig von Sinnen, nicht anders als alle im Bataillon Wilhelmplatz. Gestern schleppten sie noch Perserbrücken und Bucharas aus dem Teppichhaus Herpich herbei, noch vorher brachten sie von ihren Streifzügen, die sie bis auf den Gendarmenmarkt und bis zu Wertheim und in die Leipziger Straße führten, Schachspiele, Kleider, Wäsche, Teddybären mit zurück. Er meinte aber jetzt, diese Beutefahrer zu verstehen, ebenso die Pärchen in den hohlen Ruinenschächten, und selbst den Schlüssel – einen Schlüssel – zum Verständnis der hundertfachen Gewalttat der Russen in der vom Tod durchfegten Stadt meinte er gefunden zu haben.

Mit dem Verstand hat das alles nichts zu tun, dachte er – ganz allein mit dem Tod, mit der Urangst aller Lebenden. Nicht mehr sein, nichts mehr haben, keinen Funken mehr aus seinem Körper schlagen können – das soll nicht sein, darf nicht sein. Das ist nicht und es läßt sich beweisen, daß es anders ist. Ich sitze auf einem Bucharateppich, zünde mir eine Zigarre an und nehme dazu einen aus einem Hundertmarkschein gedrehten Fidibus, ich liege bei einer Frau, und das alles beweist doch die Wirklichkeit. Aber der Beweis muß wiederholt werden, in jeder Stunde ein paarmal. Mehr Teppiche, mehr Fidibusse, mehr Frauen. Der Dunkle steht dabei mit verhangenem Gesicht.

„Ach, Leonore!“

„Was denn?“

„Wir hätten es nicht tun sollen!“

„Wir brauchen nicht darüber zu reden.“

„Nein, nicht reden, nicht denken. Glaubst du, daß wir sterben müssen?“

„Ja, wenn wir hier liegenbleiben, dann bald.“

„Also komm, weg, zurück in den Keller!“

Hitler war tot und im Propagandaministerium, nur einen Sprung über die Straße hinüber, wußte keiner davon. General Weidling, der mit außergewöhnlichen Vollmachten eingesetzte Oberbefehlshaber über die Truppen in Berlin, hatte Hitler noch die Kapitulation vorschlagen können, und Hitler hatte ihn ohne Antwort gelassen, hatte statt einer Antwort Krebs auf die Straße geschickt, um nachzusehen, ob die Armee

Wenck, wie eine Eingebung ihm sagte, schon am Potsdamer Platz stünde. Als Weidling am folgenden Tag den Bunker aufsuchte, war ihm gesagt worden: „Der Führer hat Harakiri begangen!"

Harakiri – das war eine Umschreibung für schmähliche Desertation vom höchsten Posten! Und in den Straßen Berlins wogte noch immer der Kampf. Straßen gingen verloren und wurden wieder genommen. Die einzelnen Kampfgruppen waren ohne Nachrichtenverbindung. Weder Ablösung noch Ruhe gab es, keine regelmäßige Verpflegung, kaum noch Brot – und Trinkwasser nur aus der Spree. Das völlige militärische Chaos war nicht mehr aufzuhalten. Weidling verlangte abermals und jetzt Goebbels und Bormann gegenüber die sofortige Kapitulation, und sein Verlangen wurde abermals abgelehnt. Es wurde ihm verboten, eine Verbindung mit den Russen aufzunehmen, doch er kehrte auf seinen Befehlsstand zurück und entband seine Soldaten und Offiziere ihres Eides.

Bormann und Goebbels, schon dem Tode geweiht, nährten noch eine letzte, flackernde Hoffnung. Sie meinten, von dem russischen Marschall Schukow eine akkreditierte Erlaubnis zum Passieren der sowjetischen Linien erhalten zu können, um im Norden, wie sie durch den als Unterhändler geschickten General Krebs erklären ließen, mit dem neuen Regierungschef Dönitz die Kapitulation vorbereiten zu können. Als aber Krebs, schmutzbedeckt, mit rot entzündeten Augen und mehr tot als lebendig zurückkehrte, ohne anderes als die Forderung nach der bedingungslosen Kapitulation mitzubringen, war die Stunde auch für Goebbels gekommen. Die Särge für die fünf Kinder hatte ein Tischler schon in den Bunker gebracht. Er überließ es seiner Frau, die Kinder zu vergiften. Auch die Selbstentleibung führte er nicht selbst durch. Er führte seine Frau am Arm die Treppe zum Garten der Reichskanzlei hoch und ließ sich zusammen mit ihr von einer dort aufgestellten und vorher instruierten SS-Wache niederschießen. Hitler war tot, die vom Feuer abgenagten Knochenreste verstreut. Vor dem Gartenausgang des Bunkers, nicht weit entfernt vom Gewächshaus, brannte abermals ein Feuer, ein kleineres diesmal, und die Flammen umzüngelten die Leichname des Ehepaares Goebbels.

Im Keller des Propagandaministeriums wußte keiner etwas von den Ereignissen auf der durch einen Feuerorkan getrennten anderen Seite der Straße. Staatssekretär Naumann hatte am frühen Morgen sagen lassen, daß er bald kommen werde und entscheidende Nachrichten zu bringen habe. Der Tag war vergangen, und es war Abend geworden, und Hunderte von Männern und Frauen, Telefonistinnen, hohe Beamte mit Frauen und Töchtern, Fahrer, Verwundete, Journalisten, SS-Männer, Offiziere, fremde Frauen mit Kindern, warteten auf Naumann und die angekündigten entscheidenden Nachrichten.

„Noch nicht, noch nicht ...", hörte der zurückkehrende Splüge.

„Naumann ist noch nicht gekommen!"

Es war erstickend heiß, eine Luft wie in einem Backofen. Über dem Kellergewölbe lagen glühende Ziegelmassen des zusammenbrechenden Gebäudes. Was ist los, wo bleibt Naumann, wo ist die Armee Wenck? Was ist mit Steiner, wie weit ist Schörner vorangekommen? Hatte Naumann nicht den Entsatz durch Wenck, durch Steiner, die Ankunft einer Panzerarmee unter Schörner versprochen, und hatte er nicht gesagt, daß es sich nur noch um einen Tag, vielleicht nur noch um eine Stunde handeln könne? Und das war schon vor Tagen gewesen. Die angekündigte wichtige Nachricht mußte diesmal wirklich die Entscheidung bringen, zum Guten oder zum Schlimmen – aber die Wende!

Wie ist die Lage?

Diese stereotyp gewordene Frage hatte in den ersten Tagen hier den Ton eines Witzes erhalten. Damit war es nun lange aus – und auch mit den strategischen Betrachtungen, nach denen die Russen bis in das Innerste Berlins gelockt würden, um dann durch den sich um die Stadt herumlegenden Ring in einer Vernichtungsschlacht von ungesehenem Ausmaß unterzugehen. In den letzten vierundzwanzig Stunden waren zweihunderttausend Schuß gezählt worden, die auf das Propagandaministerium, auf die Reichskanzlei und auf Görings Luftfahrtministerium niedergegangen waren. Unter diesem Feuerorkan blieb kein Raum mehr, weder für optimistische noch für pessimistische Betrachtungen, es blieb kein Raum mehr für irgendeinen Gedanken. Naumann war die noch übriggebliebene fixe Idee, Naumann, der Bote des Führers, mußte neue Befehle, mußte Erlösung, mußte die Rettung aus dem nicht mehr zu Ertragenden bringen.

Und Naumann kam.

Nachdem er zwanzig Stunden erwartet worden war, tauchte er am andern Ufer auf. In einer Feuerpause, als nur einzelne Schüsse von Scharfschützen durch die Wilhelmstraße peitschten und hinter den Ruinenfassaden die Stalinorgeln zu neuem jaulenden Flug ansetzten, kreuzte er — diesmal in wahrhaftem Hexenritt — in Zickzacklinie den von Werfergranaten gespickten Boden der Straße, taumelte in den Keller hinein, war sofort von Männern, von Frauen, von Doktoren, von Soldaten, von Verwundeten umdrängt und ihm gegenüber, mitten in der Menge bleicher und flackernder Gesichter, stand Fritzsche.

Es war der Abend des Ersten Mai.

Der 1. Mai, der traditionelle Feiertag der sowjetischen Jugend, des Sowjetstaates, der Roten Armee, der größte Feiertag mit plakatierten Losungen, war diesmal zugleich beginnende Siegesfeier, die in der nicht schlecht ausstaffierten Höhle des Bären begangen wurde. Iwan war sein Haus losgeworden — die Faschisten hatten es verbrannt. Er war seines Landes verlustig gegangen — die faschistischen Landräuber hatten es ihm abgenommen. In Wirklichkeit waren die Faschisten niemals bis Archangelsk gekommen. Sein Land war Kollektiveigentum geworden, und um sein Haus war er auf andere Weise gekommen. Er hatte es mit einer ungehobelten Planke im Arbeitslager Krupki vertauschen müssen, bis das Lager Krupki in die Luft flog und er in die Rote Armee eingestellt wurde. Aber die Losungen wußten alles anders und wußten es besser, und als sie morgens beim Appell vorgelesen wurden, war das Gesicht Iwans unbewegt geblieben. Und die Gesichter Kyrills und Nikitas waren auch unbewegt geblieben. Stalin war doch ein großer Mann. Er hatte die Dampfmaschine und den Mähdrescher erfunden und nun am Ende auch noch den Krieg gewonnen. Und die Faschisten hatten in der Tat ein großes Schuldkonto, und es war Zeit, daß sie einen gehörigen Denkzettel erhielten.

Iwan aus Archangelsk hatte vor zwei Nächten bis zum Morgengrauen Ziehharmonika gespielt und einer jungen Mutter Lieder vorgesungen. An diesem Festtag vergewaltigte er acht Frauen, genau gezählt nur sieben, denn die letzte war auf und davon gegangen — ein Sprung aus dem Fenster und weg war sie. Ein Germanenweib weniger! „Züchtigt die stolze Germanenfrau, demütigt, vergewaltigt sie ... Tötet, tötet, unschuldig sind in Deutschland allein die ungeborenen

Kinder und die Hunde!" Hundertmal gehört, vorgelesen aus der *Prawda* und der *Krasnaja Swesda* und von hundert Politinstruktoren kommentiert, und wenn nun auch vor dem Beginn der letzten großen Offensive und angesichts der Tatsache, daß Berlin ein offenes Fenster zur Welt sein würde, in der *Prawda* zu lesen war: „Genosse Ehrenburg übertreibt", so konnte dieses eine Wort doch nicht die so lange geltenden Parolen übertönen und die bis dahin im Dunkel und in Verhangenheit geübte Praxis des Sengens und Plünderns und Ausmordens ganzer Dörfer zu plötzlichem Stillstand bringen. Und Iwan ließ Scherben hinter sich, und wenn er eine Wanduhr erblickte, die zu groß war, um in die Tasche gesteckt zu werden, mußte sie in Teile zerlegt werden. Die amerikanischen Bomben hatten in den Berliner Wohnungen noch zu viel heil gelassen, er mußte nun selbst wie eine krepierende Bombe durch die Keller und Wohnungen gehen. Er hatte Schnaps wie Wasser getrunken und fühlte sich am Abend noch so nüchtern und zu Unternehmungen aufgelegt wie morgens nach dem Erwachen. Als er abends auf einen freien Platz gelangte, auf den von Ruinen umgebenen Hof einer Speditionsfirma, auf dem die Geschütze einer Batterie seit dem frühen Morgen Feuer spien, und er von den Kanonieren hörte, daß sie direkt den Bunker Hitlers beschossen, wollte er auch einmal Hitler direkt eine Granate ins Gesicht setzen. Der junge Artillerieoffizier tat dem zwei Meter langen Riesen den Gefallen und ließ ihn einmal die Leine abreißen.

„Ogon!"

Iwan zog an der Leine. Ein Feuerstrahl. Das Rohr rannte zurück. Die Granate heulte über die Dächer und Iwan gröhlte: „Hitler kaputt!" Er schob seine Mütze in den Nacken und verschwand in einer dunklen Ruinengasse, noch eben früh genug, um den „Grünuniformierten", die sich den „herumstreunenden Hund" näher ansehen wollten, zu entgehen.

Schuß nach Schuß ging hinaus.

Die Batterien standen im Bogen um den Stadtkern herum. In Neukölln, Tempelhof, in Schöneberg, im Norden am jenseitigen Spreeufer, und sie hatten nur noch drei Ziele: die Reichskanzlei, das Propagandaministerium, das Luftfahrtministerium. Der brennende Himmel über der Stadtmitte wurde gespeist von immer neu aufbrechenden Detonationen. Und zwischen Brandfeuern, zwischen himmelhoch schleudernden Fontänen aus Dreck und Mauerbrocken, zwischen den aus Ruinen aufquellenden Schatteninseln bewegten sich die bleichen Finger unzähliger Scheinwerferbatterien.

Berlin brüllte — auf hundert und abermals hundert Höfen standen zusammengetriebene Männer, in hundert und abermals hundert Kellern wanden sich Frauen unter den Griffen aus der Nacht aufgefahrener Lemuren. Berlin, die jüngste unter den europäischen Hauptstädten und doch Siedlungsboden seit der Zeit der Pfahlbauten: Pfahlsiedlung, Marktstadt, Kurfürstenstadt, Festungsstadt, Soldatenstadt, Landeshauptstadt, endlich Metropole des Deutschen Reiches und größtes Industriezentrum des Kontinents, fast ein Jahrtausend in Stein geronnener Geschichte — es wurde zermahlen, zerbrochen, zerhackt, verstümmelt, noch der Torso wurde in Stücke geschlagen und zerstoßen. Das Schloß im Herzen der Stadt hüllte sich in wehende Rauchgardinen. Die Erasmuskapelle — 1540 wurde der erste Stein gelegt — und daneben der Grüne Hut, ein ehemaliger mittelalterlicher Stadtturm, das Haus der Herzogin mit der efeubewachsenen Ecke sanken von tausend Poltergeistern durchtobt in sich zusammen. Die Flammen fraßen die Täfelung, die Gobelins, die Bilder und züngelten weiter. Die Schloßkapelle an der Westseite verwandelte sich in einen glühenden Kamin. Zurück blieben die nackten Wände, zurück blieb das eiserne Gerippe der Kuppel, zurück blieb der brüllende Löwe vor dem Eosanderportal. Die Nikolaikirche — während des Stadtbrandes 1380 eingeäschert und 1470 neuerstanden — konnte ihr Backsteingewölbe nicht länger tragen, mit Donnergetöse brach es zusammen, begrub das Hauptschiff und die Nebenschiffe unter Trümmern. Auch die Klosterkirche wurde zur Mitte eines weiten Ruinenfeldes, und gleich Klippen auf wüstem Meer ragten nur der Turm und der Chor und eine Giebelwand auf.

Brand und Mord — und die Ziehharmonika spielte ...

Letzte Zuckung eines Krieges, der sich von den Pyrenäen bis zur Wolga und vom Nordkap bis zu den ägyptischen Pyramiden ausgedehnt hatte, und hier zu seinem Ausgangspunkt zurückkehrte. Die Rossebändiger an der Lustgartenseite des Schlosses, die pfeilschwingenden Reiter vor der Säulenhalle des Alten Museums, die aus der luftschutzmäßigen Holzverschalung herausplatzende Kriegermaske über einem Fenster des Zeughauses blickten mit steinernen Augen über die Menge zerschlagener Fahrzeuge, über zusammengeschossene, mit zurückgelassenen Verwundeten beladene Sankas. Tote überall, von Panzern und Lastwagen überfahren und in den aufgerissenen Straßengrund gewalzt.

Und die Ziehharmonika spielte ...

Es waren Köpfe von Mohnke-Mädchen, die betrunkene Rotarmisten unter den Fenstern des Polizeipräsidiums über die Dircksenstraße kegelten und die auf dem Alexanderplatz in der Gosse liegenblieben. Es war der pensionierte Lehrer Quappendorf, der mit blutüberströmten Händen aus einem Keller in der Laubacher Straße in den ersten Stock heraufkam und den Wohnungsinhaber um einen Strick bat und von ihm, nachdem er seine Geschichte erzählt hatte, auch einen Strick, eine vom Dachboden heruntergeholte Wäscheleine, erhielt. Er war mit seinen drei Töchtern aus Mariendorf geflüchtet. Auf dem Weg nach Schmargendorf, wo er Zuflucht zu finden hoffte, waren sie von einer Horde in einen Keller der Laubacher Straße gejagt worden. „Erschieß mich ...“, jammerte die jüngste der Töchter. „Erschieß mich ...,“ jammerte auch die andere. Gib Betrunkenen eine Idee und sie werden sie ausführen! Die Betrunkenen schossen, doch sie schossen schlecht. Der Vater blieb allein mit seinen zusammengeschossenen Töchtern, die nicht sterben konnten. Er schnitt ihnen die Pulsadern auf, und er schnitt schlecht. Der Tod wollte nicht kommen. Und so ging er in den ersten Stock hinauf, kam zurück mit einem Strick, hängte zuerst Else, dann Margot, dann die Älteste an ein Gasrohr, und nachdem er das verrichtet hatte, erhängte er sich selbst.

Und die Ziehharmonika spielte ...

Aus dem Nachbarkeller, der nur durch trocken aufeinandergelegte Steine abgetrennt war, hallten betrunkene Rufe und ein sonderbares Quaken herüber. Eine alte Frau, die achtzigjährige Witwe eines Admirals der kaiserlichen Marine, war ausgezogen worden bis auf die welke, gelbe Haut, und dann sollte sie, während die Gäste herumsaßen, ein Liedchen singen. Sie stand auf dem Tisch zwischen umgeworfenen Gläsern und Flaschen, zwischen den von den Besuchern mitgebrachten amerikanischen Cornedbeef- und Porkbüchsen, öffnete den Mund und was herauskam, waren jene seltsamen, trockenen

Quaklaute. Die betrunkenen Infanteristen aus dem Don- und Kubangebiet klatschten in die Hände, schoben ihre Mützen in den Nacken und zogen hochbefriedigt wieder von dannen.

In der gleichen Laubacher Straße befand sich das neue Quartier Günther Sarfelds, des über Schmargendorf eingesetzten Polizeileiters. Sarfeld hatte seinen Umzug durchgeführt und mit Braut, Mutter und einem Dutzend Schützlingen, darunter Frau Halen, die ihm Dr. Linth gebracht hatte, eine neue Wohnung bezogen. Er hatte am gleichen Tag die Malerarbeiten an Losungen und Stalinzitaten und die Aufstellung der bemalten Schilder auf Plätzen und Straßen überwacht, hatte Männer und Frauen für die Freilegung eines Fahrweges auf dem mit Trümmern übersäten Hohenzollerndamm mobilisiert, hatte zusätzlich noch Trupps für Demontagearbeiten zusammengestellt, hatte rotes Tuch für die festliche Umwicklung von Panzergeschützen und Wagenrädern beschaffen müssen, und neben allem noch Zeit gefunden, den Standesbeamten aufzusuchen, und die schon vorher festgesetzte Eheschließung mit seiner Braut Monika durchzuführen.

Sein Ortskommandant, ein sibirischer Oberleutnant, hatte ihn rufen lassen.

„Du also heiraten?"

„Ja, das darf ich doch?"

„Natürlich, heiraten gutt, heiraten am ersten Mai zweimal gutt. Du etwas brauchen, etwas wollen?"

„Ja, etwas Fleisch, auch etwas zu trinken, und meine Frau ißt gerne saure Gurken!"

„Gutt, gutt!"

Sarfeld hatte ein Dutzend Flaschen Rotwein erhalten. Sie waren ihm ins Haus gebracht worden, dazu Fleisch und saure Gurken und alles in so großen Mengen, daß die ganze Hausgemeinschaft am Hochzeitsessen teilnehmen konnte. Und für den Abend hatte sich der Kommandant selbst angemeldet und kam an mit Getöse. Das requirierte Wehrmachtauto schnaufte. Schüsse gingen in die Luft, daß die Bewohner glaubten, der Krieg hätte in ihrer Straße wieder angefangen. Der Kommandant kam die Treppe herauf, es ging ganz rangmäßig zu, zuerst er selbst, dann noch ein Offizier und dann folgten die Ordonnanzen. Eine der Ordonnanzen, schlitzäugig und klein, sah aus wie ein

Eskimo. Sarfeld verteilte Zigarren, eine in diesen Tagen sehr wertvolle Gabe. Auch der Eskimo erhielt eine und strahlte über das ganze Gesicht. Und wie er die Zigarre rauchte, das war wundervoll – das müßte man filmen, dachte der Theater- und Filmmann Sarfeld. Aber zu trinken war nichts mehr da. Das Dutzend Flaschen Rotwein war auf die Neige gegangen.

Also: „Pesche, pesche, pi . . ."

So tönte die Instruktion, die der Kommandant dem Schlitzäugigen gab, in den Ohren Sarfelds. Der Mann lief davon und kam bald wieder mit einem Korb voll Flaschen.

„Und wo Musik?"

„Keine Musik, wir haben keine!"

Wieder: „Pesche, pesche, pi . . ."

Eine Ordonnanz eilte davon, kam zurück mit einem Grammophon, einem ganz alten mit einem Trichter, dazu mit einer Menge Platten, mit so vielen, daß der Stapel fast einen Meter vom Erdboden maß. Es war alles da, angefangen mit der „Träumerei" von Schumann und dem „Pilgerchor" aus dem Tannhäuser, bis zur „Mühle im Schwarzwald", „Wenn der weiße Flieder wieder blüht" und „Ich hab mein Herz in Heidelberg verloren", und nach allem, was die Platten hergaben, wurde getanzt.

Nach anderthalb Stunden blickte der Kommandant auf seine Armbanduhr, und nachdem er so lange gelacht und getanzt hatte, zeigte er plötzlich ein todernstes Gesicht. Wieder „Pesche, pesche, pi . . .", und alle standen auf, und wie vorher bei der Ankunft nach der Rangordnung wandten sie sich zur Tür. Sarfeld begleitete die Gesellschaft bis hinunter zur Haustür. Kommandant, Adjutant, Ordonnanzen kletterten auf den Kübelwagen, zogen Pistolen und Karabiner. Es knatterte wie ein kleiner Infanterieangriff.

„Salut für Frau!"

Der Wagen fauchte davon.

Nicht jedes am Himmel aufziehende Gewitter kommt zur Auslösung und nicht jeder niederfahrende Blitz richtet Verheerungen an. Es gibt auch „kalte Schläge", und der überraschende Besuch Iwan Serows in der Chefarztvilla in Tempelhof war ohne radikale Veränderungen in dem dort einquartierten Stab vorbeigegangen. Keine Erschießungen, keine Verschickung. Im Gegenteil – der junge Major Judanow war wegen seiner Querverbindung zu einem Agenten des britischen Geheimdienstes und der dadurch ermöglichten Sicherstellung des Atomphysikers von Ardenne zum Oberstleutnant befördert und einem höheren Stab zugeteilt worden. Hauptmann Budin saß noch am gleichen Tisch, aber die Aktendeckel mit den Recherchen über deutsche Atomphysiker und andere wissenschaftlichen Fachleute waren wieder zugeklappt worden, nicht um unbearbeitet liegenzubleiben, sondern um einer Sondergruppe zur weiteren Bearbeitung übergeben zu werden. Budin und der Stab in Tempelhof hatten sich einer aktuelleren Aufgabe zuzuwenden. Auf ihren Arbeitstischen häuften sich Aufstellungen über die industrielle Ausrüstung Berlins und obenauf Pläne der Industrieobjekte in den Westsektoren der Stadt. Zu achtzig Prozent und in den Westsektoren zu vollen hundert Prozent war dieses riesige Industriezentrum zu demontieren. Und die Demonteure – das hatte der Besuch Iwan Serows klargemacht – befanden sich in Zeitnot. Sechs Wochen, vielleicht auch nur vier Wochen, standen bis zum Eintreffen der Engländer und Amerikaner zur Verfügung – und bis dahin mußten vollendete Tatsachen geschaffen sein, bis dahin war mit der Berliner Industrie „tabula rasa“ zu machen. Nach Jalta, nach der Außenministerkonferenz in Moskau waren die Pläne der Wirtschaftsexperten aus dem Stabe Morgenthaus, der aus Deutschland ein kartoffelbauendes Land und allenfalls noch ein Weidegebiet zu machen beabsichtigte, noch immer maßgebend. Und wenn es in Amerika auch andere Meinungen gab und neuerliche Überlegungen zu großen Abstrichen an den Plänen des amerikanischen Bankiers führen sollten, so war nur um so größere Eile geboten. Der Wirtschaftsexperte Saburow hatte keinen Zweifel über die Dringlichkeit der Aufgabe gelassen, und die gleichzeitige Anwesenheit Iwan Serows war ein deutliches Zeichen für den Ernst der Lage, in der sich alle Beteiligten befanden, falls die Pläne nicht erfüllt und die gesetzten Termine nicht eingehalten würden.

Die Verhöre wurden eingestellt, und die im Keller der Chefarztvilla gesammelten Ingenieure auf verschiedene Objekte zur Leitung der Demontagearbeiten verteilt. Auf Lastwagen wurden sie nach Siemensstadt, nach Neukölln, Weißensee, Henningsdorf gebracht. Direktor Knauer hatte unter der Kontrolle eines russischen Oberleutnants und einer Wachmannschaft die in der Nähe des Lazaretts gelegene Fabrik für Radiogeräte der Firma Lorenz zu demontieren.

Die Arbeiter stellte zur Hälfte der neu eingesetzte Bürgermeister. Die andere Hälfte waren Russen und Ukrainer – Repatriierte, Heimgekehrte. So lange waren sie Kriegsgefangene oder nach Deutschland gebrachte Ostarbeiter gewesen. Auf Fahrrädern, Motorrädern, auf Lastautos, mit Koffern, mit zusammengerafften und zusammengeraubten Gegenständen und unter den Losungen: „Gruß dem großen Stalin! Gruß dem Volk der Sieger, der großen Sowjetunion!" waren sie der Roten Armee entgegengeeilt und in schneller Prozedur durch Auffanglager geschleust worden. Entlausung, und was sie hatten und an sich trugen, Fahrräder, Koffer, Zivilkleider – alles flog auf den großen Haufen. Sie wurden entlaust, kurz geschoren, in Lagerkleider gesteckt, marschierten zum anderen Lagertor als Demontagearbeiter wieder hinaus.

Und hier waren sie, ein Haufen von ihnen, neben zusammengetriebenen Deutschen, auf dem Fabrikgelände der Firma Lorenz. Eine Eignung für die verlangte Tätigkeit brachten weder die Russen, noch die Ukrainer, noch die Deutschen mit. Fachleute waren so schnell nicht aufzutreiben. Schraubenschlüssel und Hebevorrichtungen wären die wichtigsten Werkzeuge gewesen, doch wo sollten plötzlich hundert Sätze Schraubenschlüssel, noch dazu oft sehr komplizierte, und wo sollten Kräne und die vielen Flaschenzüge herkommen! Aber alle Hände hatten in Bewegung zu sein, und die Arbeit war kaum in Angriff genommen worden, als schon Lastwagen vorfuhren, die Ladung nehmen wollten. So war kaum Zeit dazu geblieben, zuerst einmal aufzuräumen und die auf dem Fabrikgelände liegenden Leichname der Gefallenen und der Selbstmörder zu sammeln und wegzutragen. Maschinen, Einrichtungsgegenstände, Werktische und Schränke, Fenster- und Türrahmen, Fußböden und Fensterbänke, Wasserleitungs- und Kanalisationsröhren, elektrische Leitungen, das „komplette Objekt", wie der Oberleutnant es nannte, das alles war zu demontieren.

Nachdem der kleine Kapitän Budin aus dem Stab herübergekommen und mit viel Getöse durch alle Räume gesaust war, geriet die Arbeit unter dem dauernden „Daway-daway" der Antreiber in ein selbstmörderisches Tempo. Und Hammer und Vorschlagshammer, Brechstangen und gelegentlich auch Schweißbrenner waren die hauptsächlichsten Werkzeuge. Solange es sich um Werktische oder Maschinenpodeste handelte oder eine Wasch- und Klosettanlage mit dem Hammer demontiert wurde, so daß Stücke der Steingutbecken abplatzten, mochte es noch angehen. Wenn aber komplizierte Maschinen zur Herstellung elektrotechnischer Teile wie schwere Balken gekantet und gerollt wurden, dann konnte Knauer nicht anders als dazwischenfahren und seinen Oberleutnant zu Hilfe holen. Der zuckte indessen nur die Achseln, er hatte seinen Zeitplan, und den mußte er einhalten. Kapitän Budin war noch weniger ansprechbar und hatte noch weniger Verständnis für eine sorgfältige und zugleich zeitraubende Arbeit, denn er faßte schon die auf seiner Liste aufgeführten anderen Demontageobjekte ins Auge – eine Fabrik für Spezialwerkzeuge, eine Waggonreparatur, ein Holzbearbeitungsunternehmen, eine Brotfabrik. Es schien Knauer, als ob die Russen die Industrie Tempelhofs – und nicht nur Tempelhofs – in wenigen Tagen auf Lastkraftwagen oder auf die Achsen der Eisenbahn stellen und nach Osten abtransportieren wollten.

Draußen zogen Haufen von Rotarmisten, zogen auch die Geschütze einer pferdebespannten Flakbatterie vorbei, die Speichen der Räder, die Schwänze und Mähnen der Pferde mit roten Bändern geschmückt, mit den aus den Wohnungen geholten und in Streifen gerissenen Inletts von Betten. Es war der Erste Mai – hier auf dem Fabrikgelände wurde der große Feiertag durch intensive Arbeit geehrt. Das war der Inhalt der kurzen Ansprache Kapitän Budins, die mit der Erklärung endete, daß die Norm noch nicht erfüllt wäre und deshalb in der Nacht weitergearbeitet werden müsse.

Das Klopfen und Schneiden und Schweißbrennen und Transportieren und Verladen ging weiter. Demontage einer Fabrik war hier zum großen Teil Demolierung einer Fabrik. Die Einhaltung des Stundenplans und die auf die Achse gestellte Gewichtsmenge auf den Tabellen der Rechnungsführer war wichtiger als der Zustand des verladenen Gutes. Knauer versuchte, die größten Verheerungen zu verhüten und ahnte dabei noch nicht, daß eine einzige unbrauchbar gewordene Maschine ihn als Saboteur vor ein Schnellgericht des Stabes Iwan Serows bringen konnte.

Die Nacht sank herab und die Arbeit ging weiter. In den Lichtkegeln einer Scheinwerferbatterie klopften, sägten, hantierten, bewegten sich Männer und Frauen – Einwohner Tempelhofs und repatriierte Russen – wie Schwärme bleicher Motten.

„Nu wot, Berlin!"

Der Ton war nicht guttural, und der weiche Anlaut in Berlin war hart, war „P" und es lautete „Perlin". Der Sprecher fügte auch gleich in reinem Sächsisch hinzu: „Da ham mersch!"

Da haben wir es, da lag es, das weite Ruinenmeer, schwelende Brände überall und die Mitte ein glosender Feuerofen. Ein Sektor der Stadt, die Gebäudemassen schräg gestellt, so daß man in die ausgebrannten Fensterhöhlen und in die dachlosen Ruinenschächte hineinblicken konnte, drehte sich wie auf einer rotierenden Scheibe unter den Flügeln der Douglas. Und die zusammengebrochenen Wagen, die zerschlagenen Geschütze, die Trümmerbrocken in den Straßen sahen aus der Höhe aus wie hingesetzter Fliegendreck.

Die Douglas war vor fünf Stunden auf dem Flugplatz Tuschino bei Moskau aufgestiegen. Nach zwölf Jahren des Wartens war der Sprung in einem Flug von Stunden gemacht. Zwölf Jahre methodische Büroarbeit, Abwicklung von Initiativen aus zweiter und dritter Hand – der Bürotisch in dem an ein Lamakloster erinnernden Kominterngebäude in der Vorstadt Rostokino, das freudlose Quartier in der zentralen Straße Moskaus im Hotel Lux, hin und her vom Büro zum Quartier mit der überfüllten Straßenbahn, mörderische Selbstbezichtigungen und Reinigungen, Kampf im Zwielicht um Überleben . . ., Intrigen, Denunziationen, Vorladungen vor das Drei-Männer-Kollegium, das über Leben oder Tod entschied. – Und viele blieben auf der Strecke, sehr viele. Zwölf Jahre Warten und Bangen – und endlich das erlösende Wort, und nach überstürztem Packen des Holzkoffers und nach Entgegennahme einer im „kapitalistischen Ausland nötigen" Ausstattung – ein Paar Schuhe, ein Anzug, ein Filzhut und fünfhundert oder tausend oder je nach Rang in der Hierarchie auch mehrere tausend Mark frisch gedruckten Besatzungsgeldes – war der Sprung gemacht.

Der Flug war schlecht gewesen – stürmisches Wetter, Luftlöcher, die

Maschine ohne jeden Komfort. Die eisernen Wände waren unverschalt. Auf zwei ungehobelten Planken ohne Rückenlehne, längs des Rumpfes angebracht, saßen die Reisenden einander gegenüber. Und wenn dem Genossen am einen Ende der Sitzbank vom Stoßen und Vibrieren und Fallen des Flugzeuges schlecht wurde, mußte der große, verzinkte Eimer an der ganzen Reihe entlang gereicht werden. Und der Eimer kam nicht schnell genug, und wenn der schwappende Inhalt des zuerst viertel- und nachher halbgefüllten Behälters von Hand zu Hand weiterging, wurde es allen übel und alle wurden grün im Gesicht, und selbst den Luftfestesten kam das Kotzen an.

„Da ham mersch, Towarischtschi!"

Es war eine bemerkenswert lange Rede für einen, der überhaupt keine private Ansprache kannte und sich sonst nur auf das Kommentieren fertig gelieferter Richtlinien beschränkte.

Nu wot, so sieht es aus, nach zwölf Jahren, ein rauchender Müllhaufen, ein glimmendes Schuttfeld, so weit das Auge blickt. Solches Ende haben wir dem Städteausradierer vorausgesagt. Da ham mersch – und wir haben es tatsächlich, es ist uns gegeben, von der Roten Armee, auf ‚Treu und Glauben', mit Haus und Hof und Vieh und Weib und Kind (die Männer bleiben besser vorerst noch in Umschulung), um es endgültig und für ewig in Besitz zu nehmen. Und nicht nur Berlin – die Zone reicht bis Dresden, bis Weimar und Eisenach und auch Leipzig, die Schlüsselposition des Druckereiwesens für ganz Deutschland, ist eingeschlossen, und mit Papier und Druckerschwärze läßt sich viel machen, fast alles. Jetzt die Ärmel aufgekrempelt und in die Hände gespuckt! Ohne spitzfindige Überlegungen, ohne überkluges Theoretisieren, da kommt nischt bei raus! Es gibt Vorbilder, fertige Klischees – in Polen, Litauen, Lettland, Estland! Die Marschroute ham mer im Tornister. *Bodenreform* – damit wird den Krautbaronen das Genick umgedreht und der Brutstätte des preußischen Militarismus der ökonomische Boden entzogen. *Bankenreform* – damit wird dem Bürger und Kleinbürger die letzte Reserve genommen. Die Arbeiter haben sowieso nischt und alle haben fortan aus demselben Blechnapf zu fressen. *Schulreform* – damit ham mer die Jugend, und wer die Jugend hat, dem braucht vor der Zukunft nicht bange zu sein!

Hunderte gingen zugrunde, in Moskau, Omsk, Tomsk, in Kolyma,

Alma-Ata und Ferghana, darunter waren viele besser, waren Redner, hatten Gedanken, manche sogar Ideale. Der hier die Gruppe anführte, war kein Redner, hat die Masse niemals angesprochen und die Masse hat ihn nicht erhoben. Gedanken haben wäre Hochmut. Ideale besitzen – das grenzt schon an Metaphysik und macht verdächtig! Hunderte gingen zugrunde, und er rührte keinen Finger. Ohne Bart ging er weg, mit Spitzbart kommt er wieder, und das scheint die ganze Errungenschaft aus langer Emigration zu sein. Den direkten Draht zur Hauptverwaltung der NKWD besaß er vorher schon. Vorsicht ist die Mutter der Porzellankiste! Gib nicht vor, eigene Konzeptionen zu haben, denn du hast keine, hast überhaupt nichts Eigenes. Stelle keine Frage, aber wenn du gefragt wirst, dann antworte. Und wenn du einen Auftrag erhältst, dann führe ihn durch. Das ist das Rezept, das ließ ihn überleben, machte ihn zum Übriggebliebenen Nummer eins.

Nummer zwei, drei, vier, fünf . . ., achtzehn Übriggebliebene sitzen mit ihm in der Douglas. Manche darunter haben Eigenschaften, gute und auch schlechte, aber dennoch. Der Mann ohne Eigenschaften wird sie überleben. Gestern waren sie Gestürzte. Aus einem Chefredakteur war ein Korrektor geworden, immerhin ein verantwortlicher, der Doppelpunkt, Fragezeichen, runde oder eckige Klammern in einer Stalinübersetzung zu kontrollieren hatte. Aus einem Kominternagenten, der viele Jahre in China sowjetische Spionage trieb, wurde ein Radioansager, aus einem Verlagsdirektor ein Goldgräbersklave in Kolyma. Einer war geblieben, was er immer war, ein Verfasser von Gedichten — nur hatte er die Wandlung vom expressionistischen Pathos zur Heimatlyrik durchgemacht, und das war nicht einmal Taktik, nicht nur Taktik. Es war echt, war Ausdruck der Sehnsucht nach der verlorenen Heimat, nach der verlorenen Bürgerlichkeit, Ausdruck für ein zerbrochenes Leben, für ein Unglück und ein Verhängnis. Die übrigen hatten an den Bürotischen des „Lamaklosters" in der Rostokino-Vorstadt gesessen und an ihren Bleistiften gekaut. Das war gestern — morgen werden alle Statthalter, Gouverneure und Minister sein. Der Übriggebliebene Nummer eins brachte nicht die Präsidenten für die Länder, aber die Vizepräsidenten und Polizeiminister mit, nicht den Bürgermeister, aber den Ersten Stellvertreter des erst noch aufzufindenden Oberbürgermeisters von Berlin, nicht die Vorsitzenden für die Gewerkschaften und die geplanten Parteien, aber die stellvertretenden Vorsitzenden und Generalsekretäre – und das jedenfalls war Taktik. Eine Ausnahme von dieser Regel bildete jener in allen Stilarten, von der Klassik über die Romantik bis zum „sozialistischen Realismus“ beheimatete Dichter. Und er, der morgens, himmelhoch erwachend, zum Bleistift greifen und ein meterlanges Epos verfassen konnte, um abends auf der Flucht vor Gespenstern zu sein, die ihn mehr als einmal zum Rasiermesser greifen und die Pulsader öffnen ließen, befand sich genau in der Seelenlage der Zerrüttung, die ihn wie keinen sonst prädestinierte, die durch die nationale Katastrophe niedergeschlagene deutsche Intelligenz ansprechen und in einem überparteilichen Becken sammeln zu können.

„Und ich erkannte: ja, du bist ein Grab,
jedoch ein Grab voll Auferstehungsdrang.“

Die Douglas machte eine Schleife über dem Stadtrand Berlins, drehte dann zurück nach Osten und ging auf dem Feldflugplatz Schönefeld, südwestlich von Johannisthal nieder.

Aussteigen im Scheinwerferlicht. Prüfung der Dokumente. Abseits hockten Rotarmisten und unterhielten zwischen Steinen aus zerschlagenen Palisander- und Rotholzmöbeln ein kleines Feuer und brieten Kartoffeln und warfen Speckstückchen hinein.

Die Ausweise waren in Ordnung: Gruppa Ulbrichta – Gruppe Ulbricht, kommandiert von der Roten Armee in außerordentlichem Auftrag. Die Holzkoffer flogen auf einen Lastkraftwagen. Die Reisenden kletterten hinterher. Die Fahrt ging durch Nieder- und Oberschöneweide, vorbei an dem riesigen Fabrikgelände der AEG, wo im Scheinwerferlicht Demontagekolonnen arbeiteten, und weiter nach Lichtenberg. Die Straßen waren finster und menschenleer. Tote Pferde. Es roch nach Brand und Verwesung. Aus der Öde einer Ruine hallte Ziehharmonikaspiel.

„So sieht das aus!“

„Ja, so sieht das aus.“

„Eine große Ratte ist mir beim Aussteigen über den Weg gelaufen.“

„Eine Ratte lief einer Ratte über den Weg.“

Der Dichter und schon jetzt nominierte Präsident der geplanten deutschen Kulturorganisation liebte zynische Bemerkungen und wagte auch, sie auszusprechen.

„Und der Krieg geht weiter, ist noch nicht zu Ende!“

Eine Hand wies zur Stadtmitte. Der Himmel dort war blutrot. Ein kochender Vulkan. Glühender Rauch brodelte hoch bis zu den Sternen.

Staatssekretär Naumann hatte den Sprung über die Wilhelmstraße gewagt, die dem Feuerzug eines Ofens glich. Nachdem er zwanzig Stunden gezögert hatte, nachdem Boten von der andern Straßenseite ihm das Wagnis einige Male vorgemacht hatten, da zudem im Bereich des Führerbunkers endgültige Entscheidungen vor der Ausführung standen und er außerdem Kommandant des Bataillons Wilhelmsplatz und nach dem neuesten Stand der Dinge nicht nur stellvertretender, sondern tatsächlicher Chef des Propagandaministeriums war, konnte er nicht mehr anders als durch das Feuer springen.

Keuchend und ganz außer Atem kam er an. Regierungsräte, Ministerialräte, Soldaten, Frauen, Kinder umdrängten ihn. Er blickte sich um, mit irren Augen; seine Stimme senkte sich bis zum Flüsterton:

„Adolf Hitler hat gestern nachmittag Selbstmord begangen. Dr. Goebbels liegt im Sterben.“

Schweigen. Nichtbegreifen.

Was ist mit Steiner, mit Wenck, mit Schörner, was ist aus dem baldigen Entsatz, was ist aus den Versprechungen Naumanns geworden?

Naumann setzte fort, im Ton einer Paroleausgabe:

„Die ganze in der Reichskanzlei liegende Kampfgruppe macht um einundzwanzig Uhr einen Ausbruchsversuch unter der Führung Bormanns. Die noch vorhandenen Panzer fahren voraus. Ich empfehle allen, auch den Frauen, sich diesem Ausbruch anzuschließen. Abmarsch punkt einundzwanzig!“

„Ausbruch? Das ist Wahnsinn!“

Naumann starrte Fritzsche an, blickte dann zur Tür.

Was wollte er — schon wieder davonlaufen? Naumann hob seine Hand, mit einer fahrigen Geste, verabschiedete damit die ratlos Herumstehenden und blieb allein mit Fritzsche und mit noch ein paar, die sich nicht abschütteln ließen.

„Dieser Ausbruch ist Wahnsinn!“ wiederholte Fritzsche.

„Das ist mir egal.“

Fritzsche, nur noch Haut und Knochen, sein Anzug versengt von feurigen Flocken, die auf seinen Wegen durch das brennende Berlin auf ihn gefallen waren, ließ Naumann noch nicht los. Goebbels hatte er nicht mehr gesehen — und so war er ohne Antwort geblieben. Soll dieses schon im Leben abgenagte Gesicht, jetzt zur Totenmaske verzerrt, Antwort auf seine Frage nach dem Sinn des blutigsten aller Kriege sein? Und was ist mit der Frau des Ministers Goebbels, und was ist aus den Kindern jenes Vaters geworden, der schon vor Wochen auf seinem Landhaus an der Lanke zu ihm gesagt hatte, daß es eine Pflicht gäbe, unmündigen Kindern Entscheidungen abzunehmen, die sie selber nicht treffen können?

Er fragte Naumann nicht danach, es war nicht nötig. Dieses bleiche, flackernde Gesicht und die kleinen schwarzen Perlaugen darin verrieten alles.

„So, das ist Ihnen egal?“

Naumann antwortete nicht.

„Sagen Sie, Naumann ...“, Fritzsche versagte sich, „Herr Staatssekretär“ zu sagen, „Naumann“, sagte er und stellte an ihn die Frage, die er an Goebbels nicht mehr richten konnte: „Seit wann haben Sie, Goebbels und Hitler, uns sehenden Auges in den Abgrund geführt? Und warum nach allem noch das Berliner Blutbad? Haben Sie vergessen, daß Goebbels mir oft in Ihrer Anwesenheit schwor, dieser Krieg werde kein Kampf der letzten Goten am Vesuv?“

„Ich habe jetzt keine Zeit, zu diskutieren.“

Er hatte keine Zeit. Er war naß von Angstschweiß. Fritzsche roch die Angst, die dem anderen aus allen Poren quoll.

„Dann hören Sie also zu, dann werde ich als Zivilist die Kapitulation aussprechen. Jetzt und sofort — und die Soldaten und Offiziere hier in der Stadtmitte werden mir folgen, wenn ich eine entsprechende Erklärung abgebe.“

„Lassen Sie uns Zeit zum Ausbruch!“

Nochmals Warten, nochmals Opfer? Der Potsdamer Platz ist ein Trümmerfeld. Am Pschorrbräu kleben Soldaten, Frauen und Kinder buchstäblich an der Wand. Nochmals warten, damit die Fliegenden Feldgerichte weiter Männer niederschießen und hängen können? Damit fanatische Werwolfaktionen blutige Vergeltung über ganze Straßenzüge bringen?

Fritzsche stellte eine Bedingung:

„Nur wenn Bormann als Chef des ‚Werwolf' den Befehl gibt, daß keine Aktion des Werwolf mehr ausgeführt werden darf, denn auch die Kosten dieses Kampfes müßte das Volk tragen."

„Zugestanden, für die nächsten drei Monate."

„Nein, für immer – und ich brauche Bormanns Zustimmung."

„Kommen Sie mit hinüber."

Es war einmal ein treuer Husar,
der liebte sein Mädchen ein ganzes Jahr,
ein ganzes Jahr und noch viel mehr.
Die Liebe nahm kein Ende mehr . . .

Hier aber nahm sie ein Ende, hatte schon geendet, die Liebe und noch viel mehr.

Das sah er, das hörte er.

„Los, auf, du Sau, sonst bleibst du für immer liegen!" Es war keine Husarenbraut, der diese Worte galten. Eine schlanke Frau, die blonden Haare kunstvoll frisiert, aber sonst ziemlich abgegriffen, lag in einer Ecke und lallte betrunken: „Laß mich, Fritz, ich will nicht mehr!" Und der Fritz, ein SS-Sturmführer oder Obersturmführer, sagte: „Wir hauen ab, wenn du nicht mehr hoch kommst, kann ich dir gleich hier eine Kugel in den Kopf jagen!"

Das war hier also Liebesgeflüster.

Und es brodelte, das kam von herabfallenden und krepierenden Geschossen, hier unter der Erde war es pausenloses Stampfen und Gurgeln. Der SS-Fritz zog tatsächlich seine Pistole, überlegte es sich aber anders, sprang mit einem Satz auf einen runden Tisch hinauf, knallte gegen die Decke und brüllte: „Alle herhören! Schnauze halten! Weitermachen!"

Eine ziemlich besoffene Gesellschaft! Weitermachen bedeutete Saufen, Fressen, Rauchen, die Beine weit von sich strecken. Sie räkelten sich auf weichen Ledersesseln. Unter den Füßen lagen Teppiche. An den

Wänden hingen Spiegel, hingen Bilder in schweren Goldrahmen, manche mehrere Quadratmeter groß und vom Alter gedunkelt. Wahrscheinlich geklaut – aus dem Louvre in Paris oder aus dem Rijksmuseum in Amsterdam. Klubsessel, Bilder, gedämpftes Licht. Und noch viel mehr – auf den Tischen Wein, Kognak, Liköre, Schokolade, Keks, Weißbrot, Wurst, Speck, Schinken.

Schlaraffenland ...

Neben den Klubsesseln Stapel von Panzerfäusten. Die Decke zeigte bedenkliche Risse. Staub wurde hereingeblasen, legte sich auf die SS-Uniformen, fiel in die Gläser. Die Alabasterschale eines Beleuchtungskörpers löste sich von der Decke ab, fiel zu Boden. Das war weniger traumhaft, waren bekannte Erscheinungen, handfeste Tatsachen, an die man sich halten konnte; es war die Wirklichkeit, die auch hier triumphierte. Doch die Herren kümmerten sich wenig darum. Es schien, daß ihnen schon öfter Beleuchtungskörper in die Suppe gefallen waren. Sie kümmerten sich auch nicht um ihn und um seine zwei Begleiter – um ihn und die zwei Mann, die ihm im Keller des Reichsluftfahrtministeriums zur Bewachung und mit der Weisung, sie hierherzubringen, übergeben worden waren. Und die beiden – zwei Häftlinge aus der Prinz-Albrecht-Straße – rissen die Augen weit auf, und sie hatten auch Grund dazu. Schlaraffenland mit Nebentönen, mit Brodeln und Murren der Umwelt. Genau das hatte ihm noch gefehlt – nach Luckau, nach Tempelhof, nach dem Techtelmechtel mit dem blöden Major im Straßenbahnwagen, nach der Sammelstelle Lindenstraße und dem Absetzen bis zum Luftfahrtministerium. Bis dorthin war er springend und kriechend und schießend, durch Asche und Rauch gelangt. Und dort ging es raus und rein, vom Keller auf die Straße, bepackt mit Panzerfäusten, mit Wurfgranaten und leer zurück in den Keller. Draußen Geballer aller Kaliber und ein Sammelsurium von Hitlerjungen, Marine und Wehrmacht. Ein Durcheinander, daß man schließlich nicht mehr wußte, ob man einem Deutschen oder schon einem Russen die Granaten zureichte. Auf dem Kellerzugang Kommen und Gehen; es ging zu wie bei Wertheim, damals, als die neue Rolltreppe eingeweiht wurde. Er war wieder mal unten gewesen, hatte sich verschnaufen, für sich ganz persönlich eine kleine Gefechtspause einlegen wollen und dazu den Hintergrund aufgesucht, und er war kaum eingenickt, als es schon wieder so weit war. Wie aus dem Boden gewachsen, hatte ein SS-Sturmführer vor ihm gestanden.

„Was machst du hier?"

„Mein Haufen ist dort!"

„Das ist mir egal. Das Ding hier kennst du?" sagte er, und das ‚Ding', das er ihm vor die Nase hielt, war eine Pistole.

„Also entweder setzt du dich mit uns ab zur Reichskanzlei oder es knallt!"

So lautete die freundliche Aufforderung und beim Abmarsch hängten sie ihm die beiden Häftlinge aus dem Gestapogefängnis Prinz-Albrecht-Straße an. Und hier war er nun, offensichtlich viel zu schnell angekommen. Und wenn eine der Schlaraffengestalten ihn fragen sollte, was er hier suchte, würde er um eine Antwort verlegen sein. Aber die waren alle mit sich selbst beschäftigt, hatten damit zu tun, sich in einen Zustand der Entrückung zu versetzen oder darin zu verharren. Das machten sie mit Danziger Goldwasser, mit Genever und Cointreau, und wenn sie davon genug hatten und ganz und gar mit Spiritus durchtränkt waren, starrten sie ihre Stiefelspitzen oder einen Punkt an der Decke an, und übten sich in Posituren, die sie wahrscheinlich in dem zukünftigen SS-Panoptikum einzunehmen gedachten. Wieder abhauen! Aber vielleicht kam man hier nicht so leicht raus, wie man hereingekommen war. Die beiden, die er zu bewachen hatte, bedeuteten ein zusätzliches Problem, waren es doch zwei von den „Untergetauchten", nach denen er sich, als er noch am Landwehrkanal seine Lage überdachte, gesehnt hatte. Er konnte doch nicht als ihr Kerkermeister auftreten, konnte nicht und wollte es auch nicht. Von ihm aus durften sie türmen, doch wahrscheinlich wußten sie ebensowenig wie er, wohin sie sich wenden sollten.

Als Feldwebel Loose noch seine Lage überdachte, traf der SS-Sturmführer aus dem Luftfahrtministerium ein, mit den Gestapowachleuten und weiteren vier Häftlingen, zwei davon mit zebrastreifigen Anzügen, also aus einem KZ. Der Sturmführer trat an eine der Schlaraffengestalten heran, an einen Brigadeführer, der fast aus seinen schwarzen Hosen herausplatzte, und krähte: „Gestapowachmannschaft und befohlene Häftlinge melden sich zur Stelle. Absetzbewegung gelang ohne Störung und Ausfälle, sechzehn Mann zum Einsatz bereit!"

Einsatz also, natürlich, was denn auch sonst! Loose zählte die Neueingetroffenen. Sechzehn Mann – fünfzehn waren es nur, er selbst war mit eingerechnet worden.

Neuer Zuzug, neue Kämpfer!

Es machte nichts aus, daß die Neuen aus dem Gestapo-Untersuchungsgefängnis und aus dem KZ kamen. Sie waren plötzlich Kameraden und wurden eingeladen, an den Tischen Platz zu nehmen. Zigarren, Zigaretten, zu essen, zu trinken, alles war da und sie durften zugreifen. Tausendundeine Nacht – der Sturz ins Nichts wird nicht auf sich warten lassen! Der Brigadeführer ordnete inzwischen an, daß an die neuen Kämpfer „eiserne Rationen" für drei Tage ausgegeben werden sollten und daß sie sich zum Einsatz bereitzuhalten hätten.

Es kam anders. Die Zeit für jede Art von Einsatz war abgelaufen. Loose bemerkte neue Gesichter, unter ihnen auch jenen Kerl von kleiner Statur mit dem hageren Gesicht und der großen Nase, mit dem er draußen im Dreck gelegen hatte. Staatssekretär Naumann, Ministerialrat Fritzsche, begleitet von einigen Herren des Propagandaministeriums, darunter auch PK-Oberleutnant Splüge, betraten das Bunkerrestaurant unter der Alten Reichskanzlei.

Naumann wechselte einige Worte mit dem Brigadeführer. Es handelte sich um Fritzsche, um ein Anliegen Fritzsches an Bormann. Fritzsche wurde eingeladen, Platz zu nehmen und zu warten. Es dauerte diesmal nicht lange, und Fritzsche, von dem zurückkehrenden Naumann abgeholt, wandte sich mit seinen Begleitern zum Garten der Kanzlei. Etwas war im Gange – der „Propagandafritze" schien sein Leben nicht mehr liebzuhaben! Einige Figuren lösten sich aus ihrer Erstarrung. Um das zu erwartende Spektakel nicht zu versäumen, folgten sie dem abrückenden Trupp in den Garten.. Der Garten glich einer Mondlandschaft. Krater neben Krater, das Gelände immer wieder umgeschaufelt, und auch in dieser Minute erhoben sich Pilze aus Erde und Gesteinsbrocken. Ein niedrig brennendes Feuer neben dem Gewächshaus wurde von niemandem beachtet. Die Gruppe Naumann-Fritzsche tastete sich an der Rückwand des Hauses entlang. Sie wurden erwartet, in einer Mauerlücke stand ein kurzbeinig-qualliger Mann in SS-Uniform – Martin Bormann.

Ein kurzes Gespräch.

Fritzsche erhob seine Forderung.

Und nichts geschah, keine Pistole hob sich, kein Exekutionskommando wurde gerufen. Bormann winkte alle erreichbaren SS-Offiziere herbei, auch die Zivilisten aus dem Propagandaministerium, auch den ebenfalls in den Garten gekommenen Feldwebel Loose und andere zufällig in der Nähe Weilende.

Bormann erhob seine Stimme:

„Hört zu, Männer, Ihr seid meine Zeugen! Ich befehle, sämtliche Werwolfaktionen sind einzustellen, auch die Vollstreckung von Todesurteilen. Der Werwolf ist aufgelöst!“

Insofern war es dann doch etwas. Martin Bormann hatte seinen Herrn verraten, war über den letzten Willen seines Meisters hinweggegangen, um sein eigenes Leben retten zu können. Zwei Stunden hatte er für die Durchführung seines Ausbruchsversuches ausgehandelt.

Auf dem Rückweg war es das Feuer neben dem Gewächshaus, das Loose mit magischer Gewalt anzog. Er meinte, zwei menschliche Körper, den eines Mannes und einer Frau, zu erkennen. Ein Mann und eine Frau – und ein Windstoß fuhr in den zusammenfallenden Scheiterhaufen und die Flammen umzüngelten ein scharfgeschnittenes Gesicht. Loose stand nicht mehr allein an der Stelle. Jener Kerl von der Straße, ein PK-Oberleutnant, blieb neben ihm stehen.

„Sprichst du hier ein Gebet?“

„Nein, wieso?“

„Der kann es brauchen!“

„Wer ist denn das?“

„Erkennst du das Gesicht nicht?“

Und Loose erkannte das von den Flammen benagte scharfe Profil. Er hatte es hundertmal gesehen, in hundert Zeitungen und illustrierten Blättern. Was hier geschah, ging ihn nichts an, und es ging ihm auch nicht nahe, aber er hatte plötzlich genug, wandte sich um und trottete davon. Das Feuer war am Verlöschen. Und niemand kam, um ihm neue Nahrung zuzuführen. Alle waren jetzt mit anderem beschäftigt. Keine endgültige Vernichtung wie vierundzwanzig Stunden vorher an einem anderen Paar würde es hier geben – keine Hexenverbrennung bis zum totalen Ende des Zerstampfens und Verstreuens der Knochen und des Zerstäubens der Asche in die vier Windrichtungen.

Das Bunkerrestaurant war jetzt verwandelt, keine lässig auf Ledersesseln ausgestreckte Figuren mehr. Das Panoptikum war zu spukhaftem Leben erwacht. Alle packten ihre Rucksäcke, packten wieder aus und warfen Entbehrliches weg.

„Leichtes Gepäck und leichte Schuhe – wir werden laufen müssen!"

„Durch den Tiergarten, am Zoo-Bunker vorbei, dann über die Pichelsdorfer Brücke, Richtung Spandau!"

„Ist doch Quatsch, geht doch nicht mehr."

Nein, das ging nicht mehr. Die schon klassisch gewordene Route – von Boldt und Loringhoven auf dem Weg zur Armee Wenck, von Kurieren mit Hilferufen an die Entsatzarmeen, zuletzt von Boten mit den Kopien des Führertestaments benutzt – war nun nicht mehr begehbar. Schon am Brandenburger Tor ratterten russische Maschinengewehre. Auf der zerfetzten Kuppel des Reichstages wehte die Rote Fahne. Der Zoo-Bunker war nicht mehr zu erreichen. In dieser Richtung war der Weg zur Havel und aus Berlin heraus versperrt.

„Alle herhören! Marschiert wird in drei Gruppen. Es geht durch die Keller und Tunnels bis Station Wilhelmsplatz, auf den Gleisen weiter bis Station Friedrichstraße. Dort geht es nach oben und an der Weidendammer Brücke wird uns die Kampfgruppe Mohnke aufnehmen. Und nach Überwindung der Brücke haben wir uns in nordwestlicher Richtung durchzukämpfen, bis zum Lehrter Bahnhof und Moabit. Nachher muß jeder versuchen, einzeln und so gut es eben geht, weiterzukommen. Im neuen deutschen Hauptquartier in Plön in Schleswig-Holstein ist Sammeln!"

Der Wachtmeister aus dem Gestapohaus kam zu Loose und zu den Häftlingen, die sich bis in die äußerste Ecke zurückgezogen hatten und am liebsten zu einem Teil der Wand geworden wären. Ein seltsames Schicksal hatte sie bis hierher geführt, nachdem sie vorher vernommen hatten, wie ihre Mithäftlinge aus den Zellen herausgeholt und niedergeschossen worden waren.

Sie waren jetzt noch sechs, die letzten sechs aus der Prinz-Albrecht-Straße.

„Los, macht euch fertig. Wir setzen uns ab!" sagte der Gestapowachtmeister.

„Ich nicht, das ist hier nicht meine Einheit!" erwiderte Loose.

„Wir haben keine Papiere!“ war die Erwiderung eines der Häftlinge. „Wir können nicht, ohne Ausweis geht es doch nicht, wir bleiben besser hier“, sagte ein anderer.

Was würde geschehen – würde man sie hier in der allerletzten Minute zusammenschießen? Der Raum leerte sich bereits. Männer, Weiber, der ganze Troß drängte zum Ausgang. Der Gestapowachtmeister konnte kaum auf den Füßen stehen. Eine dichte Wolke Alkoholdunst kam aus seinem Mund. Er suchte den Brigadeführer, doch der war nicht mehr zu sehen. Was sollte er mit den sechsen tun? Umlegen –? Aber wo war der Brigadeführer? Ohne Befehl tat er es nicht.

„Macht, was ihr wollt!“ rief er plötzlich aus. „Die Reichskanzlei wird gesprengt, dann fliegt ihr ja doch in die Luft!“ Damit tröstete er sich und wankte davon.

„Ist ja alles Quatsch!“ das schien die endgültige Erkenntnis eines jungen Untersturmführers zu sein. Er nahm den schon geschulterten Rucksack wieder ab, warf ihn auf den Boden und setzte sich zu einigen Gestalten, die unberührt von dem Auszug sitzen geblieben waren. Und jetzt waren dort vier, die stumm ins Glas starrten, und sie waren nicht die einzigen Zurückgebliebenen. Tote und Verwundete saßen oder lagen auf den Sesseln. Auf einer Strohschütte lagen fünf Hitlerjungen, auf einem Tisch ausgestreckt lag ein BDM-Mädchen mit einer Verwundung von einem Granatsplitter und jammerte, daß sie Heilbronn nicht mehr sehen würde.

Es kamen neue Besucher.

Ein Wehrmachthaufen von der Straße, dreckig, von Rauch und Pulverdampf geschwärzte Gesichter. Der Anblick der auf den Tischen stehengebliebenen Getränke und Vorräte schien sie um den Verstand zu bringen. Sie fielen über die Flaschen und über die Speisen her, lärmten, johlten, schossen in die Spiegel, schossen Beleuchtungskörper von der Decke herab. Und wie Gestalten einer mitternächtlichen Spukstunde verschwanden sie wieder. Nicht der richtige Haufen, um sich anzuschließen. Aber aus dem verhexten Kreis mußte er heraus! Die Häftlinge hatten sich übrigens auch schon verkrümelt. Loose ging hinter dem letzten der aus dem Bunker abziehenden Landser her. Auf dem von Bränden überflackerten riesigen Müllhaufen vor der Kanzlei sah er sie durch den Staub robben, von Kraterloch zu Kraterloch, um zwischen den übereinandergekegelten Resten eines Hauses zu verschwinden.

Im Bunker war es, nach dem vorbeigewirbelten wüsten Lärm, als ob ein unsichtbarer Finger alle Uhren angehalten hätte. Die Hitlerjungen stöhnten leise. Das Mädchen aus Heilbronn hatte ausgelitten. Andere lagen wie Masken in den Sesseln.

„Es ist Zeit!" erklärte einer der vier einsamen Trinker.

Es war Zeit, und er stand auf. Er zog seinen Uniformrock zurecht und die anderen taten dasselbe. Einen Moment lang verharrten sie noch am Tisch, starr wie Zinnsoldaten. Links um – sie stacherten durch den Raum, zur Tür und die Treppe hoch. Wenig später überraschten sie Loose, der noch hinter einem Mauervorsprung hockte und auf den geeigneten Moment zum Überschreiten der Trümmerstraße wartete. Die vier stellten sich in einer Reihe auf. Der Anführer erblickte Loose.

„Komm, antreten, mach mit!" sagte er.

„Was denn?" fragte Loose.

„Der Führer ist tot. Wir haben ihm die Treue gelobt. Schluß!"

Auf Kommando gingen die Pistolen hoch – vier Schüsse hallten wie ein einziger. Sie fielen um, lagen wie Kleiderpuppen auf der Straße. Es war unglaublich, und am seltsamsten war, daß nur drei zusammenbrachen und der vierte mit der rauchenden Pistole in der Hand unversehrt stehenblieb. Es war der junge Untersturmführer, der als letzter zu der Gesellschaft gestoßen war. Er hatte in die Luft geschossen und heulte jetzt: „Nein, nein, nein . . . ich will nicht, ich bin doch nicht doof, ich bin neunzehn Jahre alt."

„Was tust du hier?" fragte er Loose.

„Ich will weg!"

„Weg hier, das will ich auch!"

Das war wieder einer, den Loose nicht zum Gefährten brauchen konnte, noch weniger als vorher die randalierenden Landser.

Der junge Untersturmführer blickte sich um. Trümmer, Granattrichter. Der Haupttrakt des Propagandaministeriums eingesunken. Das Palais Leopold brannte. Der Feuerschein flackerte auf seinem Gesicht. „So sah es in Brest aus, ja, wenn ich da gefallen wäre! Oder wenn ich in den Ardennen gefallen wäre! Aber so . . ., ich tu's nicht!"

Brest, die Ardennen, vielleicht auch noch El-Alamein – die Welt war klein geworden, war zusammengeschrumpft bis auf den Wilhelmsplatz.

„Mir ist das ganz egal", erwiderte Loose, „ich kann dich nicht brauchen!"

Es sah ganz so aus, als ob der Junge sich nicht würde abschütteln lassen. Es blieb Loose nichts anderes übrig als umzukehren. Zurück in die wüsten Räume der Reichskanzlei, von denen er annahm, daß sie dem anderen noch weniger einladend erschienen. Auch er hatte genug davon – genug von Toten auf Treppenstufen, von einsam Verröchelnden, von gespenstischen Säufern in Uniformen hoher SS-Chargen. Den Weg zum Garten kannte er bereits. Dort tastete er sich hin und drückte sich in eine Mauernische. Der Kreis war verhext, er gelangte nicht hinaus. In das fallende Feuer hineinzulaufen, wäre Selbstmord, aber hier an der Führerruine kleben bleiben, ist es auch ...

Russische Gefangenschaft?

Er hatte es doch einmal gewollt ... in den Pinsker Sümpfen; es war für ihn mit der noch unerschütterten Gesinnung das Gegebene gewesen, so etwas wie eine Heimkehr in das sozialistische Vaterland. Ja, Vaterland ... dreiviertel Jahr sind darüber hingegangen, und er sah jetzt noch den Holunderbusch, das von leichtem Morgendunst verhangene Land vor sich und hörte noch die Schreie, die letzten Seufzer von dem kleinen Hamburger und von dem Studenten aus Leipzig. Nein, Gefangenschaft nicht, solange er es vermeiden konnte. Furchtbares Dilemma – hier ist das Grab, voraus aber warten Schrecken, noch gespenstischer als die vielstöckige Grabkammer im Rücken. Wohin soll einer sich da wenden?

Lieber Gott im Himmel ... Allmächtiger Stalin, warum sind alle Wege verstellt, warum brennt nirgendwo ein Licht, nach dem wir uns richten können?

„Kein Durchkommen, ganz unmöglich!"

Einer der zurückgekehrten Ausbrecher stand vor Fritzsche.

Von Kellerdurchbruch war es zu Kellerdurchbruch gegangen, unter den Füßen Mauerbrocken, Kochgeschirre, Stahlhelme, an den Wänden tote Soldaten. Nachher im S-Bahn-Schacht herrschte undurchdringliche Finsternis, und unter den Füßen war ein Sumpf, der stellenweise bis zum Bauch reichte, und im Wasser Gepäckstücke und Tote. Das war die erste Etappe des Weges gewesen, und schon hier waren manche wieder umgekehrt.

„Nachher war es überhaupt zu Ende. Unter den Linden löste sich eine Marineabteilung im Feuer völlig auf, und es fand sich kein Offizier mehr, der führen wollte. Überall standen brennende Fahrzeuge. Die Friedrichstraße aber war nicht zu überqueren. Keine Maus konnte lebendig über die Straße hinüberkommen."

„Keine Aussicht auf Erfolg, allenfalls eine Möglichkeit, einen Soldatentod zu finden, das war meine Meinung schon vorher!" sagte Fritzsche. Das hatte er auch nach seinem Gespräch mit Bormann allen im Keller des Propagandaministeriums Anwesenden erklärt und hatte empfohlen, an Ort und Stelle zu bleiben. Er war der Meinung, daß die etwa zehntausend Soldaten, Polizisten, Volkssturmmänner in der inneren Stadt seiner Parole zur Kapitulation folgen würden und schickte in die vier oder fünf Truppenunterkünfte rings um den Hitlerbunker herum entsprechende Nachrichten.

Die Kapitulationsparole Fritzsches gelangte auch in dem unteren Gewölbe des Hitlerbunkers bis an einen Tisch, an dem Hitlers letzter Wehrmachtsadjutant General Burgdorf saß, neben Krebs und dem Sturmführer Schedle, der mit einem zerschossenen Fuß an dem Ausbruchsversuch nicht hatte teilnehmen können.

„Kapitulieren will er, der Propagandafritze!"

Burgdorf starrte Krebs an, doch Krebs blieb ungerührt, war so weit abwesend, daß ihn nichts mehr erreichen konnte. Eine Puppe mit rotgemalten Wangen saß auf dem Stuhle, ohne sich zu bewegen. Und Schedle stürzte ein weiteres Glas hinunter, das war seinerseits alles. Burgdorf blickte sich nach einem anderen Helfershelfer um und faßte einen Vertreter des SD ins Auge. Er erhob sich schwerfällig, ging zu dem SD-Offizier hinüber: „Los, hoch, es gibt Arbeit!" Glasige Augen richteten sich auf ihn. Auch der SD-Vertreter war eine halbe Leiche, doch er stand auf und folgte dem maschinenmäßig vor ihm herstapfenden Burgdorf. Die Treppen ging es hoch und auf die Straße hinaus, und ohne sich hinzuwerfen oder in den aufspritzenden Splittern die Gangart zu beschleunigen, kamen sie auf der anderen Seite an.

„Wo ist Herr Fritzsche, der kapitulieren will?"

Hans Fritzsche hatte sich zurückgezogen und setzte einen Brief an Marschall Schukow auf und hatte neben sich einen Dolmetscher, der das Schreiben übersetzte. Im Türrahmen erschien Burgdorf, ein vierkantiges, schweres Gesicht — und die Augen glotzten, wie einmal die seines Führers geglotzt hatten.

„Sie wollen kapitulieren?"

„Ja, ich setze eben ein Schreiben an Marschall Schukow auf."

„Dann muß ich Sie niederschießen. Der Führer hat in seinem Testament jede Kapitulation verboten. Es muß bis zum letzten Mann gekämpft werden."

„Auch bis zur letzten Frau?"

Die Pistole in der Hand Burgdorfs ging hoch. Der Schuß zerspritzte an der Decke. Ein Techniker, der den SD-Vertreter mühelos zur Seite schieben konnte, hatte den Arm Burgdorfs im richtigen Moment hochgestoßen. Eine Welle dicken Blutes schoß Burgdorf ins Gesicht, und er sah aus, als ob er im nächsten Moment einen Schlaganfall erleiden würde. Die Pistole wurde dem plötzlich Willenlosen abgenommen. Wie ein schwerer Schrank ließ er sich durch den Keller bugsieren und auf die Straße stellen.

Er taumelte weiter, allein jetzt.

Es war schmählich . . ., die Pistole in seiner Hand hatte versagt. Der Mann, der als Todesbote seines Führers in Generalkommandos und höchste Stäbe eingebrochen und in einem Vorort Ulms dem verwundeten Feldmarschall Rommel die Kapsel zum Einnehmen des tödlichen Giftes aufgenötigt hatte, machte nun seine letzten Schritte. Er besaß noch eine zweite Waffe; seine am Tisch zurückgebliebenen Kumpane, Schedle und Krebs, sollten ihn nicht wiedersehen. Auf dem Rückweg zum Bunker erschoß er sich.

Es war morgens in der dritten Stunde. Der blutrote Himmel wurde blasser, hatte die Farben einer Teerose.

„Der Himmel ist so zart, sieht aus wie das große Blatt einer Teerose!"

„Ja, und der Herr Krebs hat eine Gesichtsfarbe wie eingedickter Portwein, und das Gesicht des Herrn Burgdorf ist schwarz wie Pferdeblut und das Herrn Fritzsches gelb wie Maisstroh. Und du, du . . . Du solltest wirklich andere Sorgen haben, als dich für Farbnuancen am Himmel und auf Erden zu interessieren."

„Ja, das sollte ich, zugegeben, Leonore!"

„Und weiter, du müßtest endlich einen Entschluß fassen, Vicco!"

„Entschlüsse sind in dieser Nacht schon viele gefaßt worden, und mir schwant, daß alle falsch waren!"

„Aber was sollen wir denn machen, Vicco? Alle sind weg, der Bau drüben ist leer, nicht eine Maus siehst du mehr."

„Ja, dann ist es wohl Zeit. Aber warte, warte noch. Sei ganz still, siehst du?"

„Was denn, wo denn?"

„Dort!"

Das Gespräch zwischen Vicco Splüge und Eleonore Stassen fand in einer Fensterhöhle der Kaiserhofruine statt. Es war noch dunkel, aber nicht mehr so dunkel, daß sie nicht die schattenhaften Gestalten bemerkten, die sich katzengleich an die Front der Neuen Reichskanzlei heranpirschten, das Portal mit Sandsäcken verstellt fanden, dann eine der gähnend offenen Fensterhöhlen zum Einsteigen benutzten. Über die Schultern eines Mannes, der sich an die Fassade anlehnte, stieg einer nach dem andern in das Haus ein. Sechs zählte Splüge, und der den andern seinen Rücken zum Einsteigen geliehen hatte, war der siebente. Noch eine zweite Gruppe von sieben Mann, dann noch eine dritte, gelangte auf demselben Wege ins Haus. Es war plötzlich still, sogar das Jaulen der Salvengeschütze setzte aus. Das Todesschweigen in der Ruine der Reichskanzlei wurde durch einen Stoß aus einer Maschinenpistole unterbrochen, und danach fiel alles wieder in Lautlosigkeit zurück.

„Ja, dann ist es wohl Zeit, das sind Russen", sagte Splüge. Er faßte Leonore an der Hand, leitete sie behutsam über die Trümmer weg zum Laufgraben, der sich in der Richtung zur Mauerstraße hin verlor.

Noch einer vernahm den Feuerstoß aus der Maschinenpistole und sofort fiel ihm der Holunderbusch in den Pinsker Sümpfen ein. Es war totenstill, doch er hörte den kleinen Hamburger und den Studenten aus Leipzig schreien. Loose hatte aus dem verhexten Kreis nicht herausgefunden, stand noch zwischen Sandsäcken und Trümmern an der

Rückwand der Kanzlei, vielleicht unter dem Fensterbogen des ehemaligen Arbeitszimmer Hitlers. Mit dem näherkommenden Verhängnis im Rücken gab es keine Überlegung mehr, seine Bewegungen waren zwingend. Er trieb davon, hinaus in die Leere des Gartens — weg, nur weg von der verruchten Ruine! Kraterlöcher gab es genug, er sprang in eins hinein. Es lag voller Knochen und Leichen. Er kletterte wieder hinaus, fand ein anderes Loch. Dieses von einer Granate gerissene Kraterloch hatte einen Umfang von etwa zwei Metern, die Wände waren aus Beton und es hatte keinen Boden. Als er sich in das Bodenlose hinabließ, fand er sich auf einem Gang wieder. Auf einem endlos scheinenden unterirdischen Gang, ausgekachelt mit Fliesen, und eine Anzahl Querstollen zweigten ab. Was wollte er hier — der Gang konnte nur dorthin zurückführen, wo es ihn eben noch mit zwingender Gewalt weggetrieben hatte. Aber zurück ging es nicht mehr. Das in das Betongewölbe gerissene Loch, durch das er eingestiegen war, befand sich jetzt so hoch an der Decke, daß er es ohne Hilfe nicht mehr erreichen konnte.

Der Mann, der als erster auf den Rücken eines Rotarmisten hinaufzuturnen und durch ein Fenster in die zerschossene Reichskanzlei einzusteigen hatte, war August Gnotke. Da war er hingeraten, nachdem er am Potsdamer Bahnhof die Werwölfin hatte verschwinden sehen, nachdem er einige Tage zwischen den Fronten hin und her getrieben und es ihm nicht gelungen war, über die Spree hinüber in den Bereich seiner eigenen Einheit zu gelangen. In der Nähe des Kottbuser Tors hatte er einen über die Straße laufenden Russen angerufen, war zu dessen Kommandanten gebracht und an eine NKWD-Abteilung abgeliefert worden. Nach einigen Verhören, zuerst in der Gasanstalt in der Gitschiner Straße, dann durch eine übergeordnete Stelle in Treptow war er von einem NKWD-Haufen übernommen worden. Die Berliner Straßenpläne waren knapp, außerdem waren die zerschossenen Straßen nach den Karten nicht mehr zu identifizieren, und die Abteilungen nahmen Führer, wo und wie sie sich ihnen gerade boten. Die Kampffront zog sich in jenen Stunden vom Halleschen Tor bis zum Potsdamer Platz und sickerte durch ein Dutzend Nebenstraßen weiter zur Stadtmitte. Der ambulante Haufen Gnotkes hielt sich außerhalb der Kampfhandlungen. Eine kleine, aus einundzwanzig Mann bestehende Truppe, angeführt von einem Oberstleutnant — und die Anwesenheit dieses aus dem NKWD-Hauptquartier in Treptow eingetroffenen Oberstleutnants Judanow ließ auf eine wichtige Aufgabe schließen. Der Weg führte durch die Saarlandstraße, bis durch die Menge zusammengebrochener Fahrzeuge, zerschossener Panzer, toter Pferde und toter Soldaten kein Durchkommen mehr war. Unter den zertrümmerten Häusern ging es weiter, von Kellerdurchbruch zu Kellerdurchbruch, bis zum Hotel Exzelsior und durch die in einen Pferdestall verwandelte Empfangshalle des Hotels und nachher durch das Untergeschoß des Gestapohauses in der Prinz-Albrecht-Straße. Noch einmal ein Stück durch eine menschenleere Straße und dann hatten sie den mit Sandsäcken verstellten Eingang zur Reichskanzlei vor sich. Unterwegs hatte Gnotke als erster seinen Kopf durch jeden Kellerdurchbruch stecken müssen, und so hatte er auch als erster durch das neben den Sandsäcken gähnende Fensterloch einzusteigen.

Er fand sich in einem mäßig großen Raum.

Die NKWD-Soldaten hinter ihm zogen Schubladen auf, die mit Ritterkreuzen und anderen Orden angefüllt waren und steckten sich die Taschen damit voll. Er wurde wieder vorausgeschoben und gelangte in eine Wandelhalle. Es sah kaum anders aus als in den Kellern der Saarlandstraße. Keine lebendige Seele — Stahlhelme, Kochgeschirre, Ausrüstungsgegenstände, zurückgelassene Rucksäcke, dazwischen Tote, sehr viele Tote, mehr als in den vorher passierten Kellern. Im rechten Winkel öffnete sich ein weiter Raum, und Gnotke sah sich einem Maschinengewehr gegenüber. Hinter dem Maschinengewehr kauerte ein Soldat und dieser Soldat lebte, hielt seinen Finger am Drücker und starrte Gnotke an, der noch die deutsche Uniform und den Kopfverband trug. Die Maschinenpistole eines von der Seite herankommenden GPU-Soldaten streckte den Mann hinter dem MG nieder.

Es war der Feuerstoß, den Splüge und Leonore Stassen vernahmen und der an der Rückseite der Reichskanzlei Feldwebel Loose aus seinem Versteck auffahren und in panischer Flucht davonlaufen ließ, bis er in das zweite Kraterloch mehr hineinstürzte als hinunterkletterte und sich in dem gekachelten Gang gefangen sah.

Oberstleutnant Judanow blickte sich bestürzt um.

Tote hatte er auf seinem Weg seit Krupki und in den Wäldern Weißrußlands und in Polen genug gesehen und auch in größeren Massen, aber nie so konzentriert auf engem Raum. Hier lagen und saßen Selbstmörder, die vor einigen Minuten noch lebten. Und von der Straße hereingeschleppte Verwundete, die hier ihr Leben ausgehaucht hatten, waren an der Wand aufgestapelt wie Klafter Holz. Leichen schienen die einzige in der Hitlerhöhle zu findende Hinterlassenschaft. Aber nicht um Leichen anzuschauen war er von Serow noch vor der Ankunft der Truppe hierher geschickt worden. Weiter, tiefer hinunter, es mußte doch einen Weg geben! Sie fanden sich in einem hohen Raum. Die Wände verwüstet, die Stoffbespannung in Fetzen, am Boden lagen Steinbrocken, durch die Fensterhöhlen blickte man auf ein Geröllfeld, das auf der Karte als Garten eingezeichnet war.

Sie stiegen durch die Fenster, suchten draußen nach einem Zugang in die Unterwelt. Auch hier Tote, begraben Gewesene und von Geschossen wieder aus der Erde Gerissene. Die Taschenlampe beleuchtete das vom Feuer angenagte Gesicht des Leichnams eines Mannes, und ein zweites, das einer Frau angehört hatte. Dann entdeckte ein Mann der Truppe eine Stelle, an der eine Granate das unter der Gartenoberfläche bloßgelegte Betongewölbe durchschlagen hatte. Der Schein der Taschenlampe ließ unten einen mit Fliesen ausgelegten Gang erkennen.

Eine geballte Ladung flog hinunter.

Gnotke wurde gerufen: Daway – runter in den Orkus!

Gnotke hielt sich an den Bruchstellen des Betons fest und ließ sich dann fallen. Elektrische Taschenlampen und ein halbes Dutzend bereitgehaltener Maschinenpistolen deckten seinen Weg. Eine ungemütliche Deckung – und zudem stellten ihn die Taschenlampen in einen Kreis von Licht und gaben ihn den Blicken aus der Finsternis preis, falls in der finsteren Höhle hinter ihm überhaupt noch Blicke lauerten. Und einen Moment lang wollte es ihm so scheinen, als ob am Ende des Ganges etwas aufgefahren wäre. Die Maschinenpistole des nächsten Mannes, der neben ihm auftauchte, streute den langen Gang ab, aber da war nichts als der blaue Feuerschein aus der Pistolenmündung, der sich an der blanken Fliesenwand spiegelte, und ein hundertfaches, knatterndes Echo kam zurück.

Und doch befand sich einer in der Schußrichtung.

Paul Loose, den panische Angst in die Falle gejagt hatte, und dem nicht Zeit genug geblieben war, wieder herauszukommen. Loose hatte die Stimme über dem Trichterloch gehört, und sein Herz hatte so hart gegen seine Rippen geklopft, daß er meinte, die da oben müßten das verräterische Klopfen ebenfalls vernehmen. Das Licht eines suchenden Taschenscheinwerfers jagte ihn schon in weitere Flucht. Schwerelos, wesenlos, ein Blatt Papier, ein Gespenst, so wehte er durch den Gang. Etwa dreißig Meter ließ er hinter sich, so viel Kontrolle über das Geschehen hatte er noch behalten. Eine geballte Ladung, sie kommen herunter, sie schießen – nicht auf ihn, auch das begriff er. Sie wollen mit ihrem Geflacker nur ein Loch in die Luft stoßen, den Weg freimachen. Doch sie blieben ihm auf den Fersen. Gänge, kreuz und quer, welchen sollte er einschlagen? Eine Panzertür – natürlich, wenn überhaupt eine Tür, dann aus Panzerstahl und nicht etwa aus Tannenholz! Es war so wie in einem wüsten Traum. Und wie im Traum öffnete sich im letzten Moment das Loch zum Entschlüpfen. Die Verfolger – aber es waren ja gar keine Verfolger, denn sie wußten ja nichts von ihm – kamen langsam genug vorwärts, katzengleich und Pfötchen um Pfötchen setzend, doch sie kamen, waren unaufhaltsam. Und der Gang war schmal, auch keine Abzweigung war jetzt mehr da, kein Ausweichen, kein Entkommen. Einbahnstraße – und am Ende die mattschimmernde Panzertür und rechts und links an die Wand gelehnt zwei Posten. Die Tür – das erwies sich, als er mit der Spitze eines Fingers daran tippte – war nur angelehnt. Die Tür gab nach, drehte sich in den Angeln, drehte sich geräuschlos. Und die Hüter der Tür, der eine hatte den Kopf nach vorn, der andere hatte ihn seitlich baumeln, wollten nichts mehr wissen. Sie hatten es hinter sich – SS oder Wehrmacht, ein Hitlerjunge, Feldwebel Loose oder die nachfolgenden Russen, jeder und alle durften passieren.

Feldwebel Loose passierte, stieg Treppen hinunter, kam durch eine Küche, eine Kerze brannte, unaufgewaschenes Geschirr, Teller mit Speiseresten, halbgefüllte Gläser, dazwischen Zigarren, ein toter Koch. Loose kam durch einen Gang. Kabinen mit offenen Türen, mit zwei oder drei Betten. Stöhnen kam aus einer Koje.

Idiot, du hättest doch die Panzertür auch von der Innenseite her mit dem Finger antippen können. Dann wäre sie eingeschnappt und die Besucher wären ausgesperrt geblieben. Jetzt war es zu spät. Sie hatten die Tür hinter sich, kamen die Treppen herunter, waren in der

Küche angelangt. Das hörte er, es gab dort Scherben. Teller, Flaschen, Gläser flogen an die Wand. Weiter, weiter . . ., er mußte ein Streichholz anzünden, um in der Finsternis zu wissen, wohin er sich zu wenden hatte. Ein weiter Raum nahm ihn auf, und hier war es wie oben, es sah aus wie das Panoptikum, das er zuallererst – aber das war vor tausend Jahren – mit den Zebrastreifigen betreten hatte. Wo waren die jetzt? Sind sie schon tot, leben sie noch, lebt überhaupt noch ein Mensch? Hier unten jedenfalls nicht, wenn sie auch so tun, wenn sie auch vor gefüllten oder halbgefüllten Gläsern sitzen und vor Tellern mit belegten Broten. Das ist nichts als Verstellung, ihn können sie nicht täuschen. Das Streichholz ging aus und die ganze Herrlichkeit verschwand. Keine roten Generalstreifen mehr, kein SS-Hauptsturmführer, keine roten Bäckchen, kein Gesicht mit gefletschten Zähnen. Aber, Mensch, Paule, vielleicht hast du andere Sorgen! Und die hatte er, doch nicht für lange. Es kam der Moment, da er ohne Sorgen, ohne Angst, ohne einen Lebensfunken und nicht anders als der an die Wand geworfene Kalkverputz war.

Der Lichtkegel eines Taschenscheinwerfers legte sich quer über die Szene. Gestalten quollen herein, mit flachen Mützendeckeln . . . fünf, sechs, sieben. Sieben Mann und ein Offizier. Loose klebte an der Wand, aber etwas in ihm konnte noch Erscheinungen aufnehmen.

Sieben Mann und ein Offizier.

Einer trug Handschuhe, das war das Allerverrückteste. Der mit den weißen Handschuhen tippte eine der Figuren an. Der vornübergesunkene Kopf wackelte zur Seite. Die Figur fiel um, schlug wie ein gefüllter Sack an den Boden und regte sich nicht mehr.

Tot, alle tot, auch hier nur Tote. Oberstleutnant Judanow dachte an Serow. Er konnte ihm doch keinen toten Hund bringen. Er war zu spät gekommen, um zwei Minuten zu spät. Von dem Brot, das vor ihnen lag, war eben noch abgebissen worden. Der Kaffee in den Tassen war noch warm. Sie rührten sich nicht mehr, hatten ihre schwarzen Seelen ausgehaucht.

Einer röchelte.

Judanow war bei ihm, packte ihn, richtete ihn halb auf, blickte in ein Paar brechende Augen. Zu spät . . . der Röchelnde flog zu Boden. Die genagelten Stiefel Judanows zertraten ihm das Gesicht. Aus einer der Kammern wurde ein Sterbender gebracht. Und nichts war von ihm zu haben, kein einziges Wort! Er kam unter die Stiefelabsätze. Noch einer, Judanow schüttelte ihn und schüttelte ihm nur die Seele aus dem Leib. Er konnte Tote nicht lebendig machen. Wut ergriff ihn gegen die schweigenden Gesellen. Der Rasende taumelte von einem Tisch zum andern, teilte knallende Ohrfeigen aus. Die Getroffenen fielen um, ein kurzbeiniger General, ein SS-Hauptsturmführer. Und wenn der General einmal Krebs hieß, wenn der Hauptsturmführer einmal der Anführer von Hitlers Begleitkommando Schedle war – die Stiefel Judanows und die einundzwanzig Paar GPU-Stiefel, die ihm folgten, werden die Ursache dafür sein, daß keiner mehr identifiziert werden kann.

Im vorbeihuschenden Schein einer Taschenlampe erblickte Judanow das an der Wand klebende Feldwebelgespenst Loose. Gespenster mit weit aufgerissenen Augen, mit herabklappender unterer Gesichtshälfte, liegend, sitzend, stehend, mit einem Gewehr im Arm, mit einer Frau im Arm – er hatte genug davon, wandte sich ab. Er wandte sich ab, doch nur, um nochmals umzukehren. An dem an der Wand lehnenden Feldwebelphantom war eine Naturwidrigkeit, der er auf den Grund gehen wollte. Das aber war bereits der Augenblick der abermaligen Verwandlung der Szene.

Paul Loose hatte alles gesehen.

Er war zur Stelle und zugleich weit abwesend. Der Bunker und der blutbesudelte Fleck in den Pinsker Sümpfen war für ihn dasselbe. Alle Ängste, die den Bunker durchtobt hatten, waren nun in ihm geronnen. Als der GPU-Offizier sich ihm abermals zuwandte, war er an der Grenze angelangt. Er hatte hier nichts zu tun, gehörte nicht hierher, war ein zufälliger Besucher. Er wollte ausbrechen, sein Mund klappte auf und blieb geöffnet und an seinen Augen bewegte sich kein Lid. Er war so weit gelangt, daß er einer Stimme lauschte, die ihm sagte, er brauche sich ja nur zu bewegen, sich einmal umzudrehen, um aufzuwachen und zu erkennen, daß alles ein Traum gewesen und er gerettet war.

Aus der hintergründigsten schwärzesten Stelle der Höhle bellte ein schweres Maschinengewehr auf. Flaschen, Gläser, Teller flogen von den Tischen. Die Ledersessel und die Toten wurden durchlöchert. Von den

Wänden spritzte Mörtel, von der Decke regneten Brocken herab. Kalkstaub drehte sich in Spiralen durch den Raum. Es gab keine durch die Finsternis suchenden Taschenlampen mehr. Nur das mörderische Rattern und das tausendfache Echo. Der GPU-Haufen verschwand, war von der Bildfläche weggefegt. Die Gestalten lagen am Boden, robbten zum Ausgang, sammelten sich.

Es hat keinen Zweck, kein Kampf mit Gespenstern, noch dazu, wenn sie über schwere Maschinengewehre verfügen! Oberstleutnant Judanow verschanzte sich mit seinem Häuflein in der Mannschaftsküche, schickte einen Unterleutnant: „Los, zurück in Exzelsior, eine Kompanie Verstärkung!"

Loose machte die Bewegung – sprang durchs Feuer, taumelte in die Küche, fiel vor Judanow nieder. Die Flucht war zu Ende. Der Alp war zu Ende. Der Schrecken blieb, die Wirklichkeit war mehr, als er ertragen konnte. Ein zusammengesunkenes Häuflein – was er erklären wollte: Rette mich! Ich habe nichts damit zu tun! Das kam ihm nicht aus der Kehle. Sein Mund blieb versiegelt.

„Wo ist Hitler, ist er weg, ist er nach Argentinien?" Judanow blieb ohne Antwort. Der Mann vor ihm war ohne Besinnung. „Ein Arzt, ein Arzt . . ." Endlich hatte er einen Lebenden! Loose kam jedoch ohne ärztliche Hilfe wieder zu sich. Ein Feldwebel, von der Wehrmacht. Er trug keine SS-Uniform. „Bist du Faschist, gehörst du zu Hitler?" – „Nein, nein, habe nichts damit zu tun!" Loose fand die Sprache wieder, erklärte, daß er zufällig in den Bunker geraten wäre. „Ziehe deinen Rock aus, laß sehen, die Rune unter deiner Achsel!" Er glaubte ihm schon vorher. Mit der Todesangst in seinen Augen konnte er nur die Wahrheit sprechen. „Hier eine Karte, du doch Feldwebel, verstehst doch . . . was ist das?" Es war eine Lagekarte des Bunkers. „Großartig, jetzt brauchen wir nur noch auf die Verstärkung zu warten! Du kannst dich solange umschauen, bringe mir einen Lebendigen!"

Die Verstärkung traf ein. Wilde, unbändige Kerle, von Schnaps gedunsene Gesichter. Da sie niemand zum erschlagen fanden, erschlugen sie die Toten noch einmal, zertrümmerten alles, was in ihre Hände geriet. Loose wagte sich keinen Schritt von Judanow zu entfernen, hing ihm jetzt dauernd am Uniformrock. Judanow ließ ihn gewähren, ließ ihn hinter sich hertrotten.

„Erinnerst du dich noch an den Popen in Krupki, Budin – an den Heiligen im Arbeitslager?“ (Er hatte seinen alten Kumpan Budin zu dieser Sonderaufgabe mitgenommen.)

„Ja, stimmt“, fand auch Budin, „er sieht ebenso aus.“

Es kann nur das noch immer von der Todesangst gezeichnete Gesicht und die von einem Haarkranz umrahmte Glatze Paul Looses gewesen sein, die beide an das Gesicht und die Tonsur des polnischen Priesters im Lager Krupki erinnerten.

Der Himmel hatte die Farbe einer Teerose.

In der blassen, von zusammenfallenden Bränden nur leicht getönten Luft spannte sich die Weidendammer Brücke, der Schauplatz des letzten Aktes des Ausbruchsversuches, von einem Spreeufer zum anderen. Der Tumult, der in dem Heerlager am Nordufer der Brücke getobt hatte, als einige deutsche Panzer die Sperre durchbrachen, war wieder abgeklungen. Einige hundert Meter waren die Panzer noch gekommen, bis zur Ecke Ziegelstraße, wo sie unter explodierenden Panzerfäusten in die Luft gingen und die den Panzern folgenden Häuflein zu Boden geworfen oder verstreut wurden.

Der Chauffeur Hitlers, Erich Kempka, einige Sekunden besinnungslos, dann geblendet wieder auftaumelnd, turnte zu dieser Stunde auf einem parallel zur Weidendammer Brücke verlaufenden eisernen Laufsteg wieder zurück zum anderen Spreeufer, gelangte bis unter einen Stadtbahnbogen, wo er sich einen ganzen Tag lang zwischen südslawischen Frauen verbarg. Andere kamen bis zum Lehrter Bahnhof und weiter bis zur Straße Alt-Moabit, darunter der letzte Amtsträger des Propagandaministeriums, Naumann, und dessen Bocksritt brachte ihn bis zur Elbe und über die Elbe hinüber in ein amerikanisches POW-Lager. Eine andere Gruppe trieb am Stettiner Bahnhof vorbei bis zur Schönhauser Allee. Die russischen Infanteristen, die sie aus den Kellern eines Wohnhauses herausholten, wußten nicht, was sie für einen Fang gemacht hatten, behielten nur die Männer – Mohnke, Baur, den Chef von Hitlers Leibgarde Rattenhuber und Hitlers Adjutanten Guensche. Die Frauen ließen sie wieder laufen, die Sekretärinnen Christian und Junge, und die Sekretärin Bormanns. Die vegetarische Köchin, Fräulein Manzialy, wurde von einem riesigen Asiaten weggeschleppt und niemals wiedergesehen. Die Spur von Bormann, dem Initiator des Ausbruches, ging zwischen der Weidendammer Brücke und dem Stettiner Bahnhof verloren.

Der Himmel hatte die Farbe einer Teerose, als der Rundfunkkommentator Hans Fritzsche nach einem Weg durch eine lange Kellerzeile wieder an der Oberfläche auftauchte und nach Tempelhof gefahren wurde, um dort zu erfahren, daß sein Kapitulationsangebot nicht mehr von Interesse war, weil ein anderer, der letzte Stadtkommandant Berlins, General Weidling, bereits für die gesamte Berliner Garnison die Kapitulation vollzogen hatte.

Der Himmel hatte die Farbe einer Teerose, als aus einem Ruinendurchbruch zwei Gestalten ins Freie traten und den kilometerlangen schmalen Schacht der Friedrichstraße vor Augen hatten. Vicco Splüge und Leonore Stassen, so weit waren beide gekommen. Splüge hatte einen Hut auf und unter dem Arm eine Aktentasche. Das war seine Zivilausrüstung. Das Mädchen trug noch die Luftwaffenuniform, doch im Rucksack hatte sie ein leichtes Kleidchen, ein Kopftuch und Schuhe. Springend, kriechend, nach vorsichtigem Abtasten und mit den notwendigen Haken und Bogen hatten sie die Mauerstraße und die Französische Straße hinter sich gelassen und waren nun in der Friedrichstraße. Aber wer kann da noch von Straße reden – das stimmte alles nicht mehr! Wo war einmal der Rinnstein, wo der Bürgersteig, wo der Fahrdamm – alles eine einzige übereinandergefallene und durcheinandergekegelte Masse.

Die Friedrichstraße – weißt du noch?

Sie war ja niemals sehr schön, niemals vornehm, das meiste war Talmi. Aber ein Café neben dem anderen, Restaurants, Tanzdielen, Spiellokale, Juweliergeschäfte. Und wenn die Steine auch unecht waren – die Fensterscheiben glitzerten. Tausend Läden mit buntem Tand. Überall Lärm, überall Transparente, rot, grün, blau und scheußlich violett, hingen bis hinunter aufs Straßenpflaster. Und Nachtportiers und Schlepper, und tap, tap, tap ... Bis früh um fünfe, kleine Maus! Wenn der Morgen schon über den Dächern graute, suchten sich hier Provinzonkels noch ihre Zwanzigmarkmädchen.

„Weißt du noch, wie das hier mal aussah?“

„Ich weiß überhaupt nichts mehr, Vicco.“

„Du hast überhaupt niemals viel gewußt, scheint mir, oder hast du vielleicht Spenglers Untergang des Abendlandes gelesen?"

„Habe ich nicht nötig gehabt – ich hatte ja dich dauernd vor Augen!"

„Da hast du auch wieder mal recht!" Spengler und Ernst Jünger und K. Zucker . . ., und jetzt erst ist mir der Urwalddoktor Albert Schweitzer in die Hände gekommen, ganz unglaublich und nicht vorzustellen, daß der schon 1900 alles gewußt hat und schon 1914 im afrikanischen Urwald niederschrieb, was sich jetzt dem Auge bietet.

Trümmer und Schutt und keine Menschen mehr. Nur Andeutungen von Menschen, Fragmente von Menschen – von wem ist das, das hat doch auch einer geschrieben, und der hatte die Andeutung an der Hauswand, das Fragment im Staub, die aufrecht sitzenden Gehäuse gewesener Menschen am Straßenrand, hatte die Gestalten in den Haustoren und Posamentiergeschäften und Imbißstuben, hatte die Friedrichstraße nicht gesehen, so nicht!

„Du solltest wirklich mehr lesen!"

„Was sollte ich . . .?" Das Mädchen blickte in ein Restaurant hinein. Das stand mit allem, was darüber war, nur noch auf dünnen Säulen. Aber alle Läden und Posamentiergeschäfte und Imbißstuben mit der Trümmerlast darüber standen auf dünnen Stelzen. Keine Türen, keine Fenster, keine Fensterbrüstungen, und man konnte bis in die Tiefe hineinblicken. Die herabhängende Decke, ein Baldachin aus Binsen und Kalkverputz, berührte in herabhängendem Bogen die Tische und die an den Tischen Sitzenden. Und die Gäste hatten nur vergessen, wieder aufzustehen. Die hinter der Registrierkasse baumelnde Kassiererin mit der blonden Hochfrisur vergaß nur, die Registrierkasse zu drehen. Mein Gott, mein Gott . . . Sie blickte weg, um in einem Blumengeschäft, in einem halb mit Schutt aufgefüllten Laden für Herrenmoden eine andere, die nächste Abteilung des straßenlangen Kabinetts des Todes ins Auge zu fassen. — „Was soll ich, was sagst du?" hauchte sie.

„Lesen mußt du mehr, Spengler und Schweitzer, vielleicht auch Heidegger."

„Danke", erwiderte sie trocken.

Sie blickte ihn von der Seite an, blickte auf ihn herab. Er war etwas kleiner als sie. Sie beide waren weit und breit die einzigen lebenden Wesen.

„Vielleicht sollten wir erst mal überlegen, wie wir hier wegkommen und wohin wir uns überhaupt wenden sollen!“ schlug sie vor.

„Schicksal, ich folge dir freiwillig, denn täte ich es nicht, so müßte ich es ja doch unter Tränen!“ zitierte er.

„Aber jetzt habe ich genug! Mit dir komme ich noch ganz und gar auf den Hund.“

„Du bist es bereits, deshalb sollst du doch lesen, damit du es begreifst.“ — Splüge blieb vor einer verschütteten Kellertreppe stehen.

„Ein Kellerbumslokal, kenne ich.“

„Kann ich mir denken.“

„Wir müßten da mal runter.“

„Wozu eigentlich, aber wie du meinst!“ Doch es ging nicht, hier kamen sie nicht durch. Splüge wußte allerdings, daß das Lokal noch einen zweiten Eingang von der Nebenstraße her hatte. Sie gingen um die Ecke herum. Auch hier lagen Steine, von der Straße hereingeschleudertes Gerümpel. Unter einem gestürzten und verbogenen Eisenträger, der die Last des zusammengefallenen Hauses zu tragen hatte, mußten sie sich durchzwängen. Es ging, und sie gelangten in einen Vorraum mit einem Garderobeständer, in den von außen schwaches Licht einfiel. Auch ein Telefonapparat war vorhanden und ein Plakat, auf dem sich zwei nackte Mädchen in einer akrobatischen Szene produzierten.

„Es fehlt nur noch, da drin Lola und Yuscha zu begegnen, wie vorher im ‚Patzenhofer‘ Frau Krause an der Registrierkasse!“

„Lola, Yuscha, Frau Krause – du scheinst hier intime Kenntnisse zu haben.“

„Kenntnisse haben gehört ja wohl zu meinem Beruf.“

„Übrigens ist es aus mit dem Beruf.“

„Da hast du wieder mal recht.“ Und der Beruf war kein Beruf, war Dienst an der Lüge. Und nichts hat er getan, das wiedergutzumachen. Keine Abbilder, Sinnbilder des Lebens trägt er bei sich. Aus solchen Vorsätzen war nichts geworden.

„Ausmisten ...“, sagte er.

Er öffnete seine Aktentasche. Aktenstücke, Belege von Artikeln, Briefbogen mit dem Kopf des Propagandaministeriums, Manuskripte: *Neue Einsatzkräfte marschieren. – Wo der Führer ist, ist der Sieg. – Der längere Atem* – alles flog in den Schutt.

„Vorbei und kommt nicht wieder – aber was kommt jetzt?"

Die Frage war zu schwer. Er konnte sie nicht beantworten.

„Dafür ist dein Kopf viel zu klein. Du solltest daran denken, wie du aus dem PK-Kostüm herauskommst."

Er starrte den Garderobenständer an, als ob dort ein Zivilanzug und ein Sommerpaletot für ihn bereit hingen; Leonore wußte Rat, nahm ihr Kleidchen aus dem Rucksack, zog sich um und überließ ihm die Luftwaffenuniform. Das war nicht ganz zufriedenstellend, doch es war besser als der Uniformrock mit dem PK-Abzeichen. Luftwaffenuniform, ein Schlapphut und die Aktentasche mit Zigaretten und einem Mundvorrat, das war seine Ausstattung, als beide aus dem Keller wieder herauskletterten.

Der Weg war nicht mehr weit.

Der verengte Teil der Friedrichstraße war so vollgestopft mit zusammengebrochenen und steckengebliebenen Fahrzeugen, daß sie sich durchwinden mußten. Zusammengeschleuderte Haufen und aufragende Teile, ein Arm, ein Gesicht mit bleckenden Zähnen. Nicht hinblicken – auch der zusammengepreßte Kübelwagen mit seiner grausigen Ladung steht auf dem Schuldkonto! Bezahlst eben . . ., wann war er so verwegen, wann hatte er das gesagt? Die im Kübelwagen bezahlen. Der Mann, der zu dem im Schutt liegenden Arm gehört, hat bezahlt. Die Frauen mit Kindern und Koffern im Eingangsschacht zur S-Bahn-Station müssen bezahlen.

Und er . . .?

Der S-Bahnhof war bevölkert von Frauen und Kindern, ein paar alte Männer dazwischen, ganze Familien mit Beuteln, Koffern und verschnürten Pappschachteln. Splüge und das Mädchen Leonore ließen diesen Rastplatz des Elends hinter sich. Sie stiegen hinunter auf die Schienen, verschwanden in dem dunklen Schacht, in der Richtung zum Potsdamer Platz. Sie wateten durch das im Schacht stehende Grundwasser und arbeiteten sich zäh vorwärts und hatten schon wieder trockenen Grund unter den Füßen, als aus der Richtung, der sie zustrebten, ein Maschinengewehr zu rattern begann und ein tausendfaches hohles Echo an den Wänden entlang rollte. Sie mußten es aufgeben, tasteten sich zurück durch den Sumpf, wieder bis zu ihrem Ausgangsbahnhof. Auch das kurze Stück bis zur U-Bahn war nicht zurückzulegen. Von dort her kam ihnen eine Rotte SS entgegen. Kein Durchkommen, erklärten sie und marschierten weiter, dorthin, wo sie beide hergekommen waren.

Schließlich blieben sie auf der S-Bahn-Station Unter den Linden. Auch hier war die Bahnhofshalle bevölkert von Familien mit Betten und Bündeln. Splüge fand am Ausgang zum Bahngleis eine Nische für Streckenarbeiter, dort hockten beide sich hin, lauschten auf die durch den Luftschacht von oben kommenden Geräusche.

Ein schweres Maschinengewehr schoß die Linden entlang. Die Kugeln streuten gegen die oben angebrachte Metalleinfassung des Windfangs. Ein unheimliches pochendes Geräusch.

Der Tod saß am Brandenburger Tor und rührte die Trommel. Und hörte wieder auf, und graues Licht sickerte in den Luftschacht, und Schritte waren oben zu hören. Und wieder streuten Salven herüber und wieder Schritte, und Stimmen wurden laut, doch die Sprache, in der gesprochen wurde, war nicht mehr deutsch.

Stunden.

Die Leberwurst aus der Aktentasche schmeckte nicht und wurde gleich wieder eingewickelt und in die Tasche zurückgelegt. Die Zigarette, kaum angezündet, ging wieder aus. Splüge fand nicht das Wort, das in diesem Augenblick gesagt werden mußte ... Langes, qualvolles Warten.

Stunden – und dann war es in einer Minute geschehen. Kein Posten, kein Russe kam herunter. Die Zivilisten vorn in der Halle sagten es weiter.

„Zivilisten raus!“ — „Wehrmacht raus!“

Schicksal, ich folge dir, denn täte ich es nicht ..., jetzt war es kein Zitat; es war bittere Einsicht, war die verfluchte Notwendigkeit, die Millionen Berliner in dieser Stunde zu Fatalisten machte und sie Demütigung, Schande, Vergewaltigung, Mord ertragen ließ wie ein Naturereignis.

Wehe denen, die die Waffen strecken!

Dreimal Wehe aber denen, die ohne Not die Waffen erhoben, denn sie waren es, die das Böse aufrührten und Demütigung, Schande, Vergewaltigung, Mord vorwegnahmen und die Stunde der Schmach auf ihre und die Häupter ihrer Frauen und Kinder herabzogen.

Die Stunde war da.

Sie legte sich über Berlin mit dem lang ausrollenden Verhallen des letzten Kanonenschlages, mit dem Zersplittern der letzten Maschinengewehrgarbe. Die Stunde war da, und ihr Geruch war der von Leichen aus geöffneten U-Bahn-Schächten, ihr Schrei war der vergewaltigter Frauen, ihr Inhalt war Selbstentäußerung, war Abkehr vom Abendland, von den in Blitz und Donner gegebenen Gesetzestafeln, vom faustischen Ringen ... auch vom Saft der Reben und Minnesang, von pommerschen Gänsen, dem Käse aus Roquefort und den Elixieren der Mönche und Bauern aus Nussia, Fecamp und Cognac, denn nicht nur die Bücher der Kirchenväter, auch französische Kochbücher, italienische Fischsuppen, Käse- und Weinsorten, böhmisches Glas, homespun, und die Degenklinge aus Toledo gehören zum Abendland, und alles, alles, Qualität und Individualisierung und weltweite Kooperation war plötzlich in Frage gestellt. Das Amen in der Kirche, die Ziegel auf den Dächern, das Pflaster auf der Straße waren fragwürdig geworden, denn die Stunde war da, und ihr Ende war nicht abzusehen, und sie konnte Jahre dauern oder auch die allerletzte sein und immer währen.

Splüge wurde über die Straße getrieben oder nicht eigentlich getrieben; es ging langsam vorwärts, mit Aufenthalten auf Höfen, mit Stehenbleiben an Hausfronten. Zurufe in der fremden Sprache und der ausgestreckte Lauf der Maschinenpistole wiesen die Richtung. Es ging durch die Wilhelmstraße, durch die Leipziger Straße. Eine bekannte Gegend – und er war nicht allein, andere gingen vor ihm und hinter ihm, uniformiert und halbuniformiert, mit einer Ziviljacke oder mit einem Hut, so wie er einen aufhatte, ein Rinnsal noch und sollte zum Strom werden, zu einem Marsch von Hunderttausenden und sollten Million werden. Viele Russen kamen ihnen entgegen, nicht in Kolonnen, in aufgelöster Ordnung, stiegen aus den Kellern, mit Stühlen, mit Koffern, sprangen aus den Fenstern von Hochparterrewohnungen, mit Wanduhren, mit Stehlampen. Russen, Russenfrauen, Kühe und Schweine, ein fremdartiges Völkertreiben.

Und Leonore, was hatte er versäumt, was hatte er ihr noch sagen wollen? Daß sie plötzlich wie eine Dreizehnjährige aussah – hoch aufgeschossen, mit langen Zöpfen? Dabei trug sie doch das Kopftuch und sah streng aus und entschlossen, wie er sie nie gesehen hatte. Kein

Wort des Abschieds von ihr, auf der obersten Stufe des S-Bahn-Schachts war sie nach rechts, er nach links gegangen. So hatte der oben stehende Posten, der richtungweisende Lauf seiner Maschinenpistole die Scheidung durchgeführt. Er hatte sich nach ihr umgeblickt, da war sie bereits verschwunden, eingeschluckt von den zurückbleibenden Frauen, den Kindern und den Haufen von Gepäckstücken.

Die Zusammengetriebenen kamen über den Potsdamer Platz.

Kein Bordstein, keine Straßenbahnschiene, keine Asphaltdecke mehr. Zerstäubt, zermahlen, aufgeplustert zu einer Hügellandschaft. Eine ausgewalzte, durch Trümmerbrei sich windende Gasse, und in dem Auf und Ab der Geröllhaufen wieder eine Kuhherde, dahinter ein Treiber mit einer langen Peitsche. Ausgebrannte Autos, nasse Asche, verspritztes Hirn von Tieren, Blut, dazwischen Kuhfladen.

„Tuda!" rief der Posten und winkte die Karawane zur Saarlandstraße ein – Richtung Hallesches Tor, Richtung Tempelhof.

Die Stunde war da.

Anna Putlitzer in langen Hosen, mit einer Müllschaufel und dem Kehrichteimer aus ihrer Küche, stand vor einem Trümmergebirge, füllte den Eimer und reichte ihn weiter. Der Eimer und die Kette der Eimer gingen von Hand zu Hand, von Frau zu Frau, von der Mitte der Berliner Straße zum Straßenrand, wo die Behälter in ausgebrannten Kellern und auf den Ruinengrundstücken entleert wurden.

Aus ihrem eigenen Haus befand sich außer dem alten Riebeling nur die Schulzen, die Frau des Magistratsangestellten, bei der Trümmerkolonne. Die drei Töchter Quappendorf waren samt ihrem Vater von einem Weg aus Schmargendorf nicht mehr zurückgekehrt. Drücken sich natürlich – nun, wenn sie es fertigbringen! Aber es heißt, wer nicht enttrümmert, erhält auch keine Lebensmittelkarten. Wer nicht arbeitet, soll auch nicht essen. Nichts dagegen zu sagen!

Anna Putlitzer richtete sich auf. Kopftuch und Gesicht von Kalkstaub überpudert, blickte sie die lange Trümmerstrecke entlang. Riesige Mauerbrocken, das Geröll an manchen Stellen bis zur ersten Etage der Häuser hochgefegt, dazwischen Eisenträger, liegengebliebene Panzer, ausgebrannte Straßenbahnwagen. In dem bereits enttrümmerten Teil, der wie ein endloser Kanal durch die breite Ausfallstraße führte, bewegten sich Lastwagen und pferdebespannte Wagen mit Russen stadtwärts. Aus der Stadt heraus kamen ebenfalls Wagen, hochbeladen mit Maschinen und Fabrikausrüstungen, dazwischen graue Haufen deutscher Kriegsgefangener — Uniformierte und Männer in Mänteln und Hüten, alte und ganz junge.

„Meiner ist gestern zurückgekommen", sagte sie zu der Nachbarin.

Heiner war auf der Straße, wie er ging und stand, in einen der vorbeitreibenden Haufen eingegliedert worden. Bis Lichtenrade war er gelangt, dort hatte er sich in die Büsche schlagen können. Mit wundgelaufenen Füßen war er zurückgekommen, und Direktor Knauer hatte ihn in seine Demontagekolonne aufgenommen; dort war er vorläufig in Sicherheit.

Riebeling blieb neben den Frauen stehen. Dem alten Buchdrucker war auf dieser Seite der Straße die Aufsicht über die Enttrümmerungsarbeit übertragen worden. Anna Putlitzer wies auf die Trümmermassen.

„Es langt, Herr Riebeling, die nächsten hundert Jahre sind wir nicht mehr arbeitslos."

„Ja, ein bißchen viel", meinte Riebeling. „Bißchen viel, um mit bloßen Händen damit fertig zu werden, und mit Müllschaufeln und Kehrichteimern wird es auch nicht gehen."

Er humpelte weiter. Es sah aus, als ob eine Krähe mit einem gebrochenen Flügel sich von Mauerbrocken zu Mauerbrocken bewegte. Seit dem Ersten Weltkrieg hatte er ein beschädigtes Bein, und während eines kurzen Aufenthaltes in einem Konzentrationslager war es ihm aufs neue gebrochen worden. Riebeling, der so lange als Faktotum im Ullsteinhaus beschäftigt gewesen war, hatte an diesem Morgen den örtlichen Kommandanten aufgesucht und ihn veranlassen wollen, den im Straßenbahndepot stehenden Erdbagger für die Enttrümmerungsarbeit einzusetzen. Der Kommandant hatte abgelehnt. Der Erdbagger galt als Demontagegut und war für den Abtransport vorgesehen.

Unverständlich, wie es ohne mechanische Hilfsmittel gehen sollte! Dabei begannen Ingenieure schon auszurechnen, daß es sich in Berlin um eine zu bewegende Trümmermasse von einigen Millionen Kubikmetern handelt.

Gartenschaufeln, Wassereimer, Mülleimer, Körbe — sogar Brechstangen fehlten. Riebeling kam zu einer Gruppe Frauen, die sich mit einem Mauerbrocken von der Größe eines Findlings abmühten. Er war zu schwerer Arbeit körperlich außerstande, doch er legte ebenfalls Hand an.

„Hau-ruck! Hau-ruck!“

Die Trümmer am Alexanderplatz waren noch in Rauchschwaden gehüllt. Der Geruch nasser Asche und Verwesungsdunst erfüllten die Luft, und die Trümmerfrauen waren mit Staub bedeckt, ihre Kleider waren naß, und Kleider und Gesichter schlammüberzogen. Sie trugen Eisen- und Holztrümmer zusammen, sammelten Tote und Teile von Toten ein und fuhren sie auf einem Handkarren weg.

„Faß nur an, der merkt nichts mehr!“

„Aufräumen ist besser als Einreißen!“

„Und begraben werden ist in dieser Zeit vielleicht besser als weiterleben!“

„Leichter ist es – ob es besser ist, kommt noch darauf an; das hängt allein von uns ab.“ Ein Mann in mittleren Jahren mit glattrasiertem Gesicht und in grauem Anzug sagte es zu den Frauen. Sie waren alle da, Maria Riek und die andern aus dem Haus in der Landsberger Straße, auch der Leierkasten-Franz stand dabei. Der Leierkasten-Franz – er hatte von dem alten Willem die Liratedesca, die Sambuco, wie der sie genannt hatte, geerbt, bisher aber nicht viel Glück damit gehabt; nach den ersten Versuchen hatte der in dem Kasten steckende Granatsplitter die Blasebalge völlig verstopft.

„Wenn es allein von uns abhängt, dann kann es nicht schiefgehen!“ erwiderte Maria Riek.

„Zu schön, um wahr zu sein“, meinte Franz.

Der Herr im grauen Anzug drehte sich noch weiter auf dem Alexanderplatz herum. Er sprach deutsch, berlinerte sogar, und das war verblüffend. Er trug einen gewöhnlichen Anzug wie andere auch, doch der Anzug schien dennoch eine Verkleidung zu sein. Vielleicht war nur die Tatsache, daß ein gesunder Mann zwischen dreißig und vierzig Jahren hier frei herumging, so erstaunlich. Wie lange konnte das gut gehen? Franz blickte dem Davongehenden nach. Er wußte nichts von einer „Gruppa Ulbrichta“, nichts von einer Flugzeuglandung in Schönefeld, nichts von einem von der Roten Armee erteilten

Mandat und von der Berufung, die Herrschaft über dieses weite Trümmermeer und über das Land bis zur Elbe und endlich über ganz Deutschland anzutreten.

Berufen, aber nicht auserwählt!

Der im grauen Anzug befand sich auf dem Weg zur Wallstraße, wo die in Schönefeld eingetroffene „Gespensterregierung" zu ihrer ersten Sitzung zusammentrat.

Ein hoher Pfosten mit einem Turm von richtungweisenden Ortsschildern wurde aufgerichtet. Die Ortsnamen Potsdam, Spandau, Küstrin, Frankfurt, Karlshorst waren in kyrillischen Lettern angegeben. Vor dem Eingang zur U-Bahn produzierte sich ein Träger des Ordens „Held der Sowjetunion" in einem kaukasischen Volkstanz, und andere standen herum und klatschten dazu mit den Händen den Takt. — „Recht lustig, nicht wahr, aber nicht zu dicht rangehen!"

„Besser überhaupt nicht hinsehen!"

Am Eingang zur Dircksenstraße, unter den ausgebrannten Fenstern des Polizeipräsidiums, wurde ein Schild aufgestellt mit einem Stalintext, nicht in kyrillischen, sondern in handgemalten gotischen Buchstaben:

„Die Rote Armee ist frei vom Gefühl des Rassenhasses. Sie ist frei von solch einem entwürdigenden Gefühl, weil sie im Geiste der Gleichberechtigung der Rassen und der Achtung der Rechte anderer Völker erzogen ist. (Stalin.)"

„Da staunste, Maxe!"

Max Riek, der ebenfalls zum Arbeiten herangeholt worden war und Schrott einzusammeln hatte, machte ein abweisendes Gesicht.

„Achtung der Rechte anderer Völker – klingt doch ganz gut."

„Würde noch besser klingen, wenn wir nicht genau an dieser Stelle die Köpfe der Mädchen mit blonden Zöpfen aus dem Rinnstein aufgelesen hätten."

„Der Text ist gut, da gibt's gar nichts zu meckern."

„Ach Mann ...", sagte Frau Riek nur.

„Na ja, der Riek ändert seine Meinung aber auch zu schnell; ist doch kaum einen Tag oder zwei her, da hat er noch auf die Armee Wenck gewartet!" sagte eine der anderen Frauen.

Die Stunde war da.

In einer Privatwohnung am Schulenburgring in Tempelhof unterschrieb der letzte Befehlshaber über Berlin die Kapitulationsurkunde, auch eine ihm vorgelegte zusätzliche Erklärung. Er wurde nach Johannisthal gefahren und hatte dort seine Erklärung auf eine Schallplatte zu sprechen.

„Berlin, den 2. Mai 1945. Am 30. April hat der Führer uns, die wir ihm Treue geschworen hatten, im Stich gelassen. Auf Befehl des Führers glaubt Ihr noch immer, um Berlin kämpfen zu müssen, obwohl der Mangel an schweren Waffen, an Munition und die Gesamtlage den Kampf als sinnlos erscheinen lassen. Jede Stunde, die Ihr weiterkämpft, verlängert die entsetzlichen Leiden der Zivilbevölkerung Berlins und unserer Verwundeten. Im Einvernehmen mit dem Oberkommando der Sowjetischen Truppen fordere ich Euch daher auf, sofort den Kampf einzustellen. Weidling, General der Artillerie und Befehlshaber des Verteidigungsbereiches Berlin."

Lautsprecherwagen fuhren durch die Straßen Berlins.

Die Stimme des Generals, überdimensional verstärkt, hallte durch hohle Ruinenreihen und hinunter in Keller und durch Luftschächte und von Granaten gerissene Löcher in die U-Bahn-Schächte, hallte auch über das von Panzern durchfurchte Zoo-Gelände mit den zerstörten Raubtierhäusern und den von Splittern erschlagenen Löwen und Bären und Büffeln ... hallte durch das zertrümmerte Aquarium und über die zur Straße führenden Treppenstufen, auf denen, nach einer Nacht des Abschiednehmens, Polizeioffiziere und Polizeisoldaten und Frauen, manche eng umschlungen, betrunken oder auch tot nebeneinanderlagen.

Die Nachricht umheulte auch den Bunker am Zoo. Aus den Rohren der 15-cm-Geschütze auf dem Turm des Flakbunkers löste sich der letzte Schuß. Aber der Krieg wollte noch nicht verenden. Heulen und Zähneklappern und Nervenzusammenbrüche, Trunkenheit und Mord und Selbstmord ... Der Bunkerkommandant, mit flackernden Augen, einen Arm in der Binde, wollte die Erklärung Weidlings nicht zur Kenntnis nehmen. Er beschloß, mit allen Kräften, die ihm noch zur Verfügung standen und mit den Zivilisten, die ausgebrannt, verwahrlost, mit apathischen Gesichtern den Bunker umdrängten, über Spandau nach Westen durchzubrechen.

„Durchbruch nach Westen!"

„Marsch in die Freiheit!"

Den Bunker ließen sie hinter sich, mit Leichenhaufen, die bis unter die Decke gestapelt waren, mit Sterbenden und Verwundeten und einem Oberstabsarzt als Kommandanten.

Der Krieg wollte noch nicht verenden.

In Charlottenburg wurde von Wohnung zu Wohnung, von Dach zu Dach gekämpft. Unten plünderte die Bevölkerung die Läden, die Bäckereien, Apotheken, die Seifengeschäfte. Auf der Straße zogen Pulks von Fahrzeugen, Panzer, Geschütze, Soldaten mit und ohne Waffen und Haufen Zivilisten, die letzte Habe auf dem Rücken, Frauen, Kinder, Greise, über Westend und Spandau nach Westen.

Und die Havelbrücken in Spandau, die Schulenburgbrücke und die Charlottenbrücke – dreimal in den Händen der Russen und dreimal wieder zurückgenommen – wurden zum viertenmal von den aus Berlin herantreibenden Haufen eingenommen und überschritten. Zwanzigtausend ... in drei Wellen. Hinter dem Bahndamm, auf Wassertürmen, auf den Dächern der zertrümmerten Häuser lagen die Russen. Der Brunsbütteler Damm lag unter ihnen in einer Länge von drei Kilometern, wie ein langausgestreckter, flacher Teller. Die Herankommenden fielen reihenweise. Panzer bahnten sich den Weg durch Haufen zusammengeschossener menschlicher Körper und steckten dann fest.

Russische Parlamentäre.

Sie warnten davor, weiterzugehen und verlangten die Rückkehr nach Berlin. Die Soldaten wollten nicht, auch die Zivilisten wollten nicht – sie hatten Berlin hinter sich und fürchteten den „russischen Frieden" mehr als russische Maschinengewehre. Die Welle setzte sich abermals in Bewegung. Zwanzigtausend auf dem Marsch ins Nichts. Keiner sah Nauen, keiner sah Döberitz. Die Bewegung zerflatterte am Rand der Vorstadt Staaken. Zurück blieb eine blutige Spur. Blut troff von der Schulenburgbrücke und der Charlottenbrücke in die Havel. Auf den Brückenstufen lagen Tote und auf den Wiesen und Feldern und in den Gärten neben dem Brunsbütteler Damm, in Hausfluren und Kellern, überall Tote und Sterbende, und die Überlebenden, nur kleine Häuflein, gelangten in Kriegsgefangenschaft.

Es gab keinen „Weg in die Freiheit".

Die Stunde war da – kein Wasser, kein Licht, kein Kochgas, kein Glas in den Fenstern. Man mußte sich behelfen. Wasser gab der nächste Hydrant, und wenn der zerschossen war, holte man es aus dem nächsten Löschteich. Kochgas war zu entbehren, es gab genug Trümmerholz, um ein Kochfeuer zu unterhalten. Ohne Licht mußte es auch gehen; wenn der Himmel keins gab, ging man schlafen. Es gab auch keine Zeitungen, keine Straßenbahn, keine Post, es war nicht möglich, von einem Stadtteil zum anderen zu gelangen oder eine Nachricht zu senden.

Riek war auf Arbeit – auf Demontage. Auf einem Lastwagen war er mit einer ganzen Kolonne in einen anderen Stadtteil gefahren worden. Er kam zum Schlafen nicht zurück in die Wohnung. Frau Riek kam nach Hause vom Enttrümmern. In ihrer Küche saß Franz. Er hockte am Boden, um sich hatte er hundert Teile der zerlegten Drehorgel liegen.

„Du demontierst wohl auch?“ fragte sie.

„Nein, meine Liebe, ich will sie in Gang setzen!“

„Gibt's doch wenigstens einen, der nicht mit Abbau, der mit Aufbau beschäftigt ist!“

Sie war über und über verstaubt, hatte Hände rauh wie Mauersteine und verschmiert von Ruß und Harz. Es war kein Wasser da, und sie nahm zwei Eimer und ging zur Tür und die Treppe hinunter. Unten im Hausflur schlossen sich ihr noch zwei Frauen mit Eimern an. Keine ging gerne allein über die Straße.

Maria Riek war die Jüngste. Sie pumpte nicht nur in ihren Eimer, begann zuerst die der anderen zu füllen. Plötzlich sah sie sich allein, nur die Eimer standen um sie herum. Die beiden Frauen liefen, strebten so schnell sie konnten, ihrem Hausflur zu. Drei Russen, die um die Ecke gekommen waren und die Frauen weglaufen sahen, schossen hinter ihnen her. Für sie war es zu spät, den andern zu folgen und es war aus Angst, daß sie den Pumpenschwengel fester packte und weiterpumpte, als ob nichts um sie her geschähe.

Ein Russe kam zurück, ein kleiner Kerl.

„Warum du nicht laufen?“

Sie starrte ihn an.

„Du keine Angst?“

Was sollte sie erwidern?

„Nein, keine Angst!“ sagte sie.

Er rührte sie an, klopfte ihr auf die Schultern, wiederholte: „Du keine Angst vor Ruski?“

„Nein, keine Angst vor Ruski!“

„Oh, du gutt Frau. Ich Wasser für dich!“ Er nahm ihr den Pumpenschwengel aus der Hand, füllte die Eimer, fragte dann: „Deiner?“

„Dieser und dieser da auch.“

„Ich trage für dich, wo du wohnen?“

Wie sollte das weitergehen – oben in der Wohnung wartete der Franz. Sie kamen oben an und sie klopfte. Franz machte auf, und dann geschah weiter gar nichts. Der Russe brachte eine Erklärung an: „Du haben gutte Frau!“ sagte er zu Franz. „Haben keine Angst vor Ruski. Ich für Frau Wasser holen.“

Die beiden Eimer wurden in die Badewanne entleert. Und da sie ihn los sein wollte, nahm sie die leeren Eimer, um aufs neue zu gehen. Aber der Russe wehrte ab: „Du bleiben, ich holen Wasser.“

Er ging, kam zurück, ging wieder, füllte die ganze Badewanne auf, stand noch herum, beobachtete interessiert Franz bei seiner Arbeit und wandte sich dann zum gehen.

An der Tür fragte er: — „Du viel Wasser brauchen?“

„Oh, Wasser brauche ich viel. Von den Bomben ist alles schmutzig, muß alles abgewaschen werden.“

„Ich morgen kommen und bringen Wasser.“

So kam Maria Riek zu einem täglichen Besucher.

Wenn sie abends von der Arbeit zurückkehrte, stellte er sich ein, holte Wasser, saß dann neben Franz in der Küche und versuchte, ihm bei seiner kniffeligen Arbeit zu helfen. Die auseinandergenommene Drehorgel interessierte ihn mehr als alles andere, auch mehr als die Frau. Seine Handgriffe stifteten dann so viel Verwirrung, daß Franz am nächsten Tag zu tun hatte, alles wieder in Ordnung zu bringen. Einmal erklärte Mathwei, daß er Urlaub hätte und über Nacht bleiben wolle. Es blieb ihr nichts anderes übrig, als ihm auf dem Sofa ein Lager zu richten. Er war zufrieden und schlief die ganze Nacht, trank morgens Gerstenkaffee, aß von dem Brot, das er selbst gebracht hatte und verließ mit ihr zusammen das Haus, ohne daß etwas geschehen wäre.

Und Riek kam zurück, für einen Abend und eine Nacht nur.

Sie saßen am Küchentisch – Riek, ein Kollege, den er mitgebracht hatte, Mathwei und Franz, und Frau Riek bereitete „aus nichts und Wasser" irgend etwas zu essen. Mathwei hatte pünktlich in seinem Quartier zu sein und verabschiedete sich bald. Riek arbeitete am Anhalter Bahnhof, an der Signal- und Fernmeldestation, der größten ganz Deutschlands.

„Zuerst haben sie dort alles kurz und klein geschlagen und Feuer angelegt, alle Schalter und Verbindungen sind verschmort, und das war schon nach den Kämpfen – und jetzt wollen sie die Station abtransportieren; aber vorher sollen wir alles wieder so herstellen wie es war", erzählte Riek.

„Ja, der Russe ist unberechenbar", meinte der Kollege.

„Ist ja Unsinn – ‚der Russe', das gibt es überhaupt nicht", warf Franz ein.

„Weiß ich, weiß ich, es gibt verschiedene, wie überall. Aber irgendwie stimmt's nicht; die sind alle gleich."

Er blieb bei seiner Behauptung:

„Der Russe ist unberechenbar. Er kann Frauen vergewaltigen und Kinder umbringen, aber du kannst ihn um den Finger wickeln, wenn du mit ihm umzugehen verstehst."

„Und es gibt welche, die verstehen schon zu gut mit ihnen umzugehen", sagte Riek mit einem scheelen Blick auf seine Frau.

„Überlegt euch lieber, wie etwas zu essen auf den Tisch kommen soll!" unterbrach die Frau das Gespräch. „Für das Geld, das du mitgebracht hast, kannst du nicht eine einzige Kartoffel kaufen, für Geld gibt es überhaupt nichts mehr", sagte sie zu ihrem Mann.

Franz ging an seinen Mantel, holte eine Flasche Schnaps heraus und überreichte ihr die Flasche.

„Das ist etwas anderes, das kann man eintauschen. Dafür gibt es Butter, vielleicht auch ein Stück Speck", sagte sie.

Die Stunde war da und währte schon viele Tage.

Die große Stadt, die jüngste unter den Hauptstädten Europas, war geschleift und ein weites verlassenes Schlachtfeld – ohne Strom und Wasserleitung, ohne Post und Verkehr, ohne Ernährung, Fürsorge und

Gesundheitswesen. Eine Stadt ohne Stadtverfassung und ohne Stadtverwaltung, aufgesplittert in hundert Dörfer mit ebensovielen Ansätzen für eine neue Ordnung, von der noch niemand wußte, wie sie sein würde.

Der Leiter der improvisierten Polizeistelle in Schmargendorf, Günther Sarfeld, hatte seine Mitarbeiter um sich versammelt. Einige Rechtsanwälte, zwei Gerichtspräsidenten, ein Syndikus, ein Steuerberater – Zivilkleider, rote Binde am Arm: das war der Stab der neuen Polizei.

Der Blick von seinem Arbeitsplatz ging auf die Laubacher Straße. Eine Gulaschkanone stand vor dem Haus. Polstersessel standen herum, auch ein Sofa, auf dem ein Rotarmist schlief. Frauen saßen an Nähmaschinen und nähten Fahnen. Ein Pferd, den Körper von Schüssen zerfetzt, zog langsam seines Wegs. Es ließ den Kopf tief hängen und knickte bei jedem Schritt auf den Hinterbeinen ein.

Sarfeld hatte einen Zettel in der Hand. Eine Liste dringender Aufträge seines Kommandanten. Hundert Eimer und eine Anzahl Besen sollte er beschaffen, Arbeitskräfte stellen, Maurer, Schreiner, einen Elektriker und drei Friseure, nochmals zweiundachtzig rote Flaggen nähen lassen und selbstverständlich auch das Tuch dazu besorgen. Er schrieb die notwendigen Befehle und Vollmachten und schickte seine Helfer aus, um die verlangten Dinge zu beschlagnahmen. Er gab einer Sekretärin Auskunft, die von ihm wissen wollte, nach welchen Gesichtspunkten sie die verlangte Personalkartei anzulegen hätte. Als er wieder aufblickte, war das verwundete Pferd bis zur Straßenecke gekommen. Niemand dachte daran, ihm den Gnadenschuß zu geben, und er selbst und seine Polizei waren ohne Waffen. Der Posten auf dem Sofa hätte es tun können, doch der schlief noch. Eine Anzahl Männer waren damit beschäftigt, die Straße zu säubern, sie hatten keine Besen, hatten sich aber zu helfen gewußt und fegten mit Sträuchern und Zweigen, die sie aus dem Boden und von den Bäumen gerissen hatten, und wirbelten eigentlich nur Staub auf. Eine kleine Trauergemeinde, ein Vater mit einem in Papier eingewickelten kleinen Leichnam auf einem Handkarren, dahinter die Mutter und ein paar halbwüchsige Kinder, hielt vor dem Haus an. Sie fragten die Frauen an den Nähmaschinen nach einer Begräbnisstätte. Doch sie wußten keine.

„Irgendwo in einem Park, auf einem Hof“, sagte eine.

Ein Auto kam die Straße herunter und hielt. Der örtliche Kommandant stieg ab und stand im nächsten Moment vor Sarfeld.

„Du gleich kommen, da sitzt Kommandant!"

Und da saß, nur ein paar hundert Meter weiter – und saß wirklich auf der Straße auf einem Bordstein – ein Regimentskommandeur mit einer Knöchelverletzung und sagte:

„Ich brauche also binnen" – er blickte auf seine Armbanduhr – „Es ist jetzt mittag, ich brauche bis abends sechs Uhr eine Schule mit einigen hundert Feldbetten, einen Kral für zweihundert Pferde, Garagen für fünfzehn Autos, drei Villen für meine Offiziere und noch ein paar Villen für meine Unteroffiziere."

„Es ist ganz unmöglich, das bis sechs Uhr alles zusammenzubringen. Ja, wenn ich ein Auto hätte!"

Sarfeld erhielt ein Auto, dazu einen Major, der etwas Deutsch verstand. Eine Schule war bald gefunden; aber Frauen zusammenzubringen, die die Schule einrichten sollten, während eine russische Truppe vor dem Gebäude lagerte, das war bedeutend schwieriger. Sarfeld war pausenlos beschäftigt. Doch bis abends sechs Uhr hatte er sein Soll erfüllt. Er war müde, wie nach einem Tagewerk in einem Steinbruch. Es war leichter, ein Shakespeare-Drama zu inszenieren, bei dem am Schluß die Hauptdarsteller als Leichen unter dem fallenden Vorhang liegen, als in einer Szenerie wirklicher Ruinen und wirklicher Leichen inmitten einer apathischen Bevölkerung und umgeben von Vergewaltigern und Plünderern den Polizeileiter zu spielen.

Und was war der Sinn seiner Tätigkeit, was war der bleibende Gehalt dieses ohne Ende abrollenden Dramas? In der Welt Shakespeares gelangte er über Exposition, Peripetie und Katastrophe zu einem Sinnbild des Lebens. Was aber war hier das Ende, was kam dabei heraus, wenn er den Leuten ihre Wassereimer, die roten Inletts ihrer Federbetten, schließlich Tische, Stühle, Betten, ganze Wohnungen wegnehmen ließ? Er wußte keine Antwort darauf. Es war richtig, daß er überflüssige Härten und Mord und Totschlag bei der unvermeidlichen Prozedur vermeiden konnte, doch das war zu wenig. Zermürbt machte er sich auf den Rückweg. Unzufrieden mit sich selbst kam er in die Laubacher Straße zurück. In seinem Büro traf er Dr. Linth an. Und das war es dann schließlich – die achtzehn

Frauen, die er unter dem Schutz der russischen Kommandantur bei sich hatte aufnehmen können, und das Tun seines zufälligen Weggenossen durch den Grunewald, des Dr. Linth, der im gleichen Haus eine Sanitätsstelle improvisiert hatte: das war, bis jetzt jedenfalls, das einzig Sinnvolle, das er zuwege gebracht und an dem er teil hatte.

Zu wenig, viel zu wenig – schließlich lebten dreieinhalb Millionen Menschen in Berlin und allein in seinem Bezirk bevölkerten einige Hunderttausend die Straßenzüge, die noch in jeder Nacht in lauerndem Schweigen erstarrten, nur unterbrochen von Schreien, die über die dunklen Höfe hallten.

Mißmutig warf er seine Aktentasche auf den Tisch. Linth blickte ihn an, aus Augen, die um so größer wirkten, als das Gesicht in wenigen Tagen bis auf die Skulptur des Kopfes eingesunken war.

Beide waren allein im Raum.

„Ich habe mir doch manches anders vorgestellt. Als ich das hier übernahm, habe ich gedacht, die Befreier kommen, und nun sieht es etwas anders aus. Nun, mit dem Kommandanten läßt sich reden, das stimmt. Aber es ändert sich nichts ... nichts, nichts!"

„Vielleicht doch!" — „Wieso?"

„Menschliches Tun bleibt niemals ohne Wirkung."

„Was bedeutet es schon, wenn hier vielleicht anderthalb Dutzend Menschen ‚tabu' sind!"

„Ich habe Frau Halen durchgebracht. Es gelang auch ohne Penicillin, das wir nicht haben. Sie ist aus dem Kindbettfieber heraus."

„Eine – und tausend andere?"

Tausend andere ... Linth kam aus einem Keller, aus einem großen Wohnblock der AEG. Er hatte dort eine Sechzehnjährige angetroffen, die viele Male mißbraucht worden war. Sie hatte geweint, und der Russe bei ihr hatte gesagt: „Du nicht weinen!" und als sie nicht aufhörte, wiederholt: „Du nicht weinen, du nicht weinen!" Das nicht aussetzende Wimmern des Mädchens hatte ihn gestört, und er hatte nach dem Messer gegriffen und es ihr in beide Augen gestoßen. Die Arteria orbitalis in der Tiefe der Augenhöhlen war getroffen worden und das Mädchen mußte verbluten. Sie war fast tot, als er zu ihr gerufen wurde. Er hatte ihr nicht mehr helfen können. Tausend anderen hatte er nicht helfen können – einer hatte er geholfen.

„Ja, es ist wenig, menschliche Hilfe ist immer begrenzt", sagte Linth. „Aber menschliche Hilfe auch nur in einem Fall ist mehr als eine Hilfe. Die Idee der Menschlichkeit wird so lebendig erhalten, Herr Sarfeld."

Die Stunde war da, und sie wußten es nicht.

Ein Krieg war zu Ende gegangen und die Glocken hatten nicht geläutet, die Verdunkelung hatte nicht aufgehört, das gepferchte Dasein in den Kellern ging weiter, und Angst blieb der Gast, der mit am Tisch saß und der das Lager teilte. Wie vorher erglühte in den Nächten der Himmel – nur daß die dumpfen Kanonenschläge, die pfeifenden Leuchtraketen, die in die Lüfte steigenden Strahlenbündel Siegesböller und Friedenssalute waren, und es gab keine Deckung und kein Verkriechen in Kellern und Schuttlöchern. Die Angst war körperhaft geworden und hatte ihr Gesicht entschleiert.

In Tempelhof war eine Kapitulation unterzeichnet worden, und die Nachricht darüber hatten Lautsprecherwagen noch bis an die Keller und an die kämpfenden Haufen herangetragen. In Karlshorst, auf dem Gelände der Pi-Schule, senkte der letzte Chef des Oberkommandos der Wehrmacht, Keitel, seinen Marschallstab vor den versammelten Vertretern der Siegermächte, steckte sein Monokel ein, stapfte plattfüßig zu dem bereitgestellten Tisch und unterschrieb für die gesamte deutsche Wehrmacht die Kapitulationsurkunde – und eine Woche und noch eine Woche verging, bis Gerüchte über die vollzogene bedingungslose Kapitulation zu den Bewohnern der an vielen Stellen noch brennenden und schwelenden Stadt drangen.

Berlin erhielt einen neuen Oberbürgermeister und wußte es nicht.

Ein siebenundsechzigjähriger pensionierter Regierungsbaumeister Dr. Werner war morgens, als er die Blumenbeete und Sträucher in seinem Garten sprengte, von einem Herrn in einem grauen Straßenanzug angesprochen und eingeladen worden, mit ihm eine Fahrt zu ehemaligen Reichstagsabgeordneten zu machen. Er wußte dann nicht, als er in einem von Russen gelenkten Wagen saß, ob er verhaftet oder entführt werden sollte. In einer Villa in dem östlichen Vorort Friedrichsfelde stand er dem ehemaligen Reichstagsabgeordneten, einem Mann mit einem kleinen Leninbart, gegenüber. Er erhielt zu essen und zu trinken und durfte sich, als er müde war, auf einem Sofa ausstrecken und schlafen, um den sowjetischen Stadtkommandanten, den Generalobersten Bersarin, zu erwarten, der abends erst eintraf und ihm durch seinen Dolmetscher sagen ließ, daß er ihn zum Oberhaupt der Stadt Berlin ausersehen habe.

Vierundzwanzig Stunden später zog Dr. Werner an der Spitze des neugebildeten Magistrates in die Parochialstraße ein. Nach nochmals zwei Tagen entfaltete er in feierlicher Versammlung unter Anwesenheit des Generalobersten Bersarin und der Mitglieder seines Stabes das Manuskript seiner Antrittsrede, das er mit der Unterstützung jenes Herrn im grauen Anzug, des zu seinem Ersten Stellvertreter bestimmten Herrn Maron, aufgesetzt hatte und das inzwischen von der sowjetischen Militäradministratur genehmigt worden war.

Er sprach von den Leiden Berlins unter Hitler.

„*Dieser Tyrann*", sagte er, „*hat selbst einen Dschingis-Khan übertroffen, der ums Jahr 1200 mit seinen Horden sengend und brennend durch die Städte zog. Wir atmen erleichtert auf und sind der Roten Armee im Verein mit der englischen und amerikanischen Armee zu ungeheurem Dank verpflichtet. Hitler hat Berlin zu einer Stadt der Zerstörung gemacht. Wir werden Berlin zu einer Stadt der Arbeit und des Fortschritts machen ...*

Herr Marschall Schukow, der Eroberer von Berlin, hat bereits angefangen, die Wunden zu heilen, die Hitler dem deutschen Volk geschlagen hat. Während der kurzen Zeit der Besetzung ist im Leben und Treiben der Stadt ein ansehnlicher Aufschwung zu verzeichnen, der fortwährend im Steigen begriffen ist. Sowjet-Ingenieure arbeiten in Berlin mit. Ihre Tätigkeit hat bereits zu großen Erfolgen geführt. Wasser ist bereits auf vielen Grundstücken vorhanden. Auch die Elektrizitätsbetriebe beginnen wieder in Funktion zu treten. Die Aufräumungsarbeiten machen gute Fortschritte, in mustergültiger und erfreulicher Weise arbeitet hier neben dem Mann die Frau. Wir danken unserem Herrgott, daß er uns die Gnade erweist, diese Zeit mitzuerleben und die Saat einer neuen Zeit zu streuen. Ein Geist von ehrlicher Liebe und Eintracht wird und muß wieder durch das Deutsche Reich wehen. Unsere antifaschistische Einheit hat uns zu den ersten sichtbaren Erfolgen geführt; sie ist das Unterpfand der Neugeburt des deutschen Volkes. Wir schließen unsere Feier mit dem Aufruf: Es lebe Berlin!"

Berlin hatte wieder einen Oberbürgermeister und erfuhr es erst Tage später. Berlin hatte wieder einen Magistrat und niemand kannte die neuen Namen.

Der ehemalige Reichstagsabgeordnete, der kurzbeinige Herr mit dem Leninbart, der aus allen Reinigungsgewittern als Überlebender Nummer eins hervorgegangene Mann ohne Eigenschaften lud zu einer Funktionärskonferenz ein.

Der halbe Berliner Magistrat war anwesend – nicht der Oberbürgermeister, aber einige seiner Stellvertreter, der Leiter der Planabteilung, der Leiter für Personalfragen, die Leiter der Abteilungen für Sozialfürsorge, für Arbeitseinsatz, für Kirchenfragen . . ., die auf den Bezirksämtern, bei der Enttrümmerung, bei der Demontage eingesetzten Antifaschisten, Frauen und Männer und Jugendliche, Vertreter der Straßenobleute, der Haus- und Blockvertrauensleute, auch der Buchdrucker Riebeling und der Fotograf Putlitzer aus Tempelhof, der Schuster Haderer, der Werkzeugschlosser Reimann aus Weißensee.

Alle, alle kamen.

Die aus Zuchthäusern und Gefängnissen und Lagern Befreiten, die vom Schafott Geretteten, die Untergetauchten. Wie viele Bekannte hier wieder auftauchten, lange nicht gesehene, von Entbehrungen und Leiden gealterte und manchmal verstümmelte, aber vertraute Gesichter! Fast tausend und mehr Menschen waren versammelt und im Saal roch es noch nach Zerstörung und kaltem Rauch. Die Atmosphäre war geladen mit Hoffnung, Vertrauen, mit einem Vorgefühl von Außerordentlichem. Der Redner kam aus Moskau und mußte mitten in dem hereingebrochenen chaotischen Geschehen eine Deutung haben für so viel Unverständliches. Den Novizen mußte er eine Offenbarung bringen. Die Alten, die ihn noch kannten, durften nach der überstandenen Zeit der Dunkelheit, der Internierung, der Abgesondertheit, von ihm, dem Eingeweihten, eine umfassende Analyse des weltpolitischen Geschehens erwarten; überdies meinten sie, daß er ihnen, ganz am Rande natürlich, auch einige Erklärungen über das etwas sonderbare Verhalten der „sowjetischen Befreier" schuldig wäre, das auf Schritt und Tritt ihre Arbeit erschwerte und ihre Propaganda taube Ohren finden ließ.

Der Redner kam.

Er kam gemächlich und auf weichen Sohlen. Ein Feldwebel in Filzpantoffeln, ein allwissender Kater – wie in früheren Zeiten in Zellenversammlungen. Einen Bart hatte er sich angeschafft, wirkte etwas nachgemacht, das Original war bekannt.

Feierliches Gedenken den Opfern der Naziherrschaft. Alle standen auf und nahmen wieder Platz und der Redner begann. Atemloses Schweigen und auf den Gesichtern Erwartung. Die Rede ließ sich an wie der Bericht eines Rechnungsprüfers. Die Einfachheit des Ausdrucks brauchte allerdings nichts zu besagen, auch ein anderer, ein großes Vorbild, aller Vorbild, redete einfach und man hatte sich sagen lassen, daß auch er, der berühmte Zeitgenosse, mit einem Anflug von Dialekt spricht. Auch der Kotau vor der „siegreichen Roten Armee" war einleitend und nach Lage der Dinge wohl unvermeidlich. Aber nach einiger Zeit hätte es damit sein Bewenden haben können. Er orgelte etwas zu lange über die „tapferen Russen", und ganz so war es schließlich nicht. Und „tapfer", wenn man darüber reden will, waren andere auch, die wenigen und schlechtbewaffneten Werkschutz- und Volkssturmleute, die tagelang den Lorenzbunker hielten, die Berliner Polizisten, die die Oberbaumbrücke zurücknahmen, die Hitlerjungen an den Havelbrücken, die sich von fünftausend auf ein Häuflein von fünfhundert einschmelzen ließen, ohne zu weichen – schließlich kommt es auf das Ziel an, und darüber sollte er reden.

Der alte Riebeling machte in Gedanken seine Randglossen, doch er hörte aufmerksam zu und auf seinem Gesicht war noch Gespanntheit, als andere schon begannen, nach links und rechts zu blicken, um bekannte Gesichter in den Reihen zu betrachten.

Berlin war die Räuberhöhle der braunen Banden – wissen wir, wissen wir, Genosse Redner! Die Einnahme der Reichshauptstadt traf die Hitlerbande mitten ins Herz, stimmt und gut und vorbei, aber wie geht es nun weiter? Die Befreiung unseres Landes von der Hitlerbande ist nicht durch unser Volk, sondern erst durch die Waffengewalt anderer Völker geschehen – auch das ist wahr, bitter wahr, aber auch dieser Satz weist kein Ziel und bietet keine Grundlage! Oder etwa doch? Von dem Redner jedenfalls wurde dieser Satz wie ein Grundsatz akzentuiert und war in der Tat – das stellte sich im Fortgang der Rede heraus – der barbarische Grundsatz, aus dem er die Schwere der Niederlage und in logischer Folge eine völlige Rechtlosigkeit der Niedergeworfenen ableitete. — Keine Rechte – nur Pflichten:

Die Pflicht, zu gehorchen und Befehle auszuführen. Die Pflicht, zu arbeiten und nicht zu fragen, zu arbeiten und zu demontieren, zu enttrümmern – ohne Erdbagger, ohne Hebewerkzeuge, mit Eimer und Besen und bloßen Händen. Die Pflicht zu schweigen, wenn Menschen wilden Tieren vorgeworfen werden.

Der Redner zog ein umfangreiches Manuskript zu Rate.

Zahlen, Zahlen ...

Zerstörungen in der Ukraine, im Kuban, in Bessarabien, in Weißrußland, im Kaukasus. Die Schuld wuchs riesengroß, und der Mensch, dem sie aufgebürdet wurde, war zerschmettert und hatte kein menschliches Gesicht mehr, kein Recht auf menschliche Ernährung, menschliche Bekleidung, war ohne Haus, ohne Hosen ... eine Laus. Reparationen in Höhe von zwanzig Milliarden Mark summierten sich am Ende.

„Eine schwere Zeit steht vor unserem Volke, die Zeit einer ernsten Prüfung. Unser Volk muß den Beweis erbringen, daß es dieser Wandlung fähig ist. Unter der militärischen Besetzung des Landes wird es den Schaden ersetzen müssen, der durch den Hitlerkrieg und die Hitlerbarbarei anderen Völkern, besonders dem großen Sowjetvolk zugefügt wurden. Unser Volk wird diese Pflicht erfüllen in der Erkenntnis ihrer Notwendigkeit, weil es nur so den Weg zu seinem eigenen Wiederaufstieg findet ...“

Es wurde nichts aus einer Analyse der weltpolitischen Lage. Die zu Thesen eingeschmolzenen Beschlüsse der Konferenz von Jalta präsentierten sich als Befehle. Kein Wort über die in vollem Aufruhr befindlichen ehemaligen Kolonialgebiete, über Brennpunkte des Nachkriegsgeschehens in Belgien, in Griechenland, über widerstreitende Interessen, über Strömungen in Amerika, die das Schicksal Deutschlands mitzubestimmen hatten, kaum eine Andeutung über den Platz, den das deutsche Volk doch einmal wieder einnehmen mußte.

Proklamierung einer Arbeitsethik im Ton eines Rechenschaftsberichtes. Und diese proklamierte Ethik war keine „nachchristliche und höhere“, wie sie Sozialisten in aller Welt für sich in Anspruch nehmen, es war eine vorchristliche und barbarische.

Die hochgespannten Hoffnungen waren zerschlagen. Hundert Fragen erhielten unheilvolle Antwort. Die erste Funktionärskonferenz enthüllte sich als Paroleausgabe: Arbeitsdisziplin, Parteidisziplin, Unterwerfung unter das Diktat des Siegers.

Parole: Arbeiten und die vorgeschriebenen Normen erfüllen und übererfüllen! Arbeiten, ohne mitzuraten und ohne Aussicht auf demokratische Mitbestimmung, denn befohlene und dirigierte Parteien und Verbände sind keine demokratischen Institutionen.

„Antreiber Nummer Eins, der vom Kaiser eingesetzte Vogt, und wir des Kaisers Unken und Eulen: Das war schon einmal so, das war immer so, nichts Neues!" Das sagte Riebeling auf dem Heimweg zu dem Fotografen Putlitzer. „Aber schließlich, arbeiten müssen wir ja, zerschlagen worden ist genug, und ohne Wiedergutmachung ist kein neues Beginnen."

„Und nichts wird so heiß gegessen, wie es gekocht wird", meinte Putlitzer.

Neues Beginnen war auch das Thema in einer Villa in Zehlendorf. Teppiche lagen am Boden, echte Bucharas und Perser. Antike Möbel, bequeme Sessel, eine Bibliothek, Blick in den Wintergarten. Alle Fenster waren heil aus dem Keller gezogen und wieder eingesetzt worden. Der Direktor der Deutschen Bank, Baron von Stauß, hatte hier gewohnt und das Weite gesucht. Der Dichter aus dem Moskauer Flugzeug, prominentes Mitglied der in Berlin eingeflogenen „Gespensterregierung", war in dem verlassenen Haus eingezogen. Doch eine bürgerliche Wohnung ohne bürgerliche Umgebung, ohne die Sicherheit eines festgefügten bürgerlichen Milieus, mitten in den Untergangsstrudeln der verurteilten bürgerlichen Gesellschaft: das ist allenfalls ein Museum und ebensowenig zu bewohnen, wie die museale Nachbildung der Villa eines pompejanischen Patriziers. Und ein Haus von sowjetischen Gnaden ist zerbrechlicher als Glas und ebenso durchsichtig. Augen blicken dir beim Schreiben über die Schulter. Ohren hören, was du im Schlafe sprichst. Hände öffnen dir Türen und den Schlag deines Autos. Und du traust dem Sessel nicht, auf dem du Platz nimmst, traust den dienenden Händen nicht, traust dir selbst nicht mehr. Wie traumhaft schön war einmal die aus gehobelten und gefirnisten Planken gefügte

Blockhütte im gleichen Zehlendorf, auch die in einem schwäbischen Tal aus einem Holzschopf gewordene versteckte Klause... einmal so wirklich, und nun nur noch Zeile eines Gedichtes, hingeschrieben am frühen Morgen, wenn alles noch schweigt und das Blatt Papier unter den Händen heller ist als der vor dem Fenster eben beginnende Tag.

Vorbei.

Für immer...

Wirklich ist die Unwirklichkeit, wirklich ist auch der Auftrag: die Aufzäumung eines riesigen trojanischen Pferdes. Soweit verlief alles programmäßig. Die Linksneigung unter den Berliner Intellektuellen der zwanziger Jahre war nicht ohne Spuren geblieben. Die Berliner Intelligenz zeigte sich aufgeschlossen. Er wurde begrüßt, traf an vielen Stellen Bekannte an, brauchte nur offene Türen einzulaufen. Es gab auch müde und abgekehrte Gesichter, gab auch peinliche Momente — unvermeidlich in einer Stadt, in der der Tod schon müde wurde. Er kam in eine Wohnung, und die Gesichter waren verweint, weil in der frühen Morgenstunde des gleichen Tages der fünfzehnjährige Sohn als „Werwolf" abgeholt worden war. Dabei hatte der Junge niemals irgendeiner Formation angehört, und von Werwölfen war weit und breit nichts bekannt. Oder er kam in der Pfeddersheimer Straße zu einem namhaften Architekten und betrat fast zugleich mit ihm die verwüstete Wohnung, die der Wohnungsinhaber nach wochenlanger Besetzung durch eine russische Abteilung eben zurückerhalten hatte.

„Kultura, mein Lieber, kommen Sie, sehen Sie sich das an!"

Und er sah und hörte. Er sah die Frau weinen, hörte die Kinder jammern: „Papa, hier können wir nicht bleiben!" Es war fast kein Durchkommen. Die Kellertreppe war vollgeknallt: Möbel, die Trümmer einer Anrichte, Bücherregale, Stühle, ein Nähtischchen, ein Toilettentisch, obenauf Scherben und ausgelaufene Marmelade und Eingemachtes und Fäkalien. Überall im Hause Fäkalien, auf Matratzen, auf Federbetten, auf Teppichen, in den Ecken. In den Zimmern waren Schränke umgekippt, und auf den Rückenflächen lagen Matratzen aus anderen Häusern. Im Garten zwischen Haufen Pferdemist und herumstehenden und dem Regen ausgesetzten Polstersesseln stand ein Schrank von riesigem Ausmaß, eine alte Einlegearbeit. Der Hausherr öffnete wortlos die Tür. Der Schrank war zum Abtritt geworden. „Wir haben im Haus zwar ein Wasserklosett, aber sie fanden es so bequemer." Er bückte sich und nahm von einem Haufen mit der Forke zusammengeschleuderter Bücher den Band einer alten flämischen Chronik in die Hand. „Kultura, mein Lieber — aber so kann das ja nicht weitergehen, etwas muß geschehen. Ich komme also, ich danke Ihnen für die Einladung."

Das war der Architekt Poppert, und der Besuch bei ihm war peinlich gewesen. In Hermsdorf, wo er einen Sinologen von europäischem Ruf aufsuchte, hatte er nicht nur peinliche, dort hatte er im wirklichen Sinn des Wortes qualvolle Minuten durchzumachen. Ein einfach möbliertes Mansardenzimmer, ein Mann, weit jünger, als man es sich vorstellte, und in einer Ecke, von einem Vorhang kaum abgetrennt, ein Lager und darauf eine ruhend ausgestreckte Schneewittchengestalt, unsichtbar bedeckt schon von einem gläsernen Sarg. Der Mann mit dem jungen Gesicht und den zeitlosen Augen hatte sie am Tag vorher zurückgeholt. Nachdem sie ihm Wochen vorher entführt worden war, hatte er sie in einer zur Charité gehörenden Klinik in der Karlstraße wiedergefunden. Aber auch von ihm, dem Dr. Dr. Linth, hatte er eine Zusage erhalten. Das Kulturanliegen war allen wichtig genug. Und ungeachtet ihrer persönlichen Erlebnisse waren alle gekommen.

Eine illustre Gesellschaft hatte er um sich versammelt.

Schriftsteller von Bedeutung, Schauspieler von Namen, Maler, Architekten, ein Kapellmeister, neben dem Sinologen ein Theologe, zwei Spielleiter. Der eine war ein jüngerer Mann, vorübergehend Polizeileiter eines Stadtviertels und wartete nun nur auf die Lizenz für ein Theater. Der andere war vormals Intendant der Berliner Staatsoper, an seinem vierundsechzigsten Geburtstag verschleppt, hatte er einige Tage mit hundert anderen — wie in Argentinien in einem Viehkral, sagte er — fünfzig Kilometer entfernt von Berlin zugebracht und war ausgeplündert und völlig erschöpft, in zerfetztem Anzug, in seine ausgebombte Wohnung zurückgekehrt. Doch auch er, der noch Tage der Wiederherstellung nötig gehabt hätte, war gekommen und hatte noch zwei bekannte Schauspieler mitgebracht.

Neues Beginnen war das Thema, das Ganze hatte den Charakter eines allgemeinen Coloquiums. Eine junge Frau in einer weißen Haube (sie hatte beim ersten Auftreten der Russen ein kleines Abendkleid getragen) reichte auf einem Tablett belegte Brötchen und Wermuth und Kognak herum. Fast alle hatten einen brüllenden Hunger, doch man wahrte die Form und aß und trank nur nebenher. Das Gespräch war allen ein wirkliches Anliegen. Wir müssen ... wir können nicht immer auf die Ruinen und zu Hause auf die leeren Töpfe starren, wir müssen wieder beginnen! Theater spielen, Lehrstühle besetzen, wieder aufbauen! Mußte man nicht dankbar und heilfroh sein, so viel Verständnis und Unterstützung und eine helfende Hand zu finden? Dieser Poeta aus der Zeit des Expressionismus seligen Angedenkens, mit der mächtigen Hand der russischen Eroberer hinter sich, war doch ein Geschenk des Himmels. Außerdem war es immer ein Vergnügen, ihn zu hören, sehr gescheit, sehr klug, wenn auch etwas substanzlos. Eine Zeitung: *Die Brücke*. Eine Zeitschrift: *Aufbau*. Eine Monatsschrift: *Sinn und Form*. Ein großer Buchverlag. Ein halbes Dutzend Theaterlizenzen. Die Genehmigung für eine alle Künstler, Wissenschaftler und Kulturinteressierte zusammenfassende große Kulturorganisation. Das brachte er mit, und die noch offene Frage war die der Ideologie. Aber darüber konnte man reden, dazu war man ja zusammengekommen.

Und man redete, und ausnahmsweise redete man sich einmal nicht auseinander, sondern zusammen. Berlin war besetzt von den Russen, das war eine Tatsache, die war als gegeben hinzunehmen. Das mußte aber nicht bedeuten, die von den Russen mitgebrachte Ideologie anzunehmen. Weit entfernt davon – die kommunistische Partei wird noch lange nicht jeden aufnehmen, versicherte der prominente Repräsentant aus der Moskauer Emigration. Ideologien ließen sich nicht importieren, und es käme darauf an, etwas Eigenes aufzubauen ... Das wäre es auch, was die Russen wünschten, antifaschistisch natürlich, freiheitlich, humanistisch, den wahrhaften nationalen Traditionen unseres Volkes entsprechend: antinazistisch, das vor allem ist die Grundbedingung! Nun, vom Nazismus hatte man genug. Der Blick zum Fenster hinaus auf die Trümmer war eindringlich genug. Zudem hatten die hier Versammelten fast ausnahmslos schon vor dem Heraufkommen des Nazismus nichts mit seiner Ideologie gemeinsam gehabt. Verbreitung der Wahrheit. Wiedergewinnung objektiver Maße und Werte; demokratisches Verfahren in der zu bildenden Kulturorganisation, an der Humboldt-Universität, deren Pforten wieder geöffnet werden sollten, auch an den Bühnen, die schon in den nächsten Tagen Spiellizenzen erhalten werden. An die glanzvolle Kulturhöhe, die Deutschland in seiner Vergangenheit einmal erreicht und Genies wie Goethe, Hegel, Engels und Marx hervorgebracht hatte, sei wieder Anschluß zu finden — das wäre das einzige Programm, und bei solchem Vorhaben würden die Professoren, die Redakteure, die Spielleiter von niemandem gestört werden, im Gegenteil: sie würden von seiten der Besatzungsmacht jede Unterstützung erhalten.

Es hörte sich alles gut an. Da hatte man schon gedacht, daß man mit einem Theaterkarren über die Dörfer ziehen müsse — und hier war von der Wiedereröffnung des Staatlichen Schauspielhauses und der Staatsoper die Rede. Befürchtungen über eine zu weitgehende Einmischung der Russen brauchte man nicht zu übertreiben: das Schauspielhaus und die Oper, Institute mit einer zweihundertjährigen Vergangenheit waren eklatante Beispiele. Niemals während der langen Zeit ihres Bestandes waren sie in ihren Leistungen und in ihrem Geist von den Systemen und den Leuten, die sie kommandierten, abhängig gewesen. Die Theaterkunst in Berlin und auch andere Künste, hatten sich an vielen Etappen ihres langen Weges in Lagen befunden, die denen in den kleinen Republiken des Mittelalters vergleichbar waren. Die Künstler und Maler erhielten Aufträge, die der Schmückung des Lebens dienen sollten — aber dann waren oft wunderbare metaphysische Dinge entstanden. Der Geist der Institution hat sich schließlich immer gegen nicht adäquate Auftraggeber durchgesetzt . . .

Der vierundsechzigjährige Intendant redete — der Theologe, der Architekt, ein Maler, ein Schriftsteller ergriffen das Wort. Es war erfreulich, es gab keine polemischen Auseinandersetzungen; man war angeregt, das Gespräch war interessant, war fruchtbar. Der Hausherr zeigte sich als kluger, vermittelnder Präses. Stimmt alles nicht, was ihm nachgesagt wird: Man darf ihn nicht beleidigen — er vergißt nie! Man darf seine mehr als vierzig Gedichtbändchen nicht belächeln — er vergißt nie! Man darf sich nicht auf ihn verlassen — ein Versprechen hält er nie! Stimmt ja alles nicht; das war vielleicht einmal, früher in den Jahren des Sturm und Drang. Er war als reifer, die Situation beherrschender Geist zurückgekehrt. Man erblickte durch sein Gesicht hindurch geradezu die ehrbare Solidität des väterlichen Gerichtspräsidenten. Die Sitzung wurde unter seiner Direktion zu einer Arbeitssitzung. Auch die freundliche junge Dame mit der weißen Haube auf dem Kopf tauchte immer wieder auf. Es war erfreulich, und es wurde etwas geleistet. Auch der Name für die Kulturorganisation wurde gefunden. „Kulturbund zur demokratischen Erneuerung Deutschlands" — und es war nicht mehr wahr, selbst der Regisseur des Coloquiums vergaß es fast, daß der gleiche Name schon in Diskussionen in Moskau im Hotel Lux gefunden worden war. Der Name der Organisation war geboren — das vorläufige Präsidium konstituierte sich, auch ein Termin für die festliche Einweihung des Bundes wurde ins Auge gefaßt.

Ein sehr erfreulicher und ergiebiger Nachmittag. Angenehm beeindruckt, beflügelt und im Bewußtsein neuen Beginnens ging man auseinander. Und sechs Träger bedeutender Namen — Koryphäen des deutschen Geisteslebens — wußten nicht, daß sie als erste Mannschaft in den Bauch des trojanischen Pferdes eingestiegen waren.

„Es soll dir niemand widerstehen dein Leben lang. Wie ich mit Moses gewesen bin, also will ich auch mit dir sein. Ich will dich nicht verlassen, noch von dir weichen, sei getrost und unverzagt ..." Diese Worte aus dem Buche Josua, gesprochen unter den großen Geschützen des „Prince of Wales", an einem Sommermorgen des Jahres 1941, als vor der Küste von Neufundland die Sonne mit den weißen Nebeln über den Wassern kämpfte — die heraufbeschworenen Worte der Verheißung hatten sich abermals erfüllt, und es war nun die Sache der Menschen, die an der gleichen Stelle gestammelten Worte des Gebetes zum Segen zu wenden: „Daß wir bewahrt werden mögen vor Haß, Bitterkeit und dem Geist der Rache ..."

Die Stunde der Entscheidung und der Einlösung der übernommenen weltweiten Verpflichtungen war gekommen. Die Vertreter der drei siegreichen Mächte traten in Potsdam zu der den Krieg abschließenden und den Nachkrieg einleitenden Konferenz zusammen.

Das Nazireich war zusammengebrochen — aber auch der Stamm, der dieses wilde Reis getrieben hatte, war geborsten. Es gab kein Preußen und kein Reich mehr. Das Land war gevierteilt, und das Volk war gevierteilt und Kräfte waren entfesselt, die den geborstenen Stamm entwurzeln und von der Erde vertilgen wollten. Keiner fragte danach, ob ein Reich, auch wenn es das jüngste war, und ob ein Volk, auch wenn es zu dem kriegerischsten zählte, aus der Mitte Europas weggeräumt werden durfte, ohne das Ganze zu gefährden. Keiner fragte danach, ob ein tragender Stein aus dem kunstvollen Gefüge gebrochen werden konnte, ohne über den Bau von zwei Jahrtausenden die Gefahr des Einsturzes heraufzubeschwören.

Fragte keiner danach? Der britische Ministerpräsident hatte in der Stunde tödlicher Gefahr für das Inselreich auf das Bündnis mit dem östlichen Partner gedrängt und hatte nachher mehr als alles andere ein Abspringen des neuen Verbündeten befürchtet. Schon seit den Tagen der Casablanca-Konferenz aber beobachtete er mit Sorge den Aufmarsch der mit amerikanischem Material gesättigten russischen Kohorten am östlichen Horizont Europas. Als in Teheran die Bildung einer zweiten Front im Mittelpunkt der Debatten stand, war er mit seinem Plan, die Festung Europa vom „weichen Unterleib" her anzugehen und vom östlichen Mittelmeer her eine Masseninvasion in den Balkanländern durchzuführen, um dann, dem Donautal folgend, den Angriff bis ins Herz Europas zu tragen, bereits in die Defensive gedrängt – und auch von dem schon modifizierten Vorhaben, nämlich nach Erreichung einer gewissen Linie in Italien nicht nach „links" (nach Frankreich), sondern mit einem Teil der Kräfte nach „rechts auszubiegen", zu einer strategischen Diversion des südöstlichen Europa, hatte er, ohne Unterstützung der Amerikaner bleibend, Abstand nehmen müssen. Hatte er in Teheran eine Niederlage erlitten, war es eine Niederlage Europas gewesen! Sein wildes Aufbäumen konnte ihm nicht helfen. Müdigkeit und Krankheit und Fieber warfen ihn nieder. Nach der Konferenz war er zuerst in Malta, dann unter den Ruinen des alten Karthago, zuletzt in Marrakesch ans Lager gefesselt. Und in Jalta war es zu spät; die vorgeschrittene Entwicklung ließ sich nicht mehr einholen. Alle Grenzen waren fließend, das bisher Bestehende gestaltlos geworden und die Douglas vom Moskauer Flugplatz brachte schon Schattenregierungen für Warschau, Bukarest, Belgrad, Budapest und Wien in die eroberten Länder. Sein Vorschlag, zur Unterstützung der Roten Armee ein Expeditionskorps in den Balkan zu schicken, war nur noch eine unzulängliche Andeutung seines einstigen Planes, und wie über Unzulängliches und Überflüssiges wurde darüber hinweggegangen. Jetzt stand er in Potsdam, fand sich am steilen Rand des Mahlstroms und blickte hinunter in leeren Raum – der Leerraum war Europa.

Fragte keiner danach, dachte keiner an die Bedeutung des Bodens, auf dem sich einmal das Heilige Römische Reich Deutscher Nation und noch früher das Reich Charlemagnes erhoben hatte? Der Präsident der USA war der Vollstrecker eines furchtbaren Vermächtnisses – und das übernommene Erbe glich einem polypenartigen Ungeheuer mit tausend Köpfen, mit tausend aufgerissenen Mäulern ..., die Kurilen, Port Arthur, die südmandschurischen Eisenbahnen, die Dardanellen, Iran, Treuhänderschaften, Kriegsverbrecher, Sitze in der Weltorganisation, die polnische Regierung, die Oder-Neiße-Grenze, Morgenthau, Reparationen – Empfehlungen, offengebliebene Fragen, Zugeständnisse und halbe Zugeständnisse, nicht zu Ende behandelte Probleme, die aus den Händen der Sachverständigen erst in einem Moment zurückkehrten als vollendete Tatsachen sie schon der Verhandlungsebene entrissen und die sich mit ihnen befassenden Redner zu Schattenfiguren auf einer Schattenbühne machten. Der Mann, der den Zauberkreis hätte durchbrechen können, der den Schlüssel zur Öffnung der fatalen Konstellation in den Händen gehalten hatte, Präsident Franklin Delano Roosevelt, war nicht mehr. Die Stunde, die allerletzte, welche die Geschichte ihm, nach all dem Schweiß und den Anstrengungen, den geleisteten und noch erwarteten „Pacht- und Leihlieferungen" Amerikas, gegeben hatte, war dahingegangen. Der Preis für Größe ist Verantwortung – und er hatte Verantwortung auf sich genommen und hatte sie wieder auf sich genommen. Viermal hatten die amerikanischen Wähler ihm für viermal vier Jahre das Mandat für weltweites Engagement gegeben, und er hatte den amerikanischen Bürger aus Isolationismus hinausgeführt und ihm für immer ein globales Bewußtsein gegeben. In Teheran war seine Schicksalsstunde, in Jalta neigte sie sich ihm noch einmal zu. Die Konstellation der Mächte forderte Beschlüsse, und er sparte sie auf für einen künftigen Tag – im Dumbarton Oaks, in San Franzisko, in Potsdam oder wo immer. Er bewahrte sich „Handlungsfreiheit" in der Stunde, die bereits die Handlung selbst verlangte. Und nicht seine Wähler, nicht Menschen, die Geschichte nahm dem Präsidenten in Teheran und noch einmal in Jalta das Maß, und sein Nachfolger in Potsdam konnte den Schatten des in der Stunde der Entscheidungen Dahingegangenen nicht überspringen.

Fragte keiner nach der Bedeutung Deutschlands, dachte keiner an die Folgen einer Paralysierung der europäischen Mitte, sah niemand den aufgetanen Mahlstrom? Einer fragte danach und hatte die Antwort schon vorweggenommen. Einer dachte daran und dachte weiter. Einer nahm das lauernde Vakuum wahr, und er sah es wie der Adler den unter seinen Schwingen gähnenden Luftraum und war bereit, sich mit Klauen und Zähnen hineinzustürzen. Der gute „Uncle Joe" hatte F. D. Roosevelt ihn genannt. Der gute Joe – so rauschte das Echo im Blätterwald der USA. „Gib's ihnen, Frank, den Sklavenhaltern, laß nicht zu, daß sie nach diesem Krieg die Fehler von ‚Versailles' wiederholen ..." So die guten amerikanischen Wähler – die Sklavenhalter waren natürlich die ehemaligen Kolonialherren, war der alte John Bull! Zwerchfellerschütternd – die Pfeife schmeckte besser vor so einem weltgeschichtlichen Parkett. Dahin waren die Tage, da er um Panzer, Panzerabwehrgeschütze, Bomber, Flakgeschütze, Panzerplatten, um Jeeps, Lastwagen, Stacheldraht und Rohmaterial nachsuchen mußte, dahin die Stunde, da Nachrichten über die ungeordneten Haufen über die Autobahn treibender geschlagener Heeresmassen Timoschenkos einander überstürzten und er unaufhörlich rauchend auf und ab ging, sich wieder zu den Waffenlieferanten hinsetzte und Wölfe zeichnete und den Himmel darüber flammend rot schraffierte; dahin waren die Zeiten, da er grollend nach der zweiten Front rief. In Teheran war der „reiche Onkel aus Amerika" sein alleiniger Gast gewesen, und der knurrende John Bull hatte ihn nicht zu Gesicht bekommen, unter vier Augen jedenfalls nicht. Schöne Sachen hat er sich ausgedacht – „weicher Unterleib" und dergleichen, und über den Balkan hinweg wollte er den Angriff ins Herz Europas tragen! Kapitaler Gedanke, noch kapitaler aber, daß er ihn zu Grabe zu tragen hatte. Welch antiquierter Begriff außerdem, wo gibt es das denn noch, wo gibt es noch ein Europa? Ein umgewendetes Blatt im Buch der Geschichte – mit Ordensrittern, die auf dem Peipussee geschlagen wurden, mit Schiffern der Hanse, die bis Nowgorod kamen, mit einem Bonaparte, einem Fridericus Rex, einem Bismarck. Bis ins Mark verfaulte politische Aristokratien gibt es und Völker, die ihre Länder nicht mehr verteidigen, in Formalismus erstarrte Künstler, Existentialistencafés, mit Mannequins, die wie Knaben und mit Knaben, die wie Mannequins aussehen ... Es ist aus, ist zu Ende, und es bleibt nur übrig, auszumisten. Eine überholte Bezeichnung, ohne Substanz und geographisch überhaupt unhaltbar — Weideland auf dem westlichen Vorhof Moskaus, Weideland und Kartoffelfeld: die beste Idee, die jemals ein amerikanischer Bankier hervorbrachte! Nein, sie sollen ihm doch wegbleiben mit Frankreich als Kontrollratspartner — oder Polen, Jugoslawien und die Balkanländer als Beuteverwalter und Besatzungsmächte dazunehmen. Jedenfalls hatte er bei jener Gelegenheit in Teheran den fragwürdigen Begriff „Europa" nicht übernehmen können und sich mit dem ebenfalls nun zu den Schatten eingehenden Begriff „Deutschland" begnügt, und dem Ersten Minister des Königs von England erwidert: „Der Balkan ist vom Herzen Deutschlands zu weit entfernt und der einzige gerade Weg zu diesem Herzen führt durch Frankreich!" Den vorgezeichneten geraden Weg marschierten sie dann auch, bis zur Elbe — und nun ist „Potsdam". — Nun war „Potsdam".

Am südlichen Rande Berlins, über Wannsee, Zehlendorf, die Straße Unter den Eichen und die Schloßstraße entlang, zog ein kleines Häuflein Kriegsgefangener. Siebzig Mann, Kranke und Verwundete, zusammengelesen zwischen Kladow und Potsdam, eine letzte Handvoll, zurückgeblieben von dem grauen Meer, das vor acht Wochen durch die Straßen geschwemmt war. Sie stacherten und humpelten mühselig dahin und mußten sich immer wieder auf den Bordstein setzen, um zu verschnaufen. Und der Sergeant, der sie mit ein paar Infanteristen eskortierte, ließ sie gewähren, ließ auch die Bewohner aus den Häusern nahe herankommen, animierte sogar die Frauen: „Frau, gib Brot!" Und die Frauen, die vor den wiedereröffneten Bäckerläden und vor Gemüsegeschäften Schlange standen, teilten den Elenden von ihrer Armut etwas ab, eine Scheibe Brot, eine Mohrrübe. Einer dieser Elenden war Hauptmann Boehlke. Er hatte Fieber, kalter Schweiß brach ihm aus allen Poren, und wenn er aufblickte, sah er nicht die lange Reihe der Ruinen, dann tanzten schwarze Funken vor seinen Augen. Den Bericht an Onkel Raimond über den Untergang der 9. Armee trug er noch bei sich. Es war seine Absicht gewesen, den Brief beim Durchmarsch durch Potsdam einem Vorbeigehenden zur Weiterbeförderung zuzustecken. Doch dann war er selbst mit seinem Häuflein durch die bekannte Straße gekommen, und er hatte das Haus nicht mehr gesehen. Eine Schuttpyramide ragte an der Stelle auf, an der es gestanden hatte. Und von einer Frau erfuhr er, daß die Bewohner und auch der Oberbibliotheksrat Stassen, daß Onkel Raimond und die Tante unter diesem Schutthügel ihr Grab gefunden hatten.

„Daway! Weiter!"

Am Ende der Schloßstraße schwenkte das Häuflein in die Richtung zum Anhalter Bahnhof ein. Sie kamen durch das Stadtzentrum, durch die Leipziger Straße. Am Dönhoffplatz tauchte ein Autobus vor ihnen auf, einer der ersten Autobusse, der seinen Weg durch die Trümmer der wiedereröffneten Teilstrecke suchte; der Sergeant hatte mit seinem müden Häuflein schon viel Zeit verloren. Er hielt den Autobus an, ließ die Fahrgäste aussteigen. Die Gefangenen durften Platz nehmen. So fuhr Boehlke wieder, wie damals mit den Arbeitern aus Spandau, mit einem der zweistöckigen Wagen der BVG, und fuhr die gleiche Strecke, auf der er am Anfang seiner Epopöe an die Oderfront gelangt war. Dieses Mal war das Ziel die große Gefangenensammelstelle in den Kalk- und Zementwerken bei Rüdersdorf.

Typhus, Ruhr, Aborte (die jetzt durch eine Sonderbestimmung des Magistrats allgemein zugelassen waren), Erschöpfungstod, Geschlechtskrankheiten: das waren, seit das Reservelazarett 122 Zivilkrankenhaus geworden war, die täglich eingehenden Fälle. Medikamente waren knapp, und es fehlte Watte und Verbandsmaterial, und die Patienten verhungerten in ihren Betten. Die großen Vorräte an Medikamenten, Verbandsmaterial und Lebensmitteln, die das Lazarett besessen hatte, waren beschlagnahmt worden, und die chirurgische Ausrüstung war bis auf klägliche Reste der Demontage verfallen.

Die gehfähigen Verwundeten waren bald nach der Besetzung als Kriegsgefangene weggeführt worden, und seit Tagen war der Abtransport der Schwerverwundeten im Gange. In Anstaltskleidung oder auch nur in Hemd und Unterhosen wurden sie auf Lastwagen verladen und nach Osten gefahren. Zweitausend — und niemand wußte, wohin die Reise ging.

Es war geschafft – den letzten Wagen bestieg Oberfeldarzt Dr. Theysen. Neben dem Wagen stand Frau Theysen, um Abschied zu nehmen. „Komm, Frau, du auch mit!" rief der Posten. So geriet auch die Frau Dr. Theysens in Kriegsgefangenschaft. Der Lastwagen brachte sie bis Lichtenberg, wo sie in einen bereitstehenden Zug einstiegen. Drei Tage Fahrt – es ging kreuz und quer durch die Gegend. Der Zug wurde hin und her rangiert, blieb stehen und fuhr weiter. Theysen schlief fast ohne Unterbrechung. Er war völlig erschöpft und konnte sich kaum ermuntern, um von dem reichlich mitgegebenen Proviant zu sich zu nehmen. Nach drei Tagen Fahrt waren sie nur bis Frankfurt an der Oder gelangt. Wieder hieß es Aussteigen, Umsteigen auf einen Lastwagen. Theysen hatte einen Koffer bei sich und wollte ihn auf den Wagen heraufheben. Ein Offizier stand dabei: „Du nix Koffer. Du nix robota, nix Arbeit!" Er blickte noch einmal auf seinen Zettel: „Du nix robota, du leitender Arzt. Und Frau nix auf Zettel. Frau auch Arzt, gutt, dann kann bleiben."

Dr. Theysen wurde leitender Arzt im Seuchenlazarett Frankfurt an der Oder. Eine Gestalt in Hemd und Unterhosen stellte sich vor als Oberst Zecke – in Hemd und Unterhose, so wankten alle herum hinter dem Stracheldraht.

„Das ist hier unsere Uniform, symbolisch zu verstehen!" sagte der Oberst. Es war die vorgeschriebene Bekleidung für alle – eine einfache Maßnahme zur Erschwerung von Fluchtversuchen. Theysen durfte weiter seine Uniform tragen, unter allen Kranken, Pflegern und Ärzten im Lager die einzige Ausnahme. Oberst Zecke war im Büro mit Schreibarbeiten beschäftigt. Von ihm wurde Theysen in die Verhältnisse des Lazaretts eingeweiht. Sechstausend Kranke, keine Betten, alle lagen auf Stroh. Typhus, Flecktyphus, Ruhr, Tbc, täglich siebzig bis achtzig Tote. Sie starben, und das Stroh konnte nicht ausgewechselt werden, wurde nur umgedreht und der nächste draufgelegt.

„Eine summarische Darstellung!" fand Theysen.

„Summarisch, abgekürzt, von der Einlieferung in die Grube: Das ist hier unser Dasein!" erwiderte Zecke.

Abhauen, türmen! Das war von der ersten Stunde an der Gedanke Vicco Splüges gewesen, und schon auf dem Weg durch die Stadt hatte er sich nach einer Gelegenheit dazu umgeblickt. An einer Stelle, an der ein Haus quer über die Straße gefallen war, versuchte es einer aus der Kolonne. Hinter dem Trümmerhaufen dachte er zu entkommen, doch er wurde zusammengeschossen. An der nächsten Straßenecke ergriff der Posten unter herumstehenden Männern einen andern, so hatte er seine Anzahl wieder beisammen. Hinter dem Halleschen Tor, als sie am Landwehrkanal entlangzogen, versuchte es ein anderer. Er löste sich mit einem Satz aus der Kolonne, sprang über das Geländer, wollte schwimmend das andere Ufer erreichen. Zwei Russen schossen aus Maschinenpistolen hinterher. Aus der Kolonne heraus war nicht zu sehen, was unten auf dem Kanal geschah. Aber ein Schwarm Wildenten flog auf, und zwei taumelten mit zerschossenen Schwingen zurück. Dem Schwimmer dürfte es kaum anders ergangen sein ... Die Maßnahme von vorher wurde wiederholt, und auf dem weiteren Weg wieder einer aufgegriffen und in die Kolonne eingestellt. So ging es also nicht, überstürzt war es nicht zu machen! Eine Gelegenheit mußte zu Hilfe kommen, und Splüge zwang sich, auf die günstige Gelegenheit zu warten. Es vergingen Wochen hinter Stacheldraht, am Rande Berlins, dann begann wieder das Marschieren, sonderbarerweise aber ging es zurück bis zum Treptower Park und dann im großen Bogen zum Wasserwerk Wuhlheide. Die große Masse wurde dieses Mal weiter nach Osten getrieben. Splüge blieb zurück, mit etwa fünfzig oder sechzig Mann. Am folgenden Tag wurden sie zum Arbeiten geführt, zum Aufräumen des Volksparks und der nahegelegenen Sportplätze. Abends kehrten sie ins Lager zurück, und am nächsten Tag begann die Arbeit von neuem. Das konnte nicht lange dauern, und der weitere Abtransport nach Osten war täglich zu erwarten. Die letzte Gelegenheit zur Flucht schien gekommen. Und Splüge riskierte es, verließ den Arbeitsplatz, ging langsam bis zum nächsten Busch. Nichts geschah, kein Posten hatte seine Entfernung bemerkt. Weiter, wieder bis zum nächsten Busch. Aber immer langsam, keine jähe Bewegung, die an Flucht denken läßt! Er hatte schon einen Vorhang von Gestrüpp und hohem Gras hinter sich und kam endlich bis zur Straße an der Wuhlheide, kreuzte die Rummelsburger Straße, verbarg sich in Oberschöneweide in einer Ruine, und erst in der Nacht suchte er sich weiter. Fünf Tage vergingen, so lange brauchte er, um quer durch Berlin zu gelangen. Am Morgen des fünften Tages hatte er Wannsee erreicht. Er erblickte das Haus Wittstocks, zwanzig Schritte trennten ihn noch von der Gartentür. Plötzlich fand er sich einem Russen gegenüber, der saß unter einer Laterne und war damit beschäftigt, einen Radioapparat in Teile zu zerlegen. Er starrte ihn an, zog seine Pistole, unternahm jedoch nichts anderes, als in die Laterne zu schießen und freute sich über die herabfallenden Scherben. Splüge ging weiter, er ging wieder ganz langsam. Das Herz klopfte ihm noch im Halse. Er ging am Gartentor vorbei, um die nächste Ecke herum und betrat das Grundstück von der Rückseite her. Er war gerettet, durch die Hintertür betrat er das Wittstocksche Haus und stand seinem alten Freund gegenüber. Aber Wittstock war erschrockener als er selbst es noch eben gewesen war. Auch Frau Wittstock kam die Treppe herunter, schlug über seinen Anblick die Hände über den Kopf zusammen. Sie bedauerten ihn alle beide. Er sah auch aus wie aus einem Jauchefaß gezogen, außerdem hatte er einen brüllenden Hunger, hatte mörderischen Durst. Er erhielt ein Stück Brot, eine Tasse Ersatzkaffee. Nein, er könnte nicht bleiben, auch nicht eine einzige Nacht! Auch am Tage dürfte er nicht wiederkommen, es verkehrten Freunde im Hause, die ihn nicht sehen durften! Was waren denn das für Freunde, die ihn nicht sehen durften? Nun, Schriftsteller, Schauspieler, Einheitsfront der deutschen Geistesarbeiter! „Deine Anwesenheit hier ist ganz ausgeschlossen, das verstehst du doch!" sagte Wittstock. „Vernichtung der Naziideologie, Kampf gegen die geistigen Urheber der Naziverbrechen ..."

„Du meinst, ich bin ein geistiger Urheber?"

„Was ich meine, steht nicht zur Debatte! Übrigens hast du Glück gehabt, wenn du zwei Tage früher gekommen wärst, hättest du eine russische Abteilung hier im Hause angetroffen!" Wittstock war erst seit zwei Tagen wieder in seinem Haus, durch die Einschaltung der erwähnten „Kulturfront" hatte er es zurückerhalten. „Nein, du kannst nicht bleiben, wenn du hier gefunden wirst, geht es uns beiden an den Kragen!" Splüge verstand von allem nicht viel. Immerhin begann er zu begreifen, daß die Welt um Wittstock inzwischen eine Drehung von einhundertachtzig Grad vollführt hatte. Und immerhin durfte er sich noch waschen. Wittstock brachte ihm einen Eimer voll Wasser aus dem Garten. Auch seine Uniform konnte er ausziehen und einen Anzug Wittstocks, der ihm viel zu weit war, anziehen. Seine eigene Wohnung war ihm verschlossen, die war beschlagnahmt, dort saßen Amerikaner, erfuhr er.

„Und Leonore?"

„Schwer zu sagen, ich weiß nicht, wo sie wohnt", erwiderte Wittstock.

Aber Frau Wittstock konnte ihm einen Tip geben.

„Sie finden sie sicher auf dem Alexanderplatz oder auf dem Potsdamer Platz."

„Auf dem Potsdamer Platz? Was macht sie denn da?"

„Sie handelt."

„Handelt?"

„Ganz Berlin handelt doch heute!"

In Potsdam lag das Drei-Mächte-Vertragswerk zur Unterschrift auf dem Tisch. Die Szene war dramatisch verändert. Von den drei Großen des Krieges konnte nur der dritte sein Signum unter das Werk setzen. Der eine der drei Alten war gestorben und hatte einen Nachfolger erhalten. Der andere war mitten aus der Konferenz abberufen worden. Der „große alte Mann" hatte einmal vor seine Nation treten und unwidersprochen sagen dürfen: „Ich habe nichts zu bieten als Blut, Mühe, Schweiß und Tränen." Und er bedeutete nun, da die Waffen schwiegen, der gleichen Nation, die ihm willig durch das dunkle Tal des Krieges gefolgt war, eine zu belastende Verpflichtung. Das neu zusammentretende Parlament bestätigte ihn nicht mehr. In der Stunde, da die zum erstenmal auf der Atlantik-Konferenz aufgenommenen Probleme ihrer Lösung zugeführt und zu verbrieften und gesiegelten Beschlüssen und bindenden Satzungen wurden, war er durch dem ihm folgenden Premierminister ersetzt.

„Frei von Not, Sorge und Angst!" lautete die Botschaft aus dem Atlantik. Und die Völker, verstrickt in blutigem Dschungelkrieg, erstarrend in Schneehöllen, auf der Flucht durch leere Räume, stöhnend im Kalkgeriesel unter einstürzenden Häusern, hatten ihre Stirnen wieder erhoben. In Potsdam war von den drei Titanen des Krieges nur einer geblieben — mit neuen Männern brachte er seinen Frieden unter Dach.

Die Welt war nicht neu geschaffen, das gestörte Gleichgewicht nicht wiederhergestellt — es war noch tiefer aufgerührt. Die Mitte Europas, auch die machtpolitische Mitte Asiens war in Hohlräume verwandelt. In Ost und West war der Abgrund aufgerissen. Die Säulen des Bestehenden schwebten über Bodenlosem.

Ganze Völker waren — gebündelt wie Reiser für den Ofen — einer despotischen Fremdherrschaft überlassen. Die Umsiedlung nationaler Minderheiten — schon in vollem Laufe — wurde zu einer legalisierten Maßnahme. Zehn Millionen, zwanzig Millionen, Alte, Frauen und Kinder wurden, entblößt von Haus und Hof, ihrer Habe beraubt, in die Heimatlosigkeit getrieben. Die Männer blieben zurück, mit Millionen Kriegsgefangener bevölkerten sie die Arbeitslager. Ausdehnung der Reparationspflicht auf menschliche Arbeitskraft: das war der Wortlaut des harten Gesetzes.

„Frei von Not, Sorge und Angst . . ."

Das war im Atlantik, als die weißen Sommernebel über die Neufundlandwasser rollten. Und der Himmel öffnete sich und es erschien der Chor der Engel mit Posaunen.

„Ehre sei Gott in der Höhe,
Und Friede auf Erden,
Und den Menschen ein Wohlgefallen."

Einen Atemzug lang —

Der Vorhang fiel, der Vorhang ging wieder auf, ging auf über Teheran, über Jalta — nach Jalta kam Potsdam.

„Frei von Not, Sorge und Angst . . ." Das Wort war heimatlos geworden.

In Hermsdorf hüllte ein Mann die fragile Gestalt einer Frau in ein Laken, trug den erstarrten Körper hinunter, legte ihn auf einen Handwagen. Er fand einen Friedhof, aber keinen Totengräber, schaufelte selbst das Grab und legte die Tote hinein . . . eine abgerissene Blüte.

In Mariendorf nahm die mit einem Säugling zurückgekehrte Frau

Halen ihre Lebensmittelkarten entgegen. Gültig für eine Monatsration von 9000 Gramm Brot, 600 Gramm Fleisch, 210 Gramm Fett. „Das erhalten alle, die nicht arbeiten", sagte die Hausverwalterin mit einem Achselzucken: „Karte V, Friedhofskarte!"

Auch Franz aus der Landsberger Straße hatte nur die „Friedhofskarte", doch er hatte seine Drehorgel wieder zusammengebaut und war von morgens bis abends unterwegs, und wenn er zurückkam, brachte er mal ein paar Kartoffeln, mal eine Mohrrübe und immer eine Menge Trümmerholz mit.

Der Bevollmächtigte für Industriedemontage Saburow in Karlshorst saß gebeugt über abschließende Listen mit langen Zahlenkolonnen. Iwan Serow konnte mit seiner Arbeit zufrieden sein! Der Zeitplan war eingehalten worden und sogar vorfristig erfüllt. Die Deutschen sind gute Arbeiter, und bereits in sechs Wochen war die Industriekapazität Berlins bis auf zwanzig Prozent ehemaligen Bestandes herabgesetzt. Allerdings ging das von amerikanischen Bomben Zerstörte in diese Rechnung ein. Man wird sich dafür auf andere Weise schadlos halten. Es gibt in Berlin und der Umgebung von Berlin noch genug zu demontieren!

Im großen Sendesaal des neueröffneten Berliner Funkhauses versammelten sich die eingeladenen Gäste aus der Berliner Intelligenz. Im Parkett neben dem Mann mit dem Leninbart saßen Künstler und Gelehrte, saß auch der Architekt Poppert, der Spielleiter Sarfeld und der Redakteur Wittstock. Unter feierlicher Musik von Johann Sebastian Bach wurde der „Kulturbund zur demokratischen Erneuerung Deutschlands" der Öffentlichkeit vorgestellt. Der Dichter aus der Villa Stauß, aus der Moskauer Douglasmaschine, hielt die programmatische Ansprache unter dem Motto von Gottfried Keller: „Und ich erkannte: Ja, du bist ein Grab, jedoch ein Grab voll Auferstehungsdrang."

Vicco Splüge suchte Leonore.

Der Potsdamer Platz war gesäumt von Ruinen und von den langen Reihen der Trümmerfrauen, die zu Hunderten am Rand des Platzes arbeiteten. Vor den Stufen zum Bahnhof, unter den Ruinen des Hauses „Vaterland", auf Kellertreppen, unter herabhängenden Stuckdecken wimmelte es von umherlungernden Gestalten. Es war wie die

Inszenierung eines Hexensabbats auf einer expressionistischen Bühne. Überall Menschen im Schatten, schäbige Kleider, hohle Gesichter. „Nein, danke, danke ..." Schuhe mit schiefgetretenen Absätzen wollte Splüge nicht kaufen. Kaugummi auch nicht und für Zigaretten hatte er kein Geld. Alle wollten irgend etwas verhandeln. Amizigaretten, getragene Babykleidchen, Nescafe, grüne Heringe – aus der Tasche oder aus der hohlen Hand boten sie ihre Ware an. Auch Russen handelten, griffen manchmal auch einfach zu. Ein Jeep fuhr vor, kam mit Zigaretten; die Amis wollten dafür Uhren und Fotoapparate einhandeln. Amizigaretten waren die neue Währung in Berlin, nach einzelnen Zigaretten, nach Päckchen und ganzen Stangen wurde gerechnet. Kinder standen herum, streckten die Händchen aus, bettelten auf Englisch und Russisch. „Give me chocolate! Give me cigarettes, Dai jleba! Gib Brot!" Splüge, auf der Suche nach Leonore, betrachtete alle Frauen, die müden, gleichgültigen Gesichter unter den Kopftüchern. Sie war nicht darunter. Er mußte sie an anderer Stelle suchen und trollte davon, zum anderen Zentrum des Schwarzhandels, zum Alexanderplatz.

Was zur gleichen Stunde in Potsdam geschah oder was im großen Sendesaal des Rundfunkhauses vonstatten ging, berührte die Berliner nicht. Am andern Ende der Erde ging eine Atombombe nieder; mit zweihunderttausend Toten wurde ein neues Zeitalter begonnen. Es machte keinen Eindruck, sie blickten kaum auf. Sie hatten ihre eigenen Sorgen. Menschen starben an Entkräftung, die Alten und die Säuglinge und kleine Kinder starben, und es gab keine Särge.

Ein geschlagene Stadt, eine vergewaltigte Stadt. Kaum ein Haus war unversehrt geblieben, kaum eine Frau war unberührt davongekommen. Bahnhöfe und die hohen Kuppeldächer – nichts als verrostete Eisengestänge ohne Glasbedeckung. Siemensstadt, Daimler-Benz, die AEG, Borsig – Tegel, die großen Industriewerke, die Fabriken, große und mittlere und kleine – ausgeschlachtet zu Skeletten; der letzte Nagel war von den Wänden, der letzte Leitungsdraht aus den Röhren gezogen worden, und schon wurden Hobelbänke der kleinen Handwerkmeister auf Lastwagen verladen.

Es war August.

Wenn ein Windstoß sich erhob, wurden Staubwolken in die Höhe geblasen. Die Leipziger Straße und der Spittelmarkt verloren ihre

Konturen. Die ausgebombten Häuser waren nur noch Schemen im Steppenrauch.

Auf dem Spittelmarkt sah Splüge Leonore wieder.

Ganz plötzlich, ohne Kopftuch, seidenweiches, hübsches Haar, und das helle Blond ihres Haares war echt, das wußte er. Ein Jeep hielt an, ein amerikanischer Soldat saß am Steuer. Leonore ließ sich von dem Soldaten ansprechen. Sie lächelte, bei Gott, sie lächelte, wenn auch seltsam versteinert, und stieg ein.

Splüge blieb stehen und blickte den beiden im Jeep nach, die hinter aufwirbelndem Staub verschwanden.

Du bezahlst ...

Keine hundert Meter weiter, am Eingang zu einem großen Ruinenviertel, stand Franz mit der Drehorgel. Die Töne aus seinem mit Wind gefüllten Kasten dröhnten über Schutthalden und durch die leeren Gehäuse der ehemaligen Paläste der Geldmacht. Kein Mensch wohnte mehr im Umkreis von einem Kilometer, aber die Trümmerwelt war von „Schatzsuchern" bevölkert. Und sie kamen und legten ein mit dem Hammer zusammengeschlagenes Stück Zinkblech, ein paar krumme Nägel, Brocken von Trümmerholz neben die Bettlerorgel nieder.

Franz spielte „Vilja, o Vilja, du Waldmägdelein" und „Das kann doch einen Seemann nicht erschüttern". Er spielte „Wir lagen vor Madagaskar ..." und als dann „Wolga, Wolga ..." ertönte, riß er jäh ab und kurbelte eine andere Walze an. Es war ein alter Operettenschlager; er war modern und beliebt gewesen, als zu den Kaisergeburtstagsfeiern noch Kerzen in den Berliner Fenstern angezündet wurden. Dieses Mal erhob er seine Stimme und sang den zu der Melodie gehörigen Text.

Hohl hallte es durch die Ruinenwelt:

„Und durch Berlin fließt immer noch die Spree ...

VIERTER TEIL

Wer einen Tiger reitet,
kann nicht jederzeit absteigen.

Indisches Sprichwort

Zecke, Zecke, wo ist Zecke... Das war einmal: Brände, Qualmgebirge, der Raum voll fallender Schatten, der verzweifelte Ruf nach Verständnis und nach Verständigung, der Notschrei einer verfluchten Seele.. Das war einmal: versunkene Welt... Es gibt keinen durch den Raum taumelnden Fliegerobersten Aachern mehr, es gibt einen Chauffeur in der neu eingeführten thüringischen Polizeiuniform, und der Chauffeur heißt nicht mehr Aachern, heißt Dietershofen, und der Chauffeur fährt den Präsidenten des Landes Thüringen. Und Chauffeur, Präsident, die Frau des Präsidenten, ein Dr.-Ing., die Chefdolmetscherin sitzen mit noch sechzig oder achtzig anderen in einem Keller am Rande Erfurts.

Auf der Straße aufgegriffen, arretiert.

Zwei der aufgegriffenen Frauen hießen Zecke, eine etwa fünfzig Jahre alt, die andere jünger, Helene Zecke und Agathe Zecke. Dietershofen vernahm die beiden Namen beim Aufrufen einer Liste, auf der auch die Namen des Präsidenten Dr. Paul, der Frau des Präsidenten, Louise Paul, des Direktors Dr.-Ing. Knauer, der Dolmetscherin Irina Petrowna Semjonowa und sein eigener stand.

Dietershofen sprach die Frauen an. Er hätte einen Herrn Zecke gekannt, sagte er. Nein, er wäre nicht geradezu bekannt mit ihm, war ihm aber einmal begegnet, immerhin bei einer denkwürdigen Gelegenheit. Es stellte sich heraus, daß er der Frau des Obersten Zecke und seiner Tochter Agathe gegenüberstand. Natürlich wollten sie über die Begegnung mit Zecke etwas wissen. Viel war es nicht, was Dietershofen ihnen erzählen konnte, denn über das eigentlich Denkwürdige mußte er sich ausschweigen. Sie kamen aus Friedrichroda, hatten dort fast ein Jahr im Hotel gewohnt, waren jetzt nach dem Einfrieren der Bankkonten und Sparguthaben ohne Mittel, zudem hatten die Russen das Hotel beschlagnahmt, und sie waren auf die Straße gesetzt worden. Sie wollten nach Berlin, mit der Bahn oder falls mit der Bahn kein

Durchkommen sein sollte, dann eben trampend, zu Fuß, und vielleicht würden sie auch ein Stück mit einem Auto mitgenommen werden. Aber auf dem Weg zum Bahnhof waren sie plötzlich von einer russischen Patrouille mitgenommen und hierhergebracht worden.

Was das nun wieder bedeutete, was die Russen eigentlich wollen? Das war auch die Frage, die die übrigen bewegte. Keiner wußte es, und der Präsident des Landes, der sich wie alle anderen seiner Freiheit beraubt sah, konnte ebenfalls keine Auskunft geben.

„Was wird mit uns, Herr Präsident? Wo kommen wir hin, werden wir überhaupt wieder freigelassen? Kommen wir wieder nach Hause?"

„Übergriffe einer untergeordneten Stelle", erwiderte der Präsident. „Es wird sich bald alles aufklären", sagte er.

„Thüringen ist ein Rechtsstaat!" deklamierte ein Mann.

Er sprach den Präsidenten daraufhin an: „Herr Präsident. Sie haben doch bis ins kleinste Dorf hinein plakatieren lassen, welche Zusicherungen wir von den Russen erhielten. Freiheit der Person — hier haben Sie ein Beispiel dafür, wie das in der Praxis aussieht!"

„Und Unantastbarkeit des Eigentums", sagte ein anderer. „Als ich das gelesen hatte, habe ich gedacht, jetzt hat Sparen wieder einen Sinn, und habe mein Geld auf die Sparkasse getragen — und jetzt, Herr Präsident?"

„Ja, die Bankenreform!"

„Jetzt sind wir alle Bettler!"

„Und mit der Friedhofskarte haben wir die Freiheit, zu verhungern."

Ja, es war schmählich. Thüringen ist ein Rechtsstaat: es waren die Worte, mit denen er seine erste Regierungsproklamation begonnen hatte — und das war keine leere Redefloskel gewesen. Er hatte bei seiner Amtsübernahme keinen Zweifel daran gelassen, daß er aus anderem Lager, daß er aus liberalem Lager komme, und die Zusicherung liberaler Freiheiten für das Land war geradezu die Vorbedingung für die Übernahme des Amtes gewesen. Eine seiner ersten Handlungen war dann auch, aus den fähigsten Juristen des Landes eine die Gesetze vorbereitende Kommission zusammenzurufen. Nach zwölf Jahren des Unrechts sollten wieder Recht und Gesetz herrschen und Sicherheit und Kontinuität gesellschaftlichen und wirtschaftlichen Lebens verbürgen. Das Potsdamer Dreimächte-Abkommen war die gegebene

Grundlage, dazu kamen die Befehle der Besatzungsmacht, die ja aus der gleichen Quelle fließen mußten. Übergriffe untergeordneter Stellen und ein Dazwischenreden und Dazwischenregieren örtlicher Parteistellen kamen vor, und eine seiner Aufgaben war es, mit der ihm von höchster Stelle verliehenen Autorität dafür zu sorgen, daß die Eigenmächtigkeiten nicht überhandnahmen und endlich, nach Überwindung der Übergangszeit, ganz aufhörten.

Fast zwei Stunden steckte er nun schon in dem Loche. Vor dem Haftlokal stand der verwaiste Dienstwagen mit den Standarten in den Landesfarben und der deutschen und russischen Aufschrift: „Präsident des Landes."

Eine Dienstreise – ein Befehl Marschall Schukows, nach dem er persönlich für baldigen Produktionsanlauf der BMW-Werke in Eisenach sorgen sollte, hatte ihn in Bewegung gesetzt. Er wollte den aus Berlin eingetroffenen neuen Leiter der Werke, Direktor Knauer, dort einführen. Auf dem Wege nach Eisenach waren sie durch Erfurt gekommen, durch ein völlig menschenverlassenes Stadtviertel. Sie hatten die Stadt schon hinter sich, als sie von einer Reihe Soldaten mit Maschinenpistolen angehalten worden waren.

„Wohin?"

„Nach Eisenach."

„Nix Eisenach, zurück zur Wache, zu Kommandant!"

Sie fuhren zurück. Er schickte Dietershofen ins Wachlokal. Der Kommandant, ein Major, verlangte ihn persönlich zu sprechen. Es blieb ihm nichts anderes übrig. Er hatte auszusteigen.

„Was du tun in Eisenach?"

„Ich fahre auf Grund eines Befehls von Marschall Schukow."

„Ach, Schukow . . ., hier ich Schukow. Du in Arrest, niemand darf auf Straße."

In der Stadt Erfurt saß ein Kommandant, dem es gefiel, ganze Stadtviertel unter totales Verkehrsverbot zu stellen, ohne vorherige Ankündigung noch dazu. Er gab vor, dort nach angeblich versteckten Naziführern suchen zu müssen. Jeder Deutsche, ob Mann oder Frau, ob zu Fuß, zu Wagen oder auf dem Fahrrad, wurde verhaftet und festgehalten, auf unbestimmte Zeit, so lange, wie es dem Kommandanten behagte.

„Geben Sie mir das Telefon, Herr Major, ich will den Oberstkommandierenden des Landes, Generaloberst Tschuikow, sprechen."

„Hier ich Oberstkommandierender, hier ich Tschuikow."

Alle Ausweise hatten versagt, keine Proteste hatten geholfen.

Im Gegenteil hatten sie, ebenso wie die Einmischung der russischen Dolmetscherin, die Haltung des Majors noch mehr versteift. Nun waren bereits zwei Stunden vergangen, und die dritte Stunde schritt vor. Noch mehr Menschen wurden in den Raum gesteckt. Es war nicht möglich zu sitzen, nur dicht aneinandergepfercht konnte man stehen.

Jetzt wurde es der Dolmetscherin zuviel.

„Lassen Sie, Irina Petrowna, es wird sich bald aufklären, hier an dieser Stelle ziehen wir nur den kürzeren."

„Die Dolmetscherin Irina Semjonowa ließ sich nicht mehr halten. Sie drängte sich durch die Menge, trommelte mit ihren Fäusten gegen die Tür. Der Posten öffnete, den folgenden in russischer Sprache geführten Wortwechsel verstanden die Umstehenden nicht. Aber die beiden knallenden Ohrfeigen, die der Posten, eine rechts und eine links, von der jungen, gut angezogenen Russin erhielt, verstanden sie, und daß diese für russische Verhältnisse außergewöhnlich elegante Frau schimpfen konnte wie ein Rotarmist, das begriffen sie auch; daß dieses Vokabular, das aus Kolyma und noch schrecklicheren, in ewiger Nacht des Nordens gelegenen Zwangslagern stammte, sogar den Posten zu verblüffen imstande war, das konnten sie nicht ahnen.

Irina Petrowna verlangte den Major:

„Si tschas . . . sofort, beeile dich, du Tropf, du Hohlkopf! Ich werde dir Beine machen!" Der Posten war hilflos, diesem fauchenden Tigerweib gegenüber versagten seine Instruktionen. Die Pistole an seiner Hüfte wurde zu einem nutzlosen Ding. Der Major kam schon von selbst, herbeigerufen durch den Tumult. Er kam nur, um den „Tropf" und „Hohlkopf" und „Dummkopf" dutzendfach um die Ohren geschlagen zu bekommen. „Halte deinen Mund, untersteh dich nicht, mich anzurühren . . ., ein Marschall Schukow bist du, ein Generaloberst, ein Oberstkommandierender? Die Haut wird man dir Einfaltspinsel in Streifen vom Leibe schneiden. Ich selber werde dir den ‚Major' und den Orden der ‚Roten Fahne' von der Bluse reißen..."

Die Augen des Majors funkelten böse. Es war zuviel, und er war imstande, die Beleidigerin zu erwürgen, zu zertreten. Ein Wort zischte sie ihm ins Gesicht, einen Namen, einen knappen Satz, und der Major war gebändigt. Sie hatte ihn ein Zipfelchen der Macht sehen lassen, die sie aus einer verurteilten Partisanenführerin und der Insassin eines Todeslagers die Metamorphose zu einer Dame in europäischen Kleidern hatte machen lassen.

„Komm“, sagte der Major jetzt, verbesserte sich aber gleich und fügte hinzu: „Kommen Sie bitte mit mir, Genossin!“

Der Präsident blickte seiner Chefdolmetscherin gedankenvoll nach. Ein schmales Gesicht, das eng anliegende, schwarze Haar in einem Knoten zusammengefaßt. Die Narbe an ihrer Wange entstellte das Gesicht nicht, betonte noch die fremdartige Schönheit. Niemals hatte er sie, die immer aufmerksam, verhalten und eher leise erschien, in solchem Ausbruch erlebt. Die Tochter eines russischen Obersten – so viel hatte er bisher erfahren; er meinte plötzlich mehr zu wissen.

Es dauerte nicht mehr lange. Er wurde mit seiner Begleitung herausgerufen. Der Major war nicht mehr allein. Ein Oberst war eingetroffen, ein sehr höflicher Oberst.

„Bitte Ihre Ausweise ..., von der Militäradministration ... vom Marschall ...“, er machte ein betrübtes Gesicht. „Gelten leider heute alle nicht mehr“, sagte er.

„Was gilt dann, Herr Oberst?“

Er wußte es nicht, murmelte etwas von einer blauen Karte an der Stirnseite des Autos. „Sie sind selbstverständlich frei, ein sehr bedauernswerter Zwischenfall.“

„Da drin stehen über sechzig Leute, warum hat man sie eingesperrt?“ fragte der Präsident. Der Oberst wußte es nicht. Er kannte auch nicht den Namen des Majors. Dieser Major kannte seinen eigenen Namen nicht, als er gefragt wurde.

„Habe keinen“, war die Antwort.

„Sehr richtig – du hast keinen Namen mehr!“ war die Erwiderung Irina Petrownas.

Nur Direktor Knauer setzte – allein jetzt und in einem telefonisch herbeigerufenen Wagen seine Fahrt nach Eisenach fort. Der Präsident kehrte nach Weimar zurück. Er überließ es der Dolmetscherin Irina Petrowna, den General über den Zwischenfall in Erfurt zu unterrichten und fuhr nach Hause, war krank, war nicht zu sprechen. Auf seinem Tisch lag eine neue dringende Anweisung, die schon in tagelanger Propaganda die Bevölkerung beschäftigte. Es handelte sich um nichts weniger, als um die Einführung der Bodenreform in Thüringen.

In der Sowjetischen Militäradministration stand die Dolmetscherin Irina Petrowna dem Chef der Militärverwaltung und dem herbeigerufenen Generalobersten Tschuikow gegenüber. Und der General und der Generaloberst waren, nachdem sie den Bericht der Dolmetscherin vernommen hatten, kaum noch Menschen, waren wie reißende Tiere. Die Bodenreform in Sachsen, in der Provinz Sachsen, in Brandenburg, in Mecklenburg bereits in Wirkung, sollte am gleichen Tage in Thüringen durchgepeitscht werden. Aber ohne die notwendigen Vorbesprechungen auf deutscher Seite und ohne das Signum des Präsidenten war nichts zu machen, konnte die Sache nicht anlaufen. Und der Präsident Paul war lange wertvolle Stunden unter Arrest gehalten worden, war jetzt krank, hatte sich krank gemeldet, ließ sich nicht sprechen. Während in allen Ländern der Zone die Arbeit in Angriff genommen wurde, die Rittergüter fielen, der Großgrundbesitz und der große Bauernbesitz zerschnitten wurde, blieb Thüringen im Rückstand, Thüringen schlief.

„Schaffen Sie mir den Paul hierher, krank oder halbtot, wir brauchen ihn!“

Irina Petrowna war dazu außerstande. Telefonisch erreichte sie nur die Frau des Präsidenten und erfuhr zum soundsovielten Male, daß Dr. Paul mit seinem kranken Herzen nach dem Zwischenfall des heutigen Tages physisch nicht in der Lage sei, eine so komplizierte und verantwortungsvolle und viele Beratungen erfordernde Aufgabe auf sich zu nehmen.

Die beiden herbeibeorderten „Dummköpfe“, der Stadtkommandant Erfurts, ein General, und der Major von der Stadtgrenze, wurden vorgeführt und sahen sich dem Chef der Militärverwaltung und zugleich ihrem Oberstkommandierenden gegenüber. Der General kam, zuerst jedenfalls, mit einem über seinem Haupte niedergehenden Unwetter davon. Den Major hingegen traf der Zorn seines Vorgesetzten mit ganzer Wucht. Es kam so, wie Irina Petrowna es ihm vorausgesagt hatte. Sie selbst hatte ihm seine Majorsabzeichen und seine Orden abzutrennen, und ihr feingeschnittenes Gesicht blieb dabei unbewegt. Er wurde degradiert und verschwand aus Thüringen, fiel dorthin zurück, wo sie selbst einige Jahre ihres Lebens verbracht hatte.

Damit aber war es nicht getan. Die verzögerte Bodenreform, die Krankheit des eingesetzten Präsidenten machten es notwendig, den Zwischenfall nach Berlin-Karlshorst an Marschall Schukow zu melden. Der Präsident eines Landes, in Ausübung seines Amtes, mit Ausweisen des Marschalls, von einem Major in Arrest genommen, noch dazu angesichts der deutschen Bevölkerung, das war der Tatbestand, der nicht ohne Weiterungen auch für den General in Erfurt bleiben konnte, und der auf die gesamte Militäradministration zurückfiel.

Der Adjutant am anderen Ende des Drahtes ließ keinen Zweifel daran, daß der Marschall über den Zwischenfall außer sich war und fügte hinzu, daß nur eine schnelle und zugleich taktvolle Erledigung des Gesetzes über die Bodenreform imstande war, ihn zu besänftigen.

Aber der Präsident war krank – der Kerl hatte eine Brust wie ein Mühlstein, und es konnte mit seinem Herzen wohl nicht so schlimm sein! Doch man mußte ihm die Krankheit, in dieser Stunde jedenfalls, glauben. Taktvollerweise ... Der Oberstkommandierende zog sich zurück und der Chef der Militärverwaltung begann wieder wie ein gefangenes Tier in seinem Käfig auf und ab zu laufen.

Es war spät in der Nacht, als Irina Petrowna abermals zum Chef der Verwaltung gerufen wurde und die Order erhielt, Dr. Paul in seiner Wohnung aufzusuchen und wenn möglich, das von ihm unterschriebene Bodenreformgesetz mitzubringen, in erster Linie aber ihm eine Einladung Marschall Schukows nach Berlin zu überbringen. Die Einladung, wenn sie in diesem Moment durch den Zwischenfall in Erfurt veranlaßt war, so hatte sie in ihrer Form doch nichts damit zu tun und auch nichts mit der verzögerten Bodenreform, sondern war lediglich die Beantwortung eines von Dr. Paul selbst gestellten Gesuches um eine Aussprache über die Begrenzung von Kompetenzen zwischen den Chefs der Länder und der in Berlin neu eingeführten Zentralverwaltung. Eine gleichlautende Einladung erhielten in der gleichen Nacht auch die Präsidenten der Länder Sachsen, Provinz Sachsen, Brandenburg und Mecklenburg.

Die Fenster im Arbeitszimmer Dr. Pauls waren noch erleuchtet. Hinter den herabgelassenen Vorhängen saß der Präsident an seinem Arbeitstisch. Der Entwurf über die Bodenreform und andere Aktenstücke waren beiseite geschoben. Das Blatt Papier auf seinem Tisch war unbeschrieben geblieben. Die Hand darüber rührte sich nicht. Bestandsaufnahme – stumme Zwiesprache mit sich selbst. Bilanz über die ersten Monate seiner Präsidentschaft.

Nach der Bankenreform war nun die Bodenreform die zweite in das Leben der Bevölkerung und die Struktur des Landes einschneidende Maßnahme. Er hatte kurz Einblick in das vorliegende und in den anderen Ländern schon zum Gesetz erhobene Projekt genommen, und es schien ihm unmöglich, der Reform in der projektierten Form seine Zustimmung geben zu können. Wirklicher Großgrundbesitz war in Thüringen nur in geringem Prozentsatz vorhanden, auch große Bauernhöfe waren selten; ganz unmöglich aber schien es, die Neubauernstellen auf fünf oder sogar nur drei Hektar zu begrenzen, man würde zu nichts als zu Hungerhöfen gelangen und zu einer ländlichen Bevölkerung von Pauperisierten und Bettlern. Nein, er wird seine Hand zu einer solchen Maßnahme nicht reichen. Die Bankenreform war schon ein schwerer Schlag für die eben anlaufende Wirtschaft gewesen. Ein erster Peitschenschlag – in seiner Präsidialkanzlei war es zugegangen wie in einem aufgestörten Bienenstock. Aus allen Teilen des Landes waren Beraubte, Ausgeplünderte angekommen, dazu Telefonanrufe, Hilferufe: Die Russen haben die Banken besetzt, sie haben die Safes erbrochen, räumen sie aus, schleppen alle Wertsachen, schleppen auch das gesamte Geld weg, was sollen wir tun?!

Was war zu tun?

Der Chef der russischen Verwaltung hatte ihm geantwortet:

„Herr Präsident, es handelt sich nicht um eine einzelne Aktion im Lande, sondern um die Durchführung eines Befehls für die ganze Zone. Wir wollen verhindern, daß sich die Fehler von 1918 wiederholen. Die Republik von Weimar bekam dadurch eine Inflation, daß sie die Schulden der kaiserlichen Regierung mitschleppte, statt sie abzuschneiden. Aus Fehlern muß man lernen. Darum werden mit dem heutigen Tag alle Konten gestrichen. Es kommt hinzu, daß der großen Menge Papiergeld eine ungenügende Menge an Waren gegenübersteht. Dieser

Geldüberhang muß beseitigt werden. Nach dem Befehl bleiben alle Banken geschlossen, nur eine Bank, die Landesbank, darf wieder öffnen. Sie bekommt dazu von uns einen Kredit über dreißig Millionen Mark, für den uns der Gegenwert in Waren zu erstatten ist."

„Später, später, Herr General, wenn der kranke Wirtschaftskörper wieder zu Kräften gekommen ist und einen solchen Eingriff vertragen kann", war seine Erwiderung gewesen, und es hatte nichts genutzt. Die Maßnahme betraf die ganze Zone, zudem hatte die Rote Armee, wie der sowjetische Sprachgebrauch sagt, durch ihr Handeln bereits einen „Fakt" geschaffen, der sich nicht mehr rückgängig machen ließ. Das Tragischste war es, daß er durch diesen Fakt sein Amt mit einem Wortbruch begann, denn er hatte, im Besitz einer entsprechenden Zusicherung von sowjetischer Seite, der Bevölkerung versprochen, daß alle nach dem Zusammenbruch gemachten Bankeinzahlungen unangetastet bleiben würden. Harte Verhandlungen — tagelang ging es nicht weiter! Die Rote Armee war stärker. Geringe Zugeständnisse, aber eine grundsätzliche Änderung war nicht zu erreichen gewesen. Die Bezeichnung „Bankenreform" war lediglich eine Umschreibung für „Kampf der Inflation", wie jetzt die Bezeichnung „Bodenreform" als Hieroglyphe für „Kampf dem Militarismus" präsentiert wurde. Wenn das also der Sinn der neuen Reform ist, dann soll sie aber auch diesem Sinn entsprechen und im Rahmen dieser Absicht und bei der Beschneidung des in Thüringen in sehr geringer Menge vorhandenen wirklichen Großgrundbesitzes bleiben. Dem Versuch, den Wald zu zersplittern, und so das Rückgrat der Thüringischen Wirtschaft anzutasten, ebenso allen Versuchen, Kleinhöfe und Kleinsthöfe zu schaffen, wird er sich mit allen Mitteln widersetzen ...

Nein, mit dem Herzen stand es nicht so schlimm. Darin hatte der Chef der Militäradministration richtig geraten. Und wenn er mit seinen fünfzig Jahren auch kein Fußballstürmer mehr war und den Boxring nicht mehr betrat, auch den Sandsack zu Hause unberührt ließ, so kam er doch noch immer unbeschadet aus den schwersten Sitzungen heraus, und mit Kaffee und starken Zigarren war er imstande, wenn nötig, auch zwanzig Stunden am Tage zu arbeiten. Diese Sache am Rande Erfurts war auch nicht so über die Maßen aufregend, weit erregender waren die am Rande seines Tisches zu einem Stapel gehäuften Aktenstücke, die ebenso ohne Erledigung bleiben würden, wie alle anderen ähnlichen Inhalts, die vorher durch seine Hände gegangen waren. Auch da handelte es sich um Übergriffe – um Plünderungen, willkürliche Beschlagnahmen, um echte Kriminalfälle, um Verschleppungen von Menschen, um Vergewaltigungen und Morde. Eine lange, blutige Kette, und er durfte die Urheber von Kapitalverbrechen nicht einmal, wie es den Tatsachen entsprach, als Russen bezeichnen, hatte sie als „Deutsche in russischer Uniform" zu deklarieren, und diese Tatsachenberichte aus Gera, Jena, Eisenach, Nordhausen, aus Dutzenden von Städten, aus Hunderten von Dörfern weiterzureichen an den russischen General oder an die russische Geheimpolizei – und das war dann alles. Wochen vergingen und Monate vergingen, und er hörte nichts mehr darüber, kein einziger Fall der Erledigung war zu seiner Kenntnis gelangt.

Er griff wieder nach dem Projekt über die Bodenreform.

„Aber da geht einem doch der Hut hoch! Das ist miserabel, ist blamabel, ist schändlich ..." Mit der stummen Bilanz war es vorbei. Seine Gedanken drängten zu einem Ausbruch, zu einem Monolog in solcher Lautstärke, daß seine Frau hereinkam und die Fenster schloß und die Vorhänge zuzog; es war nicht nötig, daß der Polizeiposten vor der Haustür mithörte! Sie verweilte noch einen Moment, füllte seine auf dem Tisch stehende Tasse mit Kaffee nach, verhielt sich im übrigen so stumm wie die Wand.

„Es ist doch nicht zu glauben! Sieh dir das an, ein Schweinedeutsch, anders kann man es nicht bezeichnen! Du siehst dem Entwurf doch sofort seinen Ursprung an!"

Der Gesetzesentwurf war offensichtlich in russischer Sprache verfaßt und dann in sklavischer Anlehnung an den ursprünglichen Text ohne Rücksicht auf die eigene Sprache übersetzt worden. „Ein miserables Machwerk – und wenn ich einmal von seinem Inhalt ganz absehe, so ist es schon vom juristischen Gesichtspunkt aus unhaltbar. Man erläßt doch ein Gesetz – und gibt getrennt von einem Gesetz Ausführungsverordnungen heraus. Aber das hier: das Gesetz, Motive für das Gesetz, im Gesetzestext schon Ausführungsverordnungen, und alles ineinander verschachtelt!"

Nein, wie stellt der General sich das vor – ein Blatt Papier flattert auf seinen Tisch, und er setzt seinen Namen darunter? Der Name ist doch schließlich das Signum für die Person, die dahintersteht. Und abgesehen von dem noch zu diskutierenden sachlichen Inhalt, kann er auch als Jurist einen solchen Schlamassel nicht unterzeichnen.

„Nein, Herr General, so geht das nicht: so schnell schießen die Preußen nicht, die Thüringer auch nicht. Das Gesetz wird erst einmal der Gesetzgebungsabteilung übergeben, in der die ersten Juristen des Landes sitzen, und sachlich und juristisch in Form gebracht. Und dann ... Ja, dann wird man sehen, was für das Land tragbar und nützlich ist!"

Frau Paul kam wieder herein:

„Die Dolmetscherin Irina Petrowna ist draußen. Sie hat das Licht in deinem Fenster gesehen und läßt sich nicht wegschicken. Sie bringt eine Einladung aus Berlin-Karlshorst und hätte Befehl, nicht ohne Antwort zurückzukommen!" — „Na, dann laß sie mal rein!"

Irina Petrowna überbrachte eine Einladung Marschall Schukows zu einer Konferenz über die Frage der Berliner Zentralverwaltungen. Es handelte sich um eine Konferenz, um deren Abhaltung er selbst gebeten hatte.

„Gut, ich bin bereit, Irina Petrowna."

„Die Konferenz beginnt in Karlshorst um elf Uhr vormittags, der General wird ebenfalls fahren und läßt darum bitten, sich seinem Wagen anzuschließen. Abfahrt aus Weimar um fünf Uhr morgens."

„Gut, fünf Uhr morgens – dann sind wir noch vor zehn Uhr in Berlin."

Irina Petrowna hatte noch etwas: das Gesetz über die Bodenreform. Sie meinte, daß sie das Dokument mit seiner Unterschrift noch in der gleichen Nacht zurückbringen könnte.

„Nein, so geht das nicht ... Nein, lassen Sie, Irina Petrowna, keine telefonische Verbindung mit dem Herrn General. Ich bin dazu heute außerstande. Den Gesetzesentwurf, das bitte ich dem Herrn General auszurichten, werde ich der Gesetzgebungsabteilung meines Amtes zur Bearbeitung vorlegen, und dann soll von meiner Seite her alles geschehen, es schnellstens unter Dach zu bringen."

Irina Petrowna kam nicht weiter. Sie mußte sich mit dem erhaltenen Bescheid begnügen und verabschiedete sich. Sie hatte kaum das Haus hinter sich gelassen, als Dr. Paul zum Telefon griff: „Zentrale! Geben Sie mir auf der Sonderleitung die führenden Herren vom Gesetzgebungsausschuß ..."

„Wen ich wünsche? Sie schlafen wohl noch? Notieren Sie: Dekan der juristischen Fakultät, den Präsidenten des Landgerichts, auch den Oberverwaltungsgerichtspräsidenten."

Der Telefonapparat summte.

Der Dekan der juristischen Fakultät an der Universität Jena meldete sich.

„Hier ist der Präsident. Entschuldigen Sie den Nachtalarm. Ich werde wegen des Gesetzes über die Bodenreform bedrängt. Aber das, was mir vorliegt, ist in Form und Inhalt unmöglich. Der Entwurf liegt morgen früh in Ihrer Abteilung. Bauen Sie den Entwurf entsprechend um, es eilt, es eilt ... es brennt, Herr Professor! Gute Nacht."

Er sprach auch mit dem Präsidenten des Landgerichts, auch mit dem Oberverwaltungsgerichtspräsidenten. Das war also gemacht, und die Herren hatten begriffen, auf was es ankam. Immerhin ist die Verständigung in Telefongesprächen begrenzt, noch dazu, wenn die Gespräche abgehört werden. Zwei bis drei Tage wird er selbst von Weimar abwesend sein und manche Details waren unausgesprochen geblieben. Es war noch ein übriges zu tun. Es war jetzt nach zwei Uhr, doch er entschloß sich, den Obersten Richter des Landes anzurufen.

Die Frau des Richters war am Apparat, aus dem Schlaf gerissen, war bestürzt.

„Entschuldigen Sie, gnädige Frau, aber es handelt sich um eine Angelegenheit, die keinen Aufschub verträgt. Ich lasse Ihren Gatten bitten, zu mir zu kommen. Ich werde sofort meinen Wagen schicken."

Taktvoll ..., taktvollerweise war unweit der Villa des Präsidenten ein Heuwagen abgestellt, in dem Tag und Nacht zwei NKWD-Posten einander ablösten. Der Oberste Richter des Landes hatte das Haus Dr. Pauls betreten, und es vergingen nur zehn Minuten, bis im Arbeitskabinett des Chefs der Militärverwaltung von der NKWD-Hauptstelle eine Meldung einging und den General über den nächtlichen Besuch in der Villa des Präsidenten unterrichtete. Das Gespräch war kaum entgegengenommen, als das rote Lämpchen auf dem Tastaturbrett des Generals abermals aufglühte. Diesmal war es die NKWD-Überwachungsstelle Lottenstraße: „Der Präsident hat auf der Sonderleitung gesprochen. Er hat für morgen Gerichtspräsidenten und Professoren zur Bearbeitung des Gesetzes über die Bodenreform bestellt ...“

Bearbeiten, bearbeiten ... Was ist da noch zu bearbeiten? Der Chef der Militärverwaltung stützte seinen Kopf in beide Hände. Er hatte einen schweren Arbeitstag hinter sich, sein klobiges Bauerngesicht zeigte Müdigkeit. Doktoren, Professoren, Strafrechtler, Staatsrechtler, Gerichtspräsidenten, der Dekan der juristischen Fakultät – es war, um aus der Haut zu fahren! Wozu das alles, warum mußte alles so kompliziert gemacht werden, warum mußte ausgerechnet in seinem Bereich mit einem Präsidenten von der Art Pauls experimentiert werden? In Sachsen, in Brandenburg, in Mecklenburg – wie einfach, der Wisch Papier wurde auf den Tisch gelegt und kam ohne Zeitverlust unterschrieben zurück. Hier aber – eine Gesetzgebungsabteilung, berühmte Professoren, nächtliche Sitzungen, ein ganzes Konsortium von Doktoren und Bücherhockern sind nötig, den Entwurf durchzukauen. Zuletzt aber ..., nun, die Herren werden ja sehen, was von ihren Spitzfindigkeiten übrigbleiben wird.

Die Nacht war vorgeschritten und dem General war bis zur Abfahrt nach Berlin nicht mehr viel Zeit geblieben. Er blieb in seinem Kabinett, warf sich auf das dort aufgestellte Ledersofa, um noch etwas Schlaf zu finden.

Zur gleichen Stunde saß im Arbeitszimmer des Präsidenten der Oberste Richter, faltete den Gesetzesentwurf zusammen und barg ihn in seiner Aktenmappe. Es war alles durchgesprochen. Der Entwurf war in eine juristische Form zu bringen, und weiter handelte es sich darum, unter Anlehnung an den vorliegenden Text ein Gesetz zu entwerfen mit dem Schwergewicht beim Präsidenten des Landes, unter weitgehender Ausschaltung des kommunistischen Vizepräsidenten.

Es war alles klar, auch die Details waren jetzt besprochen. Die Angelegenheit war zu einschneidend für das ganze Land, als daß irgend etwas versäumt werden durfte. Dr. Paul begleitete den Obersten Richter zur Tür, kehrte dann zurück. Es war fast zu spät, sich noch hinlegen zu können. Wie der General am anderen Ende der Stadt streckte auch er sich zu einem kurzen Schlaf auf dem Sofa aus.

Nach kaum zwei Stunden nahm er neben seinem Chauffeur Dietershofen Platz und beide rollten davon, um sich draußen auf der Autobahn dem Wagen des Generals anzuhängen.

Bankenreform, Bodenreform, Zentralverwaltungen, das Flüchtlingswesen ... Es war nötig, während der Fahrt den verlorengegangenen Schlaf nachzuholen, um in Berlin-Karlshorst, der innersten Arena des Kampfes um Deutschland, ausgeruht einzutreffen. Doch er kam von den drängenden Problemen nicht los, und es gelang ihm nur ein halbes Dahindämmern. Und wenn er die Augen öffnete und ins Weite blinzelte, fand er sich mitten darin, mitten in der quälenden und unfertigen Wirklichkeit.

Unfertig – oder war es bereits ein Finale?

Das nicht mehr zu reparierende und unwiderrufliche Ende? Der Gedanke drängte sich ihm auf, zurückgeschlagen und weit von sich gewiesen war doch immer wieder da, sprang ihn an, in der Staatskanzlei, in Weimar oder Gera, in seiner Wohnung oder mitten in einer Auseinandersetzung mit Exponenten der kommunistischen Partei, auch hier während der Fahrt.

Er blickte auf.

Die Autobahn glich einer Stallgasse. Wagen mit kleinen Pferdchen davor zottelten langsam dahin. Viehherden wurden nach Osten getrieben. Kühe mit hohlen Flanken, zu Gerippen abgemagerte Pferde – sie hatten einen weiten Weg hinter sich, kamen aus Sachsen, aus Thüringen, von der bayerischen Grenze und hatten einen noch längeren, einen zu langen Weg vor sich. Mitten auf der Fahrbahn stand ein vom Regen zerfledderter Polsterstuhl, lagen weggeworfene leere Kisten und Scherben zerschmetterter Flaschen. Eine marschierende Kolonne, braungebrannte Gesichter, die Uniformen arm und abgerissen, die Stiefel verbraucht.

„Wie haben diese traurigen Haufen die deutsche Wehrmacht schlagen können?" Es war der Chauffeur Dietershofen, der ehemalige Oberst Aachern, der sich zum Wort meldete.

„Man muß sie sich nicht in lose aufgelockerter Formation, sondern in breiter Flutwelle denken", erwiderte der Präsident.

„Ja, viele Hunde sind des Hasen Tod!"

Ein Lastwagen wurde überholt, eine russische Dienststelle auf dem

Umzug. Tische, Stühle, Matratzen – keine Roßhaarmatratzen, nicht einmal Seegras, aber um den Plunder gegen den Regen zu schützen, war ein Perserteppich als Persenning darübergebreitet.

Der Präsident wachte wieder auf: Flüchtlinge, graue Haufen, alte Männer, Frauen, Kinder, mit armseligem Gepäck, traurige Vehikel hinter sich herziehend. Sie kamen aus Sachsen, kamen von weit her, aus dem Sudetengebiet, aus der Tschechoslowakei, aus den deutschen Sprachinseln in Ungarn und auf dem Balkan.

Ein Beschluß der Potsdamer Konferenz: Aussiedelung der deutschen Minderheiten. Und weiter: Die Aussiedelung soll in humaner Weise durchgeführt werden. In humaner Weise – ohne interalliierte Kontrolle, und in den Ländern, in denen sie Jahrhunderte Heimatrecht hatten, den Boden fruchtbar machten, Industrien schufen, wurden sie von Haus und Hof gejagt, gehetzt, totgeschlagen, ihrer tragbaren Habe beraubt, oft ausgezogen bis aufs Hemd, zuletzt über die Grenze geworfen, fünfzehn Millionen, zwanzig Millionen, keiner hat sie gezählt. Und keine Stelle war vorbereitet auf die verhungernden Massen, die sich Heuschreckenschwärmen gleich über das Land ergossen und die unreifen Felder kahl fraßen.

In Sachsen flossen die Auffanglager über.

Auf die Schlagbäume, freie Straße nach Thüringen!

Thüringische Straßen ohne Stationen mit notdürftigster Verpflegung und ohne minimalste sanitäre Betreuung für solche unvorhergesehenen und unangemeldeten Massen ... Das war das Chaos, und es hatte starker Polizeiaufgebote und zäher Verhandlungen mit Sachsen und mit der Militäradministration in Dresden bedurft, die Elendsflut einzudämmen und einen geordneten Abfluß zu erreichen; und es bedurfte abermals langwieriger Verhandlungen mit der Militäradministration, die in Thüringen die Flut stauen wollte, um die Handwerker und die Träger wertvoller Industrien herausfischen zu können, bis sie von ihrem Vorhaben abließ und das Loch nach Westen geöffnet blieb. Und da waren sie immer noch, trieben über die Autobahn, jetzt nur das tägliche mit Sachsen vereinbarte Kontingent, und dennoch – in dem wirtschaftlich armen Lande sind im Kreise Heiligenstadt in wenigen Wochen über eine Million gezählt worden. Besitzer von Bauernhöfen, von großen Gütern, von Fabriken, selbständige Handwerker, Unternehmer, Gewerbetreibende, so zogen sie aus — und als Überlebende ausgemordeter Familien, als Verhungernde und Bettler gelangen sie in den Westen. Aussiedelung nach humanen Grundsätzen — und die Feder in Potsdam, die es niederschrieb, hat sich nicht gesträubt, und die christliche Welt nimmt keine Kenntnis von fünfzehn oder von zwanzig Millionen Menschen, die zu Strandgut gemacht wurden.

Ein Erbe Hitlers ... Aber nicht nur ein Erbe Hitlers.

Ist es das Ende einer Epoche, ein Symptom des heraufziehenden Untergangs? Nein, an ein Ende will er nicht glauben!

Das Elend auf den Straßen, die gesprengten Brücken, die Arbeiter im Schutt ihrer Fabriken, die Dorfbevölkerungen verkrochen in Erwartung des nächtlich um ihre Häuser schleichenden Unheils — alles erinnert an eine andere große Katastrophenzeit. Deutschland hat den Dreißigjährigen Krieg überstanden, und das Leben hatte sich aus Verkrochenheit wieder erhoben. Es wird auch dieses tiefe Tal durchschreiten. Glauben muß man, und die Dinge und die Menschen hinter den Dingen fest ins Auge fassen. Glauben ... und die ersten Schritte gehen, wenn auch niemand sagen kann, welche Ausblicke die nächste Wegbiegung öffnen wird; glauben, auch wenn der Himmel verfinstert ist. Die ewigen Sterne leuchten dennoch. Und die Sterne am abendländischen Himmel heißen: Humanität, Toleranz, Zusammenarbeit, Recht und nochmals Recht und abermals: festgesetztes, bindendes und verbindendes Recht.

Die Russen ...

Ein anderes Wirtschaftssystem, andere politische Auffassungen, ein anderes Credo, vielleicht kein sittliches, vielleicht nur ein zweckmäßiges ... Das sind nicht seine Sorgen. Er hat Zusagen, daran hat er sich zu halten. Weitgehende Zusagen sogar, ihm gemacht am Tage (oder vielmehr in der Nacht) des überraschenden Angebots, die Präsidentschaft über das Land Thüringen zu übernehmen. Er hatte nichts verborgen, hatte erklärt, daß er bürgerlichen Herkommens wäre, daß er nach seiner Vergangenheit zum liberalen Lager zähle, an liberale Freiheiten, auch an eine liberale Wirtschaft glaube, und es war ihm geantwortet worden, genau das wäre es, was von ihm und dem künftigen Präsidenten des Landes erwartet würde.

„Unsere Demokratie, Herr Präsident, ist kein Exportartikel. Wir wünschen einen demokratischen Aufbau Deutschlands. Er soll getragen werden von den demokratischen Parteien. Wir stehen hier, um dem deutschen Volk beim Aufbau seiner Demokratie und seiner Wirtschaft zu helfen."

Das war es, was Generaloberst Tschuikow ihm auf seine Eröffnungen erwiderte — und hatte fortgesetzt: „Sie, Herr Präsident, wollen die Industrie und Handelskammern in ihrer Form wie vor 1933 wieder aufbauen; wir sind damit einverstanden. Wir legen Wert darauf, daß Sie bei Ihrer Fahrt durchs Land zum Ausdruck bringen, daß das Privateigentum bei uns ebenso geschützt wird, wie die Privatinitiative des Unternehmers. Der Bauer braucht nicht mehr zu befürchten, daß durch seine Keller und seine Böden gegangen wird. Unser Kampf gilt ausschließlich dem Nazismus und dem Militarismus . . ."

Damit war er einverstanden. Unter dem Nazismus hatte er gelitten — wie nur einer. Und der Militarismus, die übersteigerte Form eines expansiven Militärwesens, war mehr als einmal zum Unglück Deutschlands geraten. — Weg damit!

Und im übrigen: Demokratischer Aufbau, Freiheit der Person, Unantastbarkeit privaten Eigentums: das waren Grundlagen, genügende Grundlagen, um die politisch, wirtschaftlich und kulturell abgerissenen Fäden wieder anzuknüpfen, seiner Heimat den Status des Rechtes zurückzugeben, und Thüringen nach Überwindung der notwendigen Übergangszeit wieder zu einem Teil Deutschlands und zu einem Glied der demokratisch lebenden und demokratisch wirtschaftenden Völkerfamilie zu machen. Ja, es wurde quergeschossen, von örtlichen Kommandanten, das Erlebnis am Vortage war ein augenfälliges Exempel, und noch mehr von den in Amtsstellen eingedrungenen Radikalen. Übergangserscheinungen — sie werden überwunden werden. Das vom Oberstkommandierenden Generaloberst Tschuikow verpfändete Wort und darüber hinaus die Beschlüsse von Potsdam mit den die Alliierten untereinander bindenden Vertragsbestimmungen garantieren einheitliche wirtschaftliche und politische Formen für alle Besatzungszonen Deutschlands.

Übrigens boten die Offiziere in jener ersten nächtlichen Sitzung — der Armeegeneral Tschuikow, der Chef der Militärverwaltung, auch die übrigen – in ihren Uniformen, in der Sprechweise, im Distanzhalten zu den Vorgesetzten ein Bild strenger Disziplin, unterschieden sich wohltuend von den zuchtlosen Horden im Lande und waren durchaus Köpfe mit eigenen Gedanken, verfügten über allgemeine Kenntnisse und waren verblüffenderweise über die Verhältnisse Thüringens, über seine wirtschaftliche Lage und politische Konstellation informiert.

Es wurde nichts aus dem Schlaf.

Der Fluß der Gedanken ließ sich nicht abstellen, ebensowenig das Band der am Straßenrand zurückbleibenden Gestalten, würdig der Feder eines Hans Jakob Christoffel von Grimmelshausen. Dort, mit hochgeschürztem Rock, eine Mutter Courage mit ihrer Tochter. Aber es war keine Mutter Courage, es war die Frau eines Obersten.

Dietershofen sagte:

„Die beiden saßen gestern im Keller in Erfurt, die Frau und Tochter eines Obersten Zecke, sie wollen nach Berlin."

„Halten Sie an, nehmen Sie sie mit."

Dietershofen hielt, ließ den Wagen ein Stück zurückrollen. Die beiden Frauen wurden aufgenommen. Die Fahrt ging weiter. Ja, die beiden wollten nach Berlin, oder vielmehr nach Potsdam, besaßen dort eine ausgebombte Wohnung und hatten als Flüchtlinge fast zwei Jahre in Thüringen gelebt. Von dem Mann und dem Vater, dem Obersten Zecke, wußten sie nichts – nur eins, daß er aus Prag nach Berlin versetzt worden war. Dietershofen, der ihm noch in den Apriltagen in Berlin begegnet war, hatte es ihnen gesagt.

Dann kam doch noch, als ob es dazu dieser alltäglichen Geschichte bedurft hätte, der so nötige Schlaf. Der Motor brummte, Dietershofen vermied jede jähe Änderung der Geschwindigkeit. Die beiden Zecke-Frauen, froh darüber, die unsicheren Straßen hinter sich zu lassen und mit jedem Kilometer ihrem Ziel näher zu kommen, verhielten sich still wie Mäuschen. Als der Präsident seine Augen wieder aufmachte, war es auf einer holprigen Umleitung; eine gesprengte Autobahnbrücke mußte umfahren werden. Und dann dauerte es nicht mehr lange. Das Wahrzeichen Berlins, der Funkturm, erhob sich. An der Abzweigung nach Zehlendorf stiegen Frau und Tochter Zecke mit Dankesbeteuerungen aus. Die Avus, das Ende der Autobahn – und der Wagen tauchte ein in das Stadtbild. — Ruinen ...

Menschen mit grauen Gesichtern, Frauen in Hosen, primitive Werkzeuge in den Händen, ein wimmelndes Volk von Ameisen gegenüber riesigen Schuttbergen. Der Tiergarten glich einem der zerwühlten Felder vor Verdun nach dem ersten Weltkrieg; von den Bäumen waren nur noch Stümpfe geblieben. Rings um das stehengebliebene Reiterstandbild der Amazone breiteten sich Schrebergärten. Berliner mit Spaten, mit Hacken suchten den Boden nutzbar zu machen, andere gruben Baumstümpfe aus.

Via triumphalis ... Ruinen, Menschen in schäbigen Kleidern, mit Hungergesichtern. Die Straße Unter den Linden war fast menschenleer. Das Schloß war umgeben von Trümmern. Rote Fahnen. Plakate: „Die Hitler kommen und gehen ...“ Steppenstaub trieb in die Fenster der Limousine. Rings um den Alexanderplatz Scharen von Menschen, alle handelten, boten Dinge zum Verkauf an und versuchten Lebensmittel dagegen einzutauschen. Die Straßenbahn fuhr wieder, auch Teile der U-Bahn und der S-Bahn waren wieder in Betrieb genommen.

Der Wagen ließ ein aus Sperrholz errichtetes Siegestor hinter sich, hielt wenige Minuten später vor einer Einfahrt zu einer großen von weißen Mauern umgebenen Anlage und durfte nach einer sorgfältigen Kontrolle der vorgezeigten Dokumente passieren. Es waren die gleichen modernen Bauten, die ehemalige Pionierkaserne mit der Pionierschule, die Oberst Zecke vor mehr als einem halben Jahr aufgesucht hatte. Die herausgeflogenen Fenster waren wieder eingesetzt, die Dächer repariert. Damals war kein richtiger Betrieb mehr gewesen. Jetzt war ein Hin und Her von Autos, ein Kommen und Gehen von Ordonnanzen. An der Stelle, an der einmal eine Landsergestalt mit riesigem Fahrermantel, mit einer zerkauten Pfeife im Mund dem Obersten Zecke den Weg zum Regimentsführerlehrgang gewiesen hatte, stand jetzt ein GPU-Posten in sauberer Uniform mit weißen Handschuhen und gab Auskunft und bezeichnete das Gebäude, in dem Dr. Paul abzusteigen hatte.

Es war noch genügend Zeit, noch mehr als eine halbe Stunde bis zum Beginn der Sitzung. Der große Konferenzsaal, in den die Eingetroffenen nachher geführt wurden, war derselbe, in dem einmal Marschall Schukow, der englische Luftmarschall Tedder, der amerikanische General Spaatz und der französische General Lattre de Tassigni versammelt waren, und in den Keitel, der letzte Feldmarschall Hitlers, hereingeführt wurde, seinen Marschallstab senkte und die Kapitulationsurkunde unterschrieb.

Jetzt sowjetische Generäle und Zivilisten, die russischen Administrationschefs und die deutschen Präsidenten und Vizepräsidenten der Länder, und aus Berlin die Chefs der Zentralverwaltungen. Draußen auf den Gängen und auch im Saal rote Fahnen, fächerförmig angeordnet und in überschwenglicher Menge, und wo die Wände dazu Platz ließen, Porträts: Stalin, Molotow, Schukow, immer wieder Marschall Schukow in zehnfacher Lebensgröße. Dr. Paul wurde in der ersten Reihe ein Platz angewiesen neben einem Mann mit schneeweißem Haar und blauen Augen in wohlwollendem Greisengesicht: Dr. Werner, der Regierende Oberbürgermeister der Stadt Berlin.

Der achtundsechzig Jahre alte Dr. Werner vermochte die Bürde seines Amtes und die Sorgen einer Dreieinhalb-Millionen-Stadt zu tragen, ohne darunter zusammenzubrechen. Seine Stellvertreter, Herr Maron und Arthur Pieck (der Sohn Wilhelm Piecks), die Herren Jendretzki und andere, nahmen ihm einen großen Teil seiner Arbeit ab, und im großen und ganzen blieb nur übrig, die bereits vorbereiteten Angelegenheiten gutzuheißen und Beschlüsse zu unterschreiben – so blieb ihm noch Kraft für offizielle Angelegenheiten und auch die Zeit, Einladungen wie die zu dem heutigen Empfang durch Marschall Schukow nachzukommen.

Der Marschall, in seinem Gefolge einen Kranz von Generalobersten und Adjutanten, betrat den Saal. Alle Anwesenden erhoben sich. Erhoben sich ... nein, die Militärs spritzten aus ihren Sesseln auf und erstarrten. Es war keine Ehrenbezeigung wie die von Generälen gegenüber ihrem Feldmarschall, sondern wie die von Rekruten gegenüber ihrem Kompanieführer. Chefs von Ländern, prächtige Uniformen, blitzende Orden, ein Bild wie aus zaristischer Vergangenheit. Der Marschall bemerkte auf seinem Weg zur Tribüne den weißhaarigen Dr. Werner, blieb vor dem Repräsentanten der Dreieinhalb-Millionen-Stadt stehen, wechselte einige freundliche Worte mit ihm, ehe er weiterschritt, um die Konferenz zu eröffnen.

Die Versammlung nahm wieder Platz. Der Marschall beschränkte sich auf eine allgemeine Begrüßung – erteilte nach allen Seiten hin Liebenswürdigkeiten.

Paul wandte sich an seinen Nachbarn: „Hören Sie, mein lieber Herr Werner, Sie müssen jetzt nach der Begrüßungsansprache des Marschalls das Wort ergreifen."

„Ja, was soll ich da sagen?"

Eine Puppe in weißen Haaren — der Mann ist doch am Ende! Warum haben sie ihn eigentlich zum Oberbürgermeister von Berlin gemacht, das ebensoviel Einwohner zählt, wie das ganze Land Thüringen?

„Ich will Ihnen als dem Älteren selbstverständlich den Vortritt lassen, aber wenn Sie nicht sprechen, muß ich es tun."

„Ja, ich bitte darum."

Der Präsident des Landes Thüringen erwiderte mit verbindlichen Worten, in genau dem Ton, den der Marschall angeschlagen hatte, bedankte sich für die Einladung, ließ dann, die versammelten Präsidenten der Zentralverwaltungen ins Auge fassend, eine ernstere Saite aufklingen und trat so beinahe in die zu erwartende Auseinandersetzung ein. Etwas zu schnell — als ob er es nicht erwarten könnte.

Er erhielt, nachdem er seine Dankadresse beendet hatte, als erster Redner zur Tagesordnung das Wort. Ein Mann, der Auseinandersetzungen und Herausforderungen nicht scheute — das war den Beteiligten nach den ersten Worten zur Sache klar.

Der Marschall war ein aufmerksamer und mehr als interessierter Zuschauer. Das Spiel war ausgelegt, und unter den Karten, die in Berlin Dr. Werner, die in Sachsen, in der Provinz Sachsen, in Mecklenburg und Brandenburg anders hießen, gab es ein besonderes Blatt, ein ausgesprochenes Beispiel der mehrschichtigen Politik um Deutschland. Mit regierenden Oberbürgermeistern, die nicht mehr wissen, was wirklich geschieht, mit Länderpräsidenten, die rapportieren wie Unteroffiziere, waren gewiß augenblickliche Erfolge zu erzielen, dabei war aber nicht gesagt, daß die Augenblickserfolge von dauernder Wirkung sein werden. Ein weittragendes Instrument war nötig, wenn man einen weiträumigen Krieg führte und das ganze Deutschland und in der weiteren Entwicklung Europa ins Auge faßte. Deshalb der Sonderfall — ein Präsident, nicht nur am langen Zügel, sondern in voller Freiheit dressiert und im Bewußtsein eigenen Handelns. Das war das Experiment, und dieser Paul konnte eine völlige Niete werden, konnte aber auch zu einer Figur geraten, mit der noch große Feste zu feiern sein würden.

Dr. Paul hatte die Präsidenten der Zentralverwaltungen vor sich. Zwei, drei, noch einer vielleicht waren Köpfe; aber die anderen ... Unausgegorene, Unmündige, Befehlsempfänger. Was beabsichtigen sie mit einem solchen Gremium, was wollen sie eigentlich mit diesen Zentralverwaltungen? Eine Gefahr für den ruhigen Aufbau in den Ländern — das war sein Gefühl von Anfang an gewesen. Die russischen Stellen in Berlin brauchten sie als Informationsquellen, war ihm gesagt worden. Aber wozu denn, sie hatten doch die eingesetzten Landesverwaltungen, die Präsidialkanzleien, die ihnen jede gewünschte Auskunft über die betreffenden Länder geben konnten. Und wo ist die zusammenfassende Spitze dieser im Plural auftretenden und nach Sachgebieten getrennten Körperschaften? Das fiel ihm — während er noch sprach — plötzlich ein. Eine Spitze, ein den Zentralverwaltungen übergeordnetes Präsidium gab es nicht, hatte sich niemals verlautbart, war hier im Saal nicht vertreten, und wenn es doch existierte, blieb es anonym; und da es existieren mußte, war es klar, daß es im Verhangenen, bei den Russen zu suchen war.

Dr. Paul sprach ohne Eifer, nur mit halber Kraft, die eigentliche Debatte stand noch aus, doch es genügte bereits, die Betroffenen zu alarmieren und Wortmeldungen gelangten auf die Tribüne. Paul fragte, und jetzt nicht nur in Gedanken, nach dem Sinn jener Verwaltungen, die als bloße Informationsinstitute doch nur ein zusätzlicher bürokratischer Apparat und dazu — abgetrennt von den Ländern und den Produktionsstätten nur ein zu unvollkommenen Informationen fähiger, schwerfälliger Apparat wären. Und er ging weiter und sprach es aus, daß die Zentralverwaltungen die Tendenz zeigten, sich zu Nebenregierungen zu entwickeln. „Und denken Sie daran", betonte er, „es ist eine alte und immer wiederkehrende Erscheinung, daß dort, wo Leute oder Institutionen mit Macht ausgestattet werden, sofort der Kompetenzkampf beginnt, der oft wichtiger zu werden droht als die Sache, um die es geht...."

Der nach Paul auftretende Chef der Zentralverwaltung für Kohle und Brennstoff nahm zuerst in eleganter Weise auf eine Bemerkung des Marschalls Bezug, nach der in der Christlich-Demokratischen

Union doch nur Dummköpfe säßen. Er entschuldigte sich, daß er, obwohl er nach dem hier ausgegebenen Generalnenner einer Gruppe von Dummköpfen angehöre, dennoch das Wort ergreife, zeigte dann in den folgenden Ausführungen jedenfalls, daß er auf seinem Gebiet über fundierte Kenntnisse verfügte und darüber hinaus ein Mann von Temperament und von weitem Horizont war.

Der nächste Redner war der Präsident der Zentralverwaltung für Land- und Forstwirtschaft. Der in der ersten Reihe sitzende Dr. Paul hörte dem Mann mit der geröteten Glatze und dem Kranz weißer Haare zuerst aufmerksam zu, dann schüttelte er ganz augenfällig über so viel Unkenntnis in der behandelten Sache den Kopf. Keine Ahnung hat der Mann – weder von der Landwirtschaft noch vom Wald, jedenfalls nicht von den Belangen des deutschen Waldes! Woher denn auch..., aber das konnte Paul nicht wissen.

Woher denn auch... Der Präsident der Zentralverwaltung für Land- und Forstwirtschaft war noch in seiner frühen Jugend, nach einem kurzen Debut als Landpfarrer in einem schwäbischen Dorf, auf die andere Seite hinübergewechselt, war über den Freidenkerverein zur sozialistischen, später zur kommunistischen Bewegung gestoßen. Als kommunistischer Landtagsabgeordneter hatte er das Ressort „Landarbeiterfrage" bearbeitet. Später in russischer Emigration und schon in vorgeschrittenem Lebensalter hatten Hunger, Typhus, Schnee und Parteiroutinearbeit ihn ausgelaugt, nicht nur seine Haare waren gebleicht, er war weiß, war ausgefroren und leer. In einem Kriegsgefangenenlager hinter dem Ural, in dem er zuletzt als antifaschistischer Lehrer beschäftigt war, hatte ihn die Kommandierung auf einen neuen Posten erreicht; mit der Douglasmaschine, die neue Amtsanwärter für die kaderhungrige Partei nach Deutschland brachte, war er von Moskau nach Berlin gelangt und hatte sich plötzlich in einem mit Propagandabroschüren und Nachschlagewerken über Land- und Forstwirtschaft ausgestatteten Büro wiedergefunden.

Keine Ahnung... ein schwacher Redner, ein schwacher Kämpe, aber wer steht hinter diesem mühsam seine Sache verteidigenden alten Mann?

Ein anderer löste ihn ab.

Ebenso... Papiermaché, Bürokraten. Sie verteidigten ihren Amtssessel und noch etwas, aber das blieb im Verhangenen. Einer war bemerkenswert, noch einer, sonst aber ... Er konnte wegdenken, brauchte nur mit halbem Ohr zuzuhören, hatte Muße, sich umzublicken, sich die übrigen geladenen Gäste zu betrachten.

Da war der Präsident von Sachsen, ihn kannte er, hatte mit ihm zur gleichen Zeit in Leipzig studiert. Ein Jurist, dazu ein fähiger Verwaltungsmann; auf dieser Konferenz schwieg er sich aus, schwieg schon zu gründlich – ausgenommen einige kurze bedeutungslose Erklärungen; sein kommunistischer Vizepräsident und Innenminister entschuldigte ihn wegen Krankheit und redete an seiner Stelle. Von diesem sächsischen Innenminister Fischer hatte er keine Hilfe gegen die Zentralverwaltungen zu erwarten und von den Länderchefs aus Mecklenburg, Brandenburg und der Provinz Sachsen erhielt er, wie er feststellen mußte, nur eine Scheinhilfe. Dennoch mußte das Spiel gewonnen werden – und es war kein Spiel, war Ernst, betraf den wirtschaftlichen Aufbau und das Leben in den Ländern der Sowjetzone.

Nach einer Pause sprachen die russischen Verwaltungschefs, auch sowjetische Experten verschiedener Wirtschaftsgebiete. Und je weiter der Tag vorrückte, um so länger wurden die Reden. Die Russen schienen mit der einbrechenden Dunkelheit und mit dem Aufflammen der elektrischen Beleuchtung erst richtig aufzuwachen.

Ein Zwischenfall brachte eine Unterbrechung. Das elektrische Licht ging aus, Kurzschluß – völlige Dunkelheit und auf der Bühne eiliges Getrappel. Als das Licht nach einer Weile wieder anging, war die Bühne leergefegt, kein Marschall Schukow mehr, kein Stabschef Sokolowski, keine Generäle und Oberste; der Marschall mit seinem Stab war verschwunden, statt dessen standen oben auf dem Podium und auch unten vor der vordersten Reihe, und plötzlich in voller Beleuchtung, Soldaten mit erhobenen Maschinenpistolen und die Versammelten starrten in die offenen Mündungen.

Kurzschluß – eine Enthüllung des automatisch in Funktion getretenen Sicherungssystems. Die Soldaten rückten ab, und der Marschall nahm mit seinem Stab wieder Platz. Die Versammlung ging weiter, ohne daß auf den seltsamen Zwischenfall auch nur mit einem Wort Bezug genommen wurde.

Der sowjetische Experte für die Finanzen in der sowjetischen Zone hatte das Wort und redete schon eine geraume Zeit für sein Ressort. Was war das eigentlich – etwas Unverständliches spielte sich vor den Augen der Versammelten ab. Der Marschall: Konzentration, Wille, ein harter, klarer Blick – war an seinen Platz gebannt, und es war ihm anzusehen, wie schwer es ihm fiel, stillzuhalten. Der Zivilist war weitschweifig, war zugleich pathetisch. Er verteidigte die Schnapssteuer und erklärte ihre Auswirkung für das Budget der Länder. Er sprach lange, dem Marschall wurde es zu lang. Er unterbrach und rief ihm zu, sich kürzer zu fassen. Der Zivilist aber blickte nur kurz über seine Schulter weg zum Marschall hin und ließ seine Rede weiterplätschern. Auch ein weiterer Zwischenruf des Marschalls störte den Redner nicht. Er sprach so lange, wie er es für geboten hielt.

Der Marschall fegte ihn nicht hinweg.

Der erfolgreiche Feldherr der Sowjetarmee – Volksheros und Soldatenideal – sprang auf, mit hochrotem, wütendem Gesicht, lief wie ein gereizter Tiger auf der Bühne des Konferenzsaales hin und her. Eine fremde Welt, was bedeutet ein Marschall, selbst vom Gewicht Schukows, was bedeutet er in der Sowjetwelt gegenüber einem politisch fundierten Funktionär?

Endlich gefiel es dem Redner zu schließen. Noch einige Sachverständige standen auf der Rednerliste und waren anzuhören. Dann ergriff der Marschall das Wort zu einer Schlußbetrachtung. Es war mehr, war viel mehr, als manche, darunter auch der Präsident Thüringens, für ihre Länderverwaltungen erwartet hatten. Der Marschall zeigte sich als Mann, der offene Kritik vertrug. Sein Wissen um die Verhältnisse in den Ländern, seine treffenden Bemerkungen ließen den Gedanken aufkommen, daß er um den siebenhundert Jahre alten Satz wußte: Man kann vom Pferdesattel aus wohl ein Reich erobern, vom Sattel aus verwalten kann man es nicht! Zugunsten der Landespräsidenten fällte er die Entscheidung: „Nichts darf seitens der Zentralverwaltungen ohne und nichts gegen den Willen der Präsidenten in den Ländern geschehen."

Erleichtert hörte der Präsident des Landes Thüringen dem Schluß der Rede zu. Mit der Versicherung des Marschalls, für ein demokratisches und einheitliches Deutschland eintreten zu wollen, nahm der Arbeitsteil der Konferenz sein Ende. Übrigblieb der feierliche Abschluß

— ein Bankett, zu dem der sowjetische Oberbefehlshaber alle Teilnehmer der Konferenz herzlichst einlud.

Aachern-Dietershofen war beurlaubt worden.

Mit dem Dienstwagen hatte er nach Wannsee in seine Wohnung und zu seiner Familie fahren können. Das Haus in Wannsee war noch dasselbe, aber die Menschen, die es bewohnten — Dr. Wittstock und Frau Wittstock, seine Frau Lisa, seine Tochter Anneliese — waren nicht mehr dieselben; körperlich und auch seelisch waren sie anders, als er sie vor dem Untergang zurückgelassen hatte.

Lisa fand er verändert und Anneliese fand er verändert.

Und Hans ...

Hans war nicht mehr da. Eines Morgens, kurz nach vier Uhr, war er abgeholt worden, von russischen Soldaten, von der GPU, Hans und der Günther, der Sohn Wittstocks, beide als Werwölfe.

„War er denn bei so etwas dabei?"

„Keine Spur, Werwölfe gibt es doch gar nicht, hat es niemals gegeben", erwiderte ihm seine Frau.

„Alle lachen doch darüber."

„Zum Lachen ist es nicht."

„So meine ich es auch nicht. Nur die Anschuldigung ist lächerlich. Und nicht nur Hans und Günther, fast alle ihre Schulkameraden sind verschwunden."

„Wohin?"

„Das erfährst du nicht. Aber Sachsenhausen bei Oranienburg ist wieder KZ und steckt voller Menschen, genau wie früher."

„Früher wußtest du von solchen Dingen nichts."

„Früher wußte ich manches nicht."

„Und die Russen, ich meine, den Einmarsch, wie hast du ihn überstanden?"

Lisa blickte ihn an, zuckte die Achseln.

„Ja ...", brachte er hervor.

Sie erzählte ihm von dem Hinauswurf aus der Wohnung durch die Russen — daß sie zusammen mit den Wittstocks einige Tage in dem Bunker eines Architekten Poppert zugebracht hätten, daß dann alle auch von dort weg mußten, daß sie tagelang zwischen den Fronten hin und zurück gewandert waren und endlich in die Wohnung hatten zurückkehren dürfen.

„Aber wie das aussah, nein, du hast keine Vorstellung."

Er glaubte, doch eine Vorstellung davon zu haben.

„Und dieses Rauchtischchen?" fragte er.

„Weiß noch nicht, wem es gehört. Der Eigentümer hat sich noch nicht gemeldet. Wir haben doch alle Dinge, die Stühle und Betten, erst in der Nachbarschaft zusammensuchen und gegen die eingestellten fremden Sachen erst wieder umtauschen müssen. Von allen Schuhen haben wir, als wir zurückkamen, nur linke gefunden, die anderen waren weg. Wie die gehaust haben!"

„Ja, und ..."

Es war die unbeantwortet gebliebene Frage, auf die er so zurückkam.

„Ach, Helmuth, was glaubst du eigentlich, keine ist übriggeblieben!"

„Und Anneliese?"

„War einmal dabei."

„Einmal ..., das heißt?"

„Ja, *das* heißt es. Ach, lassen wir das doch!"

Sie war sehr bestimmt in ihrem Ausdruck geworden, sehr nüchtern. Was über Berlin hinweggegangen war, dachte er, muß entsprechend gewesen sein ...

Er konnte es nicht lassen, daran zu rühren.

„Anneliese also auch?"

„Ach, laß das, laß das. Erzähle mir lieber, wie es dir in Thüringen ergangen ist."

Anneliese also auch, sie war damals fünfzehn, war jetzt sechzehn Jahre alt. Nach der Gegenwart hatte er überhaupt noch nicht gefragt. Er war noch ganz rückwärtsgerichtet, auf einen Punkt, auf eine Reihe über Berlin hinweggegangener, düsterer Tage. Die Tage waren vergangen. Die Dunkelheit war geblieben. Vor dem dunklen Hintergrund, vor herabgesenktem, schwarzen Vorhang bewegten sich die Berliner und mußten das Spiel, das sie nicht erdacht hatten, mitspielen. Sie mußten weiterleben, recht und schlecht und so, wie es ihnen geboten wurde, unter vier verschiedenen Herren. Das wußte er, doch hatte er keine Vorstellung davon, wie das im einzelnen aussah, auch nicht, wie es seine Familie überstanden hatte.

Er trank Kaffee, es war richtiger Bohnenkaffee, nicht schlechter als der im Hause des Präsidenten in Weimar. Es wurden ihm frische Brötchen vorgesetzt und Butter und Leberwurst aus Büchsen, aus amerikanischen Konservenbüchsen. Berlin hungert und verhungert. Die Friedhofskarte war auch hier in Geltung. Der „Normalverbraucher" war ein Mensch, der in seine frühere Kleidung nicht mehr hineinpaßte und nur noch ein Schatten seiner selbst war.

Und Bohnenkaffee, frische Brötchen und Schafzungen ...

Er stand auf, es war eine Eingebung, und ging zu dem Rauchtischchen, öffnete den Deckel. Zigaretten, Virginiazigaretten, alle Fächer gefüllt, und in der Schublade lagen je zehn Päckchen gebündelt zu Paketen. Er saß wieder am Tisch, und Lisa kam aus der Küche zurück:

„Kaffee, Brötchen, Butter ...", sagte er.

„Ja, Anneliese arbeitet im PX."

„PX?"

„Ja, der amerikanische PX-Laden."

„Ach so ... und dort in dem Tischchen die vielen Zigaretten, wer raucht denn das?"

„Ach, das ist doch Geld, das ist unsere Währung. Für die Besatzungsmark erhältst du nichts. Aber hier ... (sie zog eines der Zehn-Päckchen-Bündel aus der Schublade) für eine ‚Stange' erhältst du alles."

Lisa war verändert, war von einer Sachlichkeit, die er früher an ihr nicht beobachtet hatte. Sein Sohn Hans war verschleppt, befand sich in Sachsenhausen oder vielleicht in Sibirien, das wußte man nicht. Seine Tochter Anneliese arbeitete in einem PX-Laden und ernährte anscheinend die Familie.

Er hätte über Anneliese mehr erfahren können, von seiner Frau, unten von den Wittstocks, an der Ecke vom Lebensmittelhändler, doch das schon Berichtete war alles, was ihm zuzumuten war, und seine Frau Lisa schwieg sich über das Weitere aus.

Abends sah er Anneliese, ein blondes Mädchen mit hellen Augen. Sie trug keine Zöpfe mehr, das war vorbei; sie war auch kein Kind mehr und hätte ebenso achtzehn oder neunzehn Jahre alt sein können. Ein Mädchen ohne Illusionen, mit einer Philosophie, die ihm fremd war, von der er auch nichts erfuhr. Man muß leben und dafür bezahlen! Und alles, was sie einzusetzen hatte, war sie selbst. Nach dem Keller in der Pfeddersheimer Straße, nach dem Weg von Nikolassee bis Paaren an der Wublitz, quer durch russische Kolonnen, kam es nicht mehr darauf an. Dabei war sie gut aufgehoben, fand sich nicht bedauernswert. Der Fahrer von dem großen Überlandtruck des PX-Lagers liebte sie wirklich, war ihr ergeben mit allem, was er hatte und an das er herankommen konnte. Und das war nicht wenig. Es bedeutete das Leben, nicht nur für sie und ihre Mutter, auch noch für andere. Und daß der PX-Fahrer ein Neger war, daran hatten sich Wittstocks und auch die Nachbarn in ihrer Straße bereits gewöhnt.

Nun aber war Pa nach Hause gekommen, und es war der Tag, an dem der Überlandtruck nach Berlin zurückkam. Sammy durfte unmöglich hier im Hause erscheinen. Das mußte sie verhindern.

„Lieber Pa, ich bin ja so traurig, wenn ich es doch nur vorher gewußt hätte. Aber ich muß unbedingt heute noch einmal weggehen. Ich will sehen, daß ich schnell zurückkommen kann."

Er mußte sie gehen lassen. Er fragte auch nicht nach ihren Angelegenheiten. Er war ein Fremder in seinem Hause. Eine Stunde später saß er mit seiner Frau bei den Wittstocks. Mit dem Unausgesprochenen, vielleicht auch Unaussprechbaren, zwischen beiden war er der Einladung Wittstocks gern nachgekommen. Besser den Abend gemeinsam mit andern verbringen, als Lisa, die ihm unverständlich geworden war, allein gegenüberzusitzen.

Wittstock hatte Gäste, von den früheren Besuchern sah Aachern nur ein Gesicht wieder, das war der ehemalige PK-Oberleutnant Splüge, jetzt selbstverständlich in Zivil, und es schien ihm, seinem Aussehen und seinem Anzug nach zu urteilen, nicht schlecht zu gehen. Splüge erschien erst in später Stunde, zusammen mit seiner Verlobten, einem Fräulein Stassen. Die übrigen Gäste waren neue Bekannte Dr. Wittstocks — einer aus der Zeitungsredaktion, an der er arbeitete, ein anderer aus dem „Kulturbund", noch ein anderer aus der „Möwe", einem Künstlerlokal, in dem offenbar alle mit besonderen Vorzugskarten ihre Mahlzeiten einnahmen. Einer war der Architekt Poppert, und so fand Aachern Gelegenheit, sich bei ihm für die Zuflucht, die er seiner Familie in jenen schweren Tagen geboten hatte, zu bedanken. Er stieß mit seiner genau gesetzten Erklärung auf verwunderte Gesichter und fühlte sich den auf ihn gerichteten nachsichtigen Blicken gegenüber einigermaßen provinziell. Ein Fremdling zu Hause und fremd auch hier unten. Die Vergewaltigung einer ganzen Stadt, Mord, Totschlag, einsames Hungersterben — nichts wurde hier ernst genommen, und Hilfeleistungen schienen nicht der Rede wert.

„Zwölf Jahre waren wir in unserer Freiheit, in unserer freien Entwicklung behindert . . ., jetzt haben wir die Freiheit des Geistes wiedergewonnen, an uns liegt es, die Freiheit zur Tat werden zu lassen . . . Die faschistischen Wahnideen . . . Tyrannen, Volksfeinde, verbrecherische Landsknechte . . ." Aachern bemühte sich zu verstehen, doch für ihn war es „Chinesisch". Poppert bemerkte seine Verlegenheit. Wittstock memorierte die Stichworte für seinen nächsten Artikel. „Es handelt sich um ein Programm, Herr Aachern."

„Wofür?"

„Für eine moralische Auferstehung unseres Volkes!"

„Von den Besatzungsmächten haben wir noch viel zu lernen. Sie sind uns in kulturellen Errungenschaften und auch in demokratischen Einrichtungen weit überlegen", vernahm Aachern.

Schön und gut, vielleicht, vielleicht nicht . . ., auch Deutschland hat einiges beigetragen zur Würde der Menschheit, selbst im geschmähten preußischen Militarismus war eine Ordnungskraft verborgen. Übers Ziel hinausgeschossen und für eigensüchtige Ziele der Machthaber — für „volksfeindliche Ziele" sagte Wittstock — mißbraucht! Ja, zugegeben, aber „das Kind mit dem Bade ausschütten" dürfte auch kaum die geeignete Politik für eine nationale Wiedergeburt sein. Und dann hatte Wittstock doch einmal, das ist noch nicht so lange her, ganz anders gesprochen. Jedenfalls hat die Zeit hier im Hause nicht stillgestanden und ganz fürchterliche Verheerungen angerichtet, sowohl oben innerhalb seiner Familie als auch hier unten bei den Wittstocks. Die „Umerziehung" war hier anscheinend schlagartig vollzogen worden. Und jetzt waren sie, Wittstock und seine Freunde, bereits die „Umerzieher". Wittstock war neben seinem Beruf ein vielbeschäftigter Mann, lief von einer Sitzung, von einem Ausschuß in den anderen, hielt Vorträge bei den Ortsgruppen des Kulturbundes in Zehlendorf, in Schöneberg, in Neukölln — über die Vernichtung der Naziideologie, über die Einheit der Intelligenz mit dem Volk, über die Förderung der freiheitlichen, humanistischen, nationalen Traditionen unseres Volkes durch die Besatzungsmächte, über die reinigende Bedeutung der Nürnberger Prozesse, über die Einbeziehung der geistigen Errungenschaften anderer Völker in den kulturellen Neuaufbau Deutschlands.

„Ein reichhaltiges Repertoire!“ fand Aachern.

„Ja, Herr Aachern, unser Wittstock hat was ‚auf dem Kasten‘. Hören Sie nur gut zu!“

Der Spielleiter Sarfeld machte den Einwurf, erzählte dann selbst aus seiner eigenen Praxis, von den Schwierigkeiten eines eben eröffneten Theaters.

„Das Ensemble hatten wir bald beisammen. Das war dann aber auch alles, sonst war nichts da, wirklich gar nichts. Unser Heldendarsteller stellte sich also auf die Bühne und sagte zum Publikum: ‚Kinder, wir wollen hier ein Theater machen. Ihr seht jetzt eine Vorstellung. Aber morgen müssen wir neue Kulissen haben. Bringt uns Nägel, bringt uns Werkzeug, bringt uns alles her. Für jedes sind wir dankbar‘, und so wurde die zweite Aufführung, so wurde auch die dritte, jetzt sind wir durch, aber was da gezaubert wurde...“

Sarfeld hatte den ersten Film nach dem Zusammenbruch gedreht, einen Film über die Einweihung der Staatsoper. „Schon lange her, fast vergessen“, sagte er. „Gestern bin ich zum letztenmal, glaube ich, deswegen in der Milaschstraße gewesen. Kein reines Vergnügen, mit dem Fahrrad braucht man zwei Stunden. Und man kommt dorthin und hört dann: Herr Sarfeld, Entschuldigung, ein paar russische Freunde aus Moskau, bitte morgen! Also wieder zurück und wieder hin, und gestern, wie gesagt, war es, wie ich annehme, das letztemal. Der Film wird nun doch noch gezeigt.“

„Erzählen Sie, Sarfeld, erzählen Sie die ganze Geschichte — Splüge und auch Herr Aachern kennen sie nicht.“

„Ein nettes Geschichtchen, das darf man wohl sagen. Es war noch ganz im Anfang, in Schmargendorf machten wir noch Volksabende, Klavierabende, auch Buchausstellungen. Damals wurde ich aufs Rathaus gerufen. Dann weitergeschickt zu den Russen, zuerst in die Luisenstraße, später in die Milaschstraße nach Pankow. Dort hatten die Russen eine Filmabteilung. Ich kam dort also zu einem Oberleutnant Teich, und der führte mich zu seinem Obersten.

‚Du verstehen, alles kaputt‘, sagte der zu mir.

Das verstand ich, ich brauchte ja nur aus dem Fenster zu blicken.

‚Alles kaputt und Gegge schön!' sagte er. Und Oberleutnant Teich erklärte: Es war Krieg. Berlin ist kaputt, und nun spielen Geigen, ertönt Musik und alles ist wieder schön! Kurz und gut, ich sollte die Einweihung der Staatsoper filmen.

Berlin im Aufbau – das war die Idee des Films.

‚Befreite Musik' sollte die Sache heißen.

Ich bekam neunhundert Meter Rohfilm für dreihundert Meter Film. Die notwendigen Leute waren bald beisammen. Regisseur, Kameramann, Cutter, Architekt, auch ein Programm fand sich. Allerdings waren die meisten Leute, die bei der Einweihung mitgemacht hatten, nicht mehr vorhanden, waren weggegangen nach dem Westen. ‚Anfang Beethoven, Schluß Beethoven und Mitte Programm!' sagte Oberleutnant Teich. Nun, wir haben den Film gemacht, natürlich nicht mit neunhundert Metern Rohfilm, denn alle elektrischen Leitungen waren doch kaputt, und unten im Keller war alles noch naß, und kaum begonnen, gab es unten schon Kurzschluß. Nach vielem Hin und Her erhielten wir nochmals zwölfhundert Meter Rohfilm. Der Intendant Legal hielt seine Rede, das heißt, einen Teil davon. Oberbürgermeister Werner hielt seine Rede. In den Logen saßen russische Generäle. Es war wie bei der Einweihung. Und alles – Intendant, Oberbürgermeister, russische Generäle – war von meinem Filmoberleutnant besorgt worden. Und wie besprochen, wurde es gemacht. In der Mitte Reden, am Anfang Beethoven, am Ende Beethoven, und ein erster Konzertgeiger spielte Tschaikowski, das Violinkonzert. Man ahnte nichts Böses, das Violinkonzert, nur ein Teil davon natürlich, war schön aufgenommen. Der Film wurde abgeliefert. Legal war zufrieden. Oberbürgermeister Werner war zufrieden. Die Luisenstraße und die Milaschstraße waren auch am Anfang zufrieden. Bis jetzt, bis ich wieder dorthin bestellt wurde.

Und nun, Herr Aachern, nun, meine Herrschaften, kommt die Pointe, die kennen Sie alle noch nicht, denn das geschah, wie gesagt, erst gestern. Mein Oberleutnant also, sehr freundlich, sagte zu mir: ‚Herr Sarfeld, der Titel?' Ich erwiderte: ‚Haben wir doch besprochen, *Befreite Musik*, so steht es ja auch am Anfang.'

‚Titel: ‚*Befreites Musik!*' wiederholte er.

Er telefonierte, er rauchte, ließ Zigaretten kommen, ließ Tee kommen. Ich sitze, rauche, trinke Tee, eine Stunde vergeht. Er arbeitet, er schweigt, läßt mich sitzen, telefoniert wieder.

Dann kommt eine Dolmetscherin.

Wozu – bisher hatte er mit mir doch immer ohne Dolmetscherin verkehrt?

‚Herr Oberleutnant läßt Sie nach dem Titel des Films fragen!'

Das wurde mir schon zu dumm, ich hörte das gleiche doch nun schon mindestens das fünfzehntemal und sagte wieder: ‚*Befreite Musik*.'

‚Warum *Befreites Musik*, Herr Sarfeld?'

‚Nun, weil wir vorher nicht spielen durften.'

‚Herr Sarfeld, befreites Musik – deutsches Musik?'

Es hing mir schon langsam zum Halse heraus.

‚Ja, wir haben das hier doch lange nicht gehabt.'

‚Herr Sarfeld. Frage: Befreites Musik – deutsches Musik?'

‚Jaaa!'

‚Und Tschaikowski?'

Tschaikowski, ein befreiter Komponist – ein politischer Fehler sondergleichen, was sage ich – Diversion, Sabotage! Mein Oberleutnant durchbohrte mich mit seinem Blick. Dabei hatte er doch selbst den Titel erfunden. Nun, die Wogen glätteten sich wieder. Der Titel bleibt. Der Film wird in der nächsten Woche unter dem Titel *Befreite Musik* im Kinotheater am Bahnhof Friedrichstraße gezeigt."

Eine lange Geschichte. Aachern war sie zu lang. Er lachte jetzt mit den andern, obgleich ihm nicht danach zumute war. Er dachte an Anneliese. Es war spät geworden, und sie war nicht zurückgekommen. Auch Splüge und Fräulein Stassen erwarteten Anneliese. Es handelte sich um Kaffee, um Butter – um Geschäfte. Auch sie warteten vergeblich und mußten, als die Nacht vorschritt, unverrichtetersache wieder abziehen.

Aachern lag in dieser Nacht lange wach. Berlin, Ruinen, Dunkelheit, unsichere Straßen voll lauernder Gefahren. Und ein sechzehnjähriges Mädchen mit illusionsleerem Blick kehrt nachts nicht nach Hause zurück. Er grübelte und zerwühlte sein Lager und lauschte auf die Schritte auf der Straße. Neben ihm in dem fremd gewordenen Ehebett lag seine Frau Lisa in tiefem und ruhigem Schlaf.

Das Bankett in Karlshorst war vorgeschritten.

Reden, Trinksprüche – auf russischer Seite wurden die Trinksprüche allein vom Marschall ausgebracht. Auf Stalin, auf die Sowjetunion, auf die Länder Thüringen, Sachsen, Mecklenburg und ihre Präsidenten, auf den demokratischen Aufbau der Wirtschaft der Sowjetzone, auf ein zukünftiges einheitliches Deutschland!

Wieder erhob sich Marschall Schukow. Auf der Konferenz, so sagte er, hätte er den Eindruck gewonnen, daß überall stark gearbeitet werde, und er begrüße die Menschen, die sich für die Verwirklichung einer großen Idee einsetzen. Die Hitler kommen und gehen, aber Deutschland, der deutsche Staat, wird bleiben, habe Generalissimus Stalin gesagt, und der Unterstützung des großen Josef Wissarionowitsch Stalin könnten alle bei dem großen Vorhaben gewiß sein. Das Wort Stalins gelte es zu verwirklichen, deshalb arbeiten und abermals arbeiten, letzter Einsatz für ein zukünftiges, einheitliches, friedliebendes, demokratisches Deutschland!

Ein Bankett wie einst im Weißen Saal unter Wilhelm II. Weiße, damastene Tischtücher, Kristall, Rosenthal-Porzellan. Die Schüsseln, kaum angegessen, wurden durch neue ersetzt. Mit den Getränken wurde es ebenso gehalten. Das Glas war kaum von den Lippen abgesetzt, schon kam eine Ordonnanz und schenkte wieder ein. Und damit niemand in Verlegenheit geriet und etwa einmal ohne Getränk blieb, wenn der Marschall sein Glas erhob, waren zusätzlich noch eine Auswahl von Flaschen zur Selbstbedienung vor jedem Platz aufgebaut. Wein, Bier, Sekt, Schnäpse. Und Bratenplatten, fettes Essen und mittelfettes Essen – Wild, Kaviar, Pasteten, zwanzig Sorten eingelegter, geräucherter, pikant hergerichteter Fische.

Es war schon sehr viel... Menschen wie ein Getümmel von Fischen in engem Becken, wie die Lachse in einer Bucht Alaskas. Nebel wallten durch den Saal.

Da war wieder der Oberst mit dem Schädel wie eine polierte Billardkugel. Klug, gebildet, sprach ein elegantes Deutsch, verfügte dabei über den Wortschatz eines Gelehrten. Schon während der Konferenz, in einer Pause, hatte Dr. Paul ihn kennengelernt. Jetzt hob er sein Glas, prostete ihm zu.

Und Generaloberst Semjonow trank ihm zu.

Tulpanow, Semjonow . . ., die Namen sagten ihm nichts, außerhalb jeder Partei stehend, wußte er weniger als andere, die von ihren Parteien her Informationen hatten. Oberst Tulpanow war dennoch schon bei der ersten Begegnung eine eindrucksvolle Erscheinung gewesen. Ebenso Generaloberst Semjonow, mit dem er während einer langen Konferenzpause eine besondere Sitzung gehabt hatte. Um die Frage der Bodenreform in Thüringen war es gegangen. In schwarzem Anzug, auf dem Kopf eine schwarze „Melone", so war Generaloberst Semjonow aufgetreten, hatte in dieser „westlichen Verkleidung" einigermaßen sonderbar ausgesehen. Aber nach zwei Minuten Gespräch war nichts an ihm mehr sonderbar und zum Lachen gewesen. Er war klug, war gebildet, von umfassendem Wissen, von alter Kultur. Und seiner Aufgabe — der Darlegung der wirtschaftlichen, politischen, sozialen Gründe für die Bodenreform — entledigte er sich mit diplomatischem Geschick; dabei nahm er sich Zeit, das Gespräch war erst ein Geplänkel, für den folgenden Tag war eine weitere Zusammenkunft vereinbart.

Tulpanow, Semjonow, ein dritter, ein vierter . . . Prosit! „Auf Ihre Gesundheit, Herr Präsident! Da starorowje, Gospodin Presidenta!" Die ihm während der Konferenz vom Marschall zuteil gewordenen Auszeichnungen hatten ihm Freunde geworben. Erhobene Gläser, rechts, links, immer wieder. Es war viel, schon zu viel. Er füllte das große Schnapsglas mit Bier, ließ es abstehen, und dann sah es wie gelber Wodka aus. So ließ sich das Zutrinken und das Bescheidgeben besser überstehen.

Tausendundeine Nacht — der Marschall erhob sich, mit ihm standen auf einmal fünfzig Generäle wie Zinnsoldaten an den Tischen. Marschall Schukow hielt eine Rede auf den Präsidenten des Landes Thüringen.

Fünfzig erhobene Gläser.

Auch er erhob sein Glas — trank es aus bis auf die Neige.

„Großartig, der Paul trinkt ja schon wie ein Russe!" bemerkte Schukow.

„Nein, Irrtum, Herr Marschall. Das ist kein Wodka, der Paul hat abgestandenes Bier in seinem Glas!" erwiderte der Stabschef Sokolowski. Der kluge und aufmerksame Generalstäbler hatte mitten im

Tumult und in den wallenden Nebeln noch Zeit gefunden, auch das zu beobachten.

„Oh, chitry ist er auch, noch besser, noch brauchbarer."

Noch besser, wenn man es weiß und der List eine Überlist entgegensetzen kann.

„Der Paul betrügt!" hallte es vom Marschalltisch her durch den Saal. Dröhnendes Gelächter begleitete die Bemerkung, und alle nahmen wieder Platz. Eine Rede nach der andern – eine Schüssel nach der andern. Die Speisenfolge erfuhr keine Unterbrechung, und Wein und Sekt flossen in Strömen.

Friedrichs ging am Tisch Pauls vorbei.

Dr. Friedrichs – Präsident des Landes Sachsen, wie Paul Jurist – gemeinsame Studentenzeit, in Leipzig und später in Berlin, hatten sie bei den gleichen Professoren gehört.

Dr. Friedrichs, diesmal allein.

Diese Gelegenheit durfte Paul nicht versäumen. „Nun, Friedrichs, was macht denn Ihr siamesischer Zwilling, der Fischer?" rief er ihm zu.

Friedrichs nahm am Tisch Platz.

„Glauben Sie doch das nicht. Das mit dem Fischer ist ja ganz anders."

Fischer war sein Innenminister. Fischer hatte auf der Konferenz an seiner Stelle gesprochen, war den ganzen Tag über und auch während des Banketts nicht von seiner Seite gewichen. Beide schienen unzertrennlich.

„Glauben Sie doch das nicht, Paul. Da guck doch hin, mit wem er spricht und wie sie da zusammenstehen, ein Herz und eine Seele!" Der sächsische Innenminister Fischer stand neben dem Obersten Tulpanow aus Karlshorst.

„Sagen Sie, mein Lieber, warum haben Sie in der Frage der Zentralverwaltungen mich heute völlig im Stich gelassen?"

„Eben deshalb . . ., hinter meinem Rücken steht der Fischer. Das ist doch nur eine Freundschaft nach außen, ein ganz gefährlicher Bursche!"

„Und warum hat Steinhoff gekniffen?" Dr. Steinhoff war der Präsident des Landes Brandenburg.

„Hinter Steinhoff steht der Bechler!"

„Wer ist Bechler?“

„Ein früherer deutscher Generalstabsoffizier, hat umgeschwenkt, ‚Freies Deutschland‘, ist völlig in der Hand der Russen.“

„Sachsen, Sachsen-Anhalt, Brandenburg – mit dem Mecklenburger war sowieso nicht zu rechnen, der hatte sich ja von Anfang an mit Fischer auf eine Linie gestellt.“

„Ja, Sie haben es leichter, Paul! Sie haben den Busse als Innenminister, zwar auch ein brutaler Bursche, aber so ohne jede Sachkenntnis und so wenig wendig, daß Sie ihn jederzeit an die Wand drücken können!“

Friedrichs trank, stürzte ein Glas nach dem anderen hinunter – er hatte Sorgen.

„Hören Sie gut zu, Paul.“

„Ja, ich höre.“

„Mit dem Fischer, Vorsicht. Ich wiederhole: Vorsicht! Der Mann ist russischer Staatsangehöriger, war russischer Oberst, und das ist nicht alles. Er war Agent in Frankreich, in China, ich weiß nicht, wo noch. Das hat er mir alles im Suff erzählt. Morde, sage ich Ihnen, Morde in aller Welt – mir standen die Haare zu Berge. Damit hat er renommiert!“

Nun, mit Fischer war gewiß schwer auszukommen. Mit seinem Innenminister Busse hatte er es leichter, darin hatte Friedrichs recht! Obgleich ..., auch Busse war ein Mörder, anonyme Zuschriften von ehemaligen KZ-Insassen, die er bisher hatte ignorieren wollen, behaupten es. Fischer, Busse, Bechler – das russische System mit dem Schwergewicht bei den Vizepräsidenten, vorher nur geahnt, wurde ihm in dieser Nacht erst greifbar.

Und Tulpanow, welche Rolle spielt Tulpanow innerhalb dieses Systems? Der aus der SPD kommende Friedrichs wußte mehr und konnte Auskunft geben.

„Wer ist Tulpanow eigentlich?“

„Tulpanow, ein russischer Oberst, ein Literaturprofessor aus Leningrad, im Kriege Chef der Politischen Abteilung bei einer Armee, jetzt Polit-Chef in Karlshorst, hält die Fäden zu allen durch die Russen eingesetzten Figuren in der Hand ..., so viele Schurken, sage ich dir!“

„Trink nicht soviel, Friedrichs!“

Er griff aber schon wieder zum Glas. Diesmal hob er es seinem Innenminister Fischer entgegen. Arm in Arm sah Paul dann beide zusammen abgehen.

Die Konferenz dauerte noch einen weiteren Tag, der einzelnen Problemen und getrennten Besprechungen gewidmet war. Dem Generalobersten Semjonow saß der Präsident Thüringens acht Stunden gegenüber. Nach langen Verhandlungen hatte er in der Frage der Bodenreform so viel erreicht, daß die Höchstgrenze der zu enteignenden Güter auf hundert Hektar heraufgesetzt wurde. Bei der Fünf-Hektar-Grenze für die Neubauernstellen war es geblieben. Die Hauptsache aber, er hatte den Wald, das Rückgrat der thüringischen Wirtschaft, vor Zerstückelung bewahren können. Der Wald sollte nach den getroffenen Vereinbarungen in seinem Hauptbestand nicht zur Aufteilung gelangen, sondern der Kontrolle durch den Staat unterstellt werden. Als Dietershofen am Morgen des dritten Tages vor dem Gästehaus vorfuhr, hatte er einige Stunden zu warten, ehe der Präsident erschien und im Wagen Platz nahm.

Zurück nach Weimar.

Der Präsident war ausgeschlafen – war ausgeruht und zuversichtlich. Anders sein Fahrer Dietershofen-Aachern.

„Das war Berlin!“ sagte Paul.

„Ja, Schanghai!“ war die sonderbare Erwiderung seines Fahrers. Er hatte Berlin von einer anderen Seite her gesehen. Nicht nur zu Hause, auch auf den Straßen hatte er sich umgeblickt. Das Leben ging weiter – aber wie? Gleichgültig gegenüber der Vergangenheit, gleichgültig gegenüber der Gegenwart, müde, unlustig – so hat er viele Berliner angetroffen. Wirft ein Amerikaner eine angerauchte Zigarette weg, findet sich einer, der sich danach bückt und den Stummel aufhebt. Hungrig und, wenn es regnet, durchnäßt, so pilgern sie in den Grunewald, roden Stubben. Zu Hause sitzen alle in der Küche bei dem bißchen Wärme von einem Stück Trümmerholz. In den Fenstern kein Glas, noch immer Pappe. Wird ein Nagel gebraucht, gibt es keinen. In ganz Berlin ist kein einziger Nagel zu haben, allenfalls krumme Nägel auf dem schwarzen Markt. Aber Theater wird gespielt – *Bajazzo, Die verkaufte Braut, Der Barbier von Sevilla,* im Russensektor *Eugen Onegin,* Ballett und deutsche Klassiker, und das „Kabarett der Komiker“ plakatiert fünfzigmal: *Das Leben ist so schön.* Und alle Theater und Kinos sind ausverkauft. Eintrittskarten „schwarz“ gegen Zigaretten. Oder an der Kasse heißt es: „Jeder Besucher bringt einen Nagel mit.“ Lichtsperren, in den Wohnungen ist es dunkel. Auf den Straßen verschwinden Menschen. Der Hunger läßt nicht einschlafen. Und mitten in der düsteren, verschütteten Stadt Oasen: Licht, Wärme, Musik — Jazz und Boogy-Woogy. Französische Foyers, Amerikahäuser, britische Messen — und „deutsche Fräuleins“, so ist die neue Bezeichnung. Und niemand findet etwas daran. Hunger tut weh, und nach allem Vorangegangenen kommt es schon nicht mehr darauf an.

Anneliese . . .?

Er hatte sie nicht mehr gesehen. Und Lisa hatte erklärt, daß sie für eine erkrankte Kollegin aushelfen müßte, daß sie nachts, noch dazu bei der Unsicherheit der Straßen, nicht zurückkommen konnte und deshalb dort geblieben sei. Aber im Hause gab es richtigen Kaffee, Butter, gab es alles, und der Inhalt des Rauchtischchens bedeutete ein Vermögen. Das „Fräulein“ . . ., aber Anneliese ist doch erst sechzehn Jahre alt.

„Schanghai, Herr Präsident!“

Der Präsident betrachtete seinen Fahrer von der Seite. Dietershofen fuhr sein gewohntes Tempo, blickte voraus auf die Fahrbahn, mit verschlossenem Gesicht. Er hatte es zu Hause wohl nicht so angetroffen, wie er es erwartet hatte.

Paul war zuversichtlich. Der Besuch im Hauptquartier bedeutete — abgesehen von einigen in Erscheinung getretenen dunklen Seiten — eine große Ermutigung. In der Frage der Zentralverwaltungen war zugunsten der Landespräsidenten entschieden worden. Auch in der sogenannten „Friedhofskarte“ war ein Entgegenkommen zu verzeichnen. Karte VI wird abgeschafft, nur fünf Kategorien von Lebensmittelzuteilungen bleiben bestehen — noch schlecht genug, aber bei der Knappheit der zur Verfügung stehenden Lebensmittel nicht anders zu machen. Auch in der Frage der Universität Jena hatte der Marschall seine Unterstützung zugesagt. Die Zahl der Studierenden darf erhöht werden, und für die Studentenschaft und den Lehrkörper sind Lebensmittelunterstützungen vorgesehen. Alles in allem: man darf hoffen und kann nun wirklich an die Arbeit gehen! Das verständnisvolle Eingehen des Marschalls und auch der Spitzen des Stabes auf brennende deutsche Fragen war über Erwarten groß gewesen.

Vier Stunden und sie waren wieder in Weimar.

Dort wartete Arbeit. Bodenreform, Sequestration, Empfänge, kulturelle Verbindungen zu den Ländern der Westzone. Eine Sitzung jagte die andere. Tag und Nacht hörten die Besprechungen nicht auf. Wiederaufbau des Landes – seiner Wirtschaft, seiner Kulturstätten, des Gerichtswesens, der Verwaltung.

Zu neuen Ufern führt ein neuer Tag ...

„Herr Präsident, die Gerichte und Staatsanwaltschaften müssen ihre Tätigkeit baldigst wieder aufnehmen!" – „Herr Präsident, wir legen allergrößten Wert darauf, daß an der traditionsreichen Universität Jena baldigst wieder gelehrt wird. Es ist eine Ihrer persönlichen Aufgaben, darum besorgt zu sein, daß die Universität in allen Fakultäten – mit Ausnahme von Geschichte – schnellstens wieder eröffnet wird!"

Die Russen gaben sich nicht als Sieger, gaben sich als Verhandlungspartner, zu Befehlen griffen sie im allgemeinen nur als Ultima ratio, gefielen sich im übrigen in der Rolle von Ratgebern. Sie sprachen gern und sprachen viel.

Ihre Propaganda schrie in den Dörfern und Städten von allen Mauern herab:

„Schaffung eines einheitlichen demokratischen Deutschland!"

„Kampf dem Militarismus und Nazismus."

„Förderung des Aufbaus – das deutsche Volk muß leben!"

„Wir können auf die Intelligenz nicht verzichten!"

„Zurück zur Humanität!"

„Schutz der Privatinitiative!"

„Schutz des Privateigentums!"

Die Bayerischen Motorenwerke in Eisenach arbeiteten wieder, kamen auf eine Monatsproduktion von fast dreihundert Autos. Zeiss und Schott in Jena hatten ihre Tore wieder geöffnet und stellten ihre in aller Welt berühmten optischen Artikel und Geräte wieder her. Das große Hydrierwerk in Zeitz erreichte eine Tagesleistung von fünfhundert Tonnen Benzin. In Unterwellenborn wurde der erste Hochofen angezündet. Im ganzen Lande wurde geklopft und gehämmert.

In den Trümmern der schwerzerbombten Universität Jena klopften Studentinnen und Studenten die Ziegelsteine ab, die Kräftigeren leisteten schwere Arbeit und unterstützten die Maurer und Zimmerleute. Die Friedrich-Schiller-Universität in Jena erhob sich zusehends aus Trümmern und Schutthalden.

„Herr Präsident, wir müssen der Welt zeigen, wie weit bei uns der Aufbau ist. Sorgen Sie für eine großzügige Industrieausstellung, in der man die Leistungen des Landes seit dem Zusammenbruch sieht."

Und so wurde auch in Weimar geklopft und gehämmert, und Lastwagen und Züge rollten heran und brachten das Ausstellungsgut zusammen. Fast über Nacht stand die gewünschte Schau. Die Zivilbevölkerung konnte beim Durchgehen durch die Säle das bereits Erreichte bewundern, und die Fülle des dort Gebotenen bestärkte ihren Aufbauwillen. Die Industrieausstellung, ein wahres Spiegelbild der Leistungen und Lieferungsmöglichkeiten der Industrie, war ein Hoheslied auf den Fleiß und den Willen der Bevölkerung und auf das Organisationsvermögen ihrer technischen und politischen Leitung.

Die Russen waren zufrieden. Bei der Einweihung zeigten sie frohe Gesichter.

„Großartig, Herr Präsident — ich gratuliere, es geht vorwärts!"

Der 7. November – nach dem alten russischen Kalender der 25. Oktober, größter Feiertag der Sowjetunion. Wiederkehr des Jahrestages der Oktoberrevolution von 1917. In Weimar im „Elefanten" volle Gläser, gefüllte Schüsseln, Trinksprüche. Die geladenen deutschen Gäste waren nahezu ausschließlich Repräsentanten der Intelligenz. Universitätsprofessoren, Direktoren der Hochschulen, der Goethe- und Schiller-Gesellschaft, hohe Beamte. Reden von Völkerverständigung und Völkerversöhnung, von Demokratie und Einheit. Am Ehrentisch Generäle, der Präsident des Landes, der Rektor der Universität. Gäste aus Moskau, aus Berlin – Generaloberst Semjonow, ein russischer Professor, der Redakteur einer Westberliner Zeitung, auch der Dichter aus der Moskauer Emigration.

Dieser Dichter, ein Mensch mit vielen Vorbehalten, wagte es jedenfalls, Verhältnisse und offiziöse Ansichten und autoritativ geheiligte Tabus zu kritisieren, stellte sich zumindest hinter den Kritisierenden. „Ja, richtig, Sie haben ganz recht, das muß man bekämpfen!" Dichter mit Vorbehalt, Mitglied des Zentralkomitees der Sozialistischen Einheitspartei mit Vorbehalt, im übrigen ein gesetzter Mensch, weitab vom „Sturm und Drang" seiner Jugend. Der Vater war Staatsanwalt, Oberlandesgerichtspräsident in München, seine Frau eine Jüdin aus gebildeter Familie. Durchaus offen ist er, wenn man ihn allein hat, erstarrt aber und ist nicht mehr derselbe, ist vorsichtig, wählt seine Worte genau, wenn seine Frau neben ihm sitzt. Für Paul — den Präsidenten Thüringens — hatte er nur Superlative. Nun, je mehr Superlative, um so gefährlicher für den, dem sie zuteil werden — so weit war der Präsident Thüringens bereits, so viel hatte er von seiner neuen Umwelt schon begriffen.

Die Trinksprüche nahmen kein Ende. Die Vertreter der deutschen Intelligenz, die mit der kargen Zuteilung auf ihre Lebensmittelkarten auskommen mußten, die Gelegenheit nicht versäumen durften und sich ans Essen hielten, hatten immer wieder Messer und Gabel hinzulegen, um den Reden zu lauschen. Generaloberst Tschuikow tanzte einen kaukasischen Kasatschok. Der Präsident des Landes erwiderte mit der Solodarbietung eines Tango.

An den Tischen gelockerte Ordnung. Die Deutschen blieben nicht unter sich, die russischen Herren setzten sich zu ihnen. Dekane der Fakultäten, Maler, Schriftsteller, Baumeister, und man hörte Gespräche: „Man hat die Russen verkannt! Sie helfen und bauen mit auf! Sie wollen Demokratie! Sie sind für die Einheit aller vier Besatzungszonen! Sie distanzieren sich nicht von der deutschen Bevölkerung. Mit dem General haben wir Glück gehabt!"

Das war die Auffassung — sie blieb auch nach dem Fest.

Die Vertreter der Intelligenz schienen gewonnen und bemühten sich, trotz der ihnen auferlegten schwierigen Arbeits-, Wohnungs- und Lebensbedingungen den russischen Partner zu begreifen und ihm näherzukommen — bis plötzlich alle Bremsen kreischten! Waren es Pannen, handelte es sich um Übergriffe untergeordneter Stellen (die dann allerdings massenhaft und einigermaßen parallel auftraten) oder enthüllte sich der Januskopf eines Systems, das elastisch war, entgegenkommend, zurückweichend und wieder vorpreschend.

„Nehmen Sie es nicht tragisch, Herr Präsident! Wir wissen doch, was an den deutschen Kommunisten dran ist. Während wir gegen die

Hitlerbande kämpften, spielten sie Meister in den deutschen Fabriken und stellten Munition her. Stellen Sie sich hin, sagen Sie diesen drecksdeutschen Kommunisten, daß sie in meinen Augen Lumpengesindel sind..." Das sagte der Oberstkommandierende, Generaloberst Tschuikow. Von den Landräten, Kreisräten, Bürgermeistern, die von dem kommunistischen Innenminister oder durch Parteistellen eingesetzt waren, sprach er nur als von „Duraks".

Nicht anders der Stellvertreter des Marschalls, Generaloberst Sokolowski: „Wie können Sie sich nur über solche Lumpen aufregen, Herr Präsident!"

Immerhin, sie befanden sich im Amt, saßen an hohen und höchsten Stellen, und es war nicht wenig „politisches Porzellan", das sie zerschlugen. Und sehr schwer war es, selbst wenn es sich um nachweislich kriminelle Fälle handelte, einen aus seinem Amt zu entfernen.

Thüringen ist ein Rechtsstaat...

Das war die Grundlage und der Inhalt des Paktes, unter dem er sein Amt angetreten hatte, daran durfte nicht getastet werden. Aber im ganzen Lande wurden Lastwagen mit Arbeitern, mit Bauern aus der „Gegenseitigen Bauernhilfe", mit Jugendlichen aus der „Freien Deutschen Jugend" besetzt, und die Wagen rollten nach Nordhausen. Dort im Gefängnis saß ein armer Schächer, ein Nazi, ein Denunziant. Seine Denunziation hatte im Nazireich zu einer Todesstrafe geführt. Nun wartete er auf seine Aburteilung. Die juristische Fakultät Jena war mit dem Falle befaßt worden, doch dem Antifablock und der Partei erschien dieses Verfahren zu umständlich, es ging ihnen nicht schnell genug. Das Justizwesen war noch im ersten Aufbau begriffen, doch die radikale Presse griff schon auf das alte Repertoire von der „Klassenjustiz" zurück. Die Reaktion marschiert, die alten Klassenrichter sitzen wieder im Sattel, lautete ihr Schlachtruf. Und etwa achttausend Menschen sammelten sich vor dem Gefängnis in Nordhausen, verlangten die Herausgabe des Denunzianten, drohten das Gefängnis zu stürmen, wollten selbst Justiz üben — Lynchjustiz. Nun, er selbst — in der Hitlerzeit seines Amtes verlustig gegangen, seiner Praxis beraubt, unaufhörlichen Denunziationen ausgesetzt und von Gestapoverhör zu Gestapoverhör zitiert — war weit davon entfernt, sich schützend vor einen Nazidenunzianten stellen zu wollen, doch es ging um ein Prinzip, und so griff er zu, alarmierte die Landespolizei, ließ die Zusammenrottung vor dem Nordhausener Gefängnis mit Polizeigewalt zerstreuen. In diesem Fall siegte schließlich der Rechtsgedanke. Die Organisatoren der Demonstration, die Rädelsführer und Lynchrichter hatten mit ihren befohlenen Massen unverrichtetersache abziehen müssen. Der Kommentar seitens des Chefs der russischen Verwaltung lautete wie gewöhnlich: „Duraks!" Übrig blieb die Frage, wie achttausend Menschen nach Nordhausen gelangen konnten? Wo hatten sie das Benzin her — nur Stellen der Besatzungsmacht waren zu einer solchen Unterstützung imstande, mußten wohlwollend hinter solcher Demonstration gestanden oder gar selbst die Initiatoren gewesen sein!

Ein anderes Alarmzeichen war die Durchführung der Bodenreform. Das Gesetz war, wie in jener zurückliegenden Nacht von ihm veranlaßt, von der Gesetzgebungskommission aufgestellt und zusätzlich der in Berlin gemachten Zugeständnisse veröffentlicht worden. Dann aber war die Nummer der Zeitung mit der Gesetzveröffentlichung der sofortigen Beschlagnahme verfallen, und eine neue Fassung des Gesetzes — auch diese Fassung enthielt die erhaltenen Zugeständnisse — war vom Antifablock beraten, überstürzt erlassen und veröffentlicht worden, und er selbst hatte seine Unterschrift dazu geben müssen. Die bedeutsame Änderung in der neuen Fassung war, daß die Durchführung des Gesetzes der Kompetenz des Präsidenten entzogen worden und allein der Zuständigkeit des Vizepräsidenten überlassen war. Nicht sofort, aber nach Monaten der Wirksamkeit des Gesetzes wurde offenbar, was der kommunistische Vizepräsident zusammen mit den zuständigen Kreis- und Landeskommissionen daraus gemacht hatte. Es gab kein Gut von über hundert Hektar Größe mehr, und die Güter zwischen fünfzig und hundert Hektar standen ebenfalls vor der Zerschlagung. Und der Prozeß der Strukturveränderung auf dem Lande war damit nicht abgeschlossen. Die Neubauern, die fünf und oft nur vier oder drei Hektar Boden erhalten hatten, benötigten für sich, für ihr Vieh und ihr Erntegut Haus, Stallung und Böden und wurden in ihren Bauvorhaben ungenügend unterstützt. Aus den Zementwerken rollte der Zement überwiegend nach dem Osten. Die Ziegelbrennereien erhielten keine Kohle oder nur ungenügende Mengen. Eine *Lehmfibel* sollte den Neubauern die Kenntnis „altdeutscher Bauweise" vermitteln und die zum Abbruch verurteilten Schlösser und Herrenhäuser fehlendes Baumaterial ersetzen — armselige Tropfen auf heißen Steinen — und Unzufriedenheit auf dem flachen Land war die Folge. Mit Neid sah der Neubauer auf den Altbauern, der auf seinem Hof saß, Haus, Scheune und Stallungen sein eigen nannte, und dieser wiederum empörte sich darüber, daß er in bezug auf Ablieferungen ein wesentlich höheres Soll aufzubringen hatte als der Neubauer.

Der Spaltpilz war gesät — nicht nur eine Veränderung der wirtschaftlichen Struktur, auch eine Auflösung gesellschaftlichen Zusammenhalts war die Folge der Reform. Die „Gegenseitige Bauernhilfe" vertiefte den politischen Kampf in den Dörfern, gab den wirtschaftlich schwachen Neubauern politischen Halt, und mit ihrem den Mitgliedern gemeinschaftlich zur Verfügung stehenden Maschinenpark, den Traktoren und Bindern und der bevorzugten Belieferung mit Saatgut und Düngemitteln bildete diese Organisation den ersten Ansatz zur Kolchose.

Gegen die Altbauern richtete sich die ganze Wucht des hohen Ablieferungs-Solls, das oft nur durch drohende oder tatsächliche Verhaftungen erreicht wurde. „Sabotage" hieß hier die Formel, die Übergriffe, Diebstähle, willkürliche Verhaftungen legalisierte. Alteingesessene Bauern begannen schon, das Land zu verlassen, und so befanden sich unter den Verhafteten viele der zurückgebliebenen Frauen, auch Frauen des Adels und der Hocharistokratie ...

Der Präsident griff zum Telefon.

Am andern Ende des Drahtes hörte der über das Land gesetzte kommunistische Polizeipräsident. „Ich erfahre soeben aus zuverlässiger Quelle, daß Sie im Zuge der Bodenreform Unschuldige, vor allem Frauen, ins Gefängnis sperren. Wie kommen Sie dazu?"

Ausweichendes Gemurmel.

„Für Ihre Verhaftungen fehlt es an jeder Rechtsgrundlage. Sie unterstehen zwar unmittelbar dem Herrn Vizepräsidenten; wenn Sie aber glauben, daß ich in einem Lande, dessen Präsident ich bin, solchem Treiben zusehen werde, dann sind Sie im Irrtum! Die Verhafteten sind sofort zu entlassen. Wissen Sie, was das Ganze ist? Freiheitsberaubung im Amt! Wissen Sie, was darauf steht? Ich rate Ihnen dringend, lesen Sie das Strafgesetzbuch!"

Die Gesetze über die Bankenreform, über die Bodenreform, über die Sequestration trugen seine Unterschrift. Im Falle des Gesetzes über die Sequestration, über die Enteignung ehemaligen Nazieigentums, hatte er sich die Durchführung des Gesetzes sichern können und hatte vierhundert von untergeordneten Stellen widerrechtlich enteignete Fabriken — enteignet aus Gefühlen persönlicher oder gesellschaftlicher Rache oder weil es sich um wichtige Industrieobjekte handelte — an die Eigentümer zurückzugeben vermocht. Ein feierlicher Akt der Wiedergutmachung, autorisiert durch ein Wort des Marschalls und durchgeführt unter dem Patronat der Besatzungsmacht, und in festlicher Versammlung war jedem der in sein Eigentum wieder Eingesetzten eine darüber ausgestellte Urkunde überreicht worden — eine Handlung, die Monate hindurch Stoff für Propaganda bot.

Was aber gilt ein Marschallswort?

Marschall Schukow war abgelöst und durch seinen Stabschef Sokolowski ersetzt worden. Der Name Schukow konnte nicht mehr ausgesprochen werden, ohne befremdetes Aufblicken bei den russischen Gesprächspartnern zu erregen. Was gilt ein Marschallswort — was gilt das Wort eines Präsidenten? Die Durchführung des Gesetzes über die Sequestration wurde ihm wieder entzogen. Der neu eingesetzte Vizepräsident kam zu ihm: „Ich weiß gar nicht, was mein Vorgänger in der Sequestration gemacht hat. Der hat nicht aufgepaßt. Es ist doch unmöglich, mehrere hundert Betriebe freizustellen. Es ist daran gedacht worden, die Listen der Kommission mit den freigestellten Betrieben verschwinden zu lassen . . .“ Wortbruch, Rechtsbeugung, Aktenentwendung . . ., jedes Mittel mußte herhalten. Konnte er, was offen vor seinen Augen, was unter seiner Präsidentschaft geschah, noch länger verantworten — war es nicht Zeit, das Amt niederzulegen?

Erlasse, Gesetze . . . nivelliere die städtische Bevölkerung, pauperisiere das Land und du bist der Gesetzgeber des Teufels. Nimm dem Bauern das Pferd — und du hast ihn entmannt, und dröhnende Reden und Berge von Pamphleten vermögen nicht darüber zu täuschen, daß er kein Geschöpf Gottes mehr, sondern die Kreatur machthabender Despoten geworden ist! Entziehe dem Arbeiter den ihm gebührenden Anteil an seiner Hände Arbeit und presse ihn so aus, daß ihm das Existenzminimum nicht mehr bleibt — und du hast ihn ebenso entwurzelt wie den landlosen Bauern und aus dem intelligenten, erfindungsreichen und freudig Schaffenden einen interesselosen Handlanger gemacht! Untergrabe das Rechtsgefühl eines Volkes, lähme das individuelle Gewissen und das Verantwortungsbewußtsein — und das gesamte gesellschaftliche Sein taucht ins Zwielicht, die stärkste Wurzel der Gemeinschaft zersetzt sich, und solches seiner Traditionen und seines ethischen Gehaltes beraubte Volk wird bald zerfallen!

Ist das der Sinn des Geschehens — soll das der Inhalt seiner Präsidentschaft sein? Ist es nach allem nicht hohe Zeit, das Amt niederzulegen?

Absteigen, absteigen ...

Das Motiv begleitete ihn, es war um ihn, wenn er mit dem General sprach, war in seinem Kopf, wenn er über Akten gebeugt saß, verließ ihn nicht, wenn er seine Kanzlei betrat.

Er betrat seine Kanzlei, ging durch das Vorzimmer, vorbei an einem ihm dorthin gesetzten Oberregierungsrat, vorbei an Irina Petrowna, an Tatjana, an Frau Hansen, an Sekretärinnen und Dolmetscherinnen — umgeben von Schatten, die jede seiner Bewegungen beobachteten, jedes Wort aufnahmen. Neuerdings hatten sie ihm zusätzlich eine Dame, nicht aus baltischem (über einen Kranz baltischer Damen verfügte der lokale NKWD-Chef), sondern aus altem preußischem Beamtenadel ins Vorzimmer gesetzt. Sie kam aus einem anderen Apparat. Bei jenem Intellektuellenbankett — einem gesellschaftlichen Ereignis, das keine Wiederholung fand — hatte er sie im Gespräch mit jenem, ein elegantes Deutsch sprechenden Obersten mit der prachtvollen Sportfigur und dem glattpolierten Billardkugelkopf aus Berlin-Karlshorst beobachtet. Diese junge Dame war etwas zu draufgängerisch, gleich am ersten Tag ihres Dienstes hatte sie seine Briefe geöffnet. Es war genug, war schon zuviel — die Dolmetscherin, der Oberregierungsrat, der Ministerialdirektor, die Beamten bis hinunter zum Hausmeister, die laufend dem lokalen NKWD-Chef Bericht erstatteten, genügten vollauf.

Er ließ die Freifrau hereinbitten.

Kein Wort über die geöffneten Briefe:

„Meine Gnädige, ich freue mich, Ihnen Angenehmes mitteilen zu können. Die untergeordnete Arbeit als Sekretärin hier in der Kanzlei ist Ihrer nicht würdig, und so bin ich glücklich, beim Amt für Handel und Versorgung etwas Passendes für Sie gefunden zu haben. Eine selbständige Stelle, wo Sie den Empfang zu leiten haben. Es kommen dort Industrielle aus dem Westen, Leute von gesellschaftlichen Formen, und dort sind Sie am Platze. Sie werden dort die Verhandlungen zu führen haben ..."

Es war eine ganze Rede.

Die Dame erstarrte, fand so schnell keine passende Erwiderung. Er ließ ihr auch keine Zeit dazu.

„Ich beglückwünsche Sie zu Ihrem neuen Posten. Sie können dort sofort antreten."

Er blickte ihr nach – es war nicht die bedauernswerte Frau, die Witwe eines höheren Beamten, es war jener elegante Fechter in Berlin-Karlshorst, Oberst Tulpanow, dem er den Fehdehandschuh hingeworfen hatte. Er hatte nicht übel Lust, es nicht bei diesem einen Fall bewenden zu lassen und überhaupt einmal den Augiasstall seines Amtes auszumisten. Doch wozu eigentlich noch?

Aussteigen, aussteigen ...

Der Ministerialdirektor Hattinger betrat mit einigen Akten sein Kabinett. Hattinger sollte der Fall Nummer zwei dieses Vormittags werden. Er trieb schon lange sein Unwesen im Amt, war ein täglicher Besucher erstens der Schwanseestraße, wo die Partei ihr „Palais" bezogen hatte, zweitens der Lottenstraße, dem Sitz der NKWD. Sie hatten ihn in der Kanzlei allmählich hochklettern lassen, bis er in sein Gesichtsfeld rückte und er selbst zu dessen Objekt geworden war.

Hattinger saß ihm gegenüber.

Auf seine Akten Bezug nehmend, verlangte Hattinger in konzessionsloser Weise die fristlose Entlassung von zwei Beamten, die früher der NSDAP angehört hatten. Wie aus den vorgelegten Akten hervorging, handelte es sich in beiden Fällen um einfache Mitglieder ohne irgendwelche Ämter, um nichts, wenn er an die Vergangenheit Hattingers dachte, über den er ein Dossier in seinem Schreibtisch liegen hatte. Hier jedenfalls bot sich der Anlaß zuzugreifen.

„Herr Hattinger", begann er, „das Leben eines Menschen vollzieht sich doch nicht nur in gerader Bahn, es geht in Wellen, geht auf und ab. Es irrt sich mal einer und verläuft sich einmal und findet wieder zurück."

Herr Hattinger wollte das nicht verstehen, verharrte auf seinem

Standpunkt, wollte den beiden Beschuldigten durchaus das Wasser abgraben.

„Hören Sie, Herr Hattinger, wenn ich jetzt aufstehen und zu Ihnen sagen würde: ‚Sie waren in der Studentenschaft in Prag, nicht nur irgendein nationalsozialistischer Student, sondern der NSDAP-Studentenführer', und würde Sie deshalb auf der Stelle rausschmeißen, wie würden Sie das betrachten?"

Weiteres war nicht nötig, es war mehr, als Hattinger vertragen konnte. Sein Gesicht wurde, nein, nicht weiß, wurde wie aus Wachs – ein wächsernes Gesicht und blutrote Ohren.

„Wenn ich nun also zu dem General ginge und ihm Ihren Fall vortrüge, Herr Hattinger?"

Herr Hattinger war nicht mehr vorhanden. Von der gleichen Sekunde an, mit dem Ausblick vor seinen Augen, selbst zur Strecke gebracht zu werden, hatte er seine Rolle als Zuträger, als bedeutender Zuträger jedenfalls ausgespielt.

Eine Agentin des Chefs der politischen Verwaltung in Berlin-Karlshorst hatte er an die Luft gesetzt und einen Hauptzuträger der NKWD-Stelle Weimar lahmgelegt. Das hätte für einen Vormittag genügen können, denn man mußte wissen, wieviel man auf einmal auf die Hörner nehmen kann! Es sollte jedoch noch nicht genug sein, auch noch mit einem dritten Fall hatte er sich in der gleichen Stunde zu beschäftigen. Er hatte Besucher empfangen und abgefertigt, hatte eine Weile vor Schriftstücken gesessen. Es waren politisch aufregende Tage. Das Land sollte wählen – sollte einen Landtag und eine aus dem gewählten Landtag hervorgehende Regierung erhalten. Ein Anruf aus dem Lande, aus einer Schokoladenfabrik, ein Hilferuf, unterbrach ihn in seiner Beschäftigung.

Der Name eines Regierungsrates fiel.

Ein Name, der ihn alarmierte, und er wußte sofort, daß es mehr sein würde, als seine Hörner zu fassen vermochten. Dennoch konnte er die Sache nicht auf sich beruhen lassen. Regierungsrat Reuter, im Berliner Kriminalamt aktenkundig als Kriminalverbrecher Qualle, war eine Errungenschaft seines Vizepräsidenten Busse. Und nicht einmal das, der Busse, selbst ein finsterer und brutaler Bursche, fürchtete ihn einfach, hatte ihn schon im KZ Buchenwald gefürchtet und ließ ihn jetzt gewähren. Der in Verwaltungssachen unerfahrene Busse kannte weder seine Rechte noch seine Pflichten, war deshalb verhältnismäßig lenkbar, bis auf sein marxistisches Credo, das ihm auf eine einzige, noch dazu unmarxistische Formel zusammengeschrumpft war. Die Pyramide wird von unten aufgebaut! war sein Leitsatz, und sein Bestreben ging dahin, den Staat von unten her aufzubauen und Ämter und Posten, ungeachtet ihrer Eignung, mit ehemaligen KZ-Insassen zu besetzen; und es handelte sich bei den so in Amt und Würden Erhobenen nicht nur um ehemalige politische, sondern auch um rein kriminelle Fälle wie im Beispiel Qualle.

Jenen Qualle hatte der Präsident schon einmal aus dem Amt setzen müssen – das war, als Qualle versuchte, den Direktor der „Schwarza-Zellwolle" zu verhaften, um so den Betrieb, den bedeutendsten dieser Art in ganz Deutschland, in seine Hand zu bringen. Qualle war damals verhaftet und eingesperrt worden. Die Russen hatten sich dieses Falles angenommen, hatten Qualle sogar über das Strafmaß hinaus festgehalten. Eines Tages aber war er – gesund, gutgenährt, glänzend – wieder aufgetaucht, stellte sich in der Präsidialkanzlei vor, berief sich auf keinen Geringeren als den NKWD-General Beschanow und erklärte: „Ich komme im Auftrag meines Freundes Beschanow und verlange, daß Sie mich sofort als Regierungsrat wiedereinsetzen!"

„Darüber werde ich zu gegebener Zeit entscheiden!" war die Antwort gewesen, mit der er sich hatte bescheiden müssen, und war selbstverständlich nicht eingestellt worden. Dann aber hatte die NKWD ihn hinter seinem Rücken in das Amt für Handel und Versorgung eingebaut, und nun war er plötzlich wieder da. Der Direktor der Schokoladenfabrik Berger, der zweitgrößten Schokoladenfabrik des Landes mit siebenhundert Arbeitern, war am Telefon und sagte: „Hier ist ein Regierungsrat, der schließt unsere Fabrik."

„Wie heißt der Regierungsrat?"

„Er heißt Reuter!" – Es war Qualle.

„Dann lassen Sie ihn bitte mal an den Apparat kommen!"

Qualle kam und hörte:

„Sie sind auf der Stelle aus dem Staatsdienst entlassen. Sollten Sie es wagen, noch eine Amtshandlung vorzunehmen, lasse ich Sie verhaften! Wer hat Sie übrigens wieder in den Staatsdienst genommen?"

„Mein Freund Beschanow!“

Es schien in der Tat mehr, als er auf die Hörner zu nehmen vermochte. Niemals vorher hatte er den mit der Angelegenheit befaßten Chef der Verwaltung ähnlich erregt gesehen. Der General war übrigens nicht allein, ein Zivilist befand sich mit ihm in seinem Kabinett; anonym, und versuchte, zuerst jedenfalls, beim Gespräch im Hintergrund zu bleiben, und war doch nicht so anonym, daß er ihn nicht kannte. Gelegentlich einer Gesellschaft war er ihm vorgestellt worden als ein Professor Judanow. Ein Professor des sowjetischen Strafrechts, doch er hatte von Strafrecht, überhaupt vom Rechtswesen wenig Ahnung, das war schon bei jener ersten knappen Begegnung deutlich geworden. Seine Bedeutung mußte auf anderen Gebieten liegen, und insofern war das Benehmen Irina Petrownas interessant. Die Dolmetscherin Irina Semjonowa hatte niemals so tonlos übersetzt, war niemals so zu einem Schatten ihrer selbst geworden wie während der fast stummen und den Anschein der Zufälligkeit erweckenden Anwesenheit jenes Judanow. Einige Male vernahm er auch das aufgeregt vom General hervorgebrachte „Nje perewod – keine Übersetzung!“. Er sollte manche der Bemerkungen nicht übermittelt und nicht noch mehr Einblick in die aufgetanen Hintergründe erhalten.

Um was ging es?

Doch nicht um den Berufsverbrecher Qualle, sondern um dessen Hintermänner und um Methoden, die ohne solche Quallen und ohne solche Finsterlinge wie den Innenminister nicht auskommen konnten.

Absteigen ...

Es handelte sich nicht um Qualle. Da war die Bankenreform, war die Bodenreform, waren die Sequestrationen, da war vieles ... Das durch die Bankenreform eingezogene Geld war nicht vernichtet worden, war in den Händen der Russen geblieben. Das Geld in den Händen ihrer Exponenten und Beauftragten war unbegrenzt, damit wurde alles aufgekauft, die Lager und die Kaufhäuser dazu, nicht nur Waren, auch Häuser, Grund und Boden, Privatbesitz, Kinotheater, Unternehmungen, alles wurde mit wertlosem Papier bezahlt. Die Sequestrationen waren ein anderer, sich immer mehr der öffentlichen Kontrolle entziehender Griff ins Volksvermögen. Die Bankenreform, Sequestrationen, das Hungerdasein des Volkes, die Not der Studentenschaft! Was war aus den Versprechungen geworden – war denn alles Schein und Betrug?

Qualle war nur ein Symptom – eine Made im faulen Apfel, doch nicht nur eine, viele gab es.

„Herr General, Sie können wählen – zwischen dem Regierungsrat Reuter, genannt Qualle, und mir als Präsidenten. Ich bleibe nicht, wenn mir so ein Mann in mein Amt eingebaut wird!"

Das Gesicht des Generals zeigte Besorgnis. Herr Judanow hüllte sich in Schweigen. Der Draht zwischen der sowjetischen Verwaltung und der Spitze in Berlin-Karlshorst summte. Tee wurde gebracht, und Herr Judanow kam plötzlich ohne Dolmetscherin aus, sprach ganz gut deutsch und versuchte sich in einer belanglosen Konversation.

Der General, aus dem Zimmer gerufen, kehrte wieder zurück.

„Jagen Sie den Mann zum Teufel, Herr Präsident!"

„Gut, aber jener Qualle ist doch nur ein Symptom. Es handelt sich um weit mehr, das klargestellt werden muß!"

„Sie können jetzt nicht gehen, Herr Präsident. Die deutsche Selbstverwaltung steht vor der Tür. Die Deutschen werden freier gestellt. Wir werden uns in Zukunft nur noch um gewisse Fragen bekümmern, um die Entmilitarisierung, um Entnazifizierung, um Demokratisierung und um Reparationen. Im übrigen werden Sie auf eigenen Füßen stehen, und in der Wirtschaft stellen Sie in eigener Verantwortung den Industrieplan auf. Zudem sind Sie im ganzen Land als Redner für die Wahlen angekündigt."

„Herr General, wenn ich als Präsident des Landes spreche, bin ich nicht irgendein Redner, der das und jenes verspricht, um es nachher wieder zu vergessen. Was ich zusichere, muß ich vertreten, heute und in Zukunft, muß ich halten können!"

„Sie haben recht. Sie können der Bevölkerung versprechen, daß die Lebensmittelgruppe VI jetzt endgültig aufgehoben wird. Der dritte Zentner Kartoffeln auf den Kopf der Bevölkerung wird bestimmt geliefert. Die Zuteilung für die Bevölkerung an Kleidern, Schuhen und sonstigem Bedarf des täglichen Lebens wird wesentlich erhöht werden." — Wieder summte das Telefon.

„Herr Präsident, eine wichtige Mitteilung! Im Laufe des nächsten Jahres entlassen wir eine Million Kriegsgefangene."

Absteigen ...

Es ging nicht. Eine Million Kriegsgefangene — das allein war entscheidend und Anlaß genug, um zu der Bevölkerung zu sprechen und zur Beteiligung an der Wahl aufzurufen.

„Herr General, die Bevölkerung berührt brennend die Frage der Ostgrenze. Weder nach dem Vertrag von Jalta noch nach dem von Potsdam findet die Oder-Neiße-Linie eine Rechtsgrundlage. Bei aller Erkenntnis des Schwergewichts einer vieldiskutierten Äußerung des sowjetischen Außenministers vermag ich solche Grenzziehung als endgültig nicht zu vertreten. Ich werde in diesem Sinne über die Oder-Neiße-Linie sprechen, kann ich das?"

„Das ist ein heißes Eisen, vergessen Sie das nicht!"

Der General ging ungern an diese Frage heran, schließlich sprach er abermals mit Karlshorst. Es dauerte lange, dann sagte er: „Sie können über die Oder-Neiße-Linie sprechen, Herr Präsident!"

Der Präsident blieb im Amt.

Er stand auf, verabschiedete sich, verließ, begleitet von Irina Petrowna, das Gebäude der Verwaltung. Im Kabinett des Verwaltungschefs blieb der in Weimar als Professor eingeführte Oberstleutnant Judanow zurück. Der General und der Oberstleutnant langten nach Papyrosen, und nicht der Oberstleutnant, sondern umgekehrt, der General bediente den andern mit Feuer.

„Die Deutschen werden sich wundern", sagte Judanow. „Wenn sie ihren Landtag haben, wird die Daumenschraube angezogen werden."

Oberstleutnant Judanow wußte, was er sagte.

Als Vertreter Iwan Serows hatte er seit Wochen sein Quartier in Weimar aufgeschlagen. Er hatte die wirtschaftlichen Verhältnisse des Landes Thüringen zu studieren und hatte sich seine Aufgabe leicht gemacht. Eine gute Idee ist manchmal mehr wert als ein ganzer Stab von Mitarbeitern — und seine Idee war es gewesen, den Präsidenten über den Chef der Militärverwaltung zur Einrichtung einer Industriemesse inspirieren zu lassen. Diese im alten Schloß in Weimar installierte Industriemesse war zu einem lebendigen Nachschlagewerk geraten — Automobile, Schokolade, Zellwolle, Zement, Rohfaser, Kali, Schreibmaschinen, Elektroartikel, optische Geräte waren ausgestellt, und die Firmen und die Kapazität ihrer Werke und Fabriken waren angegeben. So war ihm nur übriggeblieben, die einzelnen Industrieobjekte aufzusuchen, den Maschinenpark zu besichtigen und festzustellen, daß tatsächlich die angegebenen Mengen produziert wurden.

Dieser Teil der Arbeit war abgeschlossen.

Die Listen waren fertiggestellt, waren dem Leiter des Demontage- und Reparationsstabes Saburow übergeben worden. Die Demontage, von der Thüringen bisher verschont geblieben war, würde schlagartig einsetzen. Thüringen mußte erst wählen, mußte einen Landtag bilden, eine gewählte Regierung einsetzen – so lange war noch zu warten. Aber nach der Wahl, in der Nacht vom Sonnabend auf den Sonntag, werden die in Aussicht genommenen Fabriken militärisch besetzt, und Saburow kann beginnen – und demontiert wird alles, Fabriken, Schächte, Eisenbahnlinien, alles bis auf gewisse Objekte, die sich nicht abtransportieren lassen, und die, soweit sie wichtig genug sind, wie die Kaligruben in Leuna, in sowjetische Aktiengesellschaften umzuwandeln sind.

Judanow wohnte in Weimar.

Sein Stab war ambulant, immer unterwegs wie im Kriege, schlug sein Büro auf an den Brennpunkten, einmal in Nordhausen, einmal in Gera, dann in Eisenach, in Heiligenstadt, hatte zur Zeit sein Quartier nach Jena verlegt.

Jena: Karl Zeiss und Schott. Die weltberühmten Werke für optisches Glas und optische Instrumente, von amerikanischen Fliegerbomben schwer beschädigt, arbeiteten wieder mit etwa zehntausend Mann und lieferten monatlich für einige Millionen Reichsmark Erzeugnisse als Reparationen ab. Das war viel, war fast die gesamte Produktion, und dennoch: die Zeit, da man das Werk Besuchern aus Westdeutschland und aus dem Ausland als Beweis deutschen Aufbauwillens und sowjetischer Unterstützung deutschen Aufbaus zeigen konnte, ist abgelaufen. Die Werke sind für Rußland bestimmt, stehen an erster Stelle der Demontageliste. Es würde aber wenig nützen, nur die Maschinen abzutransportieren. Zu den Maschinen gehören die Arbeiter, die sie zu bedienen verstehen. Dieser in hundertjähriger Tradition herangezogene Stab von Arbeitern ist ebenfalls zu erfassen. Und diese Operation: das Sicherstellen und Inmarschsetzen der qualifizierten

Zeiss-Arbeiter hat die Operative Abteilung unter der Leitung Oberstleutnants Judanow durchzuführen.

Es war alles vorbereitet.

Sein alter Kumpan Budin hatte sich diesmal selbst übertroffen. Die notwendigen Truppen zur Durchführung der Operation standen zur Verfügung. Die Arbeitskontrakte für „freiwillige Verpflichtung nach der UdSSR“ lagen bereit. Auf dem Bahnhof Jena waren die Transportmittel abgestellt. Ein Zug mit einhundertundzwanzig Achsen, Güterwagen und Personenwagen, Salonwagen hatte Budin sogar aufgetrieben. Und die angeforderten und ebenfalls bereitgestellten Reisepajoks für die Abzutransportierenden waren reichhaltig. Nach den ersten, nicht zu vermeidenden Rigorositäten wird es ein Mustertransport sein, und die Zeiss-Arbeiter werden in guter Arbeitsverfassung an ihrem Bestimmungsort eintreffen.

„Alles bereit also?“

„Nur auf den Knopf zu drücken!“

Was alles bereit war und in welcher Angelegenheit nur auf den Knopf zu drücken war, sagte Budin nicht, auch aus der Erwiderung Judanows war nichts zu erraten. Ein Geheimnis und andere Dienststellen, auch dann noch, wenn sie zu Hilfestellungen herangezogen werden mußten, brauchten nicht zu wissen, um was es ging. Und der NKWD-Major und der Hauptmann aus der Lottenstraße, mit denen Judanow und Budin am gleichen Tisch Platz nahmen, zeigten auch keine Neugierde. Die beiden deutschen Gäste, der in seinen Mitteilungen etwas matt gewordene Ministerialdirektor Hattinger aus Dr. Pauls Präsidialkanzlei und der andere, der Inhaber einer sequestrierten Buchhandlung, verstanden ohnehin nicht Russisch — Ella, Jutta und Liesbeth schon eher. Ella, Jutta, Liesbeth, an anderen Tagen noch andere — ein Hurenhaus, der Major hatte es dazu gemacht! Und der mit seiner Familie, seiner Frau und einer erwachsenen Tochter, in die obere Etage seines Hauses abgedrängte alte Medizinalrat wußte nichts davon oder tat jedenfalls so, als ob er nicht bemerkte, was unter seinem Dach vorging. Schlechte Sitten nimmt man nicht zur Kenntnis! Zuviel Tumult, viel Kommen und Gehen und tägliche Gelage, und er — Judanow — wäre auch wieder ausgezogen, hätte sich ein anderes Quartier gesucht, doch die beiden etwas abseits gelegenen und mit viel Geschmack ausgestatteten Räume, die er bewohnte, gefielen ihm; dazu kam, daß er dem Major aus der Lottenstraße nicht das Feld überlassen wollte. Es tat ihm leid um die Familie. Der Hausherr erinnerte ihn an einen Obersten Rewjewkin, einen Mann der alten Generation und von alter Schule, der einen mächtigen und nachhaltigen Eindruck auf ihn hinterlassen hatte. Noch vor der Schlacht um Moskau war es, und an der Fähre Solowjewo hatten sie ihn erschießen müssen. Viel Zeit war seither vergangen, doch seine Haltung während der an ihm praktizierten Verhöre war unvergessen geblieben. Nein, er wollte dem Major das Feld nicht überlassen – nicht einen solchen Rewjewkin und noch weniger die Rewjewkina, die Tochter..., denn von dieser Art mußte, falls er eine gehabt hatte, die Tochter jenes alten Generalstäblers gewesen sein. Die Tochter hier im Hause war verheiratet gewesen, der Mann war im Osten gefallen, so war sie zu ihren Eltern zurückgekehrt und lebte seither im Hause. Der Major bemühte sich um sie – um welche bemühte er sich nicht, steckte ihr Zettelchen zu: „Komm morgen da und da hin, ich erwarte Dich im Auto!" Das hält er für besonders vornehm, dieser Durak! Natürlich reagierte sie nicht, weder auf die Zettelchen noch auf sonstige, manchmal recht grobe Anspielungen, versteht sie einfach nicht, so ist sie. Dem Major blieb dann nur seine Jutta, die er aus Schlesien mitgebracht hatte, oder irgendeine, die er auf der Straße auflas – paßte auch besser für ihn!

Es war am Tag der Landtagswahl.

Auch die deutsche Landtagswahl war ein Anlaß zum Feiern. Die Reste vom Abendessen standen noch auf dem Tisch. Der Abend war vorgeschritten, und Jutta brachte Sauerkraut, brachte Heringe. Ein Plattenspieler machte Musik, und danach wurde getanzt. Budin war verschwunden und Ella ebenfalls. Der Hauptmann, zu dem Ella gehörte, wurde schon unruhig. Dieser Teufelsbudin..., Judanow stand auf, er wollte keinen Krach im Hause haben. Er fand Budin mit Ella in der Küche, auch die Tochter des Medizinalrats war dort. Es dauerte nicht lange, bis der Hauptmann erschien, dann auch der Major, der nicht allein mit den Deutschen bei den Heringen bleiben wollte. Die kaffeekochende, unerobert gebliebene Tochter war nicht ins Wohnzimmer zu bringen, so war die Küche zum Salon geworden.

Im Nebenzimmer spielte das Grammophon weiter.

„Warum gehen wir nicht hinüber?"

„Ja, warum eigentlich nicht?"

Diesmal konnte die Tochter Judanow einen Tanz nicht abschlagen. Konnte sie nicht – sie hatte es oft genug getan! Sie wollte es plötzlich nicht, das war die Überraschung. Sie tanzte mit ihm, tanzte ausschließlich mit ihm. Es war wie ein Wunder, die Zurückhaltende, um die er vom ersten Tage an geworben hatte, gab zum erstenmal ihre Distanz auf, war ihm plötzlich zugeneigt, war mit ihm einverstanden, und war, als der Abend weiter fortschritt, zu allem bereit. Als die Gesellschaft sich in lallende Einzelne auflöste, führte sie selbst ihn in ihr Zimmer.

Es war ein Erlebnis, und es ließ sich wiederholen.

Es ließ sich nicht in der dritten Nacht wiederholen.

Diese dritte Nacht, die vom Sonnabend auf den Sonntag, war die Nacht von Jena, die Nacht von Karl Zeiss und Schott. Aus den Betten gerissene Männer, heulende Frauen, heulende Kinder. Maschinenpistolen, Bajonette . . ., und er dachte an die Frau in Weimar.

Die Wohnblocks waren von Sowjetsoldaten umstellt.

In den Wohnungen mußten die Männer die ihnen vorgelegten Arbeitsverträge unterzeichnen. Sie mußten . . ., ihre Frauen und Kinder durften sie mitnehmen, auch Gepäck, jeder einige Zentner. Ihre Häuser, und es waren ihre eigenen, hatten sie zu verlassen, ein Zurück in die Zeiss-Werke gab es nicht, Karl Zeiss in Jena gab es nicht mehr. In der gleichen Stunde begann die Demontage der Maschinen. Sie hatten zu unterschreiben, und ihre Unterschriften löschten die Gewalttat, gaben der Aktion das Signum der Freiwilligkeit. Unterschreiben der Verträge, dann überstürztes Packen. Verladen in Lastwagen, und mit Sack und Frau und Kind Abtransport zum Bahnhof.

Judanow dachte an die Frau in Weimar.

Die Deutschen können mehr als vorzügliche Brillengläser herstellen. Sie haben den Affen erfunden (ein russisches Sprichwort sagt es) – sie haben Türme gebaut und dicke Mauern mit Stadttoren, haben sich mit Sicherheiten umgeben, wohnen schon tausend Jahre und länger in steinernen Häusern, und plötzlich tritt dir unter einer Haustür eine Frauengestalt entgegen. Eine Frauengestalt . . ., zum Teufel, die kann er auch in Naumburg im Dom betrachten, ist das seine Sorge in dieser

Nacht? Tausendundein qualifizierter Arbeiter, keiner darf fehlen? Jede Maschine muß besetzt, sofort produktionsfertig sein. Wenn nur eine Maschine ausfällt, wenn nur einer dieser Teufelsarbeiter entschlüpft, ist nachher der Arbeitsgang unterbrochen. Keiner darf fehlen.

Eine Massenaktion.

Schlagartig durchzuführen ..., es können Pannen unterlaufen; man muß überall dabeisein, überall gleichzeitig. Budin flitzte herum wie eine abgeschossene Rakete. — Pannen ...

Die ganze Stadt Jena geriet in Aufruhr. Das Telefon spielte – zwischen Jena und Weimar, zwischen Weimar und Berlin. Hier Direktion Karl Zeiss. Hier Oberbürgermeister Jena. Hier der Präsident des Landes. Hier Militäradministration.

„Herr Präsident, Karl Zeiss wird demontiert, die Arbeiter nach Rußland deportiert – Sie müssen helfen!"

Der Morgen zog grau über die Stadt Jena.

Auf dem Bahnhof standen noch Züge. Eine Sperrkette sowjetischer Soldaten ließ die Angehörigen nicht durch – Verwandte, Freunde, die die überstürzt verlassenen Häuser übernehmen sollten. Aufregung, Verzweiflung, Tränen. Ein Wagen mit den Standarten des Landes hielt an: „Herr Präsident, noch ist es Zeit, schnell, helfen Sie!" Der Wagen fuhr zur Direktion Karl Zeiss, fuhr zurück nach Weimar, fuhr hin und her zwischen Jena und Weimar, zwischen dem Werk und der Militäradministration. Der Präsident ging durch das Werkgelände der Firma Schott und Zeiss und blickte in die weiten Hallen. Überall hoben sich Hämmer, unkundige Hände rissen Teile auseinander, Fäuste stürzten empfindliche Maschinen wie Dreckkarren um und rollten und wuchteten sie auf bereitstehende Lastwagen.

Ein wütender Hauptmann, kugelrund und ein Gesicht wie ein gedunsenes Radieschen, jagte Schwärme von Demontagearbeitern von einem Objekt zum anderen. Und hier begegnete er einem Gesicht, das an ihm vorbeizog wie Rauch, das er sich dennoch einprägen und dem er wiederbegegnen sollte. Ein Mann, der mit dem Hauptmann russisch, mit den Demontagearbeitern deutsch sprach und mitten im Getümmel unbeteiligt und verloren blieb.

Das gläserne Meer ...

Zurück nach Weimar! Der Chef der Administration war nicht

erreichbar. Unerreichbar war auch der Marschall, der jetzt Sokolowski hieß, aber die Versprechungen seines Vorgängers, dessen Namen nicht mehr genannt wurde, erneuert hatte. „Die Demontagen sind beendet!“, so hatte der Marschall der Sowjetarmee noch vor sechs Wochen gesprochen.

Endlich der General! Irina Petrowna hatte ihn erreicht. Der General am Telefon verstand nicht.

„Es ist kein Wort wahr, in Jena macht man Panik. Kein Mensch wird dort verhaftet.“

„Ich war dort, Herr General. In den Werken wird demontiert. Die von ihren Soldaten festgenommenen Arbeiter sind bereits nicht mehr in der Stadt, sondern sitzen schon in den Zügen. Die Einwohnerschaft ist in höchster Erregung über solches Vorgehen!“

Der General ist nicht zuständig, ist nicht informiert!

Niemand ist zuständig, niemand ist informiert, auch der Oberstkommandierende des Landes Thüringen ist es nicht. Und in der Tat, wer war eigentlich zuständig? Niemand war greifbar. Der Präsident wußte nur, daß er gegen Gummiwände sprach. Von Iwan Serow hatte er niemals gehört, und daß eine Hand alle Zuständigkeiten durchbrechen und das vielstöckige Gebäude der sowjetischen Hierarchie wie Papier zu durchstoßen vermochte, das konnte er nicht ahnen. An einen „Professor Judanow“ dachte er nicht, es hätte ihm auch nicht weitergeholfen, und Judanow – selbst wenn er anders gewollt hätte – hätte ihm ebenfalls die Antwort schuldig bleiben müssen, denn er war nur der an die Wand gezeichnete Schatten der aus dem Kreml auffahrenden Hand.

Achtundvierzig Stunden dauerte die Operation.

Nach achtundvierzig Stunden kehrte Judanow nach Weimar zurück. Alles war ohne besondere Pannen verlaufen, auch ohne Blutvergießen. Eine weiche Aktion, doch er hatte überall dabei sein müssen, war ausgepumpt, war hundemüde und mußte sich ausschlafen. Er dachte an keine Frauengestalt, weder an die steinerne im Naumburger Dom noch an die lebende, die ihr gleicht. Doch als er in der Nacht erwachte und auf leisen Sohlen und ohne Licht zu machen, sich zum obersten Gang hinauftastete und eine Klinke herunterdrücken wollte, war die Tür verschlossen.

Die Tür blieb auch weiterhin verschlossen.

Es war aus, sie wollte nicht mehr. Er traf sie in der Küche, stellte sie zur Rede. Ob sie einen andern hätte? Nein, einen anderen hätte sie nicht, wollte sie auch nicht haben. Einen Besseren als ihn könnte sie sich nicht vorstellen, doch das Verhältnis wollte sie nicht fortsetzen. Das war alles, und er mußte sich damit zufrieden geben. Er kam seltener nach Weimar, gerade oft genug, um den Major aus der Lottenstraße in seinen Schranken zu halten. Seine schützende Hand wollte er von dem Hause nicht abziehen. Seine Zeit verbrachte er größtenteils auf Reisen, fuhr von einer Stadt zur anderen. Arbeit hatte er genug. Die das ganze Land betreffenden Demontagen liefen auf vollen Touren. Neben vollen Fabrikausrüstungen wurden „überflüssige Maschinen" aus den Elektrizitätswerken und das doppelte Gleis der Eisenbahnstrecken abgebaut und zum Abtransport gebracht. Er gehörte nicht zum Stab des Demontagechefs, sondern war der Vertreter Serows, und seine Aufgabe bestand darin, die Arbeit der Kolonnen Saburows zu kontrollieren. Und nicht nur die Arbeit Saburows, auch die Tätigkeit der NKWD, auch die Tätigkeit der Militäradministration.

Eine besondere und viel Takt erfordernde Aufgabe war die Überwachung des Präsidenten. Geradezu idiotisch war die so lange geübte Beschattung – ein Heuwagen vor der Haustür, die gegenüberliegende Villa seit Jahr und Tag leerstehend, reserviert für einen General, wie dem Präsidenten gesagt worden war, deshalb laufend von drei Posten besetzt, die mit einem Telefon und womöglich noch mit Feldstechern ausgestattet waren; auch die Inbesitznahme der Nachbarvilla durch den sowjetischen Generalstaatsanwalt war durchsichtig genug, und es hätte kein Dr. Paul dazugehört, diese Maßnahmen zu durchschauen. Schon besser ist die zu seinem eigenen Schutz verfügte Anordnung, nach der er, nur begleitet von zwei Polizisten, von seinem Fahrer und einem zweiten, ausfahren oder auch zu Fuß sich bewegen darf, und zusätzlich rechts und links, auf jedem Kotflügel, die Standarte des Landes zu führen hat. So ist er signalisiert, wohin er auch fährt, aber diese Anordnung hat nicht die örtliche NKWD erlassen, die hat er selbst aus Karlshorst mitgebracht. Und diese Maßnahme funktioniert, funktioniert immer. Das Telefon klingelt: Der Präsident ist soeben durch Stadtroda in Richtung Ulrichswalde gefahren! Und ob er nach Jena oder Ulrichswalde oder nach Burgk oder zur Demontagestelle der Automobilwerke nach Eisenach oder zur Demontage der Hescho-Porzellanfabrik nach Hermsdorf fährt – ein Anruf, eine laufende Anzahl von Anrufen, und sein Weg ist avisiert. Sein persönlicher Fahrer wäre in das System einzubeziehen. Die „Lottenstraße" hat es bereits versucht und dabei eine plumpe Hand bewiesen, hat den Fahrer einfach durch einen anderen ersetzen wollen. Aber er hat sich gewehrt – und man mußte ihn gewähren lassen. Der Fall „Paul" ist behutsam zu behandeln. Viele Fehler wurden gemacht, und nicht der kleinste unter den politischen Fehlern war der NKWD und der Administration unterlaufen, als sie zuließen, daß der Präsident der Sozialistischen Einheitspartei beitrat. Der Administrationschef hatte ihn dazu geradezu animiert, hatte ihm erklärt, daß seine Zugehörigkeit zu einer anderen, einer bürgerlichen Partei bedeuten würde, daß alle Fragen, die er so lange vertraulich mit ihm hatte behandeln können, dann durch die notwendig werdende Hinzuziehung eines SED-Vertreters sich komplizieren würden. So war Paul dann, auch um für seine sogenannte „Regierung" eine politische Basis zu haben, der SED beigetreten. Er war dadurch als politische Figur für den Westen und für künftige Pläne Karlshorsts beinahe entwertet worden. Zu spät, nicht mehr zu reparieren. Er selbst hatte damals aus der Reserve heraus keinen direkten Einfluß nehmen können. Nun: kommt es nach der Londoner Konferenz zu dem geplanten „Federalny-Ostdeutschland", ist er für den Posten des Präsidenten noch immer der einzig mögliche Kandidat mit westlichem Gesicht.

Das Telefon klingelte.

„Der Präsident ist soeben durch Stadtroda in Richtung Ulrichswalde gefahren!" lautete es jetzt tatsächlich. Nach Ulrichswalde, dort hat er eine Besitzung, ein kleines Landgut. Er ist krank, hat sich krank gemeldet – das zweitemal nach kurzer Pause. Das erstemal war es „die ‚Perle' Karl Zeiss", die er nicht hatte verwinden können. Das zweitemal waren wieder Demontagen, die Bildung sowjetischer AGs aus sequestrierten Fabriken die Ursachen seiner „politischen" Krankheit. Und krisenhaft wurde sein Fall, als man ihm eine Rede, die er anläßlich der Moskauer Außenministerkonferenz vom Podium der

Universität Jena herab an das „Gewissen der Welt" richten wollte, verboten hatte.

Eine Rede, ein Hilfeschrei... ein Ertrinkender, der dabei geruhsam seinen Besitz genießt, von Ulrichswalde nach Burgk an der Saale fährt, dann wieder in seine Stadtwohnung in Gera einkehrt. Der Marschall hatte die Rede verboten, und er wollte gleich alles hinwerfen, legte in einem Schreiben an den Landtagspräsidenten offiziell seine Geschäfte nieder. Dem Chef der Verwaltung erklärte er: „Ich trete von meinem Amt zurück!" Seine Amtsniederlegung wurde nicht angenommen. Im Auftrag des Marschalls war ihm gesagt worden: „Wir wünschen sehr Ihre Gesundung. Aber Sie dürfen krank sein, solange Sie wollen. Das Amt bleibt in Ihren Händen. Wir warten auf Ihre Rückkehr. Für die Zwischenzeit wird ein Stellvertreter ernannt!" Dabei blieb es; der Zustand dauert an. Er erholt sich, fährt von Ulrichswalde nach Burgk, von Burgk nach Gera, erhält Besuche vom General, von Gästen aus Berlin, und alle haben Anweisung, mit ihm nicht über Politik, nur über Fußball oder ähnliche Gebiete zu sprechen. Alle fünf Tage wird ein von drei Koryphäen unterzeichnetes Bulletin über seinen Gesundheitszustand hinausgegeben. Er darf den „schwerkranken Mann am Bosporus" spielen. Bis er gebraucht wird — vielleicht in Kolyma beim Goldgraben, vielleicht auf dem Präsidentenstuhl „Federalny-Ostdeutschlands".

Inzwischen füllen sich die Seiten seines Dossiers. Es ist bereits ziemlich komplett, greift weit zurück, bis 1923, bis 1918 (aber da ist noch etwas dunkel), genügt jedenfalls für dreimal, für zehnmal Kolyma.

Judanow saß über den Akt gebeugt, überzeugt davon, daß er gerade dieses Schriftstück einmal in die Hände Iwan Serows persönlich zu legen hätte. Eine dicke Mappe, ein fetter Happen, fertig zubereitet für die Hölle. Militarist von Anbeginn an und Reaktionär in Reinkultur. Im Jahre 1918 Fliegerhauptmann, 1923 läßt er am Simsonbrunnen in Gera die führenden Kommunisten verhaften, ohne daß ein Haftbefehl vorgelegen hätte, aus eigener Machtvollkommenheit, noch reaktionärer also als die Weimarer Republik. Fast gleichzeitig setzt er einen Haufen gefangener Sozialdemokraten, die ihm ein Freikorpsführer in sein Gefängnis legen läßt, wieder frei — ein Pluspunkt, wenn man will, doch ein Minuspunkt, wenn man die Freilassung auf

Kompetenzstreitigkeiten zurückführt und er die Sozialdemokraten nur deshalb wieder laufen ließ, weil er sie selbst nicht eingesperrt hatte.

1933 bis 1945 Hitlergegner – ein Pluspunkt, wenn man will, doch ebenfalls ein Minuspunkt, wenn seine Gegnerschaft auf angeborenen Oppositionsgeist zurückzuführen ist. Nach Kriegsende von den Amerikanern zum Bürgermeister von Gera eingesetzt – alle Ämter und Regierungsstellen sind heute noch amerikaverseucht.

Präsident des Landes: das ist ein einziges Schuldregister!

Bankenreform, Bodenreform, Sequestrierung, Demontage – alles war ihm und ist ihm Stück um Stück aus dem Rachen zu reißen!

Einzelne charakteristische Züge runden das Bild ab.

Sein Chauffeur, von dem er sich nicht trennen will, trägt einen falschen Namen, war früher ein Fliegeroberst. Die Familie wohnt in West-Berlin. Die Frau sitzt in Amerikahäusern herum, die Tochter arbeitet in einem PX-Laden. Der passende Chauffeur für den Ministerpräsidenten eines Landes der Sowjetzone. Andere interessante Symptome –

Der Chef der Militäradministration schenkt ihm *Lenins Gesammelte Werke*, deutsche Ausgabe. Die Bände stehen heute noch unberührt in der Bibliothek. Der Chef der NKWD schenkt ihm ein Stalinbildnis, kein Druck, sondern in Öl gemalt. Das Bild verschwindet in seiner Scheune. Angeblich hat er dafür einen entsprechenden kostbaren Rahmen zu beschaffen, doch der Rahmen kommt und kommt nicht. Stalin in der Scheune – in seinem Arbeitskabinett hängt statt dessen ein alter Kupferstich, von niemand anderem als dem alten Preußenkönig Friedrich II.

Ein Präsident, der nicht nur mit einem, der mit beiden Augen nach dem Westen schielt, der aber genau so wie er ist, gebraucht wird. Einen anderen Köder an der Angel, und die Fischchen im Karpfenteich des Westens beißen nicht an, einen anderen beschnuppern sie nicht einmal.

Und nun: München.

Der bayerische Ministerpräsident lädt die Präsidenten aller deutschen Länder, auch die aus der sowjetisch besetzten Zone, zu einer Konferenz ein. Mit seinem Stellvertreter ist es nicht zu machen. Wenn wir lediglich den Stellvertreter im Verein mit den vier anderen Landespräsidenten schicken, fehlt der Equipe der Feingehalt an Westlichkeit, fehlt dem Haken die gehärtete Spitze. Der Schrei nach Einheit klingt dann nicht mehr echt. Was ist zu tun? Die Finger aus dem Spiel lassen, wie es die Meinung Tulpanows ist, das geht nicht. Also muß er ran — der „schwerkranke Mann am Bosporus" ist gesund zu machen: das ist die Auffassung und die Weisung, die er aus Karlshorst mitgebracht hat.

Gesund machen also, ihn wieder auf die Beine stellen!

Ja, das geht, das läßt sich machen, so wird man ihm beikommen. Judanow griff nach einem anderen Aktenstück, öffnete den Deckel. Es handelte sich um eine der „Extravaganzen" des Präsidenten, um Material — über Übergriffe, Eigentumsvergehen, Vergewaltigungen, Morde, begangen von Angehörigen der Roten Armee, das er durch seine Staatsanwälte sammeln, zentral erfassen und sich vom Generalstaatsanwalt „geheim und vertraulich" übergeben läßt.

Ausgezeichnet, so läßt es sich machen, so wird man ihn aus seiner Höhle herauslocken. Judanow rief Budin herein, erklärte ihm den Fall und gab ihm die Weisung, mit einer Begleitung aus der „Lottenstraße" zwei oder besser gleich drei Staatsanwälte in verschiedenen Teilen des Landes nächtlicherweise aufzusuchen, sie in ihren Wohnungen zu verhören, im übrigen ungeschoren zu lassen. „Du verstehst, es kommt nur darauf an, ihnen einen gehörigen Schrecken einzujagen und sie in Unsicherheit zu versetzen. Die Verhöre müssen auf den Generalstaatsanwalt weisen. Im übrigen soll alles in der Schwebe bleiben."

Budin verstand.

„Es eilt ... Fahre sofort in die Lottenstraße, den Chef dort werde ich benachrichtigen."

„Sofort, aber da ich keinen andern mit einem der Verhöre betrauen darf, brauche ich dazu zwei Nächte."

Zwei Nächte waren für das Vorhaben nötig, am dritten oder vierten Tag konnte Judanow ein Resultat erwarten.

Der dritte Tag kam.

Das Telefon meldete: „Der Präsident hat seinen Sitz in Burgk verlassen in Richtung Autobahn. Der Präsident hat soeben das Hermsdorfer Kreuz passiert in Richtung Weimar. Der Präsident ist soeben in der Militäradministration eingetroffen."

Verhärte dein Herz gegen den Untertan, das Volk achtet nur den, der es in Schrecken hält – eine Regierungsmaxime ägyptischer Pharaonen, viertausend und mehr Jahre alt, und könnte doch in Moskau geprägt sein!

Nächtliche Stille. Ein Hund bellt. Auf dem Kies des Gartens knirschen Schritte. Hinter dem Fenster des nicht amtierenden „kranken Präsidenten" brennt Licht.

Blitzartig, völlig überraschend, meist in der Stille der Nacht, so treffen sie ihre Opfer. Spurloses Verschwinden des Gepackten. Stumme Auslöschung irgendwo und irgendwann. Und nun ist es soweit – der Griff aus dem Dunkel meint diesmal die Hüter des Rechts!

Die Glocke hörte auf zu hallen. Der Hund bellte noch immer. Der Mann auf dem Gartenkies kam näher, öffnete das Tor und verschloß es wieder.

Der nächtliche Besucher war der Generalstaatsanwalt. Der Fahrer Dietershofen-Aachern führte ihn ins Haus.

„Herr Präsident, eine andere Stunde für meinen Besuch konnte ich nicht wählen. Jetzt ist es so weit, daß die Kriminellen die Staatsanwälte jagen! Nur Sie, Herr Präsident, können noch helfen. Sie müssen in Ihr Amt zurückkehren. Es ist, wie ich gehört habe, bei der NKWD bekannt geworden, daß Sie im geheimen durch die Oberstaatsanwälte Berichte haben sammeln lassen. Es handelt sich um jene Berichte, die sich ausschließlich mit russischen Fällen befassen und die ich Ihnen vertraulich weiterreichte. Die Angelegenheit ist so weit gediehen, daß sämtliche Oberstaatsanwälte mit ihrer Verhaftung zu rechnen haben."

Absteigen . . .

Es ging nicht. Er konnte den Generalstaatsanwalt und die Oberstaatsanwälte, die auf seine Anweisung gehandelt hatten, jetzt nicht schutzlos lassen. Am folgenden Tag fuhr er nach Weimar. Er stand dem Chef der Administration gegenüber:

„Herr General, ich kehre in mein Amt zurück."

Einige allgemeine Redensarten und lobende Bemerkungen über seine Amtsführung. „Ich begrüße die Stunde, in der Sie in amtlicher Eigenschaft wieder hier in die Tür eintraten!" sagte der General und blickte ihn fragend an, war wohl der Meinung, daß er noch ein Anliegen haben mußte. Und der Präsident war der Mann dazu, den Stier bei den Hörnern zu packen.

„Herr General, ich möchte in Ihrer Gegenwart mit dem Chef der NKWD eine Angelegenheit besprechen."

„Das kann geschehen."

Eine halbe Stunde später saß der Chef der NKWD dem Verwaltungschef und dem zurückgekehrten Präsidenten gegenüber.

„Herr Oberst, nach einigen bei mir eingegangenen Berichten", wandte der Präsident sich an den NKWD-Chef, „befinden Sie sich in einer bestimmten Sache, in der Sache der Staatsanwaltschaften, auf einer falschen Fährte. Ich selbst war der Anlaß für die Sammlung der betreffenden Berichte. Die Oberstaatsanwälte handelten auf meine Anweisung."

So, das war seine Erklärung, sie war zur Kenntnis zu nehmen, und für alle Weiterungen hatten sie sich an ihn zu halten.

Die beste Verteidigung besteht im Angriff.

„Einen Teil der Akten habe ich Ihnen bereits übergeben", sagte er. (Es handelte sich um Fälle, die unter der Bezeichnung „Deutsche in russischer Uniform" liefen.) „Ich muß sagen, die Fälle wurden erörtert, es wurde gesucht, ermittelt, doch mir ist kein Fall einer Aufklärung und Erledigung bekannt geworden! Es gibt weiteres Material, das liegt bei mir; und ich bewahre es auf, mit der Absicht, es zur gegebenen Zeit Ihnen oder dem Herrn General oder dem Marschall in Berlin vorzulegen, damit die Wahrheit von der Unwahrheit gesondert und festgestellt werden kann, wieviel Lügen über angeblich von Angehörigen der Roten Armee begangene Missetaten verbreitet werden."

Die der Materialsammlung unterliegende Absicht konnte ebensowohl sein, nicht das Lügenhafte, sondern das Tatsächliche der kursierenden Gerüchte festzustellen, das würde dann der Anlage eines Anklagematerials gleichkommen. Der NKWD-Chef wußte, wie er im allgemeinen auf eine solche Selbstbezichtigung, wie der Präsident sie eben vorbrachte, zu reagieren hatte: Verhaftung, Auslöschung; anderes konnte es nicht geben.

In diesem Falle gab es anderes.

Der NKWD-Oberst verzog sein Gesicht zu einer freundlichen

Grimasse. Das Gesicht des Generals war nichts als augenzwinkernde und bauernschlaue Freundlichkeit. Die Version ihres Präsidenten bot jedenfalls eine Plattform, die man annehmen konnte und auf der es möglich war, noch weiter zusammen mit ihm am Tisch zu sitzen. Der Oberst allerdings brauchte noch eine Rückendeckung. Er stand auf, entschuldigte sich, ging in das Nebenzimmer und rief das Standquartier der im Lande weilenden Operativen Abteilung an, die die neue Wendung der Dinge vorbereitet und das Erscheinen des Präsidenten für diesen Tag vorausgesagt hatte.

Er sprach mit Oberstleutnant Judanow.

„Die Hauptsache, er kehrt in sein Amt zurück – die Staatsanwälte sind im Moment gleichgültig", erklärte Judanow. Auch das Material sei ohne Interesse, der Inhalt ohnehin bekannt und entspreche überdies den Tatsachen.

„Was wollen Sie denn, Genosse Oberst, den Vogel haben Sie doch in der Hand", sagte er weiter.

„In der Hand – er kann jeden Tag auf und davon fliegen."

„Nein, er sitzt fest – auf seinen drei Stühlen!" Die drei Stühle des Präsidenten waren nach der Meinung Judanows das kleine Landgut Ulrichswalde, sein Landhaus in Burgk und seine Wohnung in Gera.

„Daran klebt er, davon kommt er nicht los."

Der Oberst kehrte in das Kabinett des Generals zurück. Die Angelegenheit der Staatsanwälte blieb auf sich beruhen. Über das Material wurde nicht weiter gesprochen. Mit den Glückwünschen des NKWD-Obersten und des Chefs der Militärverwaltung für die Wiederaufnahme seiner Amtsgeschäfte verließ der Präsident die Militäradministration.

In seiner Kanzlei sah es aus wie vorher auch.

Schatten, Schatten . . ., er begegnete ihnen auf der Treppe. Sie saßen in seinem Vorzimmer, beugten sich mit einem Aktenstück in der Hand über seinen Tisch. Wie früher auch – nur daß er sie jetzt deutlicher wahrnahm und daß er gelernt hatte, sie nach dem Apparat, für den sie arbeiteten, zu unterscheiden. Nach seiner Monate währenden Abwesenheit warfen sie sich auf ihn wie Verhungernde. Er war überzeugt davon, daß schon nach den ersten Stunden die ganze Parade seiner Schatten an ihm vorbeidefiliert war.

Nur von einem Apparat wußte er nichts. Und daß auch jener Professor Judanow eine Rolle, sogar die Hauptrolle, in dem ihn umgebenden Beobachtungssystem spielen könnte, war seiner Beobachtung entgangen. Dennoch war es eine von Judanow eingesetzte Hand, die ein Aktenstück, rot unterstrichen, ebenso einen rot umrandeten Zeitungsartikel so auf seinem Tisch placiert hatte, daß beides sofort seine Aufmerksamkeit erregen mußte.

Er griff danach.

Das eine war eine Einladung des bayerischen Staatsoberhauptes zu einer Konferenz aller deutschen Ministerpräsidenten nach München. Das andere, der Zeitungsartikel, war eine plump verfaßte Absage, geschrieben oder jedenfalls unterschrieben von seinem Stellvertreter. Damit war dieser ablehnende Artikel eine amtliche Äußerung der Spitze des Landes Thüringen.

Unmöglich ..., Dummköpfe, noch schlimmer: Schurken! Verräter! Das Land stöhnt unter der Peitsche der Demontagen. Alle Stationen quellen über von angehäuftem Raubgut. Telefonapparate, elektrische Geräte – das hat er selbst gesehen – werden mit der Forke verladen. Die Bahnstrecken sind zur Eingleisigkeit verdammt. Weite Flächen, überhaupt jeden Schienenstranges beraubt, werden zum Elendsgebiet. Karte VI ist abgeschafft – dafür ist Karte V nun die gleiche „Friedhofskarte". Für die SED hat er gesprochen – gestützt auf das Marschallswort. Ein altes Mütterchen hat ihn auf der Straße angehalten: „Herr Präsident, ich habe richtig gewählt – wo bleibt jetzt der dritte Zentner Kartoffeln?" Eine andere Zusicherung betraf: Vergünstigung in bezug auf Bekleidung, doch seine Experten haben ausgerechnet:

Pro Kopf im Jahr: 1,09 Meter Gewebe, in sechseinhalb Jahren: ein Stück Untertrikotage, in fünfzig Jahren: ein Stück Obertrikotage, in zwei Jahren: ein Paar Strümpfe, in fünfzehn Jahren: ein Paar Lederschuhe.

Vergünstigungen ...

Schurken!

„Wir sind eine deutsche Partei!" tönt es aus allen Lautsprechern, aber gelegentlich der Demontage des Zeiss-Werkes erklärte der Herr dieser Partei, der Herr im Leninbart in Berlin, und zwar nicht unter vier Augen, nein, vor dem aus rund achtzig Mitgliedern bestehenden

Forum des Landesvorstands: „Wir wollen uns doch darüber klar sein, daß das Zeiss-Werk hinter dem Ural besser aufgehoben ist als hier bei uns."

Eine deutsche Partei?

Schurken, Gelichter, Ratten ..., alle Fundamente sind benagt, das Gebäude wankt. Die wirtschaftliche Struktur des Landes befindet sich in rasender Veränderung, die Bevölkerung in rasender Verelendung! Eine Hoffnung ist geblieben: das Potsdamer Abkommen, das von allen drei Mächten gegebene feierliche Versprechen der Wiederherstellung der geographischen, wirtschaftlichen und politischen Einheit Deutschlands! Und hier streckt sich eine Hand aus, der bayerische Ministerpräsident ruft auf zu einem gemeinsamen Treffen, und er selbst – oder sein Vertreter – schlägt diese Hand zurück!

Schurken ... Man muß sich an den Kopf fassen!

Generäle, Agenten, Verräter – und Narren, und er selbst in lebenslanger Anwaltspraxis von allen Hunden gehetzt, mit allen Wassern gewaschen und doch der allergrößte Narr und wie der einfachste Gimpel auf den Leim gegangen! — Warum?

Weil er an das Recht glaubte, an den Sinn der Geschichte, an Humanität, an das Weltgewissen.

Recht, Humanität, Weltgewissen in russischer Regie? – Nein nein ..., daran glaubt er nicht mehr. Er hat das verhangene Gesicht seines Partners erblickt. Aber das Drei-Mächte-Abkommen, die einzige Deutschland – Gesamtdeutschland – gebliebene Grundlage: daran hat er sich zu halten.

Das Verbot seiner Jenaer Rede – fünfundsechzig Millionen Menschen im Herzen Europas sind doch nicht aufspaltbar –, das Verbot seines Appells an die Weltöffentlichkeit hat ihn sein Amt niederlegen lassen. Er tritt sein Amt wieder an und findet die Einladung nach München auf seinem Tisch. Die Einladung und zugleich die schon getätigte Ablehnung. Idiotie oder Verrat oder was immer der Grund für die Ablehnung sein mochte – es schiert ihn nicht, ist gleichgültig. Das Verlangen nach Einheit ist elementar, ist Anliegen eines ganzen Volkes, ist der geschichtliche Imperativ der Stunde. Diesem Gebot wird er folgen – daneben ist alles, eigener Sturz, eigenes Versinken, bedeutungslos.

Der Kampf um „München" beginnt!

„Wir haben wieder einen Präsidenten, man merkt es!" — „Nicht schlecht hetzt er den Landtag und die Genossen aus der Schwanseestraße herum!" — „Mit Schattenfiguren allein ist keine Politik zu machen, alles stagniert."

„Und die täglich unterlaufenden Dummheiten — schließlich fällt man selbst noch darauf hinein!"

„Ist doch gut, so einen Hecht im Karpfenteich zu haben!"

Der Chef der Verwaltung, der Chef der NKWD und Oberstleutnant Judanow saßen beisammen. Es war in der Wohnung des Generals. Heringe standen auf dem Tisch, trockenes Brot, dazu Wodka — anders als bei den offiziellen Mahlzeiten; es war gemütlich, war fast wie zu Hause.

„Ja, man fällt noch selbst auf diese ‚Duraks' herein!"

„Wie im Falle der Delegation aus Nordhausen . . ."

Sein Stellvertreter meldete ihm den Besuch einer Delegation aus Nordhausen und sagte auch gleich, um was es sich handelte, daß die Nordhausener beschlossen hatten, aus Thüringen auszutreten, daß sie sich zur Provinz Sachsen schlagen und darüber verhandeln wollten.

„Sagen Sie den Leuten, daß ich mit Rebellen nicht verhandle, und wenn die Sitzung hier vorbei und die Delegation noch draußen ist, werde ich sie verhaften lassen!"

„Ja, das ist aber doch ihr demokratisches Recht, Herr Präsident!"

„So, das ist ihr demokratisches Recht — so weit sind wir also schon, daß die Bürgermeister und die Landräte beschließen, zu welchem Land sie gehören wollen! Vielleicht beschließen dann die Landräte und Bürgermeister von Meiningen und von Sonneberg, daß sie zu Bayern gehen wollen. Und das finden Sie als stellvertretender Präsident dann vielleicht noch in Ordnung? Ist ja allerhand, was man von Ihnen erwarten kann!"

Es hatte genügt, um den Stellvertreter wie einen begossenen Pudel abziehen zu lassen, aber solche Konsequenz und die Schaffung eines solchen Präzedenzfalls war auch vom General und dem NKWD-Chef nicht ins Auge gefaßt worden, und sie hatten Grund, sich zu einem so wachsamen Präsidenten zu gratulieren. Andererseits bereitete seine Selbständigkeit ihnen genug Schwierigkeiten.

„Chitry ist er . . . und findet immer wieder überraschende Formulierungen, wie beispielsweise die des Hochzeitszuges der Anna Pawlowna."

Generaloberst Tschuikow hatte in der von ihm bewohnten Villa ein eingemauertes Safe entdeckt, hatte es in wochenlanger Arbeit — die Spezialisten hatte der Präsident gestellt — aufbrechen lassen, aber kurz vor der Öffnung die Handwerker weggeschickt mit der Bemerkung, daß man ihm nicht wochenlang einen solchen Lärm zumuten könne. Von den dann aufgefundenen Bildern und Schmuckkassetten mit Gold und Geschmeide hat kein Deutscher und auch der Präsident nichts zu sehen bekommen. Und als der Präsident sich nach dem Fortgang und dem Resultat der Arbeit erkundigte, war ihm gesagt worden, daß es sich um Ausstattungsgegenstände der im achtzehnten Jahrhundert nach Weimar verheirateten russischen Prinzessin Anna Pawlowna gehandelt hätte. Die gleiche Erklärung war ihm schon bei der Wegführung von Kunstschätzen und verlagertem Gold, Silber und Edelsteinen aus Weimar, Rudolstadt und anderen Städten gegeben worden, so daß er dieses Mal erwiderte: „Der Hochzeitszug der Anna Pawlowna müsse, wenn man die Menge der weggeführten Dinge ins Auge fasse, von Petersburg bis nach Weimar gereicht haben!"

Dröhnendes Gelächter. Der General, Oberst und Oberstleutnant bedienten sich aufs neue mit Wodka, aßen dazu von den Heringen. Mit ihrem Präsidenten waren sie zufrieden — ein Tier, das nicht still hält, wenn es geschlachtet wird, sondern das Schlachtfest mit einem gehörigen Gebrüll begleitet.

„Karascho . . ."

„Aber nun ‚München', eine ganz verzwickte Geschichte!"

Und es hatte so leicht ausgesehen. Man lehnt einfach ab und ist die Sache los. Aber so einfach war es dann nicht. Der ablehnende Artikel hatte eine Welle der Empörung in der Bevölkerung ausgelöst. Ein weiterer Artikel, in dem der bürgerliche Ministerpräsident von Sachsen-Anhalt den gleichen ablehnenden Standpunkt einnahm, brachte die heftige und unerwünschte Reaktion der Bevölkerung nicht zu Ende. Eine in einem großen Hotel im Harz tagende Konferenz des SED-Vorstands der gesamten sowjetischen Zone brachte die Sache auch nicht weiter. Und Oberst Tulpanow aus Karlshorst, der an der Tagung teilnahm, hörte zu, aber sagte nichts. Nicht eine Stimme erhob sich auf der SED-Tagung offen gegen die Teilnahme an München. Schließlich beschloß die SED-Spitze ein Antwortschreiben an die Münchner, das noch weitere Fragen offenließ und alles in der Schwebe halten sollte. Der nach Karlshorst zurückgekehrte Tulpanow schwieg weiter, nach außen hin jedenfalls, offen wollte auch er nicht dem Einheitsverlangen der Bevölkerung entgegentreten.

Die übrige Sowjetadministration Berlin-Karlshorst nahm keine Stellung. — Tage vergingen, nichts geschah.

„Ein heißes Eisen – keiner will es anfassen!"

„Oder doch ... Paul?"

Dr. Paul war in Halle, fand dort auf dem Tisch des Ministerpräsidenten der Provinz Sachsen das Antwortschreiben an München vor und behauptete, daß es den Abbruch der Verhandlungen mit München bedeute. Er tobte: „Unterschreiben Sie nicht! Ich setze meinen Namen auch nicht darunter!" Es nützte ihm nichts, eine Nachricht ging dennoch hinaus – ein Telegramm nach München mit Gegenvorschlägen, die einer Absage nahekamen.

„Tulpanow?"

„Seine Absicht ist klar, er will die Konferenz torpedieren, aber das ist offen nicht zu machen."

„Aus dem Dilemma sind wir nicht heraus. Jetzt spielen auch die ‚Münchner' das gleiche Spiel. In ihrem Rücktelegramm und dem Hinweis auf die Hoffnungen in der deutschen Bevölkerung wird die Schuld am etwaigen Scheitern der Konferenz den Ostpräsidenten zugeschoben."

„Und das ist untragbar – wir propagieren jahrelang die Einheit und sind nun in dieser Propaganda gefangen."

„Wie kommen wir da heraus?"

Oberst Tulpanow schien bereits zu wissen, wie herauszukommen war. Er hatte auf einer neuen Sitzung das Zentralsekretariat der SED beschließen lassen, den Ostpräsidenten den Auftrag mitzugeben, zu Beginn der Konferenz in München den Antrag zu stellen, als ersten Punkt auf die Tagesordnung zu setzen:

„Bildung einer deutschen Zentralverwaltung durch die demokratischen deutschen Parteien und Gewerkschaften zur Schaffung eines deutschen Einheitsstaates."

Das Mandat lautete weiter:

„Im Falle der Ablehnung dieses Antrags haben die Ministerpräsidenten sofort die Konferenz zu verlassen!“

Mit einer solchen Bindung konnten sie keinen Schaden anrichten. Es kam nur noch auf die Zuverlässigkeit der Ostdelegation an. Die Ministerpräsidenten mußten es sein. Paul war nicht auszuschalten. Man mußte ihm sogar die Führung der Delegation einräumen. Also war seine Position so zu schwächen, daß er nicht aus der Reihe tanzen konnte. Der Mecklenburger war ganz sicher, aber schon der Brandenburger, wenn auch schwankend, hatte Paul unterstützt. Die beiden ebenfalls aus bürgerlichem Lager kommenden Ministerpräsidenten von Sachsen-Anhalt und von Sachsen waren die Gefahr. Mit ihnen im Bunde wäre Paul imstande, weiter zu gehen, als das gebundene Mandat verlangte.

„Und was treibt Paul zur Stunde?“

„Er konspiriert“, war die Erwiderung des NKWD-Chefs.

„Das tut er immer.“

„Er saust wie ein Brandpfeil durchs Land. Von Weimar nach Dresden, von Dresden nach Halle. Zur Stunde bringt er den Ministerpräsidenten Friedrichs von Halle zurück nach Dresden.“

Eine Sprache, ein Volk, ein Land: das war der Inhalt seiner verbotenen und nicht gehaltenen Jenaer Rede. Zwei der westlichen Besatzungsmächte waren inzwischen einen Schritt weiter gegangen. Zwischen der britisch und der amerikanisch besetzten Zone gab es keine trennenden Schlagbäume mehr. Die französisch besetzte Zone hinkte noch nach. Für die sowjetisch besetzte Zone aber bedeutete die Einheit die Rettung aus lähmender Isolierung, Befreiung von einem aufgezwungenen politischen und wirtschaftlichen Joch.

Auf nach München – alle Widerstände sind zu überwinden!

Das Verlangen von achtzehn Millionen hinter eisernem Vorhang lebenden Menschen nahm der thüringische Ministerpräsident als Auftrag auf sich. Der kahlköpfige Oberst aus Karlshorst war der sichtbare Gegner. Doch seine Position war schwach – er hatte das Recht nicht auf seiner Seite. Auf das Potsdamer Drei-Mächte-Abkommen – sonst immer von sowjetischer Seite zitiert – konnte er sich nicht berufen, das hatte er in diesem Falle mit der Klausel über die Einheit Deutschlands gegen sich. Er durfte nicht offen auftreten – nur hinter den Kulissen vermochte er seine Phalanx zu dirigieren. Da auch die bürgerlichen und die von der SPD kommenden Delegierten einer Politik der Negation müde waren, verlor er die erste Runde des Spiels. Den Gedanken an eine völlige Absage an „München" hatte er fallen lassen müssen, und es war ihm nur übriggeblieben, die Ostpräsidenten mit so schwerem Ballast auf die Reise zu schicken, daß sie auf der Münchener Konferenz praktisch lahmgelegt sein mußten. Und dennoch hatten sie – das Scheitern der Konferenz als Auftrag im Marschgepäck – dort das Gesicht zu wahren, in solcher Art, daß die Schuld für die Ergebnislosigkeit des Treffens allein auf die Westpräsidenten fiel.

Dr. Paul saß neben seinem ehemaligen Kommilitonen, dem sächsischen Ministerpräsidenten Dr. Friedrichs, im Wagen. Kampftage lagen hinter ihnen. Das Zustandekommen der Konferenz, ihre Beschickung auch von der Ostzone her, war gesichert. Der aufgebürdete Ballast allerdings war nicht zu vermeiden gewesen.

„Was sie uns da vorexerziert haben – Moskauer Schule in Reinkultur", bemerkte Dr. Paul.

„Bei dem vorhandenen Stimmenverhältnis war jeder Widerstand aussichtslos", sagte Friedrichs.

„Der SED-Parteivorsitzende – nun ja, er kommt von den Sozialdemokraten – hatte zwar das Präsidium, doch er hing recht armselig zwischen den Armlehnen seines Schreibtischsessels", fiel ihm ein. „Man sah ihm an, wie schwer es ihm wurde, auf dem ihm vorgezeichneten Strich zu laufen."

Friedrichs nickte nur zu den Bemerkungen Pauls. Er blickte starr geradeaus auf die Straße. Sein Gesicht wirkte eingefallen. Er sah müde aus.

Der Wagen fuhr durch den Klosterlausnitzer Forst.

„Jedenfalls fahren wir nach München. Trotzdem..., und das Weitere wird sich dort finden", sagte Paul.

Die Hand Friedrichs legte sich auf seinen Arm: „Laß doch bitte anhalten. Ich muß mit dir allein sprechen", sagte er.

Paul ließ halten. Beide stiegen aus, gingen nebeneinander her unter den hohen Bäumen des Klosterlausnitzer Forstes. Friedrichs blickte sich nach dem Wagen um, zwanzig oder dreißig Schritte hatten sie sich entfernt. Er atmete schwer, und den Ausdruck seiner Augen sollte Paul nicht mehr vergessen.

„Ich werde ermordet", brachte Friedrichs hervor. „Ich bin nicht der erste, schon andere vor mir. Die Schurken vergiften mich. Ich trinke und esse nichts mehr außerhalb, doch es nützt mir nichts."

„Ermordet ..."

Friedrichs sah todkrank aus.

„Höre zu ..., du kennst Fischer nicht, kennst ihn nicht wie ich. Auf dem Bankett, damals unter Schukow noch, habe ich dir schon von ihm gesprochen, auch von seinen amourösen Affären mit Polizistinnen. Eine, ein junges Ding – ich meine, du hast sie schon bei ihm im Haus gesehen, braunes Haar und Rehaugen –, die hat er geschwängert, dann ist sie verschwunden. Ich sage verschwunden, sie ist nicht mehr aufzufinden. Eine andere hat sie abgelöst, blond und zart ist sie; Fischer ist gedunsen, er trinkt sehr viel. Und die Blonde wurde wie die erste geschwängert, und dann verschwand sie. Jetzt hat er eine dritte ins Haus genommen. Ein Dieb ist er dazu ..., was ist aus der Angelegenheit der Briefe Goethes an den Grafen Brühl geworden? Er hat die Briefe bei der Familie beschlagnahmt, hat sie bei dir für das Archiv des Landes Thüringen gegen Gummireifen eingetauscht. Aber nicht alle. Ein Teil blieb in seiner Hand, so das „Bänkel"sängerlied. Ich habe es selbst bei ihm gesehen. So viele Fälle, kriminelle Fälle, und ich hatte alles aktenkundig. Sollte ich zusehen, konnte ich zusehen, mußte ich noch länger anhören, wie er sich in der Trunkenheit mit gemeinen Morden brüstete? Ich konnte nicht länger, fuhr nach Berlin, ging zur Partei, ins Zentralsekretariat, legte mein Material auf den Tisch, saß dort dem Sekretär gegenüber. Was für ein Mensch, er hörte ungerührt zu, blickte mich an aus blauen Augen – ich wußte nicht, was er dachte; es lief mir eisig den Rücken herunter. Ja, etwas besorgt war er, etwas kopfschüttelnd, so wie über die immer wiederkehrende Unart eines schlechtgeratenen Kindes.

Was ist dann geschehen?

Eine interne Sitzung, Fischer war geladen, doch Fischer kehrte zurück. Nicht ihn ließen sie fallen, nicht ihn, nicht ihn. Verstehst du ..., nein, du verstehst nicht, glaubst, ich bin krank. Ich bin nicht krank, ich muß es dir sagen, du wirst nach München fahren, aber du sollst wissen, was geschieht, einer soll wissen ...“

Sie fuhren weiter nach Dresden. – Friedrichs verschwand in seinem Haus am Meisenweg. Paul blickte ihm nach, blickte dann die stille Straße entlang, früher einmal eine Straße zurückgezogen lebender Bürger, jetzt die Wohnstraße der Spitzen der Partei und der Regierung, an beiden Enden durch herabgelassene, von Polizisten bewachte Schlagbäume versperrt, von der übrigen Stadt getrennt.

Hier wohnte Friedrichs, und ihm gegenüber, so daß er in dessen Fenster hineinblicken konnte und jedes laute Wort von drüben zu ihm herüberschallte, wohnte der sächsische Innenminister Fischer.

Der Schlagbaum ging hoch.

Dr. Paul ließ die Straße Am Meisenweg, ließ Dresden hinter sich, fuhr noch in der gleichen Nacht zurück nach Weimar. Die nächste Fahrt über die Autobahn brachte ihn zurück bis zum Hermsdorfer Kreuz, bis zu der einsamen Stelle im Klosterlausnitzer Forst, an der die von Westen nach Osten verlaufende Autobahn diagonal von der Nord-Süd-Strecke, dem von Berlin nach München laufenden Fahrband, geschnitten wird. Einige Kilometer legte er noch zurück. Am Rand der Straße, mitten im Thüringer Holzland, hielt der Wagen. Hier sollten sich die Ostpräsidenten zur gemeinsamen Weiterfahrt nach München treffen. Noch keiner der Partner war eingetroffen. Tannen, geradegewachsen, hoch wie Schiffsmasten. Am Waldrand gelb und rot blühender Fingerhut und Baldrian. Von Norden her kam ein Wagen und hielt an. Im Wagen saß der Mecklenburger. Der mecklenburgische Ministerpräsident hatte gegen München gestimmt, und von ihm, der dort oben in Mecklenburg wie der Verwalter einer russischen Kolonie saß, war anderes nicht zu erwarten gewesen.

Dr. Paul blickte nach Norden.

Er wartete auf Friedrichs und wartete auf den Brandenburger, der, wenn auch vorsichtig, so doch mit ihm zusammen, für „München“ gestimmt hatte.

Ein Wagen näherte sich, aber es war eine der BMW-Limousinen, die nur von Vertretern der Besatzungsmacht gefahren wurden. Der Wagen fuhr vorbei, neben dem Fahrer die Silhouette eines russischen Offiziers, Richtung Zonengrenze, Richtung Bayern. Wieder kam ein Wagen, dieser trug an den Kotflügeln die Standarten des Landes Sachsen. Aber nicht Friedrichs stieg aus, an seiner Stelle erschien dessen Innenminister Fischer. — Völlig überraschend.

Was war geschehen?

„Der Ministerpräsident ist tödlich erkrankt. Sein Zustand ist hoffnungslos, die Ärzte rechnen mit seinem baldigen Ableben."

Das berichtete Fischer.

Hohe Tannen, darüber blauer Himmel. Asiatische Luft wehte durch den Klosterlausnitzer Forst.

„Wir können nicht länger warten. Wir müssen fahren. Ich habe Ihnen nochmals vom Zentralsekretariat auszurichten, daß wir auf der Stelle aufzustehen und die Konferenz zu verlassen haben, wenn unser Antrag nicht angenommen wird!"

Das war wieder Fischer.

Mitglied der Spionageequipe in China, im Kriege Kommissar in einer ambulanten Kolonne der Roten Armee, nach dem Zusammenbruch vor Moskau kaltgestellt und Radioansager am Sender „Freies Deutschland", das plötzliche „gute Leben" in der sächsischen Hauptstadt – wertvolle Bilder an den Wänden, echte Teppiche, ein riesiges Eisbärenfell als Bettvorleger, volle Schüsseln, Platten mit Wildbraten und ein Weinkeller, ein Likörschränkchen voll ausgewählter Schnäpse – haben sein Aussehen verändert und eine Maske von saturierter Bürgerlichkeit über das Unstete und ganz und gar Illegale seines Wesens gedeckt; ein Mann, der sentimental werden kann, wenn er überraschenderweise seine in einer Leipziger Arbeitervorstadt wohnenden alten Eltern aufsucht, die fast dreißig Jahre kein Lebenszeichen von ihm erhielten; ein „bon homme" in den besten Jahren, imstande, aus einem Haufen über die Grenze gejagten menschlichen Wrackgutes eine Flüchtlingsfrau zu sich ins Haus und in seine Küche zu nehmen und drauf und dran die mitgebrachte Tochter zu adoptieren, und hält in seiner mit Wohlhabenheit ausgestatteten Höhle jugendliche Polizistinnen wie chinesische Palasthündchen und verwöhnt sie mit Leckerbissen, etwas aufgedunsen, und das schwarze Blut – das war ein Ausdruck Friedrichs – trommelt manchmal alarmierend im feistgewordenen Hals.

Der Innenminister des Landes Sachsen und der Ministerpräsident von Mecklenburg, beide erklärte Gegner des Münchner Treffens, und der liberale, aber schwache Präsident von Sachsen-Anhalt, sind die Begleiter Pauls nach München. Ein Kräftegleichgewicht hätte der Brandenburger bedeuten können, doch der kam nicht heran, und erst später wurde bekannt, daß seine Administration ihn bis in den späten Nachmittag hinein nicht hatte abfahren lassen. Er sollte, das war die offenbare Absicht, zu spät nach München kommen.

Abendessen in München — zum erstenmal seit dem Zusammenbruch saßen die Ministerpräsidenten aller deutschen Länder an einem Tisch. Eine aufgeschlossene Stimmung. Der Genius loci, der versöhnliche Geist des Ortes wird helfen! „Heute morgen bin ich von zu Hause in Weimar abgefahren und heute abend zu Haus in München angekommen!" sagte Paul in Erwiderung einer Ansprache des gastgebenden bayerischen Präsidenten.

Fahrt zur Staatskanzlei.

Ein warmer Sommerabend, unter grünem Blätterdach helles Licht, an den Cafétischen Menschen, zwar auch, wie im Osten, auf Karten lebende „Normalverbraucher", aber unbesorgt saßen sie beieinander, auf den Straßen schlenderten Arm in Arm junge Paare, plauderten und lachten laut miteinander.

Ein ungewohntes Bild für einen Mann aus der Zone des Schweigens, in der zwei Jahre nach Kriegsende noch immer das Licht in den Städten nicht wieder angezündet war und bei einbrechender Dunkelheit jeder das schützende Zuhause aufsuchte.

Die erste Überraschung im Sitzungssaal der bayerischen Staatskanzlei war die bereits festgesetzte Tagesordnung. Die vorgesehenen Redner waren ausschließlich Westzonenpräsidenten, so daß kein Vertreter der Ostzone zu Worte kommen sollte.

Unmöglich ... wochenlanger Kampf um „München", und in den fast pausenlosen Sitzungen und Gesprächen hat er sich immer wieder belasten und „westlich découvrieren" müssen, und jetzt darf er, dürfen die andern Ostvertreter bei dieser Konferenz als Zuhörer mitlaufen. Die Atmosphäre im Sitzungssaal erinnerte in nichts mehr an die allgemeine Aufgeschlossenheit beim Abendessen. Zwei Fronten saßen einander gegenüber, und die Vertreter der einen Seite fühlten sich besser als die anderen – sie hatten nicht Russen als Besatzungsmacht und hatten vergessen, daß die Sowjets von den Deutschen der Ostzone nicht gerufen worden waren und daß diese für achtzehn Millionen Ostzonenbewohner ein Kreuz von besonderer Schwere bedeuteten.

Dr. Paul blickte sich um, tastete Gesicht um Gesicht ab – ist denn niemand da, der vermittelt? In die schon gespannte Atmosphäre hinein wurde im Tonfall eines preußischen Kasernenhofes vom Ministerpräsidenten Mecklenburgs der Antrag der SED gestellt: „Ich beantrage, als entscheidende Voraussetzung für die Verhandlungen der Konferenz, als ersten Punkt auf die Tagesordnung zu setzen ...“

Die Westpräsidenten bedurften diesem Antrag gegenüber keiner formalen Beschlußfassung, so einmütig war bei ihnen die Ablehnung und so folgerichtig die Erkenntnis, daß mit der Annahme dieses Punktes sich die sonstige Konferenz im wesentlichen erledigt haben würde.

Nach dem Parteibefehl hatte Paul als Führer der Delegation jetzt aufzustehen und die Konferenz zu verlassen. Er stand nicht auf – und wußte, was das bedeutete. Er suchte nach einem Vergleich, nach einer Möglichkeit, am Verhandlungstisch zu bleiben. Sein Vorschlag, daß nach der Begrüßungsansprache des bayerischen Ministerpräsidenten von jeder Zone ein Ministerpräsident zehn bis fünfzehn Minuten lang zu Wort kommen sollte, stieß auf geringes Entgegenkommen, sogar auf völlige Unverbindlichkeit.

Die Mehrheitsstimmung lautete: Nein.

Eine zweite Schlappe – seine Belastung nahm zu, wenn er es nicht ohnehin gewußt hätte, sagte es ihm der böse Blick seines Nachbarn, des sächsischen Innenministers Fischer. Doch er blieb abermals sitzen, suchte weiter, verletzte den Parteibefehl zum zweitenmal. Fischer schoß das „schwarze Blut“ ins Gesicht, er hielt sich nur noch mit Mühe zurück. Keine Ermutigung, von dem Mecklenburger konnte keine kommen, aber auch der aus Sachsen-Anhalt versagte. Keine Hilfe, von keiner Seite, von niemand.

Er machte einen neuen Vorschlag.

Wenigstens ein Vertreter der Ostzone – und zwar er selbst – sollte nach seinem neuen Vorschlag nach dem bayerischen Ministerpräsidenten das Wort erhalten.

Eiliges Hin und Her.

Was wissen sie denn — auf ihren Straßen brennt Licht, ihre Eisenbahnen laufen zweigleisig oder mehrgleisig, ihre Wirtschaft, ebenfalls kriegsbeschädigt, hat doch die alten Fundamente behalten. Was wissen sie denn in der Sicherheit ihrer Person, ihrer Freiheit, ihres Lebens, was hinter dem eisernen Vorhang vorgeht? Was wissen sie von der großen Lähmung, von Menschen, die nicht mehr murren, nicht sprechen, nur noch dahocken und kaum bemerken, ob es draußen regnet, ob die Sonne ins Fenster scheint... Sollen achtzehn Millionen zum Schweigen verurteilte Deutsche auch hier nicht zu Worte kommen?

Warum noch ein Hin und Her, warum Bedenklichkeiten, wozu noch Abstimmung?

Sein Antrag kam nicht durch, auch sein zweiter Vorschlag fand keine Unterstützung der Mehrheit. Er hatte sein Gesicht verloren. Der Blick, mit dem Fischer ihn maß, war nur noch boshaft. Soll er die Wahrheit hinausschreien, kann er ausrufen: Die Zerstörer Deutschlands profitieren an dem Heute! Hier sitzt der Vertreter der NKWD — morgen wird er berichten: München war keine Demonstration deutscher Einheit. Aus dem westlichen Lager haben wir nichts zu fürchten, kein Wille zur Einheit wird uns von jener Seite her stören. Der Weg zur Zerschlagung Deutschlands liegt offen!

Der Schlag mit der Faust auf den Tisch ist keine Form der Verhandlung. Der Bericht des bayerischen Staatsministeriums wird später verzeichnen, daß die Verhandlungen dieser Nachtsitzung mit einer Ausnahme sachlich geführt wurden. Die Ausnahme bildete der thüringische Ministerpräsident.

Ohne das Wort erhalten zu haben, redete er.

Verzweiflung, Empörung, Ohnmacht. Unkontrollierte Worte. Die Not einer Zone suchte Ausdruck und fand ihn nicht. Behängt mit dem schweren Ballast, fehlten die Worte. Ein Schlag mit der Faust auf den Tisch machte dem Dilemma ein Ende.

Dr. Paul verließ den Sitzungssaal, mit ihm der Brandenburger, der von Sachsen-Anhalt und der Innenminister aus Dresden.

Der sächsische Innenminister Fischer sah wieder saturiert aus und glänzte vor Wohlwollen. Die Konferenz war durchaus so verlaufen wie gewünscht. Mit dem Resultat konnte er beruhigt zurückkehren, und er fuhr, begleitet von dem Mecklenburger, noch in der Dunkelheit nach Norden zurück. Es war ohne Bedeutung, daß der thüringische Präsident und mit ihm der Ministerpräsident von Sachsen-Anhalt und der verspätet eingetroffene Ministerpräsident von Brandenburg noch blieben und sich in ihrem Münchner Hotel bereithielten für eine mögliche Vermittlung. Nach zehn Stunden des Wartens kehrten auch sie – unverrichtetersache – in die Ostzone zurück.

Genugtuung bei der Administration. Jubel bei der SED. Der Schlag mit der Faust auf den Tisch – ein Ausdruck der Verzweiflung – gab ihm „zu Hause" das Gesicht wieder. Im Lande eine große Hoffnung zerschlagen. Die Bevölkerung noch niedergedrückter als vorher. Jetzt erst war die Kluft zwischen Ost und West weit aufgerissen.

Im Lande Sachsen Landestrauer.

Ein Ministerpräsident wurde zu Grabe getragen. Ein Staatsbegräbnis von besonderem Ausmaß. Blumen, wohin das Auge blickte... Blumen und Kränze.

In dem weiten Raum, in dem die große Totenfeier stattfand, waren alle versammelt – die Ministerpräsidenten und die Minister, Vertreter der Militäradministrationen, die Landtagspräsidenten und Vertreter der Länder, vollzählig die sächsische Regierung, die Spitzen der Partei und Delegationen aus Fabriken. Auch eine Abordnung der Polizei war da..., auch Polizistinnen, auch die dritte, die der sächsische Innenminister ins Haus genommen hatte.

Der Spitzenfunktionär der Partei im Sonntagsanzug. Leninbart und blaue Augen... „Es lief mir eisig den Rücken herunter!" hatte der Tote gesagt. Auch Professor Judanow war da, ein seltsamer Professor, er trug jetzt die Uniform eines Oberstleutnants, und wenn nicht alles täuschte, war die Silhouette jenes Offiziers – so wollte es Paul scheinen – die gleiche, die er im Klosterlausnitzer Forst in der BMW-Limousine in Richtung München hatte vorbeiziehen sehen.

Ein Mann in der Trauergemeinde, in schwarzem Anzug und schwarzem harten Hut, stand ganz allein. Um ihn her blieb freies Feld, keiner trat an ihn heran, keiner sprach mit ihm. Und er hatte doch unter den hier versammelten Regierungsvertretern, unter den ehemaligen Sozialdemokraten, viele Bekannte, alte Parteifreunde, die ihm länger als ein Jahrzehnt nicht mehr begegnet waren. Der

Gemiedene war Ernst Reuter, nach dem überalterten Dr. Werner und nach der wegen Krankheit zurückgetretenen Luise Schröder der gewählte, aber von den Russen nicht bestätigte Oberbürgermeister der Stadt Berlin.

Gesenkte Fahnen.

„Unsterbliche Opfer ..."

„Unsterbliche Opfer, Ihr sanket dahin ...", sang die Polizistin, sang der Innenminister Fischer, sang der Spitzenfunktionär, sang der Seniorchef der Firma, grauhaarig und glänzend vor Wohlwollen. Holzarbeiter waren einmal beide, der Senior- und der Juniorchef, lange ist es her, und mit Hobel und Säge hätten sie Brauchbares schaffen und dem aus Bäumen geschnittenen Holz neue Formen und Dauer verleihen können. Und jetzt ... rastlos bohrende Würmer, und der Stamm, in den sie sich festgesetzt haben, zerfällt zu Staub.

Das politische Treiben setzte auch während der Trauerkundgebung nicht aus. „Unmittelbar nach dem Staatsbegräbnis Treffen aller Ministerpräsidenten. Sie müssen unbedingt kommen!" wurde Paul ins Ohr geflüstert.

Ostpräsidenten, Westpräsidenten – die einen ausgespielt gegen die anderen. Sitzungen des Zentralsekretariats – in Dresden, in Berlin, im Harz. Reisen, Entwürfe für Eingaben an den Kontrollrat, tägliche Verhandlungen mit dem Administrationschef. Autofahrten, aus Schreibmaschinen flatternde Seiten, Worte wie unaufhörliches Geriesel ..., und nichts, und schlimmer als nichts, alle Wege wie die Bahnen des Bohrwurms, jedes Wort so lange gedreht, bis es sich selbst nicht mehr gleicht, jeder Beschluß auf ein Streckbrett gespannt, von dem er nur als Torso, als Ungeheuer, als bösartiger Balg wieder loskommen kann.

Und befindet er sich in seinem Kabinett – es hängt kein Spiegel an der Wand –, so sitzt er wie in einem weiten Spiegelsaal und weiß, daß alle Wände jede seiner Bewegungen, jeden Ausdruck seines Gesichts aufnehmen.

Zwei große Augen sind auf ihn gerichtet.

Eine Frau, die sich nicht abweisen ließ, ihn sprechen wollte, ohne Vorbehalte, sie fühlte sich dazu verpflichtet.

Falle? Provokateurin?

Die Frau spürte seinen Gedanken.

„Drücken Sie bitte auf den Knopf, Herr Präsident, ich weiß dann, was mit mir geschieht.“

Dann sprach sie.

„Sie werden mißbraucht, Herr Präsident. Durch Ihren Namen führt man die Menschen irre. Was Sie wollen, bedeutet nichts; was Sie sagen, bedeutet nichts. Wir werden verraten, wie lange wollen Sie das Spiel noch mitspielen ...“

Die Frau sprach aus, was er selbst wußte, fragte, was er sich selbst fragte. Er kam nach Hause, stieg aus und begegnete dem gläsernen Gesicht, demselben, das erstmalig in einer der leeren Werkhallen der Firma Karl Zeiss und Schott an ihm vorbeigezogen war und das er aus irgendeinem Grunde nicht vergessen hatte. August Gnotke kam mit dem Gartenschlauch und Schwamm und Putzlappen und machte sich sogleich an den Wagen und ließ keine Falte im Polster, noch den Handschuhkasten oder die Seitentaschen unbesichtigt. Dr. Paul hatte es durchgesetzt, seinen Fahrer und auch den zweiten gewohnten Begleiter zu behalten; diesen in Polizeiuniform gesteckten „Wagenwäscher“ hatte er übernehmen müssen. Und er war nicht der Schlechteste, war zurückhaltend, drängte sich nicht auf, betrat kaum das Haus, aber außerhalb des Hauses, in der Garage, auf dem Vorplatz, im Garten war er immer gegenwärtig, und mit dem Hund, einer guterzogenen scharfen Dogge, die eigentlich jeden weiteren Wächter überflüssig machte, hatte er sich, das war seltsam, schon von der ersten Stunde an fast wortlos angefreundet.

Sein Chauffeur kam zu ihm, wollte ihn sprechen. Alle wollen ihn sprechen. Jene Dame im Amt, eine andere im Thüringer Wald, Regierungsräte, sein Chauffeur Dietershofen — und allen ist es dringend, als ginge es ums Leben.

Und es geht auch ums Leben! Dietershofen hielt seine Mütze krampfhaft in der Hand. „Herr Präsident, es fällt mir schwer“, sagte er, „aber ich muß Sie bitten, mich zu entlassen!“

„Was haben Sie, gefällt Ihnen der Gnotke da draußen nicht?“

„Der Gnotke, ich weiß, ich habe nichts gegen ihn, der tut mir sogar leid. Nein, das ist es nicht, aber bitte entlassen Sie mich, ehe es zu spät ist. Ich möchte nicht zum Schurken an Ihnen werden.“

Dietershofen also auch. Es konnte nicht ausbleiben. Einen nach dem andern brachten sie zur Strecke, gestern erst mußte er einem sagen: „Gehen Sie weg, ich weiß nicht, wie lange ich Sie noch schützen kann!" Er wird isoliert, ein Kahlschlag wird um ihn her gemacht. Kein Mensch, kein Brief, kein Wort über die Wirklichkeit soll an ihn mehr herankommen.

Und nun Dietershofen.

„Nein, Herr Aachern", sagte er — Aachern redete er ihn an, zum erstenmal in der Zeit seines Dienstes unter ihm —, „machen Sie sich keine Sorgen, bringen Sie sich auch nicht in Gefahr. Es ist ohnehin nichts, das nicht auch andere angeben könnten. Halten Sie bitte noch weiter aus, ich muß es auch."

Dietershofen ging wieder — besser er als ein anderer an seiner Stelle. Es ging ohnehin dem Ende zu. „Ausnutzen bis zum letzten", hieß die nicht nur auf seine Person angewendete Formel. „Wir finden es gut, daß der Präsident seinen deutschen Standpunkt klar herausstellt." Dieser Satz aus hohem Munde war für seine Ohren bestimmt und war ihm schnellstens zugetragen worden. „Wenn der Präsident so weitermacht, kann er eines Tages einen Steinwurf an den Hinterkopf bekommen." Dieser Ausspruch war vielleicht nicht für ihn bestimmt, war ihm aber ebenfalls zugetragen worden.

Ein Steinwurf an den Kopf — es wäre eine Angelegenheit von geringer Bedeutung mitten im politischen, wirtschaftlichen und moralischen Erdrutsch, der sich vollzieht, dem er beide Hände zu leihen hat und dem er mit Haut und Haar verschrieben ist. Wider Willen . . ., aber dennoch, dahin gerät jede Amtshandlung; jede Verfügung trägt sein Signum, die Unterschrift eines Patrioten, eines Wahrers von Traditionen, eines Hüters des Rechts, trägt es immer noch, auch wenn sie in der Hand der Exekutive in ihr Gegenteil verkehrt ist.

Rechtsstaat . . .

„Kikeriki!" brüllte der Präsident, stieß alle Türen auf, lief durch alle Zimmer. Rechtsstaat mit Berufsverbrechern an der Spitze von Landkreisen, mit Kriminellen als Treuhändern und einem Taschendieb als Gefängnisdirektor, mit einem Präsidenten, umstellt von Generälen, Spitzeln und Verrätern. Der Vizepräsident hat nun gehen müssen. Hundertfacher Mörder politischer Häftlinge, privilegierter Kapo, dem die SS gestattet hatte, seine Wochenendurlaube zu Hause in Erfurt zu verbringen, der im KZ Buchenwald selbst die Opfer aussuchte und mit eigener Hand „abspritzte", wie die Bezeichnung lautet. Hunderte, Hunderte ..., eine Verschwörung des Schweigens, selbst ein Schriftsteller im Westen mit einem Buch über den SS-Staat war über diese Seite des Systems hinweggegangen. Eine noch immer nachwirkende Angst hatte den tausend und zehntausend überlebenden Zeugen den Mund verschlossen und den mit Massenmord Belasteten geschützt – bis es durchsickerte, daß auch kriegsgefangene Russen sich unter den „Abgespritzten" befanden. Nun war der Mörder-Vizepräsident nicht länger tragbar, und ein anderer löste ihn ab. Ein anderer, der so plump und so gedächtnisschwach ist, daß er ständig eine bekannte Instruktion der NKWD, nicht in Gegenwart des Beschatteten Äußerungen von diesem zu notieren, verletzte. Einprägen, unauffällig hinausgehen und draußen schnell notieren, so heißt doch das Rezept; er aber notiert in den Regierungssitzungen immer dann, wenn ein Satz für seine Auftraggeber aufschlußreich zu sein scheint.

Beschränktheit und mangelnde Intelligenz ersetzt durch sowjetische Ergebenheit – das ist der zweite Mann im Lande. Aber es gibt keinen zweiten, keinen ersten, es gibt überhaupt keinen Mann im Lande mehr. Die Amputation wird im großen an der Wirtschaft, wird politisch an den Enterbten (wer nichts mehr hat, hat auch nichts mehr zu verteidigen, hat auch keine Moral mehr zu verteidigen), wird an jedem einzelnen vollzogen. Generale, Spitzel, Verräter ... und ein Volk von Beschädigten, von körperlich und geistig Unterernährten. Der Verhungernde kann weder rauchen noch brennen, kein Prangen mehr, kein Überschwang, weder im Denken noch im Handeln. Kein Liebhaber mehr und auch kein Kämpe mehr, weder für Haus, Hof, Familie noch für Traditionen, Recht und Freiheit, noch für die Würde und Unabhängigkeit des Landes seiner Väter.

„Heloten und der Präsident der Oberhelot!"

Eine Vase, ein Stück aus der Hermsdorfer Porzellanfabrik, das kostbare Geschenk eines sequestrierten und geflüchteten Freundes, flog gegen die Wand, zersprang in viele Stücke.

Seine Frau kam herein:

„Bist du verrückt geworden?"

„Ich war es ... Don Quijote in einer dürren Wüste."

„Die schöne Vase!" Das sagte sie, doch sie bedauerte die Vase nicht. Endlich war die Bombe geplatzt. Es mußte so kommen, sie hatte von Anbeginn an gewußt, daß sein Unternehmen zu keinem guten Ende gelangen konnte.

Don Quijote auf dem abgetriebenen Klepper ...

„Das Recht ein abgetriebener Klepper! Rechtsstaat, das wollte ich doch, das glaubte ich doch – unter sowjetischer Herrschaft zu schaffen!"

„Kikeriki ..."

„Um Gottes willen!"

Um Gottes willen ging die Vase in Scherben, um Gottes willen sank eine abgetriebene Schindmähre in den Staub, und die sich auflösende Fata Morgana enthüllte sich als tödliche Täuschung. Von dem Augenblick des Schleuderns der Hermsdorfer Vase gegen die Wand, bis zum Schleudern eines anderen harten Gegenstandes, vergingen nochmals Tage. Aber dieser zweite Gegenstand, der vom Tisch erhobene und durch das zersplitternde Fenster geschleuderte bronzene Aschenbecher, war ein Hilferuf Irina Petrownas, ein nächtlicher Alarm in der Richtung zum Nachbarhaus, in dem der sowjetische Generalstaatsanwalt wohnte.

Nochmals Amtsgeschäfte, Empfang von Gästen, Unterschriften, Sitzungen mit Regierungsvertretern, Besprechungen mit dem General. Tage grausamer Ernüchterung, zugleich angefüllt mit der Bemühung, die Ernüchterung und das Grauen vor dem nun entschleierten Gesicht zu verbergen.

Aus, vorbei ..., abspringen ging nicht, krank melden, das Amt niederlegen ging auch nicht mehr. Er hatte es einmal und ein zweites Mal und ein drittes Mal während seiner Amtsperiode versucht, und es war nicht gegangen, hatte sich nicht machen lassen. Wer einen Tiger reitet, kann nicht jederzeit absteigen!

Er ging wie immer zum Chef der Militäradministration.

Mit dem General, einem klobigen Mann mit breitknochigem Gesicht, einfach im Gehaben, mit Sinn für Humor und mit viel Bauernschlauheit, hatte er immer ein gutes persönliches Verhältnis unterhalten. Er war sein Mentor gewesen in Fragen westeuropäischer Wirtschaft, auch westeuropäischer Auffassungen; und des Generals Frau hatte er zu einer guten Tänzerin auf dem glatten Parkett gesellschaftlichen

Lebens gemacht. So ganz nebenher, mit einfachsten Dingen, mit den Regeln der Tischordnung und dergleichen, hatte es begonnen, und es war vorgekommen, daß er, neben ihr sitzend, unbemerkt ihren Arm festhalten mußte, wenn sie bei der Vorstellung eines westlichen Würdenträgers sich von ihrem Platz hatte erheben wollen, und sie war immer eine dankbare Schülerin gewesen und hatte sich sehr schnell von einer Frau, die aus ihrem russischen Dorf noch mit Zöpfen gekommen war, zu einer Dame entwickelt. Auch der General wußte, was er und seine Frau – ganz abgesehen von Fragen der Wirtschaft und Politik – auch in solchen, immer wie unbeabsichtigt gegebenen Unterweisungen an ihm hatten.

Der General war nicht allein. Der erste Vorsitzende des FDGB, des „Freien Deutschen Gewerkschaftsbundes", saß bei ihm. Die aus Berlin herangeholte Kapazität sollte einer Frage, die nach Auffassung der Berliner Parteistellen in Thüringen dem übrigen Lande gegenüber nachhinkte, zu beschleunigter Lösung verhelfen. Es handelte sich um rund fünfundvierzigtausend Handwerkerbetriebe, die bei dem ewigen „Alles-Flicken" und „Aus-Altem-Neues-machen-Müssen" nicht entfernt zur Befriedigung dringendster Reparaturen und sonstiger Arbeiten für die Bevölkerung ausreichten. Nach Auffassung des FDGB-Führers aber hatten Ladeninhaber und Kleingewerbetreibende keine Daseinsberechtigung und gehörten in Fabriken oder in Bergwerke.

Die von dem Gewerkschaftsführer umgehängte Eselshaut lautete: Kampf dem Nazismus! „Von den fünfundvierzigtausend Handwerksbetrieben müssen sofort fünfundzwanzigtausend geschlossen werden, sie sind nazistisch verseucht!" sagte er.

„Das waren doch nur Mitläufer, alle stärker Belasteten sind durch Sequestration bereits draußen", wandte der Präsident ein. „Zudem leisten alle körperliche Arbeit, und Sie, als Vorsitzender der Freien Deutschen Gewerkschaft, kennen genau wie wir die Knappheit der Handwerker im Land. Sie können doch nicht Schornsteinfeger, Dachdecker, Klempner, Schuhflicker und Schmiede durch ungelernte Frauen ersetzen?"

„Die fünfundzwanzigtausend Handwerker sind, auch wenn sie nur Mitläufer waren, eine politische Gefahr."

„In Ihrer Gewerkschaft sind rund einhunderttausend ehemalige

Nazi-Mitläufer organisiert, das ist ein Fünftel Ihrer Mitgliedschaft, bedeuten sie, so gesehen, nicht ebenfalls, und in einer solchen Stärke eine noch größere Gefahr? Sie sollten konsequenterweise die Säuberung in Ihrer Gewerkschaft beginnen!"

Der General beteiligte sich nicht am Gespräch, sparte seine Autorität für den nächsten Programmpunkt auf, für eine offenbar aktuellere und ihm auf den Nägeln brennende Frage.

Es ging beim Rededuell mit dem Gewerkschaftsführer um die Auslöschung des Mittelstandes und zugleich um neue Rekruten für die Dienstverpflichtungen für die Urangruben Sachsens, soviel war klar. Wozu aber noch die Bemühung, war es doch wie alles bisher ein Kampf gegen Windmühlenflügel. Zudem – morgen, übermorgen wird er nicht mehr hier auf dem Stuhl sitzen, dann wird es keines zähen Handels mehr bedürfen, um den Willen der Gewerkschaftsführung und der SED-Zentrale in Berlin durchzusetzen.

Die Diskussion wurde resultatlos abgebrochen. Der nächste Besucher, ein Gast aus der Sowjetunion, den man nicht durfte warten lassen, war eingetroffen.

Eine juristische Kapazität aus Moskau.

Es würde heiß hergehen, das wurde schon nach den einleitenden Worten, nach der Fülle von Lobessprüchen für den deutschen Verhandlungspartner, erkennbar.

„Herr Präsident", begann der General, „im vorigen Sommer sind auf Grund eines Befehls, der sich auf einen Beschluß des Kontrollrats stützt, eine Anzahl Betriebe des Landes sowjetischen Aktiengesellschaften übergeben worden."

Befohlen und genommen – so war es, genommen nach dem Bruch eines gegebenen Marschallwortes. „Von den sequestrierten Betrieben in den Ländern der Zone beansprucht die Sowjetunion nicht einen einzigen!" hatte Marschall Sokolowski gesagt und damit das Lob zahlloser Redner im Land geerntet. Dann aber wurden eine Anzahl Betriebe der Sowjet-Militär-Administration als Teil der Reparationen übergeben, andere Betriebe wurden gekauft mit dem bei der Bankenreform gestohlenen und mit unkontrolliert gedrucktem Geld, um nachher als sowjetische Aktiengesellschaften ihr wirtschaftliches Eigenleben zu führen. Die besten Betriebe, deren wahrer Wert auch nicht annähernd zur Anrechnung auf die Reparationsleistung gekommen wäre, waren so dem Lande verlorengegangen.

Prikas! Befehl! Damit war die Angelegenheit in Bausch und Bogen entschieden worden.

„Es ist bisher verabsäumt worden", tastete der Jurist aus Moskau sich vor, „den Eigentumsübergang ins Grundbuch einzutragen, und wir bitten Sie nun, die Grundbuchrichter anzuweisen, das schnellstens nachzuholen."

So, das also ist es, das ist ihnen in Moskau nach Jahr und Tag aufgefallen, und nun liegt ihnen daran, das geraubte Eigentum auch formal übertragen zu bekommen. Warum eigentlich – ein Indiz mehr: Moskau glaubt trotz aller politischen Minierarbeit noch nicht daran, die deutsche Einheit verhindern zu können, und deshalb braucht es für einen künftigen Tag solche grundbuchamtlich eingetragene Sicherung seines Raubes.

„Ich bedaure sehr", erwiderte der Präsident, „dazu außerstande zu sein. Verfassungsmäßig habe ich kein Anweisungsrecht, weder an den Justizminister noch an die Gerichte."

„Es handelt sich hier ja nur um die Sichtbarmachung des Eigentumswechsels."

Unglaublich – für wie dumm hält man ihn!

„Sie sind Jurist, so gut wie ich, und wissen, daß das Eigentum an Grundstücken nur auf Grund von Einigung und Übergabe übertragen werden kann. Beide Voraussetzungen – eine Einigung über den Kaufpreis, eine daher resultierende Übergabe im Sinne des Gesetzes – fehlen im Falle der fraglichen Objekte. Sie sind im Besitz der Werke, das ist richtig, und das ist auch alles. Die zu sowjetischen AGs erklärten Objekte befinden sich rechtlich noch im Eigentum des Landes. Über Eigentum des Landes kann nach der Verfassung nur der Landtag, und nur mit zwei Drittel Majorität verfügen, ich habe keinerlei Verfügungsrecht."

Der Landtag – davon wollte der juristische Experte nichts wissen. Die Öffentlichkeit und großes Aufsehen waren nicht erwünscht.

„Überlassen wir die Menge der Fälle einer späteren Behandlung! Beschränken wir uns, um zu einem praktischen Resultat zu gelangen, auf ein einziges Objekt, auf die Kaligruben Thüringens."

Beschränken? Es war doch, um aus der Haut zu fahren! Diese Gruben, das größte Kalivorkommen Europas, ein unschätzbarer Wert. Da die Gruben nicht wie demontierte Maschinen abtransportiert werden konnten, waren sie, wie hundert andere Objekte, zu sowjetischen AGs geworden. Auch diese Gruben waren einmal ausdrücklich aus der Sequestrationsmasse dem Lande übergeben und zum Eigentum des Landes erklärt worden. Auch für diese Gruben galt das allen Präsidenten der Länder gegebene Marschallswort, und wenn der General damals erklärte, daß es im Interesse des Landes läge, die Menge der Betriebe in sowjetische AGs umzuwandeln, weil dadurch die Arbeiter ihren Arbeitsplatz behielten, andernfalls die Betriebe als Reparation demontiert werden müßten, so hatte die gleiche Argumentation schwerlich auf die Kaligruben in Anwendung kommen können. Der ganze Komplex der Fragen, schon einmal Gegenstand wochenlanger Verhandlungen, wurde nun abermals im Beisein des sowjetischen Rechtsexperten behandelt.

Und der Präsident vergaß, daß er übermorgen oder morgen oder noch am gleichen Abend fliehen und die Materie dann ohnehin seinen Händen entzogen sein würde. Er rannte noch einmal, diesmal gegen den riesigsten Windmühlenflügel, an.

„Herr General, wenn Sie uns die Kaligruben wegnehmen, dann muß ich die Sowjetunion bitten, dem Land, sagen wir, über den Daumen weg, dreißig Milliarden in Goldwert zurückzuzahlen."

Dreißig Milliarden in Gold – auf zehn Milliarden Dollar in Gold war die Reparationsforderung der Sowjetunion von Außenminister Molotow beziffert worden. Der General und der Moskauer Jurist lehnten sich interessiert in ihren Sesseln zurück, ihr Appetit war noch gewachsen.

Dr. Paul fuhr fort:

„Die erschlossenen Kalilager werden auf hundert Milliarden Zentner geschätzt. Unter Zugrundelegung der friedensmäßigen Förderung kann aus ihnen tausend Jahre lang Kali gewonnen werden."

„Wir zahlen nur die Einrichtungen", erklärte der General.

„Herr General, wenn Sie mir einen Vergleich gestatten wollen: Ich besitze eine Goldader, das Gold liegt fünf Meter unter der Erde und ist mit den Händen greifbar. Statt des Wertes des offen daliegenden

Goldes wollen Sie also nur die zu ihm führende Holzleiter zahlen?"

Ein Achselzucken war die Antwort.

Paul redete weiter: „Auf den Kaligruben ruht eine englische Gesamthypothek von neun Millionen Pfund."

„Die Gruben sind uns ohne jede Belastung zu übertragen!"

„Man kann eine Sache nur so übergeben, wie man sie selbst hat, das ist ein jahrtausendealter Rechtssatz." Diese Bemerkung war für den Juristen bestimmt. Zum General sagte er: „Herr General, ich habe einen Apfel in der Hand, der Apfel ist wurmstichig, Sie geben mir den Befehl, daß ich diesen Apfel herauszugeben habe. Dann kann ich diesen Apfel nur so, wie er ist, nämlich mit einem Wurmstich behaftet, übergeben."

„Wir essen um den Wurm herum und werfen das andere weg!"

Man kam nicht weiter. Es war ein Im-Kreise-Herumdrehen. Der Moskauer Rechtsexperte schlug vor, die Verhandlung am folgenden Tag fortzusetzen.

Der folgende Tag brachte die Sache auch nicht weiter. Der Präsident war nicht dazu zu bewegen, die verlangten Verfügungen zu erlassen. Sein Ausweg war der Landtag und war die über diese Institution führende Öffentlichkeit, die die Russen in dieser Angelegenheit scheuten.

„Ein obstinater Bursche – leichter ist ein störrisches Maultier zu bewegen!" erklärte der General nach der Sitzung.

„Man muß weiter verhandeln, man braucht nichts zu überstürzen, doch man muß ihn weichmachen. Die Sache lohnt es."

Der Tag und der nachfolgende Tag mußte im Leben des Präsidenten die Entscheidung bringen. Er hatte seine Tageseinteilung pünktlich eingehalten. Er hatte alles getan, war in der Militäradministration ein so zäher Verhandlungspartner wie immer gewesen, hatte in der nachfolgenden Regierungskonferenz die lange Debatte geleitet und am Schluß der Konferenz zum Chef seiner Kanzlei gesagt: „Herr Oberregierungsrat, morgen habe ich in Oberhof im Golf-Hotel den Empfang der Minister des Landes Hessen. Ich werde nach dem Staatsempfang noch einen weiteren Tag mit den Gästen verbringen, dann von Oberhof weiterfahren nach Leipzig zur Messe. Die nächste Regierungssitzung wäre also ab heute in drei Tagen einzuberufen." Er war nach Hause gegangen, hatte Akten gesichtet und eine Menge davon zum Verbrennen aussortiert. Dann war er, um nichts zu versäumen und den Augen der Öffentlichkeit ausgesetzt zu bleiben, so die Frage nach seinem Aufenthalt und seinem Tun erst gar nicht aufkommen lassend, einer Einladung zu einer Geburtstagsfeier nachgekommen und hatte den Abend dort in einer sich froh und aufgeschlossen gebenden Gesellschaft von etwa vierzig Prominenten aus der Partei und der Regierung verbracht. Er hatte alles getan, um sein Vorhaben zu verhüllen – bis auf einige aus Überanspannung der Nerven unterlaufene kleine Pannen. Vielleicht war er während der zähen Verhandlung in der Militäradministration etwas zu brüsk gewesen. Es wäre auch nicht nötig gewesen, während der Regierungskonferenz die Gesichter im großen Sitzungssaal, die sich wie aufgeplusterte Tauben auf den Regierungssesseln breitmachenden SED-Größen so eingehend zu betrachten, dabei an die Wandlung denkend, die sich während der vergangenen zwei Jahre in der Zusammensetzung dieses Gremiums vollzogen hatte; auch die am Ende der Konferenz dem Kanzleichef gegebene Regierungsanweisung über das Programm der nächsten drei Tage hatte er – damit viele es hören sollten – vielleicht um eine Nuance zu laut gesprochen. Überflüssig und zu vermeiden gewesen wäre auch, daß Irina Petrowna bei ihrem üblichen Abendbesuch und ihrer üblichen Frage, ob noch etwas vorliege, die Menge aussortierter Akten unter seinem Tisch hatte liegen sehen, eine Unordnung, die sie, wie er ihr ansah, auch tatsächlich bemerkt hatte. Die größte und tatsächliche Panne aber sollte ihm erst noch unterlaufen, und Irina Petrowna sollte dabei die Hauptrolle spielen.

Irina Petrowna Semjonowa war von allen Dolmetscherinnen, Sekretärinnen und ihm detachierten „Damen" die unauffälligste, aufmerksamste, gewandteste und zugleich die unheimlichste. Sie beherrscht zu nennen, wäre zu wenig – sie hatte ein Gesicht wie aus Porzellan, da war allerdings die blasse Narbe, die rot wie ein Brandmal werden konnte, und einmal und noch einmal hatte er erlebt, daß aufspringende Wildheit die angenommene Starre durchbrach. Im Gegensatz zu den übrigen Agentinnen, die ihren Charme oder, wie die zweite Dolmetscherin, ihre brutale Schönheit voll einsetzen und Ausschweifungen als erlaubten Tribut für ihr elendes Dasein hinnahmen, lebte sie wie eine Nonne. Was ging hinter ihrer bleichen Stirn vor, war es eine Idee, der sie folgte, hatte er es in ihr mit einer echten Repräsentantin des Systems zu tun? Angst jedenfalls war nicht die Bindung, die sie an ihren Apparat fesselte. Sie schien fern physischer Angst, hatte abgeschlossen, hatte alles, auch das dunkle Tor, bereits hinter sich, erwartete persönlich nichts mehr. Das wäre eine Erklärung für ihr stoisches Wesen, und ist doch keine, denn auch sie hat Angst. Einmal war sie zu ihm gekommen, hatte geschrien wie ein Tier. Sie sollte abgelöst werden. – „Weg!"

„Verstehen Sie: Weg!"

Er war damals zum General gegangen, hatte erklärt, daß er nicht dauernd wechseln und immer von anderen Personen umgeben sein wollte, und so war sie geblieben.

Und nun die wirkliche Panne: Auf dem Geburtstag war es hoch hergegangen. Es wurde getrunken, getanzt, die Privilegierten taten so, als wären sie Menschen und noch aus eigenem zur Freude fähig. Auch Irina Petrowna war da mit ihrem Porzellangesicht und der schwarzen, enganliegenden Frisur darüber, und wie immer zurückhaltend. Es war spät geworden, zwei Uhr nachts, kaum weniger, als er wegging, mit dem Wagen nach Hause fuhr. Seine Frau hatte inzwischen gepackt, und da es spät geworden war, hatte sie das Haus verlassen, um ihn abzuholen. So passierten sie einander – er im Wagen, ohne sie zu bemerken, sie zu Fuß, und als sie den Wagen sah, kehrte sie wieder um.

Er kam zu Hause an.

Fand seine Frau nicht vor und auch keine Nachricht, aus der er hätte ersehen können, wo sie geblieben war. Um Gottes willen, wo ist sie? Sie hat gepackt, die noch geöffneten Koffer stehen im Zimmer, Kleider liegen am Boden, liegen auf Stühlen. Und Ise ist nicht mehr zu Hause, was ist geschehen, wo ist sie?

Er rief den Gastgeber des Abends an:

„Ist meine Frau bei Ihnen?"

„Nein."

„Um Gottes willen ..."

Der Hörer wurde seinem Gesprächspartner aus der Hand genommen, und die tiefe Stimme Irina Petrownas wurde hörbar:

„Ich höre soeben ..."

„Schon gut, Irina Petrowna, wird sich schon alles aufklären, ist schon gut!“

Unsinn . . ., wie konnte er nur dort anrufen, sich so dekuvrieren, so seine Aufregung enthüllen! Und daß auch sie, Irina Petrowna, gegenwärtig und gleich auf dem Sprung sein mußte!

Aber wo ist sie, was ist geschehen?

Und da war sie schon, auf halbem Wege wieder umgekehrt, betrat sie das Zimmer. Er war erleichtert, aber nun mußte er seinem geängstigten Herzen Luft machen. Er schrie seine Frau an – wie konnte sie nur, mitten im Aufbruch, bei seinen aufs äußerste angespannten Nerven, immer und überall, ob in der Administration, in der Kanzlei, bei einer Geburtstagsfeier, immer getarnt und überall Maske, wie konnte sie ihm in solcher Stunde so einen Schrecken einjagen!

So weit kam er . . .

Irina Petrowna hatte sich in einen Wagen gesetzt, hatte sich von dem vor dem Haus stehenden Posten die Tür aufschließen lassen, war geräuschlos die läuferbelegte Treppe hochgekommen, hatte vor der geöffneten Tür gestanden und jedes Wort gehört, und eintretend erblickte sie die gepackten Koffer und die herumliegenden Sachen. Kein Porzellangesicht mehr, die Maske war gefallen, das Mal an ihrer Wange brannte, ein reißendes Tier. Auf dem Tisch stand der bronzene Aschenbecher, schwer wie ein Geschoß und doch nicht zu schwer für sie. Noch ehe er und seine Frau ihr Eintreten überhaupt zur Kenntnis genommen hatten, fuhr das geschleuderte Bronzegeschoß durchs zerklirrende Fenster in der Richtung zur Villa des sowjetischen Generalstaatsanwalts.

Der sowjetische Generalstaatsanwalt, vor dem Haus der Posten, auf dem Hof Gnotke, der Chauffeur Dietershofen und der Beifahrer, und beide schliefen noch nicht, hatten ihn eben noch zurückbegleitet, und im Zimmer auf hellerleuchteter Szene Irina Petrowna . . ., sie schrie, und es war nicht mehr Alarm, war der Schrei einer Kreatur in tödlicher Not. Das begriff Paul plötzlich. Er zog die dichten Vorhänge vors Fenster, es war alles, was er zu tun vermochte.

Irina Petrowna fiel der Frau in die Arme.

„Beruhigen Sie sich, Irina Petrowna!“

Ihr Schreien ebbte ab, wurde Schluchzen. Ein Tigerweib, hundert und mehr Männer hat sie gerissen, in den Wäldern Bjelorußlands, Deutsche und auch Russen, dann gefangen und wieder nichts als Tier, dann eingesetzt und abermals Todbringerin, und jetzt plötzlich die noch nicht ganz erwachsene und verwöhnte Tochter eines Vaters, der einmal hinter dem Pulverdampf eines Hinrichtungspeletons verschwunden war und sie allein in Bedingungen eines grausamen Lebens zurückgelassen hatte. — Und Paul begriff:

Das Dasein einer Agentin ist befristet. Für ihre Zukunft war es fast gleichgültig, ob sie ihn in dieser Stunde ans Messer lieferte oder es unterließ. Nach der Rolle, die sie hier gespielt hatte — Zeugin von aberhundert Staatsgesprächen — konnte für sie nichts mehr kommen. Es war wie damals, als sie abgelöst werden sollte: „Weg — verstehen Sie, weg!"

„Beruhigen Sie sich doch!"

Das Zureden und noch mehr der jetzt zugezogene dicke, grüne Vorhang, draußen die Stille der Nacht, dazu die Tatsache, daß sich nichts rührte, ihr Alarm bisher unbeachtet geblieben war, gaben ihr ihre Überlegung zurück. Sie faßte sich wieder.

„Sie gehen also weg . . .", brachte sie hervor:

„Sie gehen . . ., aber: Sie nehmen mich mit!" Das war ihre plötzliche Eingebung. Solcher Ausweg aus Ausweglosigkeit, im Totenland, und plötzlich ein helles Licht, ein strahlendes Tor: der Gedanke war Anlaß zu neuer Erschütterung, und sie brach abermals in Weinen aus. Draußen auf der Straße stand noch der Wagen mit dem russischen Fahrer. Paul ging hinunter, suchte Dietershofen auf: „Schicken Sie den Wagen weg, sagen Sie . . ., ja, was denn . . ., der Krach, Ehekrach und jetzt Versöhnung. Sagen Sie, was Sie wollen, nur daß er wegfährt, auf Irina Petrowna braucht er nicht zu warten!"

Als er wieder heraufkam, war die Situation kaum verändert. Irina Petrowna saß auf einer Couch, war völlig zusammengebrochen, und eigentlich war er es doch, der Grund hätte, die Nerven zu verlieren! Immerhin nahm sie aus der Hand seiner Frau ein Beruhigungsmittel. Und sie nahm noch einmal, und abermals, und noch einmal, und damit schlief sie ein.

Das Fluchtprogramm mußte weiter ablaufen, minutiös jetzt, wie ein Uhrwerk, weitere Pannen durften nicht unterlaufen. Empfang der

Gäste im Golfhotel Oberhof, vorher aber, das hatte sich nicht vermeiden lassen, hatte er noch in der Staatskanzlei den Bischof aus Sachsen-Anhalt zu empfangen. Dabei durfte er die in schwerem Betäubungsschlaf liegende Irina Petrowna keinen Moment aus den Augen lassen, in Weimar nicht und auch in Oberhof – dorthin hatte er sie mitzunehmen – ebenfalls nicht. Seine Frau konnte ihm dabei keine Hilfe sein, denn sie fuhr im Morgengrauen ab nach Berlin, mußte abfahren, um die nötigen Vorbereitungen für ihren Abflug nach dem Westen zu veranlassen.

In seinem Amtszimmer saß ihm der Bischof gegenüber.

Es ist schwer, im Osten Oberhaupt der Kirche zu sein. Der Präsident hatte vor einiger Zeit in der Frage des Fronleichnamsfestes der katholischen Kirche geholfen und der Bischof aus Fulda hatte ihm dafür bereits persönlich seinen Dank abgestattet. Jetzt kam der evangelische Bischof aus Sachsen-Anhalt, um seine Sorgen vorzutragen. Und die in wohlgesetzten Worten hervorgebrachte Ansprache war erst der Beginn eines Vortrages. Die Bitten um Unterstützung und die dazugehörigen Kommentare nahmen kein Ende. – Keine Pannen mehr ...

Er mußte durchhalten, stand auf, diktierte zu den einzelnen Fragen sofort die entsprechenden Briefe. Bitte hängte sich an Bitte, eine durch die Finger laufende Schnur schwarzer Perlen. Er diktierte und dachte an die in seinem Hause liegende Irina Petrowna. Seine Frau hatte ihr vor der Abfahrt nach Berlin, als sie auftaumelte und in ihrem benommenen Zustand davonlaufen wollte, nochmals eine Dosis Luminal geben können. Daß sie nicht aufwacht, nicht zur Besinnung kommt, ehe er zurückkehrt, daß sie nicht doch noch davonläuft! Er diktierte und dachte an seine Frau, die sich zur gleichen Stunde auf der Autobahn Richtung Berlin befand. Wozu hatte sie so viele Koffer mitzunehmen? Mußte man von den drei Stühlen herunter – das Wort Judanows war über ausplaudernde Dolmetscher bis zu ihm gelangt – mußte man Ulrichswalde, Burgk, Gera hinter sich lassen, kam es wohl auf einen Koffer weniger, auf ein Kleidungsstück weniger auch nicht mehr an.

Lots Weib ...

Nicht umdrehen, laß alles dahinfahren oder du verlierst dein Gesicht, deine Seele, dein Leben. Fast war er imstande, der geistlichen Exzellenz eine Epistel über Moses 19, über die Verderblichkeit des Festhaltens an irdischem Gut, zu halten.

Der Bischof trug eine weitere Bitte vor, Wort folgte auf Wort, langsam schleppten sich die Minuten.

Irina? Ise?

Seine Augen hingen an dem großen goldenen Kreuz an der Brust des kirchlichen Würdenträgers, und kalter Schweiß brach ihm aus. Die Rollen waren vertauscht. Könnte er doch auf die Knie sinken, ihn anflehen: Hilfe, Barmherzigkeit, halten Sie ein, gehen Sie endlich!

Sein Mund blieb stumm. — Der Bischof redete.

Endlich stand er auf, auch das Abschiednehmen war eine Zeremonie, war „chinesisch“ – zwei hochgestellte Mandarine tauschten Komplimente, brauchten dazu langen Atem und viel Zeit. Endlich kam der Moment, es war überstanden. Er hatte durchgehalten. Schnell noch einige vordringliche Sachen, Unterschriften, dann zurück nach Hause.

Irina Petrowna, wieder zu halbem Bewußtsein erwacht, fand er mit bleichem Gesicht, in völliger Verwirrung, sie hatte das Ende vor Augen. Es gelang ihm, sie zu beruhigen und ihr zu versichern, daß nach vierundzwanzig Stunden alles überstanden sein werde. Aber sie hatte eine Sitzung mit dem General versäumt, mußte mit ihm telefonieren.

Der General vernahm die Stimme eines Menschen, dem die Worte im Munde zerbrachen, hörte nur kraftloses Lallen – noch von der Geburtstagsfeier her total betrunken! Sie wäre krank und liege im Hause Dr. Pauls, erklärte sie. Diese standhafte Jungfrau, endlich hat sich einer gefunden! Nächtlicher Ehekrach im Hause Paul, und die Frau ist am Morgen mit einigen Koffern in Richtung Leipzig abgefahren. Das hatte ihm die Lottenstraße bereits berichtet.

Was, nach Oberhof? Sie würde den Präsidenten begleiten, er wünschte es so. Gut, genehmigt – „viel Vergnügen“, konnte der General nicht unterlassen zu wünschen. Junge Liebe, im russischen Dorf verschließt man acht Tage die Fensterläden, in Deutschland nennt man es Flitterwochen. Die Semjonowa und der Paul . . ., kann gut gehen, so wird man ihn hinbringen, so wird auch die Angelegenheit mit den Kaligruben bald unter Dach sein. Ein Skandal mit seiner Frau muß allerdings vermieden werden.

Dr. Paul fuhr nach Oberhof.

Neben ihm im Plafond des Wagens saß die Dolmetscherin Irina Petrowna. Sie war bleich, doch das war sie immer. Keiner konnte wissen, daß sie durch dichte Nebel fuhr und außerstande war, die vorbeiziehenden festen Objekte zu erkennen.

Im Golfhotel waren für den Präsidenten Zimmer reserviert. Im übrigen glich das Hotel für die Dauer des Besuches der westlichen Gäste einer NKWD-Zentrale. Der NKWD-Chef aus Weimar war eingetroffen. Ein Oberstaatsanwalt, ebenfalls aus der Landeshauptstadt, der trotz seiner früheren NSDAP-Mitgliedschaft und seiner ehemaligen Staatsanwalttätigkeit am Sondergericht in Berlin von der NKWD gefördert worden war, verbrachte sein Wochenende umsichtigerweise im gleichen Hotel. Und sonst, die Portiers, Kellner, Zimmermädchen, kaum einer oder eine unter ihnen, der nicht ein „Ohr" für die NKWD wäre.

Staatsempfang.

Abendessen, offizielle Reden, dann der gemütliche Teil – Tanz und Unterhaltung. Und Ise war von ihrer Fahrt nach Berlin noch nicht zurück, und oben lag die Frau, mit der er plötzlich auf Tod und Leben zusammengekoppelt war. Irina Petrowna, die im Dämmerzustand der Schlafmittelvergiftung die Kontrolle über sich selbst verloren hatte und imstande war, mit dem Zimmermädchen zu plaudern, oder die, und möglicherweise in derangierter Kleidung, und mit großen düsteren Eulenaugen hier unten in der Gesellschaft erscheinen konnte – und beide Möglichkeiten würden dann der Anfang vom Ende sein und zu dem ohnehin, wenn bis jetzt auch in anderer Richtung, neugierig gewordenen NKWD-Chef führen, der hier im Hotel für zweimal vierundzwanzig Stunden sein Büro aufgeschlagen hatte.

Dr. Paul führte eine Dame aus Hessen zum Tanz, und wie am Vormittag mit dem Bischof aus Halle brach ihm der kalte Schweiß aus. Er lachte mit einigen Russen und lachte vielleicht etwas zu dröhnend.

In Begleitung der Gäste aus Hessen befanden sich zwei Vertreter der britischen Besatzungsmacht, und einer, ein schottischer Oberst, erregte mit seinem kurzen Röckchen die naive und anhaltende Heiterkeit der russischen Herren. Der Schotte bedeutete noch in anderer Weise eine Attraktion und erfreute sich des besonderen Interesses einer baltischen Baronin, noch einer Baltin und der zweiten Dolmetscherin des Präsidenten. Der Fall war klar, und nachdem der Schotte und sein englischer Kollege die Absicht geäußert hatten, weiter nach Chemnitz fahren zu wollen (warum Chemnitz, sie hätten auch gleich Aue oder das Urangebiet sagen können!) hatte der NKWD-Chef, um die Fahrt in die Nähe der Bergwerke zu verhindern, seine „Damen" angesetzt. Eine lebhafte Konkurrenz, sie wurde hinter den Kulissen mit Ohrfeigen zwischen der Baltin und der Dolmetscherin ausgetragen. Das beobachtete Paul zufällig, als er die Halle passierte, um nach oben zu gehen.

Irina Petrowna fand er so, wie er erwartet hatte — völlig labil, den widerstreitendsten Stimmungen ausgesetzt und imstande, aufzustehen und alles rückgängig zu machen. Ein Don Quijote jenseits der gefallenen Illusion und eine NKWD-Agentin am Ende ihrer Laufbahn, zwei Kaninchen im Schlangenkäfig — der NKWD-Oberst unten hatte alle Veranlassung, ihm auf seinem Weg nach oben spöttisch nachzublicken.

„Nein, Irina Petrowna, das geht doch nicht!"

„Aber es muß gehen, unter allen Umständen!" behauptete sie.

Es war die Stunde, in der sie sich bei ihrem Chef, wo immer sie sich auch befand, zu melden hatte. Und er mußte es einsehen, ein Ausbleiben des Gesprächs hätte Verdacht und sofortige Nachforschungen nach sich ziehen können. So telefonierte sie, ließ über die NKWD-Stelle im Hause eine Verbindung nach Karlshorst herstellen und verlangte dort ihren Chef unter dem Decknamen „Kostja". Und das tat sie, noch immer umnebelt und mit einer durch Schlafmittelvergiftung geminderten Reaktionsfähigkeit. Paul stand daneben, obwohl er nicht Russisch verstand; er wollte ihr Porzellangesicht während des Gesprächs beobachten, und ihm war zumute, als ob er über eine hauchdünne Eisdecke wandere, und er sah das Eis unter seinen Füßen schon reißen und hörte es krachen. Eines erfuhr er, und das bedeutete eine augenblickliche Erleichterung. Der Mann unten im Festsaal, der NKWD-Oberst, hatte keine Macht über sie. Nicht der örtlichen NKWD, sondern einer höheren Stelle, in Berlin-Karlshorst oder sogar Moskau direkt, war sie unterstellt. Sie war nicht nur die Chefdolmetscherin und irgendeine Agentin, sondern die ihm beigeordnete Chefspionin.

Am andern Ende des Drahtes hörte Oberstleutnant Judanow.

Kann ein Draht Unordnung, Unheil, ein Verhängnis, kann er die Bedrängnis einer Seele, die qualvolle Verschlingung von zwei Menschenschicksalen, die mit Todesspannung geladene Atmosphäre eines Hotelzimmers übermitteln – er kann es, konnte es in diesem Falle. Irina Petrowna hatte nichts Besonderes zu berichten. Es handelte sich um einen ihrer üblichen Rapporte. Daß sie sich aus Oberhof meldete, den Präsidenten dorthin begleitet hatte, war nichts Außerordentliches. Es war ihre Aufgabe, den Präsidenten möglichst keine Minute aus den Augen zu lassen. Aber Außergewöhnliches war im Gange – was war los mit der Semjonowa, die Diktion ihrer Rede war eine andere? Sie stockte manchmal, wollte etwas sagen oder andeuten, sagte dann doch nichts, deutete nichts an. Er machte eine Pause, sie benutzte die Pause nicht, schwieg gänzlich. Was war los, blickte ihr jemand über die Schulter, stand hinter ihr ein anderes Gesicht? Unvorstellbar, denn das wäre eine Regellosigkeit, ein Vergehen allerersten Ranges gewesen. Er konnte keine Telefongespräche mit Pausen führen, zumal nicht an einem Tage, an dem in den Telefon- und Funkzentralen Karlshorsts Hochbetrieb herrschte, und brach das Gespräch ab. Er starrte die Wand an. Er hatte nichts in der Hand, nichts Greifbares, doch auch der Schweißhund hat nichts als den Ruch in der Nase und weiß doch, daß das Wild da ist. — Er war alarmiert.

Nach Weimar fahren – doch das war nicht vor dem folgenden Tag und vielleicht auch am folgenden Tag noch nicht möglich. Judanow war vor einigen Tagen nach Berlin gekommen. Nicht nur er hatte eine überraschende Order bekommen, auch der Oberstkommandierende aus Thüringen, Tschuikow, auch Iwan Serow, auch der Demontagechef Saburow waren in Karlshorst eingetroffen, hatten sich mit Vertretern ihrer Stäbe im Vorzimmer Marschall Sokolowskis versammelt, waren dann nach dem Flugplatz Dalgow-Döberitz gefahren.

Eine ganz große Sache.

Eine Ehrenwache der Fliegerdivision Wassili Stalins, des Sohnes Stalins, stand in Paradeuniform auf dem Flugplatz, auch die Vertreter der deutschen Partei, Pieck, Grotewohl, Ulbricht, waren zur Begrüßung kommandiert und mit feierlichen Gesichtern angetreten.

Eine landende Maschine aus Moskau.

Der Laufsteg wurde herangeschoben. Ein Mann wie eine Kugel, in einer einfachen Bluse, auf dem Kopf eine Mütze, stieg aus der Maschine, blickte von oben her über die angetretenen Zivilisten und Militärs weg, lief dann an den aufgestellten Fliegersoldaten vorbei, als ob sie eingerammte Zaunlatten wären. Marschall Sokolowski gab er die Hand, gab er stumm die Hand, mit andern sprach er zusätzlich ein Wort. Und Tschuikow und ebenso seinen Vertrauten Iwan Serow zeichnete er durch eine kameradschaftliche und geradezu herzliche Begrüßung aus. Auch für die Deutschen fand er einen Blick und für jeden einen Händedruck.

Grigorij Malenkow, der Gesandte Stalins – und wenn es wahr ist, daß Stalin nur noch zeitweilig arbeitsfähig ist, dann war er schon nicht mehr nur der Höllenhund aus dem Kreml, dann war er schon das höllische Feuer selbst.

Karlshorst befand sich im Alarmzustand. Der Betrieb im Hauptquartier hatte hektische und aufgeregte Formen angenommen. In den Telefon- und Funkzentralen summte es wie in aufgestörten Bienenstöcken. Die erregende Atmosphäre in den Stäben der Zentrale erinnerte in manchem an die Zeit des Kriegsendes.

Die Wache vor der Villa des Marschalls Sokolowski, bei dem Grigorij Malenkow als Gast residierte, war verdoppelt und die Kontrollen verschärft worden. Eine Geheimkonferenz jagte die andere. Es handelte sich um Änderungen in der Deutschlandpolitik. Berlin, eine Enklave mitten im Sowjetbereich, war dem Sowjetgewaltigen ein Dorn im Auge – eines so offenen Tores und Schaufensters nach dem Westen bedurfte es nicht, das war zu ändern. Außerdem flossen die Demontagegüter nicht mehr in solchen Mengen, wie sie in der Sowjetunion gebraucht wurden, auch hier war eine Änderung vonnöten, und der Erfassungsapparat war auf volle Touren zu bringen.

Etwa zwanzig Personen, Militärs und Zivilisten, saßen um den runden Tisch herum – Malenkow, Iwan Serow, General Tschuikow, Marschall Sokolowski.

Der Demontagespezialist Saburow hielt den Vortrag.

Er sprach fast eine Stunde.

Malenkow rauchte eine Papyrose nach der anderen, lehnte dann den Kopf an das Polster seines Sessels und hörte mit fast geschlossenen

Augen zu. Es schien, daß er über alles bereits unterrichtet war und die Ausführungen ihn langweilten.

Als er Saburow unterbrach, war seine Stimme verhaltenes Knurren.

„Ja, ja, das stimmt alles. Ich glaube Ihnen auch, daß Sie Ihr möglichstes getan haben, Genosse Saburow; aber Sie haben sich nicht genug um den Zement gekümmert. Ich meine die Zementwerke, denn wir brauchen nicht nur den Zement, sondern viel notwendiger noch die Maschinen. Für vierundzwanzig neue Zementwerke in der Sowjetunion brauchen wir Einrichtungen. Woher sollen wir sie wohl nehmen? Hier in Deutschland gibt es doch eine Menge davon!"

Jetzt sprach Malenkow. Es schien fast, als sei der Zement gewissermaßen sein Steckenpferd. Der Fünfjahresplan, die Wiederherstellung der befreiten Gebiete, der Aufbau innerhalb der Sowjetunion, auch die Erschließung unentwickelter Gebiete im Fernen Osten: das waren genügende Erklärungen. Die sowjetische Wirtschaft war den großen Anforderungen nicht gewachsen, und die Versorgung mit Zement bedeutete ein Kardinalproblem.

„Wir brauchen zur Erfüllung des Fünfjahresplanes unter allen Umständen zwanzig Millionen Tonnen Zement. Die Demontage von Zementwerken in der Ostzone ist zu forcieren, andererseits sind leistungsfähige Fabriken unbedingt wiederaufzubauen und hundertprozentig für Reparationsleistungen heranzuziehen", sagte Malenkow.

Saburow erhielt wieder das Wort.

Malenkow blätterte dann und wann, Bestätigungen suchend, mit seinen dicken Händen in einem Notizblock, den er vor sich auf dem Tisch liegen hatte. Er beschränkte sich auf Zwischenbemerkungen, die manchmal zustimmend waren, manchmal sehr ungehalten ausfielen und zum Teil sogar unverhohlene Drohungen enthielten.

„Ich muß schon sagen, Genosse Saburow, die Arbeit der sowjetischen Wismuth-AG im Uranbergbau ist unzulänglich, es geht dort sehr schleppend voran ..."

„Und wie sind die Quoten der Holzablieferung, Saburow?"

Saburow nannte die Zahlen, fügte hinzu, daß Sechzigtausend Kubikmeter Eichenholz auf sowjetische Rechnung nach Skandinavien verkauft wurden.

„Ich sehe schon, man hat das mögliche getan, aber wir müssen versuchen, mehr aus Deutschland herauszuholen — was nur herauszuholen ist, Genosse Saburow! Und was ist eigentlich mit dem Abbau der sieben Brotfabriken, der vier Margarinefabriken, der Papier-, Holzbearbeitungs-, Schuhfabriken und der Glashütten in Thüringen?"

„Die Fabrikanlagen sind demontiert und bereit für den Abtransport, aber es fehlt an den notwendigen Eisenbahnwaggons, Genosse Malenkow."

„Zum Teufel, Saburow, stellen Sie sich doch nicht so hilflos an. Werden nicht in Leipzig und Erfurt Waggons gebaut?"

Saburow sprach nur noch mit halber Stimme. Die von ihm genannten Zahlen betrafen die Entnahme aus der laufenden Produktion. „Man muß aber hinzufügen, Genosse Malenkow, daß eine Vorbedingung für die Entnahme aus der laufenden Produktion der Aufbau in der Sowjetzone ist. Und der Verlauf des Aufbaus ist etwas langsam, Genosse Malenkow. Der Mangel an Zement macht sich auch hier hemmend bemerkbar."

„Ach was, hören Sie mir doch auf mit Ihrem Zement. Was geht uns der Aufbau der Deutschen an! Haben wir nicht auch aus dem von uns befreiten Polen ein Dutzend Zementfabriken demontiert? Wir haben es — und die Polen sind damit fertig geworden; warum sollen die Deutschen nicht auch ohne Zementfabriken fertig werden, überall wird doch ihr Fleiß und ihre Erfindungsgabe gelobt!"

„Und nun sagen Sie einmal, wie steht es denn mit dem von uns bestellten Aggregat vom Sachsenwerk in Dresden, sollten wir nicht ein Aggregat von drei Millionen Volt Spannung erhalten?"

„Es wird eifrigst daran gearbeitet, Genosse Malenkow; in kürzester Zeit wird das Aggregat zum Abtransport bereitstehen."

„Stellt nicht das gleiche Werk auch die Mikromotoren für die V-Waffen her, die Sie uns schon so lange versprochen haben und immer noch nicht in den erforderlichen Mengen eingetroffen sind, Saburow?"

„Unvorhergesehene Schwierigkeiten, die bei der Produktion dieser feinmechanischen Apparaturen sehr leicht entstehen, Genosse Malenkow!"

„Was soll denn das heißen, was sind Sie denn eigentlich, sind Sie ein Spezialist oder nicht? Was kommen Sie mir da mit Schwierigkeiten, ist es nicht Ihre Arbeit, mit Schwierigkeiten fertig zu werden?"

Malenkow war im Begriff, die Sitzung abzubrechen. Es war ihm wohl nur darauf angekommen, dem Demontagespezialisten Saburow einen gehörigen Schrecken einzujagen, das schien ihm auch völlig gelungen zu sein.

„Haben Sie noch etwas, Genosse Saburow?"

„Ja, Genosse Malenkow, es handelt sich um die Maschinen der Meißner Porzellanfabriken." Er hatte so viel einstecken müssen, daß er seinerseits noch eine Klage bei Malenkow anbringen wollte. „Der deutsche Minister Dickermann", sagte er, „hat auf unsere Initiative hin die berühmte Meißner Porzellan-Manufaktur demontieren lassen. Die Maschinen kamen nach Leningrad zu den Limonossow-Werken, wo sie ungenutzt verrosten, weil es an der Pflege und auch an Facharbeitern mangelt."

„Manche Bäume vertragen eben das Versetzen nicht, das wissen wir ganz genau. Statt des weißen Porzellans, das man hier in Meißen mit den Maschinen gemacht hat, gibt es in Leningrad nun schwarze Untertassen."

Schwarze Untertassen ..., es sollte ein Witz sein. Alle erwiderten das schiefe Lächeln Malenkows, und so hatte er doch noch einen versöhnenden Abschluß gefunden.

Er ging sogar noch weiter. Die Sache war unbedeutend genug.

„Nun gut, offenbar gibt es bei uns nicht genug Spezialisten", sagte er, „tragen Sie also Sorge dafür, Saburow, daß die Maschinen der Meißner Porzellan-Manufaktur wieder an Ort und Stelle zurückgebracht und dort wieder aufgebaut werden."

Die Sitzung hatte am Vorabend stattgefunden.

Für den gleichen Abend war eine Zusammenkunft mit Iwan Serow vereinbart, und Judanow hatte — er wußte noch nicht, ob nur im Vorzimmer oder an der Sitzung selbst — daran teilzunehmen.

Was war mit Irina Petrowna los?

Eine Angelegenheit, die keinen Aufschub verträgt, das war seine Empfindung. Hinfahren und sie noch in der gleichen Nacht im Golfhotel in Oberhof überraschen! Es war nicht möglich, also Iwan Sergewitsch in Weimar anrufen; doch nein, kein anderer soll seine Hand ins Spiel bringen!

Es war Zeit ... Er mußte für die nächtliche Sitzung seine Paradeuniform anziehen. Eine halbe Stunde später fuhr er vor der Villa Marschall Sokolowskis vor, passierte die Kontrollen, verbrachte eine weitere Zeit im Vorzimmer.

Irina Petrowna?

Wenn schon nicht den NKWD-Chef Iwan Sergewitsch, so hätte er doch den General anrufen können oder Budin, warum war ihm denn Budin nicht eingefallen?

Jetzt war auch das nicht möglich.

Die Sitzung war bereits im Gange.

Malenkow und Serow saßen allein beieinander, später wurden General Tschuikow und der Marschall hinzugezogen. Die Sitzung war geheim, doch nicht so geheim, daß die für bestimmte Fragen zur Verfügung stehenden Adjutanten im Vorzimmer nicht doch im groben die Themen erfuhren, die hinter verschlossenen Türen verhandelt wurden. Es ging um bestimmte durchzuführende Maßnahmen und um das künftige Schicksal der Sowjetzone. Der Fortschritt des Enteignungsprogramms, der Stand der Sozialisierung, die Entnazifizierung standen zur Debatte.

Als einige der Mitarbeiter Serows und auch Judanow in das Konferenzzimmer beordert wurden, war die Luft blau von Zigarettenqualm. Marschall Sokolowski saß an seinem Platz mit eisigem Gesicht. Die behandelten Fragen betrafen doch das Gebiet, über das er nach dem Marschall Schukow Generalgouverneur war. Doch den beiden Günstlingen gegenüber – Tschuikow von Stalingrad her und Serow schon lange, schon durch Jahrzehnte – hatte er einen schweren Stand, und er hatte kaum anders als irgendein Sachverständiger, an ihn gerichtete Fragen zu beantworten. Malenkow saß wieder wie bei der ersten Sitzung in lässiger Haltung auf seinem Lehnstuhl. „Ach, erzählen Sie mir nicht soviel vom deutschen Charakter, den habe ich kennengelernt“, sagte er und tauschte einen Blick mit General Tschuikow. „Ich kenne sie, die deutschen Kommunisten und auch die andern, Serow, ich halte von den einen so wenig wie von den anderen.“

Iwan Serow aber hatte die Resultate seiner Umerziehungsarbeit herauszustreichen und sah sich genötigt, positive Seiten des deutschen Wesens aufzuzeigen. „Es gibt allenthalben durchaus brauchbare Nazis“, sagte er. „Eine Umerziehung kann zu brauchbaren Erfolgen führen, allerdings sind die Schwierigkeiten dabei nicht gering zu veranschlagen."

Ein interessierter und zugleich etwas spöttischer Blick Malenkows ließ ihn hinzufügen: „Ja, man muß zugeben, ein großer Teil der Zivilbevölkerung steht den Maßnahmen der sowjetischen Behörden negativ, nicht selten sogar feindlich gegenüber!"

„Aber, mein lieber Serow, nie zuvor habe ich Sie so ratlos gesehen. Besitzen Sie nicht das Vertrauen des Sowjetvolkes und des Zentralkomitees? Haben Sie nicht nahezu unbeschränkte Vollmachten? Die Pläne, die Sie mir unterbreitet haben, finden durchaus meine Billigung. Allerdings glaube ich Ihnen, daß Sie großen Kummer haben. Wir befinden uns hier in Deutschland und müssen vorsichtig und sehr sorgfältig arbeiten."

Serow nickte zustimmend. Malenkow zündete sich eine Zigarette an und setzte dann fort, und sein Ton war mahnend, als er sagte: „Wir sitzen hier im Herzen Europas. Die Zuckungen dieses Herzens werden weithin gespürt. Wir müssen daher unsere Taktik weicher und elastischer gestalten, was nicht heißen soll, daß wir nicht auch hier mit aller Härte und Entschiedenheit durchzugreifen haben. Was Ihre Pläne betrifft, antisowjetische Scheinorganisationen zu gründen, so finde ich sie großartig. Ich rate Ihnen nur, Genosse Serow, nichts zu überstürzen. Besser ist es, mit der Aushebung solcher Vereinigungen zu zögern, solange es geht, um nur ja jeden unserer potentiellen Gegner in die Hand zu bekommen."

Eine andere große Sorge Serows war die Kirche.

Die Kirche in Deutschland sei eine Macht, mit der man zu rechnen habe, erklärte er, und er betonte, daß sie nicht selten den Maßnahmen der sowjetischen Dienststellen feindlich gegenüberstehe. „Vor allem sind es die bürgerlichen Klassen, die sich der Umerziehung am störrischsten wiedersetzen. Man muß leider zugeben, daß beinahe der größte Teil der Bevölkerung eine negative Einstellung zur Sowjetunion einnimmt."

Malenkow wurde ungehalten.

„Sagen Sie mir, Serow, wie viele Deutsche haben Sie bisher umgeschult? Es ist doch wohl Ihre Aufgabe, mit Aversionen gegen uns aufzuräumen, und alle unbelehrbaren Elemente werden wohl auch in der sowjetischen Zone Deutschlands ein Schicksal zu gewärtigen haben, das dem gleicht, das die unbelehrbaren Leute in der Sowjetunion erlebt haben!"

Aber was waren die Ursachen, was waren die treibenden Kräfte hinter der Unzufriedenheit der deutschen Bevölkerung — von Serow, von Tschuikow, von Sokolowski wollte er darüber Aufklärung haben.

Die Anwesenheit der Sowjetarmee in Deutschland wurde als ein Element dauernder Beunruhigung bezeichnet. Die SED-Führung und ihre prominenten Mitglieder hätten Fehler gemacht und es nicht verstanden, Popularität zu erringen. Die Hauptursache der Unzufriedenheit — darüber herrschte Einstimmigkeit — war in der wirtschaftlichen Situation der deutschen Zivilbevölkerung zu suchen.

Sokolowski erinnerte an Schukows berühmt gewordenen Ausspruch.

„Genosse Schukow hat gesagt, die sowjetischen Besatzungsstreitkräfte müßten ausschließlich aus dem Lande ernährt werden. Lediglich Lorbeerblätter, Tee und Machorka — so sagte Schukow — könnten notfalls aus der Sowjetunion eingeführt werden. Nach der Ansicht meiner Wirtschaftsexperten hat sich diese Auffassung auf dem Ernährungssektor in der sowjetisch besetzten Zone katastrophal ausgewirkt."

Malenkow fuhr böse auf. Die Bemerkungen Sokolowskis erschienen ihm ungehörig, geradezu ungezogen. Er hielt aber an sich, sparte seine Erwiderung für später auf.

Marschall Sokolowski stützte sich auf Tatsachen.

Aus dem Gebiet der sowjetischen Besatzungszone sind insgesamt sechshunderttausend Sowjetsoldaten zu ernähren — die der 3. Stoßarmee, der 2. und 3. Panzerarmee, der 16. Luftflotte, des 4. Artilleriekorps, dazu kommt noch die 4. Baltische Flotte mit einhundertzwanzigtausend Mann, die außerhalb der Sowjetzone mit dem Hauptquartier in Königsberg ihren Standort hatte. Diese Einheiten verbrauchen täglich vierhundertzwanzigtausend Kilogramm Brot, sechstausend Kilogramm Weizenmehl, fünfzehntausend Kilogramm Fett, fünfzehntausend Kilogramm Zucker, einhundertachtzigtausend Kilogramm Fleisch und Fisch, fünfhundertfünfzigtausend Kilogramm Kartoffeln.

„Die sechshunderttausend Angehörigen der Roten Armee verbrauchen so viel Fleisch wie drei Millionen sechshunderttausend Normalverbraucher der Ostzonenbevölkerung", sagte Marschall Sokolowski.

„Ihr Mitgefühl mit den Deutschen in allen Ehren, Genosse Marschall, „aber bei uns geht es nach Tatsachen und nicht nach sentimentalen Betrachtungen. Immerhin sind mir eine Reihe Einzelheiten zu Gehör gekommen, die mich bedenklich stimmen."

Grigorij Malenkow wandte sich an alle:

„Genossen, es gibt ein altes russisches Sprichwort, es lautet: Der Fisch stinkt vom Kopfe her!"

Das war eine unverhüllte Drohung. Sie richtete sich gegen die Verantwortlichen, gegen die anwesenden und auch nicht anwesenden Militärbefehlshaber: „Mir scheint, daß es vielen an der notwendigen Schärfe und manchen an den notwendigen Talenten mangelt. Mir scheint, Genossen, daß manche von Ihnen Ihre Pflicht verletzt haben. Nach mir zugegangenen Berichten bechäftigen sich die Stabsoffiziere wie auch die einfachen Soldaten hauptsächlich damit, Pakete zu schnüren und ihren Familien zu Hause phantastische Schilderungen des Lebens im Westen zu schicken."

Er wandte sich wieder dem Marschall zu:

„Wie steht das, Genosse Marschall, mit den Hilfswirtschaftsfarmen der Sonderstäbe, von denen ich bemerkenswerte Einzelheiten erfahren habe?"

Sokolowski gab zu, daß sich verschiedene Stäbe zur Aufbesserung ihres Speisezettels Güter hielten.

„Zur Aufbesserung?" fragte Malenkow.

Zur Völlerei — das sagte er nicht, aber seine Augen funkelten, und seine tatzenhafte Hand legte sich schwer auf die vor ihm liegenden Papiere. Bemerkenswerte Dokumente, aus denen hervorging, daß viele Stäbe sich in einem Ausmaße mit „Hilfswirtschaften" abgaben, die in keinem Verhältnis mehr zur Zahl ihrer Zusammensetzung stand. Jede NKWD-Operationsabteilung hatte eine eigene Landwirtschaft mit Zusatzbetrieben, durch die sie sich außer ihrer normalen Verpflegung noch mit weiteren Lebensmitteln versorgte. Unter anderem hatte das 283. Garderegiment in Wismar allein drei Güter für sich requiriert, auf denen Schweine- und Rinderzucht in großem Stil betrieben wurde. Ein aus dreißig Offizieren bestehender Stab in Schönberg bei Chemnitz hielt ein großes Gut, auf dem für den Bedarf dieser kleinen Einheit vierzig Kühe und fünfundzwanzig Schweine gehalten wurden. Die

Kommandantur in Oschatz in Sachsen unterhielt zur Bereicherung ihres Speisezettels ein Gut mit mehreren hundert Kühen und Schweinen. Die Gaststätte „Moskwa“ und die Gaststätte „Newa“, beide am Stettiner Bahnhof in Berlin, besaßen wie fast jedes russische Restaurant landwirtschaftliche Hilfswirtschaften.

„Genossen ...“

Die auf den belastenden Papieren ruhende Hand schloß sich zur Faust: „Es kann nicht die Aufgabe von Generälen und höheren Beamten sein, sich im Ausland auszustaffieren und ein gutes Leben zu führen. Es ist traurig, wenn hohe sowjetische Beamte nichts anderes zu tun wissen, als sich mit einem Stab von weiblichen und männlichen Kokotten zu umgeben. Der Krieg mit Deutschland ist abgeschlossen, nicht aber die Sache des Sozialismus. Diesen Kampf wird niemals eine Generalität bestehen, deren augenblickliches Vergnügen anscheinend in sinnlosen Prassereien besteht. Wohin kann eine solche Demoralisation führen? Muß ich auf das Beispiel der französischen Niederlage und auf die Überrumpelung der Maginot-Linie durch ein paar deutsche Divisionen hinweisen!?“

Er brach kurz ab:

„Ich muß Sie ersuchen, mich jetzt zu verlassen.

Genosse Serow ...“

Iwan Serow blieb allein mit dem Gewaltigen. Generaloberst Tschuikow, der Marschall zogen sich zurück. Die Adjutanten, auch Judanow, warteten wieder im Vorzimmer. Diesmal drang keine Andeutung über die Verhandlungen durch die polsterbeschlagenen Türen. Es war auch nicht nötig. – Genosse Serow ..., es war der Ruf des Galgens nach dem Strick.

Eine neue Säuberungswelle!

Wen wird sie treffen ..., den Marschall, die Oberbefehlshaber? Gewiß die Stäbe, viele Mitglieder der Stäbe der Sowjetarmee, die graue Masse der Rotarmisten, ebenso die Bewohner der grauen Zone, die Zivilbevölkerung des von der Roten Armee besetzten Landes.

Oberstleutnant Judanow erhielt am folgenden Tag neue Aufträge. An der Sitzung, die Malenkow mit deutschen Regierungsvertretern, mit Pieck, Ulbricht und Grotewohl abhielt, brauchte er nicht teilzunehmen.

„Was notwendig ist, das soll man tun!" war das Wort, das Iwan Serow Judanow mit auf den Weg gab. Notwendig waren Verhaftungen von Stadtkommandanten wie zum Beispiel dem in der Stadt Gera, dessen Frau noch eben eine Serie von vierzig Kleidern – Abendkleider in Rot und Grün und Weiß –, Skianzüge in Blau und Weiß, Spitzennegligés in Weiß und Nachthemden in Rosa usw. bestellt und gleich darauf abermals eine weitere Garnitur von vierzig Abendkleidern und Nachmittagskleidern in Auftrag gegeben hatte; notwendig war die Säuberung des thüringischen Regierungsapparates von amerikabeeinflußten Elementen, notwendig waren Verhaftungen, Auslöschungen, für die graue Masse Verschickungen nach Osten. Zunächst war das Unwetter vorzubereiten, schlagartig würde es dann über die Häupter der Opfer niederfahren.

Judanow warf sich sofort nach der Entgegennahme seiner Order und allgemeinen Anweisungen ins Auto.

Irina Petrowna?

Das war das erste, das er aufzuklären, zu bereinigen hatte. Sein Verdacht hatte sich verdichtet. Der in Bewegung gesetzte Budin hatte Irina Petrowna weder in Oberhof noch in Burgk, weder in Gera noch in Weimar in ihrer Wohnung angetroffen, selbst eine telefonische Verbindung hatte er nicht aufnehmen können. Es bestand ein Zusammenhang mit Paul, und der Präsident Paul war auf der Leipziger Messe angemeldet, also wandte Judanow sich zuerst nach Leipzig.

Während der Gesandte Stalins, Grigorij Malenkow, den deutschen Vertretern über die Freundschaft der Völker der Sowjetunion dem deutschen Volk gegenüber sprach, der einzusetzenden ostzonalen Regierung die Hilfe Moskaus zusicherte, den künftigen Regierungsmitgliedern Direktiven gab, auch darauf hinwies, daß das Gerede über die Oder-Neiße-Linie aufzuhören habe, daß die Oder-Neiße-Linie die endgültige Ostgrenze Deutschlands sein müsse und keineswegs als Diskussionsgrundlage gelten dürfe, fuhr der Wagen mit Judanow durch die Straßen Berlins, um draußen auf der Autobahn die Richtung nach Leipzig einzuschlagen.

Zur gleichen Stunde erblickte der von der anderen Seite, aus der Richtung Leipzig kommende Dr. Paul den Berliner Funkturm – eine letzte Angst, einen letzten russischen Schlagbaum hatte er noch hinter sich zu lassen.

In der vergangenen Nacht war es — die Dunkelheit über den Höhen des Thüringer Waldes hatte schon ihre samtene Undurchdringlichkeit verloren, die Sterne wurden schon blaß, im Saal des Golfhotels bewegten sich die letzten Paare — hochgeborene Agentinnen und Gäste aus Hessen und England — in geisterhaftem Tanz; an den Tischen saßen noch NKWD-Offiziere in unermüdlichem Gespräch mit den Besuchern von jenseits der Zonengrenze, als er seinen Fahrer Aachern aufgesucht und ihm gesagt hatte: „Stehen Sie bitte in zwei Stunden mit beiden Wagen vorm Hotel. Ich möchte schon einen Tag eher in Leipzig eintreffen, aber sagen Sie bitte niemandem etwas über den vorzeitigen Aufbruch.

Abfahrt mit beiden Wagen.

Auf der freien Strecke stieg er um, aus dem großen Dienstwagen mit den Wimpeln in den Landesfarben in seinen kleinen Mercedes. Den Dienstwagen bestiegen seine Frau und Irina Petrowna. Die Frau des Präsidenten war spät in der Nacht aus Berlin zurückgekehrt, machte jetzt erst noch einen Bogen über Weimar, ließ den Wagen dort, allen sichtbar, zwei Stunden vor dem Hause halten, ehe sie ihre Reise fortsetzte. Er selbst fuhr in dem kleinen, etwas veralteten Mercedes Richtung Leipzig. Militärkontrollen passierten den Wagen. Am Hermsdorfer Kreuz errichtete eine NKWD-Truppe eine Sende- und Empfangsstelle. Zu welchem Zweck? Die Autobahn war leer, wie ausgestorben. Manchmal stoppten die Sowjets alle Zufahrtswege und jede Weiterfahrt auf der Autobahn ab. Haben sie das auch heute getan und warum? Am Abzweig nach Leipzig wollte der Fahrer einbiegen. „Nein, fahren Sie weiter, Richtung Berlin. Ich habe dort zu tun, morgen oder übermorgen ist es noch früh genug für die Messe in Leipzig."

Die dreihundert Kilometer liefen zu langsam ab.

„Geben Sie mehr Gas!" Aachern blickte ihn von der Seite an, er fuhr schon lange für den Wagen eine zu hohe Geschwindigkeit. Dann kam ihnen ein Wagen, nachher noch ein Wagen entgegen. Paul atmete auf — die Autobahn war also nicht gesperrt.

Endlich erhob sich voraus der Funkturm.

Vor ihm lag die geschleifte und geschändete Stadt, eingehüllt in die Staubschleier von abertausend Ruinen, ein Kranz von Außenstädten um einen erloschenen Krater – die Amerikaner in Zehlendorf, die Engländer in Charlottenburg, die Franzosen in Frohnau, die Russen in Karlshorst. Ein Babel der Verwirrung, ein Tummelplatz für die Kolonnen der Geheimdienste aller Welt, aber eine Stadt, die sich bis zu ihrem letzten Mann und bis zur letzten Trümmerfrau bemühte, die Zeichen der Zeit zu lesen, und die täglich dringender – in großen Schlagzeilen, in Diskussionen, in Rundfunkkommentaren – ihre Stimme für die bedrohten Werte der westlichen Zivilisation erhebt, ein rettendes Asyl dem Flüchtling, der bis unter ihre Tore gelangt, eine aufragende Klippe mitten im Meer der Unfreiheit, das sich von Wladiwostok bis zur Elbe ausbreitet.

Der Schlagbaum ...

Er öffnete sich, ging hinter seinem Rücken wieder nieder. Die ersten Häuser von Berlin zogen vorbei.

„Fahren Sie rechts 'ran und halten Sie ... So nun lassen Sie mich ans Steuer und steigen Sie aus!"

Ein paar fragender Augen.

„Herr Präsident ..."

„Das ist vorbei, es gibt keinen Präsidenten mehr, Herr Aachern. Warten Sie da oben an der Tankstelle auf den Dienstwagen mit meiner Frau und mit Irina Petrowna."

Ein Händedruck.

„Wir sehen uns bestimmt wieder."

FÜNFTER TEIL

„Und der Verstorbene kam heraus, gebunden mit Grabtüchern an Händen und Füßen und sein Angesicht verhüllt mit einem Schweißtuch."

(Johannes 11, 44)

Nach Berlin!

„K'Berlin!" hieß es diesmal und betraf die Söhne von Sozialdemokraten und Bürgerlichen, von Vätern, die beim Aufbau der ostzonalen Regierungsstellen gebraucht wurden und ihre aus der Gefangenschaft zurückkehrenden Söhne als Geschenk erhalten sollten, betraf durch Kriegsgefangenenschulen gegangene Aktivisten und zur Auffüllung der Parteikader bestimmte kriegsgefangene Kommunisten; es betraf auch den Obersten Zecke, der für eine der von Iwan Serow geplanten und von Grigorij Malenkow gutgeheißenen antisowjetischen Scheinorganisationen vorgesehen war.

„K'Berlin! Domoy! Nach Hause!"

Der Offizier vom Dienst war plötzlich erschienen:

„Zecke, dawai, Transport mit allen Sachen! Schnell – nur eine halbe Stunde Zeit!" Es mußte Hals über Kopf gehen, und Zecke wußte nicht, wie ihm geschah, ob diesmal ein weißes oder schwarzes Los auf ihn fiel. Er war der einzige aus dem Generalslager Iwanowo, der in Marsch gesetzt wurde.

Iwanowo, dreihundert Kilometer nordöstlich Moskau – dahin war Zecke geraten. Jahre waren vergangen, seit er bei Elsterwerda in Kriegsgefangenschaft gekommen war. Der Fußmarsch bis in die Rüdersdorfer Kalkberge, einige Monate im Seuchenlazarett Frankfurt an der Oder, dann Abtransport nach Moskau, wo er in der Lubljanka als höherer Stabsoffizier und ehemaliger Seecktoffizier monatelang Verhöre durchzumachen hatte, dann war er abgeschoben worden nach dem Generalslager bei Iwanowo, das waren die Etappen seiner Kriegsgefangenschaft.

Das Generalslager . . .

Die Trümmer des ehemaligen „Nationalkomitees Freies Deutschland" waren hier interniert – der Feldmarschall Paulus, die Generäle Seydlitz, v. Daniels, Schlömer, Korfes und wie sie alle hießen . . . wie sie *einmal* hießen, denn sie haben – außerhalb ihres eng gewordenen Kreises – keine Namen mehr. Generale einer Armee, die unter ihren Händen von dreihundertdreißigtausend auf neunzigtausend und nachher in den Gefangenenlagern bis auf dreitausend Überlebende einschmolz, und nicht der militärische Bankrott, aber der Einsturz ihres politischen Kartenhauses war die Ursache des pathologischen Hasses, der Drohungen und sogar tätlichen Beleidigungen seitens der übrigen, im gleichen Lager untergebrachten zweihundert deutschen Generale. Gedemütigt und verworfen, und einmal hatten sie sich, das war in der ersten Phase des „Nationalkomitees" und noch in den Flitterwochen mit der Sowjetmacht, fast als gleichberechtigte Partner und bereits als die künftige deutsche Regierung betrachtet und schon Ressortstreitigkeiten unter sich ausgetragen, um zu spät zu erkennen, daß sie nichts als eine sowjetische Propagandakohorte darstellten, deren Verwendung entfiel, als die deutsche Wehrmacht geschlagen und der Krieg zu Ende war. Die befohlene Selbstauflösung des Komitees bedeutete für jedes seiner Mitglieder fast die Selbstentleibung. Im Stacheldrahtgehege Iwanowo erhielten sie für „geleistete Dienste" das Gnadenbrot – Kohlsuppe und Hirsebrei, und es kam vor, daß einer aus undurchsichtigen Gründen gebraucht wurde – vielleicht für den Galgen, vielleicht für einen hohen Posten in Deutschland, und der Offizier vom Dienst ihn plötzlich aufrief und noch in der gleichen Stunde in Marsch setzte.

Das große Los . . ., diesesmal war es auf einen Außenseiter, auf den Obersten Zecke gefallen. Zecke packte seine Sachen zusammen, schulterte den Rucksack, trabte an der Seite des Offiziers vom Dienst durch das Lager.

Trostlose, verzweifelte, entsetzte, haßerfüllte Blicke folgten ihm.

Eine sich überschlagende Stimme:

„Otschen, otschen, otschen – otschen karascho!"

Prisrak Stalingrada . . .

„Prisrak Stalingrada (das Gespenst von Stalingrad) betritt den Saal und zeugt gegen die Naziverbrecher", schrieb der russische Reporter in der *Iswestija* gelegentlich der Zeugenaussagen des Feldmarschalls Paulus vor dem Nürnberger Tribunal. Aber weit eher als auf den geschlagenen und resignierten Feldmarschall schien diese Bezeichnung auf das Skelett mit langen Reiterbeinen, auf den General der Artillerie Walter von Seydlitz zu passen. „Otschen, otschen“, und immer lauter schreiend: „Otschen, otschen, otschen karascho — sehr, sehr, sehr gut!“, so hatte er, nachdem das von ihm präsidierte Nationalkomitee aufgelöst war und sie auf einem Lastwagen nach Iwanowo abgekarrt wurden, dem sich nach ihrem Befinden erkundigenden russischen Hauskommandanten geantwortet, und seither waren diese mit versagendem Atem ausgestoßenen Worte zum stereotypen Ausdruck seiner Verzweiflung geworden.

Es geht mit ihm zu Ende, er kann es nicht mehr lange machen, war der Gedanke Zeckes. Es geht mit allen zu Ende. Sie haben dem größten Propagandatrick der Russen während des Krieges ihre Namen, ihre Kenntnisse geliehen. Gebraucht, mißbraucht, weggeworfen, rapidem Verfall ausgesetzt — sie spielen Bridge, spielen Faustball, stachern durchs Lager, Tage, Wochen, Monate, bis der Morgen kommt, an dem sie stoppelbartig, mit welker Haut und großen glänzenden Augen auf ihrem Lager liegen bleiben und sich nicht mehr erheben . . ., eine Serie Schüsse aus einer Maschinenpistole wäre gnädiger gewesen!

Das Lagertor schloß sich hinter Zecke.

Er spann seine Gedanken weiter, als er schon, an der Seite eines Begleitoffiziers, im Zug nach Moskau saß. Gebraucht, weggeworfen, dem Verfall preisgegeben — das System handelt und geht mit Menschen um wie der Herrgott selbst. Ist das System aber eine Nachahmung der Kirche in ihren finstersten Zeiten, ist ihm doch der Gedanke an Gnade fremd geblieben . . . Gibt es nicht, von Wladiwostok bis Magdeburg an der Elbe ist Gnade von der Erde gewischt.

Land ohne Ende, ohne Baum und Strauch. Die endlos scheinende Erde rollte unter ihm ab. Endlich bewegte er sich wieder.

„Geben Sie bitte Feuer!“ Der gegenübersitzende Major sagte es.

„Wer sind Sie, ach, ein Deutscher, so, domoi?“

„Ja, domoi, nach Hause!“ Zecke erwiderte, was in diesem Falle von ihm erwartet wurde, ohne einen rechten Glauben an seine Antwort zu haben; für den Begriff „zu Hause“ war in ihm kaum noch Raum!

„Ich zurück von Urlaub, bin auch in Deutschland“, erzählte der Major, „dort in Demontageabteilung, immer sehr viel zu tun. Ja, die Deutschen sind alle gute Arbeiter, einmal sagen genügt. Sagst du öfter, werden sie böse. Und lieben nicht, wenn du betrunken.“

Zecke lieh dem Major, der ihn darum bat, sein Nähzeug, Nähnadel und Zwirn. Der Major zog seinen Uniformrock aus, saß in einem knallbunt gestreiften Unterhemd da und nähte einen weißen Streifen in seinen Uniformrock ein. „Nje, kulturny, wenn man mit schmutzigem Kragen reist", bemerkte er.

Eine kleine Station.

Eine Bäuerin drängte sich ins Abteil. „Schufte, Räuber, Menschenfresser ..." Sie beschimpfte die Bahnmilizionäre, die sie nicht in den Zug einsteigen lassen wollten. „Ist doch wahr, ein Hundedasein, und wofür eigentlich? Und für wen fährt der Zug denn, wenn die Kolchosniki nicht einsteigen dürfen. Kommt mal zu uns ins Dorf und guckt euch da um. Nach der Ernte hatten wir Korn, wie es sich gehört, aber da mahlte die Mühle nicht. Jetzt mahlt die Mühle, und nun haben wir kein Korn mehr. Haben alles abgeliefert, einstimmig so beschlossen, das ist doch die Ordnung, dazu sind wir doch da, um in der Dorfversammlung die Hände hochzuheben, wozu denn sonst ..."

„Nicht hinhören, prostiji ljudij – einfache Leute!" sagte der Begleitoffizier Zeckes, als die Bäuerin von neuem loslegte.

„Ist doch nicht so schlimm!"

„Ja, so sind die Russen", stimmte der Major zu, „Russen immer schimpfen, aber meinen es nicht so."

„Sag doch selbst, Söhnchen, kein Korn, kein Brot, was soll denn nun werden, was denken die Oberen sich eigentlich?"

Der Tag versickerte über grauen Ackerschollen.

Im Waggon brannte eine trübe Funzel. Verschwimmende Gesichter, aufgeplusterte Lippen, Füße in schiefgetretenen Soldatenstiefeln. Ein warmer Dunst – von den vielen Menschen, von saurer Kohlsuppe, von Machorka. Die Räder rollten, blieben stehen an einer Ausweichstelle, rollten weiter, blieben wieder stehen, rollten wieder weiter.

K'Berlin, domoy, nach Hause ... Wer es glauben könnte!

Der Feldwebel, der auf einer der Stationen mit einem Sergeanten als Begleiter zugestiegen war, glaubte daran und für ihn verband sich „Berlin" und „Zu Hause" zu einem Begriff. Zecke fuhr wie ein Seekapitän mit versiegelter Order – was in Berlin auf ihn wartete, wußte er nicht.

In einer Ecke hustete einer und fand kein Ende. Es war wie Röcheln. Die Bäuerin wachte wieder auf: „Ach du mein Gott, ‚Glückliches Leben' und ‚Fleischkombinat' ..."

„Laß schon, Babka, davon verstehst du nichts!"

„Als wir das noch nicht hatten, da hatten wir Schweine und im Herbst schlachteten wir. Das waren Zeiten, da sangen die Vögel noch."

„Laß schon, gib Ruhe ..."

Zecke schlief endlich ein. Als er erwachte, war es Tag. Der Feldwebel hatte heißes Wasser besorgt und bot ihm davon für seinen Tee an. Ein Sanitätsfeldwebel, er war während der Endkämpfe um Berlin im Jahre 1945 in Gefangenschaft gekommen. Feldwebel Wustmann, auf Sonderliste angefordert, nicht als Sohn, aber als Bruder eines sozialdemokratischen Politikers, der für die Bildung der Ostzonenregierung gebraucht wurde.

Sie kamen in Moskau an, mußten einen andern, den Weißrussischen Bahnhof aufsuchen, um dort den Zug nach Westen zu besteigen. Nach nochmals einem Tag und einer Nacht lag am Ende des langen Schienenweges unter regengrauem Himmel die Stadt Brest.

Brest aber war kein offenes Tor in die Welt, und war auch nicht, was man sich ja vorstellen könnte, einer der üblichen Grenzübergänge mit vielleicht etwas ausgedehnteren Prozeduren einer Paß- und Gepäckkontrolle, also ein Aufenthalt von Stunden, einem halben oder sogar einem ganzen Tag. Nein, es war wieder ein von Stacheldraht umgebenes Gefangenenlager mit Wachttürmen, mit niedrigen Holzhäusern, mit einer Kommandantur, mit einem Aktiv und einer Wandzeitung, ein Lager mit Essensausgaben, mit einer Quarantänestube, mit einem Karzer, mit Antreten zu Morgen- und Abendappellen und mit Arbeitsverteilung – und wieder war kein Ende solchen Daseins abzusehen.

Das begriff Zecke, nachdem er die üblichen Prozeduren – Fragebogen ausfüllen, Baden und Entlausen – hinter sich hatte und, einer der Heimkehrergruppen zugeteilt, mit dem Sanitätsfeldwebel Wustmann in eines der kleinen Holzhäuser geführt wurde.

Zecke stellte seinen Rucksack ab und blickte sich um. Ein ziemlich finsteres Loch, der Fußboden ungefegt, die Tischplanke schmierig, durch das mit Zeitungspapier verklebte Fenster sickerte trübes Licht.

Die Tür zum Nachbarzimmer stand offen, dort hinein war Wustmann geführt worden.

„Wo kommst du her?“ wurde Wustmann gefragt.

„Vom Bahnhof.“

„Du Dussel, daß du vom Ladogasee oder von den Krimtataren nicht zu Fuß hier eingetrudelt bist, können wir uns denken!“

„Jedenfalls stecke ich wieder bis über die Ohren drin im Mist, und ich habe doch gedacht ...“

„Ja, wir haben auch gedacht!“

Zwei Mann befanden sich im Nachbarraum. Einer saß am Tisch, der andere lag auf seiner Pritsche. Zwei Leichtkranke, alle anderen waren auf Arbeit. Es handelte sich hier um keine gewöhnlichen, kahlgeschorenen Plennij, sondern um Auserwählte mit langen Haaren, um Antifaschisten, auch um alte Kommunisten, die einzeln, manche zu zweien und andere in Trupps bis zu einem halben Dutzend, von Begleitmannschaften hierher gebracht worden waren.

Zusammengewürfelt aus den Lagern am Kaukasus, aus Murmansk, aus Bessarabien, aus der Ukraine, aus Sibirien, achtundneunzig befanden sich bis jetzt im Lager und der Transport sollte abgehen, wenn hundertfünfzig beisammen waren, erfuhren Wustmann und Zecke, der ebenfalls in die Stube gekommen war.

„Und du, ihr beide, wo kommt ihr her?“ erkundigte sich Wustmann.

„Ich bin aus Wolsk, der Paule da ist auch aus Wolsk!“

Emil Nolte und Paul Loose – Feldwebel Loose, wie Wustmann bei den Endkämpfen im Jahre 1945 in Gefangenschaft gekommen.

„Und was fehlt euch, weshalb seid ihr krank geschrieben?“

„Noch ein bißchen schwach vom Transport.“

„Wieso vom Transport?“

„Na, Mensch, das ist so eine Sache, tagelang auf Puffern reisen, das hält nicht jeder aus – noch dazu, wenn du ‚Zement‘ hinter dir hast, dem Paule war so elend, daß wir ihn am Puffer anbinden mußten.“

„Wieso denn auf Puffern reisen?“

„Nun hör doch bloß den an – bist du etwa im Schlafwagen hier angekommen? Das Fahrgeld hat sich natürlich der Transportführer eingesteckt. Fünf Mann waren wir, da hat er sich einen ganz schönen Nebenverdienst gemacht ...“

Zecke wurde nochmals ins Büro gerufen, nicht ins Aufnahmebüro, sondern zur Stelle der 4. Abteilung. Er hatte nochmals seine Personalien anzugeben, von dem dort sitzenden Major erfuhr er, daß er, wie alle übrigen, bis zur Zusammenstellung des nächsten Transportes zu warten hätte. Einem Arbeitskommando würde er selbstverständlich nicht zugeteilt werden, auch vom Besuch der Schulungsstunden befreite ihn der Major. Er hatte ein besonderes Zimmer und durfte sich seine Zeit selbst einteilen. Schon am folgenden Tag wußte er über seine neue Umgebung mehr.

Ein Übergangslager mit Aktivisten und nach Deutschland kommandierten alten Kommunisten, außerdem gab es eine Stammbelegschaft, die morgens in Kolonnen zusammengestellt zur Arbeit abrückte und abends zurückkehrte. Im übrigen ging es zu wie in jedem Lager. Die Köche schnappen die besten Brocken weg. Die Badewärter stehlen den Neuankommenden die Seife und sortieren die besten Wäschestücke für sich aus. Die Sanitäter nehmen den Kranken die Medikamente weg und verkaufen sie an die Zivilbevölkerung. Das Aktiv sorgt für Ordnung, gelangt dabei selbst zum Schlag aus der Tiefe des Suppentopfes, wo das Dicke schwimmt, und läuft in den besten Uniformen, in Maßanzügen, Maßstiefeln und Maßhemden herum.

Es war wie überall, war nichts Besonderes.

An einem dieser Abende saß Zecke wie gewöhnlich im Nachbarraum. Einer, ein Kerl wie ein Schrank, ein Transportarbeiter Koppmann, erzählte, wie er in Gefangenschaft gekommen war. Als KZ-Gefangener hätte er in Königsberg auf der Werft gearbeitet, und als es soweit war, hätte er sich eine Landseruniform geschnappt und wäre zur Roten Armee übergelaufen. „Natürlich hatte ich gedacht, bei meinen Genossen als Ehrengefangener anzukommen ..." Ehrengefangener — das war erheiternd, war die Ursache eines allgemeinen Gelächters; kaum einer saß hier, der nicht einmal ähnlich gedacht und nachher die gleiche Enttäuschung erlebt hatte.

„Du brauchst nicht weiterzuerzählen, alles andere wissen wir schon!" — Koppmann erzählte dennoch weiter.

Es war ein Bericht über sein erstes Lager und über die „mörderische Korruption" des Lageraktivs — eine Geschichte wie auch Zecke sie hundertfach kannte. „Für den Plennij Koppmann", erzählte er, „gab es niemals einen leichten Job, bei der Brotverteilung habe ich niemals einen Kanten gehabt, immer nur den Klitsch aus der Mitte. Natürlich beschwerte ich mich, und so kam ich aus dem Karzer kaum noch heraus. Es war klar, die wollten mich ‚fertig'-machen, als aber aus Moskau eine Kommission ankam, sagte ich mir: Jetzt ran – entweder kaputtgehen oder durchkommen! Ich brüllte im Karzer was ich konnte und machte die Kommission auf mich aufmerksam. Als ich herausgeholt wurde, stellte ich mich erst mal vor – illegale Arbeit, Parteizugehörigkeit usw. Und die Prüfung meiner Angaben bestand ich, denn wie ein Parteibuch aussieht, das weiß ich schon seit 1922. Und wie der Block in Buchenwald aussieht, das konnte ich auch beschreiben. Ich packte aus, und ich sah schon, das „haut hin" – um es kurz zu machen: das Aktiv wurde abgesetzt, ein neues wurde gebildet und ich wurde Aktivältester!"

„Die Frage ist, ob das neue Aktiv nicht ebenfalls korrumpierte?"

„Es korrumpierte – nicht gleich, aber endlich doch!"

„Natürlich – die Verhältnisse bestimmen den Menschen!"

„Sonderbar ist es nur, daß die Verhältnisse unterscheiden, die einen hungern und verrecken lassen und andere (allerdings wenige) mit Filzstiefeln, wattierten Hosen und einem zweiten und dritten und sogar vierten Schlag Hirsebrei ausstatten und überleben lassen."

„Ich habe KZ hinter mir, und diese Narben hier sind nicht aus dem Krieg, sondern aus dem Klassenkampf. Da habe ich wohl das Recht, ein paar richtige Hosen und ein paar ganze Stiefel und gelegentlich auch ein Stück Seife zu haben!"

„Nein, so stimmt es nicht – aus dem, was du in der Vergangenheit warst, kannst du heute nicht ein einziges Recht ableiten!"

„So, meinst du? Übrigens hast du verflucht gutsitzende blaue Breeches an, August!"

„Das stimmt . . ., blaue Breeches habe ich, die sind aus der Schneiderstube, und die langen Stiefel sind aus der Schusterstube, den zweiten Schlag Kascha hatte ich auch, damit du es genau weißt. Das verdanke ich aber nicht meiner Vergangenheit, das war als Aktivältester in einem Lager mit fünfzehntausend Mann kaum zu vermeiden, vielleicht aber . . ."

Der Sprecher stand auf, er war dürr wie ein Peitschenstock.

Alle warteten darauf, daß er weiterspreche.

„Nun, August?"

August Meerkatz zündete sich erst eine Zigarette an, sagte dann langsam: „Es ist doch nicht so, daß das größere Bewußtsein, von dem wir reden, größere Portionen bedeutet. Nein, es verpflichtet zu größeren Opfern, und vielleicht ..."

Verzicht auf alle Vergünstigungen — der Wissende stellt sich unten an! Ein Satz aus der Zeit seiner Abweichungen — Linksabweichung oder Rechtsabweichung, das war damals nicht ganz klar geworden, aber er hatte seinen Fehler erkannt, als Abweichung vom materialistischen Denken anerkannt. Wo kämen wir denn da auch hin, da könnten wir ja gleich unseren Laden zumachen und in die alleinseligmachende Kirche eintreten, und auch die hat das Paradies nicht auf Erden herabziehen können. Die ursprüngliche, alle Menschen meinende Idee verhärtete. Ideen sind immer der Verhärtung ausgesetzt.

„Nun hast du lange genug nachgedacht, August. Nun sag doch mal, was du mit deinem ‚Vielleicht' meinst!"

Über Meerkatz' zerrissenes Gesicht ging ein Flackern. Er wußte, eine Ketzerei war es, doch es trieb ihn, seinen Gedanken auszusprechen. „Vielleicht wäre es richtiger gewesen, in zerschlissenen Landserhosen und Knobelbechern hier anzukommen", sagte er und rief damit bei seinen Genossen, die alle von Maßschneidern und Maßschustern eingekleidet waren, nichts als Gelächter hervor.

August Meerkatz in Knobelbechern, das war eine sensationelle Vorstellung.

„Ja, du hast ganz recht, und besseres konntest du in Gefangenschaft nicht tun, als das *Kommunistische Manifest* und Lenins *Imperialismus* und die *Geschichte der KPdSU(B)* zu lesen", sagte am andern Tag, als alle zur Arbeit abgerückt und beide allein geblieben waren, Feldwebel Loose zu dem Sanitäter Wustmann. „Besseres konntest du nicht tun, denn das alles ist nun einmal in die weltweite Debatte geworfen und gehört zur großen Auseinandersetzung. Und das alles mußt du kennen, wenn du (und das willst du doch) die historisch richtige Position beziehen willst. Die historisch richtige Position, das glauben die ja auch ...“ Er warf einen Blick auf die Tür, hinter der Zecke hauste, von dem er annahm, daß er dem Moskauer Generalskomitee angehört hatte. „Die glauben auch, daß sie die richtige Stellung bezogen haben, und von dieser Stellung aus haben sie Flugblätter geschrieben und durch den Lautsprecher gerufen: Beendet den verbrecherischen Krieg, streckt die Waffen, kommt zu uns! Kommt zu uns, damit wir, usw.... Na, wollen nicht weiter dran rühren, und wer die erste lebensgefährliche Behandlung übersteht, der leistet Wiedergutmachungsarbeit, bis er schwarz wird, und ist ja auch richtig und in Ordnung, denn was wir kaputtgemacht haben, müssen wir auch wieder ganzmachen. Aber wenn ich nachts die Luft durch meine Bronchien pfeifen höre, dann scheint mir nicht alles ganz in Ordnung zu sein. Eine ‚würdige Behandlung der Kriegsgefangenen‘ ist garantiert — so stand es auf den Flugblättern. Mit uns ist der Fortschritt und der Friede, so war es auch zu lesen, und das müssen uns heute Oberste und Generäle erzählen. Na schön, wenn alles sich so verhielte, wie es auf dem Papier steht, und wenn nicht alles so außer Rand und Band geraten wäre, ich weiß doch manchmal nicht, was rechts und links ist! Ja, früher, vor dreiunddreißig, da war alles einfach, die Weltfront war gegeben. Auf der einen Seite Ausgebeutete und auf der andern Seite die Ausbeuter. ‚Zwei große feindliche Lager, zwei große, einander direkt gegenüberstehende Klassen‘, so sagte doch Marx, und das war doch glasklar. Und wenn du zur See fuhrst und nichts als deinen Seesack hattest oder wenn du an Land an einem Kran arbeitetest und dein Geld, das du nach Hause brachtest, nicht hin und nicht her reichte, dann wußtest du doch genau, wo du hingehörst. Tritt in die IWW ein oder in die KP, besuche die Zellenabende, mache Haus- und Landagitation, mache rote Gewerkschaftsarbeit und alles ist in Ordnung. Du stehst auf der Seite der Ausgebeuteten und mit dir ist die Idee des Jahrhunderts. Alles war einfach, kompliziert wurde es erst, wenn du dich für Belange der ‚höheren Politik‘ einsetzen solltest, und heimatlos wurdest du mit deiner Idee erst, als du in das Land kamst, in der sie bereits gesiegt hatte. Warum erzähle ich dir das alles, bestimmt nicht um zu meckern! Das denkst du wohl auch nicht. Aber ich habe eine schlechte Nacht gehabt und du bist so einer, mit dir kann man reden. Und schließlich Bauchschmerzen haben wir alle mal, aber die vergehen wieder. Was denkst du, wenn du von der Wolga bis hierher nach Brest auf dem Puffer reitest und es nur von der Strippe abhängt (und die ist auch nur eine mehrfach zusammengedrehte Papierschnur), ob du runterfällst und zwischen den Rädern hin bist, was dir da alles so durch den Kopf geht! Sehr viel geht dir durch den Kopf und du verfluchst deinen Vater und deine Mutter und den Tag, an dem du geboren wurdest, und verfluchst den Tag, an dem du in die Partei eingetreten bist. Aber das ist nicht ernst zu nehmen, und es ist auch nur zuerst, dann wirst du seekrank und du fluchst nicht mehr und denkst auch nicht mehr. Wenn du den Kopf hebst, ist da zwar nichts als platte Erde, doch das ist egal — in dem Gestampfe und Gestoße und dem dicken Staub, der sich erhebt und dir die Augen zuklebt und die Nasenlöcher verstopft, könnten es ebensogut haushohe blaue Wogen sein, über die du wegrutschst, und die auf deinen Magen drücken und alles herausquetschen, auch die ganze Galle. Dazu kommt noch der Herzklaps, den du dir nicht beim Zigarettenrauchen, den du dir in Wolsk beim Steinekippen geholt hast. Und da ist keine Erde mehr und sind keine Wogen mehr, da ist nichts mehr, und du bekommst keine Luft, und Angst hast du. Am Tage ist der Himmel ein schwarzer Sack, und nachts siehst du feurige Zeichen. Wenn dann die Bremsen kreischen und der Zug stillsteht und die Luft stillsteht, und der Druck von dir weicht und du wieder schnaufen kannst, fällt dir plötzlich ein, daß du Paul Loose heißt, daß dein Name auf einer Sonderliste steht, daß du ein Langhaariger, ein Suppenjäger, ein Antifaschist, daß du ein Glückspilz bist und zur privilegierten Klasse gehörst und alle andern, hunderttausend andere, dich beneiden und ohne Zaudern ihren Herrgott verraten würden, wenn sie dafür an deinem Platz sitzen könnten. Und was tust du da, du lachst, es bleibt dir nichts anderes übrig, du lachst dermaßen, daß du fast daran erstickst. Und der Emil neben dir betastet die Schnur, ob sie sich nicht durchgescheuert hat, und er betastet auch dich, tippt dir ganz vorsichtig an den Kopf und redet dir gut zu und sagt: ‚Mensch, Paule, nu werde doch bloß nicht verrückt, es geht alles vorbei. Und wir fahren doch jetzt nach Hause. Und zu Hause in Magdeburg ist doch deine Emma, und die wartet auf dich. Tu mir das bloß nicht an, daß ich bei ihr an die Tür klopfen muß und dann sagen: Einen schönen Gruß vom Paule, aber der ist vom Puffer 'runtergehopst, ganz kurz vor Magdeburg, da wollte er nicht mehr!' Na ja, du lachst nun wieder, dieses Mal schon anders, jetzt ganz manierlich. Und die Emma, das ist dann wirklich etwas, das ist der Gedanke, an den du dich klammerst, und das kannst du auch, denn die Emma ..., na ja, das gehört nicht hierher. Und die Räder fangen wieder zu rollen an, und dein Herz fängt auch wieder an, aber wenn du nun wieder dahockst wie mit einem Mühlstein am Hals, dann sagst du dir, daß der Emil wirklich recht hat, und so kurz vor Magdeburg kannst du nicht loslassen! Ich war übrigens schon einmal fast zu Hause und auf dem Wege zu Emma, das ist auch schiefgegangen. Das war nach dem Untergang bei Lübben, aber bei Zossen haben sie mich wieder geschnappt, und ich mußte den ganzen Kladderadatsch in Berlin mitmachen. Doch das ist eine andere Geschichte. Ja, es ist allerhand, zu was du auf so einer Reise imstande bist, und was dir alles durch den Kopf geht, aber was kannst du tun, schließlich mußt du auch auf dem Puffer dialektisch denken, und du kannst das große Sowjetland nicht dafür verantwortlich machen, wenn es da einen Sergeanten gibt, der sein Land um das Fahrgeld begaunert und fünf Plennij ohne Fahrkarte reisen läßt. Und wenn dieser Sergeant noch dazu das Fahrgeld nicht versoffen hat, wenn er dafür vielleicht für seine Wirtschaft einen Kochtopf gekauft hat, dann kannst du dir sagen, daß du auch in diesem Falle der heiligen Sache gedient und zum Sowjetaufbau beigetragen hast, und so hat alles seine zwei Seiten!" — Loose wurde unterbrochen.

Oberst Zecke kam herein, brachte ausgeliehene Zeitungen zurück. Ostberliner Zeitungen. Als Loose sie zurücknahm und weglegte, erblickte Zecke eine Nummer des *Telegraph* und auch eine Nummer des *Tagesspiegels*.

„Ach, die würde ich auch gerne lesen", sagte Zecke.

„Französisch und britisch Lizensiertes führen wir hier eigentlich nicht, haben die Jungens aus Versehen vom Brester Bahnhof mitgebracht. Sie wissen doch Bescheid, Herr Oberst!"

„Ja, ich weiß Bescheid", erwiderte Zecke. Er erhielt die Zeitungen, wurde aber gebeten, sie gleich an Ort und Stelle zu lesen, so ließ er sich ebenfalls am Tisch nieder.

Paul Loose holte aus seiner Koje ein geschnitztes Kästchen und ein

Schnitzmesser und setzte sich zu den beiden andern und begann mit dem Messer zu hantieren.

Eine Weile schwieg er, dann nahm er seinen Gesprächsfaden wieder auf.

„Karelische Birke“, begann er, „nun, das Holz habe ich nicht selbst aus Karelien geholt, da war ich nicht. Ich war, wie du schon weißt, an der unteren Wolga, und da gibt es kein Holz. Da wächst keines und ist auch nie welches hingekommen, jedenfalls in den letzten dreißig Jahren nicht. Wie unter diesen Umständen die Dächer da aussehen – die sind nämlich aus Brettern und die Bretter noch aus der Zarenzeit – wie die also aussehen, kannst du dir vielleicht denken. Es ist schon so, in jedes Dorf kannst du kommen, vor jedem Dorfhaus stehenbleiben, deine Pudelmütze abnehmen und durchs Dach schmeißen, ist alles Mull. Glücklicherweise haben die Bretter in der trockenen Luft da unten eine lange Lebensdauer, so an dreißig Jahre, aber die sind jetzt um. Also Holz gibt es nicht, nicht mal die vier Planken für einen Sarg, den doch jeder einmal braucht. Und ich rede da nicht von unseren Wojenij Plennij, sondern von den Wolgabauern, die ohne die vier Planken auskommen müssen und ohne Sarg und ohne Pfarrer und Gebet in die Grube fahren. Sagt da mal einer zu mir, ein Kolchosnik, der vor seinem kahlen Haus steht und zusieht, wie sein Nachbar ohne jede Zeremonie weggetragen wird: ‚Ja, so ohne alles, nicht anders als vernunftloses Vieh, da täte es dann schließlich doch auch ein Strick am Bein und ein Pferd vorgespannt und Hüh-hott!‘ Ein Kolchosnik, aber wie du seine Äußerung ganz richtig einschätzt, mit Kulakengesinnung, ein durchaus rückständiges Element. Das Kirchenglöcklein, das schon seit dreißig Jahren verklungen ist, geht ihm noch im Kopf ’rum, und Worte des Gedenkens will er am Grabe hören und vielleicht, daß der Mensch eine unsterbliche Seele hat. Ein Mann von vielleicht fünfzig Jahren, eine Generation also mit überspannten Vorstellungen, doch die stirbt ja nun allmählich aus – entschuldigen Sie man, Herr Oberst, der Herr Oberst Zecke ist ja wohl auch um die Fünfzig herum?“

„Ja, etwas darüber sogar – es stimmt übrigens, meine Generation kultiviert noch Auffassungen, die heute allmählich entwertet werden.“

„Nun ja, und überhaupt, was heißt denn das, was jeder so braucht, eine leichtsinnige und völlig ungenaue Redensart! Vier Planken, um damit zu beginnen, und vorher Seife und Zahnbürste, auf dem Kopf einen Panamahut, in der Schnauze vielleicht Kaugummi und ein Platingebiß und morgens Haferflocken und mittags Hammelkoteletts und abends Ochsenschwanz und wöchentlich frische Wäsche und warme Strümpfe im Winter, ganze Schuhe sogar im Sommer, eine überschwengliche, geradezu abenteuerliche Vorstellung, wie wir heute ganz genau wissen ..."

Wustmann wußte es.

Oberst Zecke wußte es auch.

„Aber jetzt reden wir ja über dieses Kästchen und über die Birke, aus der es gemacht ist. Also, Holz gibt es dort nicht, es wächst dort nicht. Und die Zäune, noch aus der Zeit Katharinas II., sind lange abgetakelt, und die Kulakenhäuser sind alle verheizt. Dafür ist aber – wie es die Klassenfeinde gerne tun – nicht das System verantwortlich zu machen. Es sind die unteren örtlichen Stellen, die sich mit der naturgegebenen Holzlosigkeit nicht abfinden wollen und von den eben besagten überschwenglichen Vorstellungen befallen sind, und die durchaus und in jedem Winter aufs neue meinen, einen warmen Ofen haben zu müssen, und die dann, da ja sonst nichts zu greifen ist, die Kulakenhäuser und nach und nach halbe Dörfer verheizen. Das System ist weit entfernt davon, sich mit Naturgegebenheiten abzufinden und kann schließlich Wälder wachsen lassen, und die sind auch geplant und waren auch, jedenfalls streifenweise und ganz großzügig von mobilisierten NKWD-Kolonnen bereits gepflanzt, aber da fehlten wieder die Zäune, diesesmal handelte es sich um Drahtzäune, die hatte so eine trottelige Planungskommission nicht vorgesehen und ist dafür auch auf dem Administrationswege kassiert oder füsiliert, jedenfalls liquidiert worden, deshalb darf man in diesem Falle auch von Trotteln reden. Nichtsdestotrotz kamen im Winter, wie es nicht anders sein kann, die Hasen und knabberten die angepflanzten Bäumchen wieder auf. Es blieb also nichts anderes übrig – das stellte sich so heraus, es zu machen wie schon immer, nämlich das Holz die Wolga hinunterzuflößen. Und in dieser Richtung tut das System denn auch, was es kann; methodisch und mit Wachsamkeit und Schießpulver hat es (auf administrativem Wege natürlich) ‚Schädlinge' und ‚Volksfeinde' massenhaft ausgerottet. Aber man hat da unzureichende Vorstellungen, die wachsen wie das liebe Unkraut und sind immer wieder da und sitzen überall, auch im Ministerium für Wassertransport, und hintertreiben, und zwar auch auf administrativem Wege, daß das Holz aus dem waldreichen Norden nach dem holzlosen Süden gelangt. Es gibt da indessen noch eine andere Leseart, und es versteht sich am Rande, daß sie nur von Volksfeinden in Umlauf gesetzt werden konnte, und danach wäre die Holzlosigkeit des Wolga-, Don- und Dnjepr- und des ganzen südlichen Steppen- und Schwarzerdelandes und ebenso die Streichholzlosigkeit in allen Städten und autonomen Ländern eine systemgewollte und geplante Einrichtung, insofern nämlich, als im Norden mit Hochdruck und durch administrativ zusammengestellte Zwangsarbeiterarmeen, die Wälder, die Gott wachsen ließ (und klar, daß die Volksfeinde von einer Gottesgabe und nicht von Volkseigentum sprechen), mit Stumpf und Stiel umgelegt werden, und die Ausbeute bis zum letzten Span verschifft und verfrachtet und für schnödes Gold an die verschiedenen Ausländer verkauft wird, während der Christenmensch im weiten Rußland nicht mal zu den vier Planken (aber das wissen wir ja bereits), zu keiner Dachlatte und keinem hölzernen Kochlöffel gelangt, und die Streichhölzer, die in manchen Gegenden Stück für Stück aufgesplittert und gevierteilt werden, einen ausgesprochenen Raritätenwert haben. So, nun verstehst du also und kannst selbst beurteilen, um was für ein Stück Holz es sich hier handelt – karelische Birke, wild gemasert, spröde wie unsere heimische Erle, ohne jeden Verwaltungseingriff, ungelenkt und in geradezu anarchischer Freiheit kam es die Wolga herunter und schwamm mir eines Tages geradewegs in den Schoß, eine seltene Gegebenheit, und ich habe dieses Kästchen daraus gemacht, für die Emma habe ich es gemacht."

Wustmann und auch Zecke, der schon lange nicht mehr in der Zeitung las, verstanden alles – was das russische Holz anbelangte und noch einiges mehr. Zecke verstand auch recht gut, daß Feldwebel Loose sich in Übertreibungen gefiel, allerdings nicht so, daß nicht etwa alles, was er zu erzählen hatte und noch ein gut Teil darüber, sich buchstäblich und tatsächlich so zugetragen hätte, aber durch seine schweifende Art und seinen Hang ins Maßlose geriet er immer wieder in die ausgefallensten Situationen. Wenn ein anderer, ein gewöhnlicher Plennij, am Ufer der Wolga sitzt – aber er sitzt dort nicht, sondern kriecht auf allen Vieren im Berg herum, und zwar in vorgetriebenen Stollen und bricht Steine für die Zementproduktion, und sollte er umständehalber doch einmal dort sitzen, so kann es nur sein, weil ihm vorher ein Stein auf den Kopf gefallen ist oder er sonst irgendwie marode von der Arbeitsstelle weggetragen wurde – wenn so einer also dort abgesetzt wird, dann nur, um seine letzten Schnaufer zu tun, und er wird weder die Wolga noch den Himmel über der Wolga erblicken. Feldwebel Loose aber sitzt ohne den Anstoß eines solchen Steines dort am Wasser, blickt auch hinüber ans andere Ufer, an dem seit Katharina II. bis gestern noch rund achthunderttausend Deutsche lebten, über Nacht aber auf administrativem Wege verschwanden und zwangsverschickt wurden, um in den nördlichen Wäldern Bäume zu fällen, Kahlschläge und Versumpfungen hinter sich zu lassen und mit Weib und Kind am Rande der Kahlschläge und Sümpfe begraben zu werden; da sitzt er also und blickt über das leere Wasser und über das leere Land und denkt nach über das Kommen und Gehen von Völkern, über Kriege und Revolutionen und administrative Maßnahmen, und die Wasser des Stromes, die Erde und Schlamm und Treibgut auch aus dem hohen Norden mit sich führen, tragen ihm eine Gabe zu, und zwar in Gestalt einer karelischen Birke oder des Stumpfes einer karelischen Birke. Und wenn ein anderer, ein gewöhnlicher Mensch, auf einem Puffer reist, dann hält er so lange aus, bis er ein Bremserhäuschen findet oder einen Platz im Kohlentender der Lokomotive, wenn aber alle in Frage kommenden Plätze bereits besetzt sind und ihm nur der Puffer bleibt, dann macht er schließlich schlapp, fällt 'runter, zerschmettert sich den Kopf, und es ist aus. Loose aber macht schlapp und hält sich dennoch, hängt acht Tage an einem Papierfaden, sieht feurige Zeichen und spricht in Zungen und kommt schließlich nach Brest und erzählt dir eine Geschichte darüber oder aber er hat, wenn du zu ihm in die Stube kommst, ein Messer in der Hand und schnitzt diese Geschichte in die Außenhaut seines Birkenkästchens. Das war es nämlich, was er auch tat, während Wustmann und Zecke ihm gegenübersaßen und er seinen Faden abhaspelte. Und insofern und soweit menschliche Hände und viele einsame Stunden und die Gedanken dieser einsamen Stunden das Stück Birkenholz verändert und mit Runen bedeckt hatten, war es wirklich ein seltenes Stück. Und um Runen, um die symbolische Wiedergabe von Ereignissen handelte es sich, und es verlangte den Mann dazu, den diese Ereignisse berührt hatten, um diese Zeichen zu deuten; und es verlangte die unter ähnlichen Erlebnissen beinahe Untergehenden, um zuhörend bis zum innersten Wesen des wiedergegebenen Geschehens zu gelangen und bei den grausigsten Stellen laut aufzulachen; und das ist das Richtige, wie sonst könnte man so was (dieses Wörtchen soll eine Umschreibung für mörderische Dummheit sein) überhaupt ertragen!

An einem dieser Abende war es, unter der Petroleumlampe saßen Meerkatz, Koppmann und noch ein Dritter namens Schwender, und ihnen gegenüber saß Feldwebel Loose. Die anderen lagen auf ihren Kojen, rauchten, dösten vor sich hin oder schliefen schon. Meerkatz, Koppmann und Schwender — drei Männer hatten sich hier zusammengesetzt zu einer Besprechung, wenn man es nicht noch anders auffassen wollte, und Loose und sein Birkenkästchen, genauer gesagt, ein auf diesem Birkenkästchen vermerktes Ereignis war das Objekt der Besprechung oder Untersuchung. Die Präliminarien waren behandelt. Paul, Loose, Seemann, Hafenarbeiter, seit achtundzwanzig in der Partei; und da er nur ein einfaches Mitglied ohne Funktion war, hatte es nichts weiter zu besagen, daß er (dreiunddreißig in Magdeburg untergetaucht) keine Verfolgungen erduldet und nicht ins Konzentrationslager gekommen war. Loose war eingezogen worden, hatte den halben Ostfeldzug mitgemacht und die ganze Folge der Rückzüge, vom Donez bis zum Dnjepr, zur Weichsel, zur Oder und war in den letzten Tagen beim Zusammenbruch in Gefangenschaft gekommen.

Max Schwender war es, der das alles so genau festgestellt haben wollte, und der sich überhaupt bemühte, der ganzen Angelegenheit den Schein eines Parteiverfahrens zu geben. „Da der ganze Quatsch nun einmal aufgekommen ist“, sagte er, „muß sogar Loose daranliegen, daß Klarheit geschaffen wird. Altes Parteimitglied und Feldwebel geworden, noch dazu EK I, das ist doch auch allerhand, und das muß doch geklärt werden.“

Um ein Ereignis — um eine blutige Szene des Krieges — handelte es sich und um das richtige oder falsche, um das „klassenbewußte oder klassenfeindliche" Verhalten bei der Begegnung mit Teilen der Roten Armee. Schwender nahm das Birkenkästchen in seine beiden Hände und mit einem ärgerlichen Blick auf Wustmann, der auch am Tisch saß, stellte er das Kästchen wieder ab.

„Laß ihn man", warf Meerkatz ein. „Er hat die Sache hier nicht aufgebracht, das tatest ganz allein du. Wir können übrigens noch immer Abstand davon nehmen."

Meerkatz hatte für die hier geplante Nachahmung eines Parteiverfahrens nicht viel übrig. So etwas verläuft manchmal durchaus nicht so harmlos, wie es sich anläßt, und etwas heraufzubeschwören, das böse Folgen haben könnte, dafür stecken doch alle zu tief drin im Dreck, und jeder hängt doch, auch noch hier im Sammellager, nur am Faden, der allzuleicht abreißen könnte.

„Ich sagte ja schon, Loose muß selbst daranliegen", wiederholte Schwender.

„Also gut, aber ich möchte es nur als kameradschaftliche Aussprache betrachten."

Schwender nahm das Kästchen wieder auf, drehte es in seinen Händen herum und betrachtete die in einzelne Felder aufgeteilte Außenfläche. Die Felder waren mit Schnitzereien bedeckt, nur eines war noch von jedem Ornament freigeblieben. Das hatte Loose für die Heimkehr, für Magdeburg, aufgehoben, für die hier einzukerbende Apotheose seiner Irrfahrt. Und so, vom Schnitzmesser noch unberührt, war dem Heimwärtsgerichteten, wenn er die Fläche betrachtete und sich in ihre Leere versenkte (das war vorgekommen), dieses Unbeschriebene, das ihn am meisten Betreffende, und er sah schon, was sich hier niederschlagen wollte . . ., ein Gesicht, nicht irgendein Gesicht, damit ist überhaupt wenig gesagt, es handelte sich um ein ganz Bestimmtes, ihm Zugetanes, ihn Erwartendes, ihm Lebendes: „Eingebootet, die Segel gespannt, über unbekannte Tiefe schwebend, erreichst du usw. . . .", das muß hier Ausdruck finden. „Es ist Zeit, sei bereit!", das alles und noch mehr. Untergang und Aufgang, eine Apotheose eben: „Es ist Zeit, sei bereit zur Fahrt über den See — O-he!", das alles in einem Strich, in einem einzigen knappen Zeichen, und vielleicht wird er überhaupt nur „O-he" in die Fläche schnitzen, und da muß dann alles drin sein. Aber jetzt hat dieser Kuhkopf, dieser Rollkutscher (aber ein Rollkutscher ist schließlich auch ein Transportarbeiter) das Kästchen in der Hand, und die Parteidisziplin verlangt, und mit Recht, daß man offen und ehrlich auch sein Geheimstes preisgibt. Laß deine Hände davon weg, hier ist „privat“, das gibt es nicht! Das administrative Verfahren macht ja, wenn es gerade so am Zuge ist, schließlich auch nicht vor deiner Liebeslaube halt. Es klopft an, gewöhnlich so morgens um viere, und wenn du nicht gleich aus dem Bett hopst und aufmachst, dann drückt es dir die Türfüllung ein, und dann, was sagst du? – ‚Liebe Emma, jetzt ist es so weit. Es wär' so schön gewesen, doch es muß geschieden ein. Mein Parteigewissen ist blütenweiß und hier bei den ausführenden Organen der Administration bin ich in den besten Händen, und das soll dir nun in allen deinen kommenden Tagen ein Trost sein!‘ Das sagst du also, und nicht etwa ‚My home is my castle‘, denn dann wärst du ja ein Besitzer, erstens einer altertümlichen Behausung und überhaupt ein Inhaber ausgestorbener Privilegien, mit einem Wort: ein Fossil. Und das bist du nicht, und mit überholtem Privatbesitz und Familienprivilegien und fossilen Überresten einer verfaulenden Gesellschaft hast du nichts zu tun, die benetzen dir nicht einmal den Saum deiner Knobelbecher oder Hauspantoffeln oder was du gerade anhast. Das sagst du dir als klassenbewußtes Element, das du schließlich doch auch als einfaches Mitglied ohne Funktionen bist. Und wenn es dem Maxe – dem Maxe Schwender aus Berlin-Rummelsburg – da einfällt, nach der Bedeutung des leeren Feldes deines Birkenkästchens zu fragen, so wirst du ihm, wie es von einem disziplinierten Mitglied nicht anders zu erwarten ist, das Geheimnis enthüllen und ihm alles erzählen, von der „Fahrt über den See –“, und von „Wogen, Sterne, Himmelsraum“ und „Eingebootet“ und „Ich hab' die Tiefe ausgelotet“, doch die Emma, nein, die bleibt aus dem Spiel, die wird nicht erwähnt, die geht schließlich nicht jeden was an; doch sonst wird er alles beichten und noch mehr, er wird den Schwender, falls er darüber hinwegsehen sollte, und es sieht ganz danach aus, darauf aufmerksam machen, daß hier Ungesagtes, ja, noch nicht Gedachtes, verborgen ist.

Schwender hatte das leergebliebene Feld betrachtet, zeigte es dann Meerkatz, der gab es weiter an Koppmann, der ebenfalls nur einen kurzen Blick auf das Kästchen warf und es Schwender zurückreichte.

„So, ihr seid also auch der Meinung?“ fragte Schwender.

Ja, die beiden waren auch der Meinung, und Schwender konstatierte: „Ohne Bedeutung, ist nichts drauf!“

„Stop!“ rief Loose: „Durchaus nicht ohne Bedeutung, ganz im Gegenteil, da ist allerhand, aber erst geplant, das *ist* noch nicht, das wird erst gemacht!“

„Was denn?“

„Es ist eben sehr viel ..., zu Hause, ein Stuhl, ein Tisch, ein Bett ..., es kocht, es zischt, der Erde Naß, des Himmels Licht ...“

„Ja, es scheint sehr viel!“

„Also, dann eben zusammengefaßt: O-he!“

Schwender fuhr sich mit der Hand über seinen struppigen Kopf, blickte das Kästchen, blickte Loose, blickte die beiden anderen und wieder das Kästchen an.

Meerkatz zuckte die Achseln.

Koppmann sagte: „Das willst du also darauf schnitzen, das Wort O-he?“

„Ja!“

„Was meint ihr, geht wohl in Ordnung?“ fragte Schwender.

„Hm, ein Seemann und organisierter Transportarbeiter und dann so was, das riecht etwas faul“, gab Koppmann zu bedenken.

„Ein organisierter Transportarbeiter macht so was vielleicht nicht, aber ein Seemann, das ist schon etwas anderes“, gab Meerkatz zu bedenken.

„So, wenn du meinst, August, also, geht in Ordnung! Nun weiter, Nummer zwei, aber daraus werde ich nicht klug!“, und Schwender reichte das Kästchen wie vorher zur Ansicht herum. Koppmann schüttelte den Kopf.

Meerkatz sagte: „Ja, man sieht, ein Seemann, wo bist du denn eigentlich gefahren, Paul?“

„Levantelinie, Bremer Hansa, Bananenschiffe, zwischendurch einen Windjammer von Valparaiso nach Adelaide, dann Timorsee, Kokosinseln ..., aber damals hatte ich noch alle Haare auf dem Kopf.“

„Ich hör' bloß Timorsee“, stöhnte Koppmann. „Das kann ja noch heiter werden. Wer hat den ganzen Quatsch denn bloß aufgebracht!“ Und auch er schoß einen wütenden Blick auf Wustmann ab.

„Laß man den Wustmann in Frieden“, sagte Loose. „Der ist doch von Amts und Partei wegen überhaupt noch nicht vorhanden, als Sohn und Bruder eines SPD-Bonzen wird er repatriiert, von Marx und Engels hat er gehört, aber nur wenig, von Karl dem Großen und über Widukind schon mehr, glaube ich, und im Lager hat er den preußischen Irrweg vom ‚Alten Fritzen‘ bis zu unserem Adolf studiert, und das geht alles etwas durcheinander, und da habe ich ihm dabei geholfen, alles zusammenzureimen, und ihm einiges erzählt, das kann man doch wohl noch!“

„Na ja, das gehört ja auch nicht hierher!“

„Das gehört durchaus hierher!“

„Übrigens heißt der Mann nicht mehr der ‚Olle Fritz‘, das ist zu familiär, der wird nur noch ‚Friedrich II.‘ genannt, das solltest du als Aktivist wissen!“

„Du bist nicht ganz im Bilde und befindest dich auf ‚linker Abweichung‘ – patriotisch und national, das ist jetzt die Linie. Das kannst du dir sogar von Wustmann und auch von dem Obersten nebenan sagen lassen.“

„Mach keine Witze!“

„Das ist kein Witz, das ist durchaus ernsthaft – ‚international‘ darfst du denken, aber ‚national‘ hast du zu argumentieren.“

„Laß doch schon den Quatsch!“

„Das ist kein Quatsch, das ist bitterer Ernst und ist eine Lektion, die du noch zu lernen hast“, behauptete auch Meerkatz. „Ja, bitter..., aber nun weiter, das verfluchte Birkenkästchen also! Komisches Notizbuch hast du dir da angeschafft, und lesen kann deine Kraxeleien oder Schnitzereien auch keiner. Glaubst du denn eigentlich, daß das Kunst ist?“

„Kunst oder nicht Kunst, darum geht es hier wohl nicht!“

„Es handelt sich auch nicht um das leere Feld, auch nicht um die andern beschrifteten und beschnitzten, es handelt sich, soviel ich verstehe, um ein einziges, welches ist denn das, Paul?“

„Ihr habt überhaupt von hinten angefangen, mit Nummer sechs, das ist leer, das ist ‚O-he‘, das versteht ihr nun schon!“

„Ja, verstehen wir!“

„Nummer fünf ist: ‚Feuerroß‘ – das war die Fahrt nach hierher!“

„Ja, verstehen wir!"

„Nummer vier ist: ‚einhundertsechsundzwanzig Prozent' — das war das Lager Zement. Guckt mal hierher, dieser Strich, das ist die Lebenshöhe, sagen wir mal, von einem normalen Arbeitslosen mit allem Komfort, mit Wasserklosett und Klopapier und so weiter, und hier unten, dieser dicke Klumpen, das sind wir, als einhundertsechsundzwanzig Prozent unter dem Strich."

„Ja, kann angehen, verstehen wir auch!"

„Nummer drei ist: ‚Kaputt' — das war das erste Auffanglager."

„Ja, kann man sogar erkennen, guck mal her, Maxe", wandte Koppmann sich an Schwender: „Der lange Strich, das ist einer, und die beiden Striche, das sind zwei, und die zwei schleppen den einen weg, so am Kopp und an den Füßen, kennen wir, haben wir gesehen!"

„Ja, das war das Auffanglager, unser erstes, nachdem wir hier ankamen."

„Nun weiter, was ist Nummer zwei?"

„Nummer zwei ist: ‚Kinderwagen umgekippt!' Das war bei Lübben, an der Straße von Lübben nach Westen, im Mai war es, Zeit zum Spargelstechen, und ich dachte ..."

„Du denkst überhaupt zuviel, und das ist alles, was ich bis jetzt zu deinem Birkenkästchen zu sagen habe. Spargelstechen und Kinderwagen, das ist doch alles Beiwerk, was hat das mit der Sache zu tun!"

„Ich habe ja gleich gesagt, wir hätten den ganzen Quatsch nicht erst anzufangen brauchen, aber nun laß ihn schon erzählen."

„Aber dann zur Sache und selbstkritisch."

„Selbstkritisch muß ich sagen, daß ich nicht in Gefangenschaft wollte. Ja, früher, das war noch in den Pinsker Sümpfen, da wollte ich überlaufen, ins sozialistische Vaterland, das war ausgemachte Sache. Aber nachher, nach dem Zusammentreffen dort am Holunderbusch, da wollte ich nicht mehr, keine zehn Pferde hätten mich mehr 'rübergebracht. Und in Lübben war es genau so, alles andere, ein Bein verlieren, den halben Arsch verlieren, aber 'rüber über die Elbe. Und wenn du ohne Kopf da drüben ankommst, bloß weg von den Russen, das habe ich selbstkritisch zu bekennen, so war mein Verlangen, da war ich genau so wahnsinnig wie alle andern. Sogar Magdeburg, und bis dahin war es doch nur noch ein Sprung, hatte ich momentan ganz vergessen. Da waren wir also, und die Parole hieß: Durchbruch nach Westen. Und was da alles zusammengekommen war — Leute aus Westpreußen, aus Schwerin, aus Pommern, Familien mit Schubkarren, mit Fahrrädern, mit hochbepackten Kinderwagen. Eine Frau, eine von dem westpreußischen Treck, liegt da und kriegt ein Kind. Hochgehende Pferde, hinter uns Panzergeräusche, ein Kinderwagen kippt um, Kochtöpfe, Betten, Eingemachtes, alles liegt auf dem Acker. Die Frau von dem Treck wimmert: ‚Helft mir doch!‘ Aber keiner hat Zeit, alle laufen vorbei. Und wir liegen da, hinter einem gestürzten Pferd, hinter einem Kinderwagen, hinter aufgeplatzten Koffern, und schießen, und bei uns immer die Frauen. Die hatten sich schon seit Tagen an uns gehängt. Wir springen wieder auf, kriegen von allen Seiten Feuer und schmeißen uns wieder in den Dreck. Die Frauen aber denken gar nicht daran, sich hinzuschmeißen. Immer vorneweg mit losen, flatternden Haaren, und sie drehen sich nach uns um, und eine ruft: ‚Seid ihr denn Feiglinge?‘ Und wir wieder auf, und es hatte doch keinen Zweck mehr, es war auch schon soweit. Wir wurden dann auch zusammengeschossen und zusammengehauen und zusammengetrieben mit Spaten, mit Kolben, sogar mit Knüppeln, und da standen wir bis zum Abend ...“

Da standen wir bis zum Abend ...

So weit war die Schilderung richtig, entsprach dem bei Lübben Vorgefallenen. Aber weiter, er hatte sich doch davongemacht, war auf der Reichsstraße 96 wieder aufgegriffen worden, hatte am Teltowkanal die Stubenrauchbrücke in die Luft fliegen sehen, dann unter Major Hasse in einem BVG-Vehikel ein Maschinengewehr bedient, war davongelaufen, wieder aufgegriffen worden, war im tiefsten Bunker Berlins dem Grauen begegnet, das unausrottbare Spuren in ihm zurückgelassen hatte und ihn jetzt noch erbleichen und ins Stammeln abgleiten ließ.

Darüber konnte er nicht sprechen, über das alles glitt er hinweg.

Was war los mit Loose, ihm fehlten die Worte. Er wischte sich über die Stirn und betrachtete die Hand, die naß war von abgewischtem Schweiß.

„Da standen wir bis zum Abend“, sagte er und verschwieg nur, daß es drei Wochen später gewesen war, nach dem Geschehen im tiefsten Bunker Berlins, nach einem rettenden Sprung in eine durch die Wilhelmstraße getriebene Gefangenenkolonne hinein, und auch, daß die erste Sammelstelle sich am Gendarmenmarkt befunden hatte. „Und dann in der Nacht Abmarsch, Richtung Königswusterhausen."

Das stimmte wieder wortwörtlich.

„In den Rüdersdorfer Kalkbergen war das Lager ... Nun ja, ihr wißt doch, die ganze Wehrmacht lag dort und nicht bloß Wehrmacht, Frauen und Hitlerjungen und NSV-Schwestern, Studienräte und Budiker und pensionierte Admirale, ganz Deutschland hat da gesessen und gehungert und gedurstet und auf Abtransport gewartet. Jeder dachte, schlimmer kann es nicht mehr kommen.

Der Tag kam — ein Güterzug, einhundertundzwanzig Achsen lang, und wir alle sind eingestiegen. Was aber diese einhundertundzwanzig Achsen getragen haben — ich glaube, selbst der alte Karl Marx hätte wie ein klassenunbewußtes Element gesagt: ‚Das möge ihnen Gott verzeihen!' Ich kann nur sagen, in Königswusterhausen wurden die Waggontüren geschlossen, und vierzehn Tage später tief in Rußland wurden sie wieder aufgemacht. Und wer noch konnte, der kroch ans Licht. Wie viele aber drin liegenblieben — wir mußten noch die Kraft aufbringen und sie ausladen —, das sage ich nicht. Der Lagerkommandant kam und sah unser kleines Häuflein und sah die auf der Rampe aufgestapelten Leichen, neben jedem Waggon ein Haufen. Und was tat er — er ließ den Transportführer auf der Stelle verhaften. Zu uns sagte er, und sprach dabei deutsch, daß er sich für die schlechten Transportverhältnisse entschuldige. Und nicht der Hunger und nicht der Durst und nicht, daß wir auf den nackten Planken des Waggons im eigenen Dreck gelegen hatten, und nicht, daß der Transportführer (in Königswusterhausen hatte er gesagt: ‚Ihr werdet sehen, was ich mit euch mache!) zwischen Milizsoldaten abgeführt wurde, aber daß der Kommandant uns stinkende Geschöpfe um Entschuldigung bat und daß ihm, ich weiß nicht, vor Wut oder vielleicht aus Scham, die Augen feucht wurden, das stülpte mich um, und ich konnte auch nicht anders und fing an zu heulen. Dieser Kommandant hat nachher auch alles getan, um uns wieder auf die Beine zu bringen. Er lief von morgens bis abends in den Baracken herum und kümmerte sich um jeden einzelnen, und er hat uns — ich sage euch, buchstäblich mit dem Löffel in der Hand — wieder aufgepäppelt. Nachher arbeiteten wir in einer Stahlschmelze, ohne Asbestschutzkleider, und von den Holzklinken, die unter den Füßen in Rauch aufgingen, waren auch nicht genug da, in zwei Schichten ging es Tag und Nacht, ohne Pause, ein irrsinniges Schuften, und du konntest ein Bulle von einem Kerl sein, aber nach vierzehn Tagen warst du ‚fertig' fürs Massengrab, oder wieder zum Aufpäppeln. Na, das ist schon ein anderes Kapitel, das war Wiedergutmachungsarbeit ..."

„Ich glaube, soweit sind wir noch nicht, daß wir den Russen unsere Toten aufrechnen!" Das war einer, der sich auf seiner Pritsche aufrichtete und sich plötzlich einmischte, ein Graukopf, ein ehemaliger Gewerkschaftssekretär.

„Das tut ja auch keiner, und der Paule kann doch nicht erzählen, daß sie in Königswusterhausen in einen Kremser eingestiegen und auf Landpartie gefahren und dann in Sibirien alle vergnügt ausgestiegen wären und mit dem ‚glücklichen Leben' begonnen hätten. Daß das Gefangenenlager keine Kinderbewahranstalt ist, und was es wirklich ist, das wissen wir wohl alle!"

„Es genügt zu wissen, was uns selbst angeht – Angriffskrieg, Konzentrationslager, Judenerschießungen, eine lange Liste, da habt ihr genug zum Reden!"

„Stimmt ja alles, aber was der Paule erzählt ..."

„Der braucht so was überhaupt nicht zu erzählen."

August Meerkatz wandte sich dem Graukopf zu: „Nun hör mal, Atze, hast du nicht ebenfalls von eurem Lager in Sibirien erzählt und gesagt, daß die Ostpreußinnen dort wie die Fliegen gestorben sind? Hier gehen Menschen kaputt infolge von Unbewußtheit, von Wildheit, von Zurückgebliebenheit. Und wenn es einen solchen Transport gegeben hat und einer über diese Tatsache redet, kann das kein Ärgernis sein, darüber schweigen wäre eines, denn es bedeutete, daß er stillschweigend einig mit so einem Transportführer wäre. Ich glaube aber, einig können wir nur mit solchen sein, wie es der Lagerkommandant war, der den Transportführer zur Rechenschaft ziehen ließ. Wir kommen jetzt nach Deutschland ..."

„Ja, kämen wir nur hin, aber mit solchen Reden könnte es noch danebengehen!"

„Das ist also die Ursache deiner Aufregung!"

„Ich bin alter SPD-Mann und auf Sonderliste angefordert, weil ich für die Einheit der beiden Parteien bin, und will mir jetzt nicht durch so ein Gerede den Weg verbauen lassen."

„Dann ist es um so nötiger, daß du auseinanderhältst, was Prinzip und was Zufall ist. Wir kommen nach Deutschland, und wenn wir dort gefragt werden — und kann einer glauben, die Mutter fragt nicht nach dem Sohn und der Bruder nicht nach dem Bruder, und Frauen fragen nicht... Was sollen wir antworten, etwa, wir wissen nichts, wir haben nichts gesehen, können wir uns die Ohren verstopfen? Nein, das können wir nicht. Die Frage wird da sein, über verstopfte Ohren und verstockte Herzen hinweg wird sie da sein, und wenn wir sie nicht beantworten, werden wir in Deutschland überhaupt nichts zu beantworten haben. Nein, wir wissen, wir haben gesehen, haben auch Unmenschliches gesehen..."

„In dem Lande, in dem die Ausbeutung des Menschen durch den Menschen aufgehoben wurde, kann nicht von Unmenschlichkeit die Rede sein!"

„Uns brauchst du das nicht zu erzählen, aber sage das mal den Soldatenfrauen in Berlin und im Ruhrgebiet, und du wirst deiner Sache einen sehr schlechten Dienst geleistet haben. Geschehenes kannst du nicht dadurch, daß du es bestreitest, ungeschehen machen. Wir haben auch gegen den andern Anschein und gegen eine andersscheinende Wirklichkeit den Fortschrittswillen zu erkennen. Aber da sagt einer, ‚die ostpreußischen Frauen starben wie die Fliegen', und ich unterstelle, daß es buchstäblich wahr ist. Und in der Asbestfabrik und im Kohlenschacht und bei der Holzfertigstellung und im Moor brechen unsere Leute haufenweise zusammen. Und mehr als Schlagworte, sogar mehr als bloßes Wissen war notwendig, man mußte schon glauben, um das ferne Ziel noch zu erkennen und eine ordnende Hand noch spüren zu können; aber die war manchmal sehr fern, und Befehle von oben kamen schlecht nach unten, wurden manchmal schlecht verstanden, manchmal auch pflichtvergessen ausgelegt. Treue Seelen und ebenso pflichtvergessene gibt es überall, und die gab es auch hier. Da gab es die Schwester Schura, die die Watte stahl, aber ich habe auch die Schwestern Tanja und Sonja gesehen, die im Seuchenlazarett in einer Nacht zweiundzwanzig Leichen und (von mir genau gezählt) hundertundachtzig Kübel mit Typhusscheiße hinaustrugen, die sie vorher, da keine Lappen da waren, mit eigenen Händen ausgewaschen hatten. Es gab den Transportführer, von dem wir gehört haben, aber auch den Kommandanten, der eigenhändig die Mißhandelten wieder aufpäppelte, und der nachher — das tat er mit dem Löffel in der Hand — ihre niedergetretene Menschenwürde wieder erhob. Und noch ein Beispiel — ja, ich will auch das erzählen. Da fällt einer auf dem Wege zur Entlausung vor Schwäche in den Dreck, und ich weiß genau, daß er nicht nur vor Schwäche hinfiel, daß er nicht nur vor Hunger krank war, daß er mit sich in langem Streit gelegen hatte und der Glaube ihn verlassen wollte und er niemanden hatte, um sich auszusprechen, daß er vor Einsamkeit taumelte und nach einem lebendigen Hauch dürstete. Die Berührung einer schnuppernden Hundeschnauze hätte ihm in dieser Stunde schon viel bedeutet; aber da waren die russischen Matkas, und wenn ich nicht marxistisch denken müßte, würde ich sagen, ein Licht war in ihren Seelen, und sie sahen das hingetaumelte Elend und trösteten ihn: ‚Nitschewo...' sagten sie, ‚macht nichts, macht nichts, Söhnchen', sagten sie und hoben den Gestürzten wieder auf. So war das, und so haben wir alle Begegnungen gehabt, und die werden die Frage, die uns gestellt werden wird, beantworten helfen, aber nur helfen, denn die Frage gräbt tiefer, sie will das Fundament untersuchen, und von daher, von Grund auf, haben wir zu antworten."

Meerkatz unterbrach sich. Die Tür wurde aufgemacht. Der Lagerälteste kam herein, noch ein zweiter Lagerspitzel war bei ihm. „Ich sehe, ihr habt noch Licht, da komme ich gerade mal 'rein!"

Er ließ seine Augen herumlaufen. Die Kojen waren alle belegt, und soweit sie leer waren — vier sind leer, stellte er mit einem Blick fest —, saßen ihre Inhaber am Tisch. Auf dem Tisch blieb sein Blick an einem Kästchen haften. „Komische Büchse, und ihr sitzt drum herum, wie um eine Monstranz, so heißt so was doch. Was ist denn das für ein Ding?" — „Eine Schnupftabakdose, das siehst du doch!"

„Bißchen groß..., ich hab' nur gedacht, daß hier was los ist, weil so spät noch Licht brennt."

Er ging wieder, warf vorher aber nochmals einen Blick auf das Birkenkästchen und auch auf Loose.

„So ist das, na ja, nimmt ja auch mal ein Ende", sagte einer hinter ihm her.

„Und das ist auch egal, wie einer zur Selbstverständigung kommt“, sagte Meerkatz, „und wenn einer es mit dem Schnitzmesser und einem Stück Birkenholz tut und über ‚Feuerroß‘ und ‚126 %‘ und ‚Kaputt‘ und ‚Kinderwagen‘ zur Klärung gelangt, ist es auch gut. Da wir mit Loose nun schon die ganze Reise rückwärts bis auf Nummer zwei mitgemacht haben, können wir auch noch Nummer eins anhören.“

„Ja, Nummer eins fehlt noch!“

„Deshalb haben wir uns doch überhaupt hier zusammengesetzt. Man könnte ja fast annehmen, daß alles Ablenkung gewesen ist!“

„Der Paule braucht wohl keinen abzulenken.“

„Quatscht denn nun schon jeder hier dazwischen?“ wandte sich Schwender über die Schulter weg an den aufgerichtet auf seiner Koje hockenden Nolte. Was hier als Angelegenheit ernster Klassenwachsamkeit begonnen worden war, schien immer mehr in eine allgemeine Unterhaltung abgleiten zu wollen. „Wir hätten ja auch gleich einen Skatabend ansetzen können“, knurrte er.

„Ja, wäre auch besser gewesen!“

„Nun laß schon, mal los, Paule, Nummer eins also!“

„Ja, das war vorher, ich sagte ja schon, in den Pinsker Sümpfen, in der Gegend von Olewsk und Slawetschno, wo ich meinen Horror vor den Russen herhabe. Nummer eins, das ist der ‚Knacks‘.“

„Kaum was zu erkennen hier auf dem Holz, aber da hast du jedenfalls deinen klassenfeindlichen Knacks her!“

„Ich habe gesagt: Horror!“

„Keine Voreingenommenheiten“, mahnte Meerkatz.

„Zugegeben, bei mir hat es damals geknackst!“

„Na, dann erzähl doch!“

„Pinsker Sümpfe, auf dem Rückmarsch. Die Mittelfront war doch schon zusammengekracht, aber kaum sind wir auf unserem Streifen wieder zum Stehen gekommen, als unser Alter, so ein Knallkopf, schon wieder Pläne hatte, und zwar wie immmer: Richtung Osten. Er kommt also zu uns, das war in Olewsk, und ich hör’ bloß: ‚Freiwillige für einen Spähtrupp!‘ Na, das hören und denken, da ist deine große Stunde, endlich hat sie geschlagen! das war bei mir eins. Ich werde auch mit eingestellt. So weit ging also alles gut, und am nächsten Morgen, es war alles noch so grau in grau, sind wir losgepinschert,

Richtung Slawetschno. Und ich als Unteroffizier habe die Führung. Nun, die Richtung war mir ganz egal, meinetwegen Gomel oder Witebsk oder auch gleich Richtung Moskau. Den Iwan wirst du schon finden, denke ich, und über das erste peinliche Zeremoniell kommst du auch weg. Und dann ist es aus, dann bist du total ausmobilisiert, dann bist du zu Hause, endlich in der großen Heimat! Wir zuckeln also so durch den Dunst, und es gluckst manchmal, und manchmal sehen wir auch einen Baum, wie ein Nebelgespenst alle Arme gen Himmel gereckt, als ob er augenblicklich im sumpfigen Grund versinken sollte. Wir machen uns an unsere Aufgabe und kundschaften auch ganz richtig so etwas wie eine Stellung aus. Nachher sage ich zu den andern – fünf Mann waren wir: ‚So, jetzt hauen wir wieder ab.' Am besten wäre ja nun ein Baum gewesen, mit dichtem Geäst, in dem wir uns alle hätten verkriechen können, um bis zum Abend zu warten. Aber Baum ist nicht, weit und breit nichts zu sehen. So ruhen wir uns also etwas aus, und dann tippeln wir weiter. Beim Aufstehen aber sage ich: ‚Verflucht, da haben wir die Scheiße, jetzt habe ich mir den Fuß verstaucht!' Und die andern müssen es mir wohl glauben. ‚Nein, macht euch nur um mich keine Sorgen', sage ich. ‚Es geht schon, langsam, aber sicher!' Und so humple ich immer hinterdrein, und die andern sind immer so zwanzig Schritte oder noch etwas mehr voraus. Die Sonne geht auf, ganz knallrot, und immer noch nichts. Kein Wäldchen, nicht mal ein Gestrüpp. Und dann, und nur eine Nasenlänge vor mir, steht da ein Busch, der seine Zweige auch so gen Himmel spreizt. Aha, denke ich, da ist mein Holunderbusch. Also geht ihr mal immer so weiter, und ich setze mich hier erst mal hin. Und da sitze ich und will gerade mal die Lage peilen – und besser kann es gar nicht kommen, so meinte ich –, ist der Iwan schon da. Vorne bei den andern, wie aus dem Boden gewachsen, so sechs oder acht Mann. Und, meine Fresse, unsere sind ganz perplex. Ein Schuß geht los, und das ist schon fast alles. Die Russen, die MP vor den Bauch geklemmt, Kolben und Spaten in der Luft, sind schon über ihnen. Es blieb ihnen nichts anderes übrig, als die Hände hochzuheben. Das tun sie auch, aber nicht alle. Der kleine Hamburger, ein fixer Kerl, kann auch etwas Russisch, hebt die Hände hoch über den Kopf und brüllt: ‚Stalin sdrasdwuitje!' und er brüllt: ‚Woschd sdrasdwuitje!' Ein anderer schreit: ‚Heil Moskau.' Aber da hat er ‚Sdrasdwuitje‘, mit dem Kolben auf den Kopf. Und da hat er ‚Heil Moskau‘, mit dem Spaten durch beide Augen. Es platzt noch eine Handgranate, und die Russen kriegen in dem Gemenge auch noch was ab, aber sie sind noch immer in der Übermacht. Der Hamburger liegt lang auf dem Rücken, daneben der Student aus Leipzig. Und ich sehe alles, bolschoi Stalin, ich sehe, die machen alle ‚fertig‘, setzen den Hingeschmetterten die Spaten an die Kehle. Und ich hinter dem Busch . . ., ich bin doch ein klassenbewußtes Element und wollte überlaufen. Ja, denkst du, aber tun tust du anderes. Die bücken sich schon und denken bloß noch: abservieren — die Armbanduhren und vielleicht auch noch die Stiefel. Aber da spritzt es aus dem Holunderbusch aus meiner MP, und ich weiß nichts mehr, und mache einen Satz und werfe Handgranaten, und ich glaube, ich wäre selbst geplatzt, wenn ich gekonnt hätte. Einer stürzt, und noch einer, und einer krabbelt wieder auf, und einer läuft weg. Und ich brülle wie zehn nackte Wilde, und durch in vollem Lauf. Und hinter mir und rechts und links von mir zwitschert es, sie schießen hinter mir her, aber ich komme durch und komme schließlich zu meiner Truppe zurück. Und ich hatte doch überlaufen wollen, hatte doch ’rüber gewollt in die große Heimat. Und da erst, als ich daran dachte, knackste es bei mir . . .“

„Ja, es knackste!“

„Ja . . .“, sagte Koppmann.

„Hm . . .“, machte Schwender.

Meerkatz betrachtete Schwender und Koppmann, und in seinen Augenwinkeln saß ein Lächeln. Die beiden steckten selbst viel zu tief drin, sind gebrannte, beschädigte, durchs Wasser gezogene Zeugen, viel zu sehr der Wirklichkeit verhaftet, dem Dreck und Schweiß und Stöhnen viel zu nahe, als daß sie, vor das Dilemma zwischen Klassenbewußtsein und Selbsterhaltungstrieb gestellt, eine Antwort geben könnten. Meerkatz kannte die einzig mögliche Antwort, die die Theorie in diesem Falle bereit hätte. Es war ihm ein leichtes, sich ein anderes Dreimännerkollegium vorzustellen. Eine wirkliche Troika, wie sie vor kurzem noch in Moskau zusammentrat und jetzt in Berlin funktionierte. Er hatte bis ins einzelne gehende Vorstellungen von den Figuren und den Gesichtern; er kannte sie, und schneller als ein Augenzwinkern wäre in dem vorliegenden Falle der Spruch gewesen: „Selbstverständlich hättest du hinter dem Busch vorkommen und deine Hände hochheben müssen!“ Und auf die wahrscheinliche Einwendung Looses: „Na, und wenn ich’s gemacht hätte, doch bloß, um meinen Kopf hinzuhalten?“ hätte die Erwiderung unzweifelhaft gelautet: „Natürlich um deinen Nischel hinzuhalten. Da kam doch gar nischt anderes in Frage!“ Meerkatz hörte diesen Spruch, hörte ihn sogar in sächsischem Dialekt und so, als ob er in der Stube gesprochen würde.

„Na, Schwender, na, Koppmann?“ wandte er sich, da keiner etwas sagte, an seine beiden Kollegen.

„Sag mal, du, Koppmann, bloß so, was du so denkst!“ ließ Schwender sich vernehmen.

„Ja, schwer . . ., wenn man die Lage ehrlich ins Auge faßt, ist es schwer zu sagen, was er da hätte machen sollen! – Also lassen wir die Sache auf sich beruhen. Loose hat selbst damit fertig zu werden“, sagte Meerkatz. Er war ganz einverstanden damit, daß alles so im Leeren verlief; und in der Tat konnte so etwas nur in der gläsernen Luft der Theorie behandelt werden.

„Es knackst eben manchmal“, sagte er noch, und damit schien die Angelegenheit erledigt zu sein. Die andern erfuhren noch, daß Loose, zur Truppe zurückgekommen, zum Feldwebel befördert worden und das EK I erhalten hatte. An Überlaufen, das wußten sie ja bereits, hatte er nie mehr gedacht.

„Es ist spät geworden, und morgen früh müssen wir wieder auf dem Bahnhof antreten!“ — „Ja, wir hauen uns besser hin!“

Deutsche, Ungarn, Kroaten, Österreicher, Italiener . . . Tausende aus dem Hauptlager, andere Tausende aus den verschiedenen Zonen des Hauptlagers traten an jedem Morgen zur Arbeit an und marschierten in langen Kolonnen an die verschiedenen Arbeitsplätze. Da gab es Baustellen, Kiesgruben, Ziegelbrennereien; es gab auch die einfachere Methode, Ziegel aus Lehm zu formen und an der Sonne trocknen zu lassen, und überall in den Kies- und Lehmgruben, an den Ziegelöfen, an den Beton- und Mörtelmischmaschinen, auf den Verladerampen, den Lastautos und in den langen Karawanen der Panjewagen arbeiteten Haufen kahlgeschorener Plennij. Eine große Menge, darunter Brigaden aus dem Heimkehrerlager, arbeitete auf dem weiten Gelände des Umschlagebahnhofs, auf dem die russische Breitspur aufhörte und die westliche Bahnspur begann. Der Bahnhof Brest-Litowsk mit seinen ineinander verzahnten, breiten und schmalen Gleisen, erstmalig während der Zeit des deutsch-sowjetischen Paktes als Umschlagbahnhof für Getreide, Zucker, Naphta, Butter und alles, was Rußland dem im Kriege befindlichen Deutschland schickte, zu besonderer Bedeutung gelangt, hatte die gleiche und noch gesteigerte Bedeutung nach dem deutschen Zusammenbruch im Jahre 1945 wiedererlangt, um sie für lange Zeit zu behalten, dieses Mal für Transporte von Westen nach Osten. Schon seit Jahren rollten die Reparationstransporte über die Oder und durch Polen, um nach siebenhundert Kilometern Fahrstrecke donnernd auf einem der hundert Gleise des Brester Bahnhofs einzufahren und unter kreischendem Bremsen stehenzubleiben. Hochbeladene und vollausgelastete Güterzüge, manchmal zwanzig an einem Tag, und Brigaden deutscher Kriegsgefangener, ebenso Brigaden russischer Arbeiter lösten einander beim Abladen und Wiederbeladen in Tag- und Nachtschichten ab.

„Hau — ruck! hau — ruck!“

„Der Sowjettransport ist der fortschrittlichste in der Welt! Die Reparationstransporte erfordern Vervielfältigung unserer Anstrengungen, bringt auch die Transportschlacht zu einem siegreichen Ende!“

Der Blick August Meerkatz’ haftete an einem der überall hängenden Spruchbänder, ohne daß die Lettern das entsprechende Gedankenbild in ihm formten. Es war nichts …, nichts anderes als ein Blick an den leeren Himmel oder über das in Endlosigkeit wallende Land oder hinweg über das gehäufte Gerümpel dieses Bahnhofs.

„Hau — ruck, hau — ruck …“

Mit Brechstangen und Seilen und mit „Los, paßt auf!“ und „Fertig!“ hatte die Kolonne eine Revolverdrehbank auf die Planke gebracht und langsam abwärts gleiten lassen. Da stand sie nun, etwas nach vorne geneigt, und mußte zur Weiterbeförderung auf eine Unterlage gehoben werden. „Also, denn mal los, ihr haltet hinten fest und drückt auf den Schwanz, und wir hier vorn werden sie anliften und dann rauf auf den Bock … So geht es nicht, paß auf, die kippt um … Nitschewo, geht schon, muß gehen! … Hau—ruck, hau—ruck!“ Und die Maschine, eine halbe Tonne schwer, bewegte sich und kippte, wie vorausgesehen, nach vorn über. Ein paar Wellen verbogen, Hebel abgebrochen, die Präzisionsführung verzogen. „Nitschewo, hätte noch schlimmer kommen können! Weiter, ran, ans nächste. Wir haben unsere Norm!"

Das nächste war eine Bohrmaschine, das übernächste ein Federhammer.

„Gesellschaftliches Eigentum" – da steht es. Automobile mit verbogenen Spurstangen, eine Drehbank mit abgebrochenen Hebeln, eine Schnellpresse mit fehlenden Teilen, und da stehen Webstühle und Fräsmaschinen und Elektroapparate, wenn Regen vom Himmel fällt und in der Sonne, wenn die Sonne scheint, im Staub, wenn ein Wind weht.

Meerkatz war nicht bei der Sache.

„Du arbeitest für dich selbst ..." Die Losungen, von überdimensionalen Lautsprecherstimmen in den Raum getragen, waren inhaltloses Dröhnen, keinen Gedanken gaben diese aufdringlichen Forderungen ein, oder es mußten schon Gedanken der Auseinandersetzung sein! In solchem Zustand befand sich August Meerkatz, und die um das Birkenkästchen gerankte Geschichte Looses, auch das unterirdisch schwelende Nachspiel bedeuteten nur einen neuen Anlaß im langen Streit, in dem er sich mit sich selbst befand.

„Höher das Niveau unserer Arbeit! Erfüllt die Normen und übertrefft sie ..." Ja, erfüllen und übertreffen – wir übertreffen uns schon lange, an Wiedergutmachungswillen, an Selbstaufgabe, an Ergebenheit. Wir haben uns so weit übertroffen, daß wir darüber einschrumpften, nur noch Haut und Knochen sind, nicht gerade wir, die Brigadiere, die Aktivältesten, die Lagerführer, aber alle anderen. Diese dort ..., da standen neben Demontagegut, neben Gütern aus der laufenden Produktion, neben Schrott, eingeklemmt zwischen Leerzügen aus dem Osten an zwanzig Waggons mit einer aus dem Inneren Rußlands angerollten Menschenfracht. Eine Portion der von Molotow versprochenen Million rückkehrender deutscher Kriegsgefangener. Ausgemergelte ohne Namen, und wo die Waggontüren geöffnet waren, konnte man sie liegen sehen wie matte Fliegen. Hohlwangig, in zerlumpten alten Kitteln wankten einige an den Gleisen entlang, mit Kochgeschirren in den Händen, um an der Station Trinkwasser zu holen. Sie waren hier angekommen und erwarteten nun den Befehl, der ihnen einen anderen Waggon in einem der Züge der westlichen Spurweite anweisen sollte. Eine Fracht aus Tuberkulosen, Gelbsüchtigen, Malariakranken, Dystrophikern – das einzige Gut, welches das rollende Material, das Eisenbahnbrücken, Dampfhämmer, Funkstationen, komplette Laboratorien, Feuerwehrleitern, Zentralheizungen, Waschbecken, Teppiche, Kirchenfenster, alte Bilder, Handschriften, Regenrinnen, eiserne Beschläge, Schreibmaschinen, jedes nur denkbare demontierte Gerät oder jede denkbare von Menschenhand angefertigte Ware nach Brest gebracht hatte, in dem nicht abreißenden Faden der Leerzüge, dann und wann nach Westen zurückführte.

Aber nicht die in den Waggons liegende Auszehrung – jene andere, die wir an uns selbst vornehmen, der unser Bewußtsein, unser Gewissen, unterliegt, die Dystrophie des Geistes ist die schlimmere ..., diesen Gedanken hatte Meerkatz nicht selbst gefaßt, auch diesen Gedanken hatte das plötzlich aus alter Zeit aufgetauchte Gesicht ihm eingegeben, der unglückselige Auschug, der ihm einmal nahegestanden hatte, einer aus seiner Berliner Zelle, aus versunkener und fast vergessener Zeit, der im Sammellager in einem isolierten Raum liegt. Und man kann seine Argumente nicht einfach überhören, man muß sich damit auseinandersetzen, muß sie widerlegen. Anders würde man sich den Boden entziehen, auf dem man steht.

„Was ist das für ein Boden?“ fragte Auschug.

„Sklaverei, Kastenwesen, Stupidität“, antwortete er selbst.

Erinnert man ihn an das trotz aller Unzulänglichkeiten zu erstrebende Ziel, hat er nur ein hohles Lachen. Nun ja, er ist verbittert und hat dafür seine eigenen Gründe. Er hat drüben alles mitgemacht, den ganzen Aufbau – den ganzen „Abbau“, sagt er in seiner Verärgerung, bis er eines Abends hier auf dem Brester Bahnhof als Sterbender aus dem Waggon gekippt wurde. Aus Berlin war der Transport gekommen, genauer gesagt aus Oranienburg, aus dem KZ Oranienburg. Das gab es also auch schon wieder, gab es immer noch, das hatte in Wirklichkeit keinen Tag aufgehört.

Und dennoch, und trotz allem, man muß durch!

„Towarischtsch Meerkatz ...“ Der Brigadier Meerkatz wurde zur Bude des Dispatchers gerufen, um eine neue Anweisung entgegenzunehmen. Weitere Waggons zum Entladen wurden ihm zugeteilt. Als er zurückkam, mußte er seine Aktivisten erst wieder zusammensuchen.

Einen Teil von ihnen fand er neben den Waggons mit den Dystrophikern.

„Mensch, die sind das Angucken nicht wert", sagte einer.

„Die, der ganze Zug voll, das sind alles Saboteure!" wußte ein anderer.

„Die wollen keine Wiedergutmachungsarbeit leisten und haben sich selbst kaputtgemacht. Das Essen haben sie verweigert und Machorka gekocht und den Sud gesoffen, damit sie vorfristig nach Hause kommen!"

„So, die haben also Machorka gesoffen?"

„Und fressen wollten sie auch nicht mehr!"

„Ganze Züge voll Saboteure – und die werden noch belohnt und fahren jetzt nach Hause!"

„Nun habt ihr genug dummes Zeug gequatscht", sagte Meerkatz. „Steht hier nicht länger herum – wir haben unsere Norm, los an die Arbeit, dawai!"

Zwanzig, vielleicht auch dreißig Güterzüge standen an diesem Tage nebeneinander, und alles schien heillos verstopft. Dieser Bahnhof hatte eine tägliche Umschlagsmenge wie ein mittlerer Seehafen zu bewältigen, doch ohne die sonst in einem Hafen oder auf den großen Eisenbahnknotenpunkten vorhandenen modernen Lösch- und Ladeeinrichtungen, selbst Laderampen waren für die große Menge der Güter nicht vorgesehen. Brechstangen, oft waren es nur Schippenstiele, Hanf- und Drahtseile, Planken und Holzroller und im übrigen Menschenkraft waren die gegebenen Mittel.

„Dawai ..."

„Du arbeitest für dich selbst, je eifriger du arbeitest, desto reicher wird die Sowjetgesellschaft", brüllte es aus dem Lautsprecher.

„Dawai ..." — „Hau – ruck, hau – ruck!"

Während der Brigadier Meerkatz mit seiner Kolonne auf dem Brester Bahnhof Eisenbahnschienen aus einer Lore entlud, stand Oberst Zecke im Büro der Vierten Abteilung dem Sowjetmajor mit dem verkniffenen Gesicht gegenüber. Der Major hatte einen dicken Akt vor sich auf dem Schreibtisch liegen – den Akt Zecke. Er blickte kaum auf:

„Ssaditje! Setzen Sie sich!"

Die Stenotypistin spitzte Bleistifte.

Das Verhör begann mit den gleichen Fragen, die er hundertmal beantwortet hatte und deren Antworten ebensooft schriftlich fixiert worden waren. Soziale Herkunft, Entwicklung, Kadettenkorps, Fronteinsatz im Ersten Weltkrieg, Eintritt in die Reichswehr, Rapallo und das deutsch-russische Geheimabkommen, Zusammenarbeit der Reichswehr mit der Roten Armee, die eigene Kommandierung nach Rußland.

Es war ermüdend, das Programm war Zecke bekannt, mit dem Zweiten Weltkrieg, der Widerstandsbewegung des 20. Juli, mit seiner Gefangennahme, der Zeit seiner Gefangenschaft und den deutschen Offizieren, denen er in den Lagern begegnet war, würde es weitergehen. Er hatte das alles zu oft abhaspeln müssen und antwortete mit monotoner Stimme.

Die Befragung hielt bei Rapallo.

Rapallo und Tauroggen — die Verkoppelung der beiden Ereignisse, des Rapalloabkommens im Jahre 1925 und der am 30. Dezember 1812 zwischen dem General Yorck von Wartenburg und dem russischen General von Diebitsch abgeschlossenen Waffenstillstands- und Neutralitätskonvention, war dem Major wichtig, und er brauchte von Zecke eine Anerkennung solcher Parallele, um sein Gedankengebäude weiter aufbauen zu können.

„Geschichtliche Situationen sind fast immer einmalig, aus diesem Grunde sind Parallelen nur mit Vorbehalten zu ziehen“, sagte Zecke.

„Aber Sie anerkennen Ähnlichkeiten zwischen den beiden Abkommen, Herr Zecke?“

„Eine bedingte Ähnlichkeit zwischen beiden Situationen kann man zugeben“, erwiderte Zecke.

„Gut“, sagte der Major. — Es war eine Zensur, die Zecke erhielt.

„Gut, der General Yorck von Wartenburg ist als Held und Befreiungskämpfer in die preußisch-deutsche Geschichte eingegangen, war geradezu ein Vorbild Bismarcks und ebenso der deutschen Politiker, die im Jahre 1925 den Vertrag von Rapallo abschlossen. In Rapallo lebte der Geist von Tauroggen, auch im Hitler-Stalin-Pakt war dieser Geist noch lebendig, aber dann hat Hitler sich von ihm abgekehrt.“

„Ich hatte vorher schon meine Bedenken angemeldet. Es scheint mir etwas viel, was Sie unter einen Hut bringen wollen, Herr Major.“

Der Major zeigte ein verärgertes Gesicht.

„Formulieren wir: ohne Yorck von Wartenburg und das Abkommen zwischen Wartenburg und dem russischen General Diebitsch keine Wiedergeburt Preußens . . .“

So weit kam er, die Tür öffnete sich, und ein Sowjetoberst kam herein. Der Major und die Stenotypistin erhoben sich, auch Zecke stand auf. Der Oberst blieb vor Zecke stehen, deutete eine Verbeugung an, sagte: „Jegorow.“

Zecke verstand nicht sofort, dann begriff er: Der Oberst hatte sich ihm vorgestellt, das war ungewohnt.

Er verbeugte sich ebenfalls: „Zecke.“

Alle nahmen Platz.

Das Verhör ging weiter.

„Ohne Tauroggen kein preußisch-deutsches Reich, auch kein Bismarck und kein deutsches Kaiserreich“, sagte der Major und fuhr fort: „Ohne ein neues Tauroggen, ohne ehrliche und enge Zusammenarbeit zwischen Deutschland und der Sowjetunion ist keine Wiedergeburt Deutschlands möglich, kein Aufstieg, keine Befreiung.“

Oberst Jegorow griff in das Gespräch ein.

Er hatte eisgraue Augen, blondes, anliegendes Haar, ein intelligentes Gesicht und sprach Deutsch mit einem leichten slawischen Akzent.

„Damals hatte Napoleon Preußen niedergeworfen. Sind Sie nicht der Meinung, Herr Oberst Zecke, daß die Verhandlungen des russischen Generals Diebitsch und des preußischen Generals Yorck von Wartenburg für Preußen nach dem Napoleonischen Krieg die Wende einleitete? Sind Sie nicht weiter der Meinung, daß der Zustand Preußens, gedemütigt und zerrissen, wie es nach dem Tilsiter Frieden war, dem Zustand Deutschlands nach dem Jahre 1945 in verzweifelter Weise gleicht, und ist der Gedanke nicht naheliegend, daß ein deutsch-sowjetisches Zusammengehen auch im gegenwärtigen Fall zum Vorteile Deutschlands gereichen müßte?“

„Sprechen Sie mit dem Kriegsgefangenen Zecke, Herr Oberst Jegorow?“

„Ich spreche ausschließlich mit Ihnen, Herr Oberst Zecke! Ich spreche als Soldat zum Soldaten, als Offizier zum Offizier, von Mensch zu Mensch und möchte Ihre ganz persönliche Meinung hören.“

„Als Oberst Zecke muß ich ihnen antworten: Der russische General von Diebitsch verhandelte mit dem preußischen General Yorck von Wartenburg, der an der Spitze seiner Truppen stand. Yorck verhandelte mit Diebitsch von Macht zu Macht. Die Armee Yorcks konnte in dem Ringen zwischen der russischen und Napoleonischen Armee in jenem historischen Augenblick das Zünglein an der Waage bedeuten. Die Situation war für Preußen damals eine grundsätzlich andere als die, in der sich Deutschland heute der Sowjetunion gegenüber befindet."

„Worin besteht nach Ihrer Meinung, Herr Oberst Zecke, die grundsätzlich andere Lage des heutigen Deutschlands?"

„Wenn Sie zu mir, Herr Oberst Jegorow, als Soldat zu Soldat, als Mensch zu Mensch sprechen und nicht als Sieger zum Besiegten, nicht als Herr zum Gefangenen, dann erübrigt es sich, Ihnen die Situation meines von den Sowjettruppen besetzten Landes zu schildern; es erübrigt sich auch, auf die traurige Rolle hinzuweisen, die einem Yorck von heute zugemutet würde. Ich bin weit davon entfernt, Napoleon und Stalin auf dieselbe politische und moralische Stufe zu stellen, wie ich auch Napoleon und Hitler nicht auf eine Stufe stellte. Dazu habe ich viel zu großen Respekt vor Napoleons Größe, vor seinem Wollen, seinem Können und seinen Zielen. Eine Parallele scheint sich dennoch zu ergeben. Die Rolle Napoleons nach dem Frieden von Tilsit gegenüber Preußen ist cum grano salis mit der Stalins zu vergleichen, abgesehen davon, daß Napoleon nicht die Bevölkerung großer Gebiete Preußens bei Nacht und Nebel verjagte. Angesichts der Oder-Neiße-Linie fällt es schwer, von einem neuen Tauroggen, von der deutsch-sowjetischen Zusammenarbeit zu sprechen. Sie, Herr Oberst Jegorow, sind Soldat einer Großmacht, die, auf den Sieg ihrer Waffen pochend, ein Drittel meines Vaterlandes annektierte und die Bevölkerung aus den abgetrennten Gebieten vertrieb. Sie sind Soldat, wie würden Sie an meiner Stelle von einem Soldaten denken, Oberst Jegorow, der unter den Bedingungen, in denen sich jetzt Deutschland und das deutsche Volk befinden, auch nur mit dem Gedanken eines neuen ‚Tauroggen' spielen würde?"

Auf dem Gesicht des Majors malte sich unverhohlene Wut.

Soll ich diesen Unverschämten nicht sofort abführen lassen? schien sein Blick zu fragen. Aber Oberst Jegorow schien seine Unruhe nicht zu bemerken. Er blieb gelassen und erwiderte in verbindlichem Ton: „Andere deutsche Offiziere, Kameraden von Ihnen, spielen nicht nur mit dem Gedanken eines neuen Tauroggen, sie sind den Weg nach Tauroggen gegangen. Wollen Sie etwa dem Marschall Paulus patriotisches Gefühl und Verantwortungsbewußtsein gegenüber seinem Volk absprechen?"

„Feldmarschall Paulus mag das mit seinem Gewissen abmachen, ich folge meinem eigenen Gewissen. Heute von Tauroggen sprechen und die Bedingungen der Neutralitätskonvention zwischen Yorck und Diebitsch mechanisch auf die heutige Situation Deutschlands übertragen — das können nur Narren oder Schufte."

„Rechnen Sie Herrn Paulus oder Herrn Pieck zu einer dieser beiden Kategorien?"

„Die Antwort darauf will ich Ihnen überlassen, Herr Oberst Jegorow."

Der Major konnte kaum noch an sich halten. Er war wie eine Bulldogge, die an ihrem Strick zerrt und danach lechzt, losgelassen zu werden, um den Lästerer zu zerfleischen.

„Ich gebe zu", setzte Oberst Jegorow in dem gleichen ruhigen Ton fort, „daß eine Reihe konkreter Bedingungen nicht gerade für eine sowjetisch-deutsche Zusammenarbeit zu sprechen scheinen, obwohl man nicht nur die eine Seite sehen darf, sondern den weltpolitischen Rahmen in Betracht ziehen muß. Nur ein Drittel Deutschlands ist sowjetisch, zwei Drittel sind von den Westmächten besetzt. Für eine deutsch-sowjetische Zusammenarbeit sind eine Reihe Bedingungen vorhanden, andere fehlen vielleicht noch, sind erst noch zu schaffen. Welche Voraussetzungen erscheinen Ihnen von deutscher Seite aus als unabdingbar?"

„Deutschland hat die Schäden, die unter Hitler in Ihrem Lande angerichtet wurden, wiedergutzumachen! Andererseits sind von deutscher Seite aus unabdingbare Voraussetzungen für eine Zusammenarbeit: Aufhebung der Oder-Neiße-Grenze, Rückgabe der annektierten Provinzen, Hilfeleistung bei der Zurückführung der Bevölkerung ..."

Der Major war am Ende. Er schlug mit der Faust auf den Tisch, brüllte: „Idi k tschortju, geh zum Teufel, jub twoi ..." Dieser unvorhergesehene Ausbruch beendete die Sitzung.

Oberst Jegorow stand auf, verbeugte sich:

„Ich danke Ihnen, Herr Oberst Zecke. Übrigens findet in diesen Tagen die Londoner Konferenz statt. Ich werde dafür sorgen, daß Ihnen die Zeitungen darüber zugestellt werden."

Zecke war entlassen, war wieder draußen, wußte nicht, was er von alledem zu halten hatte. K tschortu . . ., das war ehrlich, was aber war das andere; fast war er imstande, den höflichen Jegorow zum Teufel zu wünschen.

Es vergingen weitere Tage. Zum Verhör wurde er nicht mehr vorgeladen. Auch sonst geschah nichts; er blieb weiter im Übergangslager. Er sah noch einen deutschen Oberleutnant an der Spitze von vierzig Mann in das Lager einmarschieren. Viererreihen, Gleichschritt, Uniformen aus erbeuteten Beständen des ehemaligen Arbeitsdienstes. Sogar eine Fahne hatten sie, und sie sangen: „Höher und höher . . ., trotz Haß und Hohn . . ., jeder Propeller singt surrend . . ., wir schützen die Sowjetunion . . ."

Mit diesen für die Volkspolizei in der Sowjetzone geschulten vierzig Mann war die Heimkehrerliste komplett. Zecke stand immer noch darauf, er war noch nicht gestrichen worden. Sein Name stand noch auf der Liste, und er befand sich noch bei dem Heimkehrerhaufen, als der letzte Morgen kam und aus dem Lager nach dem Bahnhof Brest abmarschiert wurde. Die Zeitungen über die Londoner Konferenz, die resultatlos abgebrochen wurde, hatte er übrigens erhalten, und nicht nur ostdeutsche, auch Zeitungen aus Westdeutschland mit den abgedruckten Kommentaren aus Frankreich und England.

Sie standen auf dem Bahnhof.

Alle . . ., Zecke, Koppmann, Meerkatz, Feldwebel Wustmann, auch Feldwebel Loose, an dem das durch seine Birkenkästchengeschichten aufgezogene Unwetter vorbeigegangen war. Sie mußten noch warten. Die für einen aus dem Osten eingetroffenen Dystrophikertransport bestimmten leeren Güterwaggons waren schon auf das Abfahrgleis rangiert worden. Zwei Personenwagen für die Aktivisten aus dem Heimkehrerlager wurden hinten angehängt. Dann war die Zeit gekommen — sie durften einsteigen. Zecke sah von seinem Fensterplatz aus die mit der Breitspurbahn angekommenen Elendsgestalten des Dystrophikertransports aussteigen und ihre Plätze in den Waggons der deutschen Spurweite einnehmen. Das gelang nicht allen ohne die Hilfe der anderen. Einige unter ihnen konnten vielleicht noch auf eigenen Füßen stehen, aber nicht mehr gehen, ohne gestützt zu werden; andere mußten überhaupt getragen werden. Krank waren alle, manche schwerkrank, es gab auch Sterbende. Und es war der Gedanke, nicht in Brest, sondern in der Heimat begraben zu werden, der sie noch aushalten ließ. Der Zug stand noch lange. Das Umsteigen hatte den Dystrophikern nichts genutzt. Sie mußten noch einmal aussteigen und zwischen den Gleisen antreten. Hier auf der letzten russischen Station als „transportunfähig" zurückzubleiben, war das Schlimmste, was passieren konnte, so kletterten auch jene, die kaum dazu imstande waren, aus den Waggons heraus, nahmen ihren Platz in der Reihe ein und hielten sich gerade, auch wenn es ihnen vor den Augen flimmerte. Aber sie hatten sich geirrt, es handelte sich hier um anderes als um eine letzte Musterung auf Transportfähigkeit. Brest hatte nicht genug Arbeitskräfte und war nicht imstande, die durch Sterbefälle sinkende Kopfzahl aufzufüllen, und andere Lager waren nicht gewillt, Arbeitsfähige an das Lager Brest abzugeben. Hier standen nun die Rekruten, arbeitsunfähig aus den Lagern im Osten entlassen, hatten sie doch acht oder vierzehn oder mehr Transporttage in völliger Ruhe verbracht, und der eine und andere hatte sich von dem vorangegangenen Zusammenbruch wieder erholt. Da standen sie, die Knie durchgedrückt und die Brust vorgereckt, darum bemüht, einen guten Eindruck zu machen. Der Arzt des Sammellagers hatte mit dem eingetroffenen Transportführer die Sache schon bei einem Gläschen Wodka besprochen, und beide schritten jetzt an der Spitze ihrer Mitarbeiter an der Reihe entlang. Es war nicht nötig, daß die Angetretenen wie bei den in den Lagern periodisch durchgeführten Arbeitsuntersuchungen ihre zerschlissenen Fetzen auszogen, um sich entblößt zu zeigen. Es konnte sich hier auch um keine der üblichen Einstufungen handeln — Arbeitsfähig I, II, III oder Dystrophiker I, II, III. Wenn ein Paar Augen nicht ganz tief in den Höhlen lagen und der Kopf noch nicht solche Abmagerung zeigte, daß die Schädelnähte unter der Haut zu sehen waren, ließ der Arzt die Brust frei machen, knipste mit zwei Fingern die Haut über dem Brustbein zusammen, und wurde dabei noch ein Hauch von Fett spürbar, so war ein Arbeitskandidat gefunden. Ein paar Tage Aufenthalt im Lazarett und einige Extraportionen Kascha, und der Patient konnte einer der Arbeitsbrigaden zugeteilt werden. So wurden eine Anzahl von dem Arzt und seinen Helfern ausgewählt, ehe die übrigen wieder einsteigen durften.

Endlich war auch diese Prozedur überstanden – für die Betroffenen, die zwischen den Gleisen angetreten waren, auch für die Zuschauer hinter den Fenstern der beiden Aktivistenwaggons. Der Mann mit der roten Mütze, das Abfahrtssignal. Die Räder rollten, der Zug glitt aus dem Bahnhof Brest hinaus, fuhr auf einem Gleis deutscher Spurweite, fuhr nach Westen.

Unglaublich ..., weder die auf den nackten Planken der Dystrophikerwaggons Ausgestreckten noch die Aktivisten in den Personenwagen konnten es recht fassen, am allerwenigsten Zecke. Es gibt Potemkinsche Dörfer – sollte es nicht auch Potemkinsche Fahrten auf Gleisen westlicher Spurweite geben? Aber von dem in der gleichen Nacht auf einer Behelfsbrücke passierten Fluß wurde gesagt, es sei die Weichsel, und die in der Finsternis zurückbleibende Ruinenstadt war unzweifelhaft Warschau. Die Fahrt ging weiter durch leeres Land, vorbei an entvölkerten Städtchen, an Stationshäusern hingen noch Schilder mit den deutschen Stationsnamen. Und es geschah nichts, kein Befehl holte den Zug ein, keine Order veranlaßte ihn zurückzukehren.

Ein grauer Morgen, nasse, in Morast ertrinkende Straßen.

Die Räder rollten ganz langsam. Neben dem im Schrittempo fahrenden Zug liefen Frauen her, deutsche Frauen, und sie riefen: „Habt ihr nicht ein bißchen Brot?" Sie mußten doch sehen – vierzig Waggons mit heimkehrenden Kriegsgefangenen, mit Verhungerten, wieder Aufgepäppelten und abermals Ausgezehrten. Sie sahen und wußten es und bettelten dennoch, und warfen sich hin und balgten sich mit einem Rudel rachitischer Kinder um ein Stück trocknes Brot, das ein Plennij hinausgeworfen hatte. Das war unerwartet, und wer es beobachtete – und Zecke und Meerkatz und Wustmann und die Plennijs in den Viehwagen mit den geöffneten Mitteltüren beobachteten es –, dem erschien es schlimmer als alles, was in Gefangenschaft gewesen war.

Zecke war noch dabei, als auf dem Bahnhof in Frankfurt an der Oder alle ausstiegen. Er wanderte noch zusammen mit den anderen über die Holzbrücke und nach Gronenfelde. Er sah noch den für die Ankommenden geschmückten Platz, die Fahnen und Losungen und hörte die Ansprache eines aus Berlin eingetroffenen SED-Mannes: „Ihr seid nun wieder auf deutschem Boden. Es ist nicht alles so, wie ihr euch das vielleicht vorgestellt habt. Viel haben wir noch zu tun. Es ist eine große Schuld, die das deutsche Volk auf sich geladen hat und die wir abarbeiten müssen. Deshalb sind wir auch stolz auf euch, denn ihr habt schon Wiedergutmachungsarbeit geleistet, und was Planwirtschaft ist, das kennt ihr ja auch bereits ..."

Zecke hörte noch diese Rede, nahm seinen Entlassungsschein entgegen, stand auf dem Bahnhof neben den andern, die zum erstenmal wieder selbst Fahrkarten hatten lösen dürfen und nun ohne Bewachung abfahren oder auch nicht abfahren konnten, die tun und lassen durften, wie und was sie wollten — und als der nach Berlin bestimmte Zug einlief und alle einstiegen, legte sich eine Hand auf seine Schulter und eine leise Stimme sagte: „Sie müssen noch einmal mitkommen in die Budka, Herr Oberst Zecke."

Sie müssen noch einmal mitkommen, Herr Oberst Zecke... Eine Tür flog zu, eine Tür in einem Verschlag der Holzbude auf dem Bahnhof Gronenfelde, eine Tür im vergitterten Teil eines Waggons der deutschen Spurweite, später der russischen Spurweite, die Tür des „Schwarzen Raben", der ihn in Moskau vom Weißrussischen Bahnhof zur Lubjanka brachte, die Tür zur Zelle des Isolators im Lubjanka-Gefängnis, in der Tag und Nacht Licht brannte und kein Unterschied mehr zwischen Tag und Nacht war.

Kein Unterschied zwischen Tag und Nacht. Tage, Wochen, Wege durch unterirdische Gänge zu Verhören. Immer noch dasselbe Programm ..., Kadettenkorps, Erster Weltkrieg, Zweiter Weltkrieg, Reichswehr, Rapallo, Hitler, der 20. Juli. Zurück durch die Kellergänge, und der Wächter bleibt stehen, bietet dir (er hat einen solchen Befehl) eine Zigarette an und reicht dir Feuer, und du weißt nicht, ob das der Moment ist, in dem es knallen und du ausgelöscht sein wirst.

Wieder Tage, Wochen, Monate.

Kein menschlicher Laut, kein menschliches Gesicht... Öffnet sich eine Tür, ist der Gang dahinter leergefegt. Gänge, Treppen, unterirdische Verbindungstüren von Trakt zu Trakt, und Schweigen ist dein Begleiter. Wieder öffnet sich die Zellentür, und Lichtsignale melden freie Straße. Die Weiche ist diesmal anders gestellt. Du gelangst auf einen Hof. Dort wartet der „Schwarze Rabe“, trägt dich zum Bahnhof. Du hörst das Schnauben einer Lokomotive, besteigst einen Waggon, wirst in einen vergitterten Kasten gesetzt. Der Zug tost unter einem bleischweren Himmel dahin. Den Himmel spürst du wieder, und auch Tag und Nacht unterscheidest du, denn durch die Gitterjalousien sickert Licht. Tage und Nächte, draußen heulender Schneesturm, dann Stille, und die Fahrt geht über gefrorene, wie ein Totenhemd ausgebreitete Erde.

Ein Lager, ein Offizierslager ...

In Lumpen vermummte Gespenster stachern durch kniehohen Pulverschnee, stehen am Ende des Lagerzauns, starren über verwehte Stacheldrahtpfosten nach Westen, immer nach Westen. Noch glimmt in ihnen der Funke, noch haben sie Hoffnung, und auch du beginnst wieder, stehst neben den andern, eine Vogelscheuche mit flatternden Rockschößen, und starrst durch fallende weiße Flocken und denkst an Deutschland.

Gibt es das noch?

„Dawai, Zecke, Transport!“

Wieder der vergitterte Kasten. Der Schnee draußen wird zu Wasser, Tage dauert die Eisenbahnfahrt. Am Jaroslawski-Bahnhof in Moskau wartet der „Schwarze Rabe“. Am Ende der Fahrt durch die Moskauer Straßen wartet die Lubjanka.

Die Lubjanka, Haus des Schweigens, früher ein riesiges Geschäftshaus, jetzt das Gefängnis mitten im Häusermeer Moskaus. Ein Gefängnis voller Absonderlichkeiten und Kontraste, ein Zerrspiegel des Lebens draußen, des Lebens und Sterbens. Es gibt den Isolator mit Einzelzellen, gibt ganze Gebäudefluchten mit den Verhörzimmern, in denen grüne Vorhänge vor den Fenstern keinen Blick nach außen auf die Straße öffnen. Es gibt Abteilungen mit Massenzellen, auch mit Massenfolterungen — in einer dieser Zellen haben einmal die „Valutschikis“, die Inhaber von verborgener Valuta und verstecktem Gold, gesessen und, unter einströmendem Dampf bis an die Grenze des Erstickungstodes getrieben, ihre Verstecke preisgegeben. Die „Valutschikis“ wurden von politischen Häftlingen abgelöst, und auch sie wurden durch die von Ärzten durch dicke Glasscheiben beobachteten gleichen Foltermethoden zu Massenaussagen und kollektiver Anerkennung der ihnen vorgeworfenen Schuld getrieben. Es gibt Fluchten von Büroräumen mit indirekter Beleuchtung. Ateliers mit Oberlicht und Zeichentischen und emsig arbeitenden Konstrukteuren. Der zum Tode verurteilte und dann begnadigte Ramsin, der auch nach seiner Verurteilung seine Vorlesungen an der Technischen Hochschule nicht unterbrach, hat einmal mit einem Stab von Ingenieuren in einer solchen Abteilung gearbeitet und Projekte für die Industrialisierung des Landes entworfen. Es gibt auch Appartements mit GPU-Wärtern, die wie Diener gekleidet sind und sich wie Diener benehmen. Es gibt Schränke mit schweren Eichentüren, die nach Wochen plötzlich aufgehen und dem Verhungernden den Ausblick auf einen Nachbarraum öffnen und auf den dort aufgestellten festlich geschmückten Tisch voll ausgesuchter Leckerbissen. Es gibt Überraschungen, immer wieder andere.

Zecke kehrte in die Lubjanka zurück.

Diesmal nicht in den Isolator, diesmal bezog er ein Appartement — ein Studierzimmer mit einer Schlafnische, nebenan ein eigenes Bad. Gefüllte Bücherregale — Meyers Konversationslexikon, eine alte Ausgabe, Clausewitz' *Vom Kriege,* Delbrücks *Geschichte der Kriegskunst,* Rüstow *Geschichte der Infanterie,* Militärzeitschriften und militärische Jahrbücher aus den USA, aus England und Frankreich, Fichtes *Reden an die deutsche Nation,* viele Bücher über die deutsche und preußische Geschichte, auch neuere Bücher, Clemenceau und Churchill, Protokolle der Konferenzen von Casablanca, Teheran und Jalta, aber keine belletristische Literatur. An jedem Morgen wurden ihm die neuesten Zeitungen gebracht, deutsche und französische und englische. Vor seinem Fenster war ein dicker grüner Vorhang. Als er den Vorhang aufzog, war dahinter nichts, nur die weißgetünchte Wand. Sein Dasein schien endgültig besiegelt. Es konnte ihm nichts mehr bedeuten, daß der Wärter, als er ihn einmal herausrief und er seinen Uniformrock noch in Ordnung bringen wollte, zu ihm sagte: „Das brauchen Sie nicht mehr!" Es bedeutete dann abermals nichts, als er auf dem Kellergang zum Stillstehen veranlaßt wurde und statt des Knalls, den er erwartete, eine Tür aufsprang und er plötzlich einer Zahnärztin in weißem Kittel gegenüberstand, die dann, wahrscheinlich auch eine Gefangene, stumm hantierend seine Zähne untersuchte. Anscheinend waren auch Tote prophylaktisch gegen Zahnschmerzen zu behandeln.

Er las Zeitungen, griff nach den bereitstehenden Büchern nur dann, wenn ihr Inhalt die Grundlagen des aktuellen Geschehens zu erhellen vermochte. Er ertappte sich selbst dabei, daß ein geradezu professionelles Interesse am militärischen und politischen Geschehen draußen ihn gepackt hatte.

Warum eigentlich noch, warum spielte er noch mit? Er sieht es doch, sieht es täglich, daß man ihm sogar Geheimsachen auf den Tisch legt. Eine Rückkehr ist also undenkbar. Sein Leben hat er in dem abgesteckten Kreis abzuschließen.

Nein, sein Leben ist schon abgeschlossen. Der Tod hat seine Hippe draußen an der Mauer abgestellt und hat ihn allein weitergehen lassen. Warum also noch, warum schlägt er nicht selbst die Tür zu mit lautem Knall? Aus religiösen Gründen? Vielleicht – und außerdem, hat er nicht selbst einmal gewünscht, nach seinem Tod von einem Stern herabblicken zu dürfen? Hier hatte er es, der Wunsch war ihm erfüllt worden.

Er wurde wieder zum Verhör gerufen. Der Weg durch viele Türen, über Treppen, durch ein Labyrinth leergefegter Gänge. Das Untersuchungszimmer und der schon bekannte GPU-Beamte, neben ihm saß ein anderer, ein Armeeoffizier. Er erkannte ihn sofort wieder. Oberst Jegorow, aus der Vierten Abteilung der Roten Armee. Jegorow war befördert worden, war jetzt Generalmajor. General Jegorow stand auf, deutete eine Verbeugung an, auch Zecke verbeugte sich. Es war, als ob sie erst gestern im Lager Brest-Litowsk einander gegenübergestanden hätten.

„Bitte setzen Sie sich, Herr Oberst Zecke!"

Zecke und Jegorow nahmen Platz an einem runden Tisch. Der GPU-Beamte blieb hinter seinem Schreibtisch, verschwand fast hinter der abgeblendeten Schreibtischlampe. Der dicke Akt „Zecke" vor ihm blieb unaufgeschlagen.

Es war seit langer Zeit das erste Verhör – das erste einer Serie, die Nacht auf Nacht einander folgten, und es waren kaum noch Verhöre, waren Unterhaltungen, und sie betrafen Deutschland, betrafen in dieser Periode Berlin.

Was war Zecke, und was bedeutete er dem höflichen Jegorow und seinem Auftrag – das an die Nadel gespießte Exemplar einer Art, die in der Wirklichkeit nicht mehr vorhanden war, aber in verschütteten Seelenschichten der draußen Lebenden noch weiter existierte, und mitbestimmend werden konnte? War er das Objekt in der Retorte, das Präparat unter den Hohlgläsern eines mikroskopischen Apparates, gab er Auskunft über Reaktionen, die von Teilen der deutschen Bevölkerung zu erwarten waren, auch über die Grenzen des Zumutbaren, über die Grenzen des Druckes, dem die unter eine Zwangsherrschaft gefallene Bevölkerung ausgesetzt werden konnte, ohne zu explodieren und zur Ursache einer Kettenreaktion von Erschütterungen zu werden? Zecke war alles das – ein festgeheftetes Objekt, ein dauernder Beobachtung zugängliches Präparat. Er reagierte ohne Bedenken, hatte keinen Rückhalt und brauchte keine Zuflucht mehr, denn es war ausgemacht, war eine stumme, niemals ausgesprochene, allerdings einseitig getroffene Vereinbarung, daß er alles hinter sich hatte, der Bewohner eines Schattenreiches war, aus dem es keine Rückkehr mehr gab. So sprach er auf jeder der nächtlichen Sitzungen wie in seiner letzten Stunde, beantwortete an ihn gerichtete Fragen mit der gleichen Unumwundenheit, wie er sie auch einem überirdischen Richter über die Lebenden und Toten entgegengebracht hätte. Es gab keine Rücksichten, andererseits auch keine Beschönigungen gegenüber dem sowjetischen Partner und dem von ihm repräsentierten System, und das machte ihn als Objekt nur noch wertvoller.

Generalmajor Jegorow konnte sich gratulieren. Er hätte sein Präparat nicht besser auswählen können. Er persönlich wünschte Zecke nichts Schlechtes, hatte auch in Brest-Litowsk ihm nichts Böses antun wollen. Er hatte nur einen sachlichen Bericht über jenes Verhör geschrieben und in der von ihm verfaßten Charakteristik angegeben, daß Oberst Zecke in Freiheit gesetzt ein potentieller Gegner sein könnte, andererseits aber zu noch wichtigen Informationen imstande schien. Er selbst war dann überrascht, als ihm nach Jahr und Tag und zu Beginn des aktuell werdenden politischen Kampfes um Berlin der Akt „Zecke“ auf den Tisch gelegt wurde und er so erst erfuhr, daß Zecke sich noch immer in Gefangenschaft, und zwar in einem Lager hinter dem Ural befand. Er war es dann, der dessen Überführung nach Moskau und die Sonderbehandlung in der Lubjanka veranlaßt hatte.

Zecke sprach aus dem ganzen Fundus seines Herkommens, seiner

Erziehung, seiner Erfahrungen, und das Thema dieser Serie der Unterhaltungen — es sollten nach Unterbrechungen noch andere Serien folgen — war Berlin, das Schicksal dieser Stadt und die möglichen Auswirkungen der Berlin angetanen Gewalt in der Arena der Weltpolitik, die sich nur zu leicht in die Arena eines neuen Weltkrieges verwandeln könnte. Und Zecke war orientiert — nicht schlechter als der Kreml, die Downing Street oder der Quai d'Orsay. Dabei war er konzentrierter. Es gab für ihn keine Ablenkung. Sein Blick kam aus dem Jenseits, war ungetrübt von Eitelkeiten, von persönlichen Wünschen. Er war ledig jeder Hoffnung. Das ihm zur Verfügung stehende Fernrohr war auf nur ein einziges Objekt gerichtet; aber was diesen Gegenstand betraf, war ihm alles offen — Geheimberichte, Zeitungen, illustrierte Blätter, im Berliner Magistrat beschlagnahmte Akten, selbst Stapel angehaltener Briefpost aus Berlin nach dem Westen (bereits gesichtet und nach Sachgebieten geordnet wie früher einmal die schriftliche Ausbeute von den Schlachtfeldern) waren ihm massenhaft in seine Zelle geschüttet worden.

Sein Fernrohr war auf die Stadt Berlin gerichtet — auf die zerschlagene, unter Staub und Asche begrabene Metropole, unter deren Trümmerkruste noch unversehrt ein heißes Herz schlägt.

Waren es nicht drei Trümmerstätten, die am Anfang der abendländischen Zivilisation standen — entstieg der Monotheismus nicht gleich dem Vogel Phönix der Asche Jerusalems, war die Leidenschaft zur Philosophie, die Liebe zum Wahren und Schönen nicht das Vermächtnis des todgeweihten Athen, erhob sich die Idee der auf bindendes und festgefügtes Recht gegründeten Weltorganisation nicht aus dem zerfallenden Rom.

Welcher rote Vogel will der Asche Berlins entsteigen, welches Wort ist Berlin im Begriff auszusprechen?

Berlin ist verurteilt, ist verstorben, gebunden mit Grabtüchern, verhüllt mit Schweißtüchern ... Jegorow, eine Legion Jegorows wälzen den Stein, wollen es auf immer verschütten ...

Verurteilt ..., und der Verurteilte nimmt das Urteil nicht an, der Verstorbene will seinen Tod nicht zur Kenntnis nehmen: das ist das Problem, so sieht es Jegorow.

Berlin war das Thema der ersten Gesprächsserie zwischen Jegorow und Zecke. Berlin zwischen Ost und West, im Brennpunkt des Kalten Krieges, in Finsternis und Hunger und Kälte. Die Komödie der vorgeschobenen Strohpuppen war abgelaufen. Das mitten in Berlin aufgefahrene riesige trojanische Pferd war geplatzt. Die Mannschaft hatte aussteigen und einer nach dem andern hatte zulassen müssen, daß eine hoch erhobene Laterne sein Gesicht ableuchtete.

Was war herausgekommen?

Ein freundlicher und liebenswürdiger Oberbürgermeister, hoffnungslos überaltert und hoffnungslos hilflos. Ein von der russischen Geheimpolizei in sein Amt eingesetzter Polizeipräsident. Ein Personalchef des Berliner Magistrats, der zuhause in seinem Kleiderschrank noch die russische Hauptmannsuniform hängen hat. Ein Leiter der Volksbildung, ein Leiter der Sozialfürsorge, ein Leiter des Arbeitseinsatzes, Bezirksbürgermeister und Stadträte, früher selbst Opfer und mißhandelt von Bütteln und nun selbst beauftragte Büttel, ein Kulturbundpräsident und seine endlosen Tiraden über deutsche Tradition, deutsches Wesen, deutsche Klassik und deutschen Humanismus ohne Inhalt . . ., ein tönend Erz, eine klingende Schelle und hatte der Liebe nicht; und der ihm ins Gesicht gefallene Laternenschein zeigte Verzweiflung und Hoffnungslosigkeit (es gibt nichts, wofür es sich zu leben oder zu sterben lohnt).

Was war herausgekommen aus dem Bauch des trojanischen Pferdes? Dichter mit falschen Zungen, kommandierte Politiker, Irreführer und Irregeführte — sie konnten die Stimme der Berliner nicht erhalten.

Die Kommunistische Partei würde der stärkste politische Faktor Berlins werden — einer der Vorgänger Jegorows in der Reihe der Verhöroffiziere der IV. Abteilung hatte es behauptet und der andersartigen Meinung Zeckes gegenüber hinzugefügt, daß der Druck der sowjetischen Besatzungsmacht für einen eindeutigen Wahlsieg genügen würde.

Berlin wählte — die Kommunisten blieben in hoffnungsloser Minderheit, auch die aus der Mauserung als „Einheitspartei'" hervorgegangene Kohorte vermochte das Vertrauen der Berliner Wähler nicht zu gewinnen.

Berlin war nicht zu meucheln . . . Berlin, geplündert, ausgeräubert, und in der Gesamtheit nicht anders als seine durch Wochen und Monate hindurch vergewaltigten Frauen behandelt, war gutem Zuspruch nicht mehr zugänglich. Offene Gewalt blieb das einzige Mittel — es war ein schlechtes Mittel. — Grigorij Malenkow hatte gewarnt:

„Wir sitzen hier im Herzen Europas und die Zuckungen dieses Herzens werden weithin gespürt“, hatte allerdings hinzugesetzt: „was nicht heißen soll, daß wir nicht auch hier . . .“

Daß wir nicht auch hier . . . das war der treibende Motor.

Die Kohorten stürmten die Zeitungskioske. Westberliner Zeitungen, auch Bücher, wurden beschlagnahmt und öffentlich verbrannt. Bestellte Kohorten stürmten den Berliner Magistrat, verjagten die Stadtverordnetenversammlung — eroberten schließlich nur das Gebäude. Die Stadtverordneten, soweit sie nicht hörig waren, zogen um nach Schöneberg in den Westsektor.

Berlin war gespalten — in Ost und West. Das war erst der Anfang. Ost sollte West in die Knie zwingen, war dazu außerstande, war dazu auch nicht willens.

„Bein vom gleichen Bein, Rixdorf gegen Schöneberg, das geht nicht, auch kommandiert geht es nicht“, war der Kommentar Zeckes. Er konnte aus einer Zeitung einen Bildbericht vorweisen. 200 000 Berliner auf dem Platz der Republik. Es war schlechtes Wetter, grauer Septemberhimmel. Regen fiel, aufgespannte Regenschirme weithin, bis zu der amphitheatralisch das Forum umgebenden Ruinenkulisse. Die Gesichter unter den Regenschirmen, unter hochgeschlagenen Kapuzen, unter Hüten und Mützen. — „Betrachten Sie die Gesichter, Herr General Jegorow. Dieser hier mit der Brille ein Student, dieser ein Eisenbahner, dieser ein Arbeiter, der auch, eine Hausfrau, ein Kriegsbeschädigter, der ein ehemaliger Offizier, diese Dame mit dem angespannten Ausdruck vielleicht eine Schauspielerin, vielleicht eine Modistin. Betrachten Sie die Gesichter, Herr General . . ., grau sind alle, eingefallen von Hunger sind alle. ‚Kommt nich in die Tüte‘ — das sagen alle, Herr General. Sie finden sich mit der Spaltung ihrer Stadt nicht ab, noch weniger sind sie dazu zu bewegen, ihren Vergewaltigern Ovationen darzubringen. Sehen Sie dort, dieser Junge, daneben gleich noch einer, zwei Vierzehnjährige, sie tun es nicht. Keiner tut es, studieren Sie die Physiognomien, dort die Modistin, dort die Scheuerfrau, Sie können sie vergewaltigen (das ist ihnen auch geschehen), aber sie stehen wieder auf und glauben an den Wert ihrer Persönlichkeit. Diese zweimal hunderttausend Menschen stehen im strömenden Regen stellvertretend für ganz Berlin, auch für den Ostsektor Berlins. Sie haben ihre Lektion hinter sich. Ihre Soldaten, Ihre Statthalter, sowjetischen und auch deutschen Ursprungs, haben ihnen eine unvergeßliche Lektion im Kommunismus erteilt. Was 1945 geschah, das können Sie in den Briefen nachlesen, Herr General, darüber sind die Berliner hinweggekommen. Eine Woche und auch zwei und auch zwei Monate, wenn die angetane Gewalt und das Plündern so lange angehalten hätte, wäre keine Rede mehr darüber, Kriegserscheinung und Schwamm drüber und vergessen, so ist die allgemeine Auffassung. Aber die fortgesetzte systematische Ausplünderung, der totale Ausverkauf, der staatlich organisierte Aufkauf auch der Dinge des täglichen Lebens, selbst der Gebrauchsgegenstände aus den Wohnungen, noch dazu mit wertlosem Besatzungsgeld, die methodische Bevormundung in allen Dingen des Lebens, auch die Rückkehr der Männer und Söhne aus der Gefangenschaft als ausgemergelte Gespenster, das ist die unvergeßliche Lektion. Die ‚Communio', eine geistige Vereinigung der Gemeinschaft mit der höchsten Quelle des Lebens — mit Gott, mit der das ganze umfassenden Idee, so haben viele einmal den Kommunismus verstanden. Sie wissen selbst, Herr General, wie anfällig die Berliner einmal waren; wieviel ‚Salonbolschewisten' gab es doch unter Künstlern und Theaterleuten, selbst unter Bankiers. Ganz zu schweigen von den Arbeitern, nicht ohne Grund hieß es, ‚das rote Berlin'. Allerdings meinten viele, daß die Idee sich nicht verwirklichen ließe. Die ‚Communio' mit einem unersättlichen Ungeheuer, mit einem Werte und Seelen fressenden Popanz, die lästerliche Verbindung mit dem Stellvertreter des Teufels auf Erden — so verstehen sie es heute, so können Sie, Herr General Jegorow, es in vielen Briefen nachlesen. ‚Ne danke' sagen die Berliner, und anderes werden Sie von ihnen nicht hören."

Der GPU-Untersuchungsrichter saß hinter seiner abgeblendeten Lampe — fern wie ein Nebelfleck, so gut wie nicht vorhanden. ‚Blasphemien', und wenn sie hagelknüppeldicht einander folgten, berührten ihn nicht. Das Wort hatte der Vorgeführte, und der General aus der IV. Abteilung der Roten Armee mußte wissen, wie weit er seinen Klienten gehen lassen wollte.

Generalmajor Jegorow nahm sich eine Zigarette, bot auch Zecke eine an und reichte ihm Feuer. „General Hunger, General Kälte werden auch ein Wort mitsprechen, und beide sind alte russische Verbündete", sagte er.

„Hunger und Kälte sind in den Weiten des russischen Raumes elementare Kräfte, in Berlin sind es unzulängliche Mittel. Und ist das etwa großartig und elementar: Plötzlich ist die Autobahnbrücke über die Elbe ‚kaputt'. Die für den Wassertransport nötigen Schleusen sind ‚reparaturbedürftig'. Die Züge werden angehalten, ganze Waggons verschwinden in der sowjetisch besetzten Zone. Auf dem Bahnhof Helmstedt stauen sich lange Güterbahnkolonnen. Die Lebensmittel in den Waggons verfaulen. Das Signal geht hoch auf Freie Fahrt, um nach wenigen Tagen wieder zu fallen und jeden Verkehr auf der Autobahn, auf dem Schienenweg, auf den Wasserstraßen wieder zu sperren. Kein Spiel der Elemente — ein Katz- und Mausspiel, durch Wochen, durch Monate, bis es endgültig war.

Und nun: Blockade.

Auch der elektrische Strom aus der Ostzone und dem Ostsektor wird den Berlinern abgestellt. Blockade . . ., Hunger, Kälte, Dunkelheit. Keine Hoffnung für die Alten, keine Nahrung für die Säuglinge. Zwei Millionen Berliner Geiseln um politische Macht. Was auch immer geschieht, geschieht im Scheinwerferlicht der Weltöffentlichkeit. Berlin ist die Waage, hier wird ein System nach seinem innersten Gehalt gewogen. Wahrheit und Lüge des Kommunismus, hier wird es offenbar."

„Mich interessiert ein anderer Aspekt der in Berlin entstandenen Schwierigkeiten, Herr Oberst Zecke. A — die Kapazität der Luftbrücke. B — die Möglichkeit einer Ausweitung des Konfliktes. C — wie werden im Falle eines Krieges mit Amerika die Bevölkerungen in Westdeutschland und auch in Frankreich sich verhalten? Kann die Rote Armee mit tätiger Hilfe, mit Sabotage, Sprengen von Eisenbahnbrücken und dergleichen rechnen? Wollen Sie so freundlich sein, mir Ihre Meinung darüber zu sagen, Herr Oberst Zecke?"

„Wenn die Berliner in einer Stunde, in der Kälte und Hunger schon mehr als Drohung, schon kompakte Wirklichkeit ist und die Alten und Schwachen sterben und die Kinder dahinwelken, auf die angebotene sowjetische Hilfe verzichten und von zwei Millionen Westberlinern sich kaum 20 000 auf die Lebensmittelkarten des Ostsektors eintrugen, so war das eine Beantwortung der sowjetischen Maßnahmen, die von einem großen Teil der übrigen Welt geteilt wurde. Die Haltung überwältigend großer Teile der westlichen Bevölkerungen in einem Ernstfall dürfte aus dieser Stellungnahme bereits abzulesen sein. Ich bin der Meinung, daß die Popularität der Sowjet-Union mit der Berliner Blockade einen Tiefpunkt erreicht hat."

„Die Luftbrücke, Herr Oberst Zecke, ist doch immerhin ein etwas unsicheres und noch unerprobtes Unternehmen. Zwei Millionen Menschen, wenn schon nicht mit allem Notwendigen, so doch mit dem Notwendigsten zu versorgen, ist eine niemals dagewesene Aufgabe."

„Jawohl, Herr General, eine gigantische, niemals dagewesene Aufgabe, und nichts war vorgesehen, nichts vorbedacht, der Anlauf war spontan. Das bereits Geleistete ist darum nur um so höher einzuschätzen, und um so wahrscheinlicher sind auch die Möglichkeiten einer noch wachsenden Kapazität. Bedenken Sie, Herr General, kein Kreml, kein Pentagon erließ hier eine von langer Hand vorbereitete Direktive. Dem amerikanischen General in Berlin standen am Anfang — das können sie nachlesen — einige zwanzig Lastenflugzeuge zur Verfügung. Es handelte sich um eine Initiative am Rand des Weltreichs. Aber ihr wurde entsprochen, das Pentagon stellte sich dahinter. Die Briten und Franzosen folgten. Und die Berliner und mit ihnen die Deutschen, solange verfemt, werden plötzlich Verbündete, Verbündete im Kampf gegen Hunger und Kälte und gegen das System, das diese schrecklichen Geißeln der Menschheit zu ihren Mitteln macht. Die Luftbrücke, auf dem karg gewordenen Boden der Menschlichkeit schon jetzt ein Wunder, der Blüte Cereus grandiflorus, die sich nur einmal eine Nacht lang öffnet, zu vergleichen. Beachten Sie — zwei Millionen Menschen, wäre die Aufgabe geringer, wäre auch die Erfolgsaussicht geringer. Die Größe der Aufgabe lockt, mobilisiert Kräfte, und es sind moralische Kräfte — die jedes einzelnen Fliegers, Funkers, Bordmechanikers, jedes Bodenmannes, jeder Frau auf der Startbahn und jeder Frau in der blockierten Stadt. Amerikaner, Briten, Franzosen, Deutsche arbeiten Hand in Hand.

Die Cereus grandiflorus blüht.

Lastenträger aus dem fernen Guam, aus der Karibischen See, aus Südafrika und Neuseeland am Berliner Himmel. Eine technische Großleistung, dennoch ein Wunder. So stiegen im Mittelalter Dome in die Lüfte. Es ist frevelhaft und gefährlich, sowjetische Luftübungen gerade jetzt und genau neben dem Luftkorridor durchzuführen . . ., krepierende Flakgranaten innerhalb des Luftkorridors, abgesprungene Fallschirmjäger vor den großen Transportmaschinen! Nach allem was bekannt geworden ist, deuten die Amerikaner diese Erscheinungen als Exempel eines „Nervenkrieges" und folgern daraus, daß die Sowjetunion es zu einem wirklichen heißen Krieg nicht kommen lassen will. Ein Yak-Flugzeug rammte über Berlin ein britisches Passagierflugzeug. Beide Maschinen zerschellten und stürzten brennend zu Boden. Ein geopferter sowjetischer Pilot und auf der andern Seite vierunddreißig Todesopfer. Eine solche ‚Unvorsichtigkeit' oder wie die Sowjetdiplomatie es nennen will, überschreitet bereits die Grenzen des ‚Nervenkrieges' und läßt sich nicht wiederholen. Ein zweiter, ein dritter ähnlicher Fall oder gar eine ernsthafte Störung der Luftbrücke, und der ‚Kalte Krieg' — das ist meine Meinung, die Sie hören wollen — wäre in einen ‚heißen Krieg' umgewandelt. Und von der moralischen Verantwortung für den Ausbruch eines an der Berliner Luftbrücke entzündeten Weltkrieges Nummer III, käme die Sowjet-Union nicht mehr los, Herr General Jegorow."

„Wenn es dennoch dazu kommt, wenn die Amerikaner angreifen, wie schätzen Sie, Herr Oberst Zecke, die militärische Lage in den Ausgangspositionen ein?"

„Wenn die Amerikaner angreifen, sind sie nicht die Angreifer: das bemühte ich mich am Beispiel der Berliner Luftbrücke klar zu machen. Aber sie sind auch von weither nicht die Angreifer. Es bedarf dazu kaum einer weiteren Interpretation. Die militärische Lage der Amerikaner auf dem Kontinent ist deshalb schwach, weil sie nach dem Ende des Weltkrieges nicht an neuen Angriff, sondern an Organisierung des Friedens dachten und ihre Landmacht und auch ihre Luftstreitkräfte demobilisierten und die demobilisierten Soldaten nach Hause schickten. Sie können in dieser Stunde nicht genügend Kanonen, auch nicht genug Soldaten an die Front stellen. Aber der ihnen zugestandene moralische Kredit wird ihnen gestatten, im eigenen Lande und in der halben Welt ungeheure Kräfte für die zweite Halbzeit des Krieges zu mobilisieren. Das Wunder der ‚Königin der Nacht' könnte sich im Weltmaßstab wiederholen."

„Ich hätte gerne eine konkretere Antwort auf meine Frage, Herr Oberst Zecke."

„Um konkret zu sprechen, Herr General Jegorow, möchte ich Sie darauf hinweisen, daß die Amerikaner im letzten Weltkrieg nur ein Bruchteil ihres Potentials mobilisiert hatten und daß davon nur ein Bruchteil in Europa eingesetzt war. Ich möchte Sie bitten, Herr General Jegorow, selbst zu folgern, was Ihr Land von einem auf Tod und Leben kämpfenden Amerika zu erwarten hat. Die wirtschaftliche Überlegenheit der USA steht wohl außerhalb der Diskussion. Übrig bleibt eine verhältnismäßig labile politische Situation und die amerikanische Arbeiterschaft kann in einem wahrscheinlich langen Kriege, der noch dazu das eigene Land erfassen wird, zu einem Risikofaktor werden. Aber gerade in dieser Hinsicht tut die Sowjetunion alles — aut in malo e bonum – um sich als arbeiterfeindlich und volksfeindlich zu demaskieren und auch diesen Risikofaktor in der amerikanischen Gesellschaft zu vermindern. Nach der Periode der sowjetischen ‚Vetos' in der Weltsicherheitsorganisation, nach der Kolonisierung der Balkanländer, nach der Einbeziehung Polens, der Tschechoslowakei, Ostdeutschlands in das sowjetische Satellitensystem, und nach der Berliner Blockade werden Sie anstelle der im letzten Kriege Ihrem Lande entgegengebrachten Sympathien das Gegenteil einkalkulieren müssen."

Was Zecke noch hinzufügte, war schon ganz und gar ein Sakrileg:

„Wenn Sie mir im Zusammenhang ein Wort über die Grenzen des sowjetischen Potentials gestatten wollen, Herr General Jegorow, so wurden diese Grenzen während des letzten Krieges durch die USA demonstriert. Krisen sowohl im menschlichen Organismus als auch im hochorganisierten Körper einer Armee führen zum Tode oder zur Gesundung. Die während des deutsch-russischen Krieges wiederholt auftretenden Krisen im Gefüge der Roten Armee wurden durch amerikanische Pacht- und Leihlieferungen überwunden. Wir können uns heute nur vorstellen, welches Schicksal den Patienten ohne die amerikanische Hilfe erwartet hätte."

Es war genug, es reichte diesesmal auch dem General Jegorow. Er überließ Zecke dem Lubjankabeamten zum Abführen ohne sich, wie sonst, mit einem Neigen seines Kopfes zu verabschieden.

Das Wunder einer Nacht währte bald ein Jahr. Fast tausend Flugzeuge landeten täglich in Tempelhof, Gatow und Tegel und brachten über die Luftbrücke Güter für die Berliner Wirtschaft.

Aus der spontanen Behelfsmäßigkeit war eine mit gründlicher Planung und maschineller Präzision ablaufende Aktion geworden. Die durch Agenten verbreitete sowjetische Flüsterpropaganda, nach der in Kürze wilde mongolische Divisionen in der Stadt eintreffen würden und die Westberliner, falls sie die Alliierten nicht hinauswarfen, noch einmal alle Schrecken des Jahres 1945 durchmachen sollten, auch die Tatarennachrichten des Ostberliner Senders, nach denen chaotische Zustände in den Westsektoren herrschten und Hunderte von Toten auf den Straßen lägen, waren kläglich zusammengebrochen. Die Westberliner aßen Kartoffelflocken, ihre Kinder erhielten Trockenmilch. Alle Tische und Fußböden in den dunklen Berliner Wohnungen waren von Flecken tropfender Wachskerzen übersät.

„Das Schlimmste haben wir hinter uns, es kann nur noch besser werden! Auch die beste Blockade taugt nichts, aber wenn schon, dann lieber von den Sowjets blockiert und von den Amerikanern ernährt, als umgekehrt!“ So trösteten die Berliner sich. Sie schnallten ihre Riemen enger und schritten trotz Blockade und der pausenlos trommelnden östlichen Propaganda zur Neuwahl ihres Magistrats. Der gewählte Oberbürgermeister Ernst Reuter rief aus: „Ergeben? Es ist weitaus besser, von Hunger und Kälte bedroht zu sein, als in die sichere Sklaverei zu gehen!“

Der Mann im Totenhaus in der Lubjanka betete um die Dauer des „Wunders einer Nacht“, betete um die Frucht, die das Berliner Wunder zeitigen möchte!

War die Not nicht groß genug, waren die Herzen ganzer Völker nicht bereit zum großen Wagnis, und forderte das nach zwei Weltkriegen veränderte Europa nicht gebieterisch die befreiende Tat? 300 Millionen Europäer ohne politische Grenzen, gespeist vom Kreislauf gemeinsamer Wirtschaft — welches Kraftfeld, welche Renaissance muß dem zusammengelegten Erbe entsteigen! Müssen die Völker nicht die Schiffe hinter sich verbrennen und sich einrichten dort, wo sie stehen? Die Herzen waren dazu bereit — die Köpfe waren es nicht! Der im Schwefeldunst der Lubjanka atmende Zecke behielt seinen kühlen Kopf. Er jagte durch die ihm zur Verfügung stehenden Zeitungen und er sah — sie verbrennen die Schiffe nicht, klammern sich an die durchlöcherten morschen Planken. Gegensätze zwischen England und USA, Gegensätze zwischen Frankreich und Deutschland . . . persisches Öl, Saarfrage, Montanunion, französisches Sicherheitsbedürfnis, verhinderte Integration Deutschlands.

Quo vadis Europa?

Zecke studierte fiebernd die aktuellen Ereignisse. Daneben saß er über einer bestellten Arbeit, schrieb eine Monographie über belagerte Städte, beginnend mit der Belagerung Trojas durch die Griechen, mit der Karthagos durch die Römer, schrieb über die Belagerung Wiens durch die Türken und der von Paris durch die Preußen und endete mit der Blockade Berlins.

Die Tür ging auf — nicht der Wärter, ein GPU-Posten trat ein:

„Zecke, daway, Transport. Alles hier lassen, brauchst nichts mehr!"

Brauchst nichts . . . Lena im belagerten Berlin, und sonderbar, der Vater des reichen Klaviermädchens (wie Bomelbürg einmal sagte) hatte hier unten in der gleichen Lubjanka, die früher ein Kaufhaus war, eine Klavierniederlage unterhalten. Lena, Agathe . . . Sekt, Laster, morbide Gelage, sagte Jegorow, ist das Schicksal der Frauen im amerikanischen Sektor . . . Brauchst nichts mehr, quo vadis, Zecke?

Aber er ging durch die große Halle, und auf dem Hof wartete der ‚Schwarze Rabe'. Wieder war der Jarowlawskier Bahnhof der Ausgangspunkt für eine wochenlange Fahrt.

Dieses Mal wurde Zecke in keinem Lager abgesetzt. Auch für ein Zusammensein mit verurteilten Kriegsgefangenen war er bereits verdorben. Er wußte zu viel, diesesmal nahm ihn ein Dorf auf, irgendein Dorf, ein Schweigedorf im fernen Osten. Nur Russen, entlassene Sträflinge, die jeden Kontakt mit ihm mieden und eine GPU-Station waren seine Nachbarschaft. Eine verlassene Hütte bot ihm eine Unterkunft. Eine Decke hatte er nicht. Sein Rucksack, den er unter seinen Kopf hätte legen können, war wie alles andere in der Lubjanka geblieben, auch seine Brille und das war vielleicht das Schlimmste. Ohne Brille war er hilflos. Er lag langausgestreckt auf nackter Planke. Draußen heulte der Sturm. Im morschen Gebälk quiekten Ratten. Nicht mehr die dicken Mauern des Lubjankagefängnisses trennten ihn vom Treiben der Welt. Er war weit weg von den Lebendigen, weit weg von der Bahn. Er ließ die Dorfzeile hinter sich, wanderte hinaus. Niemand hinderte ihn daran. Steppe ohne Baum und Strauch. Wind, Wind, Sturm, sehr schlecht für seine Brust, die während des langen Gefängnisaufenthaltes knöchern geworden war. Er ging weiter und die Landschaft veränderte sich nicht mehr. Auf dem nächsten Hügel wieder menschenleere, graue Steppe bis zum Horizont. Er hatte sich das Ende seines Lebens anders gedacht . . ., aber was fiel ihm denn ein, war es nicht schon lange zu Ende, war die Tür nicht schon lange hinter ihm zugeschlagen? Er hatte mit sich selbst auszukommen — ein Schatten mit seinem Schatten. Während seiner letzten Verbannung war er noch ein Gespenst unter Gespenstern gewesen, hatte mit ihnen zusammen den Weg zum Lagerzaun machen und nach Westen blicken können. Es waren ihm manchmal sogar menschliche Worte eingefallen, die er mit dem einen, mit dem andern hatte wechseln können. Meistens mit dem vogelgesichtigen Vilshofen. Manfred Vilshofen, einem Mann in seinem Alter, mit gleichem Werdegang, mit ähnlichen Interessen — auch Gespenster haben noch Interessen. Bis es hieß: „Vilshofen, daway, Transport!“, und er ihn im Schneegestöber für immer verschwinden sah. Eine Stimme, die letzte seines Lebens, so schien es ihm — war so für immer verklungen. Mit einer im Lager vorhandenen Propagandabroschüre hatte Vilshofen sich auseinandergesetzt. „Der preußische Irrweg — wenn es ein Irrweg war, ist er von den Franzosen 150 Jahre vor uns, von den Schweden 300 Jahre vor uns begangen worden. Wenn Irrweg, dann ist es ein europäischer Irrweg, und die Erben Charlemagnes und die Nachfolger der Karolinger haben ihn zuerst betreten.“

Quo vadis, Europa — Vilshofen war es, der dieses Wort ausgesprochen hatte und im Schnee verschwunden war.

„Zecke, Transport!“ hieß es wieder.

Bahnfahrt, Lubjanka. Die alte Zelle mit Büchern, selbst seine Brille lag auf dem Tisch bereit. Bücher und Zeitungen. Die Luftbrücke in Berlin war beendet. Die Blockade zusammengebrochen. Atombombenversuche über Eniwetok. In Berlin hängt eine „Freiheitsglocke“ mit dem in Bronze gegossenen Wort Lincolns „That this world under God shall have a new birth of freedom.“ Aber der Kalte Krieg geht weiter und war in Korea zum ‚heißen Krieg‘ geworden.

Wieder Gespräche mit General Jegorow, die plötzlich abrissen.

Wieder Transport!

Und abermals war der Ort der Verbannung ein Schweigedorf. Die Gesichter im Dorf mongolisch. Die Sprache im Dorf chinesisch oder burjätisch oder ein Zwischendialekt. Es war schon bedeutungslos. Die Sprache seiner Nachbarn bedeutete nichts. Winter oder Sommer bedeutete nicht viel. Lubjanka — Schweigedorf — Lubjanka — eine Nomadensiedlung: das war sein Rhythmus.

Das letzte Mal war seine Zelle überschüttet gewesen mit amerikanischem Material und französischen Enthüllungen über den Krieg in Korea. Was konnte er dazu sagen, welchen Wert konnten seine Betrachtungen für Jegorow eigentlich noch haben? Die Schwäche der Amerikaner in Korea und schwere militärische Schlappen — das war doch offensichtlich. Die amerikanische Schwäche war die Schwäche des Westens und resultiert aus einem Reichtum, aus einer Vielfalt der Meinungen, die unter einen Hut zu bringen sind, resultiert wohl auch aus dem Verlangen, den Brand einzudämmen. Öl ins Feuer gießen wollen weder die Briten noch die Amerikaner. Aus der militärischen Schwäche der Amerikaner in Korea aber Schlüsse auf ihre wirkliche Stärke zu ziehen, so hatte er Jegorow geantwortet, wäre ebenso abwegig, wie es einmal abwegig gewesen war, aus dem russischen Debakel im russisch-finnischen Krieg Schlüsse auf die Schwäche der Roten Armee ziehen zu können.

Burjäten, magere Frauen und Kühe mit Beinen wie Windhunde. Die Burjäten brachen ihre Zelte ab und zogen davon. Zurück blieb ein zertretener Lagerplatz und ringsum war abgegraste Steppe.

War das nun endgültig?

In der Kathedrale zu Nowgorod hatte er einmal, seltsam angerührt von einem verschollenen düsteren Schicksal, vor den in einem Glassarg aufbewahrten Gebeinen einer nach Nowgorod verpflanzten schwedischen Prinzessin gestanden. Die Eremitage, Schlösser in Peterhof, in Moskau sind voller Gemälde, viele von italienischen Malern, deren Erdentage unbekannt verwehten. Wieviele Schicksale — Maler, Kaufleute, Soldaten, Handwerker, Gelehrte — verloren sich auf toten

Gleisen! Die russischen Weiten, bis weit hinein in die östlichen Steppen, sind ein großer Verschollenenfriedhof. Es wird — nachdem Preußen nun durch eine Proklamation des Alliierten Kontrollrats aufgelöst wurde — auch noch Platz für die Knochen eines preußischen Obersten sein. In Sand und Wind, auf abgegraster Burjätensteppe, ungesehen von Menschen, darf seine Spur sich verlieren.

Es kam anders, war nicht zu Ende.

Eine Staubwolke trieb durch den Mittag und kam näher. Ein Kerl in zerschlissener GPU-Uniform auf magerem Klepper hielt an: „Zecke, daway, Transport!"

Die Prozedur verlief wie immer — bis zum Moskauer Jaroslawski Wagsal. Dort war die Weiche anders gestellt. Der ‚Schwarze Rabe' fuhr nicht zur Lubjanka, hielt nach einer Fahrt durch das Moskauer Häusermeer an einer breiten Ausfallstraße. Einige Schritte über den Fußgängersteg. Ein Gang zwischen hohen Häusern, der so schmal war, daß man zu beiden Seiten mit den Schultern fast die Mauern berührte, dreißig oder vierzig Schritte, und es öffnete sich ein Platz, auf dem einige Pavillons standen, voneinander durch Blumenrabatten getrennte Appartements. In eines wurde Zecke hineingeführt — Küche, ein Zimmer, ein weiteres Zimmer hinter einer verschlossenen Tür. In der Küche hantierte eine alte Matka, ein russisches Mütterchen, stellte wortlos eine Portion Tee, Brot und Butter vor ihn auf den Tisch und verschwand.

Zecke schlief unruhig.

Prisrak Stalingrada in Iwanowo, Vilshofen hinter dem Ural, Zecke in Moskau, quo vadis?

Er erwachte und fand sich hinter unvergitterten Fenstern. Auch die Tür nach außen war unverschlossen. Die Matka kam wieder und brachte warmes Wasser zum Rasieren. Einen Rasierapparat, Seife, Toilettenartikel, ein Handtuch brachte sie ebenfalls. Er war mit dem Rasieren fertig, als es an seine Tür klopfte. Aus dem zweiten Zimmer des Appartements trat General Jegorow ein, er trug Zivil.

„Guten Tag, Herr Oberst Zecke, würden Sie so liebenswürdig sein, mit mir zusammen das Frühstück einzunehmen?

„Ich danke Ihnen, Herr General Jegorow!"

Das Gespräch während des Frühstücks und auch später bei den

folgenden kurzen Besuchen bewegte sich in Unverbindlichkeiten. Jegorow stellte keine Fragen, schien diesesmal überhaupt kein bestimmtes Thema zu haben! Über die veränderte Situation Zeckes machte er keine Andeutung, und Zecke fragte nicht. Jegorow kam und ging und Zecke war sich selbst überlassen.

Wo befand er sich?

Auf einem Gelände mitten in der Stadt oder an der Peripherie, zugänglich durch den schmalen Gang und umgeben von den hohen Brandmauern der Nachbarhäuser. Kein Fenster blickte auf den Platz herab. Wo früher einmal ein Fenster sich befunden hatte, war es zugemauert. Eine Anzahl Pavillons, auch eine langgestreckte Baracke, ebenfalls aufgeteilt in einzelne Appartements und jedes mit separatem Eingang, waren von anderen Kleinfamilien bewohnt. Nicht nur Russen sah er, doch alle seine Nachbarn hatten etwas Einheitliches in Physiognomie und Bewegungen, einen gemeinsamen militanten Zug. Sie sprachen kaum miteinander, und Zecke sprach mit niemandem. In manchen Pavillons lebten auch Mann und Frau zusammen, in diesem Falle waren die zugeteilten Frauen vom gleichen Typ, intelligent und von sportlich trainiertem Aussehen. Die Vermutung Zeckes, daß es sich bei den Bewohnern der Pavillons um hohe oder höchste Offiziersagenten handelte, die nach jahrelangem Auslandsaufenthalt nach Moskau kommandiert waren, kam der Wahrheit nahe. Es war ein Kommen und Gehen, ein dauernder Wechsel. Seine nächsten Nachbarn — am Abend war es ein etwa vierzigjähriger Mann mit schwarzem Bart und Brille, offensichtlich ein Offizier in Zivil — sah er morgens nicht mehr, und ein Paar, ein Ausländer und eine Russin hatten den Pavillon bezogen. Die alte Matka blieb stumm — sie kochte für ihn und auch für die Nachbarfamilie. Ein stummer Schneider erschien, ein stummer Schuster – sie nahmen Maß und brachten ihm nach einigen Tagen einen Anzug und Schuhe.

Zwei Wochen vergingen. Zecke war eingekleidet — trug einen neuen Anzug, neue Schuhe, ein weißes Oberhemd und Krawatte. Wie am Morgen nach seiner Ankunft klopfte es an die Tür und General Jegorow trat ein, in Zivil wie in allen diesen Tagen. Er überreichte Zecke eine Fahrkarte. Eine Fahrkarte: Moskau — Berlin.

Weiter nichts, kein Ausweispapier. Ausweispapiere wären nicht nötig. Zecke würde an seiner Seite bleiben als sein Begleiter auf einer Inspektionsreise, teilte er ihm mit.

Sie verließen den Pavillon jetzt am hellen Tag. Eine Limousine brachte sie zum Weißrussischen Bahnhof. Der Blaue Expreß nach Berlin stand bereit zur Abfahrt. Ein reserviertes Abteil nahm sie auf. Zwei Schlafplätze, und am Fenster ein Tisch.

Der Zug fuhr, langsam zuerst noch.

Fili — hier hatte Napoleon im Jahre 1812 sein Hauptquartier und von hier aus blickte er auf das brennende Moskau. Fili blieb zurück und der Zug setzte sich in schnellere Bewegung. Lubjanka — Schweigedorf, Lubjanka — Schweigedorf: das Karussell! Dieses Mal nicht, dieses Mal geht es nicht nach Osten. Der Zug fährt nach Westen. 1945 – jetzt zeigt die Zeituhr 1953, den 15. Juni 1953. Der Tote steht auf, geht herum, speist und trinkt.

Jegorow ließ die Mahlzeiten ins Abteil bringen. Er sah abgespannt aus, verbrachte seine Zeit in halbem Dahindämmern. Das Abendessen rührte er kaum an. Erst nachher, mit der herabgefallenen Dunkelheit schien er aufzuwachen. Sein Blick ruhte gedankenvoll auf Zecke. Er rief den Kellner, ließ den Tisch noch einmal decken. Kaltes Büfett — Weizenvollkornbrot, Butter, kaltes Geflügel, geräucherter Sudak aus dem Kaspischen Meer, Bier und Wodka.

„Da Sdarowje – Gospodin Zecke! – Gesundheit, Herr Zecke!“

Jegorow füllte die Gläser von Neuem. Er trank schnell ein Glas nach dem andern, war leicht betrunken. War er nicht sein Verhängnis gewesen, war er es nicht, der ihn nach der ersten Begegnung in Brest in das Reich der Schatten geschleudert hatte! Immer korrekt, immer höflich, sogar ein Ausdruck der Sympathie ihm gegenüber hatte ihn niemals verlassen. Und er selbst war immer aufrichtig gewesen, hatte nichts in seinem Herzen zurückgehalten, hatte kein Blatt vor den Mund genommen. Höchstens hatte er — wie Ulrich von Hutten im Kerker — nach Beendigung der Verhörserien bedauert, daß er nicht noch mehr Hutten, nicht noch mehr Zecke gewesen war und nicht mit noch unverhüllterer Rücksichtslosigkeit gesprochen hatte.

Das war in der Lubjanka und östlich der Lubjanka. Jetzt ist es anders. Der Zug fährt nach Westen — westlich der Lubjanka war etwas anders.

Er war zurückhaltend.

Der Tote steht auf . . ., aber es ist ja gar nicht so. Auch nach Berlin kommt er als Toter, als Begleiter und Mentor eines Generalmajors der IV. Abteilung im Stabe der Roten Armee.

Was soll er dort eigentlich?

Was erwartet Jegorow von ihm? Auskunft über ehemalige Offiziere der deutschen Wehrmacht, die heute Inspekteure und Generäle der Volkspolizei sind oder hohe Regierungsstellen bekleiden, hat er ohnehin von ihm niemals erhalten. Solche Auskünfte kann er auch jetzt nicht erwarten.

Jegorow sprach — Zecke schwieg. Sie hatten an diesem Tag die Rollen vertauscht. Jegorow sprach und schenkte immer wieder ein.

„Ich kenne Sie, Zecke, wie Sie keiner kennt, nicht einmal Sie selbst. Ich weiß alles von Ihnen, sogar vieles, was Sie längst vergessen haben. Von der Kindheit bis an Ihr Grab, bis zur Lubjanka. Was Sie getan und gedacht haben, alles weiß ich. Wenn ich Ihre Gestalt annehmen könnte, würde ich besser und echter Zecke sein als Sie selbst. Aber Sie, Herr Oberst Zecke, kennen mich nicht. Sie kennen nur meine Maske. Sie sehen nur die Maschine, die alles registriert. Die jede Regung Ihres Herzens notiert und nach oben gemeldet hat. Wer ist dieser Jegorow, gibt es noch irgendwie etwas Lebendes in ihm? Wolodja gab es einmal, ein Kind Wolodja; war der kleine Wolodja auch schon eine Maschine? War er schon tot geboren, was glaubst du, sprich Zecke . . ."

Zecke schwieg.

„Sie schweigen, Herr Oberst Zecke; Sie wollen ‚chitry' sein, das steht Ihnen schlecht an. Das können Sie nicht. Nun, schweigen Sie, ist auch gut, nehmen Sie Wachs und verstopfen Sie Ihre Ohren. Bleiben Sie bei dem Glauben, daß der Generalmajor Jegorow, 35 Jahre in der Roten Armee, schon als Teil einer Maschine, schon als Agent der Vierten Abteilung auf die Welt kam. Hahaha . . ."

Die Flasche war leer.

Jegorow stand auf, rief den Gang entlang:

„Offiziante!"

Der Bediener kam und brachte eine neue Flasche.

„Ach, Zecke, stand nicht einmal K. Zucker und J. Plenge und von

Scheltema auf Ihrem Bücherwunschzettel, und habe ich Ihnen die Bücher nicht zustellen lassen, obwohl sie rein gar nichts mit der zwischen uns ausgehandelten aktuellen Thematik zu tun haben? Ich tat es. Als Knabe las ich eine Menge Indianerbücher und hatte starkes Mitgefühl mit dem letzten Mohikaner, später machte es mich melancholisch, als ich die Geschichte des letzten Ritters, des Don Quijote las, und nun konnte ich einem letzten Mönch des Abendlandes seinen Wunsch nicht abschlagen, ich erfüllte ihn, ich tat es. Aber glauben Sie mir, vom Abendland können Sie heute nur noch in einer Lubjankazelle träumen. In der Wirklichkeit . . ., es gibt zu viele Abendländer, die OEEZ, die EZU, die EVG, den Rat in Straßburg, die Union in Luxemburg, und vieles ist nur Papier und dazu Büro mit gehörigem Budget, und eines deckt sich nicht oder nur teilweise mit dem andern. Und die Herren tun, als ob sie noch tausend Jahre Zeit hätten. Inzwischen löschen wir ein Licht nach dem andern. Während Sie, Herr Oberst Zecke, in der Zelle Europa träumten, machte ich Reisen, war in Prag, in Warschau, in Budapest, Wien, in Finsternis gestürzte Städte. Würgegriff um Berlin — warum macht man so viel Aufhebens davon, warum spürt Paris, Mailand, Amsterdam nicht die gleiche würgende Hand, weil sie noch sanft und abtastend ist? Die Faust ist doch um den ganzen Restkontinent gelegt, und wenn sie sich zusammenpreßt, dann geschieht es, dann ist es zu spät . . ."

Er stieß die Tür auf:

„Offiziante, noch eine Flasche!"

„Ich kehre jedesmal melancholisch von meinen Reisen zurück. Auch in Paris war ich . . . die Leute sitzen da an den Kaffeehaustischen und trinken grünes Zeug. Frauen und Jünglinge und Männer mit Bärten, und reden und reden; worüber eigentlich? Daß sie an nichts mehr glauben, an keinen Maler, an keinen Politiker, nicht an Gott, und nicht an den Kaiser, an keine Regierung, so frei sind sie . . . Und die Mauern, die alten Häuser, die altersgrauen Steine sind heiß von vielen Menschen, von Umarmungen, von so viel Freiheit. Und Licht, Licht . . ., glauben Sie, daß in Rom unter Aurelius, vor dem Einfall der Barbaren, die Kandelaber ebensoviel Licht verbreiteten? Die in Finsternis gestürzten Städte machen mich traurig und die im Lichterglanz strahlenden auch. So ein verlorener Mensch bin ich. Wer bin ich, wer war ich? Wissen Sie, wer Wladimir Nikolajewitsch Jegorow einmal war? Ein Mensch, der den Glauben hatte, der den Herren mit den großen Aktentaschen, die von Konferenz zu Konferenz, von einem unheilvollen Tag zum andern reisen, so gründlich fehlt. Glauben Sie, daß der Wolodja auch einmal ein Jüngling und daß er auch einmal ein Baby war — nicht mit runden Bäckchen wie der kleine Zecke. Nein, keine runden Bäckchen. Wir sind gleichaltrig, Herr Oberst Zecke, Jahrgang 1901. Sie Berlin, ich Moskau. Die Achse Berlin — Moskau: das ist nun ja auch vorbei, es gibt nur noch Moskau — Moskau — Moskau: die Achse der Welt. Was soll ich Ihnen von Wolodja erzählen? Da gibt es nichts, keine alte Offiziersfamilie, keine Tradition. Dort in Moskau, gar nicht so weit weg von der Obscheschitje, von Ihrer Unterkunft in den letzten beiden Wochen, das war Vorstadt, zerfallende Blockhäuser, Petroleumlampen, keine Kanalisation, kein Wasser. Die Mutter holte es am Tragbalken vom Ziehbrunnen. Sieht übrigens heute auch noch so aus dort. Die weißen Mauern in der Gorkistraße sind Fassade, aber dahinter . . . Nirgends träumt man so glühend von Freiheit wie hinter Gefängnismauern. Nirgends konnte man so inbrünstig Kanalisation und Wasser und elektrisches Licht für alle Menschen wünschen, wie dort in der Butyrki-Vorstadt. Kennen Sie Maxim Gorki, sein Nachtasyl? Aber wie kann ich nur fragen. Ich weiß ja, Sie haben Gorkis Nachtasyl vom Gymnasium aus — war's nicht in der Obersekunda — im Theater gesehen, in einer Reinhardt-Inszenierung. In so einem Haus wie Gorkis Nachtasyl wuchs Wolodja auf. Der Vater war Bauer und blieb Bauer auch als Arbeiter. Ich kannte ihn kaum, wußte nur, daß er böse sein konnte, daß er trank und dann noch zerfallener mit sich selbst war. Vater ging in den Krieg und fiel schon 1914. Golod y Cholod — Hunger und Kälte! Krieg, dann Revolution. Wolodja stieg auf die Barrikaden. Das wäre dem jungen Zecke nie in den Kopf gekommen — er hatte ja alles, Kanalisation und Licht und Bibliotheken. Dem jungen Jegorow war das ganz selbstverständlich. Krieg, Bürgerkrieg, Rote Armee. Es sind jetzt fast auf den Tag 35 Jahre her, im Juni 1918 las ich den Aufruf Trotzkis und den Appell Tuchatschewskis: Tretet ein in die Rote Armee!

Trotzki, Tuchatschewski . . . Leise, sogar leise denken, Wolodja!

Haben wir Brest schon passiert? Aber das ist egal, die Grenze ist keine Grenze mehr. Der Kreml ist allgegenwärtig, sein Ohr ist überall. Also noch leiser . . ., was spreche ich denn, zu wem spreche ich denn? Zum Grab, das darf man doch! Zum Grab, zu Dir, Zecke, darf ich Zutrauen haben. Nach Berlin kommt nichts mehr, das weißt Du doch! Einmal muß man sprechen, und bei Ihnen, Herr Oberst Zecke, sind meine Worte aufgehoben. Ich weiß es doch, wollte doch Auskünfte von Ihnen über Paulus, über Seydlitz — Prisrak Stalingrada (den Ausdruck haben Sie einmal in der Narkose gebraucht); wir dachten, das Gespenst taugt noch in Deutschland zum Direktor eines Pferdegestüts, dann haben wir auch das fallen gelassen — ich wollte Auskünfte über Paulus, Seydlitz, Lenski, Vincent Müller, doch Sie antworteten nicht, haben geschwiegen. ‚Den schenke ich Ihnen', haben Sie einmal geantwortet. Es betraf den Innenminister eines Ostzonenlandes, einen ehemaligen Hitlermajor und preußischen ‚Gamaschenknopf'. Das war dann auch alles, war die ganze Auskunft, die ich von Ihnen über Ihre Kameraden erhalten habe. Ich weiß . . ., mit Zecke kannst Du reden! Bei ihm bist Du sicher. Wolodja, so sicher als lägest Du schon acht Fuß tief in der Erde. ‚Tretet ein in die Rote Armee! Rettet das proletarische Vaterland vor den Weißen Garden und Interventionisten!', so las ich in dem Tuchatschewski-Appell. Interventionisten . . ., jetzt sind wir die Interventionisten, und unsere Weißen Garden sind die Ulbricht, Pieck und Grotewohl und die Müller und Lattmann mit der Vopo und dem Zaisser mit dem SSD! Verkehrte Welt, was Zecke . . ." — Zecke schwieg.

Er schwieg und dachte: ist das auch wieder ein Verhör, wie damals in Brest-Litowsk, und wohin soll es führen? Aber Jegorow in seiner Trunkenheit schien Gedanken lesen zu können. „Nein, mein lieber Zecke, was sollte das", sagte er, „wozu wäre es noch nütze? Der Akt Zecke ist abgeschlossen, der Deckel zugeklappt, Zecke geht auch in keine andere Hand mehr, das lasse ich nicht zu. Der Name ist gelöscht, und ich habe nur noch — nach unserer gemeinsamen Mission — die abschließende Meldung zu machen. Eine Abschweifung, wo blieben wir denn stehen? Wolodja in der Roten Armee. Ausbildung, Eilmärsche, die Schlacht. Die Schlacht bei Busuluk, der erste große Sieg gegen eine reguläre Armee. Da sdrastwuet Raboteni Krestnjanski

Krasnaja Armija! Gruß der Roten Arbeiter- und Bauernarmee! Da sdrastwuet Lenin! Da sdrastwuet Trotzki! Da sdrastwuet Tuchatschewski . . . Haben Sie Tuchatschewski gekannt? Ach, Wolodja, Durak . . . Soll ich Ihnen sagen, wo und wie oft Sie mit Tuchatschewski beisammen waren, und was Sie gesprochen haben? Jegorow weiß es. Tuchatschewski . . ., wo ist er geblieben? Tuchatschewski, Trotzki, wer hat sie umgebracht — die Weißen Generale?

Sprechen Sie doch, Zecke, sagen Sie es! Ach was, sprechen Sie nicht. Jetzt habe ich das Wort, Wladimir Nikolajewitsch, den Generalmajor Jegorow lassen wir, den lassen wir in dieser Nacht aus dem Spiel. Morgen ist Zeit, morgen wird er wieder da sein! Wo sind wir doch schon wieder stehen geblieben? Busuluk an der Wolga, Stenka Rasin im zerfetzten Kleid des Rotarmisten. Rote Fahne, Hammer und Sichel, Völkerbefreiung. Ach, mein guter Zecke, nasch, nasch. Du bist unser, verstehst unser Unglück. Was ist aus allem geworden? Was haben sie aus uns gemacht . . ."

Es war so weit — heulendes Elend, anderes war kaum zu erwarten gewesen. Und der Zug hielt — hielt an der Grenzstation Brest. Bewegung draußen auf dem Gang. Kontrollen gingen von einem Abteil zum andern.

Jegorow fing sich wieder, deklamierte aus dem Bürgerkrieg:

„Und die Steppengräser flüstern
Wie wir in klarer Nacht,
Wie wir an Regentagen,
Wie wir Hunger,
Wie wir Kälte tragen . . ."

Die Tür ging auf. Die Kontrolle, ein Hauptmann und ein Sergeant erschienen im Türrahmen. Ihre Blicke hafteten am Tisch, an den abgegessenen Tellern, an den leeren Flaschen.

Jegorow deklamierte weiter:

„Führ uns, Budjonnij,
Noch kühner in die Schlacht!
Mag der Donner grollen,
Tobt um uns ein Flammenmeer —
Unser Leben ist ein Kampf,
Unser ganzes Leben Kampf . . ."

Der Hauptmann nahm das ihm vorgelegte Dokument entgegen, reichte es zurück und salutierte. Sein Gesicht blieb steinern. Er zog die Tür hinter sich zu.

„Kampf ist unser Leben . . ., Kampf — wofür? Um das Licht in den Städten zu löschen? Ach, mein lieber Zecke, wer ist zu bedauern: Ich — Sie? Sie auf dem Karussell Lubjanka — Sibirien — Kasakstan — oder ich, der ich das Karussell bewege? Sie, der morgen noch zu etwas taugt und dann zu nichts mehr taugt — oder ich, der ich das Letzte aus Ihnen herauszuholen habe . . ., und dann, und nachher auch nichts mehr tauge? Ich tauge schon jetzt nichts mehr, habe zuviel gesehen, zuviel gesprochen, mit Ihnen und mit anderen! Wer ist mehr zu bedauern: Sie, Herr Oberst Zecke, der schon tot, noch Konzeptionen für eine menschliche Gesellschaft in seinem Herzen bewegt — oder der Arbeiterjunge aus Moskau, der barfüßige Rotarmist, der mit achtzehn Jahren ein Bataillon führte, mit zwanzig Jahren als Kursant auf die Kreml-Offiziersschule geschickt wurde, der unter Radek, unter Primakow, unter Bersin immer höher stieg, zu einem Rad in der zermalmenden Maschine der Vierten Abteilung wurde und doch einmal nach dem Glück für alle Menschen und alle Völker trachtete und nun gar keine Konzeption mehr hat? Wer, Zecke, wer . . ., sprechen Sie, sprechen Sie endlich! Kennen Sie Radek? Ach, ich Dummkopf, natürlich kennen Sie Radek. Wo ist Radek geblieben? Wo ist unser Roter Reitergeneral, der Chef unserer Offiziersschule Primakow geblieben? Wer schoß so gut — der monopolkapitalistische Imperialismus? Radek — peng. Primakow — peng! Tuchatschewski — peng. Marschall Blücher — und der andere, der wie ich Jegorow hieß, mein Chef in der Vierten Abteilung, der Jakir, der Ulorowitsch, Rykow, Bucharin — peng, peng, peng, peng . . .

Das war mein Werdegang. Ich lernte deutsch und lernte englisch. 1923 war ich als Revolutionsfachmann in Deutschland, im Ruhrgebiet, dort kommandierte Wilhelm Zaisser. Wir haben uns morgen bei Zaisser zu melden, morgen in Berlin. Ach, Zaisser, ein alter Bekannter aus China, viele Jahre lang. Und mein Chef in China, Generaloberst Bersin, 1938 nach Moskau befohlen. Lubjanka, eine Tür geht auf, eine Zahnärztin, Sie kennen das (aber Sie wissen nicht, daß die Hand Wolodjas dazwischenfuhr). Bersin auf dem Stuhl der Zahnärztin —

peng! Bersin, Tuchatschewski, Blücher, der Jakir, aber Wladimir Jegorow – nicht peng! Warum nicht, war Wladimir Nikolajewitsch denn schlechter als die anderen? Muß wohl schlechter gewesen sein. Aber er war gerade in China, weit ab vom Schuß, und zu untergeordnet, um nach Moskau kommandiert zu werden, so blieb er leben. Blieb er das – oder ist das, was in der Uniform des Generalmajors Jegorow herumläuft, was im Blauen Expreß nach Berlin sitzt, ist das gar nicht mehr der alte Wolodja ...?

Zecke, Herr Zecke, Herr Oberst Zecke! Kamerad Zecke, sag mir doch, was ist rechts, was ist links? Gestern noch Tuchatschewski, gestern nach Clara Zetkin ..., und heute? Verflucht der Mund, der Herrn Ulbricht Towarischtsch nennt! Schau die Hand an, meine Rechte! Sie hat sich nicht besudelt durch einen Händedruck mit Wrangel, mit Denikin, aber nun ist sie besudelt durch den Händedruck mit Pieck und Ulbricht und den weißen Vopooffizieren. Schau sie an, die besudelte Hand! Und nun, wisch die ganze Schmach weg. Nimm sie, so, so ... Towarischtsch Zecke! Soo und nun K'Berlin!

Morgen, wenn du aufwachst, sind wir in Berlin!"

Der Zug kam in Berlin auf dem Bahnhof Friedrichstraße an. Es war gegen zehn Uhr am 16. Juni 1953.

„Herr Oberst Zecke, ich muß Sie bitten, während der Zeit unseres Aufenthaltes an meiner Seite zu bleiben. Wenn ich genötigt sein sollte, Sie gelegentlich während einiger Stunden oder für länger hinter einer verschlossenen Tür zu halten, wollen Sie das bitte nicht als Arrest, sondern als unumgängliche Maßnahme betrachten."

Wie wir in klarer Nacht, wie wir in Regentagen ... Es schien alles vergessen zu sein, das lange Gespräch, der Händedruck mit Zecke, das heulende Elend, das ihn gepackt hatte. Doch es war nicht vergessen, er hatte es nur von sich abgeschüttelt; um eine Nuance war seine Beziehung zu Zecke und seine Anrede eine andere als sonst. ‚Wir' sagte er. „Wir haben zuerst den SSD-Minister Zaisser zu treffen und nach dem Gespräch mit Zaisser kann ich Ihnen, Herr Oberst Zecke, unsere Mission in Berlin und in der Zone genauer präzisieren."

Ein regengrauer Himmel lag über Berlin. Es war ein Dienstag, ein Tag wie alle andern. Ein aus Moskau einlaufender Zug. Aussteigende Offiziere, Zivilisten. Auf dem Perron wartende Ordonnanzen.

Gepäckträger. Der Bahnhof Friedrichstraße war noch unberührt von den aufbrodelnden Ereignissen, die zu einer Lawine anschwellen und alle Dispositionen dieses Tages – in Karlshorst, in der Sowjetbotschaft, im Haus der Ministerien, im SED-Glaspalast — auch die Dispositionen Generalmajor Jegorows umwerfen sollten.

Jegorow wurde von einem Oberstleutnant erwartet, von einem Offizier, der nicht der Vierten Abteilung, sondern einem andern Apparat angehörte, und der ihm für die Zeit seines Aufenthalts detachiert war.

„Oberstleutnant Judanow', stellte er sich vor. Oberstleutnant Judanow führte den General und seinen Begleiter zu einem haltenden Wagen.

Der Verstorbene kommt heraus . . . Da lag die Weidendammer Brücke, Möwen im Frühlingswind, wie einst als der große breitrandige Strohhut eines Knaben unter dem Brückenbogen davonschwamm und wie ein helles Märchenschiffchen an der andern Seite wieder zum Vorschein kam. Der Wagen fuhr nicht über die Brücke, blieb diesseits des Flusses, fuhr über den Weidendamm und am Kupfergraben entlang. Voraus lag der Lustgarten, der Dom, das Schloß. Der Lustgarten . . ., Marx-Engels-Platz. Der Dom geköpft. Das Schloß . . ., er weiß es doch, hat doch Aufnahmen gesehen, die fallenden Mauern, die im Rauch der Sprengungen zusammensinkenden Trümmer. Das Schloß ist verschwunden, zusammen mit hundert andern steinernen Zeugen preußischer Vergangenheit. Lustgarten, Schloßfreiheit, bis hinüber zur Bruderstraße ein weites, ödes Feld, ein Aufmarschplatz für kommandierte Massen. Er weiß es, hat es gelesen, hat Photographien gesehen, und jetzt erst versinkt das Schloß vor seinen Augen, und er fährt an der Seite eines russischen Generalmajors in Zivil und eines Oberstleutnants in Uniform über das vorgeschobene ‚Marsfeld' der russischen Eroberer.

Campus Martius — in Permanenz, wie es den Anschein hat. Von der andern Seite, von der Königstraße her — und die heißt nicht mehr Königstraße, sondern schlicht Rathausstraße — nähern sich Volkshaufen mit Fahnen, mit erhobenen Händen, gestikulierend.

Schüler auf Fahrrädern, Frauen mit Regenschirmen, Männer in Arbeitskleidern, in weißer Maurerkluft, mit Holzpantinen. Männer,

Arbeitsmänner, immer mehr. Der Wagen, in dem Zecke, Jegorow und Judanow saßen, kam nur langsam vorwärts, steckte dann ganz fest.

Was war das?

Bauarbeiter aus der Stalinallee . . ., Judanow hatte vor mehr als einer Stunde, als er von Karlshorst kam und zum Bahnhof fuhr, vor den Baustellen der neuen Prachtstraße Berlins gesehen, wie die Leute von den Baugerüsten herunterkamen, wie sie sich aufstellten zu einer Demonstration.

„Was ist das, was bedeutet das, Genosse Oberstleutnant?"

„Eine Demonstration, Genosse General!" Eine Demonstration, eine erlaubte, eine befohlene selbstverständlich, anderes lag doch außerhalb jeder Betrachtung. Die Volkspolizisten sind doch auch davon überzeugt. Anderes kam ihnen doch gar nicht in den Kopf. Sie machten Platz für die Demonstranten, stoppten die Autos, leiteten den Verkehr um, in Nebenstraßen hinein.

Der Wagen mit Judanow, Jegorow und Zecke blieb stehen. Das Volk strudelte vorbei. Fahnen, Plakate. Ein großes Holzschild, zwei Mann hatten daran zu schleppen: Freie Wahlen! Warum auch nicht? In jede Parole, woher sie auch komme, ist hineinzuschlüpfen, jede ist recht als Eselshaut, warum also nicht auch die Losung: Freie Wahlen?

„Freie Wahlen!' — „Runter mit der Norm!" — „Wir wollen keine Volksarmee, wir wollen Butter!" — Doch etwas stark, etwas weitgehend, ein Spiel mit dem Feuer.

„Nieder mit Pieck!"

Nieder mit Pieck, mit Ulbricht — den Ohren Jegorows nicht ganz fremd. Solche Überlegungen, ein Kurswechsel, eine Auflockerung der Ostzonenregierung sind doch angestellt worden (seine Mission, seine Kontaktnahme mit Zaisser hat schließlich damit zu tun), aber es waren Überlegungen hinter verschlossenen Türen, fern in Moskau, hier ist Berlin, eine Straße in Berlin.

„Herr General, wir haben uns verfahren, befinden uns im amerikanischen Sektor!" Zecke war wie betrunken, war benommen wie Jegorow in der vergangenen Nacht. Schwere Wolken hingen herab bis aufs Straßenpflaster. Die Luft war dick — aber es war Berliner Luft. Und es waren Berliner Gesichter, wie er sie kannte, wie sie ihm vertraut waren, es waren lange nicht gehörte Berliner Laute, die ihn umplätscherten wie warmes Wasser. Lubjanka, Burjätendorf, amerikanischer Sektor . . . wo war er?

„Nein, nicht verfahren, wir haben uns nicht verfahren, Herr General!“ Diese zerschlagenen Häuser, der Durchblick auf jene Straße, es war unzweifelhaft der Alexanderplatz. Dort die Straße, da wohnte jene Frau, er hatte ihren Namen nicht erfahren, Bomben fielen damals. Die Frau . . ., sie war hier, hunderte waren hier, drängten sich um einen Zeitungskiosk. Er lächelte. Das war ganz abwegig. Der Zeitungskiosk ging in Flammen auf. Zeitungsblätter flogen durch die Luft. Die Frau . . ., oder eine andere, hob ein Blatt auf, sie las die Schlagzeile, es war wie ein Fanfarenstoß: „Wachsendes Vertrauen zur Regierung!“ Ein Höllengelächter antwortete.

Brennende Funken stoben herüber. Zecke lächelte. Jegorow fragte:

„Sind die Leute denn verrückt?“

„Nein, Herr General!“

„Genosse Oberstleutnant, was bedeutet das?“

Jegorow wendete sich an die Vorbeistrudelnden.

„Was ist los?“

„Zur Regierung!“

Ein Sprechchor:

„Kollegen, reiht euch ein, wir wollen freie Menschen sein!“

Ungeheuerlich, unbegreiflich. Großartiges vollzieht sich. Ist der November 1918 zurückgekehrt? Das Cabriolet mit Jegorow, Judanow und Zecke kam durch bis zur Dircksenstraße, hatte dann ‚Freie Straße‘ bis Karlshorst. Es war nicht November 1918 — war der 16. Juni 1953. Eine andere Welt . . ., Arbeiter- und Bauernwelt. Demonstration, Revolte, Aufstand? Unmöglich, kein Raum dafür! Die tausend oder zweitausend Heißsporne werden bald hinter Gittern sitzen!

„Warum haben Sie eigentlich so gefeixt, Zecke?“

Jegorow konnte so gut deutsch, daß ihm auch diese Nuance im Ausdruck zur Verfügung stand.

„Ich weiß selbst nicht — das macht die Berliner Luft, Herr General!“

„Nun, hier ist Karlshorst, denken Sie also an meine Bemerkung und betrachten Sie sich nicht unter Arrest, Herr Oberst Zecke, es ist lediglich eine Formalität!" sagte Jegorow und schloß die Tür hinter Zecke ab, steckte den Schlüssel ein, verließ dann die drei ihm zur Verfügung gestellten Zimmer.

In Berlin wurde demonstriert.

In der Vierten Abteilung beim Stab der Roten Armee surrte das Telefon. Es war umgekehrt, statt pflichtschuldige Meldungen entgegenzunehmen, mußte man solche erst herbeiziehen. Es war schmählich — unter den Augen des aus Moskau eingetroffenen Generalmajors Jegorow hatte der Chef der Abteilung sich mühsam ein Bild der Lage zu verschaffen. — Was ist los, was geht vor?

Der SED-Glaspalast konnte keine Auskunft geben, wußte von nichts. Das Haus der Ministerien wußte auch nichts. „Da ist eine Demonstration im Gange, sie soll vom FDGB ausgehen, wir wissen nichts davon!"

Und der FDGB?

Der FDGB wußte auch nichts . . ., eine Delegation wäre auf dem Wege zum Ministerium. Es handle sich um die zehnprozentige Normenerhöhung, darüber wollten die Bauarbeiter verhandeln.

Schöne Delegation . . ., Volkspolizisten wurden verprügelt, Zeitungskioske gingen in Flammen auf. Stalinporträts flogen von den Mauern herab. Das hatte Jegorow mit eigenen Augen gesehen.

„Wo sind die Verantwortlichen, wie heißen sie denn — Ulbricht, Grotewohl, Pieck?"

Das Telefon summte. Es dauerte lange, dann war die Antwort da.

Danach war Ulbricht in Karlshorst, saß bei dem Chef der Politischen Abteilung der Sowjetischen Hohen Kommission und sprach über den „Neuen Kurs" der „Deutschen Demokratischen Republik". Otto Grotewohl, der Ministerpräsident, war nach Grünau in das Sendehaus von Radio Berlin gefahren, um eine vorbereitete Rede auf Band zu sprechen. Wilhelm Pieck hatte Urlaub und unterzog sich in Ak-Mechet auf der Krim einer Kur. Und der Staatssicherheitsminister Zaisser befand sich auf einer Inspektionsreise in Halle. Jegorow erreichte ihn telefonisch und verabredete mit ihm ein Zusammentreffen für den folgenden Tag.

Zaisser schien über die Ereignisse in Berlin nicht überrascht. Es wäre nicht der erste Streik, erklärte er. In Eberswalde, in Zwickau, in

Leuna, er nannte noch ein halbes Dutzend Orte, hätte es bereits Differenzen gegeben und anderes wäre nach den kollektiven Normenerhöhungen Ulbrichts auch nicht zu erwarten gewesen.

General Jegorow kehrte in sein Quartier zurück, nahm mit Oberst Zecke einen Tee ein, brachte die neuesten Nachrichten mit, und ersuchte Zecke um eine Beurteilung der Lage.

„Sie haben das gesamte Material über Deutschland in der Hand gehabt — was sind die Ursachen und wird die Bewegung mit friedlichen Mitteln, durch Verhandeln abzustoppen sein?"

„Die Ursachen liegen auf der Hand, Herr General Jegorow. Der Sozialdemokrat Scheidemann schilderte einmal eine Menge, die im Jahre 1919 in eine Sitzung des Arbeiter- und Soldatenrats einbrach, und sagte von den Leuten, daß sie sich ihre Gesichter grau geschminkt hätten. Die Leute, die wir heute im Vorbeifahren sahen, haben es nicht mehr nötig, sich ihre Gesichter grau zu schminken. Alle haben graue und eingefallene Gesichter. Die beiden, die das Schild „Freie Wahlen" trugen, waren so ausgezehrte Gestalten, wie wir sie nur aus chinesischen Hungergebieten kennen. Ursache genug für eine Revolte. Und an ‚Abstoppen' glaube ich nicht. Dazu ist die Not zu hoch angelaufen. Das über die Dämme brechende Wasser halten Sie mit bloßen Händen nicht an, vielleicht nicht einmal mit Panzern!"

Mit Panzern . . ., genau das war zu vermeiden.

„Wir sind hier nicht in Alma-Ata oder Ferghana — die ‚friedliebende Sowjetunion' schießt auf Arbeiter: solches Bild darf der Welt nicht geboten werden!"

„Lüge und Wahrheit des Kommunismus — die Frage ist gestellt, hier ist sie zu beantworten!"

„Was Sie unter Lüge des Kommunismus verstehen, das weiß ich bereits; aber was verstehen Sie unter Wahrheit des Kommunismus?"

„Seine antagonistische Haltung, seine Polemik gegen wirklich schädliche Auswüchse des Kapitalismus. Er bedeutet die Entlarvung der christlichen Sünden und die Mahnung an die unerfüllte christliche Aufgabe und Pflicht! sagt der Russe Nikolai Berdiajew, der einmal in Ihren Reihen stand, Herr General Jegorow."

„Ja, Berdiajew, er steht auf unserm Index verbotener Autoren. Aber sehen Sie denn gar nichts Schöpferisches im Kommunismus?"

„Nein, Herr General Jegorow — im industriellen Aufbau Ihres Landes kann ich es nicht finden. Die industrielle Revolution haben Sie vom Kapitalismus übernommen, und der macht das immer noch besser. Im übrigen, und besonders nach dem Kriege, sehe ich nur Abbau, Abwracken, den unterworfenen Völkern gegenüber ist der Bolschewismus das größte Abwrackungsunternehmen aller Zeiten!"

„Und um was handelt es sich in Berlin?"

„Es handelt sich um das tägliche Brot, aber auch darum, daß das Brot in Freiheit gegessen werden kann! Ich machte Sie schon einmal darauf aufmerksam, Herr General Jegorow, daß die Trennung dieser Stadt eine künstliche und Ost und West in Berlin und die getrennten Teile Deutschlands Bein vom gleichen Bein sind. Die Bewohner Westberlins haben vor vier Jahren abgelehnt, mit sowjetischem Brot die sowjetische Knechtschaft auf sich zu nehmen. Sie haben Hunger und Kälte und Blockade durchstanden und eine verhältnismäßige Selbständigkeit bewahrt. Die Forderung nach Selbständigkeit ist das geringste, das Sie, wenn nicht heute schon, so doch morgen, auch von den Ostberlinern zu erwarten haben'

Der Jegorow detachierte Oberstleutnant brachte weitere Nachrichten. Er brachte auch einen Augenzeugen mit, der den Demonstrationszug bis zum Haus der Ministerien begleitet hatte. Jegorow ließ ihn hereinrufen. Ein Deutscher, der einen russischen Soldatenjargon sprach, August Gnotke, er hatte den Zug durch die Leipziger Straße begleitet und vor dem Haus der Ministerien ganz vorn gestanden. „Neben einem Tisch", sagte er, „so viele Menschen, die Straße war schwarz und alle hoben die Fäuste. Das Schild ‚Präsident der Republik' dawai, unter die Füße! ‚Pieck, Ulbricht' — aber eine Frau kam heraus, die wollten sie nicht. ‚Ulbricht, den Spitzbart, die sibirische Ziege ...' brüllten alle.

Ein anderer kam, ein Minister, Selbmann heißt er. Der kletterte auf den Tisch: ‚Kollegen . . .'

‚Wir sind nicht deine Kollegen!'

‚Ich bin auch Arbeiter . . .'

‚Du hast das aber vergessen!'

‚Du bist kein Arbeiter, du bist ein Arbeiterverräter!'

‚Arbeiter, schaut meine Hände an', sagte Selbmann.

‚Mensch, deine Hände sind aber ganz schön fett!'

Und gepfiffen haben wir und gebrüllt: ‚Verschwinden! Abtreten! Ulbricht, Grotewohl — die ganze Regierung: Abtreten!' Dann kam noch einer, ein Professor Dr. Wittstock, der redete aber ‚parteichinesisch', das war nur zum Lachen!"

„So, ‚parteichinesisch' und zum Lachen war es?"

Judanow betrachtete Gnotke mit einem sonderbaren Blick.

Er kannte ihn nicht wieder. Gnotke berichtete nicht, wie er es von ihm gewohnt war, mit einer fast gefrorenen Sachlichkeit, sondern sprach wie ein Beteiligter, das war neu an ihm.

„Und morgen geht's erst richtig los, morgen ist Generalstreik!' beendete Gnotke seinen Bericht.

Am gleichen Abend besuchte Jegorow, und er nahm Zecke mit und wurde von Judanow begleitet, eine Außerordentliche Parteiaktiviversammlung, auf der Grotewohl und auch Ulbricht als Redner angekündigt waren.

Es war im ‚Theater der Fünftausend' am Schiffbauerdamm, dem ehemaligen Großen Schauspielhaus Max Reinhardts, dem früheren Zirkus Schumann, dem Schauplatz von Massenveranstaltungen, auch von revolutionären Matinees.

Den „Panzerkreuzer Potemkin" hatte Zecke hier vor 1933 gesehen. Gerhart Hauptmanns „Weber", auch „Florian Geyer", und „Dantons Tod" von Büchner. An einem Sonntagvormittag erinnerte er sich. Isadora Duncan hatte die „Internationale" getanzt und das Haus in Raserei versetzt. Mit Lena war er dagewesen. Das machten sie damals manchmal, besuchten eine Matinee und gingen nachher ins „Schwarze Ferkel" oder ins „Adlon" Unter den Linden essen. Lena . . ., nicht auszudenken, daß sie nur einige S-Bahnstationen entfernt von hier weilt! Lena und Agathe, aber er wußte nichts über sie, niemals waren Briefe zwischen ihnen hin und her gegangen.

Zecke, Jegorow, Judanow und Hauptmann Budin, der sich ihnen angeschlossen hatte, alle in Zivil, saßen in einer Loge. Sie blickten ins Parkett hinunter. Halbkreisförmige Reihen von Gesichtern, ein bleicher Krater von Köpfen erhob sich bis zu den Galerien. Gemurmel wie dumpfe Brandung. Viertausend — die Treuesten der Treuen saßen hier. Gebrannte, beschädigte, durch Wasser gezogene Zeugen eines Säkulums aufbrauender und wie Rauch verwehender Hoffnungen. Die Duncan hatte die „Internationale“ getanzt, und sie – es sind noch dieselben, die hier sitzen – waren in Raserei geraten. „Ein Gespenst geht um in Europa ...“ und sie, deren vor hundert Jahren niedergeschriebenes Glaubensmanifest so beginnt, und die das Gespenst mit ihrem Blute nährten, daß es sich riesengroß aufreckte, können nun nicht begreifen, daß es zu keinem Wesen aus Bein und Fleisch werden will! Meerkatz, Loose, Schwender ..., der August, der Emil, der Paule, die damals im Übergangslager Brest-Litowsk auf ihre Abfahrt nach Berlin warteten, sollten sie nicht auch hier in der Menge sitzen? Einen Augenblick lang meinte Zecke, den langen Peitschenstock, den hageren August Meerkatz zu erblicken.

Er war es, August Meerkatz, und auch Paul Loose war da.

Meerkatz schob sich an einer der Reihen entlang und nahm neben Loose Platz. Meerkatz und Loose hatten nach ihrem Eintreffen in Berlin, nachdem sie auf dem Wilhelmplatz ihre Abfindung (drei Stück Sechserkäse und ein Stück Weißbrot) erhalten hatten, und im „Glaspalast“ in der Lothringer Straße politischer Arbeit zugeteilt worden waren, miteinander Fühlung behalten. Nach ihren ersten sporadischen Verwendungen hatte Loose einen Posten in der Hausmeisterei im Haus der Ministerien erhalten (auch seine Frau Emma war dort in der Kantine beschäftigt), und Meerkatz war Vertriebsleiter der sowjetisch redigierten „Täglichen Rundschau“ geworden. Die beiden begrüßten einander mit einem Blick ..., es bedurfte keiner Worte, und Worte wären vielleicht auch zu viel gewesen. Ein Blick des Einverständnisses, der Blick einer heimlichen Fronde war die Begrüßung von vielen, die hier nebeneinander Platz nahmen. Die Luft war geladen mit Sprengstoff. An diesem Abend mußte der Spitzbart wohl sprechen, mußte er Rede und Antwort stehen, mußte er sagen, ob der „Neue Kurs“ echt sei, oder ob es sich wieder nur um ein taktisches Manöver handelte. Und eine Analyse der Ereignisse des Tages und ernste Schlußfolgerungen, bindende Thesen für eine Änderung der fehlerhaften Linie waren, wenn jemals, dann an diesem Abend von ihm zu erwarten.

Vorn, im Scheinwerferlicht, betraten die Erwarteten die Rampe, fast ein Dutzend, unter ihnen Ulbricht, Grotewohl, Jendretzki, auch Ackermann, auch Zaisser.

Sie sind also nicht getürmt, wie es schon hieß.

„Genossen und Genossinnen ..."

Aber was redet denn der Jendretzki? Ist denn in Berlin nichts geschehen, sind denn die Bauarbeiter nicht von der Stalin-Allee bis zum Haus der Ministerien marschiert, haben sie nicht auf ihrem Weg von allen Baustellen, aus allen Straßen Zuzug bekommen, sind die Porträts der vorn sitzenden Gestalten aus dem Politbüro nicht von der durch Berlin schwemmenden Flutwelle unter die Füße genommen und zertrampelt worden? Und ist nicht für den kommenden Tag der Generalstreik ausgerufen?

„In Berlin scheint alles in Ordnung zu sein!"

„Eine Rede von vorgestern, war schon vorbereitet", bemerkte Oberstleutnant Judanow.

„Man muß auf Grotewohl warten!"

Auch Grotewohl brachte eine Enttäuschung. Nun, schließlich war es Grotewohl, ein SPD-Intelligenzler mit Hornbrille, ohne die höheren Weihen der Moskauer Hierarchie. An Ulbricht war es, er hatte zu zeigen, daß mehr an ihm war, als der Bart – „ganz wie Lenin!"

Ulbricht sprach ...

Jegorow zündete sich eine Zigarette an.

Ein dozierender „Himmler" – „Ob der Staatssicherheitschef Hitlers wohl auch so an der Stunde vorbeigeredet hätte?"

Oberstleutnant Judanow zuckte die Achseln:

„Vielleicht kann Herr Zecke darüber Auskunft geben!"

„Kalt sagen die Leute, grausam sagen die Leute. Kann keine Rede davon sein. Er ist nicht einmal kalt, ist ohne jede Temperatur, ein Homunkulus ..., wo soll er es denn hernehmen, wenn sie ihn ohne Direktiven lassen!"

„... ohne Zweifel haben die Partei und die Regierung durch die Leistungen des Volkes bis 1952 bedeutende Erfolge zu verzeichnen gehabt. Von der Beseitigung der Trümmer des Hitlerkrieges wurde zum Neuaufbau übergegangen und die Lebenshaltung der Bevölkerung bedeutend erhöht. Die Wirtschaftspläne wurden nicht nur erfüllt, sondern in einer Reihe wichtiger Positionen sogar übererfüllt. Freilich, in der Landwirtschaft ..."

So ging es weiter, so plätscherte es schon eine halbe Stunde. Das

Haus wurde unruhig. Die Leute sprachen miteinander. Gemurmel lief durch die Reihen. Sogar Zwischenrufe gab es.

Jegorow fand sich an der Grenze seiner Geduld.

Ist nicht der Generalstreik ausgerufen? Wird ein Generalstreik der Berliner Arbeiter nicht auf die ganze Zone übergreifen? Und dann ... muß die Rote Armee nicht die Rebellion niederwerfen? Und dann ... die Westmächte? Stehen wir an der Schwelle des Weltkrieges Nummer III? Wird das nächste Ereignis eine sich auf Berlin herabsenkende Atombombe sein? Er war hier fehl am Platze, versäumte kostbare Zeit. Jegorow bat Judanow und Budin, hier auf Beobachtungsposten zu bleiben, stand auf und verließ mit Zecke das Haus. Sie fuhren durch die Nacht, über regennasse Berliner Plätze, durch die von Volkspolizeiketten zernierte Frankfurter Allee, die ihm mit den weißen Fassadenbauten als eine trostlose und provinzielle Nachbildung der Gorkistraße in Moskau erschien.

An seiner Seite saß Zecke.

Zecke ..., ein Experiment, er hatte es empfohlen und bei seinem Chef durchgesetzt. Zecke, ein weißes Blatt, unberührt geblieben von den Intrigen, den Cliquenkämpfen, auch von den flackernden Gedanken und heimlichen Hoffnungen der in führende Positionen erhobenen ehemaligen Hitleroffiziere. An Ort und Stelle soll er auf ihn einstürmenden Eindrücken ausgesetzt werden, gerade jetzt sollte das geschehen, vor den notwendig erscheinenden, nicht nur personellen, auch gesellschaftlichen Strukturveränderungen innerhalb der DDR. Zecke ..., ein aufnehmender Seismograph – er wird dann verschwinden, muß dann verschwinden –, das aufgenommene Diagramm wird bleiben, ein Drudenfuß, eine Formel gegen Neupreußentum, gegen deutsches Einheitsstreben, gegen jede Art „abendländischer" Zauberei.

Er fragte Zecke nach seinem Eindruck von der Tagung im Friedrichstadtpalast und erhielt nur verallgemeinernde Antworten.

„Eine Menschheit ohne Schicksal, ohne jedes Ethos. Des Menschen Ratlosigkeit als Endzustand: das scheint das angesteuerte Ziel zu sein – in der DDR, aber unglücklicherweise nicht nur in der DDR!"

Und dabei blieb Zecke.

„Ulbricht ein Homunkulus! Das ganze Politbüro eine Gesellschaft von Homunkulussen in der Flasche. Und nehmen Sie die bestehende

Flaschenwand, nehmen Sie die schützende Hülle weg, lösen sie sich auf wie Rauch, sind niemals dagewesen."

Es war spät in der Nacht, als Jegorow in seiner Abteilung in Karlshorst die neueste Stellungnahme Ulbrichts vernahm.

Eine Analyse, die keine war!

Danach hatte Ulbricht zwar vorbeugende Maßnahmen getroffen, war aber überzeugt davon, daß es zu einer Revolte nicht kommen werde. Die Werktätigen in den Betrieben der DDR stünden voll und ganz hinter der Regierung. Was sich heute in der Stalin-Allee abgespielt habe, sei das Werk einiger Provokateure. Der ganze Spuk wäre eigentlich schon vorbei. Ein Generalstreik würde bestimmt nicht stattfinden!

Was sollte man dazu sagen! Der erste Mann im Lande versuchte, die seit 1945 krisenhafteste Lage zu bagatellisieren — konnte also wohl nicht der erste Mann bleiben. „Er ist übrigens einigemale umgekippt und wechselt von Panik zu großspuriger Sicherheit. Während ich jetzt zu Ihnen spreche — es ist morgens zwei Uhr —, läßt er den Glaspalast räumen. Er rechnet also wohl selbst mit einem Sturm auf das Parteihaus. Nun, wir denken nicht daran, uns auf die Volkspolizei zu verlassen. General Gretschko hat die 12. und 24. Panzerdivision mobilisiert, etwa sechshundert Panzer und fünfzehntausend Mann. In einer Stunde, ab drei Uhr morgens, stehen die Panzer in Bereitschaftsstellungen mit laufenden Motoren." — Die Lage war ernst.

In nicht abreißender Folge gab Karlshorst Zwischenberichte nach Moskau durch. Auch Jegorow telefonierte mit dem Chef seiner Abteilung und schilderte seine Beobachtungen. Er hörte: „Die Frage ‚Zaisser' wird vorläufig zurückgestellt. Nach Bereinigung der Berliner Ereignisse werden wir mehr wissen, auch über die andern Berliner Männer ..." Jegorow glaubte jetzt schon übersehen zu können, daß sie außerstande waren, die Situation zu meistern.

„Bleiben Sie weiter auf Beobachtungsposten, Jegorow. Es wird vor allem darauf ankommen, ernste Zusammenstöße und Blutvergießen zu vermeiden. Kein Schuß darf ohne Genehmigung des Kriegsministeriums fallen. Die Entscheidung ist dem Kriegsminister Bulganin vorbehalten!"

In seinem Quartier rauchte Jegorow noch eine Zigarette mit Zecke. Er stieß das Fenster auf. Regen, Wetterleuchten und Donnergrollen.

„Das ist der Blitz ... morgen werden wir in seinem Schein sehen, was in der Deutschen Demokratischen Republik los ist und wer im Fegefeuer besteht! Ein Zitat Lenins, Herr Oberst Zecke. Das war der Blitz, der besser als alles andere die Wirklichkeit beleuchtete, so kommentierte Lenin den Kronstädter Aufstand."

Am folgenden Morgen war es nicht möglich, die Fahrt zur Stadtmitte wie am Vortage mit einem Auto zu machen. Jegorow wurde gesagt, daß er sich einer Patrouillenfahrt von sechs Panzern anschließen und am Haus der Ministerien abgesetzt werden könne. Er bestieg den Panzer des Führers der Einsatzkompanie, auch Zecke wurde im gleichen Panzer untergebracht. Der Führer der Panzer, ein Major, hatte vom Garnisonskommandanten ausdrücklichen Befehl, jede feindselige Handlung zu unterlassen. Es durfte nicht geschossen werden! Außerdem sollte sich jedes Fahrzeug unverzüglich zurückziehen, falls bewaffneter Widerstand geleistet würde. Jegorow aus der geöffneten Luke und Zecke aus dem Sehschlitz des Panzers hatten Ausblick auf die Straße. Weiße Fassaden, Hochhäuser mit kleinen Fenstern und angeklebten Balkons, das war die ehemalige Frankfurter und heutige Stalin-Allee, in der sich am frühen Morgen, trotz der Absperrung durch die Volkspolizei, die Bauarbeiter aufs Neue versammelt, dann in langen Demonstrationszügen abermals in Richtung zum Stadtinnern in Bewegung gesetzt hatten. Am Vortage waren es Bauarbeiter – an diesem Tage war ganz Berlin in die revolutionäre Bahn hineingerissen, und der Regen hinderte niemanden. Die Panzer bogen ab zur Jannowitzbrücke, fuhren in der Wallstraße am Gewerkschaftshaus vorbei. Auf der Straße lagen überdimensionale Porträts von Stalin, von Pieck, von Grotewohl, herabgerissen und zertreten. Der Spittelmarkt glich einem großen pumpenden Herzen, nahm aus drei, vier Zufahrtstraßen strudelnde Menschenmassen auf und trieb sie, beschleunigt und schreiend und ihr Geheule steigernd, in die Leipziger Straße. Jegorow von der Luke herab, Zecke durch den Sehschlitz, blickten auf die strömende Menge, auf einzelne Gruppen und vereinzelte vom herabklatschenden Regen nasse Gesichter. Die Demonstranten liefen vor den Panzern, liefen neben den Panzern her, gaben nur widerwillig den Weg frei, um sich gleich hinter der Kolonne wieder zusammenzuschließen und die ganze Breite der Straße einzunehmen. Andere standen auf Ruinenvorsprüngen und brüllten Losungen. Die Panzer konnten nur noch Schritt fahren. Kaum war das Rasseln der Ketten zu hören in dem Brüllen und Johlen und Pfeifen. „Pieck, Ulbricht ..., nieder, nieder! Wir wollen keine Sklaven sein!“ Das Verhalten der Menschen war ebenso tollkühn wie unverständlich, keiner hatte Angst. „Sie haben keine Angst!“ stellte der Kommandeur der Einsatzkompanie verwundert fest.

„Es kann unangenehm für Sie werden, gehen Sie lieber nach Hause!“ rief der Panzermajor den Demonstranten zu.

„Iwan go home!“ wurde zurückgerufen.

Der Funker meldete: „Demonstranten reißen die Sektorenschranken ein! Vom Brandenburger Tor ist die rote Fahne heruntergeholt worden. Arbeiter aus den nördlichen Vororten marschieren durch den französischen Sektor!“

Zecke sah diskutierende Gruppen, im Handgemenge ein umgestürztes Auto. Eine HO-Verkaufsbude brannte wie eine Fackel. Rote Fahnen und Transparente fielen von den Mauern. Volkspolizisten hielten einen Feuerwehrschlauch in die Menge — Geschrei, Gejohle, erhobene Fäuste. Eine brennende Fahne flog in ein Fenster des Regierungsgebäudes.

Schon flogen Steine auch gegen die Panzer.

Karlshorst forderte durch Funk Meldung.

„Demonstranten sind aggressiv, werfen mit Steinen, gehen mit Eisenstangen auf uns los!“ meldete der Kommandeur.

„Nichts unternehmen. Einschreiten mit Waffen verboten!“

Die Panzer hielten. Ein Aufgebot kasernierter Volkspolizei in olivgrünen Uniformen hielt den Eingang frei. Jegorow und Zecke sprangen ab, aus einem der andern Panzer kletterten Oberstleutnant Judanow und auch Hauptmann Budin heraus. Die beiden waren nicht abzuschütteln. Jegorow begann sich Gedanken zu machen über die sonderbare Zuteilung von zwei Offizieren, die nicht seinem eigenen, sondern einem anderen Apparat angehörten.

In der Halle des Regierungsgebäudes begegnete Zecke dem General Vincent Müller — wie er einmal Reichswehroffizier und Angehöriger des Seecktstabes und nach seiner Gefangennahme Mitglied des Nationalkomitees, und wie er einem hohen Sowjetoffizier detachiert. Der an der Seite des Oberstkommandierenden in Karlshorst auftretende Müller im Glanze der neuen Uniform eines Generals der Volkspolizei – und er in Zivil und mit der schwefligen Gloriole der Lubjanka. Der andere erkannte ihn nicht, und Zecke ließ es dabei bewenden. Er begegnete dem Ministerialdirektor Professor Dr. Wittstock – und Wittstock erkannte ihn nicht. Kein Wunder, acht Jahre, das Karussell der Toten. Das Karussell drehte sich noch. Er war noch nicht abgestiegen, würde niemals absteigen; der Pendelschlag hatte ihn diesesmal nur statt nach Osten nach Westen getragen. Und auch hier Fratzen, Lemuren, verstorbene Seelen. Dabei war eigentlich gar nichts verändert; Wittstock noch immer exaltiert, in Panik, nahe dem Heulen, fegte durch die Räume, sog die neuesten Nachrichten vom Schlachtfeld, von der Straße, in sich ein, ließ einen Rattenschwanz von Verwirrung hinter sich. Und Zecke sah Vicco Splüge – der aber stutzte, drehte sich sogar um und winkte, aber sein Gesichtsausdruck blieb fremd, auch er hatte ihn nicht erkannt, mit einem anderen (er wußte vielleicht selbst nicht, mit wem) verwechselt und sauste weiter. Splüge also auch hier – kein Regierungsrat oder Stellvertreter, ein Windhund wie früher, wahrscheinlich PK-Kompanie wie früher, er landete gestikulierend und heftig redend bei einer Gruppe von Zeitungs- und Nachrichtenchefs.

Er erblickte Loose – und das war eine Begegnung.

„Mensch, Herr Oberst ...“ Ein Händedruck. „Dicke Luft, Genosse Oberst, allerhand los in Berlin. Na, wir werden ja sehen. Komm doch mal her, Emma!“

Zecke reichte Looses Frau die Hand. Es war in der Kantine. Funktionäre, Sekretärinnen saßen an den Tischen. Die Frau stand im weißen Mantel hinter dem Büfett. „Für Emma habe ich es gemacht“ (das Kästchen aus karelischer Birke), „na, das gehört ja nicht hierher ...“ das also war sie. Ein frisches, freundliches Gesicht, wohltuend abstechend von den angemalten Puppenköpfen und gefrorenen Bürogesichtern der andern.

„Ein guter Bekannter aus Brest-Litowsk, du weißt doch!“ sagte Loose. Er zog sich seinen Regenmantel an, mußte hinaus auf die Straße. „Auf in den Kampf ...“, sagte er. In einer aus Pankow eingegangenen Direktive war festgestellt worden, daß der mittlere und untere Funktionärapparat der Partei und der Gewerkschaften versagt hätte. Und –

„Das Fazit, das die Partei aus all dem ziehen will: der verlorengegangene Kontakt mit dem Volk muß schnellstens wiederhergestellt werden! Darum heißt die Losung der Stunde: Alle Parteiführer, alle verantwortlichen Regierungsmitglieder und alle Gewerkschaftssekretäre hinaus auf die Straße zu den verführten Genossen und Genossinnen, hinein in die Betriebe, die stilliegen und nach neuem Leben schreien. Jetzt zeigt, was ihr könnt, was die Partei euch gelehrt hat!" Da die Parteiführer und Regierungsmitglieder und Gewerkschaftssekretäre in dieser Stunde aber dringendere Aufgaben zu lösen hatten und unabkömmlich waren, wurden eiligst instruierte Aufklärer und Propagandisten auf die Straße geschickt, einer war Loose.

„Adjös also, Emma!"

Viele Menschen, die meisten Zivilisten, sehr viele Frauen, schwärmten durch die große Halle unter den Ministerien, Frauen drängten sich vor den Telefonzellen, sprachen von ihren Männern, von denen sie keine Nachrichten hatten. Es wurde deutsch und russisch gesprochen. Mit weitaufgerissenen Augen wurden Berichte angehört. Augenzeugenberichte der von der Straße Hereinkommenden. Einer sagte: „Genossen, es ist nicht das Volk, das demonstriert, es sind amerikanische Boys mit Texashemden, die meisten sind aus West-Berlin. Ich habe selbst gesehen, wie Amerikaner in Uniform die Passanten aufwiegelten, mit eigenen Augen!"

„Na, hören Sie mal, die Amerikaner sind zwar sehr dumm, aber für so dumm darf man sie auch wieder nicht halten!"

Sowjetoffiziere, einfache Soldaten, auch Volkspolizisten bewegten sich von Gruppe zu Gruppe. Alles rannte wie in einem Ameisenhaufen durcheinander. Die Luft war blau von Zigarettenqualm.

„Es sieht alles ziemlich ziellos, einigermaßen ratlos aus", meinte Jegorow. „Wie sagten Sie doch, Herr Zecke: des Menschen Ratlosigkeit als Endzustand. Demnach befindet sich hier alles fünf Minuten vor dem Ende!"

„Die Demonstration draußen ist ein Votum — wenn das das letzte Wort bleibt, ist die Regierung bereits abgesetzt!"

Sie bewegten sich durch die Menge zur Treppe. Auf den Treppenstufen kauerten Frauen, schienen völlig erschöpft. Judanow, Budin, auch der Major der Einsatzkompanie folgten.

Der Panzermajor suchte den General Dibrowa, um sich zur Stelle zu melden. Er wurde im großen Versammlungssaal sofort von den Herumstehenden bestürmt: „Genosse Major, was haben Sie gesehen? Was ist los?“ „Viel und nichts“, war seine ausweichende Antwort. Es fiel ihm schwer, sich von den Fragern loszumachen. Alle wollten Auskunft über den Umfang des Aufruhrs haben. Sie selbst wußten aus eigener Anschauung nichts, hatten seit dem Beginn der Demonstrationen am vergangenen Tag das Gebäude nicht mehr verlassen. Auch hier war die Luft blau von Tabaksqualm. Die Aschenbecher flossen über. Jegorow und Zecke nahmen nebeneinander Platz. Aber die übrigen standen ratlos herum. Auch hier waren die Telefone dauernd umlagert. Eine Regierungssitzung sollte stattfinden. Einige Regierungsmitglieder und vor allem der mit dem Oberbefehl über die Truppen der Garnison betraute General Dibrowa wurden noch erwartet.

Das war der Blitz ...

In seinem Scheine lief Paul Loose durch die Straßen. Hohngelächter, Verachtung, mitleidige Blicke, mehr als alles andere aber seine eigene Unsicherheit und sein eigenes Anderswissen hatten ihn bald zum Schweigen gebracht. Die aufgetragenen Propagandathesen blieben ihm im Halse stecken. Halbstarke, Gesindel, gedungene Bubis, Texasboys... Die haben ja wohl einen Vogel, das sollen sie mal selbst den Berliner Arbeitern erzählen! Mensch, Paule, was machst du denn hier? Willst uns wohl verkohlen? Ich und verkohlen, bei dir piept's wohl? „Nieder Grunzewohl! Nieder die sibirische Ziege!“ brüllte Loose. „HO macht uns k.o.! Freie Wahlen! Der Spitzbart muß weg! Wir sind doch keine Affen!“ brüllten andere. Die Masse trieb gegen eine Polizeikette. Holz- und Gummiknüppel, die Vopos schlugen auf die Demonstranten ein. Die aber schlugen zurück, allen voran die Schneiderinnen vom Fortschritt-Werk mit ihren Regenschirmen. Verstärkung wurde eingesetzt — die Olivgrünen, kasernierte Volkspolizei, auch FDJ-Jungen, Zehn- und Vierzehnjährige. „Wie unter ‚Adolf‘“ — „Mensch, Junge, schmeiß das weg! Geh nach Hause!“ — „Volksverbrecher, was wollt ihr eigentlich? Schämt euch, wir sind Arbeiter! Kommt, macht mit!“ Die Vopos standen wie angenagelt. Die Kasernierten waren auch erst Siebzehn- und Achtzehnjährige. Die Menge öffnete sich wie ein Theatervorhang, und Arbeiter mit Bohlen, mit Bauhölzern, mit Rammbalken stürmten vor. Die Polizisten spritzten auseinander, retteten sich auf die Seite. Der Kordon war durchbrochen, die Demonstranten schwemmten weiter. Einer von ihnen war Paul Loose. Er hatte vergessen, daß er zur Hausmeisterei des Regierungsgebäudes gehörte und auf die Straße geschickt worden war, um die Demonstranten „aufzuklären".

Er bückte sich, hob einen Pflasterstein auf.

„Mensch, Loose, bist du wahnsinnig?"

Max Schwender stand vor ihm.

„Du bist es, du Hornvieh, du Volksverräter, hast du denn ganz vergessen, wie sie uns niedergeknüppelt haben!"

Das war der Blitz ...

August Meerkatz war von seinem Strahl bis ins Herz getroffen. Der lange Streit, in dem er mit sich selbst gelegen hatte, war ausgestritten. Kommandiert, hierhin geschoben, dahin geschoben, eine Gliederpuppe, dem leisesten Zug an der Strippe gehorchend — heute bewegte er sich aus sich selbst heraus. Zur Zeit des noch ungeteilten Berliner Magistrats hatte er „Volkszorn" spielen müssen, und er hatte mitgespielt, war dabei gewesen, hatte geholfen den Magistrat zu spalten, Berlin zu spalten; während des Eisenbahnerstreiks hatte er Streikbrecherarbeit machen müssen und hatte sie gemacht, aus Disziplin, nicht aus Überzeugung. Aber hatte er nicht einmal gegen eine ganze Welt, gegen Ächtung, Schikanen, Verfolgungen für seine Überzeugung gestanden. Wo war das alles geblieben, was war aus dem Sinn seiner Auflehnung geworden? Alle Ideale sind zu hohlen Phrasen geworden — an Stelle des Denkens ist das Dogma getreten. Nun stand er auf der richtigen Seite. Hau-ruck, hau-ruck ..., er war dabei, als ein Bonze, der das Maul aufreißen wollte, in hohem Bogen in die Spree geworfen wurde, und ihm war zumute, als versänke ein Stück der Mammutbürokratie im Wasser. Hau-ruck, hau-ruck ..., ein Götze aus Beton flog um, lag geköpft, mit abgebrochenen Armen auf dem Pflaster. Du sollst keine fremden Götter haben ..., das eigene Gewissen genügt! Verzweiflung, Resignation, Müdigkeit fielen von ihm ab. Er war dabei, als an der Sektorengrenze Chausseestraße die Grenzschilder und Sperrblöcke aus dem Boden gerissen wurden. Keine Grenze mehr, in Berlin nicht, in Deutschland nicht, und keine Grenzen der Vernunft und Gerechtigkeit. Seid umschlungen, Brüder. Hand in Hand, Arm in Arm marschierte er mit den Henningsdorfer Stahlwerkern durch die Chausseestraße, übers Oranienburger Tor, und Unter den Linden vorbei an der Sowjetbotschaft, der protzigen Marmorsäulenfassade keine Beachtung schenkend. Staatsproletarier, Staatsheloten, kontrolliert, geschult, gelenkt, reglementiert . . ., da sind wir: „Weg mit den Normen! Gesamtdeutsche Wahlen! Einheitliches Deutschland!" Hunger und Entbehrung zum System erhoben, Gleichgültigkeit und Unfähigkeit: „Nieder! Nieder! Nieder!" — Das war der Blitz . . .

Aufflackernde Propagandagerüste. Sektorensperren fallen. Das Columbiahaus steht in Flammen. Polizeiuniformen, Akten fliegen zu den Fenstern hinaus. An der Hinterfront des Regierungspalastes bersten Fensterscheiben. Das Volk drückt in den Hof hinein, wird von der Vopo wieder hinausgeprügelt. Am Brandenburger Tor flattert die Sowjetfahne hinunter in die johlende Menge... wollte nicht brennen, wird in Stücke gerissen. Menschen in langen Heersäulen, hier zwanzigtausend, dort vierzig-, dort sechzigtausend, ganz Berlin . . ., Loose, Meerkatz, Halen, der alte Schuster Haderer, alle . . . Und August Gnotke . . . aufgetaut das gläserne Meer, die Schollen brechen. „Ich bin schuldig", heulte Gnotke und wurde getröstet. „Jeder ist schuldig! Jeder kann angeklagt werden! Jeder ist zu lebendem Tod verdammt!"

Das war der Blitz . . .

General Dibrowa betrat den großen Konferenzsaal der Regierung. Keiner sprach mehr. Schweigen senkte sich über die ratlos Herumstehenden. Von der Straße her drang durch die nur angelehnten Fenster das Rauschen des aufständischen Volkes herauf.

Der Panzermajor meldete sich zur Stelle.

Der General blätterte in Papieren, zerknüllte einzelne Seiten — Entschließungen der SED, Meldungen der Vopo erschienen nicht mehr wichtig, waren überholt, die Stunde war vorgeschritten. Hinter ihm lag eine Auseinandersetzung mit Karlshorst wegen Verhängung des Ausnahmezustandes, den er für unumgänglich hielt.

Einer der Staatssekretäre wagte sich vor:

„Genosse Garnisonskommandant, sagen Sie uns bitte, was sich überhaupt ereignet hat! Was muß geschehen? Was haben Sie auf Ihrer Inspektionsfahrt gesehen?"

Der General zeigte ein Lächeln:

„Sie haben keinen Grund zur Aufregung. Die Genossen Ulbricht und Zaisser werden noch erwartet, dann werde ich ohnedies referieren!" Er wandte sich an den Panzermajor.

„Genosse Major, lassen Sie durch Funk anfragen, ob die beiden Genossen Karlshorst schon verlassen haben."

Der Major nahm einen der Telefonapparate, verlangte die Zentrale. Er mußte sich ein Ohr zuhalten, die Versammlung summte wieder wie ein aufgestörter Bienenschwarm. Noch immer nahm keiner seinen Platz ein. Sie lehnten an dem langen Tisch, standen in Gruppen herum, rauchten eine Zigarette nach der anderen.

Grotewohl, der Ministerpräsident, betrat den Raum, war sofort von den Herumstehenden umringt. Er konnte keine Auskünfte geben, zuckte nur die Achseln, strich sich über das Haar, das ihm immer wieder in die Stirn fiel; hatte er sich von einer Gruppe losgemacht, wurde er von einer andern angehalten.

„Genosse General, die beiden erwarteten Genossen sind in einem T 34 aus Karlshorst abgefahren und müssen jeden Augenblick hier eintreffen!"

Der General trommelte unruhig mit seinen Fingern auf der Tischplatte. Grotewohl, jetzt neben ihm, redete auf ihn ein. Er schien kaum zuzuhören.

„Nach meinem Vortrag zur Lage machen Sie sofort eine neue Patrouillenfahrt", befahl er dem Panzermajor.

Draußen rasselten Ketten – ein Panzerkonvoi fuhr vor.

Ulbricht und Zaisser stiegen nacheinander ab, eilten dem Eingang zu und betraten gleich danach den Konferenzsaal.

General Dibrowa hielt sich mit keiner Einleitung auf.

„Nach meiner dritten Inspektionsfahrt an diesem Vormittag", sagte er, „habe ich den Eindruck, daß die Situation nur noch gerettet werden kann, wenn man die Leute von der Straße bringt. Das jedoch kann nur durch die sofortige Anordnung des Ausnahmezustandes ermöglicht werden.

Ich habe bei Generaloberst Gretschko die Vollmacht dafür bereits erbeten. Selbstverständlich erfordert es die Lage, nur bedachtsame Entscheidungen zu treffen. Aber der Ausnahmezustand ist unumgänglich."

Ulbricht nickte zustimmend.

Grotewohl fuhr sich wieder mit der Hand durchs Haar. Gewalt sei in dieser Stunde ein sehr bedenkliches Mittel, meinte er.

Zaisser grinste breit.

Vor dem Fenster schwoll das Geheul der Menge wieder an.

„Genosse Major, Sie können mit Ihren Panzern jetzt fahren, fahren Sie sofort!“ befahl der General.

Ulbricht erklärte, man dürfte keine Angst vor abschreckenden Mitteln haben. Er habe auch schon den Ausnahmezustand verlangt und sei sicher, daß der Hochkommissar, der Genosse Semjonow, auch Genosse Judin, sich dazu entschlössen.

„Man muß Exempel statuieren, mit der Schuldfrage darf man sich dabei nicht lange aufhalten“, war die Meinung Zaissers.

„Einige Zivilisten erschießen. Dieses Exempel über den Rundfunk bekanntmachen lassen. Bildhafte Sprache wählen, keine Verstandesmomente. Sie verstehen, Genosse?“

Der angesprochene Rundfunkmann nickte mit dem Kopf.

„In dem Zustand, in dem sich die Bevölkerung befindet, hat Logik überhaupt keinen Zweck. Nur Bilder nützen noch!“

Grotewohl putzte seine Brille, obwohl sie blitzblank war.

„Man muß auf alle Fälle den Anschein von Gewalt vermeiden. Die Lage der Regierung ist schon ohnehin fast unhaltbar.“ Minister Selbmann, den die Bauarbeiter am Vortage vom Tisch herunterstießen, stimmte ihm zu.

„Meine Herren, das verstehen Sie nicht, das verstehen Praktiker, die mit solchen Dingen bereits zu tun hatten!“

Der „Praktiker“ Ulbricht lächelte dem General zu ...

Zecke saß in der Kantine – zu seiner Gesellschaft und wohl nicht nur zu seiner Gesellschaft hatte man ihm den kleinen, kugelrunden Budin beigegeben. Budin nahm es nicht so genau, und genau war sein Auftrag auch nicht präzisiert worden. Ein Deutscher, der russisch wie er selbst sprach, in besonderer Mission in Berlin, er sollte ein Auge auf ihn behalten, auf seine Wege und Kontakte mit andern, ebenso wie Judanow den General Jegorow nicht aus den Augen zu lassen hatte. Die Wege der beiden – Jegorows und Zeckes – hatten sich getrennt, und so war auch die Überwachung zwischen Judanow und Budin geteilt worden. Und Budin sprang immer wieder auf und sauste durchs

Haus – durch die Halle mit den Diskussionsgruppen, oben durch den Regierungssaal, in dem die SED-Größen bleich und verwirrt einherwankten, bis vor die Tür des kleinen Konferenzraumes, in dem der Garnisonskommandant, General Dibrowa, sich mit seinem Operationsstab eingerichtet hatte, und kehrte von Zeit zu Zeit in die Kantine zu Zecke zurück.

Schließlich ist nicht an jedem Tag Revolution, schließlich wird nicht an jedem Tag der Ausnahmezustand über ein Volk verhängt. Es war nun so weit, der Kriegsminister Bulganin hatte seine Zustimmung gegeben. Alle Panzerkompanien standen auf Empfang. „Blutvergießen vermeiden, wenn unumgänglich, dann nur in die Luft feuern. Schießbefehl wird nur nach vorheriger Meldung von der Garnisonskommandantur erteilt", ließ Dibrowa an alle Einheiten durchsagen. „Es wird alles schon werden", versicherte er zuversichtlich, „man hätte es nur eher machen sollen."

Westliche Provokateure – ist natürlich Unsinn! Ein Streik, Arbeiter, unzufriedene Arbeiter, Unterdrückung und sie wehren sich! Keiner wußte es besser als Budin. Den Bauern wird der Hof weggenommen, dem Mittelständler die Lebensmittelkarte – beiden bleibt dann nur übrig zu verhungern. Die alte Gesellschaft wird eben eingestampft. Und die Arbeiter erhalten erhöhte Normen und weniger Lohn. Mehr arbeiten und weniger essen. Budin wußte es – viele der Tankisten draußen wußten es ebenfalls.

Budin traf einen bekannten Panzerhauptmann, trank in der Kantine mit ihm ein Gläschen.

„Nun, hast du schon amerikanische Panzer im Ostsektor gesehen?"

„Panzer nicht, nur Arbeiter! Viele Fehler wurden gemacht, zu viele. Sie wehren sich. Ist das nun ihr Recht?"

Budin zuckte die Achseln, blickte sich um. Er bemerkte, daß am Tisch Zeckes sich ein Zivilist niedergelassen hatte.

„Sechshunderttausend Soldaten sind wir", setzte der andere fort. „Wir wollen essen, rauchen, wollen trinken, das Übrige noch nebenher. Das ist zuviel. Die Deutschen wollen und können das auch nicht bezahlen."

„Du meinst, in Berlin das wäre eine echte Sache – Arbeiter und nicht Provokateure?"

„Du nicht?“

„Sicher“, sagte Budin.

„Darauf sollen wir schießen?“

Diese Frage ließ Budin unbeantwortet. „Ich habe da mal eben zu tun“, sagte er und ging zum Tisch Zeckes hinüber.

„Ein alter Bekannter, Towarischtsch Splüge vom ADN, vom Nachrichtenbüro“, stellte Zecke seinen Tischnachbarn vor. Budin trank auch hier ein Gläschen und betrachtete interessiert die Gesellschaft an den Nachbartischen. Hohe Funktionäre, Damen, Sekretärinnen. Sie aßen, tranken, gröhlten ... Weltuntergang. Einer stand auf und übte Selbstkritik.

Eine Nachricht platzte wie eine Bombe.

„Genossen, der Ministerpräsident-Stellvertreter Nuschke ist im amerikanischen Sektor festgesetzt worden. Die Umstände sind unklar, auf jeden Fall, ja, es scheint ...“

„Sind Sie sicher, Genosse?“

„Ich halte es für wahrscheinlich. Denn diesem Schwein traue ich nicht. Er versteht, so etwas zu machen.“

Fluchen. Verzweiflung. Eine Frau heult.

Budin trollte sich wieder von dannen. Zecke und Splüge blieben allein, auch Wittstock — Zecke hatte seine Bekanntschaft mit ihm bereits erneuert — kam an den Tisch zurück.

„Habt ihr schon gehört, der Nuschke. Ein halber Mann, unser war er auch nur halb.“

„Unser?“ fragte Zecke.

„Ach so, du meinst ...“

Zecke konnte nicht sagen, was er meinte, er konnte den beiden — Splüge und Wittstock — überhaupt nichts erklären. Es war in dem Wirbel auch keine Gelegenheit dazu. Sie nahmen ihn für den Bewohner eines der tausend Büros dieses oder eines andern Regierungshauses. Wittstock, eine schwankende Gestalt, und nie hatte Zecke gewußt, wie schwankend er war. Splüge war nur betrunken. Wittstock war ertrunken, ausgelaugt, entstellt.

„Umsichtigerweise habe ich meine Wohnung im amerikanischen Sektor behalten“, tuschelte er, und weg war er.

Eine erste MG-Salve.

Das Echo in der Kantine war neue Bestürzung. Erschütterung, Verzweiflung. Und Wittstock war wieder da, plötzlich gelähmt, hockte am Tisch, stierte vor sich hin.

Die zweite Salve.

„Herbert, das ist das Ende, ich hab's aber kommen sehen, ich habe es dir doch gesagt!"

„Wann sollte das gewesen sein?"

„Wir brauchen uns doch nichts vorzumachen, Herbert!"

Feuerstoß folgte jetzt auf Feuerstoß.

Das Bild auf den Straßen hatte sich verändert. Kasernierte Volkspolizei trat in geschlossenen Verbänden auf. Lastautos mit Sowjetsoldaten fuhren durch die Straßen. Die T 34 feuerten von Zeit zu Zeit scharfe MG-Salven.

Fahrende Lautsprecher brüllten: „Ausnahmezustand verhängt ... Ansammlungen über drei Personen verboten! Verstöße werden nach Kriegsrecht bestraft."

Aber die Demonstrationen waren nicht zu Ende.

Zwanzigtausend Menschen stürmten das SSD-Gebäude in der Friedrichstraße. Wie im Columbiahaus flogen Aktenstapel, flogen hier auch Möbel zum Fenster hinaus. Die Beamten flohen in die oberen Stockwerke, verbarrikadierten sich.

„Was habt Ihr gegen uns, warum jagt Ihr uns durch die Straßen! Es ist unsere Stadt, und wir sind Arbeiter, wir demonstrieren für unser gutes Recht!" wandte Meerkatz sich an einen Mann auf dem Panzer, einen Leutnant.

„Wir haben einen Prikas, wir wissen gar nicht, was los ist. Wir haben gehört von einer Provokation. Sind hier nicht ‚Feinde'?"

„Provokateure? Das sind unzufriedene Arbeiter!"

„Ist bei Euch Unterdrückung?"

„Und wie ... ‚fünfundzwanzig Jahre', wenn einer offen seine Meinung sagt!"

Ein anderer Offizier kam dazu: „Wir wissen das nicht, wir haben Einsatzbefehl!"

Meerkatz trieb weiter ... Die Petersburger Kosaken, 1917 auf dem Newskiprospekt, in voller Karriere mit geschwungenen Säbeln, sich mit dem Volk verbrüdernd, und hier die Panzer, wenn die mitmachen würden — nicht in zehn Tagen, in einem Tage wäre die Welt erschüttert! Welchen Sinn hatte es, die Hand gegen Panzer zu erheben, sich mit den Vopos herumzuschlagen, Propagandaplakate mit Füßen zu treten — in die lebenswichtigen Betriebe muß man hinein, die Hand auf die Wasserwerke, auf die Elektrizitätswerke, auf die S-Bahn legen! Aber eine Arbeiterschaft ohne Organisation, keine Führung, kein Plan — der Aufstand ist ausgebrochen wie ein Steppenbrand und verflackert in ungelenkten Aktionen.

Der alte Schuster Haderer aus Weißensee trug die Fahne aus dem Jahre 1848, aus dem Jahre 1918. An der Spitze einer Heersäule hatte er sie aus Weißensee durch die Landsberger Straße über den Alexanderplatz bis zum Brandenburger Tor getragen, auf dem das gleiche schwarz-rot-goldene Banner flatterte. Er hielt den Fahnenschaft noch fest umklammert, als der Heerbann hinter ihm von Panzern aufgerissen und zerteilt worden war und nur noch ein kleines Häuflein hinter ihm her marschierte. Er strebte noch weiter vorwärts, als Kleinkalibergeschosse am Fahnenschaft abprallten. So erblickte ihn Gnotke. Es war Unter den Linden, auf der schon leergefegten, aber sich von neuem mit Demonstranten bedeckenden weiten Fläche. Olivgrüne Polizei, gedeckt von sowjetischen Panzern, ging in breiter Kette vor, trieb die Ansammlungen auseinander und jagte sie in die Nebenstraßen. Haderer marschierte weiter. Vopos wollten ihm die Fahne entreißen, doch er hielt sie fest. Es war das Werk von Sekunden — ein Handgemenge, die Fahne lag am Boden. Haderer, von zwei Vopos gepackt, flog wie ein Kohlensack auf ein bereitstehendes Lastauto, zu anderen Aufgelesenen und Arretierten. Zwischen verwundet aufs Pflaster Gestürzten und Festgenommenen machten die Vopos keinen Unterschied. Übrig blieb Gnotke, der Haderer zu Hilfe geeilt war und sich nicht überwältigen lassen wollte. Er fluchte — deutsch und russisch — stieß mit Fäusten und Füßen um sich, blieb zurück als zusammengeschlagenes und zusammengeschossenes Häuflein. Die Volkspolizei schwemmte weiter. Demonstranten breiteten die schwarz-rot-goldene Fahne über seinen Leichnam.

Es gab Tote, gab Verletzte ...

Es waren ‚Verkehrsunfälle' des Ausnahmezustands.

Für die sowjetischen Panzer und Infanterietruppen bestand noch immer der Befehl, in die Luft zu feuern. Der russische Garnisonskommandant hatte, veranlaßt durch Meldungen, nach denen die Volkspolizei die Nerven verlor und von den Waffen direkteren Gebrauch machte, schon einige Male erwogen, die deutsche Volkspolizei gänzlich aus der Feuerlinie herauszuziehen.

Unter den Linden, in der Nähe des Zeughauses, lagen die bis zur Unkenntlichkeit entstellten Überreste eines Mannes, zugedeckt mit der schwarz-rot-goldenen Fahne und unter einem aus Latten schnell zusammengefügten hölzernen Kreuz. Vor dem Brandenburger Tor fuhren sowjetische Panzer wie in den Kampftagen des Jahres 1945 mit ausgeschwenkten Rohren durch die Straßen. Und hier, hart an der Sektorengrenze, fiel zur gleichen Stunde ein anderes Opfer. Adjös also, Emma ... Das sechste Feld auf dem Birkenkästchen blieb für immer unbeschriftet, nichts von einer Fahrt über den See, nicht Wogen, Sterne, Himmelsraum, nicht einmal das Wörtchen „O-he", gar nichts. Paul Loose, der völlig den Kopf verloren hatte und nicht mehr wußte, ob er unter Zörrgiebels Blutmai oder unter Hitlers Nacht der langen Messer stand, der sich nur noch vor der Aufgabe sah, ‚dem Klassenfeind die Fresse zu zerschlagen', wollte einem abgedrängten Panzer mit einem Balken die Kette verklemmen. Sein offenstehender Regenmantel, der sich festhängte, wurde ihm zum Verhängnis. Er geriet unter das Panzerungetüm und wurde zermalmt.

„Leider", sagte General Dibrowa.

Der General war dabei, den gedrückt und trübselig herumstehenden Regierungsmitgliedern einen Zwischenbericht zu geben: „... am Brandenburger Tor ist ein Demonstrant von den Ketten eines T 34 erfaßt und überfahren worden. Ein bedenklicher Unglücksfall. Leider!"

„Genosse Major, geben Sie über den Sprechfunk durch: Alle Blutopfer sind zu vermeiden. Die gleiche Anweisung gilt für die deutsche Volkspolizei."

Eine der Meldungen, sie betraf eine Verhaftung, in die Hand nehmend, wandte er sich an Zaisser: „Da haben Sie Ihr Opfer, meinetwegen auch mehrere. Aber sorgen Sie dafür, daß der Vorfall bekannt wird!"

Grotewohl wies wieder auf die schwierige Lage der Regierung hin und empfahl, öffentlich zu sagen, daß die Besatzungsmacht den

Provokateur verurteilt habe; man solle auch sagen, daß die Regierung sich mit einem Gnadengesuch an den Hochkommissar gewandt habe.

Zaisser lachte laut auf.

Grotewohl benähme sich so wie immer, verhalte sich so, als gäbe es keine wirklichen Entscheidungen für ihn, bemerkte der vom Hochkommissar der SED zugeteilte Berater. Die Russen hätten den Deutschen Methoden angeraten. Diese Methoden hätten sich in Deutschland nicht bewährt. Aber als Deutscher müsse Grotewohl schließlich wissen, welche Methoden die besten seien.

„Aber Sie kennen Ihr Volk auch nicht, das stellt sich heraus!"

Eine Meldung wurde dem General überreicht, sie betraf wieder die Vopo. Er wurde zornrot – die deutsche Vopo – entweder läuft sie zu den Demonstranten über oder verkriecht sich auf Dachböden oder läßt sich provozieren und feuert ohne Befehl.

„Die deutsche Volkspolizei wird aus der Feuerlinie herausgezogen!" befahl der General.

Die anwesenden Regierungsmitglieder wurden noch nervöser. Auch dieses Instrument zerfiel – zuerst war es ihnen aus der Hand genommen worden, und nun wurde es ganz verworfen! Bleiche Gesichter, stiere Blicke, fahrige Bewegungen. Einer ließ den Deckel seiner Uhr auf und zu klappen. Ein anderer konnte das Flattern seiner Hand nicht verbergen. Eine elende, erbärmliche, fatale Gesellschaft. Waren sie schon verurteilt, in das Nichts geschleudert?

„Es ist an der Zeit zu begreifen, was die Stunde geschlagen hat!"

Der General stand vor der an der Wand hängenden großen Deutschlandkarte mit den darauf fixierten Einzeichnungen. Halle, Wolfen, Merseburg, Bitterfeld, Magdeburg, Jena, Gera, Chemnitz ... es nahm kein Ende. Die ganze Zone war vom Aufstand erfaßt. Streiks, Demonstrationen, Gefangenenbefreiungen. Von Panzern bereits niedergeschlagen, schlug in den Städten Rostock, Eisleben, Sangerhausen, Nordhausen, Apolda, Calbe und Wernigerode das Feuer des Aufruhrs von Neuem aus der Glut. In Schwerin, Stern und Buchheim trat die gesamte kasernierte Volkspolizei in offene Meuterei. In Leuna brannten die Werkhallen. Die Ereignisse jagten einander. Der in der Zone wütende Brand war in seinem Ausmaß kaum noch darstellbar.

Motorengeheul dröhnte herauf.

Die ‚Verworfenen', ‚Verurteilten' traten ans Fenster.

Sie sahen den Obersten Kotzuba, Semjonows Protokollchef, von einem Panzer absteigen. Eine Minute später überbrachte ihnen Kotzuba eine Einladung des Hochkommissars. Der Hochkommissar Semjonow wollte „notwendige Schritte und Entscheidungen" mit ihnen besprechen. Ort und Zeit würde ihnen noch mitgeteilt werden. Eine Einladung zu einer Besprechung ... Sie waren also noch vorhanden, noch ein in Rechnung gestellter Faktor. Sie durften noch atmen.

Der Blitz hat es enthüllt – niemand hat bestanden! Die SED ein einziger Scherbenhaufen! Dieser Müll kann auf die Seite gekehrt werden, man kann sich auch noch weiter damit abgeben, die Figuren umgruppieren oder auch alles so lassen, wie es ist. Das ist bereits gleichgültig und eine Frage des kommenden Tages. Für Deutschland, für die dort gewachsenen gesellschaftlichen Schichtungen, auch für die deutsche Arbeiterschaft ist das SED-Regime kein Ausdruck. Alles, was in dieser Stunde zu tun ist: dafür sorgen, daß diesem Haufen von Glasscherben, Fahnenfetzen, schwelenden Propagandaplakaten, dem menschlichen Wust an Beschränkung, Mangelhaftigkeit, Unzulänglichkeit nicht unversehens der Weltkrieg III entsteigt.

Die „Deutsche Demokratische Republik" existiert nicht mehr, die Regierung ist wie ein welkes Blatt zu Boden gegangen. „Homunkulusse – lassen Sie sie aus der Flasche, und sie sind weg wie Rauch!" so sagte Zecke. Ja, Zecke, auch in der Glasflasche, der abendländische Mönch in der Lubjankazelle. Hat nun keine Bedeutung mehr, ein Blick auf den Seismographen erübrigt sich, wenn das Erdbeben schon da ist. Ein Diagramm ist nicht mehr vonnöten. Ganz Deutschland, von der Elbe bis zur Oder-Neiße ist nun der Drudenfuß. Es gibt noch elementare Bewegungen – das ist die Lehre auch für den Kreml. Heute Berlin – morgen Rußland! Das ist die ins Auge zu fassende Perspektive. Der Akt Zecke ist abzuschließen, am Rande und ohne weiteres Aufblicken. Das bleibt in dieser Angelegenheit zu tun noch übrig.

Generalmajor Jegorow hatte einen bewegten Tag hinter sich.

Sitzungen, Tobsuchtsanfälle, Zusammenbrüche, Todesurteile, alles umgeben vom flackernden Panorama der aufständischen Stadt. Und überall war er Beobachter, in der Sowjetbotschaft, im Hauptquartier des Generalobersten Gretschko, im Ministerium für Staatssicherheitsdienst in der Normannenstraße, im Operationsraum des Garnisonskommandanten Dibrowa – und der ihm detachierte Oberstleutnant Judanow klebte an ihm, schien es darauf anzulegen, ihm auch noch beim Essen, auch noch beim Händewaschen Gesellschaft leisten zu wollen. Es störte die Ellenbogenfreiheit – er erblickte die ausgestreckte Hand, deren Schatten Judanow war.

Nein, er war noch nicht reif, noch nicht.

Wolodja war immer noch nicht so ‚gut' wie die andern, die von dieser Hand erwürgt worden waren. Der ihm offene ‚direkte Draht' zum Kreml war noch intakt – mitten im brennenden Babel hatte er Zeit zu einem außerordentlichen Gespräch finden müssen – und der Schatten verschwand. Oberstleutnant Judanow meldete sich von seiner ‚Kommandierung' ab.

Zecke also, das bleibt noch.

Er saß in einer Kantine, begrüßte auch einen alten Kameraden, einen, der zwar bei Busuluk noch nicht dabei gewesen, dennoch alt genug war, um die Arbeiter- und Bauernsoldaten noch als Barfüßler erlebt zu haben, und der noch unter Tuchatschewski und Primakow gedient hatte. Jegorow erhob sich, war plötzlich müde. Draußen in der frischen Luft, in der Luke eines Panzers, während er durch die Stadt fuhr und in der Ferne Schüsse hallten, wurde er wieder hellwach.

Völkerbefreiung ...

Und die Steppengräser flüstern ...

Der Akt Zecke war abzuschließen. Aber Wahrheit, Gerechtigkeit, Gewissen, Moral, Ehre, bewußter Wille im Geschehen, ist alles denn nur Magie, nur ein wilder Wirrwarr, alles nur ein Alptraum? Ist Christus nicht auch für Rußland geboren?

Zeckes Traumkontinent – hat er nicht ebenfalls seine Zeltpfähle dort eingerammt? Darf er seinen Traum erschießen? Oder ... Zecke in Freiheit, auf anderer Ebene ... bleibt er nicht eine Hoffnung, eine Hand im großen Wagnis?

Er fand den Obersten Zecke in der Kantine unter dem Haus der Ministerien mitten in einem Hexensabbath.

Der Teufel hielt Hof. Die Inkulpaten und Inkulpatinnen bezichtigten sich selbst und bezichtigten einander. Sie waren zu hastig, zu sprunghaft nach vorn gelaufen, hatten die Verbindung zum Volk verloren ... nun war die Katastrophe da! Schwankende Gestalten. Einer kreischte: „Ja, ich habe vieles falsch gemacht, aber alles in guter Absicht!" – „Beruhige dich doch, sicher wird man dir deine gute Absicht anrechnen!" Zecke mitten drin in dem Tohuwabohu. Eine blonde Frau, eine Bedienerin im weißen Mantel mit tränennaßem Gesicht, fiel ihm fast in die Arme: „Sie haben ihn doch gekannt, sind doch ein alter Freund von ihm, sagen Sie, daß es nicht wahr ist ... Paule, es kann doch nicht sein!" Von der andern Seite her besabberte ihn ein alter Ziegenbock.

Der ‚alte Ziegenbock' war Wittstock.

„Wir haben noch gar nicht richtig miteinander gesprochen, Herbert, so wie früher, Herz an Herz, Herbert." Er blickte sich furchtsam um und tuschelte: „Du scheinst hier nicht Bescheid zu wissen. Ich kenne einen Weg. Komm mit mir, hinten heraus, dann sind wir gleich im amerikanischen Sektor."

„Kommen Sie bitte mit mir, Herr Zecke!" sagte auch Jegorow.

Zecke stand auf. An der Seite Jegorows verließ er die Kantine, ohne sich noch einmal umzublicken.

„Richtig", sagte Jegorow, „dreh dich nicht um, das alles gehört auf den großen Scherbenhaufen. Es wird schon einer kommen, der es zusammenschippt."

Er fand einen anderen Raum, auch einen Tisch. Dort setzten sie sich hin.

Was sollte er sagen?

Die Sache zwischen ihnen war eine Sache jenseits aller Worte. Wir müssen den Akt Zecke abschließen – nein, so ging es nicht! Das wäre kein Beginn.

„Ich komme aus der Kantine", sagte er, „aus der Kantine in Karlshorst. Ich wurde gefragt: Was wollen Sie, Genosse General? Nichts, habe keinen Appetit, erwiderte ich. Der Bedienende sah mich an. Er hatte verstanden. Ich blickte mich um. An jedem Tisch saß einer, dem es nicht mehr schmeckte. Und auch ich verstand. Was soll ich Ihnen sagen: Ihren fehlgeschlagenen Aufstand müssen wir mitbezahlen. In Magdeburg, in Chemnitz, in Berlin, in Rostock haben sie schon ein Dutzend von uns erschossen. Ich überhörte dort ein Gespräch. Was wirst du tun? fragte einer. Vielleicht werde ich Berliner! antwortete der andere. Das war kein Spaß, ich weiß es. Ich war der Gesprächspartner, der die erste Frage stellte, aber dann die Antwort schuldig blieb. Ich kann kein Berliner werden. Ich kann mich nicht auf einen archimedischen Punkt außerhalb des Schicksals stellen!

Aber Sie können es, Zecke!“

Jegorow zeigte in die Richtung des feurigen Schriftbandes am Potsdamer Platz. „Für Sie ist das Berlin da drüben kein archimedischer Punkt.

Kommen Sie!“

Und der Verstorbene kam heraus ...

Zecke fuhr in einem Panzer. Die Straßen waren leergefegt. An den Straßenkreuzungen biwakierten Sowjetsoldaten. In der Ferne hallten vereinzelte Schüsse. Vor einem verödeten Ruinenfeld hielt der Panzer an. Jegorow begleitete ihn. Zwanzig Schritte. „Hat nichts zu bedeuten“, sagte er, als er seine Pistole zog. Er schoß in den Schutt. Dann nahm er Zecke in die Arme und küßte ihn auf den Mund.

„Lauf, Zecke ...“

Als Zecke die Straße überquert hatte und drüben war und am andern Ufer in die Ruinenwelt eintauchte, hörte er die klatschenden Ketten des wieder anfahrenden und sich nach Osten wendenden Panzers.

Jegorow fuhr nach Karlshorst, zur Sitzung beim Hochkommissar. Er kam zu spät – er war nicht Chef der Politischen Abteilung in Berlin, war ein Gesandter aus Moskau, so war seine Unpünktlichkeit von geringer Bedeutung. Die Sitzung war vorgeschritten. Im weißen indirekten Licht aus zahlreichen schweren Lüstern saßen die deutschen Vertreter der DDR. Sie hatten es schon hinter sich, hatten Abbitte geleistet, ihre Fehler bekannt, sich ungenügender Wachsamkeit und der Anwendung falscher Methoden angeklagt – zerknitterte Büßer.

Der Hochkommissar hob seine bleiche dürre Hand, nahm von einem Mitarbeiter den eben abgefaßten Entwurf für ein Schreiben entgegen. Mit sehr leiser Stimme wandte er sich an Generalmajor Dibrowa: „Die Kommandanten des britischen und amerikanischen Sektors werden mit Protesten nicht aufhören, ehe man ihnen nicht eine treffende Erwiderung erteilt. Ich werde Ihnen also, Genosse Generalmajor, morgen ein Protestschreiben zur Unterschrift vorlegen!

Darin werden wir schärfste Verwahrung dagegen einlegen, daß man unsere Bemühungen, die Gesamtlage Berlins zu erleichtern, mit der Entsendung von Agenten beantwortet, deren Auftrag Provokation, Brandstiftung und Plünderung ist. Diese Anschuldigungen werden wir durch die Aussagen einiger Agenten mit Beweismaterial stützen."

„Darüber hinaus" – so setzte er fort – „glaube ich nicht, mich zu irren, wenn ich annehme, daß Genosse Zaisser sich in unermüdlicher Arbeit der Ermittlung der wirklich Schuldigen widmen wird. Die Regierung der DDR darf sich nie wieder so weit vom Ohr der Werktätigen entfernen. Die leere Prunkerei mit Glückwünschen für überbotene Normen muß auf ein gesundes Maß reduziert werden."

Mit dieser Mahnung waren die deutschen Genossen, zermürbt und dennoch froh, noch einmal so gut davongekommen zu sein, entlassen.

Zurück blieben die höheren sowjetischen Offiziere.

Der Hochkommissar sah müde und übernächtigt aus, machte fast den Eindruck eines kranken Mannes. Jetzt aber straffte er sich, die den Deutschen gegenüber geübte Konzilianz war geschwunden. Er überschüttete Dibrowa mit Vorwürfen. Die höheren Offiziere hätten Schuld daran, daß die Armee bei dem sich entwickelnden Aufstand im Interesse des sowjetischen Volkes nur geringe Energie gezeigt habe.

„Ich habe in Berlin Dutzende von Panzeroffizieren gesehen. Statt die Aufständischen niederzuwerfen, haben diese Leute photographiert! Was wollen sie mit den Bildern, sie etwa nach Hause schicken?"

Er erteilte Generaloberst Gretschko das Wort.

Und was Gretschko zu sagen wußte, war erstaunlich – nicht für Jegorow, dessen Abteilung das Material eilends zusammengestellt hatte. Das Berliner Vorbild hatte offenbar bei der Roten Armee Schule gemacht.

Gretschko resumierte:

„Daß die deutsche Volkspolizei sich weitgehend als unzuverlässig erwiesen hat, ist noch verständlich, wenn man bedenkt, daß sich sowjetische Offiziere des Verrats und der Meuterei schuldig gemacht haben. Ganze Einheiten haben Schießbefehle gegen Demonstranten nicht befolgt. Einheiten der 2. Panzerarmee haben absichtlich andere Ziele als die ihnen angewiesenen beschossen."

Seine Rede war fast zu kurz.

Semjonow nahm noch einmal das Wort.

„Es ist schon eine alte Erfahrung, den in Deutschland stationierten Truppen der Roten Armee geht es viel zu gut. Sie haben nichts anderes als ihr Vergnügen im Kopf. Ich kann Ihnen daher, Genossen, mit höchster Wahrscheinlichkeit heute schon sagen, daß es sich unumgänglich erweisen wird, bei vielen Einheiten Gericht zu halten. Nur eine Säuberungswelle wird in Zukunft ein so schmähliches Schauspiel verhüten können!"

Der Hochkommissar verließ den Konferenzsaal ohne Gruß.

Bestürzt blieben die Offiziere zurück.

Es war nach Mitternacht.

Und der Verstorbene kam heraus ... und jetzt erst gebunden mit Grabtüchern an Händen und Füßen und sein Angesicht verhüllt mit einem Schweißtuch. Jetzt erst ... von einem sowjetischen Panzer in der Nacht des Aufstands, vorbei an den Biwakfeuern der Rotarmisten, zur Sektorengrenze gebracht, von einem Generalmajor der Vierten Abteilung beim Stabe der Roten Armee mit einem Kuß auf den Mund auf die Reise geschickt, wie sollte er da den Fragebogen- und Verhörtribunalen gegenüber bestehen können!

Er wanderte durch straßenlange Ruinenzeilen, fand sich nachher auf einem ärmlichen Broadway (in seiner Erinnerung lebte die gleiche Straße wirklicher), flache, weiße Verkaufshallen, Neonlichter, dahinter immer noch düstere Trümmerwelt. Kafkagestalten – wie Wittstock, wie Splüge, wie der heulende Dichter in der Regierungskantine – kreuzten seinen Weg; oder irrte er und war er ein Spiegel, auf dem sich nur noch Wanderer ins Nichts und Dunkle und Abstruse abzeichnen konnten? Wußte er es nicht besser, hatte er nicht in den Lubjankanächten erfahren, daß das Bewußtsein hier in den Ruinenhäusern glühend und wach war! Berlin ... er konnte es nur ganz denken. Nicht vorzustellen, daß in der Mitte ein schwarzer Vorhang herabhängt. Berlin und die eine Hälfte hat ihr Wort gesagt, durch Kälte, Hunger und Blockade, und an diesem Tag hat die andere Hälfte gesprochen; und das Wort ist dasselbe.

Ein Gesicht glimmte wie eine Laterne und wehte vorbei, er blickte durch die grelle Schminke hindurch, eine schwergeprüfte Kriegersfrau, und stehe Gott ihm bei, in diesem Augenblick mußte er an Frau Putlitzer, an Frau Halen, schließlich auch an Agathe und an Lena denken, wo sind sie, und vor ihm und in der sich öffnenden Nebenstraße flakkerten noch andere bemalte Laternen.

Das gab es.

Das große Evangelium und schuldlos Schuldige. Ausgestoßene, Verfemte, Verfolgte. Sünder und Infame. Hexen und Hexenfinder. Mittelalterliche Schatten am Rande des Atomzeitalters.

Und Berlin ist aufgerissen, ein wüster Krater und hat gesprochen: „Hephatha!"

Mehr kann der blutende Schlund nicht hervorbringen:

„Hephatha ... Sei aufgetan! Höre!"

„Wenn das Salz dumm wird ..." ist gesagt worden.

Das faule Wasser frißt das lebendige Wasser. Das Ungeheuer lebt von verratenen Tugenden. Ein Geheimnis aus dem Rachen des Ungeheuers habe ich mitgebracht. Es hat keine Moral, es hat nur Zähne. Es hat keine Sorgen ... womit soll ich sie nähren, womit tränken, womit kleiden? Es verschlingt alle und so sind alle Bedürfnisse gelöst. Es hat keine Träume und bedarf keiner Wahrheit und keiner Gewißheit, denn es verschlingt alle, die Großen und die Kleinen, die Reifen und die Unreifen, und die unmündigen Völker und die mündigen auch, und Mann und Frau und Kind sind nichts als hingestreute Bissen.

Welt ohne Gnade.

Der Mensch ist Stoff: so sind alle Fragen beantwortet.

Zecke betrat eine Kneipe, nahm Platz. An der Theke standen einige Männer, trudelten mit dem Wirt eine Lage aus.

„Eine Molle und einen Korn", sagte Zecke.

Eine lange nicht geübte Formel und sie funktionierte. Die Wirtin, eine freundliche Frau wie Emma Loose, brachte ein Bier und ein Gläschen Schnaps und stellte es vor ihm ab.

Hephatha ...

Erst wenn der moralische Globus und der technisierte Globus eins sind, kann das neue Zeitalter anbrechen. Gerechtigkeit, Weisheit, Tapferkeit, Wahrhaftigkeit, Ehre, Nächstenliebe – ohne Tugenden kann das Reich nicht werden und neues Beginnen ist sittliches Beginnen.

Sogar Rollmöpse gibt es, alles wie früher.

„Das kann uns nicht erschüttern", sagte einer der Würfler, er hatte die dritte Lage verspielt.

„Welcher Hahn kräht danach!" sagte ein anderer, und das sollte ein Kommentar zu den Ereignissen des Tages und zur Stellungnahme des Westens zu den Ereignissen des Tages sein.

Aber die Zeit ist durchschritten und in dieser Nacht wird dem Westen die Seele abgefordert.

Sei aufgetan! Höre!

In einer großen Septime hast du es zu vollbringen, in sieben Tagen wird die Schöpfung von dir erwartet.

ENDE

Beachten Sie bitte
die nachfolgenden Buchankündigungen